走遍全球 GLOBE-TROTTER TRA

墨西哥

Mexico

日本《走遍全球》编辑室 编著

中国旅游出版社

MAPA
圣迭戈
San Diego
蒂华纳
Tijuana
Rosarito
Ensenada
El Centro
Mexicali
菲尼克斯
Phoenix
Lukeville
Sonoyta
San Felipe
佩尼亚斯科港
Puerto Peñasco
Nogales
诺加莱斯
Nogales
Douglas
Agua Prieta
埃尔帕索
El Paso
胡亚雷斯
Ciudad Juáres
下加利福尼亚州
BAJA CALIFORNIA
El Rosario
帕基梅
PAQUIME
索诺拉州
SONORA
奇瓦瓦州
CHIHUAHUA
Hermosillo
Ojinaga
Presidio
奇瓦瓦
Chihuahua
La Junta
Anahuac
General Trias
San Juanito
克雷文尔
Creel
奇瓦瓦太平洋铁路
Guaymas
Santa Rosalia
Ciudad Jimenez
科阿韦拉州
COAHUILA
南下加利福尼亚州
BAJA CALIFORNIA SUR
加利福尼亚湾
Mar de Cortés
Hidalgo Del Parral
夸特罗·谢内加斯
Cuatro Ciénegas
Monclova
Loreto
El Fuerte
San Blas
洛斯莫奇斯
Los Mochis
Topolobampo
杜兰戈州
DURANGO
Gómez Palacio
Torreón
渡轮
Culiacán
Pichilingue
拉巴斯
La Paz
锡那罗亚州
SINALOA
Durango
萨卡特卡斯州
ZACATECAS
渡轮
圣卢卡斯
Cabo San Lucas
圣何塞—德尔卡沃
San José del Cabo
洛斯卡沃斯
Los Cabos
马萨特兰
Mazatlán
Fresnillo
萨卡特卡斯
Zacatecas
高速路
主干国道
其他道路
渡轮航线
奇瓦瓦太平洋铁路
机场
遗迹
纳亚里特州
NAYARIT
阿瓜斯卡连特斯
Aguascalientes
Tepic
莱昂
León
瓜达拉哈拉
Guadalajara
瓜纳华托
Guanajuato
巴亚尔塔港
Puerto Vallarta
Zamora
哈利斯科州
JALISCO
帕茨夸罗
Pátzcuaro
乌鲁阿潘
Uruapan
雷维亚希赫多群岛（墨）
Is. Revilla Gigedo (Mex.)
Manzanillo
Colima
科利马州
COLIMA
米却肯州
MICHOACAN
Playa Azul
伊斯塔帕
Ixtapa
瓜达卢佩岛
瓜达卢佩岛
（墨）
太平洋
OCEANO
PACIFICO
太平洋
OCEANO PACIFICO
锡瓦塔内霍
Zihuatanejo
0
100
200
300km

DE MEXICO 墨西哥地图

墨西哥城地图
Mexico City
N
0
2km
前往El Rosario站
Tezozomoc
Aquiles Serdan
Azcapotzalco
Ferreria
地铁6号线
Norte 45
Poniente 128
Vallejo
前往Tenayuca
前往Politecnico站
Instituto del Petroleo
Lindavista
Eje Central Lázaro Cárdenas
Indios Verdes
（快速巴士1号线北端）
瓜达卢佩圣母堂
Basílica de Guadalupe
Deportivo 18 de Marzo
Euzkaro
Martín Carrera
La Villa Basilica
北部长途客运站
Autobuses del Norte
巴西利亚酒店
Brasilia
Potrero
Camarones
Coltongo
快速巴士3号线
Cuitláhuac
Refineria
La Raza
Jacarandas Circuito Interior
地铁5号线
Misterios
Talisman
Ferrocarril Hidalgo
Congreso de la Union
地铁4号线
Bondojito
Eduardo Molina
Valle Gómez
Consulado
Río Consulado
Aragón
Eduardo Molina
Canal del Norte
Deportivo Oceania
Oceania
Centinetas
Av. Central
前往Ciudad Azteca站
地铁2号线
Panteones
Cuatro Caminos
Tacuba
Cuitlahuac
Circuito
Tolnahuac
San Simón
快速巴士1号线
Manuel González
Tlatelolco
Tlatelolco
三文化广场
Plaza de las Tres Culturas
Popotla
Colegio Militar
Av. Marina Nacional
地铁7号线
索玛亚美术馆（卡尔索广场内）
Museo Soumaya(Plaza Carso)
San Joaquín
安塔拉购物中心
Antara Fashon Hall
西班牙医院
Hospital Español
p.64~65
入境管理局
Polanco
旅游局(Sectur)
波兰科地区
p.62~63
Normal
Buenavista
布埃纳维斯塔站
地铁3号线
El Chopo
San Cosme
Revolución
革命纪念碑
Tabacalera
Reforma
Guerrero
Garibaldi
Mina
Hidalgo
加里波第广场
Bellas Artes
Allende
快速巴士4号线
阿拉梅达公园
Juárez
哥伦布纪念碑
中心地区
Centro
Zócalo
Lagnilla
Tepito
Morelos
Mixalco
Morelos
地铁B号线
Romeo Rubio
Camino Real Aeropuerto
墨西哥城机场希尔顿酒店
Hilton Mexico City Airport
Frores Magon
Terminal Aerea
T1航站楼
T1
爱尔罗普艾尔特酒店
Aeropuerto
贝尼托·胡亚雷斯国际机场
Benito Juárez Internacional Airport
San Lazaro
东部长途客运站（TAPO）
Candelaria
Moctezuma
Ignacio Zaragoza
Fypsa Bus（↔瓦哈卡）
Balbuena
Hangares
T2航站楼
T2
墨西哥城典藏酒店
NH Aeropuerto
市场
Merced
Hospital Balbuena
Pino Suárez
独立纪念碑
Hamburgo
Cuauhtémoc
Balderas
Salto del Agua
鲁菲诺·塔马约博物馆
墨西哥国家人类学博物馆
Auditorio
近代美术馆
动物园
国家礼堂大剧院
查普尔特佩克城
Calzada Melchor Ocampo
Paseo de la Reforma
Sevilla
Insurgentes
墨西哥竞技场（墨西哥自由式摔跤）
Doctores
Chapultepec
Durango
Alvaro Obregón
Mama伦巴 Mama Rumba
Niños Heroes
Hospital General
Sonora
Campeche
罗马地区
康德萨地区
查普尔特佩克公园
伯利兹大使馆
Juanacatlan
Constituyentes
p.25
Centro Médico
地铁9号线
Lazaro Cardenas
Obrera
San Antonio Abad
San Antonio Abad
女巫市场
Mercado de Sonora
Fray Servando
Blvd. Puerto Aereo
地铁1号线
Gomez Farias
Zaragoza
Pantitlán
Chabacano
Jamaica
Velodromo
Ciudad Deportiva
Puebla
Mixiuhca
Río de la Piedad
Foro Sol
Palacio de Los Deportes
La Viga
Santa Anita
Agricola Oriental
前往Tepalcates
地铁A号线
Canal de San Juan
Canal de San Juan
Tacubaya
Chilpancingo
Patriotismo
Viaducto Miguel Alemán
三角洲公园
Parque Delta
Viaducto
Andrés Molina
Coyuta
Tlacotal
UPIICSA
快速巴士8号线
ABC Medical Center
Observatorio
西部长途客运站
西凯罗斯波利弗罗姆画廊
Polyforum Siqueiros
Nuevo León
Obrero Mundial
Etiopia
La Piedad
Polyforum
Vértiz
Xola
Tlalpan
San Pedro de Los Pinos
奈冈餐厅
Nagaoka
费舍尔餐厅
Fisher's
阿曼诺咖啡厅
Café Amano
Nápoles
蓝色体育馆
Estadio Azul
墨西哥遗迹
Ruinas de Mexcoac
Colonia del Valle
Eugenia
Av. Universidad
Villa de Cortes
Calles
Iztacalco
Av. Río Churubusco
F. Río Frío
Río Frío
Río Mayo
Leyes de Reforma
前往La Paz站

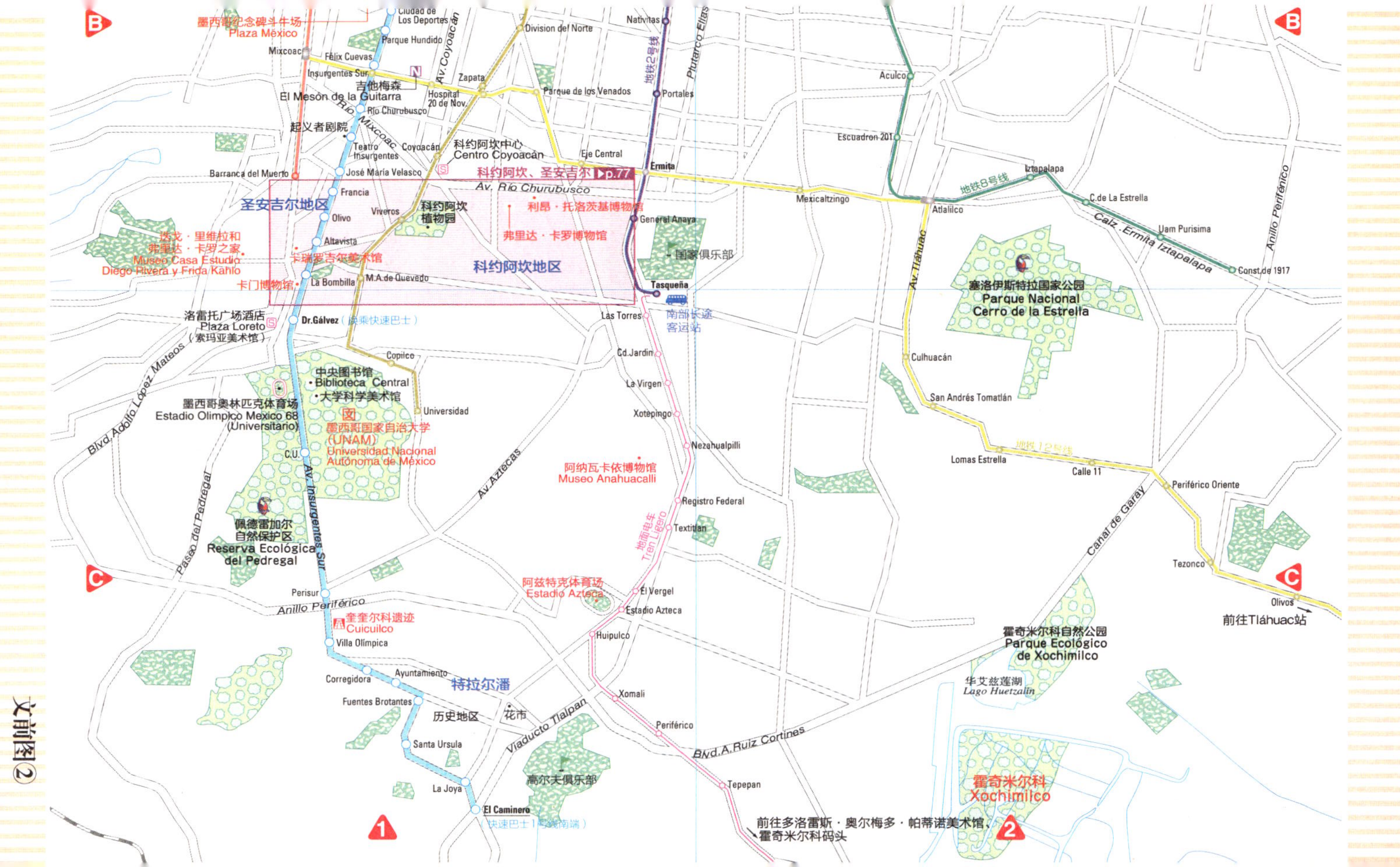
墨西哥纪念碑斗牛场
Plaza México
Ciudad de Los Deportes
Parque Hundido
Mixcoac
Félix Cuevas
Insurgentes Sur
吉他梅森
El Mesón de la Guitarra
Av. Coyoacán
Zapata
Hospital 20 de Nov.
Division del Norte
Nativitas
地铁2号线
Plutarco Elías
Portales
Parque de los Venados
Río Churubusco
Río Mixcoac
起义者剧院
Teatro Insurgentes
Coyoacán
科约阿坎中心
Centro Coyoacán
Eje Central
Ermita
科约阿坎、圣安吉尔 ▶p.77
Av. Río Churubusco
Barranca del Muerto
José María Velasco
Francia
圣安吉尔地区
Viveros
科约阿坎植物园
利昂·托洛茨基博物馆
弗里达·卡罗博物馆
General Anaya
国家俱乐部
Olivo
Altavista
迭戈·里维拉和弗里达·卡罗之家
Museo Casa Estudio Diego Rivera y Frida Kahlo
卡瑞罗吉尔美术馆
科约阿坎地区
卡门博物馆
La Bombilla
M.A.de Quevedo
Tasqueña
南部长途客运站
洛雷托广场酒店
Plaza Loreto
（索玛亚美术馆）
Dr.Gálvez
（换乘快速巴士）
Las Torres
Copilco
Cd.Jardín
中央图书馆
Biblioteca Central
大学科学美术馆
La Virgen
墨西哥奥林匹克体育场
Estadio Olímpico Mexico 68 (Universitario)
Universidad
Xotepingo
墨西哥国家自治大学
(UNAM)
Universidad Nacional Autónoma de México
Blvd.Adolfo López Mateos
C.U.
Nezahualpilli
阿纳瓦卡依博物馆
Museo Anahuacalli
Av. Insurgentes Sur
Av. Aztecas
Paseo del Pedregal
佩德雷加尔自然保护区
Reserva Ecológica del Pedregal
Registro Federal
地面电车
Tren Ligero
Textitlán
阿兹特克体育场
Estadio Azteca
El Vergel
Estadio Azteca
Perisur
Anillo Periférico
奎奎尔科遗迹
Cuicuilco
Huipulco
Villa Olímpica
Corregidora
Ayuntamiento
特拉尔潘
Fuentes Brotantes
历史地区
花市
Xomali
Viaducto Tlalpan
Periférico
Blvd.A.Ruiz Cortines
Santa Ursula
高尔夫俱乐部
Tepepan
La Joya
El Caminero
（快速巴士1号线南端）
前往多洛雷斯·奥尔梅多·帕蒂诺美术馆、霍奇米尔科码头
Aculco
Escuadron 201
Iztapalapa
地铁8号线
Mexicaltzingo
Atlalilco
C.de La Estrella
Uam Purisima
Calz. Ermita Iztapalapa
Const.de 1917
Anillo Periférico
Av. Tláhuac
塞洛伊斯特拉国家公园
Parque Nacional Cerro de la Estrella
Culhuacán
San Andrés Tomatlán
地铁12号线
Lomas Estrella
Calle 11
Periférico Oriente
Canal de Garay
Tezonco
Olivos
前往Tláhuac站
霍奇米尔科自然公园
Parque Ecológico de Xochimilco
华艾兹莲湖
Lago Huetzalin
霍奇米尔科
Xochimilco
B
C
1
2

本书使用之前

本书中使用的符号、缩略语

表示介绍地区的位置。

交通
前往目的地的方式
巴士
飞机
船舶

TEL 电话号码
FD 免费接听电话
FAX 传真号码
URL 网址
E-mail 邮箱地址
营 营业时间
入场 进场・开馆时间
费 收费

小贴士 追加信息

安全信息 事先掌握当地情况

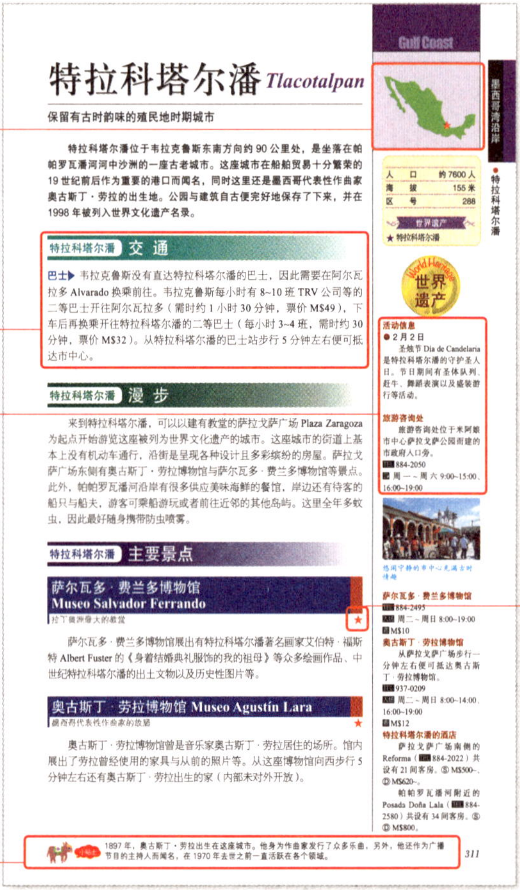

Gulf Coast

墨西哥湾沿岸

特拉科塔尔潘 *Tlacotalpan*

保留有古时韵味的殖民地时期城市

特拉科塔尔潘位于韦拉克鲁斯东南方向约 90 公里处，是坐落在帕帕罗瓦潘河河中沙洲的一座古老城市。这座城市在船舶贸易十分繁荣的 19 世纪前后作为重要的港口而闻名，同时这里还是墨西哥代表性作曲家奥古斯丁・劳拉的出生地。公园与建筑自古便完好地保存了下来，并在 1998 年被列入世界文化遗产名录。

人口	约 7600 人
海拔	155 米
区号	288

世界遗产
★ 特拉科塔尔潘

● 特拉科塔尔潘

特拉科塔尔潘 交通

巴士▶ 韦拉克鲁斯没有直达特拉科塔尔潘的巴士，因此需要在阿尔瓦拉多 Alvarado 换乘前往。韦拉克鲁斯每小时有 8~10 班 TRV 公司等的二等巴士开往阿尔瓦拉多（需时约 1 小时 30 分钟，票价 M$49），下车后再换乘开往特拉科塔尔潘的二等巴士（每小时 3~4 班，需时约 30 分钟，票价 M$32）。从特拉科塔尔潘的巴士站步行 5 分钟左右便可抵达市中心。

世界遗产

活动信息
● 2 月 2 日
圣烛节 Dia de Candelaria 是特拉科塔尔潘的守护圣人日。节日期间有圣体队列、赶牛、舞蹈表演以及盛装游行等活动。

旅游咨询处
旅游咨询处位于米阿娜市中心萨拉戈萨公园南建的市政府入口旁。
TEL 884-2050
营 周一～周六 9:00~15:00、16:00~19:00

特拉科塔尔潘 漫步

来到特拉科塔尔潘，可以以建有教堂的萨拉戈萨广场 Plaza Zaragoza 为起点开始游览这座被列为世界文化遗产的城市。这座城市的街道上基本上没有机动车通行，沿街是呈现各种设计且多彩缤纷的房屋。萨拉戈萨广场东侧有奥古斯丁・劳拉博物馆与萨尔瓦多・费兰多博物馆等景点。此外，帕帕罗瓦潘河沿岸有很多供应美味海鲜的餐馆，岸边还有待客的船只与船夫，游客可乘船游玩或者前往近邻的其他岛屿。这里全年多蚊虫，因此最好随身携带防虫喷雾。

悠闲宁静的市中心充满古时情趣

特拉科塔尔潘 主要景点

萨尔瓦多・费兰多博物馆 Museo Salvador Ferrando ★

拉丁美洲最大的教堂

萨尔瓦多・费兰多博物馆展出有特拉科塔尔潘著名画家艾伯特・福斯特 Albert Fuster 的《身着结婚典礼服饰的我的祖母》等众多绘画作品、中世纪特拉科塔尔潘的出土文物以及历史性图片等。

萨尔瓦多・费兰多博物馆
TEL 884-2495
入场 周二～周日 8:00~19:00
费 M$10

奥古斯丁・劳拉博物馆 Museo Agustín Lara ★

墨西哥代表性作曲家的故居

奥古斯丁・劳拉博物馆曾是音乐家奥古斯丁・劳拉居住的场所。馆内展出了劳拉曾经使用的家具与从前的照片等。从这座博物馆向西步行 5 分钟左右还有奥古斯丁・劳拉出生的家（内部未对外开放）。

奥古斯丁・劳拉博物馆
从萨拉戈萨广场步行一分钟左右便可抵达奥古斯丁・劳拉博物馆。
TEL 937-0209
入场 周二～周日 8:00~14:00、16:00~19:00
费 M$12

特拉科塔尔潘的酒店
萨拉戈萨广场南侧的 Reforma（TEL 884-2022）共设有 21 间客房。Ⓢ M$500~、Ⓓ M$620~。
帕帕罗瓦潘河附近的 Posada Doña Lala（TEL 884-2580）共设有 34 间客房。Ⓢ Ⓓ M$800~。

小贴士 1897 年，奥古斯丁・劳拉出生在这座城市。他身为作曲家发行了众多乐曲，另外，他还作为广播节目的主持人而闻名，在 1970 年去世之前一直活跃在各个领域。

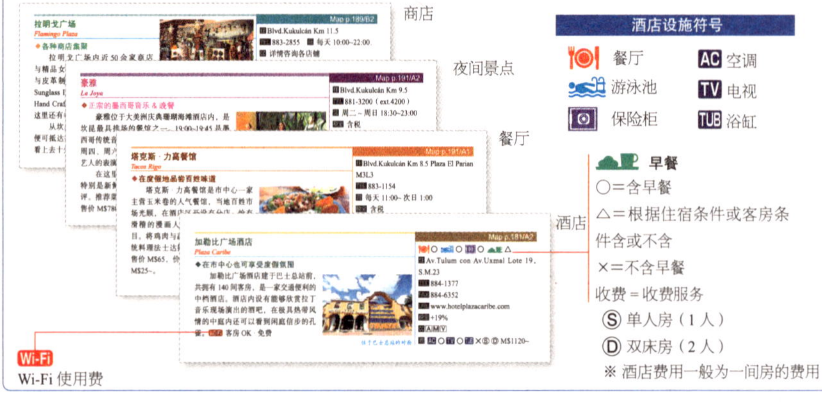

Wi-Fi
Wi-Fi 使用费

地　图

- 酒店
- 餐馆
- 商店
- 夜间景点
- SPA& 全身美容店
- 银行 & 外币兑换点
- 活动地点
- 旅行社 / 活动公司 / 巴士售票点
- 邮局
- 电话局
- 警察
- 旅游咨询处
- 医院
- 教堂
- 网咖
- 西班牙语学校
- 地铁站
- 巴士总站
- 巴士乘车点
- 遗迹
- 潜水地点
- 主题公园

墨西哥各地的旅游重要度用★表示。这仅代表编辑室的个人见解，仅作为旅游时的一种参考。

★★★ = 绝对不容错过！！
★★ = 如果时间充裕，一定要去！
★ = 感兴趣的人值得一去

- TEL 电话号码
- FAX 传真号码
- FD 免费接听电话
- URL 网址
- E-mail 邮件地址
- 税金 税金（包含部分服务费）
- CC 信用卡
- Map 相对应的地图页数
- 营 营业时间
- 入场 进场 · 开业时间
- 费 住宿费 · 入场费等
- CC 信用卡
  - A 美国运通卡
  - D 大来卡
  - J JCB 卡
  - M 万事达卡
  - V 维萨卡

■关于本书刊登信息的使用

本编辑部一直致力于刊登最新且正确的信息，但是当地规定和手续等时常变更，而且对于这些解释的理解差异也不可避免。基于上述理由，且在本社没有重大过失的情况下，对于使用本书造成的损失以及不便，本社不承担任何责任，敬请谅解。另外，在使用本书时，请自行判断刊登的信息和建议是否符合自身状况和立场。

■关于发行后的信息更正和订正

本书中刊登的信息，由于在发行后随着时间的推移或其他一些当地因素会发生变更，建议前往旅游前预先在各旅游网站查询，或到达当地后在旅游咨询处获取相关信息。

■关于酒店费用

如果没有特殊记载，一般刊登带卫生间、淋浴或者浴缸的一间客房的费用。除了刊登“税金 + 14%”等情况，费用一般是含税金价。

重要：请注意美元等外币流通事项!

2010 年墨西哥政府发布通告，高级酒店以及活动旅行中，“即使用美元标注的费用，实际上也只能用当地货币墨西哥比索进行支付”的现象普遍存在（当然在坎昆以及洛斯卡沃斯等地，美元支付 OK 的情况也很多）。另外，外币兑换时必须提交身份证（护照），美元兑换的上限是一天 US$300，一个月 US$1500（虽然欧元、人民币等其他外币的兑换没有明文规定上限额度，但是有时候同样会被限定在 US$300 左右）。本书中有些地方虽然用美元标注了活动旅行的价格，但是依然建议前往墨西哥旅行时不仅携带现金，同时携带各种银行卡（→ p.373）。

走遍全球 GLOBE-TROTTER TRAVEL GUIDEBOOK

墨西哥

——CONTENTS

旅行关键词

出发前往墨西哥之前必须熟记的词汇集。记住这些，你会发现旅行瞬间轻松顺畅不少。

道路和住所

西班牙语中表示道路的词汇很多，有“Calzada”“Paseo”“Avenida（=Av）”“Calle”，依次表示道路大小。在有些城镇，“Avenida（=Av）”和“Calle”有时会表示同样大小的街道，只是为了容易区分地址而分开使用。

墨西哥的道路一般取名为“Avenida~”“Calle~”等。另外，道路一边为奇数数字，另一边为偶数数字，非常功能化。如果住所中只出现 S/N（Sin Número 的简称）而没有数字，那说明周围建筑很少，容易分辨。

城镇的基本词汇

中央广场　Zócalo

表示从大城市到村庄，各个城镇中心地带的广场。正式名称各式各样，比如 Plaza Principal 等。

教堂　Catedral

墨西哥的城镇与“Zócalo”相邻必有教堂。较大城镇的教堂被称为大教堂“Catetral”。

城镇中心　Centro

城镇中心地区被称为“Centro”。即使新街区成为城镇中心，往往充满殖民地特有建筑风情的老街区依然被称为“Centro”。

市场　Mercado

充满墨西哥情调的传统市场。多处中心地区，可见当地人熙熙攘攘，非常热闹。

旅行的准备与技巧 371
TRAVEL TIPS

推荐专栏

国旗

由绿、白、红三种颜色构成。绿色代表“独立和希望”，白色代表“和平与宗教信仰”，红色代表“国家统一”。中央描绘的是雄鹰叼着蛇停留在仙人掌上的图案，象征着墨西哥人的祖先阿兹特克建国的历史。

旅行会话→p.399

街头常见的圣母玛利亚像

正式国名

墨西哥合众国
Los Estados Unidos Mexicanos

国歌

《墨西哥人响应战争召唤》
Mexicanos, al grito de guerra

面积

约 1964375 平方公里

人口

约 1.28 亿（2016 年）

首都

墨西哥城 Mexico City（西班牙语为 Ciudad de México）。包含周边区域，约 2000 万居民。

国家元首

恩里克·培尼亚·涅托总统
Enrique Peña Nieto
（2012 年 12 月就任，任期 6 年）

政体

立宪民主制的联邦共和国。由 31 个州和 1 个联邦行政区（墨西哥城）构成。议会为参众两院制，参议院 128 名议员，任期 6 年。众议院 500 名议员，任期 3 年。主要政党有革命制度党（PRI）、国民行动党（PAN）、民主革命党（PRD）等。

民族构成

印欧混血人种（印第安人与西班牙系白人的混血）约 60%，印第安人约 30%，西班牙系白人约 9%。大部分白人属于上流阶层，而印第安土著人却依然过着贫穷的生活。

宗教

约 90% 民众信奉天主教

语言

官方语言为西班牙语，居住在墨西哥的印第安土著人拥有各自独特的语言。在坎昆以及洛斯卡沃斯等地，英语也很普及。

货币和外汇兑换率

货币单位是比索 Peso。货币符号是“$”，为了与本书中美元符号区别，用“M$”表示。M$1 约等于 0.3378 元人民币，US$1 约等于 M$19（2018 年 4 月 27 日数据）。比索的辅币为分 Centavo，M$1=100 Centavo。墨西哥的通货膨胀率为每年 2%~5%。

比索纸钞有 20、50、100、200、500、1000 六种面值。流通中的比索硬币有 1、2、5、10、20 五种面值，分有 10、20、50 三种面值。

货币兑换→p.373

高级酒店以及旅行费用虽然用美元标注，但是仍然有可能出现美元现金无法支付的情况。另外，外币兑换点和银行规定美元的兑换上限

为一次 US$300（一个月合计 US$1500），请一定要注意。

打电话的方式

在墨西哥国内拨打市内手机时，不用先拨“01”，而是先拨“044”（打给市外拨 045）。墨西哥的手机号码带有购入地的区号。

出入境

【签证】

墨西哥各机场对赴墨西哥外国公民入境盘查严格。墨西哥移民法规定，外国旅客入境墨西哥，应出示护照、签证及移民局要求的其他材料，如实回答移民官员提问，否则即使拥有墨西哥签证，仍有可能被拒绝入境。凡持有加拿大、美国、日本、英国、智利、哥伦比亚、秘鲁或申根国家两次以上有效签证、护照或其他永久居留身份证件的人员，原则上可免签进入墨西哥。

【护照】

护照有效期 6 个月以上，至少有 2 页空白页，本人需在签名处亲笔签名。如有旧护照需要一起提供。

出发前的手续→ p.374

※ 请注意，坐飞机经由美国入境、途经、转机时需要取得 ESTA。

通过美国的航空公司转机前往墨西哥非常普遍。包含转机等待时间，一般需要 19~23 小时。

从中国出发的航班时间

从上海可直飞墨西哥城，用时约 14.5 小时。也可由北京首都国际机场转机美国或加拿大的航空公司前往。

气候

墨西哥位于北半球，炎热时期和寒冷时期与中国同步。5~10 月为雨季，11 月 ~ 次年 4 月为旱季。一般雨季白天晴朗而傍晚经常打雷下雨，当然有时候因为低气压的停滞会连续下雨。有些年份会发生飓风，令加勒比海岸和墨西哥湾沿岸受灾。

墨西哥城高原地区以及洛斯卡沃斯等被沙漠包围的地区昼夜温差很大，请一定要注意。

幅员辽阔的墨西哥气候多样，关于各地区的年气温和降水量，请参考相对应的介绍。

旅行携带物品→ p.376

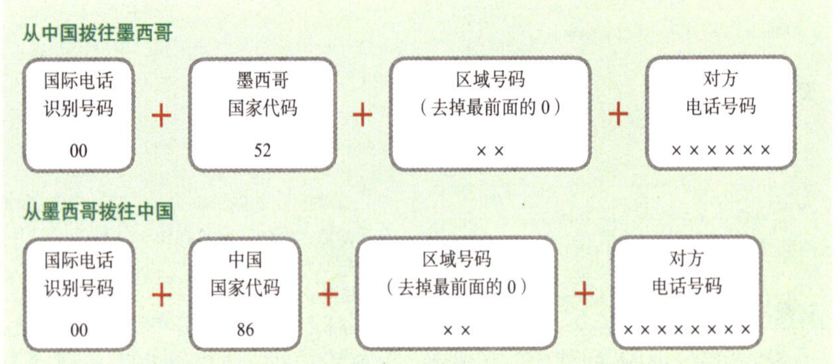

※ 从中国拨打墨西哥的手机号码时，在墨西哥国家区号 52 之后拨“1”。国际通话不需要拨 044 或者 045。手机号码开头没有 044 或者 045 而只有 10 位数字时，只需在国家区号 52 后面直接拨打手机号就可以国际通话。

墨西哥城的气温和降水量

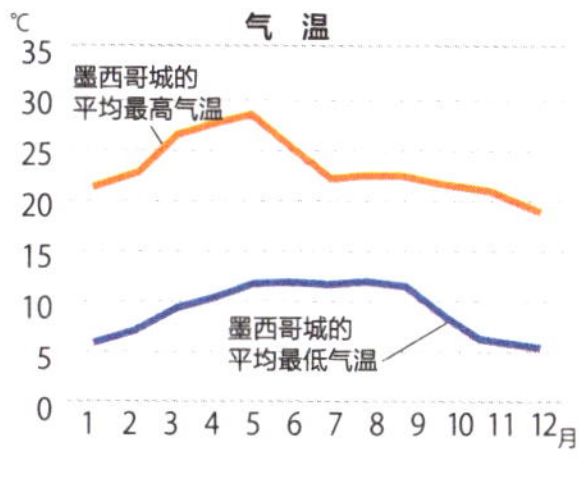

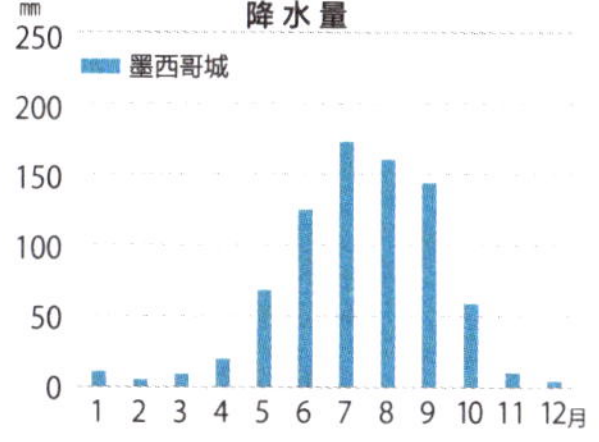

时差和夏令时

墨西哥有 4 个时间带。墨西哥城等占据主要部分的地区采用中部标准时间（CST），比中国晚 14 小时。

坎昆所在的金塔纳罗奥州采用东部标准时间（EST），比中国晚 13 小时。

南下加利福尼亚州、纳亚里特州、索诺拉州、锡那罗亚州等北部地区采用山地标准时间（MST），比中国晚 15 小时。

蒂华纳等下加利福尼亚州采用的太平洋标准时间（PST），比中国晚 16 小时。

另外，4 月第一个周日 ~10 月的最后一个周日墨西哥全境实施夏令时（除了坎昆所在的金塔纳罗奥州和索诺拉州）。这段时期采用 CST 时间的墨西哥城比中国晚 13 小时。

时差地图→文前图①

参观遗迹时，务必做好防晒措施

※2015 年 2 月起，金塔纳罗奥州（坎昆、科苏梅尔岛、切图马尔等）变更为东部标准时间。

节假日（主要的节假日）

以下是 2018 年的节假日。与基督教相关的节假日很多，请注意根据年份不同而发生变化的节假日，对于这部分节假日会在日期后面记载年度。

1月	1日	新年
2月	5日	墨西哥宪法纪念日
3月	19、21日	贝尼托·胡亚雷斯诞辰
	31日	圣周（复活节）
4月	1日	
5月	1日	劳动节
	5日	五月五日节（1862 年击溃法国的纪念日）
	13日	母亲节
9月	16日	独立日
10月	12日	美洲大陆发现日
11月	2日	亡灵节
	19~20日	革命纪念日
12月	12日	瓜达卢佩圣母节
	25日	圣诞节

节假日日历→ p.38

圣周前后两周是墨西哥的长假。期间酒店爆满，交通也会非常拥堵，请提早预约。

营业时间

以下可作为一般营业时间用于参考。商店和餐厅等，根据店铺和地区有所变化。

【银行】

一般周一 ~ 周五 9:00~16:00 营业，当然也有营业到 19:00 左右的银行。周六部分营业。周日、节假日休息。

【政府部门及事务所】

周一 ~ 周五 9:00~14:00、16:00~19:00。

24小时营业的便利店也很多

【商店】

多为每天10:00~19:00左右营业。当地的商店一般周六、周日休息。旅游地的特色商品店等可能会继续营业。

【餐厅】

一般每天10:00~22:00左右营业。关门前15分钟~1小时停止点餐。坎昆和洛斯卡沃斯等地有深夜营业和24小时营业的店铺。

电压和插头

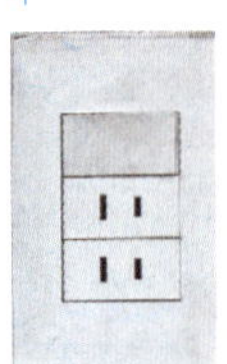
插头和中国不同

电压为110V、120V、127V，频率为60Hz。插座和中国的不一样，出行前需准备好转换器。

视频制式

中国采用的是PAL制式，墨西哥采用的是NTSL制式。在DVD区域码中，中国大陆的区域码为“6”，中国香港、中国澳门的区域码为“3”，而墨西哥的区域码为“4”，因此是不相容的。

小费

墨西哥有给小费的习惯。特别是对餐厅和活动设施等地的工作人员，请视为基本的礼节而不要忘记支付小费。如果金额太小，会令对方不快，请务必注意。

【出租车】

基本是不需要的，可以适当多给一点打车费，凑个整数就行。

【餐厅】

一般是费用的10%~15%。常规做法是把找回来的零钱留在桌子上。

【酒店】

请门童搬运行李，或者需要客房服务的情况下，一般是M$10~20。

【旅行及活动】

一般给旅行导游或者潜水导游等M$20~50不等。

饮用水

塑料瓶装的矿泉水

酒店和餐馆等提供的水基本上是可饮用水。但是，在当地大排档就餐时，为了自身安全，请时刻注意饮用矿泉水。可在超市或者杂货店购买矿泉水。请注意，即使提供开水的餐厅，冰块也往往是没有进行过杀菌处理的。

邮寄

虽然有邮筒，但还是在窗口办理比较稳妥

从墨西哥发往中国的邮寄费用，明信片为M$15，书信（20g以内）也是同样的费用。如果想寄往中国，只要在邮局窗口说一声“China”。也可以在高级酒店的前台办理代寄。明信片、书信和小包裹花费7~14天，EMS和DHL花费4~5天可寄到中国。

税金

相当于中国消费税金的附加税金（IVA），通常作为价内税金征收16%。另外，有时候会另外征收3%~5%的住宿费（ISH）。在“TAX BACK”加盟店内，如果在

请注意，禁止在室外饮酒

一个店铺购买商品的金额超过 M$1200，可以申请退税。在店里拿到 TAX BACK 的发票，就可以在墨西哥城、坎昆、洛斯卡沃斯等地的国际机场“TAX BACK”柜台办理相应的手续。详情请见网页（URL www.moneyback.mx）。

安全与隐患

【盗窃、抢劫】

经常有报道，在市区或者城市间移动时，会遇到盗窃等事件。特别是墨西哥城，出现过乘坐路边打的出租车时遭到抢劫的案例，请千万注意。

【高原对策】

墨西哥城等地处 2000 米以上的高原，氧气稀薄。此外，汽车尾气的排放导致大气污染严重，令人很容易感到疲劳。观光的时候切记量力而为，不要安排过于紧凑的行程。

【注意车辆】

墨西哥是车辆优先的国家。与中国不同，不会礼让步行者，所以千万要注意安全。车辆一般不会严守交通规则，过马路时一定要注意周围的车况。

【边境地带】

墨西哥与美国相邻的边境地带比较危险。因为监视企图非法越境劳工的武装人员很多。绝对不要靠近边境线的栅栏周围。另外，边境城镇上有很多本打算去美国打工，却没有取得签证又花光了所有钱的人。因为治安不好，请尽早启程去往内陆城镇。

警察局 060

旅行纠纷与安全对策→ p.395

年龄限制

墨西哥禁止未满 18 岁的未成年人饮酒抽烟。

关于租车，根据租车公司和车辆种类的不同，有时候禁止出租给未满 25 岁人员。

度量衡

与中国的度量衡一致，距离用米，重量用克、千克，液体用升作单位。

其他

【午休】

墨西哥有午睡的习惯。根据季节时间略有差异，基本是 14:00~16:00。近年来，在墨西哥城市地区，午睡的习惯正在慢慢消失。

【参观教堂】

请注意这是关于信仰的神圣场所。请脱帽，保持安静，不要随便拍照。

饮酒

在墨西哥，上班族午餐时喝酒虽然不少见，但是在公众面前喝醉酒却是不可饶恕的。仅仅是明目张胆地携带酒瓶或者罐装酒走在路上就有可能被逮捕。严禁在室外和小卖店饮酒。

卫生间

如果在城镇，可以使用餐厅或者购物中心的卫生间。如果便器边放置有垃圾篓，请不要将用过的厕纸扔进便器，而是放入垃圾篓。因为水压较低，下水管道容易发生堵塞。

富有墨西哥特色的卫生间标志

用完后的厕纸请扔入垃圾篓

尽情享受多姿多彩的墨西哥！

拥有雄伟自然和多彩文化的 墨西哥地区介绍

墨西哥城及周边城市 ▶P.51

据说人口多达2000万的首都圈和周边城市，放眼望去尽是现代城市建筑，但是作为西班牙殖民地时代的殖民地城市街景、特奥蒂瓦坎古城等古代遗迹都是不可多得的看点。

建于阿兹特克古都之上的墨西哥城

如梦如幻的殖民地特色城区魅力无穷

加勒比海与尤卡坦半岛 ▶P.175

在中国人中最有人气的度假胜地之一——坎昆。在面朝加勒比海的这片区域，可以畅享阳光和各种户外活动。密林中留存下的玛雅古代遗迹也是不可多得的看点。

中央高原西北部 ▶P.121

这里还残留着西班牙人入侵后，因挖掘银等矿产和流通而繁盛起来的殖民地城市。被收录《世界文化遗产名录》的古都数量繁多，从首都出发乘坐巴士即可到达的观光点星罗棋布，吸引了不少游客。

美丽的沙滩一望无际

可以在这里近距离接触传统舞蹈，强烈推荐

瓦哈卡州与恰帕斯州 ▶P.253

位于墨西哥南部，与危地马拉相邻，是印第安土著人口最多的地区之一。地形多起伏，崇山连绵，多少有些交通不便。推荐给想了解传统文化的人。

墨西哥湾沿岸 ▶P.295

西班牙人首次登陆的地方，之后因国际贸易而繁荣。作为音乐、舞蹈发达之地而为人熟知。保留着奥尔梅克文化、托尔特克文化的古代遗迹。在相关狂热爱好旅行者之中富有人气。

古代奥尔梅克石像是珍贵的历史遗物

阿卡普尔科与太平洋沿岸 ▶P.315

太平洋沿岸作为在城市生活的墨西哥本国人的旅行目的地，非常有人气。与外国人熙熙攘攘的海滨度假胜地氛围略有不同，可以和墨西哥本国游客一起享受各种户外活动。

作为国际度假胜地而蜚声海外的阿卡普尔科

下加利福尼亚与墨西哥北部 ▶P.333

可能因为邻近美国边境，随处可见北美游客的海滨度假胜地。作为潜水地而受到中国游客的关注，可以尽情享受世界自然遗产清透的碧海蓝天。

与各色海洋生物邂逅

墨西哥国土面积为1964375平方公里，通常是按照陆地面积计算的，包括墨西哥领土面积、辖区内岛屿面积、墨西哥内陆中的湖泊面积，不包含领海面积。西侧是浩瀚的太平洋，东侧面朝与大西洋相连的墨西哥湾和加勒比海。在海拔2000米左右的大地上，散落着以首都墨西哥城为代表的城市，气候温暖宜人。与此相对，海岸沿线和东南部尤卡坦半岛等地势低洼地区全年烈日炎炎。如此富于地形和气候变化的墨西哥各地拥有多姿多彩的文化，遗迹古都、海滨度假胜地等观光看点丰富。

墨西哥 世界遗产名录

截至2016年8月，墨西哥国内的世界遗产共有34处，为美洲地区最多。快去造访墨西哥全国各地的世界遗产吧！

墨西哥城及周边城市

1. 墨西哥城与霍奇米尔科历史中心 →p.54 p.80
2. 路易斯·巴拉干故居和工作室 →p.28
3. 墨西哥国家自治大学大学城的核心校区 →p.79
4. 特奥蒂瓦坎古城遗址 →p.92
5. 普埃布拉历史中心 →p.96
6. 霍齐卡尔科考古遗址 →p.109
7. 波波卡特佩特火山坡上最早的16世纪修道院 →p.109
8. 腾布里克神父水道桥，16世纪水利设施（2015年收录）

中央高原西北部

9. 瓜达拉哈拉的卡瓦尼亚斯救济所 →p.129
10. 龙舌兰景观和特基拉的古代工业设施 →p.134
11. 莫雷利亚城历史中心 →p.163
12. 黑脉金斑蝶生态保护区 →p.167
13. 萨卡特卡斯历史中心 →p.14 p.136
14. 瓜纳华托历史名城及周围矿藏 →p.14 p.142
15. 圣米格尔保护的城镇和阿他托尼科的拿撒勒人耶稣圣殿 →p.15 p.152
16. 克雷塔罗历史遗迹区 →p.15 p.158
17. 克雷塔罗的谢拉戈达圣方济会修道院
18. 皇家内陆大干线（白银大道） →p.15

加勒比海与尤卡坦半岛

19. 圣卡安生物保护圈 →p.13 p.206
20. 奇琴伊察遗址 →p.10 p.212
21. 乌斯马尔遗址 →p.11 p.244
22. 坎佩切历史要塞城 →p.248
23. 坎佩切卡拉克穆尔遗址 →p.252

瓦哈卡州与恰帕斯州

24. 瓦哈卡历史中心与阿尔万山考古遗址 →p.256 p.270
25. 瓦哈卡州中央谷地的亚古尔与米特拉史前洞穴 →p.272
26. 帕伦克遗址和国家公园 →p.9 p.290

墨西哥湾沿岸

27. 埃尔塔欣遗址 →p.298
28. 特拉科塔尔潘历史遗迹区 →p.311

下加利福尼亚与墨西哥北部

29. 埃尔·威茨凯诺的鲸鱼保护区 →p.348
30. 圣弗朗西斯科山地的岩绘群 →p.349
31. 加利福尼亚湾群岛及保护区 →p.12 p.336 p.350
32. 大卡萨斯的帕基梅考古区 →p.364
33. 厄尔比那喀提和德阿尔塔大沙漠生物圈保护区 →p.13 p.361
34. 雷维亚希赫多群岛（2016年收录）

墨西哥主要区域及世界遗产

震撼人心的魔幻时刻

墨西哥世界遗产

World Heritage in México

古代遗迹

大自然

殖民地城市

开启通往神秘古代文明的大门

玛雅古代遗迹

Ruinas Arquelo'gicas Maya

墨西哥自古以来孕育过多种文明。

尤其是起源于公元前 5 世纪左右，拥有 2000 年历史的玛雅遗迹，将成为你旅行的高潮。

亲身体会古代文明中壮丽的金字塔和精致的装饰吧。

之旅

从 Templo de la Cruz Foliada 十字叶神殿眺望帕伦克遗址。请清晨到访以感受神秘的氛围

金字塔式的神殿

对于居住在平坦丛林里的玛雅居民来说，金字塔象征着圣山。只有国王才能进入最顶部的神殿与神明沟通。同时，作为国王向民众传达神明旨意的平台，也会在此告知民众播种以及战争等日程。

1952 年金字塔式碑铭神庙内发现墓室

帕伦克古城 Palenque Ruinas

▶P.290

帕伦克遗址浮现在丛林中的壮丽身姿诠释了“神秘文明”的真谛。附带天文台的“神殿”以及发现巴加尔国王地下石棺的“碑铭神庙”，等等，6~8 世纪间建造的珍贵建筑物，在此以完美的姿态得以保存。

上 / 是将供品心脏祭奠给横卧的查克莫天使的武士神庙

左 / 光影音乐秀中如梦如幻的卡斯蒂略金字塔

奇琴伊察

Chichén Itzá

▶ P.212

奇琴伊察是因卡斯蒂略金字塔而闻名的著名玛雅文化遗址。金字塔本身就是历法，在春分和秋分之日，北面阶梯的侧面浮现出蜿蜒的光影，与蛇神的头部合为一体。在此可以充分地感受古代玛雅人的智慧。

玛雅文明概略

起源于5世纪左右，约2000年历史，曾繁荣一时的古代文明。没有形成统一的国家，而是众多城邦小国并存。据推测，范围覆盖现在的墨西哥及中美洲4国，共约70个小国。8世纪，玛雅文明迎来最强盛的时期，尽管各个城邦小国依然重复着兴衰变换。16世纪西班牙的入侵，给古代玛雅文明画上了句号。共有4万种的玛雅文字、精密的历法和天文学、发明数字零的算术，等等，创造了高度发达的独特文明。

奇琴伊察的骷髅装饰 10世纪以后，可以窥见托尔特克等中央高原文化的影响

令人叹为观止的天体观测技术

对以农耕为主的玛雅人来说，历法是最重要的事情。洞悉天体运动，并以此预测降雨时期进行播种。尤其是准确观测天体运动，将太阳从正东方升起的春分日作为一年的基准。像卡斯蒂略金字塔这样拥有特殊设计的金字塔也不少。

奇琴伊察椭圆形天文台。在没有天文望远镜的时代，仅凭肉眼观测就能将历法做得与现代几乎毫无误差

乌斯马尔

Uxmal

▶P.244

9 世纪盛极一时的普克地区最大的城市（极盛期约有 25000 名居民）。是玛雅的艺术之都，由石块精心组合而成的墙面装饰令人叹为观止。特别是修女院的墙面镶嵌，被称为普克建筑风格，堪称纯粹的玛雅装饰之杰作。

上 / 从修女院玛雅拱门的道路远眺到的魔法师金字塔

右 / 尽是雨神恰克和蛇神库库尔坎装饰的修女院墙面

Topics

巧克力博物馆

乌斯马尔遗迹对面是巧克力博物馆功克力故事（→ p.246）。墨西哥是世界上首屈一指的可可生产国。早在玛雅时代，可可就是珍贵的食品和药品，并作为货币进行流通。商店柜台销售有巧克力和巧克力化妆品，逛逛看吧。

左 / 可以观摩传统的巧克力制作方法　右 / 使用可可的玛雅仪式颇有意思

多样的玛雅诸神

玛雅人于万事万物中发现神明。除了太阳、月亮、金星等天体，雨、风、彩虹等自然现象，甚至凶猛的美洲豹和主食玉米都是他们崇拜的对象。玛雅遗迹上雕刻的雨神恰克的形象，近年来越来越多地被认为其实并非雨神，而是山神。

省长官邸前俯卧的双头美洲豹石雕

巨大的座头鲸一跃而起的精彩画面。海洋和陆地共约 6886 平方公里的广袤区域已经被列为世界自然遗产

孕育生命的地球摇篮

生物保护区

La Reserva de la Biosfera

墨西哥是大自然的宝库。
从沙漠地带到热带雨林，多姿多彩的大自然在此静候旅行者的到来。
从城镇出发，即使是短短 1 天的旅行，相信也能为你带来难忘的体验。

加利福尼亚湾群岛及保护区

Golfo de California

▶P.336、P.350

各种海洋生物栖息在这片被称为“世界水族馆”的广大海湾。海豚、虎鲸、日本蝠鲼等不胜枚举，高达 900 种，鲸鱼等 31 种海洋哺乳类的数量约占全球总量的 40% 的数量。在这里潜水可以与鲸鲨、海狮共舞，同时作为垂钓的胜地也颇受人喜爱。

事先确认时期

若期望与海洋生物邂逅，必须注意时期。观鲸推荐选择 12 月末～次年 3 月，以洛斯卡沃斯或拉帕斯为起点。8 月～次年 1 月以拉帕斯为起点，遇见鲸鲨的概率会比较大。年份不同情况有变，建议事先与当地进行确认。

在洛斯卡沃斯的海边可以观鲸

上 / 拉帕斯海域可以与鲸鲨同游
下 / 推出了造访海狮栖息地的环保游线路

海鸟和野鸟繁多，最适合观鸟

通过皮艇环游淡水与海水交汇处的咸水湖。在生长着繁茂红树林的水边，可以邂逅军舰鸟和鹈鹕

圣卡安生物保护圈

Sian Ka'an

▶P.206

位于尤卡坦半岛东海岸，由生长着红树林的海边、湿地、热带雨林等交织而成的自然宝库。这里有 300 多种野鸟和 800 多种植物，是观鸟的绝佳场所。在绵延约 110 公里的珊瑚礁海，还可以见到海牛和鳄鱼。

从坎昆出发，轻松造访

参加坎昆出发的旅行团前往游览会非常便利。观鸟时，请准备双目望远镜或者望远镜头相机。可以乘坐皮艇游玩咸水湖，切记一定要带泳衣。根据旅行社的不同，岩坑的选择和午餐的内容各有不同，乘船沿玛雅水路顺流而下或者造访遗迹也是其中的节目。

可以在神圣的天坑中游泳

厄尔比那喀提火山和德阿尔塔大沙漠

El Pinacate y Gran Desierto de Altar

▶P.361

沙丘、花岗岩山丘和环形山交织在一起，生机勃勃的生物保护区。在东西长约 150 公里的沙漠地带，游客可以对克服严峻环境顽强生长的仙人掌和各种动植物等组成的生态系统一探究竟。2013 年被列为世界文化遗产。

被誉为北美最大的，高 200 米的移动沙丘

在庞然大物般的巨山影掌中赫然浮现的塞罗科罗拉多环形山

推荐给行动派

旅行的据点是海滨度假胜地佩尼亚斯科港。旅行时间一般是 8:00~17:00，从游客服务中心到沙丘徒步往返约 3 小时。请准备轻便合适的鞋子。

7~8 月是雨季，建议在气候稳定的春天或者秋天前往体验。

游骑兵为我们在沙漠中带路

由"白银大道"连接起的中世纪街道

殖民地城市

Ciudad Colonial

自16世纪发现银矿之后，墨西哥中央高原刮起"白银热"。遗留至今的壮丽的西班牙风情街道就是当时的产物，当然不乏印第安土著人的流血牺牲。去造访由"白银大道"这一贸易道路连接起的城镇，窥探历史的光影吧。

犹如镶嵌着宝石的瓜纳华托的街道，多坡道的峡谷地带还弥漫着中世纪的情调

瓜纳华托 Guanajuato

▶P.142

16~18世纪，因银矿而繁荣，极盛时期产量居世界第一的殖民地城市。19世纪后半叶，因银价暴跌一度萧条，旧街道也因此免受现代化冲击而得以保留原样。因从矗立着皮皮拉纪念像的山岗上眺望到的景色被誉为"墨西哥最美的高原城市"。

亲身感受中世纪城市的风情

每天晚上9点左右，由学生组成的Estudiantina（→p.145）弹唱乐团会登场表演。他们一边演奏小夜曲，一边穿行在旧街道。何不与西班牙舶来乐团一起漫步在这中世纪的城市中呢？

瓜纳华托中心地区1小时漫步节目

探究历史真相的矿山遗迹

如果想亲身感受16世纪的矿山历史，请前往伊甸园矿坑（→p.139）。坐矿车下到坑道，里面有矿工的模型等再现当初挖掘时的情景。据说周边的印第安土著人被西班牙人强制召集，被奴役劳动的孩子多半未满20岁就死去了。

被称为"恶魔的梯子"的矿脉入口

萨卡特卡斯 Zacatecas

▶P.136

随着1586年最早的银山得以开采，该城市成为"白银热"的中心地。以大教堂为中心的历史街区耸立着巴洛克风格的建筑，令人不禁追忆往昔繁华。银矿获得的巨大财富促进了统治国西班牙的繁盛，同时也成为墨西哥经济发展的基石。

左上／夜晚的大教堂浪漫典雅，它是由矿主的捐款建造而成的雄伟建筑
左／西班牙和印第安土著文化水乳交融的大教堂装饰

圣米格尔

San Miguel de Allende

▶P.152

圣米格尔作为白银交易的中转站，是手工业发达的小城市。现在教堂和古老宅邸林立，还有艺术学校和语言学校，受到游客和长期旅居人士的广泛欢迎。尤其是圣米格尔教区教堂以西的 Allende 路两旁分布着五颜六色的建筑，非常美丽。

寻找文化气息浓郁的工艺品

圣米格尔的传统工艺非常发达。尤其是披肩和挂毯等毛织品作为特产品非常出名。融入传统设计的小东西也颇受好评。

据说西班牙的安达卢西亚是披肩的起源地

由粉红石材建造的圣米格尔教区教堂，是艺术之城圣米格尔的象征

修道院中的博物馆

克雷塔罗地方历史博物馆（→p.160）陈列着印第安土著文化的出土物和从西班牙传入的宗教美术品。为了压制被剥夺土地的原住民的反抗情绪，天主教会承担了莫大的责任。

展示了中世纪之后珍贵的资料

克雷塔罗 Querétaro

▶P.158

克雷塔罗是克雷塔罗州的州府，还保存着曲线优美的古桥。距离墨西哥城约 200 公里的克雷塔罗作为交通要塞从中世纪至今在不断地发展。蜿蜒的石板路、巴洛克式教堂等组成了充满历史厚重感的石砌街道，已经作为文化遗产被列入世界遗产名录。

建于 18 世纪的古桥拥有 74 个桥拱，风姿依然不减当年

History

带来繁荣的“白银大道”

从墨西哥城到萨卡特卡斯之间的道路是 16~19 世纪白银交易的线路。萨卡特卡斯和瓜纳华托出产的白银为压延金属条，运往墨西哥城被制成银币。大道后延伸至美国新墨西哥州，总长约 2560 公里。其中长约 1400 公里的道路被称为“皇家内陆大干线”，2010 年被列为世界遗产。现在几乎所有的区间都已经贯通国道和高速公路，但是依然保留着充满往昔回忆的石板路。

为了用马车运送沉重的白银，道路修葺一新

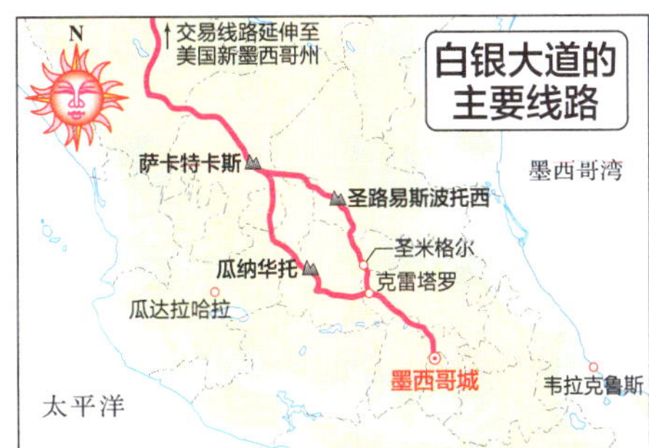

Invitation to
The Water World
从坎昆出发！
尽情享受浮潜的乐趣
向着加勒
从坎昆出发的地下溶洞一日游。推荐给全家或者情侣出行！
浮潜中与巨大的鲸鲨来个约会，仿佛误入了童话世界。

与泛着金属光泽的平鳍旗鱼一起浮潜，是冬季特有的自然体验项目

鲸鲨浮潜之旅

Whale shark

与地球上最大的鱼类、仅次于鲸鱼的庞然大物同游多么需要气魄。坎昆海滨有100多条鲸鲨，时期合适，与它们邂逅的概率非常高。它们虽身体庞大却脾性温和，你一定会被它们温柔的表情和悠游的泳姿治愈心灵。

鲸鲨靠近海面游动，可以通过浮潜轻松靠近。鲸鲨以浮游生物为食，没有牙齿，所以不用担心被攻击

夏季特有！

最佳时期
6~8月

旅行费用
US$200~

在加勒比海与大型鱼类嬉戏

冬季特有！

最佳时期
1 ~ 3月

旅行费用
US$200 ~

美丽的平鳍旗鱼拥有尖锐的吻和宽大的扇形背鳍。敏捷地四处游动来躲避人类。

平鳍旗鱼浮潜之旅

Sailfish

与冬季追逐沙丁鱼群来到加勒比海的平鳍旗鱼一起游泳。平鳍旗鱼用巨大的背鳍恐吓沙丁鱼群，使之分散后捕食，充满智慧的猎食场景令人拍案叫绝。无论是被誉为鱼类中最快游速的平鳍旗鱼的强力游动身姿，还是轻柔漂动的沙丁鱼群，都如此打动人心。

灰岩坑 Grand Cenote

由尤卡坦半岛独特的地形孕育而成的天然矿泉岩坑。岩地下陷形成的坑洞内贮存了地下水，据此形成了岩坑。据说该地区有 7000 多个形形色色、大小各异的岩坑。内部分布着大规模的钟乳洞，能让人感受到源远流长的地球历史。

灰岩坑是坎昆地区最容易造访的岩坑之一。其地理位置优越，位于图卢姆遗址西北约 5 公里处，加上水质通透清澈，一直以来游客络绎不绝。仅浮潜就乐趣无穷，阳光照射到水中后出现的光帘美得让人屏息。

夏天穿着泳衣是 OK 的，但是水温较低，最好穿上橡皮潜水服

治愈身心的神圣之旅♪

浮潜探访岩坑中的水中世界。潜水可以游玩更深的景点

玛雅人崇拜的圣泉，全年都可以体验

●**灰岩坑**
Map p.175/A2
入场 每天 8:00~16:00
旅行费用 US$140~
※ 旅行费用包含门票和浮潜器材的租借费

引人热议的自然公园

地下溶洞 Rio Secreto

在该主题公园可以探索延绵地下的巨大天然钟乳洞。穿着橡皮潜水服、救生衣，头戴安全帽、探照灯，跟随导游一起深入洞穴。约 1 公里的线路一片漆黑，仅凭探照灯的灯光向前，有时游动在深不见底的水中，无比惊险刺激。几百万年悠久岁月孕育而成的钟乳洞美轮美奂，聆听导游讲解地形和历史也颇有意思。已经推出了坎昆和卡门海滩出发的接送旅行，请提前预约。即使可以直接过去，事先预约一下也会比较放心。

形形色色、大小各异的钟乳石延伸到头顶和水面

●**地下溶洞**
Map p.175/A2
TEL 01-800-681-6713
URL www.riosecreto.com
入场 每天 9:00~13:00 费 US$79
※ 坎昆出发的旅行为周一、周四、周六。卡门海滩出发的旅行团每天都有，旅行费用都是 US$109。

左 / 寂静的钟乳洞中，漂浮在水面进入冥想时刻
右 / 热带雨林中的主题公园。开车从入口到达钟乳洞只需 10 分钟左右

深度徜徉在

Deep in México City

墨西哥城 1

涵盖了可以深度了解墨西哥不容错过的景点、艺术、体育，等等，让我们去感受特大城市的魅力吧！

墨西哥城最大的看点全部集中在宪法广场（索卡洛）周边！

感受墨西哥城历史 必去三大景点

于2006年发现的特拉尔泰库特利 Tlaltecuhtli 女神像。长4.2米，宽3.6米，是阿兹特克帝国最大的石板

2 大神庙

P.66

特诺奇蒂特兰的中央神庙遗址。高达45米的庞大建筑物，现在只剩下7层构造遗迹。这里有接受供品心脏献祭的查克莫天使等，也可以鉴赏阿兹特克帝国的历史遗物。

大神庙里的巨大蛇像

详细了解阿兹特克文明的博物馆

阿兹特克帝国中央圣庙——大神庙的出土文物令人惊叹。除此之外，反映宪法广场现状的模型、曾经的湖上城市——特诺奇蒂特兰的复原图等都颇有趣味。

1 墨西哥大教堂 P.67

与国家宫殿一样，是修建在神庙遗迹之上的拉丁美洲最大的教堂。教堂地下依然埋葬着阿兹特克文化遗址。

旅游服务台在教堂入口内右侧的小柜台，会公告当日参观的起始时间

去参加登塔项目吧

登顶墨西哥大教堂钟楼是非常受欢迎的旅游项目。与导游一起站在教堂屋顶，用全新的视角欣赏世界遗产景观吧。

入场 每天 10:40~18:00（周六 ~19:00），每隔 30~40 分钟有导游讲解一起登顶

费 M$20

参加登塔项目，一览宪法广场全景

可以免费参观的绝密好地方 3

● 邮局 Palacio Postal

建于 20 世纪初的中央邮局，由最初设计墨西哥国家艺术院（Palacio de Bellas Artes）的意大利建筑家亲手设计。内部还保留着当初的巴洛克式装饰，尤其是豪华的楼梯和电梯，对于建筑爱好者来说简直就是天堂。

邮局内景中的豪华装修吸引眼球

Map p.63/B3 TEL 5510-2999

URL www.palaciopostal.gob.mx

入场 周一～周五 8:00~20:00、周六 · 周日 9:00~15:00

费 免费

市区游览时换种心情去看看也不错

● 多文化博物馆 Museo Nacional de las Culturas

从埃及、美索不达米亚等古代文明到亚洲、大洋洲文明，该博物馆介绍了除墨西哥以外世界各地的多样文化。虽然木乃伊石棺及雅典雕像等是复制品，但是同时会举办展示真品的展览活动。

Map p.63/C4 TEL 5542-0484 URL www.museodelasculturas.mx

入场 周一～周日 10:00~17:00 费 免费

● 霍奇米尔科的娃娃岛

还遗留着阿兹特克时代水路的霍奇米尔科（→ p.80）有一座令人毛骨悚然的娃娃岛 La Isla de las Munecas。岛上的一位男性居民长年累月不断地将娃娃悬挂在树上，这里已经成为世界著名的悬疑景点。

沿着水路从数个地方都可以见到娃娃岛，可以坐观光船游览

3 墨西哥国家宫 P.67

阿兹特克帝国蒙特苏马二世曾经居住的神殿被西班牙征服者科尔特斯破坏，之后在此遗址上建造了庞大的宫殿作为殖民地据点。这里俨然就是墨西哥历史的象征。

阶梯转角处的画作是里维拉的最好作品

通过艺术巨匠里维拉的壁画了解历史

国家宫内由迭戈 · 里维拉所作的名为《墨西哥的历史》的壁画绝对值得一看。描绘了西班牙人到来前阿兹特克帝国居民的生活等，惟妙惟肖地再现了古代的风土人情。

墨西哥城变更正式名称

2016 年 1 月起，墨西哥城的正式名称变更为 Ciudad de México（墨西哥市），简称“CDMX”。在此之前行政名称为 Distrito Federal（联邦区），简称“D.F.”。

市区巴士和出租车上也突出展示了新名称“CDMX”

位于 H 埃斯孔迪多帕拉伊索酒店内的观景温泉 Pozas Termales。从平台状的露天浴池可以眺望到绝佳的风景

造访未知景观

引人入胜的1 day之旅

在墨西哥城近郊散落着许多不为外国旅行者所知的充满魅力的观光点。去走访一下托兰通戈溶洞温泉和灵力汇集地——伯纳尔巨石吧。

温泉水汇入河流使之成为天然的流动泳池

走入被大自然环抱的绝美温泉乡
托兰通戈溶洞温泉
Grutas Tolantongo

Map p.51/A1

位于墨西哥城以北约 164 公里处，隐藏在伊达尔戈州深山里的隐秘景点。依照山体斜面建造的引温泉水自然流入流出的露天浴池、瀑布下泉水喷涌而出的洞穴、可以享受天然温泉水敲击肩背的河流，等等，绝对是世间少有的绝妙温泉。可以从首都出发一日往返，也可以在当地住一晚，很受家庭游客的喜爱。

山林间滑翔的滑索 M$65~175

■交通

从墨西哥城的巴士北站出发前往伊斯米基尔潘 Ixmiquilpan，耗时 3 小时（每天 4:30~23:59，Ovnibus 公司和 Flecha Roja 公司每小时发 1~5 班车，费用 M$148）。从伊斯米基尔潘的长途巴士站出发，乘坐市内小巴前往市场（耗时约 10 分钟，费用 M$5.5），然后步行前往约 500 米远的圣安东尼奥教堂附近的巴士总站，坐车前往托兰通戈溶洞温泉（耗时约 1.5 小时，周一～周四 13:30 只有 1 班，周五～周日 10:00、11:30、13:30、15:30、17:00 发车，费用 M$48）。

■步行方法

托兰通戈温泉乡（URL www.grutastolantongo.com.mx）的入场时间为每天 7:00~20:00，门票为 1 天 M$140（5 岁以下免费）。距离山上的入口大门约 2 公里的 H 格鲁塔斯 Grutas 和下行约 300 米的 H 埃斯孔迪多帕拉伊索 Paraiso Escondido 之间有巴士（M$5）不定期往返。两地之间有步行道连接。

■住宿

H 埃斯孔迪多帕拉伊索 Paraiso Escondido（TEL 045-722-126-5156 手机 费 ⒹM$640~）共 63 间房。大受欢迎的观景温泉（营 每天 7:00~20:00）也是这家酒店的设施之一。H 格鲁塔斯 Grutas（TEL 045-722-721-0815 手机 费 ⒹM$760~）共 100 间房，位于溶洞温泉的北侧。两家酒店周末均会人满为患，不可以预约，当天先到先得。河边有免费的露营地（帐篷租借费是 24 小时 M$110~）。

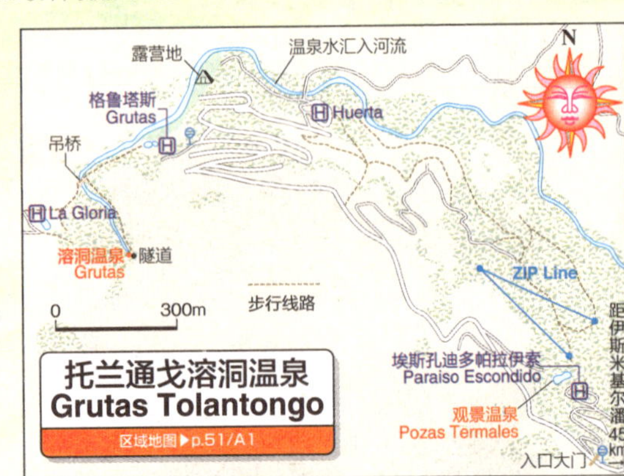

拔地而起，高 350 米的巨大岩石。该地是电影《第三类接触》的取景地，据说 UFO 时常在此出现

从首都出发去远足

墨西哥城出发的旅行

墨西哥城的旅行社推出了托兰通戈溶洞温泉（US$85~）和伯纳尔巨石（US$185~）之旅。3 人以上报名才可以参加（当然 1~2 人参加时可以包团）。

下 / 途中不乏特产小屋和墨西哥饼 taco 摊

右 / 数千名游客在春分日造访此处，伯纳尔镇的广场上会表演康切罗斯舞

独立巨石拔地而起的灵力汇集地

伯纳尔巨石

Peña de Bernal

Map p.121/A2

世界第三大独立岩石——伯纳尔巨石作为收集宇宙磁力的高山，是受印第安土著人敬仰崇拜的圣地。2009 年，作为“欧托密族的记忆和传统伯纳尔的祭祀”被列为世界非物质文化遗产，也是传说中的灵力聚集地。

■交通

从墨西哥城的巴士北站出发前往克雷塔罗，耗时 3 小时（ENT、Primera 等每小时数班 费 M$255~）。乘坐克雷塔罗巴士总站出发开往托利曼 Toliman 的二等巴士前往伯纳尔镇，耗时约 70 分钟（每小时 1~2 班车 费 M$48）。

■步行方法

伯纳尔的巴士站位于街道边。从巴士站出发步行 5 分钟左右就可以到达圣塞巴斯汀教区教堂所在的中央广场。边走边观赏巨大的独立岩石，慢慢地就远离了小镇，看到了西北侧售货摊密布的山道。步行至半山腰的观景台需 30~40 分钟。

■住宿

建议入住克雷塔罗的酒店，当然入住伯纳尔当地的酒店也是一种乐趣。共 12 间客房的Ⓗ卡萨马雕酒店 Casa Mateo（TEL（441）296-4472 URL www.hotelcasamateo.com.mx 费 ⒹM$1420~）。共 15 间客房的Ⓗ唐波菲里奥酒店 Don Porfirio（TEL（441）296-4052 URL www.hoteldonporfirio.mex.tl 费 ⒹM$700~）。

Viaje de excursión

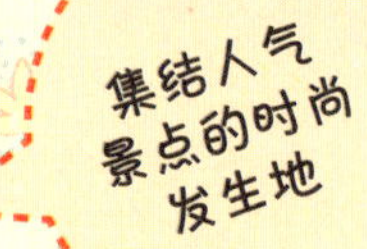

集结人气景点的时尚发生地

向着 正当红的罗马&康德萨地区 GO!

Roma & Condesa

罗马 & 康德萨地区在年轻人当中炙手可热（Map 文前图② /B1）。拥有繁多的精致咖啡馆和夜间景点，前去体验一下动感十足的夜晚也是不错的选择。

STREET

介绍适合散步的道路，其间分布着公园和画廊等。

❷Álvaro Obregón阿尔瓦罗·奥布雷贡大道，是罗马区最大的繁华街道。餐厅&咖啡馆、酒吧、精品店等鳞次栉比（每周六、周日中央分隔带的散步小道上会举办古董市集）。

❶El Oro（埃尔奥罗）大道，每周六、周日在此举办哈桑（露天市场），除了墨西哥饼等小点心，还可以在此寻找民间艺术品和日用杂货。道路尽头是四条大道交错的西贝莱斯喷泉Cibeles。

❸CORIMA科利马大道，是时装店和精品店云集的时尚一条街。此外，日用杂货店和画廊众多，随意走走看看吧。

❹Nuevo León新莱昂大道，是本区的一大亮点，不仅人气咖啡馆和时装很多，而且也不乏各种夜间景点。大道以东的墨西哥公园举办各种活动，推荐前去散步和放松。

CAFE

精致的咖啡馆散布各处
几乎所有的咖啡馆都免费提供 Wi-Fi。

上左 / 炸玉米粉圆饼 M$35
上右 / 卡布奇诺和茶的混合饮料 Tepuchino M$47
右 / 很受当地学生的欢迎

面朝墨西哥公园的场所 埃尔奥乔 EL OCHO

有些座位可以通过屏幕挑选菜品，且全菜单附带菜色照片。可以挑选的饮料种类很多，完全可以当作酒吧。和其他客人一起玩游戏一起狂欢吧。

Wi-Fi 免费
Map p.25　住 Av.México No.111 esq.Chilpancingo
TEL（55）5584-0032
营 每天 8:00~24:00（周四 ~ 周六 ~ 次日 1:00）
CC A M V

最适合欣赏街景

拥有开放露台的时尚咖啡馆 托斯卡诺咖啡馆 CAFÉ TOSCANO

炉子烤制的比萨和新鲜水果混合果汁大受欢迎。冰镇咖啡要价 M$30。在康德萨区开有分店。

Wi-Fi 免费
Map p.25　住 Orizaba No.42
TEL（55）5533-5444　营 每天 7:30~23:00（周五、周六 ~24:00，周日 8:00~24:00）
CC M V

左 / 卡布奇诺 M$39
下 / 玛格丽特比萨 M$165

NIGHT SPOT

精致的俱乐部和酒吧数不胜数，尽情狂欢到深夜！

一直都座无虚席，周末请事先预约或者早早进店

架子上都是从墨西哥全国各地收集来的龙舌兰酒

夜晚必去地点收录其中！
国家酒吧
LA NACIONAL

罗马区著名的龙舌兰酒吧。除了龙舌兰酒，还提供种类丰富的鸡尾酒。类似的酒吧仅该地区就有 10 家左右，连串几家完全 OK。Wi-Fi 免费

上／龙舌兰蒸馏酒 M$55 免费赠送蔬菜拼盘和橙汁
下／Molcajetes 出品的牛油果酱 M$65

Map p.25　住 Orizaba No.161，esq. Querétaro
TEL（55）5264-3106　营 每天 17:00~次日 1:00（周四~周六~次日 2:00）
CC A M V

西班牙公园附近的老字号俱乐部
百黛庄园
PATA NEGRA

该俱乐部从开业就会一直宾客盈门。19:00 开始，一楼表演吉他演奏等节目。每周末二楼不定期从 23:00 开始进行萨尔萨乐队演奏表演。

气氛轻松包容，可以无负担入内

Map p.25　住 Tamaulipas No.30　TEL（55）5211-5563
URL patanegra.com.mx　营 每天 13:30~次日 4:00
CC A M V　Wi-Fi 免费

跳起哥伦比亚萨尔萨舞
莫吉托俱乐部
MOJITO ROOM

外国客人络绎不绝的萨尔萨舞俱乐部。21:00 开始有萨尔萨舞免费教学课程。专属乐队的演奏在每周五、周六的 23:00 准时奏响，古巴人乐队的收费音乐会（M$150~）大概每月举办 1 次。

位于 Nuevo León 新莱昂的繁华街道

Map p.25　住 Nuevo León No.81　TEL（55）5286-6316
URL www.mojitoroom.com　营 周二~周六 19:00~次日 2:00　CC A M V

去龙舌兰专门酒吧品味当地出产的美酒吧♪

以龙舌兰为原料酿造而成的龙舌兰蒸馏酒受到墨西哥年轻人的广泛喜爱，专卖龙舌兰酒的酒吧——龙舌兰专门酒吧的数量也在持续增加。罗马区 & 康德萨区有很多人气店铺，放松心情尽情体验其中的氛围吧。果味龙舌兰酒香甜可口，很受女性的欢迎。另外，著名的 Tequila 酒也是龙舌兰酒的一种，只有由哈利斯科州等特定产地及特定品种制造而成的龙舌兰酒才能被称为 Tequila。

哈利斯科州等地是著名的龙舌兰酒的产地

里维拉 奥罗兹柯 西凯罗斯

通过三大巨匠的壁画切身感受历史吧

国家宫内装饰着的迭戈·里维拉的《墨西哥的历史》绝对不容错过

Picture Mural en CDMX

与 1910~1940 年间跌宕的革命时代紧密相连的墨西哥壁画运动是洋溢着爱国热情和自由思想的艺术革命。让普通民众在任何想欣赏壁画的时候都能看到它，这才是不被束缚的自由灵魂艺术。革命后，在政府的支持下创作的 1400 多件作品遍布政府机关、学校、宫殿等人群集中的场所。大字不识的普通民众通过被誉为“壁画三大巨匠”的迭戈·里维拉、琼斯·克里门特·奥罗兹柯和大卫·阿尔法罗·西凯罗斯创作的壁画了解历史，从中获得启蒙未来的智慧。

不仅在首都墨西哥城，在国家宫和查普尔特佩克城 Chapultepec 等都绘有壁画，鉴赏点不胜枚举。尽情去体验气势磅礴的墨西哥壁画吧！

可以欣赏拥有世界上最大规模壁画的学园都市

墨西哥国家自治大学

Universidad Nacional Autónoma de México (UNAM)

是美洲大陆历史第二悠久的大学，2007 年中央校区被列为世界文化遗产。其艺术象征是四面被壁画覆盖的中央图书馆，上面描绘着由胡安·奥古尔曼创作的世界上最大规模的镶嵌型壁画。另外，图书馆南侧的主楼建筑上描绘着阿尔法罗·西凯罗斯的作品。该壁画呈立体状，取名为《民众走向大学，大学深入民众》。

因为大学对外开放，可以悠然欣赏已经成为世界遗产的壁画。隔着 Insurgentes 大道，校舍以西的奥林匹克体育场也是校园的一部分，该体育场入口处的墙面也描绘着迭戈·里维拉的巨幅作品。

墨西哥国家自治大学
→P.79
Map 文前图② /C1

上 / 墨西哥国家自治大学校园的中央图书馆墙上描绘的胡安·奥古尔曼创作的壁画。每一面都有各自的主题，北侧是阿兹特克文明，南侧是西班牙殖民地时代风格，东侧以宇宙为题材，西侧是校徽等以表现学生为主题的作品

右 / 巨匠阿尔法罗·西凯罗斯的立体画作品

中央省厅建筑内有 100 多幅壁画

墨西哥文化教育部

Secretaría de Educación Pública

墨西哥文化教育部
Map p.63/B4
入场 周一～周五 9:00~17:30
费 免费
TEL（55）5328-1067
URL www.sep.gob.mx

索卡洛广场（→p.66）以北 3 个街区，圣多明各广场南侧，坐落着统管教育的中央省厅。20 世纪 20 年代初，当时的文化大臣何塞·巴斯孔塞洛斯大力推动圣伊德方索学院发起的壁画运动。于是请里维拉等人参与世界上最大壁画的计划，因此文化部的建筑内被绘制了以“战后的人民”为创作主题的壁画。走廊部分是里维拉的壁画，包括全国各地的祭祀庆典、民众的生活文化、墨西哥革命时的画面，等等，每一层围绕各自主题进行创作。另外，西侧入口附近的阶梯部分是采用透视画法的西凯罗斯的作品，展现出无与伦比的强大力量。

上 / 阶梯部分的西凯罗斯的作品　他本人在美术生时代就投身革命，1930 年因参加激进的工会运动被捕

左 / 里维拉作品《革命诗》　中央部分描绘的是弗里达·卡罗　建筑物的第三层有很多壁画使人们重新认识了墨西哥革命

被誉为墨西哥壁画运动的发祥地

圣伊德方索学院

Antiguo Colegio de San Ildefonso

圣伊德方索学院
Map p.63/B4
入场 周二～周日 10:00~18:00（周二~20:00）
费 M$45（特别展览另收 M$25）
TEL（55）5702-2991
URL www.sanildefonso.org.mx

16 世纪建造的耶稣会学校，是墨西哥最早的国家高等学校。1922 年在建筑物内部描绘壁画的大型项目开始发端，当时意气风发的新锐艺术家里维拉和奥罗兹柯等投身其中。将院子四周围起来的正殿内壁和阶梯部分分别描绘着革命、基督教传教的功与罪、混血儿——麦士蒂索人诞生的过程等。

该学院位于大神庙的北侧，现在是由城市和自治大学等共同管理的文化会馆。除了举办绘画展和音乐会等，还会开展多种多样的活动。

上 / 里维拉在该学院最初完成的作品《创造》。以革命后脱胎换骨的墨西哥未来为主题，选用欧洲宗教美术的技法进行表现

右 / 奥罗兹柯作品《科尔特斯与马琳且》。部落首长的女儿马琳且命运跌宕起伏，成了科尔特斯的翻译，并孕育了他的孩子。二人间孕育的孩子就是混血儿——第一代麦士蒂索人

给城市以静谧的建筑革命

Barragàn Diseño

位于路易斯·巴拉干故居二层的客房，窗框被分成4部分，仿佛祭坛一般浮现在光线中，呈现十字架形状

让首都焕发光彩的 路易斯·巴拉干故居和工作室

路易斯·巴拉干的摩登建筑影响了全世界的设计师

路易斯·巴拉干的设计大胆地选用了粉色、黄色等鲜艳热烈的色调，超现实的墙壁构成，充分融入水、溶洞等自然要素。20世纪颇具代表性的建筑家路易斯·巴拉干的作品别具一格又富于乡愁，仿佛是表现墨西哥风土人情的抒情诗。2004年，"路易斯·巴拉干故居及工作室"入选世界文化遗产。被誉为梦幻建筑大师的巴拉干创作的作品，至今依然举世瞩目。去巡游墨西哥城及墨西哥州等地，参观巴拉干留下的私人宅邸、公共花园等宝贵遗产吧。

入选世界文化遗产的静谧空间

路易斯·巴拉干故居 Casa Luis Barragán

位于查普尔特佩克公园 Chapultepec 南侧的路易斯·巴拉干故居直至1988年巴拉干去世前，一直是他的活动中心，巴拉干在此度过了40年的光阴。故居拥有教堂般的庄严和静谧，阳光透过高高的窗户温柔地洒向地面，光与影在走廊愉快地起舞，仿佛是圣地的巡礼之路。使用光影交织的魔法创造出的敏感独特的治愈空间，让人如在美术馆欣赏绘画一般，想沉浸在这现代建筑的经典之中。

透过起居室巨大的落地窗可以眺望郁郁葱葱的院子。巴拉干庭院的特色就是大量采用别具一格的素材。九重葛、蓝花楹等花草组合搭配熔岩，突出表现了无处不在的大自然的威严。这种与简单、几何学式的现代建筑截然不同，个性十足的设计，至今依然启发着很多当代艺术家。

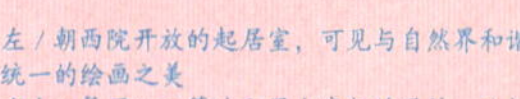

左/朝西院开放的起居室，可见与自然界和谐统一的绘画之美
右上/餐厅入口等地配置十字架的设计。巴拉干是出了名的虔诚的基督教徒
右下/像玩具一般设置的阶梯是巴拉干建筑的特色

路易斯·巴拉干故居 Map p.64/C2

住 General Francisco Ramírez 12-14，Col.Daniel Garza，México D.F. TEL（55）5515-4908

URL www.casaluisbarragan.org

入场 周一～周五 10:30~16:00，周六 10:30~12:00（需预约） 费 M$300

注：请至少在旅游前一天用西班牙语或者英语通过上述电话或者 URL 上记载的 E-mail 进行预约。淡季的时候，工作人员可能会好心允许进入，但是内部参观基本都是预约制的。

出色地表现动感空间

吉拉弟公寓
Casa Gilardi

巴拉干的代表作，也是他的封山之作，为吉拉弟设计的宅邸。鲜艳夺目的色调、用光与水设计出精妙绝伦的装饰，随处可见巴拉干设计的精髓。因为是私人宅邸，内部参观请电话预约。

位于查普尔特佩克公园南侧的宅邸

吉拉弟公寓

Map p.64/C2

住 General León No.82，Col.San Miguel Chapultepec，México D.F.

TEL（55）5271-3575

入场 每天 9:00~17:00（需预约）

费 M$200

市民休憩和会面的聚集地

饮马喷泉
Fuente del Bebedero

位于周边居民散步或者慢跑时造访的宁静公园的僻静处。用巨大的白墙和蓝墙截取树木苍翠欲滴的景观，不愧为大师巴拉干的空间表现艺术。喷泉本来是为了模仿映着倒影的水面而建造的，很遗憾的是现在已经干涸了。位于墨西哥州。

深受当地人喜爱的绿色公园

饮马喷泉

Map p.29

住 Av. Arboledas de la Hacienda，Atizapán de Zaragoza，Estado de México

市区北部的地标

卫星城塔
Torres Satélite

建于 1957~1958 年间的墨西哥象征性建筑。耸立在首都中心地区以北 10 公里左右的墨西哥州卫星城，其从交通繁忙的主干道上拔地而起的身姿，仿若超现实风格的雕像。建议包辆出租车前往（地铁 2 号线 Cuatro Caminos 站出发，乘坐沿 Manuel Avila Camacho 大道行驶的巴士约 20 分钟即可到达）。

市区北部兀自耸立的艳丽塔形建筑是巴拉干的代表作

卫星城塔 Map p.29

住 Blvd. Manuel Ávila Camacho（Anillo Periférico），Ciudad Satélite，Naucalpan de Juárez，Estado de México

路易斯·巴拉干简历

1902 年	出生于墨西哥州瓜达拉哈拉
1923 年	毕业于瓜达拉哈拉自由工科大学
1935 年	将活动中心转移到墨西哥城
1976 年	在纽约现代美术馆举办个人展览
1980 年	获得国际普立兹克建筑奖
1988 年	去世，享年 86 岁
2004 年	巴拉干故居被列为世界文化遗产

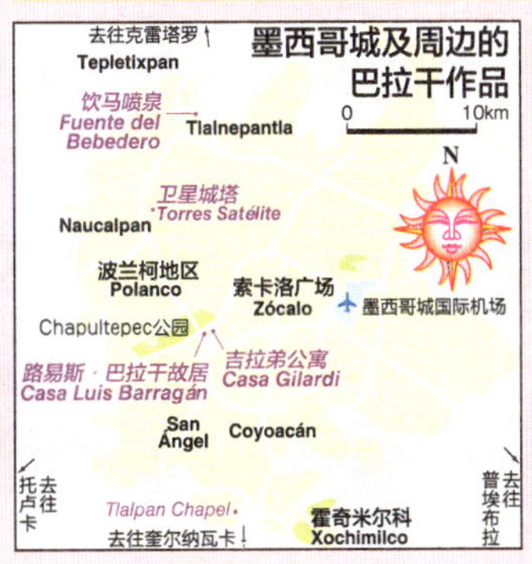

深度徜徉在墨西哥城 6

Deep in México City

出发去观战狂热的运动赛事吧！！

娱乐性极强的墨西哥运动是旅行的经典部分
快去看看被兴奋与狂热席卷的墨西哥城会场吧！

足球！斗牛！墨西哥摔角！

华丽的空中战构成比赛的看点

左下 / 在墨西哥，面具人代表善良的人
中 / 墨西哥竞技场是墨西哥摔角的殿堂
右上 / 性感的舞蹈引爆会场

墨西哥摔角 Lucha Libre

说起墨西哥普通民众的周末乐趣，一定是墨西哥摔角。善良的摔角选手必定会战胜邪恶的摔角选手，这种劝善惩恶式的故事情节单纯明快，长久以来墨西哥摔角已固定成为普通民众的娱乐活动。本来是作为劳苦大众逃避现实、消解郁闷的场所而汇聚了人气，所以所谓的中产阶层认为"这种运动是贫穷、毫无教养的人才会喜欢的东西"，对它敬而远之。但是近年来，墨西哥摔角作为充分展示美式风格的娱乐活动得到复兴，得到男女老少的广泛支持。墨西哥城内有两处著名的竞技场地，墨西哥竞技场比科里森竞技场面积更大，更具观赏性。

亚洲的摔角选手时常到墨西哥进行学习，墨西哥职业摔角比亚洲职业摔角更加独特。有展开华丽空中战的迷你摔角手、相声演员风格的摔角手、魔术师风格的摔角手，等等，极富娱乐性。摔角场和观众席距离很近，比赛中选手和观众可以相互说话，观众可以更加愉快地观战。比赛中观众的加油喝彩声也是墨西哥做派，非常有趣。只是赛后晚归时请务必注意安全。

会场入口处销售墨西哥摔角周边产品的小摊

●门票 & 信息：可以通过报摊出售的拳击 & 摔角专业杂志《Boxy Lucha》（周一刊）获得详细信息。杂志后半部分的 Programas de Lucha 会刊登一周内的摔角日程。也可以通过 Ticketmaster 网站确认（URL www.ticketmaster.com.mx）

墨西哥竞技场 Arena México

Map p.62/C2

住 Dr.Lavista No.197

比赛一般是每周二 19:30~ 和周五 20:30~（不定期，其他时间也有），2~3 小时。从地铁 1 号线的 Cuauhtémoc 站下车。步行约 5 分钟。

门票可以当天在会场的售票处购买，M$100~500。详情请咨询墨西哥竞技场内的 CMLL 办公室【TEL（55）5588-0266 营 周一～周五 9:00~15:00】或者售票点【TEL（55）5588-0508 URL www.cmll.com 营 周二 11:00~19:30、周五 11:00~20:30 ※周日若有比赛，11:00~17:00】。

科里森竞技场 Arena Coliseo

Map p.63/B4

住 Rep.de Perú No.77

比赛一般是每周日 17:00~，约 2 小时。从地铁 2 号线的 Allende 站出发，向北步行约 8 分钟。花 15 分钟从 Bellas Artes 出发，步行穿过人流繁多的广场附近到达可能会比较安全。

门票根据比赛等级和座席等级 M$40~200 不等。详情请咨询主办方墨西哥竞技场内的 CMLL 办公室（见上文）或者售票点【TEL（55）5526-7765 营 周日 11:00~14:00】。

足球
Fútbol

说起最受墨西哥国民喜爱的运动，那绝对是足球。两次举办足球世界杯的自豪感和唯一一个举办过奥运会的拉丁美洲国家一样，甚至更加荣耀。不仅 15 次踢进世界杯，1986 年在本国举办的世界杯上，甚至进入了前八，跻身世界强队之列。

上 / 进球后狂热欢呼的瓜达拉哈拉芝华士俱乐部的支持者
下 / 进球前的攻守牵动人心

该代表队的中坚力量是由 4 部分组成的专业联队。顶级联队是由 18 支队伍组成的甲级联赛 Primera División。7~12 月和 1~6 月两个赛季，每周六、周日举办赛事（赛季最后的 2~3 周进入淘汰赛，周三、周四也举办赛事）。

赢得全国性关注的超级俱乐部是以墨西哥城的阿兹特克球体育场为主场的美洲俱乐部和以哈利斯科球场为主场的瓜达拉哈拉芝华士竞技俱乐部。两者的对决被誉为“经典之战”，受到举国关注。

此外，墨西哥城是蓝十字竞技俱乐部（主场：蓝色体育馆 Estadio Azul）和 UNAM 国家自治大学俱乐部（主场：奥林匹克体育场）两大俱乐部的主场，美洲俱乐部参与其中的对战称为激动人心的德比之战。

左下 / 世界杯决赛场地，约可容纳 11 万人的阿兹特克球场
下 / 带孩子一起观赛的人很多，完全可以安心观战

●票 & 信息：大约比赛前 1 周开始售票。各大球场销售当日票。费用根据球场和座席的不同有所差别，大概在 M$50~600。当然也可以通过 Ticketmaster（TEL（55）5325-9000 URL www.ticketmaster.com.mx）等代理商进行预约。

阿兹特克体育场
Estadio Azteca

Map 文前图②/C1

在地铁 2 号线终点站 Taxqueña 站换乘地面电车，前往 Estadio Azteca 站约 15 分钟（M$5）。从车站出发步行约 3 分钟即可到达。

蓝色体育馆
Estadio Azul Map 文前图②/B1

从地铁 7 号线的 San Antonio 站下车，向东步行约 10 分钟。或者在地铁巴士 1 号线的 Ciudad de los Deportes 站下车，步行约 1 分钟。

右 / 能容纳 64000 人的墨西哥纪念碑斗牛场
上 / 斗牛士的精湛技艺使观众沉醉

超越运动范畴的墨西哥风景诗

斗牛
Corrida de Toros

斗牛历史悠久，据说起源于古雅典一罗马时代，当初是为了提振军队士气。现在斗牛作为西班牙国粹享誉全球。墨西哥在 16 世纪被西班牙征服后不久，斗牛运动随着牛被带入美洲大陆，之后一直广受欢迎。每年 10 月左右开始到次年 2 月是一流的斗牛士 Matador 出场的绝佳季节（3~9 月基本不举行斗牛）。这里有世界上最大的斗牛场——墨西哥纪念碑斗牛场，包含仪式的斗牛大约在周日的 16:00~18:00 举行。

斗牛士挥舞斗篷的方法都各有讲究。以体形硕大、力大无穷的牛为敌，自然惊险万分。尽管如此，将危险又高难度的技艺华丽且轻松地展现出来，方能展现男子汉气概，也正是斗牛的看点所在。斗牛之初，为了减弱公牛的体力，要对着公牛的背刺入长矛，但如果公牛伤势过重，后面的斗牛将毫无看点，场内会响起一片嘘声。刺入长矛后，观众和斗牛士仿佛融为一体，加油欢呼着欣赏精彩的表演。虽然无辜的公牛令人同情，但是暂时忘却这些，随着欢呼声一起嗨起来吧！1 天中出场的牛有 4~5 头。用清爽利落的技巧征服粗暴倔强的公牛的斗牛士，据其表现或许会被奖励牛耳。斗牛结束后，在热烈的喝彩声中斗牛士和助手绕场一周。此时你将充分感受到墨西哥人不可抵挡的狂热。

●票 & 信息：墨西哥纪念碑斗牛场前的售票点【TEL（55）5611-9020 URL www.lamexico.com 周四~周日 9:30~14:00、15:30~19:00】可以购票。售票点的窗口根据座席而不同。通常当天比赛开始前购票就可以买到想要的票，但是最便宜的座席窗口在即将开赛前往往会排起长队。

座席最前排的 Barrera 票价 M$160~。此外，从前往后分别是 1er.Tendido（M$120~）、2do.Tendido（M$110~）、Balcones（M$100~）、Lumbreras（M$100~）、Palcos（M$100~），最上面的 General 票价 M$65~，又分为向阳区 Sol 和遮阳区 Sombra（向阳区逆光看不清楚，所以便宜 3 成左右）。除了最便宜的 General，其他都是指定座位的。另外，3~9 月的斗牛淡季会举办年轻斗牛士和小牛的斗牛表演，票价仅为平常的 30%~50%。

Tendido 座席的 1er. 和 2do. 之间有通道，即使购入相对便宜的 2do.Tendido 的票，如果前列人少也可以下去观战。

也可以参加旅行社组织的斗牛观战旅行——Bullfight Tour 观赏斗牛，价格略高。一般多是最前排的 Barrera 座位。

斗牛场前矗立的斗牛士像

墨西哥纪念碑斗牛场
Plaza México

Map文前图②/B1

从地铁 7 号线 San Antonio 站下车，往东步行约 10 分钟。从地铁巴士 1 号线的 Ciudad de los Deportes 站下车，往西步行约 5 分钟。

斗牛场的正大门入口处。可以当日购票

Recorrido de Frida Kahlo

追忆弗里达·卡罗一日游

弗里达·卡罗是墨西哥具有代表性的女性画家。交织着与壁画巨匠迭戈·里维拉的婚姻生活、与托洛斯基的爱恋、自身的伤痛和不治之症、复杂的家庭情况等，她 47 岁的生涯仿佛一部电影、一场话剧。

弗里达·卡罗在墨西哥城度过了大半生，这里有很多与她有渊源的地方。从展示绘画作品的美术馆，到她生活的家和工作室，等等，前去寻访她的足迹吧。

出生地弗里达·卡罗博物馆收藏的作品《西瓜"生命万岁"》。是疑似自杀身亡的弗里达逝世之年 1954 年的作品

美术馆巡礼 鉴赏绘画作品吧

收藏弗里达·卡罗的作品最为丰富的是多洛雷斯·奥尔梅多·帕蒂诺美术馆（→ p.80）。大富豪多洛雷斯的夫人广泛结交艺术友人，与迭戈·里维拉和弗里达·卡罗的关系也很亲密。多洛雷斯夫人热衷于收藏弗里达·卡罗的作品，并将自己的豪宅改建成美术馆对外开放，特别设置了弗里达作品展示间，展出有《奶妈和我》（1937 年）、《轻微的刺伤》（1935 年）等约 20 件画作。另外，在其他房间也随处可见弗里达·卡罗生前的照片。

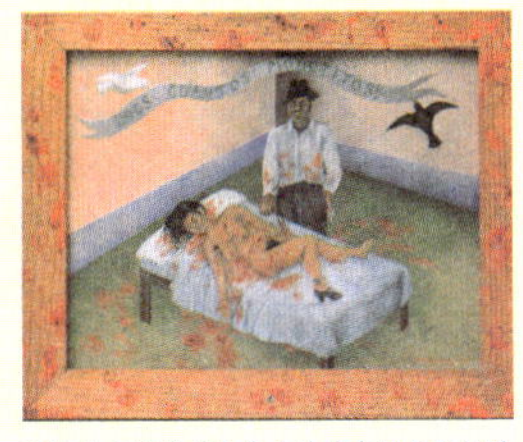

通过丈夫里维拉和自己妹妹克里斯汀娜的背叛来表现自身痛苦的作品《轻微的刺伤》

弗里达出生地弗里达·卡罗博物馆（→ p.76）收藏的画作数量仅次于多洛雷斯·奥尔梅多·帕蒂诺美术馆。这里展示了久居病床，一边与病魔作斗争一边坚持不懈绘制的未完之作《我的家人》（1949 年）等约 10 件画作。另外，位于查普尔特佩克公园的近代美术馆（→ p.71）展示着她的名作《两个弗里达》（1939 年）。虽然现代艺术博物馆仅收藏了一件弗里达的作品，但是里维拉和鲁菲诺·塔马约等现代美术界的大师作品很齐全，值得前去鉴赏。

住所&工作室 管窥波澜万丈的人生

要想了解弗里达·卡罗的一生，请一定要前往弗里达·卡罗博物馆。有着"蓝房子"爱称的建筑位于科约阿坎区，拥有蓝色的外墙。这里不仅收藏着众多弗里达的绘画作品，而且保留着数量繁多的遗物。弗里达·卡罗在此出生，和迭戈·里维拉一起在此生活，并在此去世。博物馆给人一种弗里达至今还生活在这里的错觉，因为原样保留着各种各样的生活和创作遗物。弗里达相信共产主义，她和俄国革命英雄利昂·托洛茨基关系亲密。从这里去往她这一挚友晚年度过亡命生活的寓所利昂·托洛茨基博物馆（→ p.76）大约需步行 3 分钟。

右侧的蓝色建筑是弗里达·卡罗的家，紧邻迭戈·里维拉的家

弗里达·卡罗博物馆内保留着她作画的工作室

迭戈·里维拉和弗里达·卡罗之家（→ p.77）位于与科约阿坎区西侧相邻的圣安吉尔区。1934~1940 年，两人在这里生活。虽然这里没有遗留下她的作品，但是还保留着她的工作室。粉红、雪白外墙的大栋房子是里维拉的，蓝色小栋房子是弗里达的，两栋房子通过桥相互连接。

在晚餐秀
或者剧场
欣赏舞蹈！

给旅行一抹艳丽的色彩

墨西哥传统

在梅里达市政厅前表演尤卡坦舞蹈的演员们

墨西哥是音乐舞蹈的宝库。

从起源于印第安土著人的舞蹈，到从西班牙等欧洲国家传入的舞蹈，墨西哥各地传承发展着多种多样的舞蹈形式。

快去穿上五彩的服装，跟随着拉丁舞的旋律，舞动起来吧。

YUCATÁN
尤卡坦州

管弦乐加入碗状打击乐器——定音鼓，组成了尤卡坦传统音乐哈拉那。与这种演奏相匹配的舞蹈中，男性的服装酷似韦拉克鲁斯地区的服装，女性的服装是白底大花，将当地的微披尔服装改进得更为华丽。

舞曲种类繁多，涵盖头上顶着装有杯子的盆子的舞蹈、以斗牛为题材的舞蹈、织布织衣服等各种各样的内容。

梅里达桑塔露琪亚公园的表演。女性穿着微披尔，佩戴饰品，非常美丽

鉴赏地

哈拉那舞的大本营——梅里达市内，在索卡洛广场、桑塔露琪亚公园、尤卡坦大学等地，每周定期举办舞蹈表演。在坎昆，以游客为主的餐馆会举办舞蹈晚餐秀。

舞蹈

Danza Tradicional

上 / 瓦哈卡的盖拉盖查节上表演的羽毛舞
右 / 手捧菠萝翩翩起舞

可以在瓦哈卡中心的酒店轻松体验舞蹈的魅力

鉴赏地

盖拉盖查节期间以外，在瓦哈卡市内的餐馆会演出瓦哈卡各地的传统舞蹈。Ⓡ Monte Albán（→ p.265）每周举办数次针对游客的舞蹈表演，可以愉快观赏。

OAXACA

瓦哈卡州

瓦哈卡州各地印第安土著文化浓郁，传承了土著文化的音乐和舞蹈。每年 7 月举办的盖拉盖查节会展示 7 种地方舞蹈。瓦哈卡州各地文化各异，沿海地区舞蹈以投网捕鱼和捡拾海龟卵等为题材，山林地区舞蹈多表现播种和丰收等农业活动等内容，通过舞蹈反映地域特色。

比较具有代表性的舞蹈有头上佩戴羽毛饰品起舞的舞蹈、穿着艳丽服饰手捧菠萝的舞蹈、展示黑色布料上精美绝伦刺绣的舞蹈，等等。

上 / 夏洛楚舞蹈中一袭纯白的舞者令人心醉神迷
下 / 吉他、竖琴等推动舞蹈氛围

VERACRUZ

韦拉克鲁斯州

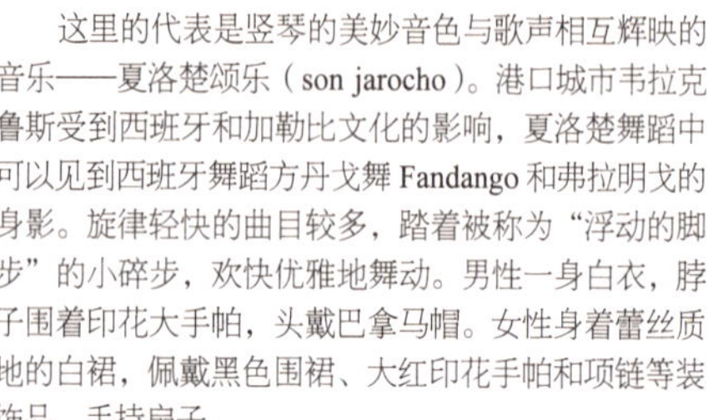

这里的代表是竖琴的美妙音色与歌声相互辉映的音乐——夏洛楚颂乐（son jarocho）。港口城市韦拉克鲁斯受到西班牙和加勒比文化的影响，夏洛楚舞蹈中可以见到西班牙舞蹈方丹戈舞 Fandango 和弗拉明戈的身影。旋律轻快的曲目较多，踏着被称为“浮动的脚步”的小碎步，欢快优雅地舞动。男性一身白衣，脖子围着印花大手帕，头戴巴拿马帽。女性身着蕾丝质地的白裙，佩戴黑色围裙、大红印花手帕和项链等装饰品，手持扇子。

代表曲目很多，不乏带有令人哀伤潸然的旋律的歌曲。其中《La Bamba》是 1987 年美国金曲榜排名第一位的歌曲的原作。

鉴赏地

韦拉克鲁斯的阿玛斯广场等地有专门舞台，当地舞蹈团每周约表演 3 次。在韦拉克鲁斯州的帕潘特拉有沿袭倒吊着旋转飞跃的托托纳克族古老仪式的飞人表演 Voladores，而北部地区盛行瓦斯特卡舞。

JALISCO

哈利斯科州

作为“流浪音乐”（Mariachi）的发祥地而为人熟知的哈利斯科州。伴着流浪音乐乐团的演奏舞动的哈利斯科舞蹈，作为墨西哥舞蹈的象征之一受到广泛的关注。女性穿着特定服装，挥舞大裙摆，大胆且优雅地舞动。男性穿着牧童贵族的套装、金色扣子装饰的服装和靴子，头戴宽边帽，威风凛凛地舞动。

代表曲目《骑士舞》（*Jarabe Tapatio*）被誉为墨西哥的第二国歌，想必所有的人都听过这首曲子。此外，蛇蜿蜒爬行惊吓妇女、驯服烈马等以动物为题材的内容也很多。以投绳为题材的舞蹈是哈利斯科州独一无二的演出节目之一。

鉴赏地

在哈利斯科舞蹈大本营——瓜达拉哈拉，德高加特剧场会不定期举办演出，在郊外特拉克帕克的餐厅可以观赏舞蹈表演。

上 / 亮眼的裙子大幅摆动起舞
下 / 男性舞者伴着音乐展示投绳技巧

裙子的花纹各有不同

鉴赏点

在比亚埃尔莫萨等地，每逢祭祀和节日，当地舞蹈团在城市中心的胡亚雷斯公园等地表演塔瓦斯科州的舞蹈。

TABASCO
塔瓦斯科州

塔瓦斯科州盛行木琴和起源于印第安土著人的大鼓等乐器相融合的合奏音乐。伴随着这种音乐踏着舞步，演绎活泼欢快的舞蹈。男性的服装是上下一身白色，脖子围着大红印花手帕，头戴巴拿马帽，酷似韦拉克鲁斯地区的风格。另外，女性多半下身穿着花裙子，上身穿着胸口和两袖带花纹的白色罩衫，头戴鲜花，佩戴项链等装饰品。

MICHOACÁN
米却肯州

以 Purhepecha 族为首，印第安土著文化深植其中的米却肯州，舞蹈曲目的音乐多由小提琴演奏，当然也有管乐器演奏的热闹欢快的旋律。舞者赤脚或者穿着草鞋跳舞。男性穿着下摆带有花纹的白底裤子，有时上身着彩色披衣。女性多数穿着层叠繁复的裙子，稍稍提起裙摆，双脚擦地轻轻舞蹈。

“老人舞”是年轻人佩戴老人假面，滑稽地表演老人返老还童后跳舞的样子，颇受欢迎。另有一种舞蹈是将酒瓶放置在地上，男男女女跳来跨去地跳舞。

鉴赏地

帕茨夸罗的 11 中庭之馆不定期上演由孩子们表演的“老人舞”（仅限旅游旺季）。

在帕茨夸罗等地，伴随音乐跳起“老人舞”

吹起海螺表演开始

源自阿兹特克文明的康切罗斯舞

在墨西哥城等中央高原地带，可以观赏源自阿兹特克文明的舞蹈“康切罗斯舞”。舞步和服装虽说源自阿兹特克，但是就该舞蹈是献给基督教神明这一点就已经和阿兹特克时代迥然不同。所使用的管弦乐受到西班牙的影响，该乐器是用犰狳的铁皮（康切）制作而成，康切罗斯舞也因此得名。

男性佩戴带有阿兹特克风格饰品的衣物，女性穿着同样装饰的裙子，男女都头戴插有长羽毛的头冠。舞者中间，有不少印第安土著为了获得认同跳起了康切罗斯舞。

鉴赏地

除了周末可以在墨西哥城索洛卡看到人们跳着康切罗斯舞，在各地的祭祀会场也经常可以见到这种舞蹈。

头饰和兽皮服饰令人印象深刻！作为阿兹特克时代流传下来的传统文化，各地的祭祀典礼上都有它的身影

根据节假日日历 体验盛大热闹的纪念活动

墨西哥各地的活动丰富多彩！

墨西哥人热衷举办盛大热闹的纪念活动。全年的每一天总有某个城镇、某个乡村正在举办祭祀庆典。从天主教的宗教活动，到市定纪念日、独立纪念日等政治仪式，城镇上演着游行、音乐和舞蹈等活动，热闹非凡。节假日前后会组织仪式庆典和各种公演节目，快去当地的旅游咨询处了解具体信息吧。

1月

1月1日 新年 Día de Año Nuevo

从大年夜的晚上直到新年清晨，全国各地载歌载舞，燃放烟花。有些地方还会举办农业祭祀。

1月6日 三王节 Día de los Reyes Magos

赠送孩子礼物的全国性传统节日。塔斯哥西南部用传统歌舞来庆祝该节日。

1月17日 圣安东尼节 Festival de los animales

在墨西哥城，将装饰着丝带、鲜花的狗、猫、牛和鸡等动物齐聚在市内的教堂，接受神的祝福。虽然这个仪式非常神圣，但是有一丝好笑。18~20日，在塔斯哥举办祝福动物的仪式。

2月

2月1日 圣母玛利亚救济日 Día de Candelaria

特拉科塔尔潘举办圣体游行和赶牛比赛、表演舞蹈等，为期10天。密特拉、埃尔图莱等瓦哈卡近郊的乡村，举行洗净仪式和圣体游行。在帕茨夸罗近郊的Tzintzuntzan村，舞蹈和游行将持续1周左右的时间。

埃尔图莱的圣体游行

2月中旬~3月中旬 嘉年华 Carnaval

节日期间，信奉天主教的墨西哥全境洋溢着欢乐活泼的气氛。韦拉克鲁斯、马萨特兰、拉巴斯的嘉年华规模盛大，会举行彩饰花车和彩装大游行。地方上会举行土著色彩浓厚的村庄祭祀庆典。

盛装打扮成女王的年轻女性是全场的焦点

3~4月

3月下旬~4月下旬 圣周 Semana Santa

指圣周期间（复活节），和嘉年华一样是全国性的长假。普埃布拉、阿瓜斯卡连特斯等地举行各种活动和表演耶稣受难剧。

可以在全国各地体验各种各样的活动

5~6月

5月下旬~6月下旬 基督圣体节 Festival de Corpus Cristo

于圣周后60天举办的宗教节日。墨西哥各地举行宗教仪式和祭祀典礼。帕潘特拉连续4天举办飞人表演Voladores。

7月

7月16日 圣母卡门节 Día de Carmen

在全国名为卡门的城市和教堂等地举办庆典。墨西哥的圣安吉尔举办浴佛仪式。

7月上旬~下旬 盖拉盖查节 Guelaguetza

墨西哥最负盛名的节日庆典之一，国内外游客蜂拥而至。在7月最后两个周一，除举办大规模的舞蹈盛典，还组织戏剧表演、运动竞技、龙舌兰酒展览等。

盖拉盖查节上举办龙舌兰酒展览

7月25日 圣迭戈节 Día de Santiago

在名为圣迭戈的城镇和教堂等地举办宗教礼拜和游行。在墨西哥城的三文化广场表演印第安土著的舞蹈。乌鲁阿潘举行游行等活动。

乌鲁阿潘盛大的庆典

9月

9月5日~21日左右

萨卡特卡斯节

Feria de Zacatecas

萨卡特卡斯的市定纪念日为8日，在之后的两周内持续庆祝狂欢。市内进行游行，郊外特别会场举办音乐会、斗牛等活动。有琳琅满目的露天市集。

萨卡特卡斯节的骑马游行队伍

9月13日~15日

圣克鲁斯奇迹节

Santa Cruz de los Milagros

克雷塔罗的丰达多雷斯广场上演康切罗斯舞，以印第安土著奇奇梅克族和西班牙军队的战争为题材。舞者数百人穿着阿兹特克服装，整个广场人山人海。

广场上表演阿兹特克舞蹈

9月16日

独立日

Día de Independencia

纪念墨西哥独立宣言的节日，从前一天的23:00开始，墨西哥各地相继发出“多洛雷斯呼声”。尤其是墨西哥城索卡洛广场，将聚集50万余人，声势浩大。独立日当天，举办军事游行等政治色彩浓厚的仪式。

主要建筑被涂上国旗的颜色以此庆祝独立

9月中旬~下旬

圣米格尔节

Fiesta de San Miguel Arcángel

在圣米格尔举办的庆典。表演传统舞蹈，举办选美比赛，进行巨型纸质人偶游行等。

9月30日

莫雷洛斯诞辰日

Cumpleaños de Morelos

独立运动的领袖莫雷洛斯的诞辰日。在他出生和成长的家乡——莫雷利亚举办庆典和游行。

10月

10月1日~30日

瓜达拉哈拉10月庆典

Fiestas de Octubre

瓜达拉哈拉为期1个月的庆典。在此期间内的周末进行彩饰花车和人们的游行，热闹非凡。组织各种表演活动和集市。

瓜达拉哈拉中心举办雕刻展等各种活动

10月上旬~下旬

国际塞万提斯艺术节

Festival Internacional Cervantino

瓜纳华托州举办的国际文化活动。在剧院和室外特设会场举办音乐、戏剧、美术等各色活动。

在历史渊源深厚的地区，各种活动持续到深夜

11月

11月2日

亡灵节 Día de Muertos

与中国的清明节相似，人们前往墓地扫墓，从墓地到家里进行假面巡游。帕茨夸罗近郊的Janitzio岛上有从前一晚开始燃烧一晚上的火把进行祈福的传统，来此观赏的游客较多。

临近亡灵节，小镇上到处可见骷髅样式的甜点

11月第三个周一

墨西哥革命纪念日

Día de la Revolución

为了纪念1910年爆发的墨西哥革命，全国各地举行游行、演讲等各种活动。尤其是墨西哥城内盛大的游行，不容错过。

12月

12月12日

瓜达卢佩圣母节

Día de Nuestra Señora de Guadalupe

祭祀墨西哥守护圣母的节日。源于圣母玛利亚显灵这一传说，是墨西哥最大的宗教仪式。在位于墨西哥城的瓜达卢普教堂，数十万的朝拜者纷至沓来。

瓜达卢普教堂前聚集的印第安土著人

12月16~24日

波萨达斯巡游

Posadas

在此期间，全国各地举行被称为波萨达斯的圣诞节点蜡烛巡游，再现了圣约瑟和圣玛利亚为诞下耶稣找寻栖身之所的场景。

12月23日

萝卜节

Noche de Rábanos

绞尽脑汁、精心雕刻的萝卜雕刻作品是庆祝基督诞生的瓦哈卡传统节日。可以欣赏索卡洛广场上展示的独具匠心的萝卜雕刻作品，还可以品尝独特的华夫饼。

墨西哥特色产品目录

墨西哥特色产品种类繁多。
起源于印第安的工艺品、
流行时尚品琳琅满目，一应俱全。
自用产品、
让朋友大吃一惊的特色产品种类繁多。
快去各地的特色产品店、民艺品市场、超市逛逛看吧。

※ 切记商品的价格根据购入场所、大小、品质和沟通方式不同而不同。

骸骨物件

意味着“生命起源”的墨西哥吉祥物。可在各地入手骸骨摆设、骸骨磁石等。

T恤

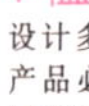

设计多样的特色产品必选项。以阿兹特克和玛雅文明为主题的T恤夺人眼球。

收纳小包

五颜六色、引人注目的收纳小包。危地马拉制品也很常见。

欧托密族的刺绣

印第安土著女性创作的可爱的刺绣作品。用途广泛，可以用作靠垫套、铺于桌子中央的装饰布等。

民族服装

用现代风格演绎传统题材的时尚服装颇有意思。刺绣、印花等种类多样，色彩绚烂。

银制品

在银产地墨西哥，银质耳环、手环等饰品应有尽有。

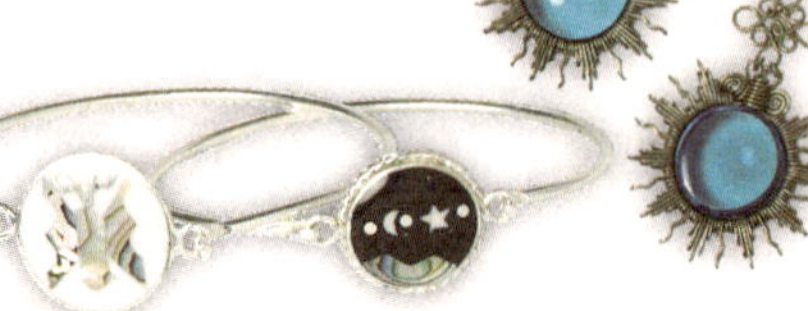

印第安土著人偶

在瓦哈卡和恰帕斯州的露天售货摊出售的民间工艺品。有些人偶附带磁石。

彩色披衣

七彩披衣，这才是墨西哥的产品。从沙发套大小到一个盘子大小，尺寸各异，应有尽有。

陶艺品

杯子、瓷砖等也是墨西哥代表性的工艺品。地方不同花纹各异。

玛雅贴纸

神庙内描绘的玛雅众神和动物图案的贴纸。时尚生动的图画令人印象深刻。

塔拉韦拉陶瓷

使餐桌明亮艳丽起来的器皿。是普埃布拉的特产，在当地随处可见。

明信片

讲述印第安土著生活蒸蒸日上的萨帕塔卡片等明信片上绘制有墨西哥特色图案。

宽边帽

戴上传统的宽边帽就是墨西哥范儿。颜色设计丰富多样，尺寸选择也很多。

墨西哥摔角手办

以墨西哥摔角的高人气摔角手为原型的塑料手办，高约 15 厘米。

想寻找各种特色食品
就去超市吧！

不止在当地，也想在回国后品味墨西哥味道。
对有这种想法的人，强烈推荐市场和超市等地销售的食材。
也可作为分享给他人的特产小礼物！

※ 超市销售的商品的金额以 2016 年 7 月份的数据为参照。

龙舌兰酒

墨西哥代表性蒸馏酒——龙舌兰酒绝对是毋庸置疑的特产。Tequila 等特定地区制造的特定产品才能被称为“Tequila 酒”。

炸猪皮
Chicharr ó n

猪皮炸成薯条形状的袋装食品。开袋即食或者作为煮汤原料。

炼乳焦糖
Cajeta

用山羊奶制成的牛奶糖，深受墨西哥人喜爱的小点心。除了固体糖还有糖酱。

蜂蜜

尤卡坦地区制造的100% 纯天然蜂蜜。是旅行早餐和下午茶不可或缺的食品。

巧克力饮料

瓦哈卡特产。用热水冲泡的巧克力饮料。加入肉桂，香味浓郁。

酒心巧克力

咖啡利口酒在口中慢慢化开的墨西哥名品特产。机场有售，在超市购买价格更加合算。

辣椒罐头

罐装辣椒。在炒菜或者汤里加入少许，就能让平凡无奇的菜色摇身变为墨西哥风味！

辣椒酱

将食物调成墨西哥风味的辣椒酱。据说灯笼椒酱最辣。

Maruchan 拉面

“Maruchan”深受墨西哥人的喜爱，堪称国民食物。灯笼椒口味、超辣炸鸡风味等辣味食品在中国也有不少受众。

爆米花

不用拆袋，微波炉直接加热即可品尝的爆米花。墨西哥辣椒 jalapeño chile 等墨西哥风味最 IN。

奇亚籽 Chia

“网红”健康食品奇亚籽，在产地墨西哥非常便宜。建议购买有机产品。

瓦哈卡芝士

没有怪味，味道清爽的瓦哈卡芝士。开袋即食或者做菜都很美味。

水果干

当地的孩子经常吃的一种粗点心。杧果干和苹果干上铺满辣椒酱的罕见味道。

M$20~

五彩芝麻

只要经过墨西哥人的手，连小小的芝麻都变得五颜六色！用在紫菜卷寿司上面，让食物变得华丽起来。

咖啡

墨西哥是世界著名的咖啡产地。公认恰帕斯州出产的咖啡品质上乘，速溶咖啡味道也不错。

M$20~

清汤粉

不仅可用于墨西哥料理，还可广泛用于其他菜品。呈粉末状，按分量取用。另外，墨西哥式的包装也颇有意思。

玉米粉圆饼

大众熟悉的墨西哥灵魂料理。玉米粉、小麦粉、全麦粉等种类丰富，价格实惠。

木槿花茶

颜色美丽，美容效果强大的木槿花茶，赠送女性一定大受欢迎。

M$25~

摩尔酱

选用巧克力和辣椒制作而成的著名美食——摩尔酱。可以在家里享受的墨西哥美味。

感动人心、热力四射的幸福美食！

Comida Mexicana

食物世界遗产

墨西哥料理达人
渡边庸生的烹饪讲座

品味墨西哥料理吧

墨西哥文化融合了玛雅、阿兹特克等印第安土著文化和西班牙文化，这种魅惑的文化还体现在无比和谐的料理上面。据说根据地方不同，食材和烹饪方法各异，味道也不尽相同，号称有 4000 多道菜品。2010 年，墨西哥传统料理因其独特的食材和烹饪方法等被联合国教科文组织列为“世界非物质文化遗产”。为了实现墨西哥美食之旅，我们在这里邀请了日本的墨西哥美食第一人渡边庸生先生为我们详细解说各地的地方菜和享用方法。

墨西哥料理的享用方法 基本料理、时令 etc.

墨西哥料理的基础是以玉米粉为素材的玉米粉圆饼。这就是所谓的“墨西哥主食”，正如中国人讲究米饭的种类，墨西哥人对玉米粉圆饼也很讲究。玉米粉圆饼中夹肉就是墨西哥饼（taco），用油炸就是炸玉米粉圆饼（tostadas），蘸上辣椒酱就是 enchilada。

既然墨西哥号称有 4000 多种料理，那就先从菜单目录中介绍的料理开始品尝。尤其是使用了摩尔酱的料理，堪称了解墨西哥博大精深的饮食文化的敲门砖。此外，在大众餐馆想品味多种菜色，可以点名为 Comida Corrida 的套餐，含有汤、前菜、主菜和甜点。

墨西哥料理没有时令性。全年都可以享用海鲜和水果。节假日期间会推出特别料理，如果时间合适一定要挑战一下。如在 9 月 16 日独立日前后会推出辣椒填入肉和水果的 Chiles en nogada，3~4 月的圣周（复活节）期间还可以在餐馆享用甜面包和水果料理。

可以享用具有代表性的墨西哥美食大拼盘

玉米粉圆饼入汤的料理又被称为 Sopa de Azteca

墨西哥卷饼（burrito）等玉米粉圆饼相关的料理多姿多彩

加入喜爱的洋葱葱再品尝

左 / 听着流浪音乐度过欢乐时光　中上 / 炖羊肉 birria 是瓜达拉哈拉的地方菜　快去品尝墨西哥各地的美食
中下 / 品尝美食时搭配墨西哥的鸡尾酒　右 / 销售墨西哥饼（taco）的小摊遍布城镇中心和旅游景点

未知的大众料理也很美味　在市场和小摊上感受老百姓的味蕾

因为食品卫生问题而远离所有的小摊那就太可惜了。想近距离感受墨西哥人的生活，首选露天售货摊和市场销售的老百姓日常食物。生吃有点可怕，可以选择好好煮熟的食物。

首推墨西哥饼摊上和墨西哥饼搭配出售的 Cebollita。这是类似大葱和小洋葱的中间部分的甜根菜，通过炭烤成为美食绝品。此外，墨西哥饼中的 Pastor，类似土耳其料理中的旋转烤肉（döner kebabı），调味却颇有墨西哥风味。技艺纯熟的师傅对着肉上的菠萝挥舞菜刀，再用玉米粉圆饼稳稳接住，仅仅旁观都是一种享受。

作为下酒菜，有很多墨西哥独有的菜式，比如油炸龙舌兰叶子上的青虫 Gusanos de Maguey 和炸猪皮 Chicharrón 等。炸猪皮使用的猪皮经过高原地区 2~3 天的日晒，已经很脆，用猪油一炸，瞬间膨胀。炸好后可作为前菜或者孩子的零食，也可以用来煮汤，熬煮成为一道料理。乍看非常廉价，其实是非常复杂精细的菜式。

品味当地料理，推荐市场内的大排档

墨西哥料理虽然较少为中国人所熟知，却很独特且历史悠久。所谓西餐中使用的重要食材：玉米、西红柿、土豆、巧克力、辣椒等其实是 16 世纪西班牙人从墨西哥带回欧洲的，约 3500 年前墨西哥就已经开始栽种玉米了。真希望越来越多的人能去品尝扎根于印第安土著文化传统中的墨西哥料理。

墨西哥料理菜单图鉴

墨西哥是广受全世界美食家关注的美食之国。
正因为调味料丰富，从浓厚的芝士料理到使用巧克力的摩尔酱料理，可以品尝多种香辛料构成的浓郁复杂的味道。
快去餐馆探寻未知美食，释放你的味蕾！

Comida Mexicana

Sopas & Entremeses ◆ 汤 & 前菜

墨西哥热花汤
Caldo Xochitl
鸡肉、牛油果、米饭等制成的汤。漂浮着香菜和酸橙片，味道清爽可口。

马塞维尔
Massewal
以西红柿和酸橙为基调，清爽不腻的尤卡坦地方特色汤。也可以加入玉米粉圆饼。

墨西哥青椒汤
Sopa de Poblano
加入芝士和各种蔬菜，味道浓醇的汤。普埃布拉的地方菜之一。

猪肉玉米汤
Pozole
猪头熬制的高汤内加入肉、大玉米粒、胡萝卜，是哈利斯科州和格雷罗州的名产。

墨西哥玉米薄脆汤
Sopa de Tortilla
以西红柿为主体的汤里漂浮着炸玉米粉圆饼的墨西哥料理（别名 Sopa de Azteca）。

墨西哥青柠鸡汤
Sopa de Lima
鸡肉和酸橙汁为基调的酸汤。推荐在食欲不佳时享用。

仙人掌沙拉
Ensalada de Nopalitos
以仙人掌嫩叶为食材的墨西哥著名沙拉。光滑顺溜的独特口感令人着迷。

柠檬汁腌鱼
Ceviche
白肉鱼和贝类配以西红柿和辣椒，浸在柠檬汁内的海鲜前菜。酸味很浓，非常健康。

牛油果酱
Guacamole
以牛油果为主，混合西红柿和辣椒的冷盘。用炸玉米粉圆饼片蘸着吃。

Carne ◆ 肉 菜

摩尔酱鸡
Pollo en Mole
鸡肉佐以辣椒、果实、巧克力等制成的摩尔酱，堪称墨西哥料理的最高杰作。

猪里脊排
Chuleta de Cerdo
用西红柿和莎莎辣椒酱（Salsa）等炖煮的猪里脊。普埃布拉地区的家常菜。

三色肉馅辣椒
Chiles en Nogada
大个辣椒内塞入猪肉末、杏仁、香蕉等，浇上生奶油、牛奶和石榴果粒。

慢火炖猪肉
Cochinita Pibil
用辣椒、醋等炖煮猪肉，然后包在香蕉叶中蒸熟的尤卡坦地方特色美食。

牛里脊肉排
Puntas de Filete
餐厅人气很旺的牛柳肉牛排。备有各种调味料只为释放牛肉的美味。

黑浇火鸡勒耶诺
Pavo en Relleno Negro
火鸡和煮鸡蛋配上肉丸子，浇上黑色酱汁，是尤卡坦地区的传统料理之一。

墨西哥式烤牛腩
Carne Asada a la Tampiqueña
牛柳肉切成薄薄的带状后进行烤制的墨西哥独特牛排。可在墨西哥各地品尝。

墨西哥熏肉
Cecina de Res
用各种辣椒浸泡而成的墨西哥风味烤肉料理（使用肉干）。辛辣的味道可勾起食欲。

白葡萄酒大蒜炖鸡
Pollo al Ajillo
鸡腿肉和大蒜、辣椒共同演绎的辛辣料理。味道比卖相更加清爽可口。

墨西哥烤鸡
Fajita de Pollo
法士达（Fajita）是烤制肉菜的总称。鸡肉和香味蔬菜的组合，此外牛横膈膜和猪肉也比较常见。

黑豆蓉烤鸡
Pollo Motuleño
烤鸡肉搭配黑豆蓉（Frijoles）和芝士，是尤卡坦地区的地方菜。墨西哥独有的一道美食。

尤卡坦风味烤鸡
Pollo a la Yucateca
用各种香辛料调味，烤制酥脆的尤卡坦风味鸡肉料理。也推荐作下酒菜。

【注意】菜单图鉴中的料理包含只在当地特色菜馆品尝得到的美食和餐馆不能提供的露天小摊美食。另外，根据餐馆的不同，有时同样的料理在名称上会有所差异。

Marisco ◆ 海鲜

鱼柳
Pescado de Filete
一般的鱼柳料理，出现在景点等游客聚集区。用香辛料和蔬菜制成的酱汁种类繁多。

韦拉克鲁斯酱汁鱼
Huachinango a la Veracuruzana
鲷鱼用西红柿、洋葱、白葡萄酒等制成的韦拉克鲁斯酱汁炖煮。是鱼类料理中墨西哥风格的典型代表。

阿卡普尔科风味蒜香烤虾
Camarones Al Mojo de Ajo
大蒜炒鲜虾，一道健康且简单的菜。韦拉克鲁斯是它的发源地，和酒精饮料很搭。

玛雅式鱼块
Tikin Xic
将鱼块浸入蔬菜和红酱汁中，用香蕉叶包好后蒸熟的尤卡坦地区特色料理。

海鲜饭
Paella
海鲜、鸡肉和藏红花掺米烹制成的西班牙杂烩菜饭。在墨西哥和各大景点都很受欢迎。

龙虾
Langosta
在墨西哥海滨可以品尝到新鲜的龙虾料理。可以自己选择烤制、水煮还是其他烹饪手法。

活用莎莎酱（Salsa）

莎莎是酱汁的意思。从墨西哥饼到牛排，墨西哥料理中有各式各样的莎莎酱（仅以辣椒为基调的就达数百种）。可以挑选适合自己口味的产品。

墨西哥酱
Salsa Mexicana
青色小辣椒、西红柿、洋葱制成的最普通的莎莎酱。该名称源自墨西哥国旗。

红汤红辣椒莎莎酱
Salsa de Chile Guajillo
将辣椒、西红柿、大蒜炒至微焦。香味和苦味的绝妙融合。

墨西哥传统红莎莎酱
Salsa Roja
和朝天椒类似的 Chile de Arbol 制成的超辣莎莎酱。适合重口味的人。

西式咸菜
Verduras en Escabeche
西式咸菜也是提升料理味道的好物。可以从西葫芦和胡萝卜中尝到墨西哥辣椒清爽的味道。

牧场莎莎酱
Salsa Ranchera
西红柿的甜味中透着青色小辣椒的辣味。广泛用于墨西哥的肉类和鱼类料理，中国人也不会觉得吃不惯。

青莎莎酱
Salsa Verde
绿色西红柿为基调，混合绿色小辣椒、洋葱、大蒜、牛油果，是极具代表性的莎莎酱。

畅快饮酒！

墨西哥料理和任何酒精饮料都很配。愉快享受美食必不可少的就是酒。干杯就喊“撒露”！（Salud！）

Tequila 的种类也很多。左边的 Hornitos 是采用 100% 蓝色龙舌兰草制造而成的高级酒。也有加入甘蔗以增加甜味的 Tequila。

啤酒种类同样丰富。从左到右分别是我们熟悉的 Corona、当地人气很旺的 Bohemia、清爽的 Sol、香醇的 DOS EQUIS XX、罐装较多的 Tecate。

Merienda ◆ 小 吃

墨西哥饼
Tacos
采用玉米粉圆饼的墨西哥代表性小吃。一般以牛肉作馅，当然也可以选择其他馅料和酱汁。

炸玉米粉圆饼
Tostadas
将玉米粉圆饼入油锅微炸制成的小吃。涂抹黑豆蓉（Frijoles），放上鸡肉、西红柿和生菜等。

墨西哥烩饼
Enchiladas
玉米粉圆饼内塞鸡肉等，撒上葱花和芝士粉，是风味淳朴的一道家庭菜。

索特比利茶
Tsotobilchay
玉米粉混合茶叶，加入肉末，用香蕉叶包好蒸熟制成。浇上莎莎酱吃。

油炸玉米粉饼
Quesadilla
玉米粉圆饼包芝士后烤制的简单菜式。是墨西哥人早餐必不可少的一道菜。

凯梭放迪多起司酱
Queso Fundido
用石锅或者土锅融化浓醇芝士的瓦哈卡州著名菜肴。一定要趁热吃。

猪肉黑豆炸玉米粉圆饼
Panuchos
玉米粉圆饼内加入黑豆蓉（Frijoles），用猪油炸制的尤卡坦州小吃。街角的露天小摊有售卖。

玉米粉圆饼鸡蛋
Huevos Veracuruzanos
玉米粉圆饼包鸡蛋，然后用黑豆蓉（Frijoles）炖煮再浇上芝士。很能填饱肚子的早餐。

墨西哥农夫早餐
Huevos Rancheros
玉米粉圆饼上放入荷包蛋，再浇上西红柿酱汁，颇有墨西哥风味的荷包蛋菜式。蛋黄的甜味融合酱汁的辣味，令人拍手叫绝。

炸猪皮
Chicharrón
猪皮是常见的食材。猪皮自然晒干后油炸，配酒堪称一绝。

蒸红薯
Camote
黑糖和桂皮给红薯添加甜味和香味。可以在各地的市场和街边见到。

玉米粉蒸肉
Tamales
街角售卖的起源于玛雅的菜式。将肉和蔬菜的馅料用玉米叶子包好蒸熟。

本系列已出版丛书：

涵盖世界70个国家和地区

墨西哥城及周边城市

Mexico City & Around

克雷塔罗州
Querétaro

Río Tula
Río Claro

托兰通戈溶洞温泉
Grutas Tolantongo
Hualula
Metztitlán
Meztquitilán
Tequisquiapan
San Juan del Río
Huichapan
伊斯米基尔潘
Ixmiquilpan
Actopan
伊达尔戈州
Hidalgo
Parque Nacional El Chico
米内拉尔·德尔蒙特
Mineral del Monte
Huachinango
Poza Rica
韦拉克鲁斯州
Veracruz
图拉古城遗址
Tula
Ajacuba
图拉遗迹
Tula
帕丘卡
Pachuca
Tulancingo
Yohualichán
Ahuacatlán
Cuetzalán
Zacatlán
Parque Nacional Eloxochitlan
Zacapoaxtla
Presa Huapango
Tepotzotlán
特奥蒂瓦坎古城遗迹
Teotihuacán
Apan
Teziutlán
Zaragoza
Acolman
Tlaxco
墨西哥州
México
德斯科科
Texcoco
Parque Nacional Zoquiapan y Anexos
特拉斯卡拉州
Tlaxcala
Apizaco
卡利斯特拉瓦卡遗迹
托卢卡
Toluca
墨西哥城
MEXICO CITY
卡卡希特拉
Cacaxtla
特拉斯卡拉
Tlaxcala
Oriental
墨西哥城联邦区
México D.F.
Parque Nacional Iztaccíhuatl-Popocatépetl
Huamantla
托卢卡火山
Nevado de Toluca
4680m
特奥特南戈遗迹
Tenango del Valle
韦霍钦戈
Huejotzingo
Parque Nacional La Malinche
El Seco
P.N. Nevado de Toluca
迪波斯特兰
Tepoztlán
Parque Nacional El Topozteco
乔鲁拉
Cholula
Tlachichuca
Tejupilco
库埃纳瓦卡
Cuernavaca
Yautepec
Oaxtepec
普埃布拉
Puebla
Tepeaca
霍齐卡尔科考古遗址
Xochicalco
波波卡特佩特火山
Presa Valsequillo
Orizaba
P.N. Grutas de Cacahuamilpa
Alpuyeca
Cuautla
Zacatepec
卡卡乌阿米鲁帕钟乳洞
Grutas de Cacahuamilpa
莫雷洛斯州
Morelos
塔斯科
Taxco
Izúcar de Matamoros
普埃布拉州
Puebla
Jojutla
Tehuacán
Iguala
N
0 40km
Río Atoyac
A
B
1
2

地区信息 Area Information

墨西哥城及周边城市

最受游客欢迎的遗迹之一——特奥蒂瓦坎古城遗址

聚　焦

墨西哥国内旅行者中同样人气不减的塔斯科街景

早在公元纪年前，以墨西哥城为中心的中央高原地带就已经孕育出了高度的文明。除了特奥蒂瓦坎古城，图拉、乔卢拉、霍奇卡尔科等西班牙富有代表性的遗迹也点缀其中。

被西班牙征服之后，16世纪开始兴建教堂。以教堂为中心建成的殖民地城市至今依然保存完好。尤其是墨西哥城和普埃布拉的历史街区，已经被列为世界文化遗产，绝对不容错过。此外，作为曾给西班牙带来巨大财富的银产地而繁盛起来的西班牙风格小城塔斯科，建于斜斜的山坡上，在此可以感受到独特的风情。

旅行指南

墨西哥城海拔2240米，温暖宜人。南下乘坐1小时左右的巴士，到达四季如春的库埃纳瓦卡，或者驱车向西行驶1小时到达寒冷的小城托卢卡。周边地区气候差异较大，不要止步于墨西哥城，也去周边城市度过悠闲的时光吧。尤其是尾气污染严重的旱季，与其徘徊在首都街头，不如暂时去周边城市躲避一下。

墨西哥城全年昼夜温差较大，请多准备一些衣物

交　通

墨西哥城是拉丁美洲的大门。航空网络发达，以墨西哥为起点，去往中美、加勒比海沿岸、南美各国等都非常便利。墨西哥航空公司开通了从中国飞墨西哥的航班，从上海也可直飞墨西哥城。

公路方面，与美国相邻的边境城市蒂华纳每天都有长途巴士。只是旅游淡季期间，乘坐墨西哥国内航班从蒂华纳飞往墨西哥的费用和长途巴士豪华座位的费用相差无几。

物价和购物

拉丁美洲国家的通病就是通货膨胀率较高，但是这对于以使用外币为主的游客来说影响不大。物价基本是指消费品、公共交通费等，总体感觉比中国便宜。但是与周边城市相比，不可否认首都墨西哥城繁华街道上餐饮等物价还是稍高。

在墨西哥城购物，除了从各地收集的民间艺术品（特别是塔斯科的银制品和印第安土著的绘画 Amate），还可以看到文化气息浓郁的照片集和墨西哥音乐 CD 等，琳琅满目，丰富多彩。

民间工艺品市场里有很多可爱的特色产品

墨西哥城及周边城市景点 TOP 3

1 特奥蒂瓦坎古城（→ p.92）
2 墨西哥城历史中心索卡洛广场及周边（→ p.66）
3 普埃布拉历史中心（→ p.96）

安全信息

墨西哥城作为一座大城市，聚集着来自全国各地的人们，因此在此地一定要十分注意安全。地铁、城市巴士等公共交通工具中以及在观光景点，一定要注意防范小偷。尽量避免夜晚出行。乘坐出租车时有被抢被盗的危险，因此在夜晚也不推荐打车（特指 Libre 类出租车）。

实际上，深夜不管是地铁也好巴士也罢，独自乘坐的年轻女性大有人在，因此不必过于紧张。墨西哥的治安状况相对其他中美国家来讲要好很多。尤其是墨西哥城作为首都，大部分的旅游景点都有专门的警察执勤巡逻。

尽可能避免独自一人乘坐地铁，相对更加安心

文化和历史

在中央高原建造了巨大都市的特奥蒂瓦坎文明，在 7 世纪突然中断，走向衰落。之后南部的乔鲁拉、霍齐卡尔科，北部的图拉作为城市重新崛起。这些城市在 10 世纪前后迎来鼎盛时期，直到阿兹特克帝国的出现，一直以中等城市的规模并存着。

埃尔南·科尔特斯率领的西班牙军，于 1521 年攻陷了阿兹特克帝国首都特诺奇蒂特兰（如今的墨西哥城）。此后被西班牙殖民统治期间，墨西哥城的阿兹特克神殿、宫殿都被一一破坏，在废墟之上建造了西班牙教堂。如今在特奥卡里大神庙还能看到仅存的一些原住民文明的神殿遗址。

在墨西哥大教堂背后残留的阿兹特克神殿遗迹——特奥卡里大神庙。象征墨西哥历史的遗迹

全年气候及最佳游玩季节

每年 11 月左右～次年 4 月为旱季，5~10 月为雨季。虽然旅行的最佳季节为雨水较少的旱季，但在雨季时参加生态旅行，欣赏热带绿植也同样充满了魅力。墨西哥的雨季虽然会有猛烈的疾风骤雨，但持续时间很短，因此即使是在雨季，当地人也很少会带伞出门。

墨西哥城废气污染比较严重，因此推荐雨季出行，此时的雾霾较少，天空也更加晴朗（即便如此也要随身带好润喉糖）。除了圣周和暑假之外，酒店的价格相对便宜，旅游景点的游客也相对较少。而在旱季有很多传统活动举行，因此前往墨西哥中央高原的最佳出行时间要取决于每个人不同的偏好。

墨西哥城的索卡洛广场上国旗飘扬

墨西哥城的全年气候表 单位：℃，mm

月　份	1	2	3	4	5	6	7	8	9	10	11	12	年平均值
最高气温	21.2	22.9	25.7	26.6	26.5	24.6	23.0	23.2	22.3	22.2	21.8	20.8	23.4
最低气温	5.8	7.1	9.2	10.8	11.7	12.2	11.5	11.6	11.5	9.8	7.9	6.6	9.6
平均气温	12.9	14.5	17.0	18.0	18.1	17.2	16.0	16.3	15.7	15.1	14.0	12.9	15.6
降 水 量	11.0	4.3	10.1	25.9	56.0	134.8	175.1	169.2	144.8	66.9	12.1	6.0	68.0

墨西哥城 *Mexico City*

拥有悠久历史的墨西哥首都

人　口	约 885 万
海　拔	2240 米
区　号	55

特色推荐！

★ 墨西哥国家人类学博物馆
★ 墨西哥大教堂
★ 黄墙 Ciudadela 市场找寻民间艺术品

活动信息

● 7月16日

在圣女卡门节这一天，圣安吉尔地区会以公园、剧院为舞台，举行鲜花节。鲜花节从1857年举办至今，在墨西哥也称得上是古老的传统节日，一般会持续两周。

● 9月16日

墨西哥独立纪念日最大的活动会在首都举行。独立日前一天，即9月15日晚上23:00，现任的墨西哥总统会站在墨西哥国家宫的观礼台上，带头高呼"墨西哥万岁"，并燃放烟花。16日这天，还有用灯光装饰街道并举行盛大的阅兵仪式。

● 12月12日

瓜达卢佩圣母节是墨西哥最大的宗教活动。瓜达卢佩圣母堂会聚集数十万的参拜者。

墨西哥城政府旅游局

FD 01-800-008-9090

URL www.mexicocity.gob.mx

索卡洛广场、阿兹特克帝国的特奥卡里大神庙、墨西哥大教堂相对而立

墨西哥城是阿兹特克帝国与西班牙殖民时期的旧址，并且作为中南美洲各国的中心，文化形态错综多样，是拥有885万人口（覆盖首都圈约有2000万人口）的大城市。

哥伦布发现的新大陆，在他登陆之前已经居住了高度文明的民族。而且墨西哥城的原住民阿兹特克人曾在特斯科科湖的岛屿上安家落户。特斯科科湖随着城市的不断发展，已经消失成了现在的盆地。"这就是梦幻的世界啊，我们口中都这样说着。高塔、神殿、建筑物都高高地矗立在水中，士兵中有人认为自己是在做梦，怀疑自己目睹的一切。"这是在埃尔南·科尔特斯指挥下，战胜阿兹特克帝国的军队军事记录官在初次目睹特诺奇蒂特兰，即如今的墨西哥城时记录的，令人难以置信的话语。

如今的墨西哥城，是将阿兹特克帝国夷平并将湖泊填埋，再在废墟上重新建立起众多西班牙风格建筑的城市。也可以说如今的首都是在尚未挖掘出来的巨大遗迹之上建造的城市。从墨西哥国家宫旁的特奥卡里大神庙以及三文化广场都可以看到市内矗立的阿兹特克神殿遗址。

COLUMNA

首都的标志性建筑——独立纪念碑

1910年，正值墨西哥独立100周年的高潮，由时任总统波费里奥·迪亚斯下令建造。墨西哥独立纪念碑坐落于墨西哥首都墨西哥城改革大道与佛罗伦萨的一个广场上（Map p.65/B4）。

纪念牌整体为圆柱形，高36米。碑顶竖立着一尊展翅欲飞的天使女神铜像，因此又被称为天使纪念碑。纪念碑四角形底座的下层四角，是象征着法律、正义、战争与和平的四尊神像。底座的上层四角是莫雷洛斯、格雷罗、米纳和布拉沃四位为争取墨西哥独立而献身的民族英雄。正中则是"独立之父"伊达尔戈的雕像。周末10:00~13:00可以免费登塔（需携带身份证件）。

矗立在近代建筑林立的新街道中心

旅游化的地区及繁华街犯罪率较低，可以放心出行，但一定要注意避免夜晚独自外出。另外，地铁、巴士车、市场等鱼龙混杂的地方要注意防范小偷。

墨西哥城 交 通

飞机▶国际航线、国内航线均是从墨西哥城贝尼托·胡亚雷斯国际机场 Benito Juárez（MEX）起降。该国际机场有两栋航站楼（机场地图→p.379）。国内航线主要以墨西哥城为中心，其他城市间的交通大多需要在墨西哥城转机。除了有墨西哥航空（AM）这样的大公司，也有 Volaris 航空（Y4）、Vivaaerobus 航空（VIV）、Interjet 航空（VLO）、Aeromar 航空（VW）、Magnicharters（GMT）等廉价航空公司的航班。

国际航线有飞往洛杉矶（每天 7~10 班）、达拉斯（每天 8~9 班）、芝加哥（每天 5 班）、纽约（每天 9 班）、休斯敦（每天 10~13 班）、亚特兰大（每天 5 班）等，由美国和墨西哥的主要航空公司运营。

●机场内货币兑换

机场内有很多 ATM，可以使用信用卡、借记卡取现。机场内货币兑换处也有很多，并且汇率和市内基本一致。

●从机场乘坐出租车

需购票后才能乘坐出租车。机场的出租车票售卖处有很多家。商家可能会强行将大型商务车 Ejectivo（乘坐 7 人仍有空间放行李）的车票推销给独自一人的自由行旅客。每个柜台都会张贴价格表，所以一定要注意区分。

机场出租车多为轿车，车型有很多种

墨西哥城飞往各地的航班

目的地	每天航班信息	飞行时间	价格
蒂华纳	AM、Y4、VLO、VIV 共 15 ~ 18 班	3.5 ~ 4 小时	M$1322 ~ 4990
洛斯卡沃斯	AM、VLO、Y4、GMT 共 7 ~ 8 班	2 ~ 2.5 小时	M$1629 ~ 4965
洛斯莫奇斯	AM、Y4 共 1 ~ 3 班	2.5 小时	M$1259 ~ 4327
奇瓦瓦	AM、VLO、Y4 共 8 ~ 10 班	2.5 小时	M$1449 ~ 4709
蒙特雷	AM、VLO、VIV、Y4 共 28 ~ 38 班	1.5 ~ 2 小时	M$531 ~ 4733
萨卡特卡斯	AM、VLO 共 3 ~ 4 班	1.5 小时	M$1169 ~ 4025
瓜达拉哈拉	AM、VLO、Y4、VIV 共 22 ~ 36 班	1.5 小时	M$658 ~ 4373
莱昂	AM、VLO 共 8 班	1 小时	M$1067 ~ 4457
莫雷利亚	AM、VW 共 3 ~ 4 班	1 小时	M$2227 ~ 5237
波萨里卡	VW、AM 共 1 ~ 3 班	1 小时	M$2924 ~ 5824
韦拉克鲁斯	AM、VLO、VW 共 8 ~ 12 班	1 小时	M$953 ~ 3980
阿卡普尔科	AM、VW、VLO 共 10 ~ 16 班	1 ~ 1.5 小时	M$968 ~ 4142
瓦哈卡	AM、VLO 共 7 ~ 9 班	1 小时	M$882 ~ 4469
图斯特拉 - 古铁雷斯	VLO、AM、Y4 共 6 ~ 13 班	1.5 小时	M$799 ~ 4222
比亚埃尔莫萨	AM、VLO、VW 共 9 ~ 12 班	1.5 小时	M$1173 ~ 5488
梅里达	AM、VLO、Y4、VIV、GMT 共 9 ~ 18 班	2 小时	M$926 ~ 4709
坎昆	AM、Y4、VLO、VIV、GMT 共 36 ~ 39 班	2 ~ 2.5 小时	M$1069 ~ 4651

●**贝尼托·胡亚雷斯国际机场综合咨询处**

TEL 2482-2424

URL www.aicm.com.mx

营 每天 6:30~22:00

机场至市内的出租车

从机场出发有几家特定的出租车公司 24 小时提供服务，价格和服务都比较不错。价格是区域制的，4 人轿车到索卡洛广场遗迹、阿拉梅达中央公园需 M$180，到索娜罗莎、革命广场需 M$215，到波兰科需 M$265。

机场快速巴士

机场快速巴士（→p.60）4 路每小时发 3 班车（M$30）。包括换乘时间，从机场到索卡洛广场需 1 小时左右。同地铁相比更加安全，但仍要注意防范小偷。

机场快轨

机场西侧约 200 米是地铁 5 号线的 Terminal Aerea 站。从机场到市内需要 M$5，但是要到酒店区域需换乘多次。从安全角度考虑，如果携带大件行李的话，不推荐乘坐机场快轨。

市内至机场的出租车

从市中心乘坐 Sitio 出租车需要 M$185~230，Libre 出租车为 M$120~160，高档酒店的出租车需 M$300-500。

墨西哥城的航空公司

●**墨西哥航空公司**

Map p.65/B4

住 Paseo de la Reforma No.445, Col. cuauhtémoc

TEL 5133-4000

●**美国联合航空公司**

Map p.64/B2

住 Andrés Bello No.45 P.B., Col. Chapultepec Polanco

TEL 5283-5500

●**达美航空公司**

Map p.64/A1

住 Av. Presidente Mazaryk No.513

TEL 5279-0909

●**美国航空公司**

Map p.62/B1

住 Paseo de la Reforma No.300

TEL 5209-1400

●**哥伦比亚航空公司**

Map p.62/B1

住 Paseo de la Reforma No.195

TEL 5955-8400

●**古巴航空公司**

Map p.64/A2

住 Av. Homero No.613, Col. Polanco

TEL 5250-6355

主要航空公司的免费电话及网站→p.384

小贴士 机场的 1、2 号航站楼均有储物柜，可以 24 小时使用。价格一律为每 24 小时 M$130。冲浪板等物品价格另议。

长途客运站的出租车

每个客运站内的出租车都是购票制，需买票后凭票乘坐。在客运站内禁止自行乘坐流动出租车，必须要在售票窗口买票后才能乘坐出租车。

客运站内的售票柜台

长途汽车▶墨城主要有 4 个长途汽车站，分布在 4 个方向。从首都去往其他城市的线路有很多。每个客运站都有食堂、茶馆、便利店等便民设施，尤其是北部的客运站，还有像商业街一样的设施。

●北部长途客运站

Map 文前图②/A1

Terminal Central Autobuses del Norte

地铁 5 号线 Autobuses del Norte 站下车。

从长途客运站坐 Sitio 出租车到索卡洛广场需 M$115，到索娜罗莎 M$110，到机场 M$150。21:00~次日 6:00 加 M$20。

北部长途客运站

北部长途客运站汽车时刻表

目的地	每天车次信息	所需时间	价格（比索）
特奥蒂瓦坎古城	Autobuses Teotihuacan（巴士公司）每小时 3~4 班（6:00~18:00）	1 小时	M$44
图拉	Ovni、AVM 每小时 1~3 班（5:00~23:00）	1.5 小时	M$125~142
瓜达拉哈拉	ETN、Primera Plus 等每小时 2~5 班	7~8 小时	M$630~840
瓜纳华托	ETN、Primera Plus 等每小时 1~2 班	4.5 小时	M$536~905
莱昂	ETN、Primera Plus 等每小时 1~5 班	5 小时	M$441~590
莫雷利亚	ETN、Primera Plus、Autovías 等每小时 1~3 班	4 小时	M$350~505
帕丘卡	Flecha Roja、ADO、Elite 等每小时 10~14 班	1.5 小时	M$80~96
帕茨夸罗	Primera Plus、Autovías 等共计 7 班	5.5~6.5 小时	M$455
克雷塔罗	ETN、Primera Plus 等每小时数班	3 小时	M$216~340
圣米格尔·德阿连德	ETN、Primera Plus 等每小时 1~2 班	4 小时	M$302~364
阿瓜斯卡连特斯	ETN、Primera Plus 等每小时 1~3 班	7 小时	M$448~680
萨卡特卡斯	Omnibus de México 等每小时 1~2 班	8 小时	M$724~891
蒙特雷	Transportes del Norte 等每小时 1~3 班	11~12 小时	M$995~1075
奇瓦瓦	Omnibus de México 等每小时 1~3 班	21 小时	M$1485~1605
蒂华纳	Elite、TAP 等共计 12 班	40~46 小时	M$1955~2111
新拉雷多	Transportes del Norte 等每小时 1~3 班	15 小时	M$1220~1586
胡亚雷斯	Omnibus de México 等每小时 1~3 班	26 小时	M$1759~1955
韦拉克鲁斯	ADO、ADO GL 等共 6 班	6 小时	M$440~740
波萨里卡	ADO、ADO GL 等每小时共 1~5 班	5 小时	M$320~420
贾拉普	ADO 2 班、AU 1 班	5 小时	M$306~390
帕潘特拉	ADO 6 班	5.5 小时	M$190~308
比亚埃尔莫萨	ADO、ADO GL 等共 10 班	14 小时	M$850~1250
马萨特兰	Elite、TAP 等每小时 1~3 班	17 小时	M$1025~1173
普埃布拉	ADO、AU 每小时 2~4 班	2 小时	M$156~230
瓦哈卡	ADO、ADO GL 等共 9 班	6.5 小时	M$325~690
阿卡普尔科	Costa Line 等共 10 班	15 小时	M$480~645
巴亚尔塔港	ETN、Primera Plus、Elite 等共计 11 班	13~15 小时	M$865~1255
塔帕丘拉	OCC、ADO GL 等共 7 班	20 小时	M$1388~1668

●东部长途客运站

Map 文前图②/A2

TAPO（Terminal de Autobuses de Pasajeros de Oriente）

地铁 1 号线 San Lazaro 站下车。

从长途客运站坐 Sitio 出租车（TEL 5522-9350）到索卡洛广场需 M$110，到索娜罗莎 M$100，到机场 M$ 115。21:00~次日 6:00 加 M$20。

客运站内有寄存行李处（1 小时 M$7~15）。

东部长途客运站汽车时刻表

目的地	每天车次信息	所需时间	价格（比索）
瓦哈卡	ADO、AU、SUR 等每小时数班（7:00~次日 0:30）	6.5~10 小时	M$442~944
坎昆	ADO、ADO GL 共 5 班（8:30~18:00）	23.5~27 小时	M$1904~2160
普拉亚德尔卡曼	ADO、ADO GL 共 4 班（8:30、9:45、11:00、16:15）	24~25.5 小时	M$1786~2202
梅里达	ADO、ADO GL 共 6 班（11:00~20:30）	19~20.5 小时	M$1592~1882
帕伦克	ADO 1 班（18:30）	13.5 小时	M$900
波萨里卡	ADO 5 班（8:00~23:59）	5.5~6.5 小时	M$300
韦拉克鲁斯	ADO、ADOGL、AU 等每小时 1~4 班（7:00~次日 2:00）	5.5~7.5 小时	M$520~720
普埃布拉	ADO、AU、E.Roja 等每小时数班（4:00~23:59）	2~2.5 小时	M$156~230
贾拉普	ADO、ADOGL、AU 等每小时数班（6:45~次日 2:00）	4.5~5 小时	M$380~604
比亚埃尔莫萨	ADO、ADO GL、AU 等每小时 1~4 班（8:30~23:30）	10.5~13.5 小时	M$850~1250
图斯特拉-古铁雷斯	OCC、ADO、ADO GL 等共计 14 班（8:15~22:30）	11.5~13 小时	M$1114~1670
圣克里斯托瓦尔-德拉斯卡萨斯	OCC、ADO GL 共计 7 班（12:40~21:55）	13~14.5 小时	M$1256~1522
坎佩切	ADO、ADO GL 共计 6 班（11:45~20:30）	17~19 小时	M$1444~1742
特诺西奎	ADO 1 班（17:00）	14 小时	M$1000
塔帕丘拉	OCC、ADO GL 共计 10 班（8:15~21:45）	16.5~18.5 小时	M$1340~1582

小贴士 复活节、圣诞节等节假日期间出行，需提前预约当地的公交车（希望你在到达城镇后立刻购买返程车票）。节假日期间著名旅游景点和酒店几乎都是爆满的状态。

西部长途客运站汽车时刻表

目的地	每天车次信息	所需时间	价格（比索）
托卢卡	ETN、F.Roja、Caminante 每小时 10 班（5:00~24:00）	1~1.5 小时	M$59~80
莫雷利亚	ETN、Autovías 每小时 1~5 班（5:30~ 次日 1:00）	4~4.5 小时	M$321~505
乌鲁阿潘	ETN 8 班、Autovías 9 班（7:00~ 次日 0:45）	6 小时	M$586~685
帕茨夸罗	Autovías 9 班（5:30~23:40）	5 小时	M$506
克雷塔罗	Primera Plus、F.Roja 每小时 1~3 班（6:10~20:40）	3.5~4 小时	M$237~280
瓜达拉哈拉	ETN、Omnibus de México 等共计 22 班（7:45~23:59）	6.5~7 小时	M$630~840
萨卡特卡斯	Omnibus de México12 班（7:00~24:00）	8~9 小时	M$865~1470

南部长途客运站汽车时刻表

目的地	每天车次信息	所需时间	价格（比索）
普埃布拉	ADO 每小时 1~2 班（6:05~21:35）	2 小时	M$196
阿卡普尔科	Costa Line、Estrella de Oro 等每小时 1~6 班	5~6 小时	M$480~645
库埃纳瓦卡	Pullman 等每小时 1~4 班	1~1.5 小时	M$112~124
塔斯科	Costa Line、Estrella de Oro 等每小时 1~3 班	3 小时	M$190~250
锡瓦塔内霍	Costa Line、Estrella de Oro 共 7 班	9 小时	M$680~785
埃斯孔迪多港	OCC 共计 2 班（15:30、18:00）	18 小时	M$1004
瓦哈卡	OCC、ADO GL 共计 8 班（11:00~23:59）	6.5 小时	M$560~944

● **西部长途客运站**

Map 文前图② /B1

Terminal Poniente de Autobuses（Observatorio）

地铁 1 号线 Observatorio 站下车。从出站口出来后，出南侧出口步行 1 分钟。

从长途客运站坐 Sitio 出租车到索卡洛广场需 M$ 135，到索娜罗莎 M$123。21:30~ 次日 6:30 加 M$ 20。

● **南部长途客运站**

Map 文前图② /C1

Terminal Central de Autobuses del Sur（Tasqueña）

地铁 2 号线 Tasqueña 站下车。从出站口出来后，沿箭头方向下楼梯，步行 2~3 分钟。

从长途客运站坐 Sitio 出租车到索卡洛广场需 M$152。21:30~ 次日 6:30 加 M$20。

长途客运站须知

墨西哥城的长途客运站很大，由于墨西哥的汽车客运为私营，所以汽车站内有很多家公司。第一次去很容易感觉不知所措。下面就按顺序简单介绍一下。

车票解读

Pullman de Morelos
¡Placer al Viajar!

❶Fecha Salida : 2016-03-12
❷Hora Salida : 16:27
❸Corrida : 900

❹Origen : MEX ❺Destino : CUE
❻Servicio : PULLMAN
❼Asiento : 29 Pasajero : ADULTO

❽Importe : $120.00 EFE
❾IVA16% : $16.55

No. :5171.022516.MEX
TC#:488F5C-F170E7-9CA43C-4C7DB2-8C4DB6-5
REGIMEN FISCAL CONFORME AL CAPITULO VII LISR "COORDINADOS"
Lugar de expedicion Mexico D.F.

❶ Fecha Salida = 发车日期
❷ Hora Salida = 发车时间
❸ Corrida = 长途汽车编号
❹ Origen = 出发地
❺ Destino = 目的地
❻ Servicio = 汽车公司
❼ Asiento = 座位号
❽ Importe = 费用
❾ IVA = 税费

※ 每家汽车公司的票面内容会有区别。

1 从地铁站按指示进入客运站后，即可看到各家汽车公司的售票窗口。

2 各个公司的售票窗口都会有价格和时间表。去往目的地的是哪家公司请提前确认好。

3 决定好乘坐哪家公司的长途车后就可以买票了。即使不会讲西班牙语，用手势表明目的地、出发时间和张数就可以了。

4 买到票后，按照指示前往指定的乘车门。如果有大件行李，可以放在大巴行李箱内。

小贴士 同一个目的地有可能是一辆长途车的终点站，也有可能是另一个长途车的途经站。乘坐哪种长途车更便利，最好在乘车之前先跟工作人员或司机提前确认。

墨西哥城 漫 步

墨西哥城是一座大城市，旅游的起点最好是索卡洛广场或繁华的索娜罗莎。它们周边都有很多的酒店、餐馆和商店。连接这两个区域的是改革大道 Paseo de la Reforma 和 Av.Juárez 大街。索卡洛广场到索娜罗莎步行需 1 小时。

历史中心——索卡洛广场周边

在城市中心地带有会讲英语的警察巡逻

这一带是墨西哥城的中心地带，同时作为历史街区有很多的景点值得一看。索卡洛广场北侧是墨西哥大教堂，东侧则是墨西哥国家宫。而索卡洛西侧是一条复古的街道，步行需 10~15 分钟，街道两侧是很久以前就已存在的商店和餐馆。沿着这条街道走下去，就可以看到在阿拉梅达公园前建造的墨西哥国家美术宫。另外，索卡洛的北侧是可以欣赏墨西哥民俗乐队表演的加里波第广场、可以看到特拉特洛尔科金字塔的三文化广场等等，一定不要错过这些著名的景点。走在这耐人寻味的殖民时期建筑之间，感受充满厚重历史感的氛围。

新市区索娜罗莎、查普尔特佩克公园

沿着改革大道就可以到达新市区，这里矗立的都是近代建筑。改革大道上每一个大一些的十字路口或环路都会有一个历史古迹，因此作为记号十分便利。但是因为环路比较复杂，千万注意不要弄错方向。改革大道的西侧是墨西哥国家人类学博物馆和查普尔特佩克公园。从公园向东走，独立纪念碑的南侧是墨西哥屈指可数的繁华街道——索娜罗莎 Zona Rosa。这里也有货币兑换处、纪念品商店、旅游咨询处，是十分方便游客进行购物的地区，并且适合游客居住的酒店在这一带也有很多。

中心地区的旅游咨询处

旅游咨询处

分布在索卡洛广场、索娜罗莎、波兰科等地区。

工作人员会讲英语，麻利干练，能准确地提供所需信息，但是因为员工较少，也会出现混乱的情况。

互联网 & 国际长途电话

Wi-Fi 十分普及，餐馆、咖啡馆基本都有免费 Wi-Fi 可以使用。

城内的公用电话即可拨打国际长途。使用电话卡或者硬币就可以拨打电话。但是墨西哥的公用电话数量也在大幅减少，最好事先做好准备，开通手机的国际漫游服务。

货币兑换

中心城区、索娜罗莎、机场等地都有很多银行、专门的货币兑换处以及 ATM 可以兑换货币。货币兑换处的营业时间为周一～周六的 10:00~19:00，周日及节假日的营业时间通常为 11:30~15:00。每一家店的汇率会有所不同，所以最好多比较几家之后再进行兑换。兑换货币时需提供护照及停留许可证（入境卡等）的复印件。墨西哥城的酒店无法兑换货币。

热门的罗马 & 康德萨地区

索娜罗莎南侧的罗马 & 康德萨地区（→ p.24）作为年轻人购物、夜里游玩的地区有着很高的人气。特别是罗马地区的科利马大街上有众多的买手店。在奥布莱根大街和塔毛利帕斯大街上有众多家咖啡馆、餐馆、夜店、时装店和艺术品商店。

从波兰科地区的酒店眺望查普尔特佩克公园

作为繁华街而闻名的索娜罗莎，近年来增加了许多情趣用品店，夸张的招牌十分引人注目，也成了同性恋者聚集的地点。因有着多家韩国餐馆而被称为韩国城的地区也被人熟知。

高档酒店林立的波兰科地区

在查普尔特佩克公园北侧是新的繁华区——波兰科地区。除了世界知名的豪华酒店外，高档餐馆、奢侈品商店、各国大使馆都在这一地区内，充满了上流社会的气息。

南北辽阔的墨西哥城郊外

乘坐地铁、快速巴士、城市巴士、出租车都可以前往郊外。北部除了瓜达卢佩圣母堂等景点外，还有墨西哥城最大的长途客运站。城南的面积更大，景点比较分散，要想看完全部景点需要花费 1~2 天的时间。特别是列入了世界遗产名录的霍奇米尔科历史中心、博物馆较多的科约阿坎地区和圣安吉尔地区，都会比较花费时间。

交通指南

在市内，出租车、巴士、地铁等公共交通十分便利。其中地铁线路简明易懂，对于观光的游客来说是很好的选择。但不管选择哪一种交通方式，都要注意防范小偷。

打电话即可叫到车的 Sitio 出租车

●出租车 Taxi

出租车从早到晚都会有。大致分为 3 种类型，最为推荐的是有固定乘车地点的 Sitio 出租车。打电话即可叫车，模式相对成熟，比较安全。价格基本是按计价器显示为准，但即使有计价器也是可以讲价的。在乘车时请仔细确认。

市内的另一种出租车 Libre 也是使用计价器，价格仅为 Sitio 的一半。但是乘坐 Libre 出租车的乘客有可能会被抢劫，所以尽量早晚不要乘坐

车身颜色统一的 Libre 出租车

乘坐 Libre 出租车时请确认司机的 ID 信息

高原地区的万全对策

墨西哥城海拔超过 2000 米，根据个人身体状况不同，在到达数日后有可能出现高原反应，身体不适，这时一定不要饮酒，并且多喝水。而且因为气候干燥，空气污染比较严重，嗓子会很不舒服，所以一定要带好润喉糖。

Sitio 出租车价格

起步价 M$27.3~（夜间 M$33~），叫车服务费为 M$1.89。

● Taxi Mex

TEL 9171-8888（24 小时）

墨西哥城有名的 Sitio（即无线出租车）公司，拨打电话即可叫车。

Libre 出租车价格

轿车车型的出租车，首公里 M$8.74（22:00~ 次日 6:00 起步价 M$10.72）。每 250 米或 45 秒 M$1.07。

应对出租车抢劫

市内每天都会发生数起出租车抢劫事件。如今罪犯不光是盗窃随身携带的现金，使用受害者的信用卡在 ATM 上直接取钱的案例也在增加，一定要小心防范。

小贴士 “ViaDF”是指输入出发地和目的地即可查询如何乘坐地铁、巴士等公共交通，并会显示线路图、所需时间以及价格的一项便利服务。URL www.viadf.com.mx

穿梭在繁华街区的观光巴士

●上下自由的双层巴士

以索卡洛广场为起点，到改革大道、查普尔特佩克公园等多条线路都有双层巴士 Turibus（TEL 5141-1360 URL www.turibus.com.mx）运营。上车购票即可，语音向导中包括英语共含有6种语言。全程需 3~3.5 小时，共有 22 站，随时可以上下车。

乘坐双层观光巴士十分舒适

运行时间为每天 9:00~21:00，20~40 分钟一班。周一～周五一日券价格为 M$140，周末 M$165（两日券为 M$210~245）。

另外，Turibus 除了街区线路外，也有前往特奥蒂瓦坎古城和瓜达卢佩圣母堂的观光巴士，有带英语和西班牙语导游的小旅行团可以参加。8:30 从国家剧院发车，索卡洛广场的上车时间为 9:00，10:00~11:00 在瓜达卢佩圣母堂参观游览。12:00~15:00 在特奥蒂瓦坎古城参观游览。午饭后 17:00 左右开始返回墨西哥城。费用包含遗迹门票和午饭共 M$900。

从巴士二层看到的市区街道

Uber 开始使用了

在墨西哥城也可以使用叫车软件 Uber 了。事先在客户端下载软件并登录，即可简单快速地叫到车了。在使用软件叫车的过程中，所需时间、线路、价格以及驾驶员的信息都会一目了然，最快只需 5 分钟就可以上车。因为费用是通过信用卡扣除，所以不需要准备现金。在墨西哥，虽然 Uber 的认知度还比较低，但是当地的女性为了避免乘坐 Libre 出租车而导致麻烦，选择使用 Uber 的人也越来越多。更多详细内容请参考以下网址。

URL www.uber.com/ja/

▶地铁和快速巴士的主要线路可以参照文前图②

地铁卡

在售票处可以买到（地铁卡工本费 M$10）。提前充值即可使用。

快速公交运营时间

URL www.metrobus.cdmx.gob.mx

运营时间根据线路和时间有所不同，大致在每天

可以提前多买几张票，便于乘坐地铁

Libre。

在豪华酒店前等待的 Turismo 出租车，价格由所去的区域而决定。起步价为 M$100，相对的也会更加安全，还可以雇用英语导游（1 小时约 M$280）。

乘坐墨西哥地铁可以很方便地到达各个旅游景点

●地铁 Metro

墨西哥城交通发达，地铁四通八达，可以到达机场、长途客运站以及主要景点。票价为 M$5，并且可以任意换乘，不限距离。工作日 5:00~24:00、周六 6:00~24:00、周日 7:00~24:00，每天运行数班。

●快速公交

行驶于专用公交车道的公交线路，十分便利。4 路公交车往返于机场

有专门的站台很好识别

快速巴士的巴士卡售票机有损坏的现象。另外虽然也可以用 M$200 的纸币（一些是 M$500 的纸币）进行充值，但有可能找不出零钱，请格外注意。

在改革大道等地方搭乘城市巴士十分便利

和市区（→p.61边栏）。4路公交车的自动检票口设于公交车内。计划今后将增加快速公交线路的数量。

●公共汽车 & 迷你巴士 Camión & Microbus

一共有两类市内巴士，一种是市政运营的正规公共汽车，票价M$5~。上车后将钱投在驾驶员旁边的投币机内。

第二种是私营的迷你巴士和Pesero（统称为合租车），大小不一，样子各异。一般价格为5公里以内M$4.5，12公里内M$5，超过12公里为M$5.5~6.5，根据距离和线路不同会有差异。

可以通过巴士车前写的道路名或地铁站名（有"M"的标志）辨别运行方向。乘坐公交车最好会说西班牙语，或者表现得像在这里停留过一段时间的样子。

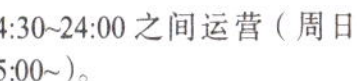
4:30~24:00之间运营（周日5:00~）。

在售票机可以购买Compra，充值快速公交专用卡Recarga（卡片价格为M$15~，其中含工本费M$10）。除机场往返为M$30外，其余线路车票全程均一价M$6（2小时以内）。4路公交车除机场往返外，车票也为M$6。

Tren Ligero

轻轨连接地铁2号线南侧的终点站司奎尼亚站Tasqueña，和南部约7公里处的霍奇米尔科站Xochimilco，全程共设有18站。乘车方式同地铁，车票全程均一价M$5。仅能使用公交卡，不设单独售票点。

南部郊外交通便利

熟练乘坐地铁

1 从标有地铁站名以及标志的地铁口进入地铁站

2 在售票处购买车票。可以一次性购买多张地铁票。

3 将车票放入自动检票口（车票放入后不再返还）。

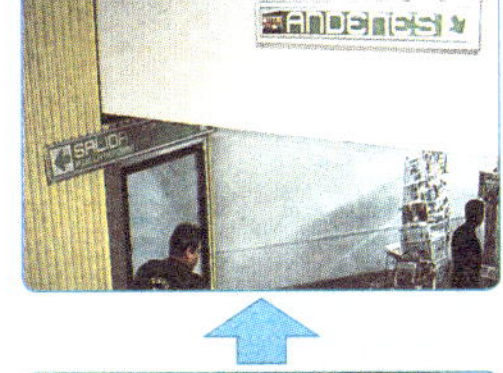

4 按照指示标前往站台。Andenes为站台，Salida为出口。

索卡洛&索娜罗莎周边
Zócalo & Zona Rosa
地区图▶文前图2/A1
0
500m
N
Normal
地铁2号线
San Cosme
Av. San Cosme
Eje 1 Norte José Antonio Alzate
Sor Juana Inés de la Cruz
Cafe King
Dr. Enrique González
Amado Nervo
El Chopo
Tizoc
Itzcoatl
Velazquez de León
M. Ma. Contreras
Guillermo Prieto
A. Herrera
Revolución
Av. Insurgentes Norte
埃尔多拉多酒店
El Dorado
Revolución
Av. Parque Via
Rosas Moreno
Miguel Schultz
Serapio Rendón
Texas
Puente de Alvarado
佩西恩阿米戈酒店
Pension Amigo
Prof. A. Caso
Tabacalera
艾吉森酒店
Edison
Plaza de la República
Ramos Arizpe
革命纪念碑
Monumento a la Revolución
Sadi Carnot
Centro
快速巴士1号线
Río Tiber
Río Po
Río Danubio
Río Tigris
Río Sena
Río Rhin
Amazonas
美术公园
Jardín del Arte
James Sullivan
La Parrilla Argentina
玛丽亚伊莎贝尔墨西哥城喜来登酒店
Sheraton Maria Isabel
Río Pánuco
Río Neva
Calz. Villalongin
Reforma
埃尔普罗格雷索餐馆
El Progreso
Glorieta de Colón
哥斯达黎加大使馆
Río Lerma
玛利亚克里斯缇娜酒店
María Cristina
Río Mame
艾美墨西哥城酒店
Le Meridien Mexico City
哥伦比亚航空公司
哥伦布纪念碑
Monumento a Colón
美国大使馆
Paseo de la Reforma
Reforma 222
瓜特穆斯纪念碑
Monumento a Cuauhtémoc
Fiesta Americana Reforma
Av. Morelos
Donato Guerra
独立纪念碑
Monumento a la Independencia
美国航空公司
Insurgentes
Viena
Milán
Gral. Prim
乌诺革命格兰水晶酒店
Krystal Grand Reforma Uno
龙餐馆
El Dragón
Hamburgo
Roma
Lisboa
Vocacional 5
Varsovia
墨西哥城瓦伦蒂娜室友酒店
Valentina Room Mate
Génova
Hamburgo
玛丽阿奇卢嘉尔
El Lugar del Mariachi
Londres
蜡像馆
Museo de Cera
Lucerna
民·索克·乔餐厅
Min Sok Chon
Amberes
佩多罗
El Péndulo
Niza
Hostel Havre
Dinamarca
Liverpool
莫雷洛斯公园
Jardín Morelos
墨西哥城H.I.S.旅行社
托诺餐馆
La Casa de Toño
Berlín
Versalles
Barcelona
Bucareli
洛斯阿科斯餐厅
Los Arcos
Napoles
索娜罗莎
Zona Rosa
墨西哥图书馆
Biblioteca México
索娜罗莎世纪酒店
Century
Marsella
起义者市场
Mercado Insurgentes
Abraham González
Tolsa
墨西哥城NH典藏酒店
NH Mexico City
Insurgentes
Insurgentes
Av. Chapultepec
Mercado Cuauhtémoc
Cuauhtémoc
Balderas
雷富希奥餐馆
Fonda el Refugio
Av. Oaxaca
Puebla
墨西哥竞技场
Arena México
（墨西哥自由式摔跤）
Fuente de los Cibeles
Av. Insurgentes Sur
Durango
里约热内卢广场
Plaza Río de Janeiro
Av. Durango
Plaza Romita
p.25
快速巴士1号线
起义者普奎酒吧
Los Insurgentes
Mérida
Frontera
Morelia
Colima
Dr. C. Bernard
Dr. Liceaga
地铁3号线
Dr. Lavista
Tonalá
Jalapa
Orizaba
Córdoba
Tabasco
Jardín Pushkin
Dr. Carmona y Valle
Dr. Lucio
Álvaro Obregón
Av. Álvaro Obregón
德利里奥餐馆
Delirio
罗马
Roma
Av. Cuauhtémoc
Dr. Velasco
Niños Héroes
Dr. J. M. Vértiz
Monterrey
Chihuahua
Guanajuato
道克多雷斯
Doctores
Dr. Erazo
Zacatecas
前往莫格餐馆
Mog
62

Forum Buenavista
Dr. Mariano Azuela
快速巴士1号线
布埃纳维斯塔站
Estación Buenavista
Buenavista
Buenavista
Buenavista
市级图书馆
Biblioteca Vasconcelos
快速巴士3号线
Zaragoza
Luna
地铁3号线
Estrella
R. Flores Magon
特拉特洛尔科遗迹
Tlatelolco
三文化广场
Plaza de las Tres Culturas
布埃纳维斯塔沃尔玛
Walmart Buenavista
Guerrero
Camelia
Luna
圣地亚哥公园
Jardín de Santiago
Av. Central
Moctezuma
Degollado
Mosqueta
Guerrero
Manesas
Aldama
Delegación Cuauhtémoc
奎托拉库托纪念碑
地铁B号线
Galeana
Héroes
Zarco
Rosales Guerrero
圣卡洛斯美术馆
Museo de Pintura San Carlos
Pedro Moreno
Soto
Gonzalez Bocanegra
Ferr. de la Rev. Mina
巴尼奥斯
Baños Regios
Magnolia
Lerdo
何塞圣马丁纪念碑
Jaime Nuno
Garibaldi
Orozco Berra
Violeta
圣费尔南多广场
Plaza San Fernando
Paseo de la Reforma
San Martín
拉古尼利亚古玩市场
Mercado de Lagunilla
Rep. del Brasil
Museo de San Carlos
Mina
圣费尔南多教堂
西蒙玻利瓦尔纪念碑
美食街
Mercado
Banamex
Mónaco
圣费尔南多酒店
San Fernando
龙舌兰酒博物馆
Museo del Tequila y el Mezcal
Rayón
Ramada
Managua
Av. Lázaro Cárdenas
加里波底广场
Plaza de Garibaldi
Rep. de Ecuador
HSBC
Puente de Alvarado
V. Trujano
拉卡塔餐馆
La Cata
Paraguay
便利店
Hidalgo
宫廷精品酒店
Boutique de Cortés
加利西亚酒店
Galicia
迭戈·里维拉壁画博物馆
Museo Mural Diego Rivera
Hidalgo
Mina
Rep. de Perú
Rep. de Honduras
Museo Franz Mayer
Teatro Blanquita
科里森竞技场
Arena Coliseo
（墨西哥自由式摔跤）
Lotería Nacional
Sanborn's
Av. Hidalgo
伊达尔戈剧场
Teatro Hidalgo
Belisario Domínguez
Antillas
墨西哥城希尔顿改革大道酒店
Hilton Mexico City Reforma
阿拉梅达公园
Alameda Central
Bellas Artes
墨西哥国家艺术博物馆
Museo Nacional de Arte
快速巴士4号线
República de Chile
圣多明戈教堂
Santo Domingo
Rep. de Bolivia
贝尼多华莱士纪念碑
Bellas Artes
墨西哥国家美术宫
Palacio de Bellas Artes
Cuba
Colombia
民俗博物馆
Museo de Arte Popular
Av. Juárez
邮局
塔古巴咖啡馆
Café de Tacuba
圣多明各广场
Plaza Santo Domingo
Juárez
弗勒明酒店
Fleming
Los Girasoles
Donceles
Rep. de Chile
La Palma
Venezuela
拉丁美洲塔
Torre Latinoamericana
5 de Mayo
拉欧佩拉
La Ópera
Allende
墨西哥文化教育部
Secretaría de Educación Pública
República de Argentina
De Valle
SEARS
Dolores
瓷砖之家
Casa de Azulejos
华雷斯酒店
Juárez
黄墙市场（民间艺术品）
Mercado de la Ciudadela
El Farolito
米拉尔特餐厅
Miralto
勃索里卡里餐馆
Potzollcali
教堂酒店
Catedral
San Ildefonso
Av. Tacuba
Juárez
宽容与记忆博物馆
Museo Memoria y Tolerancia
方济各会教堂
Fco. I. Madero
里奥加酒店
Rioja
青年教堂旅舍
Hostel Catedral
Balderas
洪都拉斯大使馆
Ayuntamiento
科罗娜酒吧
Salón Corona
吉尔罗酒店
Gillow
国营质店
Monte de Piedad
Justo Sierra
E. Pugibet
San Juan de Letrán
艾尔莫洛餐馆
El Moro
16 de Septiembre
索卡洛中心酒店
Zócalo Central
特奥卡里大神庙
Templo Mayor
圣胡安市场（民间艺术品）
Mercado de San Juan
Eje Central
Rep. de Uruguay
Venustiano Carranza
索卡洛广场
Zócalo
Zócalo
Revillagigedo
San Diego
Luis Moya
Rep. de El Salvador
Eje Central Lázaro Cárdenas
贝斯特韦斯特大华酒店
Best-Western Majestic
阿米戈旅行社
Amigo Travel
Fornos
Delicias
地铁8号线
朋友旅舍
Hostal Amigo
达努比奥餐馆
Danubio
El Salvador
墨西哥大教堂
Catedral Metropolitana
墨西哥国家宫
Palacio Nacional
Dr. Valenzuela
Bolívar
Montecarlo
Arcos de Belen
Cybercafe
Isabel la Católica
Pasteleria Madrid
多文化博物馆
Museo Nacional de las Culturas
地铁1号线
Robre
圣伊德方索学院
Antiguo Colegio de San Ildefonso
Salto del Agua
中心地区
Centro
Isabel la Católica
快速巴士4号线
José María Izazaga
Museo de la Ciudad
Dr. Río de la Loza
Hostal Centro Historico Resina
5 de Febrero
Pino Suárez
Mesones
I. la Católica
Las Cruces
Dr. Andrade
Av. Fray Servando Teresa de Mier
卡斯特罗波尔酒店
Castropol
20 de Noviembre
Pino Suárez
Pino Suárez
Jesús María
地铁2号线
Las Cruces
Calz. Chimalpopoca
San Pablo
Misioneros

前往入境管理局大约250米
Costa Dorada
西班牙医院
Hospital Español
Av. Ejercito Nacional
Av. Homero
Plaza Moliere
Moliere 222
Los Morales
Torre de Castilla
Av. F. C. Cuernavaca
Ciceron
Pilalo
Sofocles
Socrates
Platon
Seneca
Moliere
Goldsmith
Edgar Alan Poe
Calderon de la Barca
Lafontain
A. France
Tennyson
Eugenio Sue
Aristoteles
L. Victoria
波兰科
Polanco
巴西总领事馆
达美航空公司
Cartier
美洲公园
Parque América
玛丽亚餐馆
Villa María
古巴航空公司
Galileo
Temistocles
Sir Winston Churchill's
Luis Vuitton
马萨里克总统大街 Av. Presidente Mazaryk
Chanel
Bvlgari
Hermes
Plaza Mazaryk
Av. Horacio
A. Dumas
C. Eliseos
Dickens
Mts. Urales
Diesel
Polanco
Tuscan Grill
林肯公园
Parque Lincoln
L. G. Urbina
J. Verne
Max Mara
Habita
E. Castelar
Bondy
Polanco
Exellency
墨西哥城W酒店
W Mexico City
Mts. Escandinavos
Prado Sur
Prego
墨西哥城洲际总统酒店
Presidente InterContinental
Campos
Av. Arquimedes
西蒙玻利瓦尔的方尖碑
墨西哥城JW万豪酒店
JW Marriott Mexico City
阿尔门德罗斯餐馆
Los Almendros
观光巴士Turibus
（售票处、巴士站）
Andrés Bello
日航国际酒店
Hyatt Regency Mexico City
Aguilars. Pedregal
美国联合航空公司
国家剧院
Auditorio Nacional
Auditorio
地铁7号线
距离伯利兹大使馆约50米
罗萨里奥卡斯特利亚诺斯公园
Parque Rosario Castellanos
动物园
Zoológico
植物园
Jardín Botanico
Av. Heroico Colegio Militar
Lago Mayor
查普尔特佩克公园
Bosque de Chapultepec
Anillo Periférico
Av. Parque Lira
游乐场
La Feria de Chapultepec Mágico
新查普尔特佩克公园
Nuevo Bosque de Chapultepec
Calz. del Rey
科技馆
Museo Tecnológico
(MUTEC)
大总统府
Los Pinos
特拉洛克喷泉
Fuente de Tláloc
圣弗朗西斯科马德罗纪念碑
Monumento a Francisco I. Madero
Café del Bosque
Lago Menor
自然历史博物馆
Museo de Historia Natural
帕帕洛特儿童博物馆
Papalote Museo del Niño
Av. Constituyentes
Constituyentes
吉拉弟公寓
Casa Gilardi
G. Pedraza
Gral. León
路易斯·巴拉干故居
Casa Luis Barragán
M. Mizquiz
Rebollar
T. Montiel
Fagoaga J. Tornel
Gelati

查普尔特佩克公园&
波兰科地区周边
Chapultepec & Polanco
地区图▶文前图2/A1
0
500m
Lage Alberto
Lgna. Mayran
Arquimedes
Lamartine
Emerson
Hegel
Lope de Vega
Lago Xochimilco
Bahia Espiritu Sto.
L. Zirahuen
L. Patzcuaro
Tonantzin
Bahia San Hipolito
B. Sta. Barbara
B. Todos Santos
Chachaacas
Newton
Schiller
F. Patrarca
Taine
Sudermann
T. Tasso
Mariano Escobedo
Euclides
Av. Ejercito Nacional
Halley
Cuvier
B. Ascension
乌拉圭广场
Plaza Uruguay
Rincón Argentino
旅游局Secutur
Liverpool
Eucken
Zeco
La Fonda del Recuerdo
Euro
Puerto Madero
村上餐厅
Murakami
Rousseau
Elíseos
Tonny Roma
西凯罗斯美术馆
Sala de Arte Público Siqueiros
Gutemberg
Av. Tres Picos
Clz. Rubén Darío
Grijalva
Copérnico
Tratoria Romana
Las Mercedes
Darwin
Thiers
Circuito Interior
R. Balsas
Rio Tiber
Calz. M. Gandhi
国家人类学博物馆
Museo Nacional de Antropología
高杆飞人
马诺林特拉洛克石像
Manolito Tláloc
卡米诺瑞尔墨西哥酒店
Camino Real Mexico
Shakespeare
Descartes
Goethe
R. Nazas
莫里莫托餐厅
Morimoto
Victor Hugo
独立纪念碑
Monumento a la Independencia
鲁菲诺·塔马约博物馆
Museo Rufino Tamayo
Fogoncito
Leibnitz
Rio Misisipi
Hooters
富士餐厅
San Marino
Gánges
Rio Nilo
Paseo de la Reforma
Lago Chapiltepec
查普尔特佩克格兰德费斯塔美国酒店&度假村
Fiesta Americana Grand Chapultepec
皇室旅行社
HSBC
Rio Lerma
墨西哥城瑞吉酒店
St.Regis Mexico City
Elba
墨西哥旅行社
皇室餐厅
Mikado
近代美术馆
Museo de Arte Moderno
p.25
侯爵改革酒店
Marquis Reforma
墨西哥航空公司
Paseo de la Reforma
优古餐厅
Yug
DHL
Banamex
Florencia
墨西哥城四季酒店
Four Seasons Mexico City
瑞福尔马套房酒店374
Suites Reforma 374
Burdeos
少年英雄纪念碑
Tokio
Sevilla
格拉瑞亚瑞福玛广场酒店
Galeria Plaza Reforma
Hamburgo
查普尔特佩克城堡
Castillo de Chapultepec
国家历史博物馆
Museo Nacional de Historia
邮局
墨西哥H.I.S旅行社
Chapultepec
地铁1号线
Av. Chapultepec
Sevilla
Constituyentes
Tampico
Acapulco
西贝雷斯喷泉
（马德里广场）
Fuente de los Cibeles
(Plaza Madrid)
Monterry
Puebla
A. Melgar
拉博得古达德尔梅地奥
La Bodeguita del Medio
Cozumel
Salamanca
Sinaloa
卡斯特鲁酒店
El Castro
罗马
Roma
Av. Durango
J. de la Barrera
Av. Veracruz
P. Tagle
Alumnos
Zamora
Pachuca
Guadalajara
Av. Sonora
Setej旅行社
（发售学生证）
El Palacio de Hierro
酒店333
Hostel 333
Colima
Av. Oaxaca
Gral. Pedro A. Stos.
F. Montes de Oca
Mazatlán
Cuernavaca
Antonio Sola
Juan Escutia
Hostel Home
Tabasco
Álvaro Obregón
混血
Casa Mestiza
快速巴士1号线
Av. Insurgentes Sur
Juanacatián
V. Suárez
Fco. Marquez
Av. Álvaro Obregón
Durango
Atlixco
西班牙公园
Parque España
康德萨
Condesa

索卡洛广场—索娜罗莎

索卡洛广场 Map p.63/C4

地铁 2 号线 Zócalo 站下车。附近也有地铁 1 号线、3 号线、8 号线，交通十分便利。

索娜罗莎

Map p.62/B1~C2

距离地铁 1 号线 Insurgentes 站或 Sevilla 站较近。另外，改革大道上的迷你巴士十分便利，去往独立纪念碑或墨西哥城革命纪念碑乘坐迷你巴士或打车都十分方便。

索娜罗莎的 Insurgentes 市场

殖民建筑遍布的中心城区

从天主大教堂的屋顶可以俯瞰国家宫

索卡洛广场（又称宪法广场 Plaza Constitución）是墨西哥城古城中心的主广场。曾经是古代阿斯特克人的首都特诺奇蒂特兰的中心。1521 年，西班牙征服阿兹特克帝国后，烧毁了整座城市，并重新建造了保存至今的具有西班牙风格的建筑。从那之后将近 500 年的时间，国家的重大庆典活动都是在这里举行的。索卡洛广场周围矗立着国家宫、市政大厦、博物馆和拉美最大的教堂等建筑。

索娜罗莎 Zona Rosa 被改革大道 Paseo de la Reforma、起义者大街 Av.Insurgentes、查普尔特佩克大街 Av.Chapultepec 三条主干道所包围。20 世纪 50 年代开始大力发展，在 20 世纪 60 年代墨西哥奥运会之前取得了巨大的成果。有很多餐馆和中档酒店。

特奥卡里大神庙 Templo Mayor

阿兹特克帝国的神殿遗迹 ★★★

特奥卡里大神庙

Map p.63/C4

博物馆内部是特奥卡里大神庙，展示的是已经挖掘出的部分。

TEL 4040-5600

入场 周二～周日 9:00~17:00

费 M$65（如需拍摄影像另付 M$45）

馆内可以租借解说机（西班牙语 M$40、英语 M$50）。

博物馆内陈列着骷髅台

1913 年墨西哥大教堂内发现了阿兹特克遗迹的部分，随后在地下又继续发掘出了遗迹的楼梯。1979 年一名电工无意中在一块重达 8 吨的巨石中发现了阿兹特克女神雕像 Coyolxauhqui（阿兹特克神话中的月之女神，推测为 1450~1500 年的产物）的一部分。在随后几年的考古发掘中，令人惊艳的一幕幕出现了：一个原始的阿兹特克庙宇和六个附属较小的庙宇展现在世人面前。特奥卡里大神庙是阿兹特克帝国首都特诺奇蒂特兰的中央神殿。遗迹内有供游客参观的通道。特别引人注目的是，在刚进入通道后，右侧就是色彩仍然鲜艳的红色庙宇——Rojo 神庙。在供奉雨神特拉洛克的神庙前，有着放置供奉品的神之使者查克穆尔的石像、青蛙祭坛、蛇头、等身大小的石像群等，排在一起。遗迹北侧的广场还残留有 3 个小神庙，因其刻有骷髅的头骨架而格外引人注目。

可以了解阿兹特克文明的神殿构造

小贴士 从索卡洛广场到拉丁美洲塔有一条东西走向的步行街——马德罗步行街。周末的时候人流熙攘，十分热闹。这里的街头音乐水平也非常高。

墨西哥大教堂 Catedral Metropolitana

拉丁美洲最大的教堂 ★★★

墨西哥大教堂位于索卡洛广场北侧，是天主教墨西哥城总教区的主教座堂，为美洲最大且最古老的主教座堂。始建于1563年，西班牙征服特诺奇蒂特兰不久。1681年完成，西班牙哥特式教堂式样，历时100年，堪称美洲建筑历史之最。墨西哥大教堂背后有着浓厚的古典时期巴洛克风格，展现了墨西哥独特的文艺气息。内部装饰着宗教名画《市会礼拜堂》。

索卡洛广场北侧殖民时期的历史建筑物

墨西哥国家宫 Palacio Nacional

墨西哥独立的舞台 ★★★

墨西哥国家宫最初是作为阿兹特克时代的莫泰佐马二世的居住地而修建的。此后城堡遭到西班牙入侵者的破坏，并作为殖民地的大本营被改建为了宫殿。经过17世纪的大规模改建后才成为如今人们看到的样子。

墨西哥的历史性纪念设施

国家宫内最著名的是由墨西哥壁画家迭戈·里维拉创作的巨幅壁画——《墨西哥史》。壁画从正面台阶开始，一直延伸到回廊部分的中途，当人们正在猜测壁画是否填满了整个宫殿回廊时，画面却突然戛然而止。但是壁画仍然描述出了墨西哥从阿兹特克时代到现代的发展过程，这一可以俯瞰的巨型全景叙事诗，堪称是里维拉最为杰出的代表作品。

描绘各个时代的历史壁画

沿着壁画所在的回廊前进，便可以看到曾经宫殿内作为国家政治中心的保存完好的会议厅。每年9月15日，墨西哥独立纪念日的前夜，墨西哥总统都会站在面朝索卡洛广场一侧的宫殿观礼台上，带领聚集在索卡洛广场的数万市民高喊“墨西哥万岁！独立万岁”，重现1810年伊达尔哥神父的多洛雷斯呼声（独立宣言）。

墨西哥大教堂

Map p.63/C4

入场 每天 8:00~20:00

1天之内会举行10次左右的弥撒。

原住民文明被破坏的历史

如今的墨西哥大教堂，原本是阿兹特克神话中蛇神魁札尔科亚特尔的神庙所在地。西班牙殖民者科尔特斯所率领的军队将神殿破坏，并用这些石材重新建造了墨西哥大教堂。科尔特斯此举是为了迅速让天主教在这里生根发芽，这样将神庙破坏并建造天主教堂，也从意识上摧毁了原本信奉阿兹特克神的人们。教堂是由阿兹特克人建造的。之后墨西哥其他地区以及危地马拉的玛雅民族的神庙都遭到了同样的破坏。

墨西哥大教堂前上演的康切罗斯舞

墨西哥国家宫

Map p.63/C4

入场 周二～周日 10:00~17:00

费 免费

需要携带护照。有活动举办时可能不对外开放。

英语或西班牙语导游M$150。

美术公园的艺术市场

Map p.62/B1

索娜罗莎的东北部，有一个美术公园 Jardín del Arte，每周日9:00~17:00左右会聚集很多专业或业余的艺术家，在户外展示售卖作品。规模比每周六在圣安吉尔公园举办的还要大，作者更多，作品更加丰富多样。相比雕刻作品，抽象画的杰作令人过目难忘。

每小时会有1~2次登上墨西哥大教堂塔的小团体出发，有导游带领，大约40分钟（10:40~18:00）。报名地点在墨西哥大教堂内右侧的小柜台。费用为M$20。

墨西哥国家美术宫 Palacio de Bellas Artes

墨西哥艺术的华丽大剧场

★★

想在此欣赏音乐会

墨西哥规格最高的大剧院——墨西哥国家美术宫坐落在首都墨西哥城的旧城和新市区的分界线上，是一座由洁白的卡拉拉大理石砌成的欧洲式巨大建筑，由意大利著名建筑师博阿里主持设计，1905 年设计施工，并于 1934 年 9 月建成。从建筑风格来看，墨西哥国家美术宫巍峨壮观、气势磅礴，但又不失优美典雅，巧夺天工，既有异国情调，又有民族风格。

剧院内主要演出经典音乐会、歌剧以及墨西哥传统舞蹈表演。另外，墨西哥国家美术宫的藏品也都是墨西哥国家艺术的瑰宝，陈列在各层走廊和大厅里，荟萃了墨西哥现代主要壁画家的杰作。

墨西哥国家美术宫

Map p.63/B3

TEL 5512-2593

URL www.bellasartes.gob.mx

入场 周二～周日 10:00~18:00

费 M$60，拍照 M$30

民俗博物馆

Museo de Arte Popular

Map p.63/B3

TEL 5510-2201

URL www.map.cdmx.gob.mx

营 周二～周日 10:00~18:00（周三 21:00）

费 M$40

展示墨西哥各地的传统艺术品和传统服饰。入口处是巨大的瓦哈卡木雕艺术品，再往前走，生命之树的雕刻品、尸骨艺术、伊达尔戈州的奥托米刺绣以及历代总统的微型画像等陈列馆中。纪念品商店内的物品也是种类繁多。

墨西哥国家艺术博物馆 Museo Nacional de Arte

展示近代艺术的代表作

★

必看的车利罗作品

墨西哥国家艺术博物馆是 18 世纪初的建筑，位于塔库巴大街上，中央邮局背后。博物馆内陈列的主要是壁画运动开始以前、西班牙殖民地时代的宗教画和 20 世纪前半期的美术品，喜爱墨西哥美术的游客一定不要错过。尤其是摆脱西欧的束缚，充分表现了墨西哥的自然风光，在壁画运动中占据先驱位置的何塞·路易斯·贝略的作品极为突出。

墨西哥国家艺术博物馆

Map p.63/B4

TEL 5130-3400

URL www.munal.mx

入场 周二～周日 10:30~17:30

费 M$60，拍照 M$ 5

经常举办大规模的展览，也可以欣赏本馆中长期收藏展示的作品。展览中陈列的作品多是跟博物馆收藏的作品时代背景相同。

迭戈·里维拉壁画博物馆 Museo Mural Diego Rivera

镇馆之宝——巨匠里维拉的代表作

★★

迭戈·里维拉是墨西哥最伟大的艺术家之一，也是墨西哥壁画运动的领军人物。本馆介绍了他的生平与艺术成就，并展出有他晚年的杰作《阿拉梅达公园周末午后之梦》。壁画之前展示在普拉多酒店，1985 年酒店因地震倒塌，使用了大型吊车将壁画转移至此。当初里维拉在画上写了“上帝不存在”的口号，引起激烈争论，是一幅颇具故事性的壁画。这幅画描绘的是墨西哥近现代的名人们聚集在公园前散步，里维拉将自己塑造成了一个少年的形象，并且站在自己的夫人弗里达·卡罗身前。

里维拉最杰出的代表作之一《阿拉梅达公园周末午后之梦》

迭戈·里维拉壁画博物馆

Map p.63/B3

迭戈·里维拉壁画博物馆位于阿拉梅达公园的西侧，乘坐地铁从 Hidalgo 站下车。

TEL 1555-1900

URL www.museomuraldiego-rivera.bellasartes.gob.mx

入场 周二～周日 10:00~18:00

费 M$20，拍照 M$5

小贴士 墨西哥国家美术宫内的舞蹈团体会表演各地的舞蹈。公演时间不定，详细信息请在 URL www.bellasartes.gob.mx 确认。

拉丁美洲塔 Torre Latinoamericana

登上观景台眺望首都的风景

★

1956年建造，高182米的42层建筑物。观景台位于37层、42层及屋顶。41层是观景餐厅和酒吧，36、38层是墨西哥近现代历史博物馆。天气好的话不仅能看到市区，还能看到远处的波波卡特佩特火山，风景十分优美。

上／墨西哥国家美术宫南侧建造的高塔
左／可以观看到浪漫的夜景也使美洲塔拥有很高的人气

革命纪念碑 Monumento a la Revolución

革命家们长眠于此

★

原本此地是要建造议会大厦，但因为墨西哥革命导致工程中断，革命结束后改为修筑革命纪念碑。纪念碑在支撑穹隆屋顶的四根方形柱子的上端，饰有四组雕塑，建筑的上方雕刻着象征19世纪中期革命英雄、独立、农民、劳动者的形象，内部是墨西哥革命的领导者马德罗、维拉、卡兰萨等人的遗迹。

同时建造的国家革命博物馆（Museo de la Revolución）内，通过讽刺漫画和影像资料多角度地展现革命历程，十分有趣。另外这里还收藏有农民们革命时使用的武器。

从革命纪念碑中心乘坐电梯可以直接到达观景台

三文化广场 Plaza de las Tres Culturas

象征墨西哥历史的文化遗产

★★

16世纪建造的圣地亚哥教堂前，是阿兹特克帝国时代的遗迹特拉特洛尔科 Tlatelolco，而现代的高层建筑则仿佛将这一切包围了起来，因此被称作"三文化"。阿兹特克遗迹是被人为破坏的，随后又用废墟中的石材建造了圣地亚哥教堂。

1521年，在阿兹特克帝国的商业都市特拉特洛尔科，夸特莫克率领的阿兹特克军队向西班牙军队发起了最后的挑战。广场一角的碑石上刻着这样一段话："不会再有败仗和被毁的建筑物了。难熬的苦日子结束后，一个融合的国度诞生了，这就是如今的墨西哥。"

遗迹有完整的参观通道

拉丁美洲塔

Map p.63/B3

TEL 5518-7423

URL www.torrelatino.com

入场 每天 9:00~22:00

费 乘坐电梯进入观景台M$60。36层墨西哥博物馆需另外收取费用，价格为M$30。

龙舌兰酒博物馆 Museo del Tequila y el Mezcal

Map p.63/B4

住 Plaza Garibaldi

TEL 5529-1238

URL mutemgaribaldi.mx

入场 每天 11:00~22:00（周四~周六~24:00）、周五~周六 11:00~24:00

费 M$60（可以品尝一杯龙舌兰 Tequila 或梅斯卡尔 Mezcal）

乘坐地铁8号线在 Garibaldi 站下车，步行5分钟到达加里波底广场即可看到。龙舌兰或梅斯卡尔可以在商店内买到。推荐去屋顶的 La cata 餐厅品尝龙舌兰。

革命纪念碑 Map p.62/B2

乘坐地铁2号线 Revolución 站下车步行3分钟。

● **国家革命博物馆**

TEL 5546-2115

入场 周二~周五 9:00~17:00、周末 9:30~18:30

费 M$29

● **观景台**

TEL 5592-2038

入场 每天12:00~20:00（周五、周六~22:00、周日 10:00~）

费 M$50

国家革命博物馆陈列的讽刺漫画

三文化广场

Map p.63/A4

乘坐地铁3号线 Tlatelolco 站下车，步行约10分钟。

特拉特洛尔科遗迹

Map p.63/A4

TEL 5583-0295

入场 每天 8:00~18:00

费 免费

小贴士 拉丁美洲塔在西班牙语中写作"Torre Latino"，英语翻译为 Latin America Tower。在问路时最好使用西班牙语的发音。

查普尔特佩克公园

Map p.64/C2~p.65/C3

位于墨西哥城西部，南北长4公里的大型公园，横跨改革大道北侧。

入场 周二～周日 5:00~18:00（夏令时 ~19:00）

查普尔特佩克公园交通信息

乘坐地铁7号线在Polanco站或Auditorio站下车，地铁1号线Chapultepec站下车。也可以在改革大道乘坐巴士，同样十分便利。如需打车的话，最好还是在指定区域乘坐Sitio出租车较为稳妥。

国家人类学博物馆是市内热门的观光景点

旅游局 Sectur

Map p.65/A3

住 Av. Presidente Mazaryk No.172

TEL 3002-6300

营 周一～周五 9:00~18:00
周六 10:00~15:00

乘坐地铁7号线在Polanco站下车。有墨西哥国内各地的旅游信息。

查普尔特佩克城堡

Map p.65/C3

乘坐地铁1号线在Chapultepec站下车，沿城堡北侧的斜坡走300米即可到达入口。

TEL 4040-5214

URL www.mnh.inah.gob.mx

入场 每天9:00~16:00（参观时间~17:00）

费 M$65

查普尔特佩克公园

查普尔特佩克公园东侧入口的少年英雄纪念碑

隐藏在大自然中的观光景点

绿意盎然的查普尔特佩克公园内的景点以闻名拉美的国家人类学博物馆（→p.72）为主，另外还有植物园、动物园、艺术馆等文化设施以及多处简易食堂和街边店，是周末全家出游的好去处。虽身处现代大都市，却保留着良好的自然风光，还有很多亲近人的小松鼠。阿兹特克帝国时代，查普尔特佩克公园作为休养地，和城市中心特诺奇蒂特兰相连。公园内还留有传闻中阿兹特克帝王莫克特苏马沐浴的浴场。

这一区域的常规游览顺序是：白天参观公园内的人类学博物馆、艺术馆和博物馆等文化设施后，前去波兰科进行购物，享用晚餐。

查普尔特佩克城堡 Castillo de Chapultepec

作为历史博物馆而开放的旧总统宅邸 ★★

当地学生参观历史名胜

家具、日常用品都被完好地保存下来

从市区可以眺望到这一座建在小山丘上的城堡。如今城堡内部作为国家历史博物馆Museo Nacional de Historia向大众开放。在墨西哥革命爆发的时候，这座城堡正是独裁者波菲里奥·迪亚斯总统夫妻的住宅，当年的家具、室内装饰都完好地保存至今。同时很好地向我们展示了从墨西哥独立、革命以及向现代发展的整体历史进程。虽然这座城堡内有很多贵重的宝物，但最为珍贵的还是“革命之屋”内的巨幅壁画《反对迪亚斯独裁统治的革命运动》。另外还陈列有西凯罗斯以及奥罗兹柯的代表作品。

小贴士 查普尔特佩克城堡建于山丘之上，距离公园入口步行约10分钟。园区巴士每小时有数班可以到达城堡。园区巴士费用为往返M$20。

近代美术馆 Museo de Arte Moderno

接触墨西哥绘画的精髓

★★

可以领略到墨西哥美术精华的美术馆。馆内收藏了大量著名画家的作品。包括被称为墨西哥近代美术之父的赫拉尔多·穆里略，壁画三杰迭戈·里维拉、大卫·西凯罗斯、奥罗兹柯，以及鲁菲诺·塔马约、弗里达·卡罗。其中弗里达的《两个弗里达》、西凯罗斯的《我们的现实肖像》等都是墨西哥近代艺术的重要代表作。

了解墨西哥近代绘画流行趋势的美术馆

鲁菲诺·塔马约博物馆 Museo Rufino Tamayo

塔马约夫妇藏品展示

★★

为了收藏出生于瓦哈卡的艺术家鲁菲诺·塔马约夫妇所捐赠的作品而建造的博物馆。博物馆内除了塔马约的作品，还收藏有毕加索、安迪·沃霍尔等20世纪重要艺术家的作品（不在常规展示范围内，未必可以欣赏到）。博物馆内有3个展厅，每隔2~3个月会举办一次现代美术展。博物馆本身十分现代化，馆内有书店式咖啡馆，书籍很多。

西凯罗斯美术馆 Sala de Arte Público Siqueiros

窥探艺术家的工作室

★

大卫·西凯罗斯既是一位具有反抗精神的画家，又是一名积极的革命分子，他的家同时也是他的工作室，在这里他个人的书籍和照片都作为作品陈列在外。从西凯罗斯小小的素描画到壁画，都作为常规展示向公众开放，有时还会举办现代作家的作品展。

1974年西凯罗斯即将逝世前向大众开放

近代美术馆 Map p.65/B3

乘坐地铁1号线在Chapultepec站下车，步行约5分钟。

TEL 8647-5530

URL www.museoartemoderno.com

入场 周二～周日 10:15~17:30

费 M$60

弗里达·卡罗必看作品《两个弗里达》

鲁菲诺·塔马约博物馆

Map p.65/B3

乘坐地铁1号线在Chapultepec站下车，步行约15分钟。或者在改革大道乘坐巴士，在博物馆门口下车。位于国家人类学博物馆东侧，步行约5分钟。

TEL 4122-8200

URL www.museotamayo.org

入场 周二～周日 10:00~18:00（闭馆前15分钟停止入馆）

费 M$60

西凯罗斯美术馆

Map p.65/B3

从国家人类学博物馆向北，步行约5分钟，

TEL 8647-5340

URL www.saps-latallera.org

入场 周二～周日 10:00~18:00

费 M$14

依靠日本的支持改善了大气污染

墨西哥城的大气污染从二三十年前因雾霾等原因产生，导致健康有问题的人数激增，一度状况十分严峻。为了改善环境，墨西哥政府制订了“墨西哥城都市圈大气污染对策综合计划”。根据这个计划，日本给予了援助，帮助进行环境的改善。

其中一种策略是引入公共交通来改善环境。如今市内就有节能型无轨电车。这种电车是由日本提供的资金和技术，消耗的电力仅为原来的70%左右。没有废气排出，噪声也很小。连接墨西哥城东北部和中心地区的地铁新线路B线、采用无铅汽油以减少汽车尾气中污染物的排放以及柴油汽车脱硫装置等建议，有效地利用了日本提供的资金。同时还在周边群山上进行植树造林。

※相比过去，现在墨西哥城的大气污染情况有所改善，但仍需格外留意，尽量避免长时间在交通流量较大的地区步行，回到酒店后一定要及时漱口、洗手。

小贴士 索玛亚博物馆Museo Soumaya（Map文前图②/A1 入场 每天10:30~18:30 费 免费）的别馆位于波兰科地区。是世界第一富豪卡洛斯·斯利姆·埃卢的私人博物馆，共有6万多件艺术藏品轮流展示。

7号展厅内的特奥蒂瓦坎古城

集墨西哥古代文明之大成

墨西哥国家人类学博物馆

Museo Nacional de Antropología

墨西哥国家人类学博物馆是世界上规模、展品数量都数一数二的大型博物馆。在玛雅、特奥蒂瓦坎、阿兹特克等遗迹中出土的值得永久收藏的物品，经过精挑细选后陈列展示在公众面前。本来分布在各地遗迹中的壁画和石像，都集中到了这座博物馆中。参观完这座博物馆再造访各地遗迹后，你就能够描绘出古代文明的浪漫传说。

一层考古学楼层

2号展厅 人类学简介◆ Introducción

通过来自世界各地的真实考古资料、照片、图解等直观的方式，介绍在人类历史上美洲大陆以及墨西哥所占据的地位。本馆中也收集了来自非洲和亚洲等地的珍贵资料。

从墨西哥到中美各地所存在的文明特征、各个文化之间的联系，出土文物的相似性上进行介绍、说明。

3号展厅 美洲的起源◆ Poblamiento de América

通过立体模型、古代地图等讲解美洲的历史起源。这里特别引人关注的是，从墨西哥到中美各国的原住民均以玉米作为主食。各地出土的玉米祖先（公元前5000年）都有成年人的手指大小，并排排列在博物馆的一角。根据玛雅民族的圣书《波波尔·乌》中记载的创世神话，人类是由玉米演变而来的，玉米在他们的宗教体系中有着十分特别的地位。

4号展厅 前古典期◆ Preclasico

本厅介绍了玛雅文明农耕栽培的发展历程。通过大量的出土文物，可以更好地了解玛雅文明是如何从村落共同体发展成为都市，以及其文明的诞生和发展历程。展厅的中央重现了1936年在特拉蒂尔克发现村落遗迹时的发掘景象。

5号展厅 特奥蒂瓦坎◆ Teotihuacan

这间展厅是整座博物馆最先向公众开放的区域。厅内陈列着按照1∶1比例复原的羽蛇神神庙（复制品）、月亮金字塔前矗立的雨神石像（实物）。另外，受特奥蒂瓦坎的影响，在普埃布拉郊外的乔鲁拉也建有神庙，可见特奥蒂瓦坎文化的传播之深远。

羽蛇神神庙的复制品

6号展厅 托尔特克◆Tolteca

图拉遗迹是托尔特克文明的中心，其代表“战士像”就矗立在这间展厅之中。在远方的奇琴伊察也有类似这座高4.6米的石像的发现，托尔特克的文明影响力可见一斑。此展厅内也会详细地介绍中央高原地区的霍齐卡尔科、卡卡希特拉等在托尔特克文化圈中具有代表性的遗迹。

图拉战士像

必看的卡卡希特拉色彩鲜艳的壁画

7号展厅 墨西卡（阿兹特克）◆México（Azteca）

在这间展厅的中央放置的是整座博物馆最具看点的展品。在巨石上雕刻着阿兹特克历法的太阳石（阿兹特克历法石）。

在大厅的左侧陈列着阿兹特克人信奉的众多神灵。“科亚特利库埃”既是大地女神、死神，还是众神之母。这座石像是1790年在墨西哥城发现的。石像的腹部是一颗被切落的头颅，从头颅延伸出去2条流淌着血的蛇，着实令人毛骨悚然。“羽蛇神”就像其字面意思一样，是一条长满羽毛的蛇，它象征着文化与丰收。羽蛇神的石像有好几个，每一个都是蜷缩着身体，还能看出在表面有着无数的羽毛。传说中，羽蛇神厌恶祭祀活物，但阿兹特克人并没有停止祭祀活动。

科亚特利库埃石像。阿兹特克人十分敬畏特奥蒂瓦坎文明之后的古神以及自己民族神话中的神灵

在这座展厅内还可以看到埃尔南·科尔特斯征服墨西哥城前，特诺奇蒂特兰的复原模型，市场的繁荣景象也通过立体模型得以重现。从鸟瞰图可以看出，特诺奇蒂特兰曾经是一座浮在湖上的人工岛国，景色之美令人震惊和感动。另外，相比展览，如今的索卡洛地区周边林立着金字塔，每天都举行祭祀活动，让人产生一种穿越回了阿兹特克帝国的错觉。

特诺奇蒂特兰的复原模型

COLUMNA

太阳石 “阿兹特克历法石”

太阳石是一块直径3.6米的圆形巨石，刻有阿兹特克的历法，太阳神的浮雕位于中心，在其周边还刻有多重复杂的主题元素。在太阳神的四周有四个太阳围绕着它，表示了宇宙从古至今经历过的四个时代。阿兹特克人相信，自上帝创世以来，墨西哥人曾经历过四个太阳，但这四个太阳相继被风、虎、水、火所毁灭，最后，只有第五个太阳，即托纳提乌成为胜利者，并且是一直运行着的。

阿兹特克太阳历是阿兹特克人所使用的历法。太阳历的一年有18个月，每月20日，年末5日为凶日，故一年总共365天。阿兹特克人还有另一套历法——神圣历。神圣历的一年只有260天。阿兹特克人的这两种历法在许多方面都有重要的作用：首先在农业方面，确定农耕季节，指导农业生产活动；其次在祭祀方面，可以确定举行祭祀仪式的日期，指导人们举办宗教节日活动。

这块象征永恒的纪念碑，在阿兹特克帝国消亡后，被遗弃在了中央广场附近无人问津。之后，有印第安人前来礼拜这块石盘，这一幕被当时的墨西哥大主教看到，他下令将石盘埋在了地下，直到1790年才再次被人发现。

太阳石不单单是刻有月份日期这么简单，它还体现出了阿兹特克神秘的宇宙观

8 号展厅 瓦哈卡◆ Oaxaca

此厅中陈列着瓦哈卡地区蒙特阿尔班和密特拉这两个遗迹出土的文物，这些文物呈现出了瓦哈卡地区民族的兴衰。

萨波特克民族建造了蒙特阿尔班这样的大城邦后最终又放弃了自己的家园，只留下了带有精细马赛克图案，曾作为神殿使用的金字塔遗迹。蒙特阿尔班之后成了阿兹特克族墓地。展厅内被称作“跳舞的人”的浮雕值得一看，描绘的是拷问俘虏和尸体的画面。另外在坟墓中发现的米斯特克族的金银饰品也不容错过。

上 / 珍贵的金银饰品
下 / 蒙特阿尔班出土的“跳舞的人”浮雕

9 号展厅 墨西哥湾◆ Golfo de México

此厅展示了被称作墨西哥古代文明之母的奥尔梅克文明。关于奥尔梅克巨石头像有着各种各样的传说。另外，为何反复雕刻这样的巨石头像也仍是未解之谜。在位于韦拉克鲁斯州的埃尔塔欣和山波拉两地出土的笑面土偶也展示在此厅中。

奥尔梅克巨石头像

10 号展厅 玛雅◆ Maya

帕伦克的碑铭神庙中发现的帕伦克国王的翡翠面具

本厅最吸引人眼球的要数帕伦克古代王墓了。按照 1∶1 的比例复原了碑铭神庙的地下王墓，并收藏着已发现的陪葬品。帕伦克的神庙墓地都在地下，与埃及金字塔的构造相近。

深居在热带丛林中的玛雅人在文字、数学、天文等方面都有着极高的成就。他们是最早使用“0”这一概念的民族。玛雅展厅的一角是玛雅数学的解读表。玛雅展厅内真人大小的石板和石柱上都雕刻着玛雅历史上具有代表性章节的主题图案，这些图案雕刻得极其精致，在每个主题的一角都刻有代表年代的玛雅数字。

站在玛雅展厅外的院子中，可欣赏到完美地再现了波拿蒙派克色彩鲜艳的壁画。

奇琴伊察遗迹的查克穆尔石像

11 号展厅 西部◆ Occidente

太平洋沿岸因为远离繁荣的中央高原地区，存在的文化也截然不同。尽管如此，米却肯州的塔拉斯科族人文明程度很高，如今还残留着其文明的中心辛祖坦遗迹。这个遗迹是由圆形和方形组合而成的，展厅内也有展示有这一独特的形态全貌模型。令人深感有趣的是，西部地区的墓穴为竖穴墓，是从地面竖直向下挖出葬坑的一种埋葬方式，这种方式在中央高原地区是见不到的，但在同是太平洋沿岸却相距甚远的哥伦比亚、厄瓜多尔、秘鲁的遗迹中发现了相同的竖穴墓。

12 号展厅 北部 ◆ Norte

介绍靠近美国边境的北部原住民的风土习俗。与南部不同，北部的原住民住的是土坯房，依靠狩猎和采摘生活，他们一直居无定所，没有定居地，因此也没有高度的文明诞生。远离中央高原辉煌的文明，完全是另外一个文化圈。而且已经确认了北方与北美的原住民有着几乎一样的文化。

二层民族学楼层

二层介绍了如今生活在各地的原住民。以各个部落种族为单位，从衣食住行、宗教、文化等方面进行综合性说明。墨西哥民间艺术以独创的色彩使用技巧和精巧的技艺而闻名。曾经构造了引人注目的高度文明的民族智慧，都凝缩在了小小的艺术品之上。

然而，拥有丰富民间艺术的墨西哥原住民，与美洲大陆上另外大部分的原住民一样，生活十分凄惨。在墨西哥市内无法回到村落共同体的状态，无法实现共同体，这些原住民只能生活在大街上，过着艰辛贫穷的日子。馆内，还就原住民被压迫的状况进行了解释说明。

在二层某些地方再现的原始房屋

国家人类学博物馆 Museo Nacional de Antropología

Map p.65/B3

乘坐地铁 7 号线在 Auditorio 站下车，步行约 5 分钟。也可以在索卡洛乘坐开往 Auditorio 方向的巴士。

巨大的博物馆内，一层为考古学资料、展区，二层为民族学展区。

TEL 4040-5300

URL www.mna.inah.gob.mx

入场 周二～周日 9:00~18:00（展厅参观 ~19:00）

费 M$65。可以租赁语音讲解器，语言为西班牙语和英语（M$75）。可以拍照，但禁止使用闪光灯和三脚架。拍摄视频另收费 M$45。

从大路进去后西侧就是国家人类学博物馆，而在东侧的一角，每小时有数次韦拉克鲁斯州的托托纳克族传统仪式举行。在支柱上有四个男子边旋转边下降，如同杂技一般的民间艺术，值得一看。

博物馆内的小商店销售的传统工艺品，都带有丰富的元素主题，商品类型多种多样

COLUMNA

活用 “博物馆之夜”

每月的最后一个周三晚上是“博物馆之夜”，包括国家人类学博物馆在内的大部分博物馆都会延迟闭馆时间，并且门票免费（每年 5 月 18 日的博物馆日也是如此）。音乐会等娱乐活动也将会开放，活动信息请在下面的网址确认。

URL www.cultura.df.gob.mx/nochedemuseos

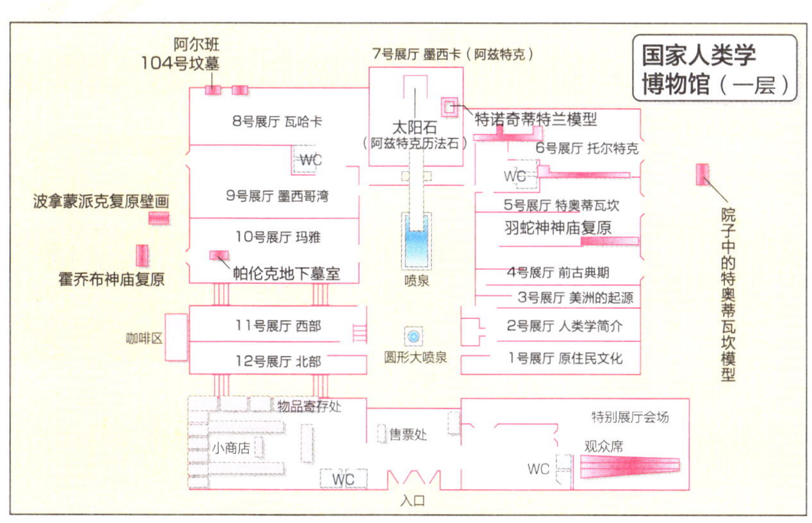

科约阿坎地区的交通

从南部长途客运站乘坐Sitio出租车需M$73。另外可以在地铁3号线Viveros站或2号线的General Anaya站乘坐迷你巴士或打车到达目的地。

圣安吉尔地区的交通

乘坐快速巴士1号线在Altavista站或La Bombilla站下车。还可以乘坐地铁7号线到Barranca del Muerto站后，在革命大道可以乘坐往返的迷你巴士。

演出信息

在科约阿坎的伊达尔戈广场上，每周六、日的下午会有各种流派的街头音乐演出和喜剧表演。

弗里达尚未完成的作品《我的家庭》

弗里达·卡罗博物馆

Map p.77

乘坐地铁3号线在Coyoacán站下车往东南方向，或者Viveros站下车往东步行20~25分钟。

住 Londres No.247

TEL 5554-5999

URL www.museofridakahlo.org.mx

入场 周二~周日 10:00~17:45（周三 11:00~）

费 周二~周五 M$120、周末M$140（※通票包含阿纳瓦卡依博物馆→p.80）

拍照 M$60

利昂·托洛茨基博物馆

Map p.77

位于弗里达·卡罗博物馆东北方向，步行需10分钟。乘坐地铁3号线在Coyoacán站下车，往东南方向步行20~25分钟。

住 Av.Río Churubusco No.410

TEL 5658-8732

URL museocasadeleontrotsky.blogspot.com

入场 周二~周日 10:00~17:00

费 M$40，拍照 M$15

科约阿坎、圣安吉尔地区

独一无二的博物馆分散在雅致的住宅区

圣安吉尔街道上的绘画市集

从索娜罗莎往南10公里远的地方，分布着介绍弗里达·卡罗、迭戈·里维拉等人的充满魅力的博物馆。乘坐快速巴士1号线或地铁3号线都可以直达，除此之外，也可以从南部长途客运站乘坐Sitio出租车。

一到周末，科约阿坎的中央广场会有街头表演，在圣安吉尔则有售卖艺术品、民间艺术品的免费市集举办，热闹非凡。

弗里达·卡罗博物馆 Museo Frida Kahlo

向公众开放的弗里达故居 ★★

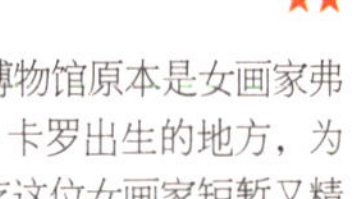

外墙为蓝色

博物馆原本是女画家弗里达·卡罗出生的地方，为了保存这位女画家短暂又精彩的生平事迹，现在作为博物馆向公众开放。房间内部并不宽敞，只展示着两幅作品，但时间仿佛静止一般，可以想象出弗里达每天在此创作的日常和私生活景象。这里有弗里达收集的民间信仰的铁皮画、充满个性的画室，作为弗里达·卡罗的粉丝千万不要错过。

近年来，在欧美等地都发行了弗里达·卡罗的传记和作品集，关于弗里达的电影上映后，粉丝的数量更是剧增，因此也有很多外国游客前来参观。

利昂·托洛茨基博物馆 Museo Casa de León Trotsky

革命家临终前的居所 ★

托洛茨基晚年定居的地方，如今成了博物馆，在院中有托洛茨基的墓碑。房子被高墙环绕，在监视塔上还留有弹痕。这座博物馆留下了在20世纪政治史上付诸实践的思想家残酷命运的印记。

展示的有关托洛茨基的照片和遗物

俄罗斯革命的英雄人物托洛茨基，在与斯大林的权力斗争中落败，被驱逐出境。而里维拉夫妇想尽办法将其引渡到了墨西哥。因为有着太多的政敌，托洛茨基十分重视家中的安全措施，甚至房间内部使用的都是铁门，但他最终还是被斯大林派出的刺客所暗杀。

小贴士 科约阿坎是人气极高的旧殖民地区。乘坐地铁3号线在Viveros站下车后，推荐从Francisco Sosa大街向东步行，一直走到科约阿坎的中心森特纳里奥公园。

埃尔卡门博物馆 Museo de El Carmen

墨西哥殖民地时代的修道院遗迹 ★

将 17 世纪初紧邻埃尔卡门教堂的修道院改建成了博物馆。如今位于市区的一角，并且面对主干路，但博物馆内十分寂静。虽然看不到以前修女的样子，但馆内留有许多 18 世纪前后优秀的宗教艺术品，地下藏有 12 具修女的木乃伊。

可以看到宗教绘画的展览

卡瑞罗吉尔美术馆 Museo de Arte Carrillo Gil

展示着天才们具有魄力的作品 ★★

这间美术馆收藏了多幅墨西哥壁画三杰的油彩画。他们在创作费时费力的壁画间隙描绘的作品，传达出了各自的个性。馆内还有能安静阅览艺术书籍的图书馆。

迭戈·里维拉和弗里达·卡罗之家 Museo Casa Estudio Diego Rivera y Frida Kahlo

传奇夫妇的生活景象 ★

1934~1940 年里维拉和卡罗作为夫妻生活、工作的地方。屋内除了工作室和餐厅外，还可以参观里维拉的卧室，1957 年里维拉生命中最后的时光正是在这里度过的。另外这里还完好地保存着两人无数的遗物。屋内有不少两人的照片和里维拉的画作，但却没有展示任何卡罗的作品。

左 / 红色和蓝色的建筑并排在一起　右 / 可以参观两人使用过的工作室

周末的圣安吉尔

每周末 10:00~17:00，埃尔卡门博物馆对面的文化会馆 Casa de la Cultura 旁边的公园内会有专业画家、业余画家、版画家、雕刻家们在此展示售卖自己的作品。具象、抽象、儿童画、流行艺术等各种各样的作品汇聚一堂。

另外，距这个公园 200 米远的圣哈辛托广场 Plaza San Jacinto，仅限每周六开集的绘画·民间艺术品跳蚤市场 Bazar del Sábado 值得一逛。

埃尔卡门博物馆

Map p.77

乘坐地铁 1 号线在 La Bombilla 站下车，步行约 5 分钟。

住 Av.Revolución No.4 y 6.San Ángel

TEL 5616-1177

URL www.elcarmen.inah.gob.mx

入场 周二～周日 10:00~17:00

费 M$52

卡瑞罗吉尔美术馆

Map p.77

乘坐地铁 1 号线在 Altavista 站下车，步行约 7 分钟。

住 Av.Revolución No.1608

TEL 8647-5450

URL www.museodeartecarrillogil.com

入场 周二～周日 10:00~18:00

费 M$45

迭戈·里维拉和弗里达·卡罗之家

Map 文前图② /B1

位于圣安吉尔地区的 Altavista 大街西侧。距离卡瑞罗吉尔美术馆和埃尔卡门博物馆步行约 15 分钟。

住 Diego Rivera 2，esq.Altavista，Col.San Ángel Inn

TEL 8647-5470

URL www.estudiodiegorivera.bellasartes.gob.mx

入场 周二～周日 10:00~18:00

费 M$30，拍照 M$30

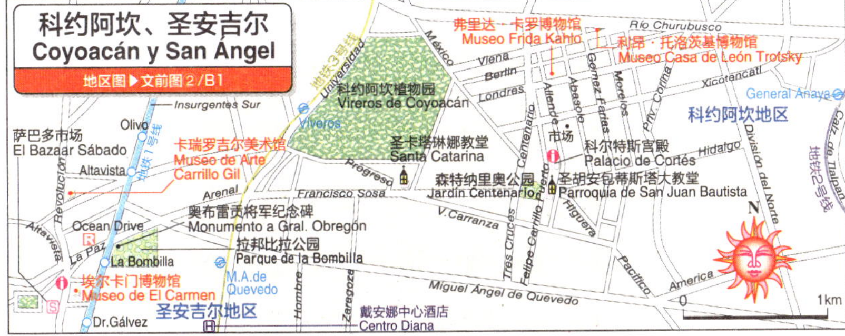

小贴士 卡瑞罗吉尔美术馆没有常设的展览，展出的收藏品每月都会变更。新锐画家的作品会被展出，充满热情的现代美术展也很受欢迎。

瓜达卢佩旧圣母堂

墨西哥城郊外（北部 & 南部）

不可错过的郊外观光景点

在起义者大街乘坐迷你巴士就可以前往有着西凯罗斯壁画的著名墨西哥国家自治大学 UNAM 和公元纪年前的奎奎尔科遗迹。世界遗产霍奇米尔科距离城市中心以南 20 公里远，周末风和日丽的时候，湖上总会有许多游船穿梭，是休闲放松的绝佳去处。

瓜达卢佩圣母堂 Basílica de Guadalupe

原住民十分信仰的圣母院

★★

新圣母堂内部随时都有弥撒举行

瓜达卢佩圣母堂在西班牙殖民者入侵前就已存在，它位于特佩雅山上，是一座占地面积很大的天主教教堂。圣母堂内祭奠的是墨西哥人民的精神支柱——瓜达卢佩圣母。瓜达卢佩圣母有着黑色头发、褐色皮肤，在天主教圣母中十分特别。在热衷于宗教的墨西哥人中，尤其是贫困的原住民中得到了压倒性的支持。每到周日的弥撒，教堂四周便会挤满人，许多信徒为对圣母表示虔诚的信仰，常用膝盖跪行于教堂内的石板路上。甚至还能看到一边忍受着膝盖磨破流血的痛苦一边抱着刚出生的孩子前行的母亲。

面对正门的是 1709 年建造的旧教堂，因为地基下沉而有所倾斜，取而代之在其旁边是 1976 年建造的新圣母堂。新教堂是一座现代化宗教建筑，能容纳 2 万人，是象征墨西哥天主教的主教堂，罗马教皇也曾造访过这里。另外教堂后是诞生奇迹（见左边栏）的特佩雅山，从山脚沿着装饰过的台阶一直向上走，会看到建在山顶的礼拜堂。

瓜达卢佩圣母堂

Map 文前图② /A2

乘坐地铁 6 号线在 La Villa Basílica 站下车后，步行约 5 分钟即抵。参观瓜达卢佩圣母堂的圣母像需要从新圣母堂旁边的入口进入，然后通过自动步行道进行参观。

每年 12 月 12 日“瓜达卢佩圣母节”前夕，会有大批信徒造访，彻夜不眠，墨西哥城周边的原住民会表演康切罗斯等传统舞蹈。

神奇的斗篷

瓜达卢佩新圣母堂内悬挂着的“神奇的斗篷”上画有棕色皮肤的圣母像。传说 1531 年圣母在此地显灵时，她的身姿正是浮现在了斗篷上。因为许多参拜者在斗篷前观看得入迷，会不由得停下了脚步，所以才设置了自动步行道。

西凯罗斯波利弗罗姆画廊 Polyforum Siqueiros

由 12 幅作品构成的建筑外墙

★★

这是位于拉玛公园内的文化设施，内设有圆形剧场和画廊，地下有餐厅。这个建筑内所展示的壁画均出自西凯罗斯之手。环绕公园的内墙上的里维拉和奥罗兹柯的肖像画是为纪念二人而作。建筑外墙上是连在一起的台状壁画，极具立体感的画法引人注目。建筑物内二层的部分是剧场，内壁的巨幅壁画《行进的人类》是以全面面向宇宙为主题进行的创作。包括天花板的部分在内，总面积达到了 4600 平方米，在全世界数一数二。

传递出从压抑中解放，走向未来的信息《行进的人类》

西凯罗斯波利弗罗姆画廊

Map 文前图② /B1

乘坐地铁 1 号线在 Polyforum 站下车。位于起义者大街和费城大街的交叉点。

周末 12:00 和 14:00 会在剧场内举行壁画灯光秀（M$30）。

入场 每天 10:00~18:00

费 M$15

TEL 5536-4520

URL www.polyforumsiqueiros.com.mx

小贴士 西凯罗斯波利弗罗姆画廊紧邻墨西哥城世贸中心。一年中会举办各式各样的展会，可以在这个网站提前查看信息。URL www.exposwtc.com

墨西哥国家自治大学 Universidad Nacional Autónoma de México（UNAM）

2007 年被列为世界文化遗产的大学城 ★★★

满是壁画的中央图书馆外墙

西凯罗斯名作《人民到大学，大学到人民》

墨西哥国家自治大学（简称 UNAM）位于墨西哥城西南部郊外，是拉丁美洲屈指可数的大学之一。它的规模相当于一个小镇，所以也被称作大学城 C.U.。

世界最大规模的壁画覆盖在中央图书馆的外墙，这便是奥格曼的马赛克壁画。四面墙体上的壁画主题各有不同：北侧是阿兹特克文明；南侧表现的是西班牙殖民时期的压制；东侧是太阳、月亮、宇宙、科学和政治；西侧则是以 UNAM 校徽为中心，象征着学生们如今在墨西哥的角色。图书馆的南侧为主馆，在这里可以观赏到西凯罗斯的立体壁画，尤其是他的名作《人民到大学，大学到人民》，色彩鲜艳，笔触生动。

大学主楼的南侧坐落着大学科学美术馆 Museo Universtario Ciencias y Artes。这里陈列着代表墨西哥现代艺术的画家与雕刻家们的作品，借由这些作品可以了解到墨西哥的前卫美术。

奎奎尔科遗迹 Cuicuilco

这里曾举行古代的祭典 ★

这是墨西哥城内仅存的少数公元前的遗迹之一。这里的祭典仪式可以追溯到 2000 年前，公元前 6 世纪到公元前 2 世纪是最盛时期。在中央高原地区范围内，这里也是最古老的珍贵遗迹之一。奎奎尔科意为“笙歌之地”，这也一定程度上象征着祭祀的仪式。公元前 100 年至公元 100 年，奚特里火山 Xitli 爆发后，熔岩将这里吞没，遗址便位于这之中。在这里有一座博物馆，陈列着遗迹中出土的陶器、石器等。

索玛亚美术馆 Museo Soumaya

畅游于各界收藏 ★

这里以收藏法国雕刻家奥古斯特·罗丹的作品而闻名，藏品多达 100 余件，其中作为日常展示的已达 80~90 件。除此之外，还收藏着德加、雷诺阿、塔马约的作品，如果你是美术迷，这里绝对可以让你大饱眼福。

S 位于洛雷托广场酒店 Plaza Loreto 内。

墨西哥国家自治大学

Map 文前图② /C1

乘坐快速巴士 1 号线到 Dr.Gálvez 站后徒步 15 分钟可以抵达图书馆或者美术馆。也可从地铁 3 号线 Copilco 站出发，乘坐出租车抵达，需要 M$18。

乘坐巴士时，可以从圣安吉尔地区出发，乘坐往南边 V.Olimpica、Tlalpan、Iman 方向的巴士，在 Estadio Olimpico/CU 下车。中央图书馆 Biblioteca Central 在奥林匹克体育场的对面（道路东侧），可以在马路这边看到。

如果从南面的长途客运站出发坐 Sitio 出租车的话需要 M$102。

大学科学美术馆

TEL 5622-7260
URL www.universum.unam.mx
入场 周二~周五 9:00~18:00
周六、周日 10:00~18:00
费 M$70

里维拉壁画

大学中央图书馆和起义者大道的对面是奥林匹克体育场 Estadio de Olimpico 的正面，有里维拉创作的大体量立体壁画。描绘着象征拉丁美洲的秃鹰与象征墨西哥的鹫。

奎奎尔科遗迹

Map 文前图② /C1

乘坐快速巴士 1 号线在 Villa Olímpica 站下车，徒步 3 分钟。

TEL 5606-9758
入场 每天 9:00~17:00
费 免费

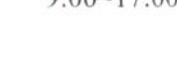

位于熔岩原中的古代遗迹

索玛亚美术馆

Map 文前图② /A1

乘坐快速巴士 1 号线 Dr.Gálvez 站步行 7 分钟。

URL www.soumaya.com.mx
入场 周三~周一 10:30~18:30（周六~20:00）费 免费

小贴士 墨西哥国家自治大学出入基本自由。学校占地面积很大，有免费的巴士可以乘坐。如果想高效率地参观校园，最好确认好巴士站牌或者询问司机线路。

阿纳瓦卡依博物馆 Museo Anahuacalli

里维拉丰富的收藏品 ★

墨西哥壁画的巨匠迭戈·里维拉在晚年自己投资设计的美术馆，在与奎奎尔科遗迹相连的熔岩原上建造而成。展览品都是从里维拉本人收集的5万件古代文化石制雕刻品中精挑细选出来的。

另外，里维拉最早的作品，他在3岁时画的《汽车》遗迹壁画的画稿也在这里展出。美术馆本身多处采用了玛雅文明独有的拱形设计，创造出了独特的氛围，非常值得前去参观。若天气晴朗，在博物馆的顶层可俯瞰整个墨西哥城。

多洛雷斯·奥尔梅多·帕蒂诺美术馆 Museo Dolores Olmedo Patiño

因丰富的弗里达作品而出名 ★★

美术馆的入口给人一种厚重的感觉

霍奇米尔科周边的文化设施中最大的美术馆。这座美术馆是由富豪多洛雷斯夫人的私人花园改造而来的，庭院内的热带植物非常茂盛，还有孔雀在其中嬉戏。这里可以欣赏到里维拉在创作壁画的间隙绘制的许多作品。馆内还有弗里达·卡罗以及安海丽娜·贝罗夫（里维拉的第一任妻子）的作品。另外这里还设有墨西哥大众工艺品的展览角，在宽敞的住宅内还有茶室，可以让人在此惬意地享受。

弗里达1929年创作的作品《巴士车》

霍奇米尔科 Xochimilco

在船上享受恬静的时光 ★★

霍奇米尔科湖上残留的阿兹特克时代浮田

西班牙殖民者入侵前，墨西哥城的大半都是湖水，能令人回想起曾经风光的就是霍奇米尔科了。霍奇米尔科和索卡洛周边的历史风景区一同被列入了世界文化遗产名录。另外墨西哥市民的出游选择之一就是在霍奇米尔科包船游玩。特别是在热闹的周日，带着做好的便当，或是邀请街头乐队到船上演奏也是一个非常不错的选择。乘坐观光船逆流而上，会有在小船上卖花的阿姨。但在平日里，你反而会怀疑在墨西哥城怎么会有如此安静的场所。

阿纳瓦卡依博物馆

Map 文前图②/C1

乘坐地铁2号线在Tasqueña站下车，换乘地面电车到Registro Federal站，需10分钟左右（M$5）。从车站到博物馆要经过一座桥，步行总共约需15分钟。向西沿着Calle Caliz一直走，最后从右侧的坡道上去，就可以到达博物馆。

住 Museo No.150, Col. San Pabro Tepetlpa

TEL 5617-4310

URL www.museoanahuacalli.org.mx

入场 周三～周日 11:00~17:30

费 M$80（※通票包含弗里达·卡罗博物馆→p.76，费用为周二～周五M$120、周末M$140）

多洛雷斯·奥尔梅多·帕蒂诺美术馆

Map 文前图②/C2外

乘坐地铁2号线到Tasqueña站下车，换乘地面电车到La Noria站，需25分钟左右（M$5）。从车站再步行到目的地需3分钟。

住 Av.MéXico No.5843, La Noria, Xochimilco

TEL 5555-1221

URL www.museodoloresolmedo.org.mx

入场 周二～周日 10:00~18:00

费 M$65

霍奇米尔科

Map 文前图②/C2

乘坐地铁2号线在Tasqueña站换乘地面电车，大约30分钟到终点Xochimilco站下车（M$5）。从检票口出来后，沿Av.Morelos左侧步行约10分钟可到达码头。另外也可以在Tasqueña站乘坐前往霍奇米尔科的迷你巴士。因为周末的霍奇米尔科十分拥挤，所以乘坐迷你巴士会比较耽误时间。

霍奇米尔科的游船

霍奇米尔科一共有9个码头，价格：1艘船1小时M$220、2小时M$380、4小时M$700。

霍奇米尔科的玩偶岛 La Isla de la Muñecas，岛上的树上挂满了数百个废弃洋娃娃，阴森诡异，令人毛骨悚然。是墨西哥著名的神秘景点。

墨西哥城的商店
Shopping

前往墨西哥旅行的游客，最喜欢购买的是具有地方特色的民间艺术品和墨西哥特产的银饰品一类。这其中大多数都是各地原住民手工制作的。与阿兹特克、玛雅遗迹相关的写真集、墨西哥壁画运动中活跃的名人画集等，都是人们作为珍贵旅行的回忆而热衷购买的纪念品。另外，墨西哥的拉丁音乐与古巴、巴西齐名，购买CD的音乐爱好者也大有人在。

五颜六色的传统服饰

动物摆件

在民间艺术品市场购物时，一定要慎重。商家对外国人会提高售价，所以同一件商品一定要多对比几家后再购买。

购买名牌奢侈品可以去波兰科地区的 Presidente Mazarik 大街周边，高档商场多汇聚于此。也推荐大家在博物馆、美术馆的纪念品商店购买周边商品。

黄墙市场
Mercado de la Ciudadela

◆民间艺术品街和美食街

乘坐地铁 1 号线在 Balderas 站下车后向北步行 5 分钟可抵。市场位于图书馆附近，大约 200 家小店紧紧相连。这是一个十分接地气的市场，市场内也有餐馆和咖啡馆，时间充裕的游客都对这里赞不绝口。来自墨西哥各地的民间艺术品种类繁多，价格也相当便宜。如果批发购买的话，还可以再试着砍砍价。市场深处还可以看到穿着惠乔尔族传统服饰做针线活的女性们。信用卡仅能在宝石店等少部分店铺使用。

宽边帽的种类繁多，深受顾客喜爱

Map p.63/B3

住 Plaza de la Ciudadela y Balderas No.1 y 5
TEL 5510-1828（总机）
营 每天 10:00~19:00（店铺时间各异）
CC 店铺情况各异

吸引人眼球的黄色外墙

圣胡安市场
Mercado de San Juan

◆民间艺术品和银饰品

圣胡安市场共有 3 层，从阿拉梅达公园沿多洛雷斯大街 Dolores 向南 4 个街区就可以看到它。市场内有 130 多家店铺，即便时间并不充裕的游客也可以来此购买纪念品。

市场内销售的民间艺术品不计其数

Map p.63/C3

住 Ernesto Pugibet No.21
TEL 5518-0524（总机）
营 周一～周六 9:00~19:00、周日 9:00~17:00（店铺时间各异）
CC 店铺情况各异

女巫市场
Mercado de Sonora

◆可以买到巫术商品

乘坐地铁 1 号线到 Merced 站下车，向南走 5 分钟即可到达。可以购买到魔术、占卜用品，在游客中具有很高的人气。周围的治安并不理想，最好多人结伴出行，不要携带贵重物品。

Map 文前图② /A2

住 Fray Servando Teresa de Mier
营 每天 10:00~19:00（店铺时间各异）
CC 不可

拉古尼利亚古玩市场

Mercado de Lagunilla

◆周日的古玩市场

位于加里波第广场的东北方向，相隔 3 个街区。这里虽然没有民间艺术品，但是有很多二手日用品、传统舞蹈服装和狂欢节上变装用的衣服等。狭窄的小路上挤满了购买商品的老百姓。市场内有小偷出没，大家一定注意保护好个人物品。市场沿线到塔皮托地铁站，因为塔皮托地区的犯罪率较高，请尽量回避不要进入这片地区。

Map p.63/B4

住 Héroe de Granaditas
TEL 无
CC 不可
营 每天 9:00~18:00（店铺时间各异）

起义者市场

Mercado Insurgentes

◆位于索娜罗莎，便利的民间艺术品市场

时尚、潮流的索娜罗莎地区同样也有着民间艺术品市场。在伦敦大街 Londres 上有明显的市场路标，很容易找到。在商店街的一角是市场的入口，出入口虽然都很窄，但却有着 200 家以上的艺术品商店和餐馆汇聚在此，其中有着多家高级银饰品商店。市场内大部分店铺都可以使用信用卡，除此之外，在市场周边也有货币兑换处。

推荐购买民间艺术品等纪念品

Map p.62/B1

住 Londres No.154
营 周一～周六 9:00~19:00、周日 10:00~17:00（店铺时间各异）
CC 店铺情况各异

三角洲公园

Parque Delta

◆交通便利，附设超市

乘坐地铁 3 号线在 Centro Médico 站下车后，步行 3 分钟。每年接待超过 1500 万人次的超人气商场。占地面积约 15 万平方米，商场共有 3 层，入驻了 130 家时装、运动品牌店铺，还有餐馆、超市 Soriana、电影院，设施齐全。

宽敞的室内空间

Map 文前图② /B1

住 Av.Cuauhtémoc No.462，Esq. Viaducto Miguel Alemán
TEL 5440-2111
URL www.parquedelta.com.mx
营 每天 11:00~20:00（周五、周六～21:00）
CC 店铺情况各异

安塔拉购物中心

Antara Fashon Hall

◆国内外大品牌均汇聚于此

也叫作安塔拉 · 波兰科购物中心，名牌奢侈品很全，是全墨西哥最高档的购物地点。一层主要经营时装，休息区较多，二层主要以杂货和运动品商店为主，三层则是美食区，另外还设有咖啡馆、电影院。乘坐地铁 7 号线在 Polanco 站下车后，再步行约 15 分钟可抵。地铁站和购物中心都有 Sitio 出租车的上车点，可以放心地出行。

可以尽情享受购物的乐趣

Map 文前图① /A1

住 Ejército Nacional No.843，Esq. Moliere
TEL 4593-8870
URL www.antara.com.mx
营 每天 11:00~21:00
CC 店铺情况各异

找寻优质的民间艺术品请来圣安吉尔地区

圣安吉尔位于墨西哥城南部美丽的旧殖民地地区。有多家餐馆、咖啡馆、各式各样的民间艺术品店，每到周末还会举办艺术市集。尤其是每周只在周六举办的萨巴多市场，十分有名，有很多游客前去挑选上等的民间艺术品。

●萨巴多市场

El Bazaar Sábado Map p.77

住 Plaza San Jacinto No.11，Col. San Ángel
营 周六 10:00~19:00

只在周六举办的人气集市

墨西哥城的夜生活

Night Spot

来到墨西哥，一定不要错过街头乐队以及艳丽的传统舞蹈。在这里也能欣赏到古巴和秘鲁等其他拉丁美洲国家的音乐。另外罗马 & 康德萨区作为夜生活根据地有着多家人气夜店，每到周末晚上，这里就成了年轻人的中心，热闹非凡，除了摇滚乐和电子音乐外，还可以去体验一下当地的萨尔萨音乐。

在墨西哥城纵情享受音乐和舞蹈

起义者普奎酒吧

Los Insurgentes

Map p.25

◆可以品尝龙舌兰酒的夜店

龙舌兰酒 1 杯 M$35~。酒吧共有 3 层，每层风格迥异，有摇滚、萨尔萨等，这里还可以欣赏到 DJ 表演、每周三有爵士乐演出。这里还提供混合当季水果的龙舌兰酒。

一边品尝卡卡希特拉州出产的鸡尾酒，一边享受音乐演出

住 Insurgentes Sur No.226
TEL 5207-0917
营 每天 14:00~ 次日 2:30
税金 已含
CC M V
Wi-Fi 免费

混合酒吧

Casa Mestiza

Map p.25

◆提供多种龙舌兰酒

这是一对艺术家夫妻经营的酒吧，店内的装潢让人感觉仿佛置身于美术馆之中。这里的龙舌兰酒种类繁多，来自全国各地，有些当地特产的酒在这里也能品尝到。在这里配着墨西哥小吃畅饮各种龙舌兰酒吧。

用店主的作品装饰的吧台

住 Yucatán No.28-D
TEL 6308-0676
营 周三～周六 18:00~ 次日 3:00
税金 已含
CC M V
Wi-Fi 免费

科罗娜酒吧

Salón Corona

Map p.63/B4

◆著名啤酒公司直营的酒吧

1928 年创立的老字号酒吧，店内的鲜啤和墨西哥卷饼广受好评。科罗娜啤酒（M$29）价格也不是很贵。墨西哥辣椒和胡萝卜的组合很出名。在历史街区有 5 家分店，革命大街上 1 家，索娜罗莎还有 1 家。

在酒吧紧里头也准备了餐桌

住 Bolívar No.24
TEL 5512-9007
URL www.saloncorona.com.mx
营 每天 10:00~ 次日 0:30
税金 已含
CC 不可
Wi-Fi 免费

妈妈伦巴

Mama Rumba

Map p.25

◆伴随古巴音乐起舞吧

位于市内的人气场所，可以享受现场音乐，度过一个特有的拉丁之夜。周三～周六 23:00 和次日 1:00 开始有古巴乐队演奏萨尔萨、延巴等流行音乐。尤其在周末晚上，气氛十分高涨，简直就像 Live House 一样。有乐队演出时入场费 M$100。

深夜气氛高涨

住 Querétaro No.230, esq. Medellín, Col. Roma
TEL 5564-6920
营 周三～周六 21:00~ 次日 3:30
税金 已含
CC A M V
Wi-Fi 免费

小贴士 在地铁站口周边有很多小摊卖墨西哥卷饼、汤、炖菜、小吃等。小摊上卖的东西都很好吃，回头客也很多，因此不用担心卫生问题。

墨西哥城的餐馆

Restaurant

墨西哥的餐馆菜系多种多样，除了墨西哥当地的美食，还有中餐、意餐、法餐、日本料理、南美风味、泰国料理、印度料理，等等，十分国际化。

在市内的小摊上，M$30~50 可以吃到墨西哥卷饼或馅饼（墨西哥风味的三明治）加上一杯饮料。比较大众的餐馆都会有“每日特餐”（当天的特别套餐），包含汤、卷饼、沙拉、主菜、米饭或面包、甜品、饮料，总共 M$40~60。高档餐馆的话，一个人 M$500~1000 的预算可以品尝到全套套餐。

墨西哥菜 & 全球美食

雷富希奥餐馆

Fonda el Refugio

Map p.62/C1

◆ 1954 年创办的著名餐馆

乘坐地铁 1 号线到 Insurgentes 站下车后，再向西步行约 5 分钟，H索娜罗莎世纪酒店的西侧就是这家墨西哥餐馆。可以品尝到正宗的墨西哥料理，环境、服务也是一流水平。墙壁上挂着墨西哥的彩碟、铜质锅具等，店内播放的是古典乐和墨西哥当地音乐。汤（M$70~）、沙拉（M$66~）、青椒包肉 Chile relleno（M$180）。一道主菜加 1 杯饮料的价格在 M$300~400。

店内白墙上的装饰品

住 Liverpool No.166，Zona Rosa

TEL 5525-8128

URL fondaelrefugio.com.mx

营 每天 13:00~22:30 税金 已含

CC A D M V Wi-Fi 免费

可以品尝到正宗的莫莱 Mole 料理

阿尔门德罗斯餐馆

Los Almendros

Map p.64/B2

◆尤卡坦半岛美食老字号

乘坐地铁 7 号线到 Auditorio 站下车后，向北大约走 400 米。总店位于梅里达，是尤卡坦半岛上具有代表性的地方美食餐馆。主打菜有青柠鸡汤 Sopa de Lima（M$77）、烤猪肉 Cochinita Pibil（M$139）、玛雅干烧鱼 Pescado Tikin-xik（M$221）等。位于波兰科地区的高档住宅区，前来就餐的顾客也都文质彬彬、富有涵养。

房间很高，环境很好

住 Campos Elíseos No.164

TEL 5531-6646

营 周一～周六 8:00~23:00（周日～22:00）

税金 已含

CC A M V

Wi-Fi 免费

拉卡塔餐馆

La Cata

Map p.63/B4

◆可以品尝到墨西哥当地的美酒

位于龙舌兰酒博物馆的顶层（凭博物馆门票的副券，可以免费品尝 1~2 杯龙舌兰 Tequila 或梅斯卡尔 Mezcal）。龙舌兰 Tequila（M$55~）、梅斯卡尔 Mezcal（M$36~），喜欢喝酒的人一定会得到满足。日落后可以听到从加里波底广场传来的街头乐队的歌声，在阳台伴着音乐品尝美酒和美食格外有情调。主菜大约在 M$100。周五、周六 21:00~22:00 也可以看到街头乐队的表演。

住 Plaza Garibaldi

TEL 5529-1238

URL mutemgaribaldi.mx

营 周三～次周一 11:00~22:00（周四～周六～次日 2:30）

税金 已含

CC A M V

Wi-Fi 免费

小贴士 墨西哥城的历史地区，从索卡洛广场到阿拉梅达公园的路边，有多家餐馆。价格有高有低，可根据预算选择适合的餐馆。

塔古巴咖啡馆
Café de Tacuba

Map p.63/B4

◆墨西哥城的代表美食

这家咖啡馆位于塔古巴大街，是一家传统的墨西哥老字号，还有乐队表演。店内十分宽敞，内部装饰有花砖和壁画，环境幽雅。咖啡馆于1912年开业，原本是做墨西哥早点起家，积攒了很高的人气。如今在用餐高峰都会排起长龙，每天限定套餐价格为M$255。周三～周日15:00~22:00有传统音乐演出。

如同景点一般热闹

住 Tacuba No.28
TEL 5521-2048
URL www.cafedetacuba.com.mx
营 每天 8:00~23:30
税金 已含
CC A M V
Wi-Fi 免费

艾尔莫洛餐馆
El Moro

Map p.63/C3

◆ 1935年开业的吉事果老字号

吉事果是一种炸制的点心（4个M$16）。饮料有很多种，其中巧克力拿铁（M$49~55）人气最高，甜度可以自选，不喜欢甜食的人也可以放心。还可以选择带走吃。

吉事果配巧克力拿铁

住 Eje Central Lázaro Cárdenas No.42
TEL 5512-0896
URL www.elmoro.mx
营 每天 24 小时
税金 已含
CC 不支持
Wi-Fi 免费

德利里奥餐馆
Delirio

Map p.25

◆墨西哥名厨的餐馆

位于罗马地区的奥布莱根大街，是美食研究家莫妮卡·帕蒂尼奥所开创的餐馆。每天都会更新不一样的套餐，价格在M$90~165。也出售面包、蛋糕和果酱。

住 Monterrey No.116
TEL 5584-0870
营 每天 9:00~22:00（周五、周六~23:00，周日~19:00）
税金 已含 CC A M V Wi-Fi 免费

玛丽亚餐馆
Villa María

Map p.64/A2

◆可以品尝到美食的人气餐馆

店内十分宽敞，环境良好，食物也十分考究。使用应季食材制作的墨西哥料理，人均大约M$300。周三～周日15:00开始会有吉他表演，周一～周六21:00会有正宗的墨西哥民俗乐队演出。

洋溢着明亮欢快的气氛

住 Homero No.704，Polanco
TEL 5203-0306
营 每天 13:30~24:00（周日~20:00）
税金 已含
CC A D M V
Wi-Fi 免费

埃尔普罗格雷索餐馆
El Progreso

Map p.62/B2

◆美味的墨西哥卷饼

位于中心城区和索娜罗莎中间，哥伦布纪念碑西北200米。1个墨西哥卷饼M$12~25。有现场制作的100%鲜榨果汁。如果人太多没有座位的话，当地人会选择在角落站着品尝。店铺前还有铁板烤肉，有多种配料和酱可以自由选择。

比小摊卖的墨西哥卷饼更加干净卫生

住 Antonio Caso No.30
TEL 5592-8964
营 周一～周六 8:00~21:00
税金 已含
CC 不支持
Wi-Fi 无

中餐馆

龙餐馆
El Dragón

Map p.62/B1

◆索娜罗莎的中餐馆

位于索娜罗莎的繁华大街上，可以品尝到正宗的中餐。地理位置优越，除了中国人，当地的上班族也经常光顾。特色菜有北京烤鸭（M$550）、3人份炒饭（M$160）等。

住 Hamburgo No.97
TEL 5525-2466
营 每天 12:30~22:00（周日~21:00）
税金 已含 CC A M V
Wi-Fi 免费

R托诺餐馆 La Casa de Toño 是一家大众餐馆，（Map p.62/B1 住 Londres No.144 TEL 5386-1125 营 每天 9:00~23:00）他们特制的猪肉汤配玉米饼 Posole（M$45~50）非常有名。位于起义者市场的旁边。

墨西哥城的酒店
Hotel

墨西哥城的酒店从经济型，能到豪华型能满足所有游客的需求。值得一提的是，每年圣诞节年末年初、圣周以及 7、8 月份的假期时，国内外有大批游客前往墨西哥城，如果选择以上时间段出行，一定要提前预订酒店。游客选择入住较多的是索娜罗莎和革命纪念碑附近的酒店，这些地区环境较好。性价比较高的酒店多集中于索卡洛广场和阿拉梅达公园周边。高档的豪华酒店汇聚在波兰科地区的查普尔特佩克公园北侧。

如需预约中高档酒店，请先在各个酒店的官网确认空房情况（有些酒店有最低价格保证）。使用酒店预约网站（→ p.389）价格会更加便宜。

波兰科地区舒适的豪华酒店

波兰科地区、查普尔特佩克公园周边

墨西哥城四季酒店
Four Seasons Mexico City

◆伫立在历史城市中的优雅绿洲

墨西哥城四季酒店坐落于墨西哥城中心，查普尔特佩克公园的东侧，殖民地风格的建筑内设有 240 间豪华客房和套房。酒店共 8 层，酒店大楼中央是一座绿色庭院，环境优美，远离城市的喧嚣，另外酒店内的餐馆也很不错，不妨前去品尝。房间是欧洲与墨西哥风格的混搭，格调很高。

Wi-Fi 客房 OK · 免费

上 / 酒店中央是殖民地风格的庭院
下 / 令人放松的环境

Map p.65/C4

餐厅 ○ 泳池 ○ 保险箱 ○ 停车场 △

住 Paseo de la Reforma No.500，Col. Juárez

TEL 5230-1818

FAX 5230-1808

URL www.fourseasons.com

FD 400-148-7200

税金 +19%

CC A D J M V

费 AC ○ TV ○ TUB ○ ⓈⒹM$9310~

墨西哥城洲际总统酒店
Presidente InterContinental

◆商务人士评价很高

墨西哥城洲际总统酒店位于波兰科地区，查普尔特佩克公园北侧，是一家拥有 661 间客房的大型酒店。酒店内的餐馆是顶级美食家们经常光顾的地方。这里环境优美，设施先进，远离市区的喧哗。大堂还有旅行社入驻，可以到店咨询报名参加。乘坐地铁 7 号线在 Auditorio 站下车，再步行约 5 分钟即可到达。 Wi-Fi 客房 OK · 收费（1 天 M$230）

高层房间的视野非常好

波兰科地区具有代表性的豪华酒店之一

Map p.64/B2

餐厅 ○ 泳池 × 保险箱 ○ 停车场 △

住 Campos Elíseos No.218

TEL 5327-7700

FAX 5327-7730

URL www.ihg.com

FD 800-830-4088

税金 +19%

CC A D J M V

费 AC ○ TV ○ TUB △ ⓈⒹM$4047~

墨西哥城瑞吉酒店
St.Regis Mexico City

◆传统的五星级酒店

可以俯瞰革命大街历史街区的超豪华酒店。由著名建筑师西萨 · 佩里亲自设计，建筑理念为“优雅的城市”。酒店共有 189 间客房，整体舒适、时尚。

Wi-Fi 客房 OK · 免费

31 层高的瑞吉酒店

Map p.65/B4

餐厅 ○ 泳池 ○ 保险箱 ○ 停车场 收费

住 Paseo de la Reforma No.439，Col. Cuauhtémoc TEL 5228-1818 FAX 5228-1826 URL www.starwoodhotels.com/stregis FD 400-882-3288 税金 +19% CC A D M V

费 AC ○ TV ○ TUB ○ ⓈⒹM$7771~

在墨西哥酒店的无烟房吸烟的话，会被罚款 M$1500。越高档的酒店检查越是严厉，所以吸烟人士在办理入住时一定提前确认好，以避免不必要的麻烦。

墨西哥城 JW 万豪酒店
JW Marriott Mexico City

◆在商务人士和游客中都有着超高人气

墨西哥城 JW 万豪酒店雄伟挺拔，是墨西哥城最豪华的酒店之一，整个酒店共有 312 间客房。酒店南侧是查普尔特佩克公园，北侧则是波兰科的繁华区。不论观光还是购物都十分便利，周围的治安也很好，是这一区域内人气最高的酒店之一。

Wi-Fi 客房 OK · 收费（1 天 M$260）

Map p.64/B2

餐厅○ 游泳池○ 保险柜○ 早餐△
住 Andres Bello No.29
TEL 5999-0000 FAX 5999-0001
URL www.marriott.com
FD 400-884-4371 税金 +19%
CC A D J M V
费 AC ○ TV ○ TUB △ ⓈⒹM$8030~

查普尔特佩克格兰德费斯塔美国酒店 & 度假村
Fiesta Americana Grand Chapultepec

◆高尚、考究的豪华酒店

酒店位于查普尔特佩克公园东侧，设有 203 间客房。酒店对客房的装饰十分考究，宽敞的空调客房拥有欧洲情调的装饰，客人可以在这里得到充分的放松。和查普尔特佩克公园相对而立的贵宾室、可以俯瞰城市的顶层 SPA 等，都可以让客人充分感受到都市生活的舒适。这家酒店的设计感很强，以前台的装饰派艺术风格为象征，让人过目不忘。

Wi-Fi 客房 OK · 免费

酒店底层采用的是装饰派风格

Map p.65/B3

餐厅○ 游泳池× 保险柜○ 早餐△
住 Mariano Escobedo No.756，Col. Anzures TEL 2581-1500
FAX 2581-1501 URL www.fiestamericana.com 税金 +19% CC A D J M V
费 AC ○ TV ○ TUB △ ⓈⒹM$3021~

房间氛围令人放松

日航国际酒店
Hyatt Regency Mexico City

酒店紧邻查普尔特佩克公园，到波兰科地区的购物街也十分便利，共有 756 间客房。不论是商务还是休闲旅客，日航国际酒店都能让你的墨西哥城之行变得更加美好而难忘。

从客房可以看到查普尔特佩克公园

波兰科地区的高层酒店之一

Wi-Fi 客房 OK · 免费

Map p.64/B2

餐厅○ 游泳池○ 保险柜○ 早餐△
住 Campos Eliseos No.204，Polanco Chapultepec
TEL 5083-1234
FAX 5083-1235
URL mexicocity.regency.hyatt.com
税金 +19%
CC A D J M V
费 AC ○ TV ○ TUB ○ ⓈⒹM$4484~

瑞福尔马套房酒店 374
Suites Reforma 374

◆全部房间都带有厨房

距离革命大街很近的一家中档酒店。酒店一共 24 间房，每间房都带有客厅和厨房，可以自己做饭。虽然距离大街很近，但隔音很好，不用担心噪声。 Wi-Fi 客房 OK · 免费

位于革命大街附近，十分便利

Map p.65/C4

餐厅× 游泳池× 保险柜○ 早餐×
住 Paseo de la Reforma No.374
TEL 5207-3074
FAX 5533-3360
URL www.reforma374.com
税金 已含 CC A D J M V
费 AC ○ TV ○ TUB △ ⓈⒹM$1725~

COLUMNA

波兰科地区的“奢华大街”

波兰科地区聚集着多家豪华酒店。在酒店高楼群中央，贯穿东西的马萨里克总统大街 Av. Presidente Mazaryk（Map p.64/A2）两旁，汇集了来自全球各地的时装品牌商店。路易 · 威登、爱马仕、古驰、蒂芙尼、香奈儿等汇聚一堂。每家商店的货品都十分充足，其他地方经常断货的商品在这里也可以买到。这条高档的“奢华大街”喜爱奢侈品的人们，一定不要错过。

马萨里克总统大街两旁并排的高档商店

餐厅 游泳池 保险柜 早餐 AC 空调 TV 电视 TUB 浴缸

侯爵改革酒店
Marquis Reforma

◆环境幽雅、时尚

面朝革命大街的一家高档酒店。外观是装饰艺术风格，酒店设施先进。共有 208 间客房。

Wi-Fi 客房 OK · 收费（1 天 M$200）

引人注目的入口设计

Map p.65/B4

餐厅○ 泳池○ 保险箱○ 停车场△

住 Paseo de la Reforma No.465

TEL 5229-1200 FAX 5229-1212

URL www.marquisreforma.com

税金 +19% CC ADJMV

费 AC ○ TV ○ TUB △ ⓈⒹM$3291~

333 酒店
Hostel 333

◆罗马地区的人气酒店

屋顶有视野非常不错的阳台，在游客中具有很高的人气。入口处没有招牌。多人宿舍价格为 M$130~。共有 9 间客房。Wi-Fi 客房 OK · 免费

可以放松的顶层阳台

Map p.25

餐厅× 泳池× 保险箱○ 停车场○

住 Colima No.333

TEL 6840-6483 URL hostel333.com

税金 已含 CC 不支持

费 AC× TV ○ TUB× ⓈⒹM$360~

索娜罗莎、革命纪念碑周边

艾美墨西哥城酒店
Le Meridien Mexico City

◆所有房间均为套房

酒店位于革命大街附近，紧邻哥伦布纪念碑，是一家设有 160 间客房的高档酒店。所有的客房全部是客厅和卧室分开的套房，十分宽敞，客人在这里可以得到充分的休息。无论从索娜罗莎还是索卡洛广场出发，乘坐出租车都能快速到达酒店，地理位置十分优越，不论你是商务还是旅游，这家酒店都是一个不错的选择。

Wi-Fi 客房 OK · 收费（1 天 M$120）

上 / 面朝革命大街的高档酒店
下 / 有各种类型的套房

Map p.62/B2

餐厅○ 泳池○ 保险箱○ 停车场△

住 Paseo de la Reforma No.69

TEL 5061-3000

FAX 5061-3001

URL www.starwoodhotels.com/lemeridien

FD 4008-688-688

税金 +19%

CC ADJMV

费 AC ○ TV ○ TUB ○ ⓈⒹM$3219~

玛丽亚伊莎贝尔墨西哥城喜来登酒店
Sheraton María Isabel

◆首都标志性老牌酒店

位于独立纪念碑北侧，酒店共有 755 间客房，是墨西哥城内一家老牌豪华酒店。大堂和室内都十分宽敞，各种设施也是全新的，让人心情舒畅。酒店内还有夜间照常可以使用的网球场、按摩浴缸和桑拿等配套设施。酒店餐馆的评价也很高，来此就餐的人总是络绎不绝。Wi-Fi 客房 OK · 收费（1 天 M$200）

革命大街上的地标性建筑

Map p.62/B1

餐厅○ 泳池○ 保险箱○ 停车场△

住 Paseo de la Reforma No.325

TEL 5242-5555

FAX 5207-0684

URL www.starwoodhotels.com/sheraton

FD 4008-688-688

税金 +19%

CC ADMV

费 AC ○ TV ○ TUB ○ ⓈⒹM$2459~

INFORMACIÓN

人气区域内的时尚酒店

在年轻人中人气较高的区域一定属于“罗马 & 康德萨地区”。连接着新市区索娜罗莎，不论是观光还是餐饮都很方便，公园绿地也有很多，非常适合散步。

H 红树之家 The Red Tree House（Map p.25 住 Culiacán No.6，entre Av. México y Campeche TEL 5584-3829 URL www.theredtreehouse.com）是民宿类型的酒店，酒店是一座建于 20 世纪 30 年代的建筑，共有 17 个房间。位于康德萨区的中央位置，早餐分量十足，客人们的评价很高。ⓈⒹM$2100~

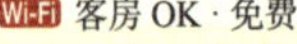

Wi-Fi 客房 OK · 免费

每间客房都有独特的设计风格

墨西哥城 NH 典藏酒店
NH Mexico City

酒店大堂十分便利

◆索娜罗莎的高层酒店

乘坐地铁 1 号线到 Insurgentes 站下车，向索娜罗莎方向步行 2~3 分钟即是。酒店面朝利物浦大街，周围十分繁华、便利。酒店附近有不少夜总会，即使深夜也可以观看墨西哥的传统舞蹈等表演。共有 306 间客房。

Wi-Fi 客房 OK · 免费

Map p.62/C1

○ ○ ○ △

住 Liverpool No.155
TEL 5228-9928
FAX 5208-9773
URL www.nh-hotels.com
税金 +19%
CC A M V
费 AC ○ TV ○ TUB ○ ⓈⒹM$1611~

墨西哥城瓦伦蒂娜室友酒店
Valentina Room Mate

◆酒店位置绝佳

酒店位于索娜罗莎的正中央，汉堡街和安特卫普街的交叉口。对于喜欢娱乐的客人来说是非常理想的选择。酒店共有 59 间客房。

Wi-Fi 客房 OK · 免费

Map p.62/B1

○ × ○ △

住 Ambres No.27 TEL 5080-4500 FAX 5080-4501 URL room-matehotels.com/es/valentina 税金 +19%
CC A M V
费 AC ○ TV ○ TUB ○ ⓈⒹM$1716~

索娜罗莎世纪酒店
Century

每个房间都带有一个小阳台

◆小规模的五星级酒店

位于索娜罗莎地区，不论观光还是购物都十分便利，酒店共有 140 间客房。房间的设施和舒适性都十分出色。Wi-Fi 客房 OK · 免费

Map p.62/C1

○ ○ ○ △

住 Liverpool No.152
TEL 5726-9911 FAX 5525-7475
URL www.century.com.mx
税金 已含 CC A M V
费 AC ○ TV ○ TUB ○ ⓈⒹM$1130~

埃尔多拉多酒店
El Dorado

◆低价整洁的酒店

乘坐地铁 2 号线到 Revolución 站下车，然后往东北方向经过一个街区即可到达酒店。酒店房间价格便宜，推荐预算有限的客人入住。

Wi-Fi 客房 OK · 免费

Map p.62/A2

× × × ×

住 Orozco Berra No.131
TEL 5566-3777
税金 已含 CC 不可
费 AC × TV ○ TUB × Ⓢ M$160~、ⒹM$180~300

索卡洛广场、阿拉梅达公园周边

墨西哥城希尔顿改革大道酒店
Hilton Mexico City Reforma

◆面朝阿拉梅达公园而建

从酒店可以俯瞰阿拉梅达公园，共设有 456 间客房。商务客人较多，地理位置极佳，出行方便，对游客来讲也是绝佳的选择。酒店内设施先进，一应俱全。

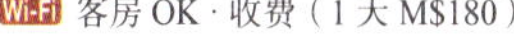
Wi-Fi 客房 OK · 收费（1 天 M$180）

大堂十分宽敞，给人一种高级感

Map p.63/B3

○ ○ ○ △

住 Av.Juárez No.70
TEL 5130-5300
FAX 5130-5255
URL www.hilton.com
FD 400-820-0500
税金 +19% CC A D M V
费 AC ○ TV ○ TUB ○ ⓈⒹM$3208~

贝斯特韦斯特大华酒店
Best-Western Majestic

◆索洛卡对面于 1937 年开业的酒店

酒店面朝国家宫，共有 84 间房。屋顶的平台可以眺望到墨西哥大教堂、国家宫和索卡洛广场的升旗仪式。客房的屋顶很高，还保留着 20 世纪 30 年代的建筑样式。

Wi-Fi 客房 OK · 收费

索卡洛对面具有历史底蕴的著名酒店

Map p.63/C4

○ × ○ △

住 Madero No.73
TEL 5521-8600
FAX 5512-6262
URL www.bestwestern.com
FD 400-991-1145
税金 +19% CC A M V
费 AC × TV ○ TUB ○ ⓈⒹM$1044~

墨西哥城的流行发源地罗马 & 康德萨地区，酒店档次从青年旅舍到豪华酒店一应俱全，游客可以根据自己的实际需求选择。

索卡洛中心酒店
Zócalo Central

◆深受女性喜爱的酒店

酒店位于大教堂西侧。前台和大堂给人感觉十分商务化，客房内十分宽敞。酒店共有 105 间客房。

Wi-Fi 客房 OK · 免费

Map p.63/C4

餐厅 ○ 泳池 × 保险箱 ○ 早餐 △

住 5 de Mayo No.61 TEL 5130-5138

URL www.centralhoteles.com

税金 +19% CC A M V

费 AC ○ TV ○ TUB △ ⓈⒹM$1690~

宫廷精品酒店
Boutique de Cortés

◆位于索卡洛地区中心，时尚、安静

酒店位置极佳，交通便利，拥有 26 间客房，是一家具有殖民地时期风格的建筑。酒店的院子中经营有咖啡馆，坐在其中心情十分舒畅。

Wi-Fi 客房 OK · 免费

Map p.63/B3

餐厅 ○ 泳池 × 保险箱 ○ 早餐 △

住 Hidalgo No.85 TEL 5518-2181

FAX 5512-1863

URL www.boutiquehoteldecortes.com

税金 已含 CC A M V

费 AC ○ TV ○ TUB △ ⓈⒹM$1611~

弗勒明酒店
Fleming

◆紧邻民间艺术品市场

乘坐地铁 3 号线到 Juáres 站下车，然后步行 2 分钟即可到达酒店，是一家设有 75 间客房的经济型酒店。价格合理，干净整洁。

Wi-Fi 客房 OK · 免费

购物也很方便

Map p.63/B3

餐厅 ○ 泳池 × 保险箱 × 早餐 收费

住 Revillagigedo No.35

TEL 5510-4530

URL www.hotelfleming.com.mx

税金 已含

CC M V

费 AC × TV ○ TUB × ⓈM$550~、ⒹM$650~

卡斯特罗波尔酒店
Castropol

◆便于乘坐地铁

距离地铁 1、2 号线在 Pino Suárez 站下车，步行仅需 1 分钟即抵。酒店共有 68 间房，房间相对宽敞，有电话、热水。

Wi-Fi 客房 OK · 免费

Map p.63/C4

餐厅 × 泳池 × 保险箱 × 早餐 ×

住 Pino Suárez No.58

TEL 5522-1920 URL www.hotelcastropol.com 税金 已含 CC M V

费 AC × TV ○ TUB × ⓈM$500~、ⒹM$550~

青年教堂旅舍
Hostel Catedral

◆背包客聚集的地方

旅舍位于墨西哥大教堂后面。共有 42 间房，204 张床。可以和来自全世界的背包客们交流经验。旅舍内提供免费的锁柜，洗衣机是收费的。多人宿舍的价格为 M$200。

房间简洁干净

Wi-Fi 客房 OK · 免费

Map p.63/B4

餐厅 × 泳池 × 保险箱 × 早餐 ○

住 República de Guatemala No.4

TEL 5518-1726

URL www.mundojovenhostels.com

税金 已含

CC 不可

费 AC × TV △ TUB × ⓈⒹM$400~

机场周边 & 郊区

墨西哥城机场希尔顿酒店
Hilton Mexico City Airport

◆位于机场内，十分便利

位于机场 1 号航站楼内，共有 3 层 129 间客房。酒店全天可以办理入住，并有 24 小时的客房服务。并配有航班出发到达的显示屏。

Wi-Fi 客房 OK · 免费

Map 文前图 2 /A2

餐厅 ○ 泳池 × 保险箱 ○ 早餐 △

TEL 5133-0505 FAX 5133-0500

URL www.hilton.com

FD 400-820-0500

税金 +19%

CC A D M V

费 AC ○ TV ○ TUB ○ ⓈⒹM$2959~

革命纪念碑周围酒店价格较为低廉，一部分酒店经营卖淫活动，有盗窃事件发生的可能。住宿时除了考虑价格因素外，同时也要留意周围的环境以及工作人员的态度。

巴西利亚酒店
Brasilia

◆便于乘坐巴士

出北部长途巴士车站后左转，向南步行 5 分钟即可到达。对于深夜到达或早起出发的人来说十分方便，酒店共有 133 间房。

Wi-Fi 客房 OK · 免费

紧邻北部长途巴士站

Map 文前图② /A1

餐厅 ○ 泳池 × 健身 × 停车 收费

住 Av.de los 100 Metros No.4823

TEL 5587-8577 FAX 5368-2714

URL www.hotel-brasilia.com.mx

税金 已含

CC A M V

费 AC ○ TV ○ TUB △ ⓈⒹM$600~

墨西哥城 一日游

图拉 Tula

展现军事力量的遗迹 ★★

以图拉为中心的托尔特克文明曾一度统治着中央高原北部

遗迹规模虽然较小，但有很多保存完好的石柱和浮雕。其中一座金字塔非常引人注目，其上矗立着 4 座战士的石像。石像看上去以天空为背景，高 4 米多。环绕着遗迹的围墙上，有战士图、祭祀图、用骷髅表示战争和死亡的主题等图案，表明了图拉繁荣时期强烈的战争倾向。如今从图拉遗迹出土的文物，大部分都被转移到了墨西哥城的人类学博物馆内，其中 4 座石像中的 2 座是复制品。玛雅文明后期，尤其是在奇琴伊察遗迹，留有浓厚的托尔特克文明的痕迹，有很多相似的主题图案。战士神殿以及查克穆尔石像等就是很好的例子。证明两地曾有文化交流，值得回味。

去往图拉的交通

图拉位于墨西哥城以北 65 公里。从墨西哥城北部长途巴士站到图拉中心，Ovni、AVM 客运公司每小时有 2~3 班巴士（7:00~21:00）。全程约 1.5 小时，M$125~142。从克雷塔罗出发的巴士，每天 9 班（全程 2.5 小时，M$166）。

从图拉市中心前往遗迹，可以换乘市内巴士。

图拉遗迹 Map p.51/A1

TEL （773）100-3654

入场 每天 9:00~17:00

费 M$65

YELLOW PAGE

黄 页

中华人民共和国驻墨西哥合众国大使馆

住 Av. Río Magdalena No.172，Col. Tizapán San Angel，Del. Alvaro Obregón，C.p.01090，México D.F.

TEL （0052-55）5616-0609、5616-4324（咨询）

URL http://www.fmprc.gov.cn

对外办公时间：周一～周五 9:00~13:00（节假日除外），咨询 16:00~18:00

●入境管理局

Secretaría de Gobernación Instituto Nacional de Migración

Map 文前图② /A1

住 Av.Ejercito Nacional No.862，Col. Los Morales Polanco

TEL 5387-2400

营 周一～周五 9:00~14:00、16:00~18:00

入境管理局外观

乘坐地铁 7 号线到 Polanco 站下车，然后向西步行 1.5 公里。受理留学签证、工作签证等申请。如果旅行卡丢失，可以在这里再次领取。

综合医院

●西班牙医院

Hospital Español

Map p.64/A2

住 Av. Ejército Nacional No.613，Torre Antonino Fernádez，Piso 10，Consultorio 1001，Col.Granada

TEL 5255-9600、5255-9646（紧急）

小贴士

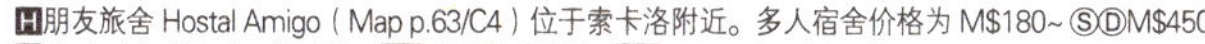
H朋友旅舍 Hostal Amigo（Map p.63/C4）位于索卡洛附近。多人宿舍价格为 M$180~ ⓈⒹM$450~

住 Isabel la Catolica No.61 TEL 5512-3464 URL www.hostalamigo.com

H墨西哥城典藏酒店 NH Aeropuerto（Map 文前图② /A2 TEL 5786-5750 URL www.nh-hotels.com）位于 T2 机场航站楼，共有 287 间客房。ⓈⒹM$2495~。

从月亮金字塔上可以看到亡灵大道和太阳金字塔

World Heritage 世界遗产

拉丁美洲最大的古城遗址

特奥蒂瓦坎 Teotihuacán

遗址内的博物馆陈列了特奥蒂瓦坎出土的文物，图为祭奠使用的香炉

特奥蒂瓦坎位于墨西哥城以北 50 公里处，
是公元前 2 世纪建造的墨西哥最大的宗教城市国家。
建造这座巨大的金字塔城市的，
是被称作特奥蒂瓦坎族的人们。
但是他们到底从何而来，
又为何会在 8 世纪突然灭亡，
至今没有明确的结论。

特奥蒂瓦坎的历史与文化

特奥蒂瓦坎独自孕育出了高度的文明，以墨西哥盆地为中心，在 350~650 年间达到了繁荣的顶点。推测当时特奥蒂瓦坎拥有了 20 万以上的人口。

和平的神权统治下，掌管所有政事的神官地位最高，其次是军人、商人，地位最低的工匠也根据职业的不同，井井有条地生活在各自的区域。神官们指导建造金字塔，掌握着高度的数学、天文学知识，以此决定宗教祭典的举行。之后造访这里的阿兹特克人，坚信这座城市是由众神建造，是他们宇宙观中“太阳和月亮神话”中的舞台。如今的“太阳神殿”和“月亮神殿”的名字也带有阿兹特克神话的影子。特奥蒂瓦坎在当时来说是巨大、整备的城市。

特奥蒂瓦坎遗迹采用了阶梯式建筑样式。在垂直面上采用交替倾斜的墙，纵面和斜面交替出现，建成了巨大的金字塔。大部分的特奥蒂瓦坎建筑都采用了这种建造方式。

从正面看到的太阳金字塔

☀世界上规模数一数二的神殿

太阳金字塔

Pirámide del Sol

金字塔高65米、长225米，十分宏伟，是墨西哥特奥蒂瓦坎遗址中最大的建筑，也是世界第三大的金字塔。这座金字塔是为了举办宗教仪式而建造的，平坦的塔顶曾经建造过神殿。每年会有2次，太阳正好位于金字塔的正上方，仿佛圣光照耀一般。这是特奥蒂瓦坎人经过计算后选址建造的。巨大的金字塔内部其实还隐藏着一个金字塔。也就是说，在旧金字塔的基础上又加盖了如今的金字塔。

金字塔共248级台阶，登上陡峭的台阶，塔顶的风光、景色令人身心舒爽。从这里眺望月亮金字塔也是一个不错的选择。

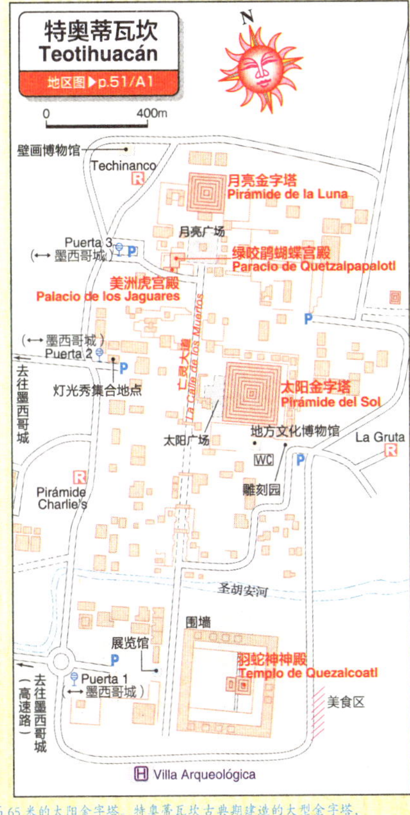

高65米的太阳金字塔。特奥蒂瓦坎古典期建造的大型金字塔，推测这需要1万人花费10年时间完成

埋藏着无数神像

羽蛇神神殿

Templo de Quezalcoatl

独特的神殿四周被城墙环绕。这座金字塔在特奥蒂瓦坎遗迹中也是相当卓越的，金字塔前刻有羽蛇神（全身被羽毛覆盖的蛇神，是水、丰收之神）和特拉洛克（雨神）的雕像。雕像上还隐约可以看到残留的红色和绿色，可想见当初雕像颜色之鲜艳。

羽蛇神神殿用羽蛇神雕像等装饰

保存良好的浮雕和壁画

绿咬鹃蝴蝶宫殿

Paracio de Quetzalpapalotl

特奥蒂瓦坎最近刚刚修复的建筑物之一。推测是负责在月亮金字塔举行祭典的神官们的居住地。院子中的石柱上清晰地刻有鸟的主题图案。

绿咬鹃蝴蝶宫殿的西南方向有去往美洲虎宫殿的台阶。美洲虎宫殿的庭院是半地下式的，周围有3间屋子。《带有羽毛的美洲虎吹海螺》《绿咬鹃蝴蝶》等壁画的颜色依旧十分鲜艳。

绿咬鹃蝴蝶宫殿内残留的绿咬鹃蝴蝶主题图案

遗迹的中心道路

亡灵大道

La Calle de los Muertos

贯穿特奥蒂瓦坎南北的道路，然而这条主街并非真正呈南北向，而是由北向东偏离了15.5°。道路北端到南端有2.7米的落差，缓缓倾斜。

另外还有一条几乎和亡灵大道成直角的南北方向大道。有学者认为这两条道路的修建和星象也有着密不可分的关系。北面是北斗七星中最亮的 α 星，东面是天狼星，西面是昴星团的方向。

月亮金字塔对面的亡灵大道。亡灵大道长约2公里，在其周围罗列着各种建筑物

作为祭祀中心的神殿

月亮金字塔

Pirámide de la Luna

特奥蒂瓦坎遗迹内第二大的金字塔，高约42米、底边为150米×130米，历时350年才建造完成。相比太阳金字塔略低，但因为是建在隆起的地面上，所以最高点几乎相同。从月亮广场的规模推测，月亮金字塔的重要性更高，大型的宗教仪式都是以月亮金字塔为中心举办的。

月亮金字塔位于亡灵大道的北侧，这座金字塔的塔顶是最佳的眺望点，可以看到特奥蒂瓦坎的全貌。

亡灵大道两旁的建筑物内还残留着被神化的美洲虎画像

宏伟的月亮金字塔，在旧殿的基础上加建了新的神殿，有着双重构造

交 通 在墨西哥城北部的长途客运站，可以乘坐 Autobus San Juan Teotihuacán 的巴士，每隔 15 分钟 1 班。全程 1 小时，M$44。

售票处在客运站左侧最深处。可以购买单程票，但建议还是购买往返车票（没有优惠）。车票上虽然有座位号，但乘客大多不按座位号坐（途中下车的人也很多）。

停车的地方在 Puerta 3 的入口处。因为下一站距离遗迹很远，所以千万不要坐过站。回程时，从 Puerta 1 出来后，眼前有一个交叉口，这里会有前往墨西哥城的巴士。在 Puerta 3 的外面，也可以等到巴士。因为都没有巴士站牌，所以最好问一问在附近等车的人。如果有车开过来，最好举手示意司机，以免汽车直接开过去。回墨西哥城的末班车大约在 19:30。

另外，乘坐地铁 3 号线到 Indios Verdes 站下车，J 出口前的巴士站也有巴士往返于特奥蒂瓦坎。全程约 1 小时，单程 M$44。

北部长途客运站的售票处

推荐线路 遗址开放时间为每天 7:00~17:30（入场时间截至 17:00）。门票价格为 M$65，带摄像机入内另收 M$45。因为周日对墨西哥人门票免费，往往是人满为患。

因为遗址很大，但地处高原，空气稀薄，所以建议游览时间在 3~4 小时。遗迹内灰尘较多、日照强，一定带好墨镜、帽子，多带水。降雨概率很低，但雨季时最好还是带上雨具。

到达后，首先确认好入口 Puerta 的位置，再进入遗迹。太阳金字塔南侧是地方博物馆，月亮博物馆的西北方向是壁画博物馆。

遗址周边有 R La Gruta 等餐饮店，如果爬金字塔累了，可以在此休息。另外在遗址旁边，还有一家酒店 H 阿尔切乐吉卡斯特奥蒂瓦坎酒店 Villa Arqueológica［TEL（594）956-0086 费 ⓈⒹM$765~］，在这里住宿的话，可以更加轻松地参观遗迹。

COLUMNA

金字塔灯光秀

特奥蒂瓦坎从 2016 年 1 月开始，每周一、周五、周六 3 天会举办灯光秀表演，如遇下雨则取消演出（7~9 月为雨季，取消演出）。价格为 M$390。

如需观看表演，请于表演日当天 18:30 之前到遗迹内 Puerta 2 集合。19:00 表演开始，全场 1.5 小时左右。讲解的语言只有西班牙语，但看到色彩鲜艳的金字塔仿佛依旧能让人看到往昔的画面，令人感动。表演中禁止使用闪光灯拍照。

人　口	约 154 万
海　拔	2162 米
区　号	222

特色推荐！

★ 圣多明各教堂
★ 奶油蛋糕之家
★ 品尝普埃布拉特色菜——莫莱菜 Mole Poblano

普埃布拉 *Puebla*

用瓷砖装饰的建筑，地方菜的发祥地

索卡洛南侧的大教堂

普埃布拉是位于墨西哥城东面 120 公里处的旅游城市。普埃布拉历史中心和乔鲁拉大金字塔都已被列为世界文化遗产。

普埃布拉是普埃布拉州的首府，同时也是连接墨西哥城和韦拉克鲁斯的交通要冲，是一座拥有 150 多万人口的大城市。即便如此，普埃布拉的历史地区依然静静地存在着，依旧能让人感受到它所蕴含的厚重历史感。普埃布拉殖民时期的建筑物用瓷砖（上光花砖）做装饰，十分独特，并且保存完好。此外，作为著名的莫莱菜等“墨西哥乡土菜肴的发祥地”，普埃布拉的美食据点也相当多。郊外的乔鲁拉也是不容错过的殖民时期城市。

周末尽情享受音乐和舞蹈吧！

周六、周日在索卡洛会举办各种活动。活动时间不固定，一般有管弦乐队的古典乐表演、适合儿童的喜剧，以及阿兹特克舞蹈等，内容丰富多彩。

另外，位于州立旅游咨询处东侧的文化会馆 Casa de la Cultura（Map p.97/B1）每周六的 19:00 和周日的 12:00 开始，有普埃布拉州的传统舞蹈表演（免费）。

文化会馆上演的舞蹈演出

普埃布拉 交通

飞机▶ Volaris 航空公司从坎昆（所需时间 2 小时，M$1369~1729）、蒂华纳（所需时间 3.5 小时，M$2318~3019）飞往普埃布拉的航线每天一班。美国联合航空 United Airlines 有休斯敦等地的国际航线飞往普埃布拉。

长途巴士▶ 墨西哥城东部、南部的长途客运站有 ADO 等公司的巴士开往普埃布拉，每小时有数班，十分便利。从普埃布拉客运站到市中心打车（M$60），乘坐客运站前的 49 路、52 路城市巴士（M$6.5）需要 15 分钟左右。在市中心可以打车（M$55~60）或乘坐写有“CAPU”的巴士车。

墨西哥航空公司

Map p.97/B1 外

住 Av.juárez No.1514-A
TEL 242-6196

普埃布拉州国际机场

普埃布拉州国际机场 Hermanos Serdá（PBC）位于普埃布拉市中心以西约 22 公里处。打车需 40 分钟，M$250 左右。

长途客运站

普埃布拉中央的长途客运站 Cental de Autobuses de Puebla（俗称 CAPU）位于市中心以北约 4 公里处，分一等、二等巴士。

普埃布拉巴士时刻表

目的地	每天车次信息	所需时间	价格
墨西哥城	Estrella Roja、ADO、AU 等每小时 20 班	2~2.5h	M$156~230
库埃纳瓦卡	Oro、TER 等每小时 1 班	3~3.5h	M$270~295
瓦哈卡	ADO、ADO GL、AU 等每小时 1 班	4.5~8h	M$368~690
韦拉克鲁斯	ADO、ADO GL、AU 等每小时 1~3 班	3.5~4h	M$328~510

安全信息 历史地区已经旅游化，因此犯罪率较低，早晚出门都可以放心。而客运站和历史地区的中间地带依然存在治安较差的地区，夜间最好不要乘坐城市巴士。

普埃布拉 漫步

普埃布拉是一座现代化大都市，但索卡洛（阿马斯广场）等中心地区和周围的殖民地街区却还保留着历史韵味，主要的旅游景区都集中在这一地区。酒店、餐馆、民间艺术品埃尔帕里安市场 El Parian 也都在这一区域，可以边观光边购物，十分方便。

普埃布拉的城市布局为棋盘式，区域划分十分整齐，马路多以人名和数字命名。城市中心的索卡洛对面是普埃布拉天主堂，从这里向北 3 个街区则是金碧辉煌的圣多明各教堂。除此以外，在市内还有多座天主教教堂，用瓷砖装饰的教堂十分美丽，并且和旧殖民时期的街道完美融合在了一起。另外还有很多利用修道院遗址改建的博物馆，在品鉴展览物的同时，也可以参观到历史建筑物的内部景观。

索卡洛对面的市政厅被灯光点亮，十分好看

旅游咨询处

● 市级旅游咨询处 Map p.97/B1
住 Juan de Palafox y Mendoza
TEL 309-4300
URL puebla.travel
营 每天 9:00~20:00

● 州立旅游咨询处 Map p.97/B1
住 5 Oriente No.3
TEL 246-2490
营 周一～周六 8:00~20:00
周日 9:00~13:00

出租车

TEL 243-7055、237-7777
可以让酒店、餐馆的服务人员帮忙叫车。

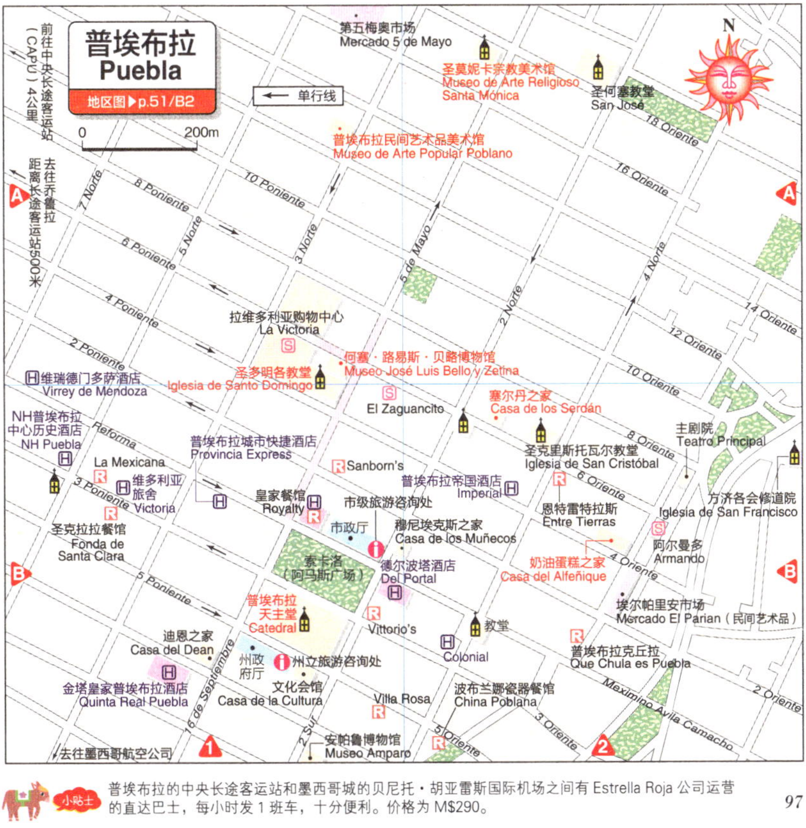

普埃布拉
Puebla
地区图 ▶ p.51/B2
0 200m
单行线
N
前往中央长途客运站（CAPU）4公里
去往乔鲁拉 距离长途客运站500米
第五梅奥市场 Mercado 5 de Mayo
圣莫妮卡宗教美术馆 Museo de Arte Religioso Santa Mónica
圣何塞教堂 San José
普埃布拉民间艺术品美术馆 Museo de Arte Popular Poblano
拉维多利亚购物中心 La Victoria
何塞·路易斯·贝略博物馆 Museo José Luis Bello y Zetina
圣多明各教堂 Iglesia de Santo Domingo
维瑞德门多萨酒店 Virrey de Mendoza
El Zaguancito
塞尔丹之家 Casa de los Serdán
NH普埃布拉中心历史酒店 NH Puebla
La Mexicana
普埃布拉城市快捷酒店 Provincia Express
Sanborn's
圣克里斯托瓦尔教堂 Iglesia de San Cristóbal
主剧院 Teatro Principal
维多利亚旅舍 Victoria
皇家餐馆 Royalty
市级旅游咨询处
普埃布拉帝国酒店 Imperial
恩特雷特拉斯 Entre Tierras
方济各会修道院 Iglesia de San Francisco
圣克拉拉餐馆 Fonda de Santa Clara
市政厅
穆尼埃克斯之家 Casa de los Muñecos
阿尔曼多 Armando
索卡洛（阿马斯广场）
德尔波塔酒店 Del Portal
奶油蛋糕之家 Casa del Alfeñique
埃尔帕里安市场 Mercado El Parian（民间艺术品）
普埃布拉天主堂 Catedral
Vittorio's
教堂
迪恩之家 Casa del Dean
州政府厅
州立旅游咨询处
Colonial
普埃布拉克丘拉 Que Chula es Puebla
金塔皇家普埃布拉酒店 Quinta Real Puebla
文化会馆 Casa de la Cultura
Villa Rosa
波布兰娜瓷器餐馆 China Poblana
安帕鲁博物馆 Museo Amparo
去往墨西哥航空公司
18 Oriente
16 Oriente
14 Oriente
12 Oriente
10 Oriente
8 Oriente
6 Oriente
4 Oriente
2 Oriente
3 Oriente
5 Oriente
10 Poniente
8 Poniente
6 Poniente
4 Poniente
2 Poniente
3 Poniente
5 Poniente
Reforma
7 Norte
5 Norte
3 Norte
5 de Mayo
2 Norte
4 Norte
16 de Septiembre
2 Sur
Maximino Avila Camacho

小贴士 普埃布拉的中央长途客运站和墨西哥城的贝尼托·胡亚雷斯国际机场之间有 Estrella Roja 公司运营的直达巴士，每小时发 1 班车，十分便利。价格为 M$290。

普埃布拉天主堂 Catedral

黄昏时的景色最佳 ★★

建于索卡洛南侧

教堂始建于1575年，1649年完工，教堂两侧带有两座对称的钟楼，内部装饰富丽堂皇，是墨西哥具有代表性的教堂。黄昏时，教堂中央会有风琴演奏，宏伟的教堂内会响起庄严的旋律。而伴随着这个旋律，同时观赏着美丽的教堂，能安静地享受这一时光也可以说是一种奢华。教堂内有英语解说，以时间顺序介绍教堂的建造历史等。

普埃布拉天主堂

Map p.97/B1

入场 每天 10:00~12:30 16:00~18:00

到达一定人数后，有免费的西班牙语或英语导游陪同。

宏伟壮观的教堂内部

圣多明各教堂 Iglesia de Santo Domingo

用黄金、宝石装饰的礼拜堂 ★★★

正面的祭坛为巴洛克风格，十分华丽

1571~1647年建成的极其奢华的教堂。尤其是在主圣坛装饰有玛利亚像的罗萨里奥礼拜堂 Capilla de Rosario，一定要前去观看。1690年建成的礼拜堂，从壁画到墙柱、圣坛都用极其精致的浮雕装饰，并且覆盖着金箔。另外，主圣坛的玛利亚像的皇冠是用黄金打造，上面还点缀着各种宝石。奢华却不失庄严，是一件完美的宗教艺术品。

圣多明各教堂

Map p.97/A1

入场 周二～周日 8:00~13:00 16:00~18:00

罗萨里奥礼拜堂开放时间为9:00~12:15、16:00~18:00

罗萨里奥礼拜堂的玛利亚像

何塞·路易斯·贝略博物馆 Museo José Luis Bello y Zetina

纺织业巨头的豪宅作为博物馆对外开放 ★

博物馆位于圣多明各教堂北侧，红、白色的壁画十分精美，入口处则是用精美的瓷砖装饰。这座19世纪纺织业巨头何塞·路易斯·贝略的豪宅内，如今展示的也都是他个人收集的美术品。

不计其数的美术品

何塞·路易斯·贝略博物馆

Map p.97/A1

入场 周二～周日 10:00~16:00

费 免费

小贴士 塔拉维拉陶瓷店集中在4 Oriente大街和埃尔帕里安市场周边。如果想购买品质更好的陶器，推荐前往18 Oriente和19 Poniente大街的几家工厂店转一转。

奶油蛋糕之家 Casa del Alfeñique

压轴的童话般瓷砖装饰 ★★

这里原本是18世纪副总统的迎宾馆，现在却改造成古代文化和古典艺术的博物馆。建筑外墙张贴红色基调的瓷砖，屋顶又采用奶油色装饰，让人联想到奶油蛋糕，因此得名奶油蛋糕之家。内部装饰呈现华丽的洛可可风格，值得一去。

从索卡洛步行5分钟即可到达

奶油蛋糕之家

Map p.97/B2

TEL 232-0458

入场 周二～周日 10:00~17:00

费 M$35

圣莫妮卡宗教美术馆 Museo de Arte Religioso Santa Mónica

秘密进行宗教活动的修道院遗址 ★★

原本这里是一座修道院 Convento de Santa Mónica，如今改为了宗教美术馆。这座17世纪的建筑坦然自若地矗立在市区中，令人难以相信这曾经是一座修道院。

1857年贝尼托·胡亚雷斯总统施行新宪法后，加速了没收教堂庞大财产的步伐。因此从外界看来圣莫妮卡修道院就此关闭，变成了普通的居民住宅，但实际上在这之后的70年间，这里一直在秘密举行着宗教活动。为此还设置了能从礼拜堂变成普通居民家样子的机关。外观看上去虽然不大，但有暗道能通到修女们的寝室。房间内部还陈列着各式各样的宗教美术品。

房屋内隐藏的密道

圣莫妮卡宗教美术馆

Map p.97/A2

TEL 232-0458

入场 周二～周日 10:00~17:00

费 M$40

庭院对面的外墙用瓷砖装饰着

塞尔丹之家 Casa de Los Serdán

追溯革命家的足迹 ★

位于6 Oriente和2 Norte的交叉口东侧。是1910年墨西哥革命武装起义前两天成为战斗舞台的领导者阿基列斯·塞尔丹的住所。如今这里变成了革命纪念博物馆，屋内还有着当年的弹痕，再现了当时的状态。

上 / 革命年代残留下的余韵

右 / 室内仍保留着当时的状态

塞尔丹之家

Map p.97/B2

TEL 242-1076

入场 周二～周日 10:00~17:00

费 M$25

普埃布拉的当地特产

一种用甘薯制作而成的当地特产。有微微的香和淡淡的甜。5个的价格大约为M$12，沿6 Oriente有多家卡莫特CAMOTES店。

S El Zaguancito

Map p.97/B1

除了卡莫特以外还有许多传统糕点出售。

住 6 Oriente No.9

TEL 242-4355

营 每天 9:00~21:00

品尝一下普埃布拉的点心吧

小贴士 安帕鲁博物馆 Museo Amparo（Map p.97/B1）展出的是国内各地出土的文物以及殖民时期的美术品。URL www.museoamparo.com

普埃布拉民间艺术品美术馆

Map p.97/A1

TEL 232-7792

入场 周二～周日 10:00~17:00

费 M$25

要去生鲜市场请看这里！

第五梅奥市场 Mercado 5 de Mayo 位于索卡洛以北 800 米处，是体验当地人生活的绝佳地点。肉、蔬菜、水果等食材都可以在这里找到，并且还有几家小餐厅营业。

●**第五梅奥市场**

Map p.97/A1

营 每天 10:00~20:00

参观塔拉维拉陶瓷工厂

埃尔帕里安市场附近有一家专门制作塔拉维拉陶瓷的工厂，叫作阿尔曼多。工厂允许参观瓷器的定型、上色、焙烧的过程（参观时间周一～周五 9:00~15:00，英语导游 M$25）。

●**阿尔曼多 Armando**

Map p.97/B2

住 6 Norte No.402

TEL 242-3455

URL talaveraarmando.com.mx

营 每天 9:00~20:00

普埃布拉民间艺术品美术馆
Museo de Arte Popular Poblano

展示当地各式民艺品 ★★

莫莱菜诞生的厨房

这是一座紧邻圣罗莎教堂的博物馆，也曾被当作修道院使用。建筑物用红色瓷砖装饰，在中间还有一个美丽的庭院，穿过庭院最深处才是博物馆。这里因是墨西哥传统料理莫莱菜的诞生地而广为人知。这道传统家乡菜的做法是在鸡肉或者火鸡肉上加入各种香辛料和浓厚的酱汁，而这道菜正是在这家修道院的厨房中创制出来的。厨房十分宽敞，并且从墙壁到屋顶都铺满了瓷砖，陶瓷制的锅、壶、餐具等也都排列整齐，重现了当时的生活场景。

浅红色的瓷砖装饰

上层部分的展厅陈列着普埃布拉州各地的民间艺术品，并有详细的介绍。塔拉维拉陶瓷、北部村庄生产的玛瑙石工艺、传统刺绣技艺制作的服装以及节日时使用的面具等物品非常丰富。通过这些展品，可以学习到普埃布拉州各地多种多样的传统文化。

INFORMACIÓN

普埃布拉的购物信息

从索卡洛向东步行 5 分钟，便是埃尔帕里安市场。这里贩卖民间艺术品的小店一家挨一家，来购买纪念品的游客非常多，显得十分热闹。普埃布拉是民间艺术品的宝库，以塔拉维拉陶瓷为首，还出售普埃布拉州各地村庄的手工制品。

●**塔拉维拉陶瓷**

普埃布拉原本就盛产陶瓷器，通过原住民的双手在各地开始生产陶器。塔拉维拉陶瓷是以西班牙的马洛卡岛传来的陶器，加上中国传来的技术，各种要素融合在一起最终烧制出来的。以素坯上画有蓝色图案为特征，也有红色和黄色的图案。陶瓷制品的种类繁多，有花瓶、壶、瓷砖、小碟子、小杯子等。

五光十色的塔拉维拉陶器

很受欢迎的玛瑙制品

●**玛瑙工艺**

普埃布拉州北部因盛产玛瑙石而闻名。由粉色、奶油色和黑色物质等组合而成，除了做成镇纸、烟灰缸，还有的做成了青蛙、乌龟等可爱小动物的摆件。

小贴士 普埃布拉的家常菜是核桃酱肉酿青椒，墨西哥青椒塞满肉酱，搭配核桃奶肉酱与石榴籽，配色让你想到了什么？对，就是墨西哥国旗。这是每个家庭在独立纪念日前夜都会吃的一道菜。

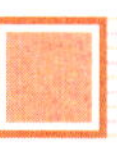

普埃布拉的餐馆
Restaurant

普埃布拉的饮食文化非常丰富。莫莱菜 Mole Poblano、Pepian Verde、核桃酱肉酿青椒 Chiles en Nogada 等地方菜非常出名。快到各家人气美食店品尝吧。

圣克拉拉餐馆
Fonda de Santa Clara

Map p.97/B1

◆普埃布拉的标志性名店

从索卡洛向西步行约 4 分钟即可到达。这家餐馆开创于 1965 年，除了普埃布拉外，在墨西哥城也设有分店。这里有名的是鸡肉莫莱菜（M$140）和炖肉 Tinga Poblana（M$133）。根据季节不同还有特别准备的限定菜单。旅游旺季和周末晚上店门口都会排起长队，最好提前预约。

品尝地道的普埃布拉菜吧！

住 3 Poniente No.307
TEL 242-2659
营 每天 8:00~22:00
税金 已含
CC A D J M V
Wi-Fi 免费

皇家餐馆
Royalty

Map p.97/B1

◆旅游的间歇前去品尝吧

这家餐馆位于同名酒店前，在拱门前可以看到阿马斯广场和天主教堂。午餐和晚餐时间都有木琴演奏，环境很好。店内的特制牛排 Arrachera（M$195）和汤（M$70~）人气很高，另外点上一杯咖啡（M$20~）或者啤酒（M$38~）等酒水，在这里休息放松也是很好的选择。

在开放式的环境中享受音乐吧

住 Portal Hidalgo No.8
TEL 242-4740
营 每天 7:00~24:00
税金 已含
CC A M V
Wi-Fi 免费

普埃布拉克丘拉
Que Chula es Puebla

Map p.97/B2

◆菜品酒水都很丰富

位于埃尔帕里安市场以南 30 米处，是一家开放式的餐馆。除莫莱菜（M$122），核桃酱肉酿青椒 Chiles en Nogada（M$154）也是极力推荐的。以龙舌兰酒（M$65~）为代表的酒类品种也很丰富。

品尝当地特色菜

住 6 Norte No.5
TEL 232-2792
营 每天 9:00~19:00
税金 已含
CC 不可
Wi-Fi 无

波布兰娜瓷器餐馆
China Poblana

Map p.97/B2

◆广场附近的大众餐馆

餐馆有丰富的地方特色菜。店内是普埃布拉风格的装饰，环境明快。因为距离周日开放的古玩市场很近，也可以顺便逛一逛。餐馆主打的莫莱菜等价格比较合理，都在 M$68~130。

住 5 Oriente No.401-C
TEL 246-7330
营 每天 9:00~21:00
税金 已含
CC 不可
Wi-Fi 无

恩特雷特拉斯
Entre Tierras

Map p.97/B2

◆游客评价很高的高档餐馆

餐馆位于圣克里斯托瓦尔教堂的斜对面，从墨西哥菜到国际美食应有尽有，在国内外游客中都有着很高的人气。晚餐人均预算在 M$300~400。也可以单点咖啡。

住 4 Norte No.410
TEL 232-5306
营 周一～周六 8:30~22:30、周日 9:30~17:30
税金 已含
CC A M V
Wi-Fi 免费

从乔鲁拉（→p.103）可以看到墨西哥的第二高山——波波卡特佩特火山（海拔 5485 米），这是一座频繁喷发的活火山。在纳瓦特尔语中意为“冒烟的山”。

普埃布拉的酒店
Hotel

许多历史性的建筑都被改造成了酒店，外部都是用瓷砖装饰，是普埃布拉独有的特色。酒店招牌上都标明了星级，在决定住宿时更加方便。

金塔皇家普埃布拉酒店
Quinta Real Puebla

◆普埃布拉代表性的殖民风格酒店

这家酒店是在1593年建成的修道院基础上改建成的。酒店内有一个大庭院，很有古都的氛围。酒店共有84间客房。 Wi-Fi 客房OK·免费

庭院中的餐馆

Map p.97/B1

餐馆○ 游泳池○ 保险柜○ 早餐△

住 7 Poniente No.105

TEL 229-0909 FAX 232-9251

URL www.quintareal.com

税金 +16% CC ADMV

费 AC○ TV○ TUB△ ⓈⒹM$1487~

NH普埃布拉中心历史酒店
NH Puebla

◆建于旧市区的现代高档酒店

酒店共有128间房，是一家高档酒店。不论外观还是室内都采用现代化设计，在传统建筑众多的普埃布拉独树一帜。 Wi-Fi 客房OK·免费

白色、粉色装饰的外墙

Map p.97/B1

餐馆○ 游泳池○ 保险柜○ 早餐△

住 5 Sur No.105

TEL 309-1919 FAX 309-1907

URL www.nh-hotels.com

税金 +16% CC ADMV

费 AC○ TV○ TUB△ ⓈⒹM$1172~

德尔波塔酒店
Del Portal

◆设施齐全的酒店

这是一家位于索卡洛东侧的中档酒店。周一～周六晚上一层的酒吧有各种演出。酒店共有90间客房。

Wi-Fi 客房OK·免费

Map p.97/B1

餐馆○ 游泳池× 保险柜○ 早餐○

住 Av.Juan de Palafox y Mendoza No.205

TEL&FAX 404-6200

URL www.hdelportal.com.mx

税金 已含 CC AMV

费 AC○ TV○ TUB× ⓈⒹM$980~

普埃布拉帝国酒店
Imperial

◆深受墨西哥游客喜爱

酒店位于索卡洛东北方向，相隔3个街区，距离奶油蛋糕之家很近，共有60间客房。有些房间附带阁楼床。

Wi-Fi 客房OK·免费

Map p.97/B2

餐馆○ 游泳池× 保险柜○ 早餐○

住 4 Oriente No.212 TEL 242-4980

FAX 246-3825 URL www.hotelimperialpuebla.mx 税金 已含 CC MV

费 AC○ TV○ TUB× ⓈM$580~、ⒹM$720~

普埃布拉城市快捷酒店
Provincia Express

◆内部的瓷砖装饰很好看

酒店采用穆德哈尔式建筑风格，内部沿用瓷砖装饰。这家酒店是在历史建筑的基础上改造而成的，房费比较合理。共有37间客房。

Wi-Fi 客房OK·免费

Map p.97/B1

餐馆○ 游泳池× 保险柜○ 早餐○

住 Av.Reforma No.141 TEL 246-3557

URL hotelesprovinciaexpress.infored.mx

税金 已含 CC MV

费 AC○ TV○ TUB× ⓈⒹM$550~

维瑞德门多萨酒店
Virrey de Mendoza

◆殖民地时期建筑

酒店虽小只有11间客房，但房间很漂亮。木质的台阶和二层的小沙龙都很有古风，令人心神放松。Wi-Fi 客房OK·免费

Map p.97/A1

餐馆× 游泳池× 保险柜× 早餐×

住 Av.Reforma No.538 TEL 242-3903

税金 已含 CC 不可 费 AC× TV○

TUB× ⓈM$250~、ⒹM$350~

维多利亚旅舍
Victoria

◆便于交换信息的酒店

旅舍位于索卡洛西北方向，相距2个街区，共有42间客房，价格便宜。一般过了中午，旅舍就会挤满背包客。

Wi-Fi 客房OK·免费

Map p.97/B1

餐馆× 游泳池× 保险柜× 早餐×

住 3 Poniente No.306 TEL 232-8992

税金 已含 CC 不可

费 AC× TV× TUB× ⓈM$200~、ⒹM$250~

 餐馆 游泳池 保险柜 早餐 AC 空调 TV 电视 TUB 浴缸

普埃布拉 一日游

乔鲁拉 Cholula

阿兹特克时代的神殿

★★★

乔鲁拉位于普埃布拉市西边，在阿兹特克时代是一座拥有超过 10 万人口的大城市，其中心是一座被称作乔鲁拉大金字塔 Tlachihualtepetl 的神殿。乔鲁拉村落的形成大约可以追溯到公元前 200 年，这个繁荣的城市最终于 1519 年毁于西班牙入侵者手中。如今的乔鲁拉是在被摧毁的废墟上重新建立起来的。而且城中天主教大教堂的基石也是从神殿的废墟中采集而来的。

世界遗产乔鲁拉大金字塔上建造的教堂

乔鲁拉大金字塔边长 439 米、高 59 米，十分壮观。据推测应建造于 5~8 世纪，并且可能曾是超越特奥蒂瓦坎太阳神殿的伟大建筑。神殿虽然只开放了一部分地下通道供人参观，但内部复杂的道路和通气孔设计，不禁让人感叹古人精巧的技术。在进入地下通道前的地方，陈列着小规模的出土文物和神殿内部的壁画摹本供人欣赏。

遗迹入口的地下通道通向神殿

卡卡希特拉 Cacaxtla

精美的壁画在整个墨西哥也是数一数二的

★★

卡卡希特拉位于普埃布拉西北方向 35 公里处，是奥尔梅加文明的继承地。谈到阿兹特克、玛雅的绘画时，势必会提到卡卡希特拉以蓝色为基调的壁画群。壁画保存得十分完好，颜色清晰可见，简直就是奇迹般的遗址。

壁画保留着独创的色彩

残留下来的所有住宅遗迹等都位于一个大底座之上。如今这里被一个大金属架所覆盖，从入口进去后可按顺时针方向参观。

韦霍钦戈 Huejotzingo

保存下来的方济各会修道院

★★

位于普埃布拉西北方向 26 公里远，距离乔鲁拉 14 公里，是一个以苹果酒和彩色披衣而闻名的村庄。村庄中央的方济各会修道院是列为世界文化遗产的波波卡特佩特火山坡上最早的 16 世纪修道院（→ p.109）之一，如今作为传教博物馆向公众开放。

左 / 修道院内传教用的壁画
右 / 方济各会修道院

World Heritage 世界遗产

乔鲁拉 Map p.51/B2

乔鲁拉位于普埃布拉市中心以西 10 公里处。普埃布拉的中央长途客运站或者索卡洛西北方向 1.2 公里处的迷你巴士枢纽站（6 Poniente 和 11-13 Norte）车辆密集，大约 40 分钟车程（M$8）。打车单程需要 M$100。

乔鲁拉大金字塔

从乔鲁拉中心向东南方向走过 3 个街区，可以到达神殿所在的山丘。

TEL 247-9081

入场 每天 9:00~18:00 费 M$65

西班牙语导游 M$120，英语导游 M$150.

卡卡希特拉 Map p.51/B2

从迷你巴士枢纽站（10 Poniente y 11 Norte）到萨卡特鲁克 Zacatelco 乘坐巴士需要 40 分钟时间，到圣米格尔·米拉格罗下车（M$18），换乘迷你巴士，30~45 分钟的车程（M$14）。巴士每天车次很多。也可以从墨西哥城到特拉斯卡拉 Tlaxcala，再前往卡卡希特拉遗迹。

卡卡希特拉的巴士站距离售票处大约 100 米，再向前 300 米便是古代壁画所在的山丘。壁画禁止使用闪光灯拍照。

入场 每天 9:00~17:30

费 M$65。摄像需 M$45，英语导游 M$50

韦霍钦戈 Map p.51/B2

可以在普埃布拉站（15 Norte y 4-6 Poniente）乘坐巴士（所需时间 1 小时，M$12），墨西哥城的东部长途客运站（所需时间 2~2.5 小时，M$96~108）每小时也有多班巴士。

传教博物馆

TEL （227）276-0228

入场 周二～周日 10:00~17:00

费 M$50

小贴士 韦霍钦戈每年 2~3 月会举行狂欢节，城中会有游行，十分热闹。最精彩的是戴着面具的男子会拿着猎枪，边放空枪边在中央公园周围游行。

人　口	约 37 万
海　拔	1511 米
区　号	777

特色推荐！
★ 科尔特斯宫
★ 霍齐卡尔科考古遗址
★ 胡亚雷斯公园欣赏舞蹈表演

活动信息
● 3~4 月
圣周期间，春季会举办艺术文化节 Feria de la Primavera。

莫雷洛斯州政府旅游局
URL morelostravel.com

周末尽情享受音乐和舞蹈吧
周四晚上，周六、周日全天在胡亚雷斯公园和阿马斯公园都可以看到音乐舞蹈表演。既有专业的墨西哥街头表演乐队也有普通爱好者。伴随音乐翩翩起舞的人很多，气氛十分欢快。

周末会聚一堂的表演者

旅游咨询处
Map p.105/B2
住 Hidalgo No.5
TEL 314-3920
营 每天 9:00~19:00

各家公司的巴士终点站
● Estrella Blanca
Map p.105/A1
● Pullman de Morelos
Map p.105/B1
※ 从墨西哥城机场来的巴士，终点站在距离市场以北 500 米的地方。

● Estrella Roja
Map p.105/B1
● Estrella de Oro
Map p.105/B1 外

库埃纳瓦卡 Cuernavaca

气候和人口均十分稳定的莫雷洛斯州首府

紧邻索卡洛而建的科尔特斯宫

莫雷洛斯州位于墨西哥城以南 75 公里处，库埃纳瓦卡是其首府。库埃纳瓦卡全年平均气温 20℃，被称为“春城”。很多人为了远离首都的喧嚣，选择移居到库埃纳瓦卡，同时这里也是富裕阶层周末度假的休闲胜地。曾是印第安特拉维卡人的首都，名为库奥纳瓦克（意即“森林的入口”）。1521 年被西班牙殖民者埃尔南 · 科尔特斯占领后更名为库埃纳瓦卡（意即“牛角”）。城市被殖民者占领没多久，科尔特斯就在城市中心建造了官邸，发展成了典型的殖民城市。

科尔特斯宫内还保存有迭戈 · 里维拉的壁画，壁画的主题是莫雷洛斯州的历史。另外，1910 年墨西哥革命时，莫雷洛斯州也曾积极地配合革命家艾米里亚诺 · 萨帕塔的土地改革。因此如今的莫雷洛斯州也是墨西哥拥有最多自耕农的地区。而在郊外可以参观霍齐卡尔科遗址。

库埃纳瓦卡 交 通

巴士▶往返于墨西哥城与库埃纳瓦卡之间的巴士很密集。从墨西哥城南部的长途客运站出发是最便利的（有开往库埃纳瓦卡各个地区的巴士，推荐前往“Centro”）。另外库埃纳瓦卡每家公司的车站是各自分开的，其中大部分都位于市中心街道，距离市中心很近，步行即可到达。

库埃纳瓦卡巴士时刻表

目的地	每天车次信息	所需时间	价格
墨西哥城	Pullman 每小时 4 班（4:50~23:15）	1~1.5h	M$112~124
墨西哥城国际机场	Pullman 每小时 1~2 班（3:15~20:00）	1.5h	M$230
阿卡普尔科	Estrella Blanca 等每小时 2 班	4~5h	M$365~515
塔斯科	Estrella Blanca 等每小时 1~2 班	1.5h	M$80~94
普埃布拉	Oro、TER 每小时 1 班（5:10~19:10）	3.5h	M$270~295

小贴士 库埃纳瓦卡的城市北高南低。从地图上看虽然距离相同，但从南向北走一直都是上坡，体力消耗较大。

库埃纳瓦卡 漫步

库埃纳瓦卡虽然是莫雷洛斯州的首府，但城市规模并不是很大。城市中心是阿马斯广场 Plaza de Armas，广场旁边就是州政府 Palacio de Gobierno。广场上有草木、喷泉、长椅，还矗立着莫雷洛斯的石像，广场周围有咖啡馆和商场。

大量的房屋建造在绿意盎然的倾斜地面之上

而在州政府和广场斜侧便是科尔特斯宫。这是埃尔南·科尔特斯入侵并破坏了原住民们的神殿后重新建造的自己的官邸。除此之外天主教堂、博尔达花园等景点也都在阿马斯广场周边。

市内交通

参观市中心的景点只靠步行即可。打车去往郊外的景区是最为方便的。在天主教堂北侧的 Av.Hidalgo 大街上很容易打到车。

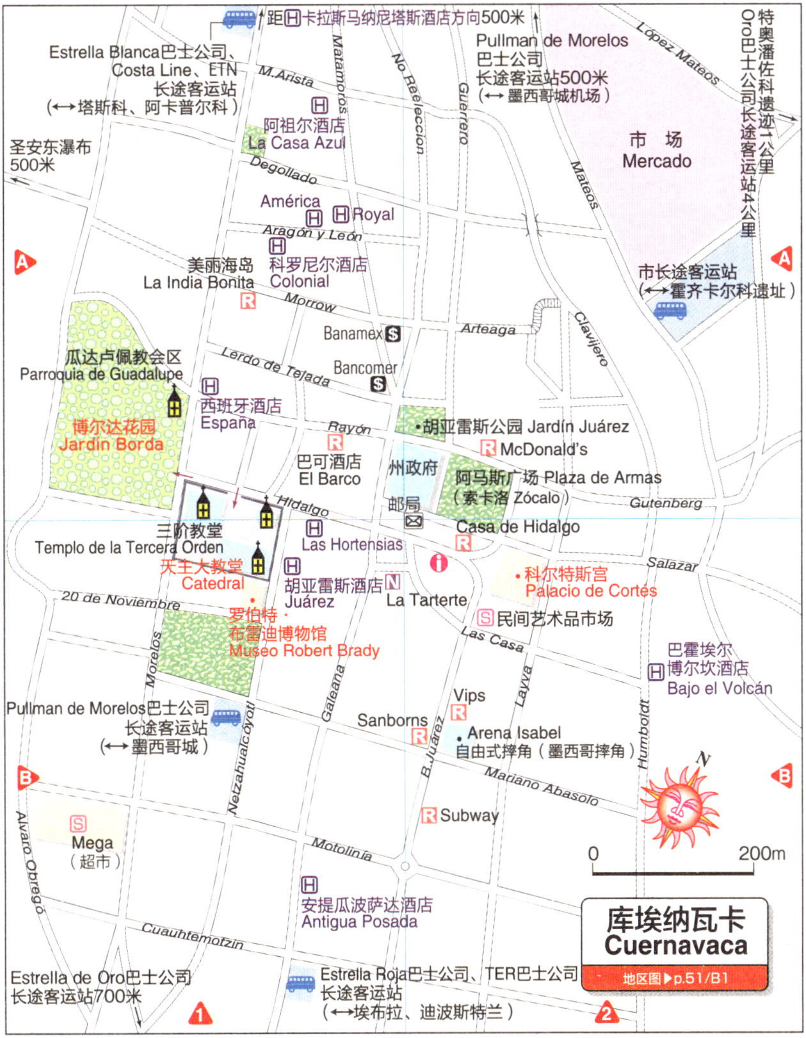

距Ⓗ卡拉斯马纳尼塔斯酒店方向500米
Estrella Blanca巴士公司、Costa Line、ETN长途客运站（↔塔斯科、阿卡普尔科）
Pullman de Morelos巴士公司长途客运站500米（↔墨西哥城机场）
特奥潘佐科遗迹1公里
Oro巴士公司长途客运站4公里
M.Arista
Matamoros
No Reelección
Guerrero
López Mateos
Ⓗ阿祖尔酒店 La Casa Azul
圣安东瀑布500米
市场 Mercado
Degollado
Mateos
América Ⓗ
Ⓗ Royal
Aragón y León
Ⓗ 科罗尼尔酒店 Colonial
美丽海岛 La India Bonita Ⓡ
市长途客运站（↔霍齐卡尔科遗址）
Morrow
Banamex Ⓢ
Arteaga
Clavijero
瓜达卢佩教会区 Parroquia de Guadalupe
Lerdo de Tejada
Bancomer Ⓢ
Ⓗ 西班牙酒店 España
博尔达花园 Jardín Borda
Rayón
胡亚雷斯公园 Jardín Juárez
Ⓡ McDonald's
巴可酒店 El Barco
州政府
阿马斯广场 Plaza de Armas（索卡洛 Zócalo）
邮局
Gutenberg
Hidalgo
三阶教堂 Templo de la Tercera Orden
Ⓗ Las Hortensias
Casa de Hidalgo Ⓡ
天主大教堂 Catedral
Ⓗ 胡亚雷斯酒店 Juárez
Ⓝ La Tarterte
科尔特斯宫 Palacio de Cortés
Salazar
20 de Noviembre
罗伯特·布雷迪博物馆 Museo Robert Brady
Ⓢ 民间艺术品市场
Las Casa
巴霍埃尔博尔坎酒店 Ⓗ Bajo el Volcán
Morelos
Galeana
Layva
Vips Ⓡ
Pullman de Morelos巴士公司长途客运站（↔墨西哥城）
Sanborns Ⓡ
Arena Isabel 自由式摔角（墨西哥摔角）
Netzahualcóyotl
B.Juárez
Humboldt
Mariano Abasolo
Ⓢ Mega（超市）
Ⓡ Subway
Alvaro Obregó
Motolinía
0 200m
Ⓗ 安提瓜波萨达酒店 Antigua Posada
Cuauhtemotzin
库埃纳瓦卡 Cuernavaca

地区图▶p.51/B1

Estrella de Oro巴士公司长途客运站700米
Estrella Roja巴士公司、TER巴士公司长途客运站（↔埃布拉、迪波斯特兰）

小贴士 旅游咨询处有免费的市区地图。每到周末和假日阿马斯广场南侧会不定期地开设临时咨询处。

天主大教堂的殉教者壁画。殉教者们在 1862 年被罗马教皇庇护九世封为圣人

天主大教堂

Map p.105/B1
TEL 318-4590
入场 每天 8:00~14:00、16:00~19:00

库埃纳瓦卡 主要景点

天主大教堂 Catedral

★★★

绿地深处建造的天主大教堂

1529 年由科尔特斯下令修建，是美洲大陆最为古老的教堂之一。教堂的围墙很高，这是因为西班牙殖民者刚刚征服这片土地时，还经常有原住民进行反抗，为了抵御这一威胁，才建造了这座同时作为要塞的教堂。教堂竣工后又不断加盖，才成了如今大家所看到的大教堂。

波波卡特佩特火山坡上的 14 座修道院被列入了世界文化遗产名录，另外库埃纳瓦卡的天主大教堂和附设的修道院也列为了世界遗产之一（→ p.109）。

科尔特斯宫（库奥那瓦克博物馆）

Map p.105/B2
TEL 312-8171
入场 周二～周日 9:00~18:00
费 M$55

科尔特斯宫 Palacio de Cortés

拥有霍齐卡尔科出土品和里维拉壁画的博物馆

★★

霍齐卡尔科出土的文物

1530 年征服阿兹特克的埃尔南·科尔特斯建造的城堡风格的宫殿。这座宫殿本来是阿兹特克神殿的所在地，但被西班牙入侵者破坏，并用神殿的石材重新建立起了这座宫殿。

如今作为库奥那瓦克博物馆 Museo Cuauhnahuac 向公众开放，一层是霍齐卡尔科考古遗址的考古学陈列，二层是从西班牙殖民时代到独立革命战争前后的历史展。另外二层阳台展示着迭戈·里维拉的巨幅壁画。

迭戈·里维拉的壁画作品

博尔达花园

Map p.105/A1
TEL 318-6200
入场 周二～周日 10:00~18:00
费 M$30

市内参观休息的好去处

博尔达花园 Jardín Borda

银矿大王建造的“水之行宫”

★

这是 18 世纪在塔斯科经营银矿山发家致富的博尔达建造的庭院。1864~1867 年间，也是马克西米利亚诺皇帝和卡洛塔皇后经常游玩的场所。园内一年四季都盛开着叶子花、木槿、一品红、巴西黄檀木等南方花种，园内还有池塘和画廊。

小贴士 博尔达花园的池塘可以划船游览。费用是 30 分钟 M$400、1 小时 M$550。

罗伯特·布雷迪博物馆 Museo Robert Brady

在库埃纳瓦卡生活了 24 年的美国画家的收藏品 ★

这间博物馆陈列的是来自美国爱荷华州的画家布雷迪个人收集的墨西哥画作和民间艺术品。布雷迪的收藏品超过 1300 件，博物馆按藏品的主题分类，有弗里达·卡罗、塔马约等人的作品，也有 16~18 世纪的宗教画。另外，印度的细密画、非洲的民俗美术等布雷迪在世界各地旅行时收集的各国收藏品也都陈列其中。在欣赏这些展品后，可以在庭院一角的咖啡馆放松休息。

1967 年布雷迪去世前一直居住的房间如今改建成了美术博物馆供人参观

罗伯特·布雷迪博物馆
Map p.105/B1
TEL 318-8554
入场 周二～周日 10:00~18:00
费 M$40

特奥潘佐科遗迹 Teopanzolco

追忆遥远的古代 ★

遗迹位于索卡洛东北方向 1.5 公里，属于比斯塔埃尔莫萨 Vista Hermosa 地区的族人。特奥潘佐科在纳瓦特尔语中意为“古老的地方”，最古老的建筑物可以追溯到公元前 2000 年左右。残留下来的还有 14 座大小不一的建筑物的基座部分。

特奥潘佐科遗迹
Map p.105/A2 外
从索卡洛打车需 10 分钟左右。价格 M$35。从城市巴士站乘坐 10 路巴士需 15 分钟，M$6.5。下车后再步行 5 分钟即可到达。
TEL 314-1284
入场 每天 9:00~17:30
费 免费

残留的特奥潘佐科遗迹

圣安东瀑布 Salto de San Antón

清凉的美景，令人精神振奋 ★

瀑布高 40 米，位于市中心以西 1 公里处。周围有制作陶器和经营园艺的村落，其中有一家纪念品商店属于圣安东瀑布景区。瀑布周边树木茂盛，自然景色美不胜收，可以沿着修建好的台阶，慢慢欣赏这里的美景。

圣安东瀑布
Map p.105/A1 外
从索卡洛打车需 5 分钟左右。价格大概为 M$30。
入场 每天 8:00~18:00
费 免费

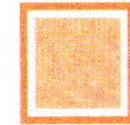

库埃纳瓦卡的餐馆

Restaurant

美丽海岛

La India Bonita

Map p.105/A1

◆有名的高档餐馆

使用美国大使别馆经营的一家高档餐馆。餐馆内有植被、喷泉，仿佛一个庭院，准备了室外的用餐区。推荐品尝一下这里的串烧（M$119~147）和莫莱菜（M$159）。

令人放松的店内环境

住 Morrow No.15
TEL 312-5021
营 每天 8:00~22:00
税金 已含
CC A M V
Wi-Fi 免费

巴可酒店

El Barco

Map p.105/A1

◆当地人气很高的墨西哥玉米浓汤专卖店

专卖墨西哥玉米浓汤的餐馆。将牛肉、猪肉、鸡肉、牛舌等作为配菜，可以自选汤的口味（哈利斯科口味、格雷罗口味），大小也可以选择，价格 M$68~81。

加入了牛油果的特制墨西哥玉米浓汤

住 Rayón No.3
TEL 314-1020
营 每天 10:30~22:00（周六 ~23:00）
税金 已含
CC M V
Wi-Fi 免费

特奥潘佐科遗迹位于库埃纳瓦卡的高档住宅区中。虽然被住宅围绕显得略有违和感，但遗迹本身的修复状态还不错。乘坐巴士前往的话不太容易找到。

库埃纳瓦卡的酒店

Hotel

市中心分布着多家中档酒店。Aragón y León 大街上有多家 M$200 左右的酒店，房间简单整洁。可以多比较几家之后再做决定。

卡拉斯马纳尼塔斯酒店
Las Mañanitas

◆上层社会的顾客很多

酒店距离阿马斯广场步行需 12 分钟。酒店内有一个大庭院，是一家高档酒店。院子里种植着应季的鲜花，还饲养着鹦鹉和孔雀。酒店共有 25 间客房。

Wi-Fi 客房 OK · 免费

Map p.105/A1 外

餐厅 ○ 游泳池 ○ 保险柜 ○ 早餐 △

住 Ricardo Linares No.107

TEL 314-1466 FAX 312-8982

URL www.lasmananitas.com.mx

税金 +21% CC A D M V

费 AC ○ TV ○ TUB △ ⓈⒹM$4916~

阿祖尔酒店
La Casa Azul

◆精巧可爱的酒店

酒店位于阿马斯广场西北方向 400 米处，距离 Estrella Blanca 巴士公司的车站很近，共设有 24 间客房。这家酒店是由建于 19 世纪末的修道院改造而成的，酒店客房的装饰很时尚。

Wi-Fi 客房 OK · 免费

围墙外侧是蓝色，内侧则是白色

Map p.105/A1

餐厅 ○ 游泳池 ○ 保险柜 ○ 早餐 ○

住 M.Arista No.17

TEL 314-2141

FAX 314-3684

URL www.hotelcasaazul.com.mx

税金 已含

CC A M V

费 AC ○ TV ○ TUB × ⓈⒹM$1620~

巴霍埃尔博尔坎酒店
Bajo el Volcán

◆舒适的四星级酒店

酒店在科尔特斯宫以东 400 米的位置，共有 28 间客房。院子内种有椰子树。 Wi-Fi 客房 OK · 免费

Map p.105/B2

餐厅 ○ 游泳池 ○ 保险柜 ○ 早餐 △

住 Humboldt No.19 TEL 318-5821

FAX 312-6945 税金 已含 CC M V

费 AC ○ TV ○ TUB △ ⓈⒹM$965~

安提瓜波萨达酒店
Antigua Posada

◆具有殖民地时期的风格

酒店距离各家巴士公司车站都很近，共有 11 间客房。很好地利用了倾斜地势，房间都是别墅样式，很有殖民时期的风格。早餐会送到房间内。 Wi-Fi 客房 OK · 免费

Map p.105/B1

餐厅 × 游泳池 ○ 保险柜 × 早餐 ○

住 Galeana No.69 TEL 310-2179

FAX 312-6589 税金 已含

CC D M V

费 AC × TV ○ TUB × ⓈⒹM$875~

科罗尼尔酒店
Colonial

◆周围有多家低价酒店

酒店位于 Aragón y León 街道西侧。单人间房间较小，但除此之外窗户很大，房间显得宽敞明亮。推荐入住面朝庭院一侧的房间。酒店共有 14 间客房。 Wi-Fi 客房 OK

Map p.105/A1

餐厅 × 游泳池 × 保险柜 × 早餐 ×

住 Aragón y León No.19

TEL 342-3090 税金 已含

CC M V 费 AC × TV ○ TUB ×

ⓈM$320~、ⒹM$420~

胡亚雷斯酒店
Juárez

◆价格低廉，环境整洁

酒店位于阿马斯广场西南方向 200 米处，罗伯特 · 布雷迪博物馆斜对面。酒店共有 12 间客房，虽然内部装修简单，但都十分干净整洁。 Wi-Fi 客房 OK · 免费

Map p.105/B1

餐厅 × 游泳池 × 保险柜 × 早餐 ×

住 Netzahualcóyotl No.19

TEL 314-0219 税金 已含

CC 不可

费 AC × TV ○ TUB × ⓈⒹM$350~

西班牙酒店
España

◆地理位置优越的经济型酒店

酒店位于博尔达花园入口旁，共有 30 间客房。酒店内部是殖民地时期风格，环境很好。 Wi-Fi 客房 OK · 免费

Map p.105/A1

餐厅 ○ 游泳池 × 保险柜 × 早餐 收费

住 Av.Morelos No.190 TEL 318-6744

FAX 310-1934 税金 已含 CC A M V

费 AC × TV △ TUB × ⓈM$400~、ⒹM$450~

 餐厅 游泳池 保险柜 早餐 AC 空调 TV 电视 TUB 浴缸

霍齐卡尔科考古遗址 Xochicalco

列为世界遗产的壮丽遗址 ★★★

遗迹位于库埃纳瓦卡以南35公里的丘陵地带，意为"花之馆"，建于700~900年。在顶端是最古老的阿克罗波利斯的废城，后方广场的对面是羽蛇神神殿，神殿底座四周刻有玛雅神官的浮雕。保存状态良好的浮雕也是玛雅人独特的匠心之作。在中央高原上能留有这样玛雅样式的雕刻实属罕见，因此有一种说法认为是以在霍齐卡尔科集结的玛雅氏瓦斯特卡族为中心的联合势力将特奥蒂瓦坎消灭的。霍齐卡尔科考古遗址于1999年收录为世界文化遗产。

矗立着的金字塔形神殿

迪波斯特兰 Tepoztlán

波波卡特佩特火山坡上遗留着修道院的村庄 ★★

村庄位于库埃纳瓦卡东北方向，相距23公里远，村庄四周环山，是纳瓦霍族人居住的地方。周末教堂前的街道有出售民间艺术品的店铺，深受游客欢迎，而在平日来到这里可以感受到朴素的村民们平静的生活。村庄中央是16世纪中期建造的圣多明各教的教堂和修道院遗址，如今内部作为博物馆向公众开放。修道院走廊的屋顶部分画有红色图案的壁画，还有一些有关村庄历史的展品。

从墨西哥城驱车需1小时。可以看到修道院周围原住民朴素的生活

修道院内的屋顶也绘有传统文字图案

World Heritage 世界遗产

霍齐卡尔科考古遗址

Map p.51/B1

可以从库埃纳瓦卡 Pullman de Morelos 巴士公司车站乘坐一等巴士到霍齐卡尔科的分岔路（所需时间40分钟，M$40），再打车到达目的地（所需时间5分钟，M$30）。

在城市巴士站乘坐前往 Cuentepec 方向的二等巴士（每小时1班，所需时间1小时20分钟，M$15）也可以到达。下车后只能步行前往遗迹入口，因为是山路所以比较耗时间。

入场 每天 9:00~17:00

费 M$65（包含博物馆门票）

参观遗迹需要在入口处的博物馆购买门票。

神殿墙壁上雕刻着复杂多样的图案

迪波斯特兰

Map p.51/B1

从库埃纳瓦卡可以乘坐 Estrella Roja 公司的巴士，每小时有3班（所需时间40分钟，M$28）。

从墨西哥城南部长途客运站可以乘坐 OCC 等公司的巴士，每小时有1~2班（所需时间1小时15分钟，M$120）。

从迪波斯特兰加油站旁边的巴士站乘坐迷你巴士到中心地区需10分钟，M$7。

COLUMNA

波波卡特佩特火山坡上的修道院

16世纪阿兹特克帝国被西班牙殖民者击败后，修道士的布教地点就在波波卡特佩特火山 Popocatépetl（Map p.51/B2）。16世纪末修道院的数量超过了300座，而在1859年墨西哥独立后，许多修道院改为了学校或者医院。当时的礼拜堂、宗教画、日用品等，外加如今保存下来的14座修道院，于1994年一同被列为了世界文化遗产。

迪波斯特兰的中央是圣多明各教的教堂设施，也是波波卡特佩特火山坡上的修道院之一。古老的教堂可以让人感受到历史的沧桑，静静地站立其中想象过去的生活。

收入世界遗产的迪波斯特兰修道院遗址

小贴士 从墨西哥城到霍齐卡尔科考古遗址可以到南部长途客运站乘坐 Pullman 公司的巴士到 Alpuyeca 站下车（每小时2班，所需时间2小时，价格 M$140），然后再打车，所需时间15分钟，价格 M$45 左右。

人口	约 10 万
海拔	1783 米
区号	762

特色推荐！

★ 圣普里斯卡教堂
★ 城市北部的索道
★ 去银制品商店购物

塔斯科 *Taxco*

仍然保留着浪漫的中世纪街道的“白银之都”

塔斯科山坡斜面上的住宅区风景

塔斯科位于墨西哥城西南方向，相距 170 公里。西班牙殖民者到来后，发现了大量的银、锌和铜矿，使得塔斯科成为中北美洲最早靠银矿繁荣起来的城市，城内大部分建筑建于 18 世纪。除了矿山外，塔斯科没有其他大的产业，至今还保留着西班牙殖民时期风格的建筑。

塔斯科在西班牙人入侵前，是原住民居住的村庄，1524 年，西班牙矿工技师居住于此，建造了塔斯科 · 别霍（旧塔斯科）。而后 1743 年法国矿工博尔达发现了一座巨大的银矿山脉，开启了传说中的“白银热”。大量的采矿者纷至沓来，一下子扩大了城市规模。一夜暴富的博尔达毫不吝惜财产，花巨资建造了许多豪华的教堂和庭院。从如今建筑物的数量上我们就可以想象得出当时繁荣的景象。随着矿山被开采一空，城市也开始衰退，逐渐变得冷清。但山间寂静的城市，却备受外国人瞩目。银制品商店和酒店等设施完善，如今作为墨西哥城周边的旅游城市大力发展中。

活动信息

● 1 月 18 日
圣普里斯卡节 Fiesta de Santa Prisca

● 3 月上旬
受难节 Fiesta de Crucifito de la Veracruz，因孩子们的斗鸡舞而闻名。

● 3 月中旬 ~4 月下旬
圣周 Semana Santa

● 5 月 3 日
圣十字架节 Fiesta de Santa Cruz

● 11 月最后一个周六 ~12 月第一个周日
国家银饰节 Feria de la Plata，节日期间，当地会举办银饰大赛，十分热闹。

塔斯科州政府旅游局

URL www.visittaxco.travel

货币兑换处

圣胡安广场对面的 Bancomer（营 周一～周五 8:30~16:00）、索卡洛南侧的 HSBC（营 周一～周五 8:00~16:00）可以兑换货币。ATM 24 小时都可以使用。

塔斯科 交通

巴士▶墨西哥城（南部长途客运站）发车频繁。塔斯科共有两个长途客运站，Estrella de Oro 公司位于城市南侧，Estrella Blanca 公司（包括 Costa Line）位于城市东侧。两个长途客运站距离城市中心的博尔达广场步行都需要 10~15 分钟。城市中心的迷你巴士和出租车很多，方便乘坐。

塔斯科巴士时刻表

目的地	每天车次信息	所需时间	价格
墨西哥城	Costa Line 和 Estrella de Oro 每小时 1~2 班	3h	M$190~250
阿卡普尔科	Costa Line 和 Estrella de Oro 共 8 班	4.5h	M$240~280
库埃纳瓦卡	Estrella Blanca 和 Estrella de Oro 每小时 1~2 班	1.5h	M$80~94

安全信息 塔斯科市内的治安良好，早晚都可以放心地在城市中散步。但是周边小镇贩毒的情况很多，要注意安全。

塔斯科 漫 步

塔斯科城以西班牙殖民时期风格的建筑、石板路为主，是一座浪漫的山城，漫步其中很有中世纪的味道。因为城市道路十分狭窄，坐车会比较花时间。从墨西哥城到这里游玩的客人基本都会选择当天往返，但塔斯科城黄昏的景象才最为美丽，不如在这里住宿一晚。索卡洛周边建有酒店、餐馆、银制品商店以及塔斯科城的象征圣普里斯卡教堂。教堂十分显眼，可以以此作为地标。

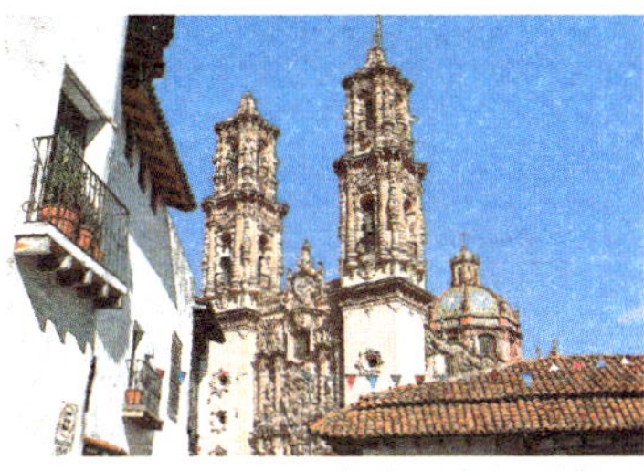

白墙瓦屋顶的建筑令人印象深刻

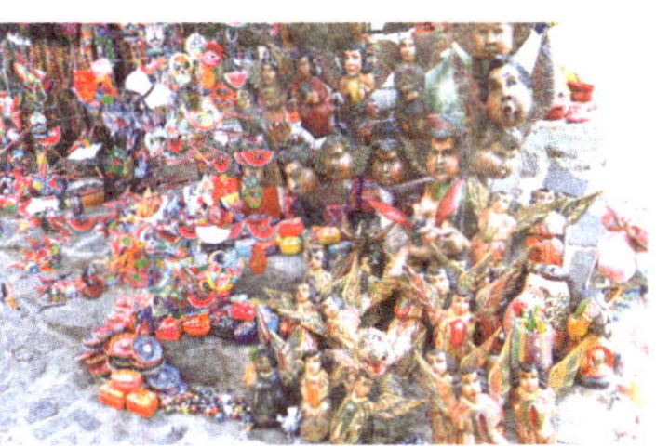

市场北侧有很多的民艺品摊铺

城市最繁华的道路是连接索卡洛和圣胡安广场 Plazuela de San Juan 的瓜特穆斯大街 Cuauhtémoc。道路两旁有很多商店和自助餐馆。从这条马路东南侧的台阶下去后，就是一个热闹的市场。除了生鲜食品、服装、鞋、日用品等，经营银制品的店铺也有很多家。

市内交通

主要景区圈只有 1 公里，步行即可游览，当然出租车和迷你巴士来往也很密集。从 Estrella Blanca 公司的 2 等巴士站乘坐迷你巴士前往索卡洛 Zócalo 也十分方便。

旅游咨询处

● 州立旅游咨询处

Map p.113

TEL 622-2274

营 周一～周五 9:00~16:00

16:30~19:00

周六 · 日 9:00~13:00

● 市政厅内

Map p.111/A1

营 每天 9:00~20:00

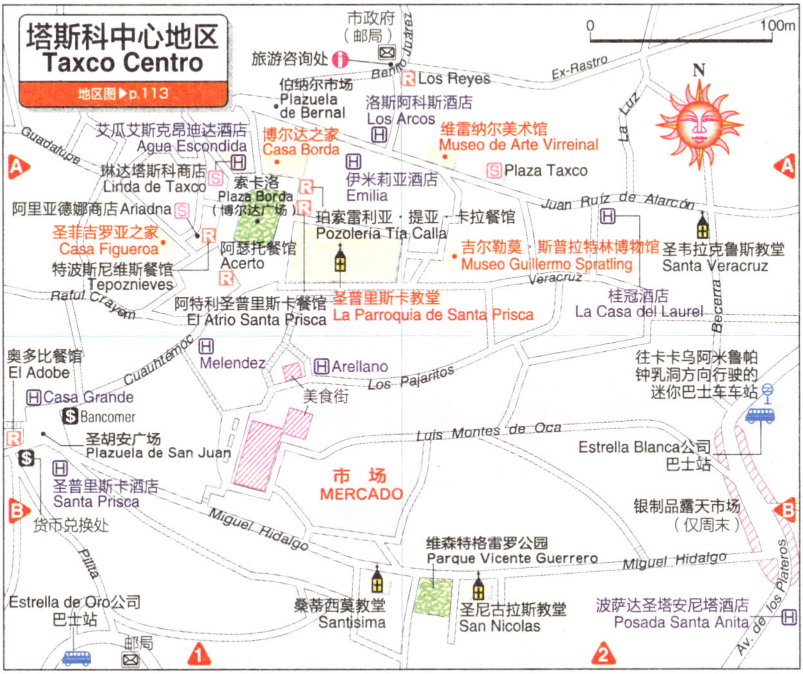

塔斯科中心地区
Taxco Centro
地区图 ▶ p.113
市政府
（邮局）
旅游咨询处
Benito Juárez
Los Reyes
Ex-Rastro
0
100m
N
伯纳尔市场
Plazuela de Bernal
洛斯阿科斯酒店
Los Arcos
维雷纳尔美术馆
Museo de Arte Virreinal
艾瓜艾斯克昂迪达酒店
Agua Escondida
博尔达之家
Casa Borda
La Luz
Guadalupe
琳达塔斯科商店
Linda de Taxco
索卡洛
Plaza Borda
（博尔达广场）
伊米莉亚酒店
Emilia
Plaza Taxco
阿里亚德娜商店 Ariadna
珀索雷利亚 · 提亚 · 卡拉餐馆
Pozolería Tía Calla
Juan Ruiz de Alarcón
圣菲吉罗亚之家
Casa Figueroa
阿瑟托餐馆
Acerto
吉尔勒莫 · 斯普拉特林博物馆
Museo Guillermo Spratling
圣韦拉克鲁斯教堂
Santa Veracruz
特波斯尼维斯餐馆
Tepoznieves
Veracruz
Rafel Crayem
阿特利圣普里斯卡餐馆
El Atrio Santa Prisca
圣普里斯卡教堂
La Parroquia de Santa Prisca
桂冠酒店
La Casa del Laurel
Becerra
奥多比餐馆
El Adobe
Cuauhtémoc
Melendez
Arellano
Los Pajaritos
往卡卡乌阿米鲁帕
钟乳洞方向行驶的
迷你巴士车站
Casa Grande
Bancomer
美食街
Luis Montes de Oca
圣胡安广场
Plazuela de San Juan
Estrella Blanca公司
巴士站
圣普里斯卡酒店
Santa Prisca
市 场
MERCADO
银制品露天市场
（仅周末）
货币兑换处
Miguel Hidalgo
维森特格雷罗公园
Parque Vicente Guerrero
Miguel Hidalgo
Pilita
Av. de los Plateros
Estrella de Oro公司
巴士站
桑蒂西莫教堂
Santísima
圣尼古拉斯教堂
San Nicolas
波萨达圣塔安尼塔酒店
Posada Santa Anita
邮局
A
B
1
2

小贴士 从墨西哥城坐客长途车到塔斯科需 3 小时。如果只是到这里购物的话半天的时间就足够了。长途车每小时 1~2 班（班次较少，请留意发车时间）。

塔斯科 主要景点

圣普里斯卡教堂 La Parroquia de Santa Prisca

聚集了银矿山财富的大教堂

★★

圣普里斯卡教堂

Map p.111/A1

入场 每天 6:00~13:00、16:00~20:00

装饰精美的丘里格拉式圣坛

教堂的双塔高 40 米，在蓝天映衬下十分美丽

塔斯科的银矿大亨博尔达的家训为"神赋予博尔达财富，博尔达向神回报"，博尔达遵循家训，在城中建造了一座丘里格拉式的大教堂。当时投入了 170 万比索，由胡安·卡瓦列罗设计，1751 年开工建造，1759 年竣工。教堂内部的壁画是当时最负盛名的西班牙宗教画家米格尔·卡夫雷拉的作品。向圣坛对面右侧深处走去，有一个小型的绘画展厅。早晚的时候，圣普里斯卡教堂美妙的钟声会响彻塔斯科城。

博尔达之家 Casa Borda

作为文化会馆向公众开放的博尔达宅邸

★

博尔达之家

Map p.111/A1

TEL 622-6634

入场 每天 9:00~20:00

费 免费

一夜变身矿山大亨的博尔达的住宅

博尔达之家位于索卡洛北侧，外墙为白色。原本是博尔达家族的私人住宅，如今作为文化会馆向公众开放，会举办绘画展或音乐演奏会等。屋内最吸引眼球的是台阶上放置的花盆，里面种植着五颜六色的花花草草，而从房屋北侧可以眺望整个城镇。

吉尔勒莫·斯普拉特林博物馆 Museo Guillermo Spratling

银匠先驱留下的收藏品

★

吉尔勒莫·斯普拉特林博物馆

Map p.111/A2

TEL 622-1660

入场 周二~周六 9:00~17:00

周日 9:00~15:00

费 M$40

吉尔勒莫·斯普拉特林在塔斯科建造了工厂，并带来了先进的白银加工方法，这家博物馆展示的正是他的收藏品。在这里还能看到史前时代的物品。1929 年美国人斯普拉特林来到塔斯科，1931 年开设了工厂发展银制品工艺。最繁盛的时期，一度拥有 400 位匠人。如今塔斯科的银制品工艺仍然受到当时这座工厂的影响。斯普拉特林将工厂的利益投入到了墨西哥古代美术之中。

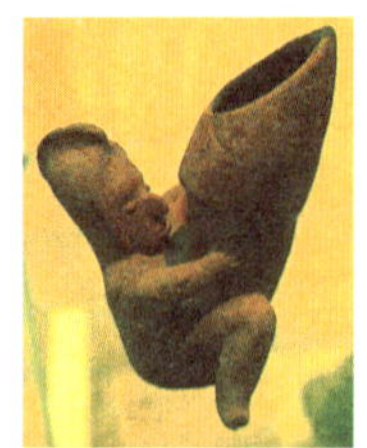

陈列出的独特收藏品

塔斯科的白银加工工艺受到斯普拉特林的很大影响

小贴士 Estrella Blanca 公司的巴士站所在的 Av.de los Plateros 大街南侧，每到周末都会有银制品露天市场（Map p.111/B2）。可以买到便宜的商品。

圣菲吉罗亚之家 Casa Figueroa

艺术家也曾居住过的伯爵府

★

1767 年为卡德纳伯爵建造的宅邸，是塔斯科的标志性建筑之一。1946 年墨西哥艺术家圣菲吉罗亚曾在此居住。当初建造这间宅邸的是那些交不起税金的原住民，他们被任意驱使，因此这间房子被叫作“眼泪之家”。因为惧怕原住民的攻击，与 27 间房屋数量相对的是只有 2 扇窗户。

用漂亮的瓷砖画装饰的正面入口

圣菲吉罗亚之家

Map p.111/A1

TEL 622-0003

入场 周四～次周一 10:00~18:00

费 M$30

维雷纳尔美术馆 Museo de Arte Virreinal

收藏着大量殖民艺术展品

★★

周游世界，开创了气候学、海洋学的德国地理学家冯·洪堡曾在 1803 年在此居住，这间美术馆也被称作冯·洪堡之家 Casa Humboldt。这座小型美术馆现在以圣普里斯卡教堂的宗教美术为首，展示着殖民地时期的艺术收藏品。

房屋是银矿大亨博尔达为儿子所建

维雷纳尔美术馆

Map p.111/A2

TEL 622-5501

入场 周二～周日 10:00~18:00

费 M$20

市场 Mercado

多种多样的食材和日用品

★

坐落在圣普里斯卡教堂下的山丘上，规模巨大的市场。老百姓平常都会来这里购买日常需要的蔬菜、水果、面包等，正规的商铺周边还有许多临时搭建的小摊。除了生鲜食材外，也可以买到日用品和服饰，银制品在这里也有出售，可以看到塔斯科普通百姓的日常生活。

从水果摊到民间艺术品店铺一应俱全

市场

Map p.111/B1

营 每天 8:00~19:00（周四～14:00）

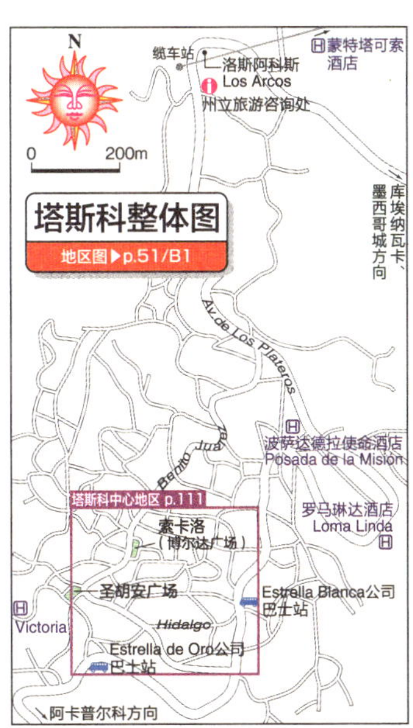

塔斯科市区北部可以乘坐缆车。缆车全长约 800 米，海拔差 173 米，坡度 5°。单程价格为 M$65，往返价格 M$85，从山顶可以远眺市区全景。

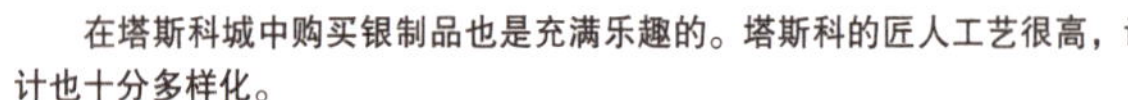

塔斯科的商店
Shopping

在塔斯科城中购买银制品也是充满乐趣的。塔斯科的匠人工艺很高，设计也十分多样化。

民间艺术品和银制品的商铺、小摊档有很多都集中在圣普里斯卡教堂周边。在这里一定可以找到心仪的纪念品。从公交站到教堂的坡道上，下方是经营食品、生活日用品的商铺，上方多是民间艺术品的专卖店。

塔斯科盛产银制品

琳达塔斯科商店
Linda de Taxco

Map p.111/A1

◆银质品价格合理

商店位于索卡洛西北侧，H 艾瓜艾斯克昂迪达酒店 Agua Escondida（→p.116）一层的一家银制品 & 珠宝商店。店内商品摆放虽然杂乱无章，但都很有品位。银质钻戒 M$100~，手镯 M$150~。

商店正对索卡洛

住 Plaza Borda No.4
TEL 622-3172
营 每天 9:00~21:00
CC A M V

阿里亚德娜商店
Ariadna

Map p.111/A1

◆从索卡洛步行仅需 2 分钟，十分方便

店铺装饰简单轻松，汇聚了大量饰品，并且价格很便宜。店员的服务周到，顾客可以轻松地选购商品。耳环 M$20~，戒指 M$100~。

商店位于圣菲吉罗亚之家的对面

住 Raful Krayem No.2
TEL 622-2792
营 每天 10:00~19:00
CC 不可

INFORMACIÓN

在塔斯科购物

银质工艺品

精美的商品令人心动

塔斯科生产的银制品不仅比其他城市的价格便宜，大部分也没有质量问题。以前可以在小型加工厂直接购买便宜的银制品，如今在店铺购买的价格跟工厂相差无几。

塔斯科的银制工艺品店铺除了价格便宜外，一眼就能看出商品的做工也是无可挑剔的。唯一要注意的是会有用合金伪造的银制品掺杂其中。正规的银制品是镂金设计，而合金则是直接压制模型，因此商品会显得很粗糙。颜色、光泽以及碰触固体的声音都有所不同。即便不是专家，通过这几点也可以分辨出真假。大家购买时请谨慎挑选。

每家店铺的商品价格会有所差异，可以多比较几家之后再购买。虽然可以使用信用卡支付，但是商家普遍喜欢收取现金（在高档商店使用现金的话也会有 10%~15% 的优惠）。圣普里斯卡教堂左侧有一条小道，向里走大约 50 米，右侧的建筑物内聚集了很多小店，价格低廉，还可以砍价，如果不太注重质量的话可以到这里一探究竟。

阿马特

阿马特是由原住民创作的一种树皮纸画，是格雷罗州的名产。在墨西哥城也可以买到，但塔斯科购买到的品质似乎更好。

在墨西哥看到阿马特很平常，但带回国装裱起来，不仅还能感受到拉丁美洲原住民朴素的民风，还可以回忆起旅途中的点点滴滴。

街头小摊售卖的阿马特

塔斯科的餐馆
Restaurant

索卡洛周边有很多餐馆，坐在靠窗的位置，可以边欣赏塔斯科的美景，边品尝当地美食。在市场内的餐馆价格比较便宜，客车站周边的餐馆比较适合普通大众。

阿瑟托餐馆
Acerto

◆充分体验殖民地时期的氛围

餐馆位于索卡洛南侧，圣普里斯卡教堂对面。从二层的飘窗可以看到整个中心城区，深受游客喜爱。牛油果牛肉 Cecina de Taxco（M$143）等都很美味。咖啡（M$20~）、苹果派（M$44）也都是推荐产品。

面朝索卡洛，视野很好

Map p.111/A1

住 Plaza Borda No.12
TEL 622-0064
营 每天 11:00~23:00
税金 已含
CC A M V
Wi-Fi 免费

珀索雷利亚·提亚·卡拉餐馆
Pozoleria Tia Calla

◆格雷罗州名产墨西哥玉米浓汤

加入了牛油果和鸡肉的玉米浓汤

餐馆位于索卡洛东北角一个地下入口处（铜像旁）。玉米浓汤分大、中、小份，价格为 M$46~54。最普通的只有玉米粒，添加的配菜有炸猪皮（M$30）、鸡肉（M$22）等（餐馆有图文对照菜单）。除此之外，炸玉米粉圆饼（M$36）和卷肉玉米饼（M$58~）等快餐也很受欢迎。

Map p.111/A1

住 Plaza Borda No.1
TEL 622-5602
营 每天 8:00~22:00
税金 已含
CC M V
Wi-Fi 免费

阿特利圣普里斯卡餐馆
El Atrio Santa Prisca

◆崇尚自然的人气餐馆

餐馆位于索卡洛东北方向，在一座大楼的二层，楼内还有多家珠宝店和比萨店。坐在窗边既可以看到街上的风景，还可以品尝腌肉（M$116）、蔬菜汤（M$49~）等美食。

Map p.111/A1

住 Plaza Borda No.1
TEL 622-8879
营 每天 8:00~23:00
税金 已含 CC M V
Wi-Fi 免费

奥多比餐馆
El Adobe

◆路途中疲惫了不如来这里歇歇脚

餐馆位于圣胡安广场西侧，环境十分时尚。店内的招牌有塔斯科腌肉（M$115）等。餐馆营业时间很长，也可以单点咖啡（M$22~）等饮品。

令人放松的殖民时期风格餐馆

Map p.111/B1

住 Plazuela de San Juan No.13
TEL 622-1416
营 每天 8:00~23:00
税金 已含
CC M V
Wi-Fi 免费

特波斯尼维斯餐馆
Tepoznieves

◆ 100% 纯天然奶油冰激凌

提供多种口味的冰激凌店。内饰颜色丰富十分可爱。在塔斯科走累了不妨来这里边吃边休息。一种口味的冰激凌（M$20）、两种口味的（M$30），此外纯天然果汁也非常好喝。

面朝索卡洛西侧

Map p.111/A1

住 Raful Krayem No.1
TEL 622-3796
营 每天 10:00~22:00
税金 已含
CC 不可
Wi-Fi 无

塔斯科的酒店

Hotel

高档酒店大多位于远离城市的郊区。索卡洛周边殖民时期的街道上中档酒店较多。

在圣胡安广场周围有几家便宜的旅店，但难得来到塔斯科，建议还是住在中高档酒店，可以更好地体验城镇的氛围。

波萨达德拉使命酒店

Posada de la Misión

◆庭院可以欣赏到美景

从 Estrella Blanca 公司的客车站向北走 500 米山路可以到达酒店，从酒店眺望可以将整个塔斯科尽收眼底。酒店有礼拜堂、剧场等设施，在墨西哥城居住的高层领导也经常到此居住。酒店共有 125 间客房。 Wi-Fi 客房 OK · 免费

酒店内绿意盎然，并且配有游泳池

Map p.113

○ ○ ○ △

住 Cerro de la Misión No.32

TEL 622-0063

FAX 622-2198

URL www.posadamision.com

税金 +15% CC A D M V

费 AC ○ TV ○ TUB △ ⓈM$1000~、ⒹM$1700~

艾瓜艾斯克昂迪达酒店

Agua Escondida

◆地理位置优越

位于索卡洛西北侧，是一家拥有 62 间客房的中档酒店。房间设计简单，但地理位置优越，价格相对合理。 Wi-Fi 客房 OK · 免费

屋顶上经常聚集很多房客

Map p.111/A1

○ ○ ○ 收费

住 Plaza Borda No.4

TEL 622-1166

URL www.aguaescondida.com

税金 已含 CC A M V

费 AC ○ TV ○ TUB △ ⓈⒹM$1150~

蒙特塔可索酒店

Montetaxco

◆视野极好的五星级酒店

酒店位于缆车所在的山丘上，从酒店可以眺望到整个塔斯科城，共有 156 间客房。酒店远离城市的喧嚣，喜欢安静环境的游客可以考虑住在这里。 Wi-Fi 免费

Map p.113 外

○ ○ ○ △

住 Fraccionamiento Lomas de Taxco S/N

TEL 622-1300 FAX 622-1428

URL www.montetaxco.mx

税金 +19% CC A M V

费 AC ○ TV ○ TUB × ⓈⒹM$1280~

罗马琳达酒店

Loma Linda

◆被高原的空气所环绕

一家中档酒店，共有 70 间客房。沿去往墨西哥城方向的国道走 800 米便是这家酒店。塔斯科城有许多市景房，但这家酒店建于悬崖边上，可以看到不一样的美景。

Wi-Fi 客房 OK · 免费

从泳池边也可以看到壮美的景色

Map p.113

○ ○ ○ 收费

住 Av.de Los Plateros No.52

TEL 622-0206

FAX 622-5125

URL www.hotellomalinda.com

税金 已含

CC A D M V

费 AC ○ TV ○ TUB × ⓈⒹM$635~

圣普里斯卡酒店

Santa Prisca

◆可以俯瞰到教堂，酒店内很安静

酒店位于圣胡安广场南侧，酒店环境舒适安逸，共有 31 间客房。二层有图书馆，从窗户可以看到城镇，从这里拍出的照片非常好看。

Wi-Fi 客房 OK · 免费

美丽的绿色庭院

Map p.111/B1

× × ○ ×

住 Cena Obscuras No.1

TEL 622-0080

FAX 622-2938

税金 已含

CC A J M V

费 AC ○ TV ○ TUB × ⓈⒹM$900~

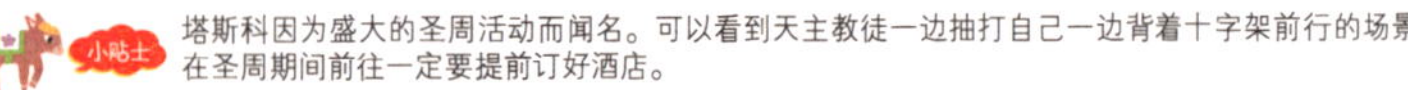

小贴士 塔斯科因为盛大的圣周活动而闻名。可以看到天主教徒一边抽打自己一边背着十字架前行的场景。在圣周期间前往一定要提前订好酒店。

洛斯阿科斯酒店
Los Arcos

◆由修道院改建的酒店

从索卡洛往东北方向步行 3 分钟即可到达酒店。酒店是由 17 世纪的修道院改建而成的，气氛庄重。特别推荐喜欢殖民时期风格的游客居住在这里。酒店只有 21 间客房，因此最好提前预订。Wi-Fi 客房 OK · 免费

Map p.111/A1
餐厅 ○ 游泳池 × 保险柜 × 早餐 收费
住 Juan Ruíz de Alarcón No.4
TEL 622-1836 FAX 622-7982
URL www.hotellosarcostaxco.com
税金 已含 CC MV
费 AC × TV ○ TUB × ⓈⒹM$880~

伊米莉亚酒店
Emilia

◆殖民时期风格的酒店

房间装饰深受女性喜爱

从索卡洛往东北方向步行 2 分钟即可到达酒店。酒店大厅采用彩色玻璃窗和素烧陶器进行了装饰。房屋内木刻的日用品营造出古典的氛围。因为酒店仅有 14 间客房，一定要尽早预约。Wi-Fi 客房 OK · 免费

Map p.111/A1
餐厅 ○ 游泳池 × 保险柜 × 早餐 收费
住 Juan Ruíz de Alarcón No.7
TEL 622-1396
URL www.hotelemilia.com.mx
税金 已含
CC AMV
费 AC × TV ○ TUB × ⓈⒹM$850~

桂冠酒店
La Casa del Laurel

◆价格合理的小型酒店

酒店旁的小摊儿

酒店位于索卡洛以东，步行需 4 分钟左右。酒店仅有 9 间客房，虽然房间都较小，但住起来还是令人感到愉悦。床都很大，睡起来很舒服。酒店内备好了沐浴液、护发素等一次性用品，吹风机、熨斗等也不用担心，房间内也全部含有。并且还提供咖啡、红茶、饼干等，房顶的空间也很宽敞，可以在这里欣赏风景。Wi-Fi 客房 OK · 免费

Map p.111/A2
餐厅 × 游泳池 × 保险柜 ○ 早餐 ○
住 Juan Ruiz de Alarcón No.25
TEL 622-1662
URL www.hotelentaxco.com
税金 已含
CC MV
费 AC × TV ○ TUB × ⓈM$640~、ⒹM$780~

波萨达圣塔安尼塔酒店
Posada Santa Anita

◆紧邻客车站，适合短暂停留者

距离 Estrella Blanca 公司的客车站向南步行仅需 3 分钟时间，酒店共有 29 间客房。适合在这里中转的人入住。
Wi-Fi 客房 OK · 免费

Map p.111/B2
餐厅 × 游泳池 × 保险柜 ○ 早餐 ×
住 Av.de Los Plateros No.320
TEL&FAX 622-0752 税金 已含 CC MV
费 AC × TV △ TUB × ⓈM$350~、ⒹM$400~

塔斯科 一日游

卡卡乌阿米鲁帕钟乳洞 Grutas de Cacahuamilpa

大自然创造出的巨石和奇石 ★★

卡卡乌阿米鲁帕钟乳洞位于塔斯科城东北部，相距 30 公里，是墨西哥最大的钟乳洞。洞口入口就有 21 米高、42 米宽，可以和西班牙导游一起沿着参观线路在其中探险。洞内顶部有许多冰柱形状，已经石化了的矿物质，让人感叹大自然的鬼斧神工。参观线路全长约 2 公里，最高处可达 82 米。有些石头仿佛动物、人类的面部，也有像啤酒瓶形状的，导游都会介绍这些奇怪、有趣的岩石。边听导游介绍，边慢悠悠漫步其中，单程需要 1 小时（可以自由回程，时间不限）。

钟乳洞内大自然创作出的艺术品

卡卡乌阿米鲁帕钟乳洞
Map p.51/B1
可以在塔斯科 Esrella Blanca 公司客车站前乘坐前往 Grutas 的迷你公交，发车间隔 40 分钟（5:25~18:30，所需时间 45 分钟，M$35）。到站后，便会有导游引导。打车的话价格在 M$180 左右。
入场 每天 10:00~17:00（最晚入场时间为 15:00）
费 M$70（有西班牙语导游）

餐厅 游泳池 保险柜 早餐 AC 空调 TV 电视 TUB 浴缸

托卢卡 *Toluca*

群山环绕，阿兹特克时代的商业都市

人　口	约 82 万
海　拔	2660 米
区　号	722

托卢卡郊外的特奥特南戈遗迹

托卢卡位于首都墨西哥城西部，相距 66 公里，是墨西哥州的首府。也是墨西哥海拔最高的城市，从城内可以看到托卢卡死火山，火山顶被积雪覆盖，高 4680 米。托卢卡历史悠久，从阿兹特克时代开始就作为商业中心不断发展。

城市中心地区环境舒适，令人放松，近郊则有着玛特拉特辛克族建造的卡利斯特拉瓦卡 Calixtlahuaca 等独一无二的遗迹建筑。虽然也可以选择从首都当天往返，但是当地大部分的酒店和餐馆价格都很合理，不妨选择玩两天，住上一晚。

托卢卡 交 通

巴士▶从墨西哥城西部的长途客运站，Caminante、ETN、Flecha Roja 巴士公司每小时总计发车 10 班。也可以从墨西哥城国际机场乘坐 Caminante 公司的长途车，每小时只有 1 班。除此之外，从莫雷利亚、克雷塔罗驶来的巴士也很频繁。

托卢卡的客运站位于市中心东南部，相距 2 公里，乘坐城市巴士车到达市中心 M$7.5、打车 M$35。

托卢卡 漫 步

托卢卡市中心的索卡洛南侧是天主大教堂，北侧是州政府。加里贝广场 Plaza Garibay 紧邻索卡洛，除此之外城中还有多个广场、公园，供市民娱乐休息。索卡洛旁边是市彩色玻璃植物园，最初是一个市场，另外还有卡门教堂以及旁边的贝拉斯美术馆 Museo de Bellas Artes，大部分旅游景点、文化设施都散布在市内。从索卡洛向北走 5 个街区左右上到高台，可以眺望整个市区。

去往托卢卡的交通（巴士）

●墨西哥城

Caminante、ETN、Flecha Roja 公司每小时 10 班。所需时间 1 小时、M$59~80。

●墨西哥城国际机场

Caminante 公司每小时 1 班。所需时间 1 小时、M$180。

●莫雷利亚

Autovias 公司每小时 1 班。所需时间 3.5 小时、M$304。

周五的露天市场

每周五从清晨到傍晚，托卢卡巴士站后面的胡亚雷斯市场前都会开设露天市场，届时会有大批游客前往。当天的交通会变得非常拥堵，巴士延误的情况也时有发生。

贝拉斯美术馆

Map p.119

TEL 215-5329

入场 周二~周六 10:00~18:00

周日 10:00~15:00

费 M$10

托卢卡中心地区分布着贝拉斯美术馆等文化设施

小贴士 托卢卡机场（TLC）作为墨西哥城的辅助机场，有 Interjet、Volaris 等航空公司的航班起降，主要飞国内线以及美国南部的一些城市。

托卢卡 主要景点

市彩色玻璃植物园 Cosmo Vitral Jardín Botánico

市场建筑物改造的独特设施 ★

这里最初是市场，直到 1975 年，当地的艺术家莱奥波尔多·弗洛雷斯 Leopoldo F.Valdés 创作了 48 个彩色玻璃嵌板来采光，将其改造成了一个植物园。

市彩色玻璃植物园

Map p.119

TEL 214-6785

入场 周二~周六 10:00~18:00

周日 10:00~15:00

费 M$10

托卢卡 一日游

卡利斯特拉瓦卡遗迹 Calixtlahuaca

象征羽蛇神的神殿 ★★

遗迹是由如今仍居住在这片土地上的玛特拉特辛克族在9~15 世纪建造而成的。神殿模仿羽蛇神蜷缩的样子呈椭圆形，以此为中心共有 3 个遗迹群。神殿最初以托尔特克风格建造，随后一支作马托拉西纳的部落又在此基础上建造了新的神殿，最后墨西卡人征服了这片土地，又加盖了自己民族的神殿，并呈现在了我们眼前。与可以类比古代中美洲的神殿相似，都是不断在旧殿之上加盖新的神殿。

在神殿上不断积累的多重文化

卡利斯特拉瓦卡遗迹

Map p.51/B1

位于托卢卡以北 8 公里。可以乘坐胡亚雷斯市场旁开往"CALIX"的城市巴士车，每小时都有数趟（所需时间 30 分钟、M$7.5）。下车后还需步行 10 分钟，打车的话价格大约为 M$100。

TEL 215-7080

入场 周二~周日 10:00~17:00

费 M$50

※ 遗迹内的羽蛇神神庙前会有工作人员进行简单的引导，门票直接从工作人员处购买。

特奥特南戈遗迹 Teotenango

可以俯视盆地的特奥特南戈族的城市遗迹 ★★

在平地上建造的大城堡都市。由特奥特南戈族建造，随后被阿兹特克帝国征服。遗迹东侧是托卢卡盆地，西侧可以看到托卢卡死火山，景色宜人。遗迹内还残留着大大小小的神殿、球场、住宅，复原情况良好。

特南戈瓦尔镇的历史博物馆为入口。从这里的陡坡向上便是位于高台上的遗迹

特奥特南戈遗迹

Map p.51/B1

遗迹位于托卢卡以南约 25 公里处。从托卢卡巴士站 9 号口坐车到 Tenango del Valle（所需时间 40 分钟、M$12）。从 Tenango del Valle 的中心区到遗迹入口所在的博物馆步行需 30 分钟，打车 M$40。

TEL（717）144-1344

入场 周二~周六 9:00~17:00

周日 10:00~15:00

费 M$15

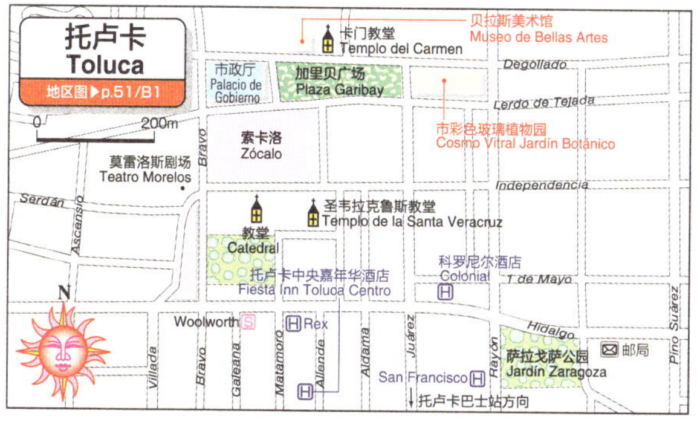

托卢卡的酒店

索卡洛周边和巴士站周边，酒店价格大概人均 M$500。

H 托卢卡中央嘉年华酒店 Fiesta Inn Toluca Centro

Map p.119

住 Calle Allende No.124

TEL 167-8900

URL www.fiestainn.com/toluca-centro

酒店共有 85 间房，舒适快捷。Ⓓ M$1100~。

H 科罗尼尔酒店 Colonial

Map p.119

住 Av.Hidalgo No.103

TEL 215-9700

酒店共有 30 间客房，价格便宜。Ⓓ M$500~。

小贴士 墨西哥各地随处可见的果汁摊，纯果汁叫作 Jugo，加糖加水的叫作 Agua，加糖加牛奶的叫作 Licuado。

享受墨西哥各地的音乐吧

在墨西哥的大街小巷，随处都可以听到各种各样的音乐。墨西哥流浪乐 Mariachi、诺特诺 Norteño、三重奏 Trio 等乐队乐团都会在公园或者路边表演，可以近距离地倾听。这些音乐都是原住民文化与西班牙等欧洲文化相融合的产物。每一种音乐都有它的发源地，在旅行中可以到当地尽情享受。

墨西哥流浪乐 Mariachi

墨西哥流浪乐是墨西哥音乐的象征。乐队一般由小提琴、吉他、贝斯、小号组成，成员共有 10 人左右。表演的音乐种类有墨西哥乡土音乐、包列罗、波尔卡、颂乐等，19 世纪后半叶产生于哈利斯科州。乐队成员演奏时会穿着带有金色扣子的西服，头戴墨西哥宽边帽。

夏洛楚颂乐 Jarocho

夏洛楚颂乐是在港口城市韦拉克鲁斯非常流行的一种音乐。一般使用吉他、高音吉他、比维拉琴等弦乐器，再加上竖琴美妙的音色。这里的竖琴是将欧洲传来的大竖琴改良成了小号的竖琴，两手可以同时演奏出高低音。乐团一般由 3~5 人组成。不论是在韦拉克鲁斯还是其他地区，大家都很喜欢伴随着夏洛楚颂乐尽情地跳舞。

马林巴木琴 Marimba

在危地马拉、洪都拉斯等中美洲具有代表性的传统音乐国度广泛存在的一种伴奏乐器。而在墨西哥南部的恰帕斯州和塔巴斯科州，人们对于马林巴木琴的喜爱丝毫不逊色于这些中美国家。马林巴是木琴的一种，将木质琴键置于共鸣管之上，一般会由 3~4 人共同演奏一台大型的马林巴木琴。近年来会再加上其他打击乐器和管弦乐器，演奏起来更受欢迎。

诺特诺 Norteño

诺特诺使用的是手风琴、吉他、贝斯和打击乐器，一般由 4~5 人组成乐队进行演奏。诺特诺是“北部”的意思，这种音乐的大本营是蒙特雷等地区。诺特诺的旋律、音色、表演者的服饰感觉和美国的乡村音乐有一些相似。歌词内容中有不少是以毒品、非法越境等社会问题作为题材。

班达 Banda

“Banda”在英语中是乐队的意思，这里所说的班达是起源于港口城市马萨特兰的一种音乐类型。原本是军乐队演奏的音乐，使用的乐器有小号、萨克斯、黑管等，演奏的特色是大号的低音仿佛是地面发出的轰隆声。一般由 20 人左右组成，演奏轻快，是节庆假日里不可或缺的一种音乐。

三重奏 Trio

如同字面意思，是由 3 个人共同演奏，也叫作特罗瓦。这种音乐起源于古巴的包列罗，先传到尤卡坦半岛，然后在梅里达、韦拉克鲁斯这些港口城市扎根发展起来的。表演形式就是简单的吉他演唱，但演奏的小夜曲总是能捕获人心。在梅里达的索卡洛地区，每到夜晚三重奏的演唱者们就会聚在一起，唱响美妙的歌声。

中央高原西北部

North-West Central Highlands

杜兰戈州 Durango
萨卡特卡斯 Zacatecas
瓜达卢佩 Guadalupe
萨卡特卡斯州 Zacatecas
圣路易斯波托西 San Luís Potosí
圣路易斯波托西州 San Luís Potosí
纳亚里特州 Nayarit
阿瓜斯卡连特斯州
阿瓜斯卡连特斯 Aguascalientes
Ojuelos de Jalisco
Río Grande de Santiago
特皮克 Tepic
瓜纳华托州 Guanajuato
伯纳尔巨石 Peña de Bernal
Río Verde
Lagos de Moreno
Compostela
San Juan de los Lagos
巴伦西亚纳 Valenciana
多洛雷斯·伊达尔戈 Dolores Hidalgo
莱昂 León
圣米格尔·德阿连德 San Miguel de Allende
Ixtlán
特基拉 Tequila
Silao
瓜纳华托 Guanajuato
Tepatitlan
伊拉普阿托 Irapuato
克雷塔罗 Querétaro
瓜达拉哈拉 Guadalajara
Atotonilco El Alto
伯纳尔 Bernal
Salamanca
Celaya
La Piedad
San Juan del Río
Chapala
查帕拉湖 Lago de Chapala
Río Lerma
哈利斯科州 Jalisco
La Barca
辛祖坦 Tzintzuntzan
Laguna Cuitzeo
安甘格奥 Angangueo
Mazamitla
帕拉乔 Paracho
基罗加 Quiroga
Autlán
Ciudad Guzmán
哈尼齐奥岛 Isla de Janitzio
莫雷利亚 Morelia
Ciudad Hidalgo
Chamela
帕茨夸罗湖
黑脉金斑蝶生态保护区 Santuario de Mariposa Monarca
帕里库廷火山 Volcán de Parícutin 2800m
帕茨夸罗 Pátzcuaro
Chihuatlán
科利马 Colima
乌鲁阿潘 Uruapan
Zitácuaro
Tepalcatepec
曼萨尼约 Manzanillo
Apatzingan
圣克拉拉德尔科伯 Santa Clara del Cobre
科利马州 Colima
Río Tepalcatepec
N
米却肯州 Michoacán
Río Balsas
格雷罗州 Guerrero
Tizupan
0 100km
太平洋 Océano Pacífico
Playa Azul
Lázaro Cárdenas
Troncones
A A B B 1 2

地区信息

Area Information

中央高原西北部

因银矿而繁荣的瓜纳华托市是很受欢迎的世界遗产城市

哈利斯科州的名产玉米浓汤

亮 点

在中央高原上，带有中世纪欧洲风情的殖民时期城市很多。16~18 世纪通过开采银矿，带来了城市的繁荣。尤其是瓜达拉哈拉、瓜纳华托、萨卡特卡斯、莫雷利亚、圣米格尔·德阿连德的历史城区，都列为了世界文化遗产。其中瓜纳华托在白银热之后停止了发展的脚步，所以现在还能看到保存完好的中世纪城镇。

瓜达拉哈拉是墨西哥第二大城市，城市里除了能看到雄伟的建筑外，还能接触到各种传统技艺。另外有专门开往郊区特基拉的旅游巴士，可以前去游览。而帕茨夸罗也是一座颇具风情的小城。

克雷塔罗市内利用修道院改造的历史博物馆

旅行提示

中央高原上的美食之旅

在中央高原西北部可以享受墨西哥独有的美食之旅。在哈利斯科州首府瓜达拉哈拉可以品尝到正宗的墨西哥特色美食玉米浓汤，而近郊的特基拉市以盛产龙舌兰酒而闻名。另外这里还有许多传统甜点，是甜食爱好者的天堂。在旅行途中不断发现新的美食吧。

在西班牙语学校学习吧

瓜纳华托、圣米格尔·德阿连德都是墨西哥出名的文化、教育城市。城市中有很多面向外国人开放的西班牙语教室，不论是初学者还是行家，都有相对应的课程。如果旅行时间充裕，不妨在这里耐心学习一下西班牙语。

在圣米格尔·德阿连德还有向旅行者开放的美术院校，有绘画、雕刻、纺织、镀金等短期课程。

交 通

飞机

墨西哥城和瓜达拉哈拉之间每天有多次航班往返，十分便利。虽然瓜纳华托市没有机场，但从墨西哥城或者蒂华纳都有飞往瓜纳华托近郊莱昂的航班，可以到达莱昂后再打车，比较节省时间。离圣米格尔·德阿连德最近的机场是克雷塔罗。

巴士

中央高原的地面交通网在墨西哥算得上是比较完善的。西北部的米却肯、瓜纳华托、哈利斯科和萨卡特卡斯这 4 个州，都有与首都连接的高速公路和主干路。

瓜纳华托有着很高的人气，但因为不算大城市，与其他城市之间的交通不是很便利。可以从瓜达拉哈拉、萨卡特卡斯到莱昂或者从克雷塔罗、莫雷利亚到伊拉普阿托再换乘到达瓜纳华托。

中央高原西北部景点 3

1 瓜纳华托皮毕拉纪念碑（→p.148）

2 特基拉周边的农场和酿酒厂（→p.134）

3 萨卡特卡斯布法山缆车（→p.137）

物价和购物

深受游客喜爱的瓜纳华托和圣米格尔·德阿连德等殖民城市的酒店价格普遍偏高，尤其是在萨卡特卡斯几乎没有便宜的酒店，对于背包客来说找酒店可能是一大难题。

莱昂的皮革制品和米却肯州布雷佩查族的民间艺术品在游客中有着很高的人气，可以买作纪念品。瓜纳华托、萨卡特卡斯等地都是银矿的发源地，有许多出售银质工艺品的店铺。

在瓜达拉哈拉郊区的特基拉可以买到最正宗的龙舌兰酒

文化和历史

16~18 世纪中央高原各地依靠开采银矿资源而繁荣发展起来，丘里格拉式教堂和住宅等殖民风格的建筑随处可见。另外这里还有着许多近代墨西哥战争的血泪史。19 世纪独立运动爆发，瓜纳华托成了战争的舞台，20 世纪初墨西哥革命的战斗在萨卡特卡斯展开。莫雷利亚则与在独立运动中活跃的莫雷洛斯颇有缘分，不妨来这些地方缅怀英雄们的英勇事迹。

1914 年政府军和革命军在萨卡特卡斯的布法山上进一步扩大了战争的声势

安全信息

一般中央高原上的殖民城市，已经旅游化的历史城区治安都比较好。但郊区的山丘等人迹罕至的地方仍会有强盗出没。

傍晚依旧人来人往的瓜纳华托胡亚雷斯剧场前

全年气候及最佳游玩季节

米却肯州、哈利斯克州等地一年气候稳定，高原地区冬天的气温会骤降。景点较多的殖民城市在圣周等节假日期间会变得比较拥挤。如果在这些时期前去旅行，请一定提前预订酒店。

干季时早晚都可以穿薄衣服

瓜达拉哈拉的全年气候表　单位：℃，mm

月份	1	2	3	4	5	6	7	8	9	10	11	12	年平均值
最高气温	23.5	25.4	27.9	30.1	31.2	28.7	26.0	26.0	26.6	25.5	25.2	23.6	26.6
最低气温	6.7	7.9	9.2	11.5	14.0	15.9	15.3	15.1	15.1	12.4	9.1	7.8	11.7
平均气温	15.1	16.6	18.5	20.8	22.6	22.3	20.6	20.5	20.8	18.9	17.1	15.7	19.1
降水量	17.8	5.1	2.5	0	17.8	193.0	254.0	200.6	177.8	53.3	20.3	20.3	80.2

人　口	约 150 万
海　拔	1540 米
区　号	33

特色推荐！

★ 瓜达拉哈拉的卡瓦尼亚斯救济所
★ 参加龙舌兰酒旅行团
★ 利伯塔市场购买纪念品

活动信息

● 8 月下旬 ~9 月上旬

流浪者之歌和传统马术国际文化节 Encuentro Internacional del Mariachi y La Charrería。URL www.mariachi-jalisco.com.mx

● 10 月 1~31 日

10 月有许多节日祭典、文化盛事、运动比赛、展览会等举办。可以参观舞蹈和游行表演。URL www.fiestasdeoctubre.com.mx

● 10 月 12 日

从大教堂到萨波潘一路上都会举行盛大的迎送圣母游行活动。

瓜达拉哈拉市政府旅游局

URL vive.guadalajara.gob.mx

市内机场往返交通

机场位于中心地区以南 22 公里处。从机场到达大厅出来后便是购票制的出租车柜台。机场和市内打车需 30~45 分钟，M$320。从市内到机场打车需 M$200~250。

市内的旧巴士站有 Chapala 巴士公司运营的巴士，每小时有 4 班去往机场（5:35~21:30、M$8）。

米克尔・伊达尔戈国际机场

Interjet 航空

TEL 3688-6795（机场内）

墨西哥航空

TEL 3942-1088（机场内）

瓜达拉哈拉 *Guadalajara*

历史遗迹的街道和盛行流浪乐的州首府

瓜达拉哈拉中心的天主大教堂

瓜达拉哈拉是墨西哥哈利斯科州的首府，墨西哥第二大城市，拥有 150 万人口。墨西哥传统音乐流浪乐的发源地，壁画三杰之一的克里门特・奥罗兹柯的故乡。另外，位于市中心的瓜达拉哈拉的卡瓦尼亚斯救济所被列入了世界遗产名录。市中心的大型自由市场里，从日用百货到饰品、民间艺术品等特产都能买到。

盛产龙舌兰酒的特基拉、民艺之乡托纳拉、流浪乐的发源地特拉克帕克、墨西哥最大的湖泊查帕拉湖等地，从瓜达拉哈拉出发均可以到达，是游览墨西哥绝佳的地点。

瓜达拉哈拉 交　通

飞机▶瓜达拉哈拉郊区的米克尔・伊达尔戈国际机场（GDL），有墨西哥航空（AM）、Interjet 航空（VLO）、Volaris 航空（Y4）、Vivaaerobus 航空（VIV）等与墨西哥城之间的航班每天约 22~36 班。坎昆、蒂华纳等城市有 Volaris 航空（Y4）的航班。

瓜达拉哈拉飞机时刻表

目的地	每天航班信息	飞行时间	价格
墨西哥城	AM、VLO、Y4、VIV 共 22~36 班	1.5 小时	M$658~4373
洛斯卡沃斯	VLO、Y4 共 2~3 班	1.5 小时	M$959~1531
蒂华纳	Y4、AM、VLO 共 14~16 班	3 小时	M$1040~4197
坎昆	Y4、AM、VIV、VLO 共 5~6 班	3 小时	M$1369~4945

安全信息　地铁 1 号线 San Juan de Dios 站附近是玛丽阿奇广场 Plaza de los Mariachi。晚上会聚集很多乐队在此表演，周围的治安不好，尽量和同伴一起前去。

巴士►瓜达拉哈拉的地面交通也是十分便利的。去往周边的城市都可以在瓜达拉哈拉中转。长途客运站 Nueva Central Camionera 位于郊外的特拉克帕克。另外去往近郊的巴士车在市内的旧车站 Antigua Central Camionera 运营。

瓜达拉哈拉巴士时刻表

目的地	每天班车数	所需时间	价 格
墨西哥城	Primera Plus、ETN/Omnibus de México 等每小时 2~5 班	7~8 小时	M$630~840
瓜纳华托	ETN 13 班、Primera Plus 9 班等	4 小时	M$428~505
莱昂	ETN 15 班、Primera Plus 9 班等	3 小时	M$315~420
莫雷利亚	ETN、Primera Plus 等每小时 2~4 班	3.5~5 小时	M$350~470
克雷塔罗	ETN、Primera Plus 等每小时 5~7 班	4.5~5 小时	M$422~620
巴亚尔塔港	ETN 18 班、Primera Plus 9 班等	5 小时	M$450~610
托卢卡	ETN 6 班、Autovias 2 班	5.5~8 小时	M$670~745
乌鲁阿潘	Primera Plus 9 班、ETN 5 班	4.5 小时	M$351~423
帕茨夸罗	La Linea 1 班（8:30 发车）	5 小时	M$355
蒙特雷	Omnibus de México 6 班、ETN 4 班	12 小时	M$865~1075
胡亚雷斯	Chihuahuaenses 4 班、Omnibus de México 4 班	19~24 小时	M$1586~1760
蒂华纳	TAP 13 班、Elite 11 班、ETN 4 班等	36 小时	M$1622~1980
马萨特兰	Elite 14 班、ETN 7 班等	7 小时	M$530~670
诺加莱斯	TAP 5 班、ETN 1 班等	23~27 小时	M$1585~1740
萨卡特卡斯	ETN、Omnibus de México 每小时 1~2 班	4.5~6 小时	M$490~630
新拉雷多	Omnibus de México 3 班	14 小时	M$1155
阿卡普尔科	Estrella Blanca 4 班、ETN 2 班	11~14.5 小时	M$1108~1592

瓜达拉哈拉 漫 步

瓜达拉哈拉是墨西哥第二大城市，旅游景点主要集中在天主大教堂到卡瓦尼亚斯救济所之间，再加上利伯塔市场的周边区域。入住这一带酒店的话比较方便。

市中心的历史风景区南侧的胡亚雷斯大街再往南两个街区有比较多的货币兑换处。市内的巴士车很方便，如果只是在市内观光的话可以多选择乘坐巴士。现在市内有 2 条地铁线，不过主要是方便本地人的生活和工作，旅游的话很少会坐地铁。

长途客运站去往市内的交通方法

长途客运站位于特拉克帕克市北部，瓜达拉哈拉市中心的东南方向，相距约 10 公里远。巴士公司各自建有专属的站点。从巴士站到市中心乘坐城市巴士的话需 30 分钟，价格 M$7。写有"TUR"的巴士车或者 275 路、616 路、644 路等从托纳拉发车，途经特拉克帕克，终点站为瓜达拉哈拉。打车的话 M$100~120。

巴士站周边是H青年观光酒店 Vista Junior（TEL 3600-0910 费ⓈⒹM$520~）等不少为方便乘客而建造的酒店。住在这一地区的酒店，前往瓜达拉哈拉、特拉克帕克、托纳拉等地都十分方便。

长途客运站的柜台

旅游咨询处

Map p.127/A3
住 Morelos No.102
TEL 3668-1600
营 周一～周五 9:00~17:00

※ 咨询处外观类似报刊亭，在市内的主要观光景点都能看到，可以免费领取各种资料信息（有全年无休的咨询处）。

货币兑换

可以使用Bancomer、Banamex 等银行的 ATM。Maestranza 路有许多货币兑换处。

COLUMNA

参观路易斯·巴拉干的建筑

著名建筑师路易斯·巴拉干于 1902 年在瓜达拉哈拉出生。从瓜达拉哈纳大学一般工程技术系毕业后，开始了自己的建筑生涯。1929 年，在他还只有 20 多岁的时候便设计完成了鲁纳住宅 Casa González Luna，如今这一建筑对外开放。房间中每处空间和光线都经过了仔细地计算，在内院设计了喷泉和水池。这座建筑可以免费入内参观，还有咖啡馆供人休息。

黄色外墙的鲁纳住宅

Map p.126/C1 外
住 José Guadalupe Zuno No.2083
TEL 3615-2242
营 周一～周五 9:00~20:00、周六 10:00~14:00

小贴士 Independencia 大街有 Macrobus 的专用道。在中心地区的 San Juan de Dios 有停靠站。价格含卡费 M$15、乘坐一回的价格为 M$7。

El Refugio
Mercado IV Centenario
0
200m
Garibaldi
圣何塞格雷西亚教堂
San José de Gracia
La Fonda de la Noche
Reforma
Contreras Medellín
圣菲利佩教堂
San Felipe Neri
Santa Monica
Pedro Loza
革命花园
Jardín Reforma
Liceo
地铁2号线
Mariano Barcena
San Felipe
格拉菲卡斯艺术博物馆
Museo del Periodismo y las Artes Gráficas
Alcalde
A
Mezquitan
Juan Manuel
Zaragoza
Sandy's
Independencia
Jesús
Puebla
科罗娜市场
Mercado Corona
教堂
观光巴士站台
(Tapatío Tours)
Hidalgo
观光巴士站台
(Tranvía)
La Lupita
瓜达拉哈拉广场
Plaza Guadalajara
天主大教堂
Catedral
González Ortega
Morelos
La Antigua
阿马斯广场
Plaza Armas
Milenarios
Centro
祥龙餐馆
Pedro Moreno
马多卡咖啡馆
Café Madoka
伊比利亚美洲图书馆
Biblioteca Iberoamericana
Café Madrid
革命公园
Parque Revolución
地铁1号线
Juárez
Plaza Universidad
Juárez
拉查塔餐馆
La Chata
奥罗兹柯博物馆方向
3公里
Portobelo
卡门花园
Jardín del Carmen
B
López Cotilla
(特拉克帕克、托纳拉方向)
Vancouver Wings
OXXO
Green Light
(萨波潘方向)
Francisco I. Madero
波萨达圣巴勃罗酒店
Posada San Pablo
费尼克斯酒店
Fenix
La Mutualista
Cervantes
Alta Fibra
Colón
Calz. Federalismo
Prisciliano Sánchez
Sevilla
Galeana
方济各会教堂
San Francisco
La Montana
Miguel Blanco
8 de Julio
Pavo
Donato Guerra
Ocampo
阿兰萨苏教堂
Aranzazú
Libertad
Leandro Valle
Enrique G.Martínez
Penitenciaria
比利艾丽娅9爱斯奎纳斯餐馆
Birriería las 9 Esquinas
La Havana Vieja
Nueva Galicia
鲁纳住宅方向
1.5公里
C
拉巴斯大街
Av.La Paz
Manzano
16 de Septiembre
José Guadalupe Montenegro
Epigmenio Gonzalez
Mexicaltzingo
Mexicaltzingo
1
2

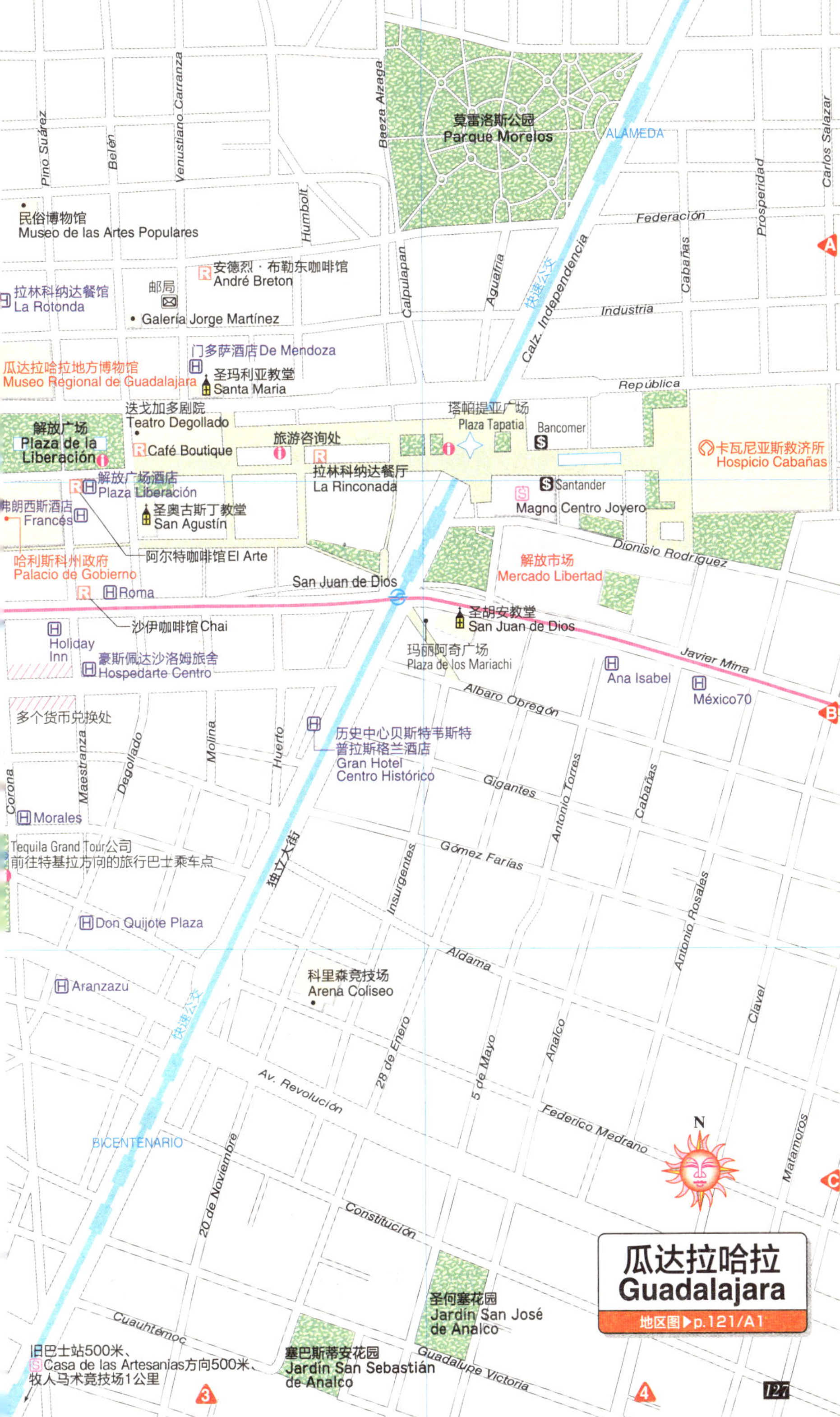

瓜达拉哈拉
Guadalajara

地区图▶p.121/A1

交通指南

城市巴士 Camión

空调车 TUR

城市巴士车分为 4 大类。空调车 TUR（M$13）、Premier（M$13），不带空调的普通巴士（M$6~7），在 Hidalgo 路和 Juárez 路之间往返的电动巴士车 Par Vial（M$6）。每种类型的巴士车都是从 6:00~23:00 之间频繁运行，车头前写有运行方向和巴士车号。大部分巴士车都会经过大教堂旁的一条马路，除了 Par Vial 外几乎都在 16 de Septiembre 站停车。

瓜达拉哈拉的地铁不论是车型还是站台都比墨西哥城的好看

地铁 Metro

共有两条地铁线路。地铁 1 号线沿胡亚雷斯路 Av.Juárez 贯穿城市东西，2 号线则为南北走向，在胡亚雷斯站 Juárez 与 1 号线交叉。地铁统一价格均为 M$7。运营时间为 6:00~23:00。

市内出租车

带计价器的出租车起步价 M$8.5~。市内大部分的出租车是不带计价器的，在上车前要先跟司机讲好价格。

市内观光巴士

有两种在市内和郊区之间往返的观光巴士。双层巴士 Tapatío Tour 共有特拉克帕克、萨波潘、托纳拉方向的 4 条观光线路，每小时 1 班，全程大约 2 小时。发车地点在大教堂北侧，每天 10:00~20:00 之间运营，价格为 M$120~130。

● Tapatío Tour
TEL 3613-0887
URL www.tapatiotour.com

观光马车

自由市场前的广场、方济各会教堂前、瓜达拉哈拉地方博物馆前这 3 个地方有观光马车 Calandria。马车主要去的是中心地区的景点，游览时间大约为 1 小时。共有 3 种套餐，5 人以下的价格为 1 小时 M$200~。

INFORMACIÓN

瓜达拉哈拉的娱乐活动

牧人马术表演

被叫作恰罗 Charro 的贵族牧人的原型是北美的牛仔。恰罗表演的技艺叫作牧人马术 Charreada。

瓜达拉哈拉是牧人马术的发源地。每周日 12:00~16:00 会举行牧人马术表演，包括投绳、驾驭暴烈的牛马、奔跑途中换马等。

主竞技场牧人马术竞技场 Campo Charro（Map p.127/C3 外）位于阿古阿 · 阿祖尔公园东南侧，从市中心打车需 10 分钟左右。

墨西哥自由式摔角

墨西哥自由式摔角 Lucha Libre 是墨西哥的职业摔角赛，在瓜达拉哈拉有着很高的人气。

比赛在每周二 20:30~22:30 和周日 18:30~22:00 举办，赛场内都是当地人，十分热闹。价格根据日期和座位而定，周二 M$80~165、周日 M$40~130。入场时有安检，单反相机必须存到一层的商店（小型相机和手机可以带入场内，并且允许拍照）。

科里森竞技场 Arena Coliseo（Map p.127/C3）位于独立大街附近。

用投绳捕捉奔跑的马匹

令人热血沸腾的自由式摔角比赛

瓜达拉哈拉中心的索卡洛和广场都有 Wi-Fi 可以使用。在瓜达拉哈拉治安较好的街区上使用电脑、手机也要注意防偷防盗。

卡瓦尼亚斯救济所 Hospicio Cabañas

用奥罗兹柯壁画装饰的世界遗产 ★★★

外观仿佛巨大的宫殿

1810年卡瓦尼亚斯伯爵主张修建的新古典主义风格建筑，直到1980年为止都是一家孤儿院，并且拥有医疗设备，十分宏伟。如今内部有礼拜堂、广场、画廊等，是瓜达拉哈拉最大的文化中心。卡瓦尼亚斯救济院也是出生于瓜达拉哈拉的艺术大师奥罗兹柯广为人知的艺术作品的创造地。建筑内还有出自奥罗兹柯的作品，总称《西班牙侵略墨西哥》的巨幅壁画，1997年建筑物整体被列为了世界文化遗产。另外当地的舞蹈团会不定期地在这里进行墨西哥传统舞蹈的公演。

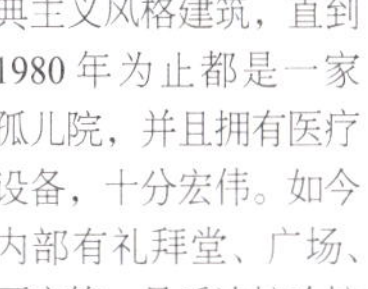

世界遗产

卡瓦尼亚斯救济所

Map p.127/A4

TEL 3668-1640

入场 周二～周日 10:00~18:00

费 M$70（周二免费）
拍照 M$30

内部用壁画装饰的半圆形屋顶

哈利斯科州政府 Palacio de Gobierno

伊达尔戈神父呼吁解放奴隶的历史舞台 ★★

州政府建造于17世纪，外观庄严神圣。墨西哥独立之父伊达尔戈就是在这里发表了解放奴隶的宣言。另外墨西哥史上唯一的原住民出身的总统贝尼托·胡亚雷斯险些在这里被暗杀。中央台阶上有奥罗兹柯的作品《修道士伊达尔戈》。另外二层的会议堂 Congreso 的屋顶也有着奥罗兹柯创作的壁画，描绘的是切断了铁链被解放的奴隶。

阿马斯广场对面是政府厅入口

哈利斯科州政府

Map p.127/B3

入场 每天 8:00~19:00

奥罗兹柯的作品《僧人伊达尔戈》

天主大教堂 Catedral

华丽的大教堂 ★★

黄昏时的天主大教堂

大教堂于1561年开始，花费了60年时间和当时殖民地预算的1/3建成。教堂有两座拜占庭式塔，另外还使用了科林斯、他斯卡尼、阿拉伯等建筑样式。建筑内部是近代宗教画家牟利罗的绘画作品。

天主大教堂

Map p.126/A2

入场 每天 7:00~20:00

教堂内的装饰同样令人震撼

小贴士 哈利斯科州政府一层有一个博物馆，里面陈列的是有关哈利斯科州和瓜达拉哈拉的历史展品，感兴趣的话可以一并参观。入场 周二～周日 10:00~19:00 费 免费

瓜达拉哈拉地方博物馆

Map p.127/A3

TEL 3614-9957

入场 周二~周六 9:00~17:30

周日 9:00~16:30

费 M$55

瓜达拉哈拉地方博物馆 Museo Regional de Guadalajara

从史前时代到近代展品

★★

由修道院改造而成的宏伟的博物馆。展品有哈利斯科州原住民遗迹出土的文物，另外包括西班牙殖民时代的历史以及墨西哥独立后的历史，十分详尽。还特设有宗教美术画廊，着力介绍哈利斯科州的原住民文化。

哈利斯科出土的展品很多

奥罗兹柯博物馆

Map p.126/B1 外

乘坐 Juárez 大街上的电动巴士 Par Vial（400 路或 500 路）或前往索尔广场 Plaza del Sol 方向的巴士车。在有大拱门 Los Arcos 的十字路口 Glorieta Minerva 下车。博物馆就在拱门的西侧。

TEL 3616-8329

入场 周二～周六 10:00~18:00

费 免费

奥罗兹柯博物馆 Museo Taller J.C. Orozco

参观巨匠奥罗兹柯的画室

★

墨西哥壁画巨匠奥罗兹柯在瓜达拉哈拉创作期间居住的房屋兼画室。房间保持着当年的状态，如今成了一座小型美术馆。常年展示的有 1945 年的巨作《精彩的生活》等。除此之外，也是当地画家们发表作品的地方。

解放市场

Map p.127/B4

TEL 3618-0506

营 每天 8:00~17:00

※ 美食街 ~18:00 左右

解放市场 Mercado Libertad

瓜达拉哈拉市民们的厨房

★

各种食材应有尽有

位于卡瓦尼亚斯救济所西南方向的巨大市场，市场内永远充满了活力。生鲜食品、日用品、民间艺术品等应有尽有，分布在各个楼层，一层东侧主要售卖民间艺术品。二层虽然不太整洁，但价格低廉的墨西哥美食街就位于此，不妨看一看。

INFORMACIÓN

瓜达拉哈拉的购物信息

如果想购买原住民精美的传统工艺品，首先推荐的是S Casa de las Artesanias（Map p.127/C3 外）。位于阿古阿·阿祖尔公园前、冈萨雷斯加洛大街 Av.González Gallo 对面，出售维乔族使用玉珠和线制作的多彩面具、平面纹样画等，可以接触到一个神奇的世界。营业时间为每天 9:00~16:00（旅游旺季营业到晚上）。

另外推荐的是S解放市场 Mercado Libertad（上述），从纪念品到生活用品都可以在这里买到。包、皮带、凉鞋等，皮制品店之外，作为流浪乐的大本营，吉他种类也是五花八门。另外服装、日用品、水果、蔬菜甚至美食街和商品一应俱全。一整天都十分热闹。

Casa de las Artesanias 的纪念品丰富多彩

小贴士 瓜达拉哈拉还有着大量的美食。墨西哥特有的三明治 Torta Ahogada 和烤布丁 Jericallas 在市场的餐馆也可以品尝得到。

瓜达拉哈拉的餐馆

Restaurant

瓜达拉哈拉中心城区有许多餐馆，不论游客还是当地人都经常光顾。咖啡馆也有很多，走累了不妨驻足休息。如果不希望花太多钱在饮食上，可以去解放市场内的餐馆，好吃又不贵。

拉查塔餐馆
La Chata

◆瓜达拉哈拉人气餐馆

在路上就能够看到餐馆的厨房，肉菜分量十足，充满诱惑。人气菜品玉米浓汤配土豆煎蛋饼 M$71。

瓜达拉哈拉名产玉米浓汤

Map p.126/B2

住 Av.Çorona No.126
TEL 3613-1315
URL www.lachata.com.mx
营 每天 7:30~24:00
税金 已含
CC A D M V　Wi-Fi 免费

沙伊咖啡馆
Chai

◆人气早餐店

在胡亚雷斯路对面，是一家环境明亮的咖啡馆。菜单种类很全，当地人都会到这里享用早餐。鸡蛋（M$48~79）等早点种类丰富。红茶（M$25）、印度奶茶（M$35）、冰拿铁（M$35）都很好喝。

店内黑板风格的菜单

Map p.127/B3

住 Av.juárez No.200
TEL 3613-0001
营 每天 8:00~24:00
税金 已含
CC M V
Wi-Fi 免费

安德烈·布勒东咖啡馆
André Breton

◆人气画廊咖啡馆

咖啡馆以法国著名诗人的名字命名，内设沙发座和吧台。咖啡馆同时还设有画廊，深受当地年轻人喜爱。土耳其烤肉、汉堡等价格都在 M$70 左右。周三～周六的 22:00 开始会有现场音乐会，周五、周六加收服务费 M$30~50。

Map p.127/A3

住 Manuel No.175
TEL 3345-2194
营 周一 9:00~20:00、周二～周六 10:00~ 次日 2:30
税金 已含　CC A M V
Wi-Fi 免费

拉林科纳达餐馆
La Rinconada

◆充满殖民时期风格的餐厅

餐馆位于塔帕提亚广场西侧，餐馆为巴洛克风格建筑，十分优美。内部装饰奢华，菜品有意面（M$56~）、鱼（M$125~）等。每天 8:00~12:00 有早餐自助，价格为 M$88。

Map p.127/A3

住 Morelos No.86，Plaza Tapatía
TEL 3613-9925
营 每天 9:00~21:00（周日 ~18:00）
税金 已含　CC M V
Wi-Fi 免费

比利艾丽娅 9 爱斯奎纳斯餐馆
Birriería las 9 Esquinas

◆殖民风格的餐馆

如果要品尝辣的烤肉汤比里亚 Birria（M$119），这家餐馆是一个不错的选择。餐馆位于一个小广场对面，开放式的环境，有时还会有流行歌手到访。

浓厚的比利亚汤

Map p.126/C2

住 Colón No.384
TEL 3613-6260
营 每天 8:00~23:00（周日 ~20:30）
税金 已含
CC 不可
Wi-Fi 免费

阿尔特咖啡馆
El Arte

◆休息用餐都很便利

咖啡馆面朝解放广场南侧。蛋糕卷夹奶油（M$71）等价格偏高，但是分量十足。墨西哥菜 M$50~、卡布奇诺 M$27、咖啡 M$22~31。

可以边眺望广场边悠闲地品尝美食

Map p.127/B3

住 Maestranza No.1
TEL 3614-0789
营 每天 8:00~23:00
税金 已含
CC M V
Wi-Fi 免费

R 马多卡咖啡馆 Café Madoka（Map p.126/B2　TEL 3613-0649　营 周一～周五 8:00~22:00）历史悠久。菜单有鸡蛋（M$65~）和三明治（M$79~）等。

瓜达拉哈拉的酒店
Hotel

高档酒店基本都位于天主大教堂附近，科罗娜路周边多是中档酒店。价格偏低的酒店大多集中在解放市场旁边的哈维尔米纳 Javier Mina 路。

门多萨酒店
De Mendoza

◆四星级高档酒店

酒店由修道院改造而成，共有 104 间房。酒店建筑为殖民时期风格，客房设施都很先进。

Wi-Fi 客房 OK · 免费

中心地区具有代表性的酒店

Map p.127/A3

餐厅 ○ 游泳池 ○ 保险柜 ○ 早餐 △
住 V.Carranza No.16
TEL 3942-5151 FAX 3613-7310
URL www.demendoza.com.mx
税金 +19% CC A M V
费 AC ○ TV ○ TUB × ⓈⒹM$940~

费尼克斯酒店
Fenix

◆干净的现代酒店

酒店位于天主大教堂以南 4 个街区，是一家拥有 235 间客房的大型酒店。周围餐馆众多，观光游览也十分便利。 Wi-Fi 客房 OK · 免费

Map p.126/B2

餐厅 ○ 游泳池 × 保险柜 ○ 早餐 △
住 Corona No.160 TEL 3614-5714
FAX 3613-4005 URL www.fenixguadalajara.com.mx 税金 +19% CC A M V
费 AC ○ TV ○ TUB × ⓈⒹM$650~

弗朗西斯酒店
Francés

◆天主大教堂旁的高规格酒店

1610 年建立的酒店，拥有悠久的历史，共有 60 间客房。内院用彩色玻璃覆盖，房间也极具殖民时期风格。

Wi-Fi 客房 OK · 免费

紧邻解放广场，出行便利

Map p.127/B3

餐厅 ○ 游泳池 × 保险柜 ○ 早餐 △
住 Maestranza No.35
TEL 3613-2020
URL www.hotelfrances.com
税金 已含 CC A M V
费 AC ○ TV ○ TUB × ⓈⒹM$643~

历史中心贝斯特韦斯特普拉斯格兰酒店
Gran Hotel Centro Histórico

◆价格合理极力推荐的酒店

这是一家中档酒店，位于圣胡安教堂附近，共有 176 间客房。房间宽敞整洁。 Wi-Fi 客房 OK · 免费

Map p.127/B3

餐厅 ○ 游泳池 × 保险柜 ○ 早餐 △
住 Independencia Sur No.168
TEL 3613-9770 URL www.bestwestern-ghch.com 税金 已含 CC A M V
费 AC ○ TV ○ TUB × ⓈⒹM$880~

解放广场酒店
Plaza Liberación

◆地理位置优越的中档酒店

酒店规模较小，只有 15 间房，位于解放广场对面。屋顶还有平台可以利用。 Wi-Fi 客房 OK · 免费

Map p.127/B3

餐厅 × 游泳池 × 保险柜 × 早餐 ×
住 Morelos No.247 TEL 3614-4504
税金 已含 CC 不可
费 AC ○ TV ○ TUB × ⓈⒹM$430~

波萨达圣巴勃罗酒店
Posada San Pablo

◆舒适的经济型酒店

酒店位于天主大教堂西南方向，相距 5 个街区。单人间面积较小，但是公共区域很宽敞。 Wi-Fi 客房 OK · 免费

Map p.126/B2

餐厅 × 游泳池 × 保险柜 × 早餐 ×
住 Madero No.429 TEL 3614-2811
URL www.posadasanpablo.com
税金 已含 CC M V
费 AC × TV ○ TUB × ⓈM$700~、ⒹM$800~

豪斯佩达沙洛姆旅舍
Hospedarte Centro

◆充满趣味的青年旅舍

旅舍由 19 世纪的建筑改造而成，共有 6 间房，房间整洁舒适。配有厨房、洗衣房、锁柜。多人宿舍价格为 M$170。 Wi-Fi 客房 OK · 免费

Map p.127/B3

餐厅 × 游泳池 × 保险柜 × 早餐 ○
住 Maestranza No.147 TEL&FAX 3562-7520
URL www.hospedartehostel.com
税金 已含 CC 不可
费 AC × TV × TUB × ⓈM$360~、ⒹM$450~

 餐厅 游泳池 保险柜 早餐 AC 空调 TV 电视 TUB 浴缸

瓜达拉哈拉 一日游

特拉克帕克 Tlaquepaque

接触流浪乐起源地的传统文化 ★★

特拉克帕克是一座位于瓜达拉哈拉东南方向约 8 公里远的小巧的古镇，诞生于 1548 年，比瓜达拉哈拉的历史还要悠久。古镇的中心有一家叫作 El Parián 的餐馆，专门经营哈利斯科菜。周末有专门的流浪乐乐团根据客人的需求进行表演。城镇里有 200 家左右的小卖店，售卖多种多样的民间艺术品、皮制品等。

可以轻松地聆听乐队的表演

托纳拉 Tonalá

民间艺术品种类繁多 ★

出售民间艺术品的小摊琳琅满目

城镇位于瓜达拉哈拉东部约 11 公里处。城镇中最早的教堂建于 1530 年，拥有悠久的历史，郊外的雷纳山丘 Cerro de la Reina 上还建有宏伟的建堂。托纳拉是有名的陶器之乡，售卖各种民间艺术品的店铺很多。每周四和周日近郊的原住民们会举办市集，出售各种工艺品。

萨波潘 Zapopan

当地人的朝圣地 ★

萨波潘位于瓜达拉哈拉西北部，相距 8 公里，因著名的朝圣之地萨波潘教堂而闻名。教堂主祭坛供奉着 La Chaparita 圣母像，传说圣母创造了无数的奇迹。教堂内同时设有维乔族民艺博物馆 Casa de Artesanias de los Huichol，色彩鲜艳的毛线手工品、挎包、串珠等展品当场出售。每年 10 月 12 日都会为圣母举办盛大的游行活动，在游行前后，维乔族都会跳祭神舞。

周边居住的维乔族人信奉的萨波潘教堂

特拉克帕克

Map p.133

瓜达拉哈拉市中心到特拉克帕克打车需 20 分钟（M$100）。

市巴士 644 路（M$6）、TUR 开往 Tlaquepaque 方向（M$13）等需 30 分钟。

哈利斯科菜专卖店前等待的舞者们

前往托纳拉的交通方式

Map p.133

从瓜达拉哈拉市中心乘坐前往 TUR 方向的公交车，发车间隔短。所需时间 40 分钟，价格 M$13。中途停靠特拉克帕克的市区，因此较为花费时间。

萨波潘

Map p.133

从瓜达拉哈拉市中心乘坐写有“萨波潘”标识的 275 路（M$6）或者 TUR（M$13）巴士需要大约 20 分钟。乘坐巴士无法到达萨波潘中心地区，只会经过萨波潘教堂附近，可以在大拱门下车。

还可以乘坐地铁 2 号线在阿维拉卡马乔站下车，然后换乘 633 路巴士，约 10 分钟。

维乔族民艺博物馆

TEL 3636-4430

入场 周一～周六 10:00~14:00、15:00~18:00

周日 10:00~15:00

费 M$10

小贴士 萨波潘市内的萨波潘美术馆 Museo de Arte de Zapopan［URL www.mazmuseo.com 营 周二～周日 10:00~18:00（周四 ~22:00）费 免费］是墨西哥有名的现代美术馆。

特基拉的交通

Map p.133

从瓜达拉哈拉的旧车站乘坐 Quick 公司和 Tequila Plus 公司的巴士，6:00~21:00 每小时有 5 班。需要 1.5~2 小时（M$88~176）。

观光巴士信息请参照本页下方专栏。

特基拉 Tequila

世界著名的龙舌兰酒故乡 ★★★

一望无际的龙舌兰田

也有参观农场的旅行团

提到墨西哥酒大家首先想到的肯定是“龙舌兰”了。龙舌兰的诞生地就是位于瓜达拉哈拉西北方向 50 公里的特基拉。城镇周边被龙舌兰酒的原料蓝色龙舌兰（龙舌兰的一种）的种植地包围，城市中有龙舌兰酒的酒厂。大多数的酒厂内部都可以参观，酿造、蒸馏等龙舌兰酒的制作过程都可以看到。有不少酒厂只接待旅游团，因此在瓜达拉哈拉参加一个旅游团会更加方便。2006 年龙舌兰景观和特基拉的古代工业设施被收录进世界遗产名录。

查帕拉湖的交通

Map p.133

从瓜达拉哈拉的旧车站乘坐 Chapala 公司的巴士，6:00~21:30 每小时 2 班。所需时间 1 小时（M$50）。

查帕拉湖 Lago de Chapala

墨西哥最大的湖泊 ★

查帕拉湖位于瓜达拉哈拉南部，可以在湖上坐船游览。湖岸边是阿吉吉克村 Ajijic，以民间艺术品产地和别墅区闻名，另外还有盛产纺织品的霍克特皮克村 Jocotepec 等小村庄。

COLUMNA

参加特基拉旅行团吧！

瓜达拉哈拉有当天往返的旅行团前往特基拉。旅行团会参观生产龙舌兰酒原料的农场、农场内的酒厂，了解龙舌兰的蒸馏过程。

城镇位于特基拉火山山脚，海拔 1200 米的山谷处，有着大大小小许多农场，中心地区外就是龙舌兰地，排列十分整齐，延绵不绝，一望无际。城镇约有 5 万人口，其中 90% 以上的人都或多或少参与的是与龙舌兰酒有关的工作。

介绍一个旅行团的行程：早上 9:00 左右从瓜达拉哈拉乘坐巴士出发。大约 40 分钟到达第一个蒸馏厂，导游会介绍从龙舌兰的收获、蒸馏、成品的制作过程，大约 1 小时（基本为西班牙语讲解，也有导游会讲英语）。可以当场试喝龙舌兰酒。11:00 左右前往第二个大型蒸馏厂。可以参观地下贮藏室和礼拜堂。13:00 左右到达特基拉市中心。1 小时左右的自由活动时间，之后在市场享用晚餐。回来的路上会在观景台停留，可以俯瞰龙舌兰农场。大约 17:00 到达瓜达拉哈拉，大家应该都会十分尽兴。

可以试喝各种口味的龙舌兰酒

可以参观龙舌兰酒的制作工艺

● **观光巴士**

Tequila Grand Tour 公司（TEL 3658-2255 URL www.tequilagrandtour.mx）每天 9:15 在弗朗西斯科教堂旁发车。需时 7 小时，价格 M$400（有导游）。

小贴士 墨西哥学生住客很多的H豪斯佩达沙洛姆旅舍（→ p.132）有面对住客的特基拉和查帕拉湖旅行团（均为 M$400）。

阿瓜斯卡连特斯

中央高原北部要冲，温泉胜地 *Aguascalientes*

市中心的天主大教堂

阿瓜斯卡连特斯位于连接萨卡特卡斯和墨西哥城的白银大道 Ruta de la Plata 上，1575 年作为驿站建成的城镇。如今有丰富的水资源可供利用，因此农业和工业十分发达。每年 4~5 月举行的圣马科斯节非常有名。

阿瓜斯卡连特斯 漫 步

阿瓜斯卡连特斯的索卡洛十分广阔，天主大教堂和市政厅都位于此处，无论何时都可以自由自在地享受宽阔的空间。这一带露天摊铺很多，商店、餐馆都有。在从索卡洛步行 10 分钟可以到达的范围内，有历史博物馆、阿瓜斯卡连特斯美术馆、现代美术馆、圣马科斯教堂、圣迭戈教堂、圣安东尼奥教堂等，观光景点数不胜数。

索卡洛对面市政厅的壁画

郊区有许多温泉地，其中人气颇高的是拉科鲁尼亚奥霍卡连特温泉中心 Balneario Centro Deportivo Ojocaliente。温泉中心里有大型游泳池、儿童池、跳台等设施，周末人非常之多。但是泳池使用的并非温泉，只有带有大浴池的房间（Cabina）使用的是温泉水。使用 Cabina 房间时，进入房间需要购买 Cabina 券（6 人以下可以使用 1 小时。M$280）。公共泳池等设施的门票是 M$60。

适合全家出游的温泉中心

人　口	约 79 万
海　拔	1870 米
区　号	449

阿瓜斯卡连特斯

Map p.121/A2

前往阿瓜斯卡连特斯的巴士

从墨西哥城（所需时间 7 小时、M$448~680）、萨卡特卡斯（所需时间 2 小时、M$145~210）、瓜达拉哈拉（所需时间 4 小时、M$257~320）等地出发的巴士车次很频繁。

阿瓜斯卡连特斯州政府旅游局

URL www.vivaaguascalientes.com

旅游咨询处

TEL 915-9504

营 周二～周五 9:00~19:00（周末 10:00~18:00）

位于索卡洛的市政厅入口。市政厅中的壁画也十分有名，一般每天 9:00~20:00 向公众开放。

市内交通

市内和郊区都有大型巴士运营。巴士分为 2 种类型，红巴士（Rojo）M$6.5、绿公交（Verde）M$5.5。

拉科鲁尼亚奥霍卡连特温泉中心

TEL 970-0721

营 每天 7:00~19:00（夏季 ~20:00）

从索卡洛打车需 M$70。从市中心或客运站周边乘坐市巴士需 15 分钟左右，M$5.5。

阿瓜斯卡连特斯的酒店

从旅馆到高档酒店在城内都可以找到。中心区天主大教堂旁有三星级酒店 H 帝国酒店 Imperial（住 5 de Mayo No.106 TEL 915-1664 ⓈⒹM$450~）、四星级酒店 H 假日酒店 Holiday Inn Express（住 Nieto No.102 TEL 994-6670 ⓈⒹM$900~）等。

萨卡特卡斯 *Zacatecas*

保存完好的中世纪城镇

人　口	约 14 万
海　拔	2496 米
区　号	492

特色推荐！

★布法山
★参观伊甸园矿坑
★奥尔特加市场购买民间艺品

活动信息

● 8 月第三个周五 ~ 周日

莫里斯玛节 La Morisma 是为了庆祝西班牙的基督教徒的胜利而举行的节日。会举办游行及再现和穆斯林的战斗等热闹非凡。

● 9 月上旬 ~ 下旬

9 月 8 日萨卡特卡斯市制纪念日前后会举办萨卡特卡斯节 Feria de Zacatecas，节日期间会上演斗牛表演、音乐节，另外还会开设民间艺术品市集。

萨卡特卡斯州政府旅游局

URL zacatecastravel.com

巴士站到市区

乘坐 Ruta 7 和 8 路市巴士（所需时间 15 分钟、M$6.5），在天主大教堂下车。

反方向如果到巴士站的话，在奥尔特加路上坐车。打车的话需要 M$50 左右。

乘坐缆车可以看到城镇美丽的景色

城中建有多座巴洛克式教堂

萨卡特卡斯是 16 世纪时墨西哥首屈一指的银矿之城，十分繁荣。因银矿发家致富的贵族们，相互攀比建造了许多豪宅和教堂等建筑，投入了巨大的资产，壮丽的巴洛克式建筑至今保存完好。小广场里有着古时的石阶小路、喷泉，绿意盎然，搭配着巴洛克式教堂，使城镇中充满了中世纪的氛围。中心的历史城区被列为世界文化遗产。

萨卡特卡斯的砂岩带有红色，使用这种岩石的建筑物也都具有桃红色的外观，因此这座城市也被人亲切地叫作粉红都市。因为是高原城市，空气清新，蓝天白云十分美丽。城内可以乘坐缆车上山，或坐矿车进行地下探险，而且城市本身就仿佛是一个粉红色的公园，无论走到哪里风景都十分优美。1914 年时萨卡特卡斯也是革命战争的舞台。潘丘 · 维拉率领的革命军在布法山上攻破了联邦政府军要塞，联邦政府的韦尔塔将军被迫流亡。因为这场战斗的胜利，立宪革命派之一的卡兰萨成了总统，开启了这个国家的新篇章。

萨卡特卡斯巴士时刻表

目的地	每天车次信息	所需时间	价格
墨西哥城	Omnibus de México 等每小时 1~2 班	8 小时	M$724~891
瓜达拉哈拉	ETN、Futura、Omnibus de México 每小时 1~2 班	6 小时	M$490~630
阿瓜斯卡连特斯	Chihuahuenses、ETN 、Transporte del Norte、Omnibus de México 等每小时 1~2 班	2 小时	M$145~210
莱昂	Chihuahuenses 8 班、Omnibus de México 15 班	4.5 小时	M$294~325
奇瓦瓦	Chihuahuenses 10 班（4:00~18:45）	12 小时	M$888~1067
蒙特雷	Omnibus de México 9 班	6 小时	M$505

安全信息 萨卡特卡斯市区治安良好，即使夜晚走在市中心的历史地区也不用担心安全问题。但是萨卡特卡斯州的一些地区有毒品对抗问题，被害事件也频繁发生，如果租车驾驶较长距离的话一定要注意安全。

萨卡特卡斯 交 通

飞机▶从墨西哥城有墨西哥航空和Interjet航空飞往萨卡特卡斯的航班，每天3~4班（所需时间1.5小时、M$1169~4025）。从蒂华纳可以乘坐Volaris航空，每周6班（所需时间3小时、M$1040~4197）。国际航班方面，Volaris航空公司每周从洛杉矶飞往萨卡特卡斯有4个航班，另外还有芝加哥飞来的2个航班。

巴士▶国内主要城市都有巴士到达萨卡特卡斯。尤其瓜达拉哈拉和阿瓜斯卡连特斯的巴士班次很多，在这两个地方换乘也是一个很好的选择。

萨卡特卡斯 漫 步

城市中心为天主大教堂及周边。壮丽的教堂、博物馆等景点，酒店、银行等设施都集中在市中心，可以作为旅游的起点。奥尔特加市场Mercado Ortega内有民间艺术品店、餐馆，旅游咨询处也在其中。

奥尔特加市场（右）的左侧是卡尔德隆剧场

因为萨卡特卡斯位于山谷中，所以有很多陡坡和曲折的小路。海拔较高，空气稀薄，虽然走陡坡会比较累，但是能在城中漫步，感受历史风情，也许可以忘记疲惫。另外可以乘坐缆车到布法山上，这里可以俯瞰整个城镇的风光。

从机场到达市区

萨卡特卡斯机场La Calera（ZCL）位于市北约30公里处。打车（M$200左右）或拼车（M$90）可以到达市区。

旅游咨询处

Map p.137/B2

住 Av.Hidalgo No.401

TEL 924-0552

营 周一～周六 9:00~21:00
周日 9:00~18:00

市内交通

市内有迷你巴士，根据线路不同车上写有"Ruta**"。价格为M$5.5（周日有开往布法山的巴士专线，价格为M$5.5）。出租车最低需要M$30。

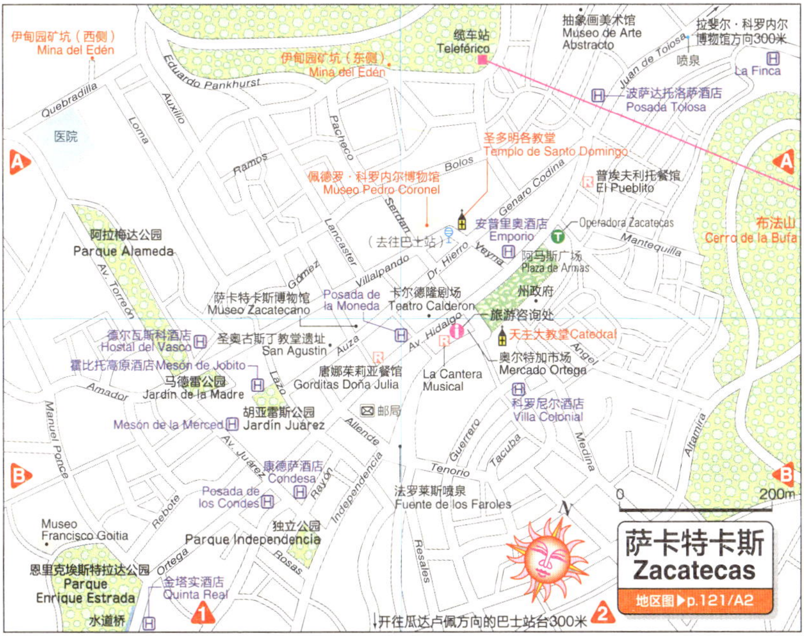

萨卡特卡斯 Zacatecas

地区图▶p.121/A2

伊甸园矿坑（西侧） Mina del Edén
伊甸园矿坑（东侧） Mina del Edén
缆车站 Teleférico
抽象画美术馆 Museo de Arte Abstracto
拉斐尔·科罗内尔博物馆方向300米
喷泉
La Finca
波萨达托洛萨酒店 Posada Tolosa
医院
圣多明各教堂 Templo de Santo Domingo
佩德罗·科罗内尔博物馆 Museo Pedro Coronel
普埃夫利托餐馆 El Pueblito
安普里奥酒店 Emporio
Operadora Zacatecas
布法山 Cerro de la Bufa
（去往巴士站）
阿马斯广场 Plaza de Armas
州政府
阿拉梅达公园 Parque Alameda
萨卡特卡斯博物馆 Museo Zacatecano
Posada de la Moneda
卡尔德隆剧场 Teatro Calderón
旅游咨询处
天主大教堂 Catedral
德尔瓦斯科酒店 Hostal del Vasco
圣奥古斯丁教堂遗址 San Agustín
霍比托高原酒店 Mesón de Jobito
唐娜茱莉亚餐馆 Gorditas Doña Julia
La Cantera Musical
奥尔特加市场 Mercado Ortega
马德雷公园 Jardín de la Madre
科罗尼尔酒店 Villa Colonial
邮局
Mesón de la Merced
胡亚雷斯公园 Jardín Juárez
康德萨酒店 Condesa
Posada de los Condes
法罗莱斯喷泉 Fuente de los Faroles
Museo Francisco Goitia
独立公园 Parque Independencia
恩里克埃斯特拉达公园 Parque Enrique Estrada
金塔实酒店 Quinta Real
水道桥
开往瓜达卢佩方向的巴士站台300米
Eduardo Pankhurst
Quebradilla
Auxilio
Loma
Pacheco
Ramos
Bolos
Genaro Codina
Juan de Tolosa
Serdán
Lancaster
Mantequilla
Veyna
Dr. Hierro
Villalpando
Gómez
Av. Torreón
Av. Hidalgo
Aura
Angel
Lazo
Amador
Allende
Manuel Ponce
Av. Juárez
Rayón
Independencia
Guerrero
Tacuba
Medina
Altamira
Tenorio
Rebote
Resales
Rosas
Ortega
0 200m

小贴士 周末晚上在阿马斯广场不定期会有一个叫作唐布拉索的乐队进行演出。乐队共有10人左右，演奏乐器有管乐和鼓，在墨西哥游客中有很高的人气。详细信息可以到当地旅游咨询处询问。

萨卡特卡斯 主要景点

天主大教堂

Map p.137/B2

入场 每天 7:00~20:00

天主大教堂 Catedral

超巴洛克式的华丽建筑风格

★★★

从南侧看到的大教堂

依靠银矿发家致富的贵族们毫不吝惜财产，于1612年开始耗时140年建成了这座墨西哥最高的殖民风格教堂之一。教堂外墙使用粉红色砂岩建造而成，基督教文化和墨西哥本土文化巧妙融合，雕刻细致华丽。尤其是教堂北侧的天主和十二门徒像等，是丘里格拉风格（西班牙的何塞丘里格拉一族开创的过度装饰的巴洛克风格之一）的杰作。大教堂内部曾用金银装饰，十分奢华，可惜的是在墨西哥革命动乱期间被掠夺一空。

圣多明各教堂

Map p.137/A2

入场 每天 8:00~13:00、17:00~20:00

压轴的教堂内部装饰

圣多明各教堂 Templo de Santo Domingo

必看的黄金祭坛

★★

1746年依据耶稣教建造的巴洛克式教堂。外观简单素朴，内部的装饰却相当奢华。尤其是以丘里格拉风格建造的8个黄金祭坛屏风Retablos和壮观的宗教绘画，让人仿佛回到了萨卡特卡斯曾经最繁荣的时代。从阿马斯广场向西北走过一个街区就可以到达教堂。

圣多明各教堂外观
左侧是佩德罗·科罗内尔博物馆

佩德罗·科罗内尔博物馆

Map p.137/A2

TEL 922-8021

入场 周二～周日 10:00~17:00

费 M$30

佩德罗·科罗内尔博物馆 Museo Pedro Coronel

墨西哥中央高原最有看点的博物馆

★★★

博物馆内展示的是在萨卡特卡斯出生的画家佩德罗·科罗内尔生前收集的美术作品。展品内容丰富，涉及多个领域，有埃及的木乃伊、非洲和大洋洲的木雕品、墨西哥古代文明的出土品，除此之外还有许多现代艺术品。展品中米洛的作品最多，另外还有毕加索、达利、布莱克以及佩德罗·科罗内尔本人的作品。

博物馆陈列了从古代到现代的美术作品

安全信息 抽象画美术馆 Museo de Arte Abstracto（Map p.137/A2 入场 每天 10:00~17:00 费 M$30），值得一去的现代美术馆。有很多墨西哥画家的作品。

布法山 Cerro de la Bufa

可以欣赏到像艺术品一样的城镇美貌 ★★★

从布法山上可以眺望到整个山谷中的城镇，是欣赏风景的最佳地点。乘坐名为特雷费里科的缆车，在空中可以将列为了世界文化遗产的萨卡特卡斯历史中心尽收眼底，大饱眼福。

山丘上有天文台、教堂以及萨卡特卡斯托马博物馆 Museo Toma de Zacatecas。博物馆内部展示的是1914年在这座山丘上联邦政府军和革命军进行战斗时使用的武器，以及当时的报纸、照片等资料。

乘坐缆车上到山丘可以将市内的景色尽收眼底

布法山

Map p.137/A2

缆车站位于圣多明各教堂北侧。运营时间是每天10:00~18:00，单程价格M$50，所需时间7分钟。也可以打车（单程M$60）前往布法山。

萨卡特卡斯托马博物馆

入场 每天 10:00~16:30

费 M$20

伊甸园矿坑 Mina del Edén

了解萨卡特卡斯历史的坑道之旅 ★★

中世纪时墨西哥产量最多的矿山，开放了一部分供公众参观。乘坐矿车或者电梯下到坑道，有西班牙语导游跟随，可以参观开采现场。坑道内光线很弱，摆放着矿工的模型，再现了当时开采的场景。在艰苦的工作环境下，原住民们挖掘出来的金银都毫不吝惜地装饰在了萨卡特卡斯城镇中。

坑内气温较低，提前准备好外衣

乘坐矿车深入坑道

伊甸园矿坑

Map p.137/A1

TEL 922-3002

费 M$80

每天10:00~18:00开放，每15~30分钟会有一个西班牙语导游带领进行参观，时间为45分钟。西侧入口是矿车，东侧入口是电梯，参观完之后可以任意选择出坑方式。

小贴士 伊甸园矿坑的东侧入口距离布法山的缆车步行只需2分钟左右。布法山和伊甸园矿坑安排在一起参观，可以提高效率。

拉斐尔·科罗内尔博物馆
Map p.137/A2 外
TEL 922-8116
入场 周四～次周二 10:00~17:00
费 M$30

拉斐尔·科罗内尔博物馆 Museo Rafael Coronel

出生于萨卡特卡斯的画家的收藏品 ★★

压轴的面具陈列

博物馆展内陈列的是画家拉斐尔·科罗内尔的收藏品，拉斐尔是佩德罗·科罗内尔的兄弟、壁画巨匠迭戈·里维拉的堂兄弟。博物馆内汇集了墨西哥各地的民间艺术品、陶器、古董等艺术品。尤其是传统的宗教仪式和节日中的舞蹈使用的2000种面具收藏品，十分有名。仿照鹿、牛、美洲豹等动物还有老人、恶魔、西班牙征服者等的各种各样的面具陈列在馆中。馆内还会播放面具的历史和与萨卡特卡斯城镇相关的影像资料。这座由16世纪的弗朗西斯科修道院改造而成的建筑本身就很美丽。馆内有咖啡馆可以歇脚。

萨卡特卡斯的餐馆

Restaurant

餐馆大多位于奥尔特加市场内和伊达尔戈路周边。在独立路两旁有很多地方菜餐馆。

普埃夫利托餐馆
El Pueblito

◆怀旧风格，饭菜可口

内部装潢五颜六色，是一家墨西哥地方菜餐馆。十分推荐萨卡特卡斯当地的猪肉套餐 Reliquia Zacatecana（M$88）。餐馆有英语菜单，在游客中有着很高的人气。

内部装饰五颜六色

Map p.137/A2
住 Av.Hidalgo No.802
TEL 924-3818
营 周三～次周一 13:00~22:00
税金 已含
CC M V
Wi-Fi 免费

萨卡特卡斯的酒店

Hotel

大部分酒店都位于天主大教堂周边，集中在伊达尔戈路 Av.Hidalgo。酒店价格偏高，有很多环境舒适，住起来心情愉悦的小型酒店。除了奥尔特加市场南侧还有青年旅舍，其他地方基本没有便宜的住宿选择。

金塔实酒店
Quinta Real

◆与萨卡特卡斯融为一体的著名酒店

这是一家高档酒店，共有49间客房，位于恩里克埃斯特拉达公园东南侧。由过去的斗牛场改造而成，酒店设计独一无二，内院是一个圆形，客房和餐馆都是按阶梯状分隔开，酒店后面可以看到拱形的水道桥，景色美丽。

Wi-Fi 客房 OK·免费

利用古代的斗牛场改造而成，可以充分感受殖民文化

Map p.137/B1
餐厅 ○ 游泳池 × 保险柜 ○ 早餐 △
住 Av.Ignacio Rayón No.434
TEL 922-9104
FAX 922-8440
URL www.quintareal.com
税金 +18%
CC A D J M V
费 AC ○ TV ○ TUB ○ ⓈⒹM$1720~

 餐厅 游泳池 保险柜 早餐 AC 空调 TV 电视 TUB 浴缸

康德萨酒店
Condesa

Map p.137/B1

◆性价比较高的中档酒店

酒店位于独立公园北侧，共有 61 间客房。酒店周边很安静，令人精神放松。

Wi-Fi 客房 OK · 免费

餐厅 ○ 游泳池 × 保险箱 ○ 早餐 △

住 Av.Juárez No.102 TEL & FAX 922-1160

URL www.hotelcondesa.com.mx

税金 已含 CC A D M V

费 AC ○ TV ○ TUB × ⓈⒹM$763~

德尔瓦斯科酒店
Hostal del Vasco

Map p.137/B1

◆古董家具令人眼前一亮

酒店位于阿拉梅达公园东南侧。房间舒适整洁，环境安逸，尤其别馆非常寂静。共有 18 间客房。

Wi-Fi 客房 OK · 免费

餐厅 × 游泳池 × 保险箱 ○ 早餐 ×

住 Alameda No.1，esq.Velasco

TEL & FAX 922-0428 URL hostaldelvasco.com.mx 税金 已含 CC M V

费 AC × TV ○ TUB × ⓈⒹM$1065~

萨卡特卡斯 一日游

瓜达卢佩 Guadalupe

残留着弗朗西斯科修道院的古都 ★

位于萨卡特卡斯东部，相距 7 公里远的一个小城镇上，还保留着一座 1707 年的修道院，叫作瓜达卢佩修道院 Convento de Guadalupe，是由弗朗西斯修道院改建而成。19 世纪中期，是墨西哥北部传教活动的重要根据地，如今分为了教堂和瓜达卢佩美术馆 Museo Virreinal de Guadalupe 两部分。馆内展出了许多银矿大亨们收集的艺术品，其中的殖民艺术品在墨西哥也十分出名。

修道院内的美术馆

瓜达卢佩交通

Map p.121/A2

从萨卡特卡斯中心打车需 M$60。

乘坐市巴士车需要 30 分钟（M$6.5），从法罗莱斯喷泉向南步行约 7 分钟到达 Bicentenario 广场，在广场对面坐车（车站还有去往与瓜达卢佩反方向的巴士车，注意不要坐错车）。

●瓜达卢佩美术馆

入场 周二～周日 9:00~18:00

费 M$46（周日免费）

INFORMACIÓN

萨卡特卡斯出发的旅行团

●城市旅行团 Zacatecas Impresionante

行程包括伊甸园矿坑、布法山、天主大教堂等萨卡特卡斯市内观光景点。所需时间 4 小时。报名费包含门票、布法山的缆车，1 人 M$360。

●瓜达卢佩旅行团 Guadalupe Tradicional

此团去往位于萨卡特卡斯东部 8 公里远的郊区城镇瓜达卢佩，行程中主要参观美术馆和历史博物馆。所需时间 4 小时。报名费包含门票，1 人 M$370。

●遗迹旅行团 Zacatecas sus Ruinas y sus Rimas

行程包括历史古都克马达 La Quemada，这里可以看到古代遗迹，另外还有 16 世纪的殖民都市赫雷斯。所需时间 7 小时。报名费包含门票，1 人 M$400。

萨卡特卡斯的旅游公司

● Operadora Zacatecas Map p.137/A2

住 Av.Hidalgo No.630 TEL 924-0050

URL www.operadorazacatecas.com.mx

瓜纳华托 Guanajuato

童话世界般的世界遗产都市

人口	约 17 万
海拔	海拔 2008 米
区号	473

特色推荐！
★ 皮毕拉纪念碑
★ 木乃伊博物馆
★ 小夜曲

从皮毕拉纪念碑眺望城市

瓜纳华托位于中央高原，整座城市依山而建，始建于中世纪，是墨西哥最美丽的殖民风格都市——石阶路、城郭般的城市构造、山丘上殖民风格的住宅……1988 年，瓜纳华托市的老城区和周边的矿区被联合国教科文组织评定为世界遗产。虽然作为瓜纳华托州的首府，但城市规模并不大，人口较少，在这里可以悠闲自在地享受生活。

18 世纪时，瓜纳华托的银产量约占世界的 1/3。因为当时的白银热潮，带来了城市的繁荣，造就了墨西哥最美丽的都市。尤其黄昏时刻，石板路两侧亮起马灯，走到哪里都可以听到美妙的歌声，让人切实感受到瓜纳华托的魅力，简直就是童话世界中描绘的风景。

瓜纳华托始建于 16 世纪，拥有悠久的历史，城中的纪念碑和博物馆记载了当年独立战争的历史。墨西哥独立领导者米克尔 · 伊达尔戈于 1810 年 9 月 16 日，在瓜纳华托东部 55 公里远的多洛雷斯 · 伊达尔戈发表了著名的演说《多洛雷斯呼声》，宣告墨西哥独立战争的开始。战火很快蔓延开来，瓜纳华托也成了历史上激战的舞台。

如今作为国际化的旅游城市，其艺术和教育也十分出名。尤其是每年 10 月，长达两周的塞万提斯国际艺术节上，会有一流的音乐家、乐团、剧团参加，已经成为蜚声海外的年度国际艺术盛宴。

地上、地下道路错综复杂

活动信息

● 每年 3~4 月

国际图书文化节 Festival Cultural Universitario y Feria del Libro 与圣周在同一时期举行。

● 7 月下旬 ~8 月上旬

恩科托国际电影节 Festival de Cine Expresión en Corto 会邀请海内外众多导演和演员，并向公众开放，免费上映影片。

● 10 月上旬 ~ 下旬

塞万提斯国际艺术节 Festival Internacional Cervanteno 期间，市内各剧场、广场都会举办丰富多彩的活动。音乐、舞蹈、戏剧、传统艺术、美术展、人偶剧等，准备了许多表演节目。

瓜纳华托州政府旅游局

URL www.guanajuato.mx

历史悠久的地下公路

遍布整座城市的地下公路也是瓜纳华托的一大亮点。原本是地下水路和银矿坑道路，如今改为了地下公路，石拱门看上去很有历史感，内部使用马灯照明，充满乐趣。地下公路的一部分没有人行道，但安全起见不推荐走到这里。市区的巴士车和出租车都会经过地下公路，可以在车上参观。

安全信息 历史地区的游客很多，不论早晚外出都很热闹，因此不用太担心安全问题。但在去皮毕拉纪念碑的山路上时有抢劫案件发生，尽量乘坐缆车上山。

瓜纳华托 交通

飞机▶莱昂和瓜纳华托之间的瓜纳华托莱昂国际机场 Bajio（BJX），每天有数个从墨西哥城和蒂华纳飞来的航班。国际航线方面，达拉斯每天有 3 班美国航空公司的飞机，休斯敦每天有 5~6 班联合航空公司运营的航班。

巴士▶周边城市直达的巴士不多。瓜达拉哈拉或萨卡特卡斯到莱昂 León，克雷塔罗或莫雷利亚到伊拉普阿托 Irapuato，在这两个地方换乘到达瓜纳华托比较快捷。瓜纳华托的巴士站在市西部郊区，到达市中心的巴士车次较多（所需时间 20 分钟、M$6）。打车需要 M$50 左右。

瓜纳华托巴士时刻表

目的地	每天车次信息	所需时间	价格
墨西哥城	ETN 18 班、Primera Plus 11 班等	4.5 小时	M$536~905
瓜达拉哈拉	ETN 13 班、Primera Plus 9 班等	4 小时	M$428~505
莱昂	ETN 9 班、Primera Plus 15 班、Omnibus de México 4 班、Flecha Amarilla 每小时 3 班（5:30~22:40）	1 小时	M$56~90
圣米格尔·德阿连德	ETN 5 班、Primera Plus 9 班、Flecha Amarilla 4 班等	1.5 小时	M$102~160
莫雷利亚	Primera Plus 2 班（7:50、14:00）	4 小时	M$230
伊拉普阿托	Primera Plus 11 班、Flecha Amarilla 每小时 3 班等	1 小时	M$68

瓜纳华托莱昂国际机场到达市内的交通

瓜纳华托莱昂国际机场 Bajio（BJX）距离瓜纳华托市中心约 25 公里。打车需要 30 分钟，M$400 左右。机场没有巴士到达市内，打车到距离机场最近的车站 Silao 需要 5 分钟，在这里换乘巴士到瓜纳华托需要 30 分钟。

巴士车票可以在市内购买

因为巴士站在郊外，提前购买的话更加方便。

● Viajes Frausto Guanajuato

Map p.143/B2

住 Luis González Obregón No.10

TEL 732-3580

营 周一～周五 9:00~14:00、16:30~20:00

周六 9:00~13:30

瓜纳华托市内的巴士车

瓜纳华托 Guanajuato

地区图▶p.121/A2

小贴士 莱昂 León 是瓜纳华托州最大的城市。从瓜纳华托乘坐大巴需 1 小时。

旅游咨询处

●旅游咨询处（联合公园）

Map p.143/B2

营 每天 10:00~17:00

●旅游咨询处（伊达尔戈市场）

Map p.143/A1

营 周一～周五 9:00~17:30

货币兑换处

胡亚雷斯路上有多家银行可以兑换货币。

瓜纳华托出发的旅行团

市内有提供旅行团信息咨询的小店铺，每条线路的行程和价格都会展示出来。基本都是西班牙语导游。

●市内旅游团

Ciudad de Guanajuato

出发 10:30、13:30、15:45

所需时间 3 小时 30 分钟

费 M$120

行程包括木乃伊博物馆、皮毕拉纪念碑等。

●追寻墨西哥独立革命的足迹

Ruta de la Independencia

出发 10:30

所需时间 8 小时

费 M$200

行程包括郊区城镇多洛雷斯·伊达尔戈、圣米格尔·德阿连德等革命舞台。

瓜纳华托 漫 步

拉巴斯广场晚上依旧人流不息

瓜纳华托最有趣的活动就是在城中散步。观光景点几乎都集中在狭窄的街区中，悠闲自在地在城中散步，可充分感受中世纪的氛围。但因为城内道路错综复杂，可以以胡亚雷斯路 Av.Juárez 上的伊达尔戈市场、拉巴斯广场和联合公园三个地点作为地标，便于出行。

住宅区呈斜面不断延伸

拉巴斯广场可以作为旅行的第一站，广场周边的旅行社很多，不仅可以报名参加市内旅游团，机票、巴士票等也可以在这里买到，十分便利。从广场向东南方向前进到达联合公园，这里是市中心地区，周边有很多咖啡馆，音乐萦绕耳边。公园南侧有旅游咨询处，可以领取地图和音乐会日程表。

交通指南

木乃伊博物馆和巴伦西亚纳离市中心较远，可以乘坐出租车或巴士前往。可以从胡亚雷斯路上乘坐巴士车，上车前一定要确认好车辆行驶方向。巴士车全程统一价格 M$6，迷你巴士 M$5.5~6.5。

INFORMACIÓN

瓜纳华托西班牙语课程

瓜纳华托是墨西哥著名的大学城。在瓜纳华托大学的外语中心可以参加相应等级的西班牙语进修课程，除此之外在市内也有许多学校设立了西班牙语课程。

●瓜纳华托大学 Universidad de Guanajuato

Map p.143/A2 TEL 732-0006 URL www.ugto.mx

每年 6 月和 7 月会开设 4 周的夏季课程（学费 M$7000）。除此之外还有 1 个月和半年的课程班。

●托纳里学院 Instituto Tonali

Map p.143/B2 住 Juárez No.4 TEL&FAX 732-7352 URL www.tonaligto.com

有适合各个等级的课程，人数不多的情况下也照常开课。入学费 US$20、每周 1 天 1 小时价格 US$40~、每周 1 天 4 小时为 US$145。寄宿制包含 3 餐，1 天的价格为 US$20。

大学本部的建筑

托纳里学院的授课场景

瓜纳华托 主要景点

格拉纳蒂塔斯博物馆 Alhóndiga de Granaditas

革命解放军首场胜利的舞台 ★★

1810 年独立战争爆发，伊达尔戈率领的解放军同政府军在这座敌人的建筑要塞展开了激烈的战斗。解放军依靠矿工皮毕拉的帮助打开了突破口，改变了墨西哥的历史走向。但是政府在第二年又重新夺回瓜纳华托，伊达尔戈、阿玛达、阿连德、吉梅内斯 4 名领导者被处以死刑，4 人的首级直到 1821 年独立战争结束前，一直悬挂在格拉纳蒂塔斯示众。

描绘伊达尔戈的壁画，作品出自莫拉德

如今这里改造成了州立博物馆 Museo Reginal de Guanajuato，陈列着古代遗迹的出土品和独立战争、墨西哥革命相关的展品。

格拉纳蒂塔斯博物馆
Map p.143/A1
TEL 732-1180
入场 周二～周六 10:00~17:30
周日 10:00~14:30
费 M$52（拍照 M$30、摄像 M$60）
每年 9 月 16 日独立纪念日前夜，在这里有演出，重现“多洛雷斯呼声”。

胡亚雷斯剧场 Teatro Juárez

墨西哥标志性的大剧场 ★★

剧场以墨西哥第一任总统贝尼托·胡亚雷斯命名。剧场于 1873 年开始建设，直到 1903 年才竣工，是墨西哥首屈一指的大剧场。正面入口处是德赖斯风格的石柱，旁边是狮子的青铜像。内部使用了许多黄金进行装饰，17 世纪法兰西风格中混杂着阿拉伯样式，在屋顶刻有许多异国文字。

剧场是塞万提斯国际艺术节的会场，平时在周末有古典乐、歌剧、戏剧等演出表演。坐在二楼包厢当一次贵族是一个不错的体验。

晚上不定期会有音乐会举行

胡亚雷斯剧场
Map p.143/B2
TEL 732-0183
入场 参观时间
周二～周日 9:00~13:45、17:00~19:45
※ 晚上有演出安排的日子，17:00 以后不能再进行参观。
费 M$35（拍照 M$30、摄像 M$60）

普韦布洛博物馆 Museo del Pueblo

汇集了瓜纳华托地方画家的作品 ★

博物馆是由矿主的私宅改造而成的，内部还有一个小型礼拜堂遗址。

普韦布洛博物馆
Map p.143/B2
TEL 732-2990
入场 周二～周六 10:00~18:30
周日 10:00~14:30
费 M$25

COLUMNA

有乐队演奏陪伴的夜间漫步

瓜纳华托入夜后，Estudiantina 乐队便会出现在城中。乐队成员身着中世纪西班牙的学生制服，演奏的多为爱情曲目，非常浪漫。首先他们会在圣迭戈教堂表演 1 小时左右，然后开始步行演出，可以报名加入其中。价格为 M$100~120 左右。通常会在周末 20:00 左右开始，夏季和旺季时工作日也会进行表演活动。根据时期不同表演时间会有所差异，请在旅游咨询处确认。

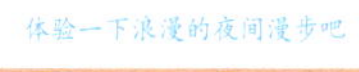
体验一下浪漫的夜间漫步吧

小贴士 格拉纳蒂塔斯博物馆西侧是一个广场，很多当地居民尤其是学生都喜欢聚集在这里休息。周边有小吃摊、水果摊和甜点铺。

内部的礼拜堂遗迹

馆内展示的是瓜纳华托的地方宗教绘画和权威人士的肖像画等，作品大多来自18~19世纪在瓜纳华托活动的无名画家。可能因为城市的繁荣，吸引了许多艺术家来此。作品虽然不知名，但是不代表作者水平不高。展品中的墨西哥宗教绘画就令人眼前一亮。

瓜纳华托大学
Map p.143/A2

瓜纳华托大学 Universidad de Guanajuato

文化之都的象征 ★

1732年作为基督教会学校设立。1955年成为州立大学，如今是在音乐和戏剧领域十分出名的自治大学。周末市内上演的戏剧和音乐会的表演者很多都是来自这里的学生。另外学校的建筑本身也是一大看点，如沿建筑物倾斜而建的优美石阶、巧妙利用狭窄空间的建筑物。

大学主楼完美地利用斜面建造而成

迭戈·里维拉博物馆
Map p.143/A2
TEL 732-1197
入场 周二~周六 10:00~18:30
周日 10:00~14:30
费 M$25

迭戈·里维拉博物馆 Museo y Casa de Diego Rivera

里维拉的出生地 ★★

墨西哥典型的家庭住房变成了博物馆

墨西哥壁画运动三杰之一的迭戈·里维拉出生的地方。一层原样展示了当时里维拉家中的家具和日常用品，二层以上展示了里维拉从瓜纳华托创作初期到留欧期间的作品，以及他一跃成为立足于墨西哥风土的壁画画家的变迁，是由各个时期的代表作构成的一个画廊。这里还展示了里维拉友人们的作品，既可以了解代表着墨西哥的画家，更是一处珍贵的建筑。

还原了里维拉家日常生活时的样子

COLUMNA

墨西哥壁画运动和迭戈·里维拉

墨西哥的历史中总会有壁画相伴。古代玛雅人在波拿蒙派克留下了壁画、殖民地时代也留下了许多宗教元素的壁画。随后墨西哥革命成功的1922年，“墨西哥壁画运动”复兴开始。这一运动中创作的作品都充满激情，描绘了革命的历史和意义。壁画画在校园中和贫民也能看到的地方，其创作目的是为了启蒙大众。数不尽的作品留在墨西哥各地的政府楼和宫殿墙壁上，都成了观光的亮点。

里维拉则是这次复兴运动的中心人物。他20岁时曾到巴黎留学，深受毕加索、格里斯等人的观念影响。回国后，他将在巴黎掌握的知识与墨西哥独特的色彩相融合，创作了无数高水平的充满思想的艺术性作品。

瓜纳华托大学每天日落到22:00左右为止，学校大楼屋顶上的天文望远镜向公众开放。没有云的话可以观测到瓜纳华托的星空。

堂吉诃德肖像博物馆 Museo Iconografico del Quijote

一代文豪塞万提斯所创作的英雄人物展 ★

这个博物馆收集了与堂吉诃德相关的作品。从雕像、绘画、雕刻、挂毯、陶器等美术品，到餐具、装饰品、家具、烟斗、邮票、明信片，等等，所有和堂吉诃德相关的物品应有尽有。除此之外，与一些不知名的作品一并展示的还有毕加索、达利、卡洛斯等艺术巨匠的作品。

入口处具有标志性的唐吉诃德雕像

顺便一提，瓜纳华托一年一度的塞万提斯国际艺术节的名字，也是为了向堂吉诃德的作者表达敬意。

堂吉诃德肖像博物馆
Map p.143/B2
位于方济各会教堂的北侧。
TEL 732-6721
URL museoiconografico.guanajuato.gob.mx
入场 周二～周六 9:30~19:00
周日 12:00~19:00
费 M$30

木乃伊博物馆 Museo de las Momias

有些恐怖却忍不住前往的景点 ★★

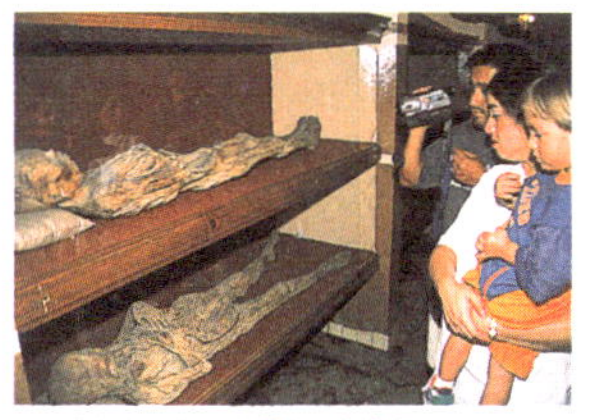
瓜纳华托数一数二的景点，非常受欢迎

博物馆设置在公共墓地的一角，陈列了 100 多具木乃伊。虽说各种设施让人感觉并不舒服，但这里的观光客却络绎不绝。与埃及的木乃伊不同，这里的木乃伊没有经过死后特别的处理，而是瓜纳华托富含矿物质的土壤和干燥的气候自然造就了这些木乃伊。这里陈列的木乃伊有穿着西服的，有穿着连衣裙的，种类多样，从婴儿到老人，他们脸上浮现出不同的表情，十分逼真。

从博物馆出来后，便可以看见商贩们聚堆等待着游客，正高声叫卖着木乃伊糖果。这里和瓜纳华托历史区的气氛有着鲜明的反差。

木乃伊博物馆
Map p.143/A1 外
伊达尔戈市场前面乘坐标有 "Momias" 的巴士，需要 10~15 分钟，费用 M$6。从市中心坐出租车要 M$40~50。
TEL 732-0639
URL www.momiasdeguanajuato.gob.mx
入场 每天 9:00~18:00
费 M$56（拍照费用 M$21）

在市场上也有卖的当地特产——木乃伊糖

INFORMACIÓN

漫步在瓜纳华托的教堂

街上的教堂所营造的优美庄严的氛围，大概是这里能够被列为世界文化遗产的原因所在吧。每个教堂前面都有广场，有人群聚集，有各种各样的活动。若没有教堂建筑，曾是矿山之镇的这座小城或许已被煤炭熏染。

拉巴斯广场前面便是巴西利卡教堂 Basílica。建筑外观并没有太多特别之处，但内部装修极具气质。在教堂里面是 18 世纪中期建立的耶稣教会，建成耗时 20 年，正面是丘里格拉式的教会，名为孔帕尼亚教堂。单单是看正门处也足以让人大饱眼福。胡亚雷斯剧场一侧的圣迭戈教堂是方济各会于 17 世纪中期建造的巴洛克风格的杰作。该教堂从 1663 年开始建造，耗时 100 多年，墙壁上精细的装饰是整个建筑的精华所在。

引人注目的巴西利卡教堂黄色墙壁

圣迭戈教堂前的画作集市

小贴士 木乃伊博物馆销售的木乃伊糖也就是我们说的琥珀糖。由于这种糖不耐湿，如果是作为小礼物带回国，建议尽快食用。

皮毕拉纪念碑

Map p.143/B2

胡亚雷斯剧场后面就是缆车，可以到达皮毕拉山，每5分钟一辆。运营时间为周一～周五8:00~21:45、周六9:00~21:45、周日10:00~20:45。所需时间1分钟，单程M$20。

另外还可以在市中心的胡亚雷斯路乘坐开往"Pipila-ISSSTE"的巴士车。

独立战争英雄皮毕拉的纪念碑

步行前往皮毕拉纪念碑的提示

步行也可以到达皮毕拉纪念碑。从胡亚雷斯剧场前的Calle Sopena路，看到"前往皮毕拉方向（Al Pipila）"的标识后，沿Callejón del Calvario的小路走15分钟上坡路就可以到达。

但是途中有强盗出没，如果选择步行的话，请尽量在白天多人结伴而行。一定不要晚上一个人独自出行。

接吻小巷

Map p.143/B1

伊达尔戈市场

Map p.143/A1

营 每天8:00~21:00

皮毕拉纪念碑 Monumento al Pipila

眺望市区的绝佳地点 ★★★

皮毕拉纪念碑位于皮毕拉山上，是全市最高的观光地点，可以俯瞰整个瓜纳华托中世纪城市。白天城市洒满阳光，晚间马灯映照下的城市景色同样令人着迷。

不可错过的黄昏美景

这座山丘上矗立的纪念碑是为了纪念皮毕拉，在独立战争时皮毕拉身背火炬，突入政府军躲避的格拉纳蒂塔斯，以此为契机，革命军最终取得战斗的胜利。皮毕拉也成了墨西哥独立史上的英雄人物。

接吻小巷 Callejón del Beso

浪漫的小巷 ★

瓜纳华托市区建在山的斜面。为了有效地利用狭窄的土地，住宅区的建筑紧紧相连，过道也是十分窄小。

相传住在这楼上两边阳台的两家儿女十分相爱，但是父母之间却有着老死不相往来的恩怨，两个年轻人的爱情自然受到两家父母的阻挠。迫于无奈，两个小情人不得不趁着夜黑人静偷偷来到自家的阳台上幽会。因为阳台几乎靠在了一起，隔着阳台，隔着小巷子，两人就能热烈拥抱相吻。

爱情的传说小巷

伊达尔戈市场 Mercado Hidalgo

瓜纳华托市民的厨房 ★

伊达尔戈市场所在的建筑，原本是火车站的站内设施，是为了纪念独立战争开始100周年而建设的。正面入口处装饰华丽，内部则是市场特有的喧嚣，两者的反差很有意思。

利用火车站的站内建筑改造而成的市场

可以买到纪念品

一层是生鲜食品和日用品区，二层是围绕建筑而成的露台，其中入驻了民间艺术品专卖店。这里的瓜纳华托特产陶器和皮制品琳琅满目，可以以便宜的价格买到心仪的纪念品。市场外也有很多露天小摊，可以买到小吃和可食用的仙人掌。

小贴士 三得利卡餐馆 Delica Mitsu（Map p.143/A1 TEL 732-3881 营 周一～周六12:00~18:00）有外卖的家常菜，屋顶也设有餐桌。

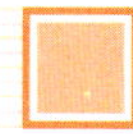

瓜纳华托的餐馆

Restaurant

在拉巴斯广场前面和联合公园对面的区域有很多适合游客的餐馆。适合学生党，价格合理的餐馆也有不少，尤其是伊达尔戈市场东侧的建筑物里有很多大众餐馆。

特鲁科 7 餐馆
Truco 7

Map p.143/B2

◆令人不由自主地放松下来

巴西利亚南侧一家复古餐馆。入口虽然不太显眼，内部空间却意外的宽敞，令人心情放松。牛排（M$115）和脆玉米饼（M$27）等菜品种类十分丰富。特制的卡布奇诺咖啡（M$26）也很好喝。

店内装饰多是画作、古董

住 Truco No.7
TEL 732-8374
营 每天 8:30~23:15
税金 已含
CC 不可
Wi-Fi 免费

玫瑰人生餐馆
La Vie en Rose

Map p.143/B2

◆绝佳的活力充电站

餐馆一层是咖啡 & 蛋糕店，二层为就餐区。慕斯巧克力（M$58）等蛋糕深受当地学生喜爱。在一层点完餐后，直接到二层的座位等待送餐即可。

橱窗展示的蛋糕价格在 M$50~60 左右

住 Cantarranas No.18
TEL 732-7556
营 周二～周六 10:00~22:00、周日 11:00~20:00
税金 已含
CC MV
Wi-Fi 免费

梵高之耳酒吧
La Oreja de Van Gogh

Map p.143/A1

◆音乐萦绕的午夜好去处

圣费尔南多广场对面的酒吧。晚上 8:00 左右开始可以边听现场音乐边喝啤酒（M$38~）。各种汤类 M$65~。联合公园附近还有分店。

住 Plazuela de San Fernando No.24
TEL 732-0301 营 每天 13:00~24:00
税金 已含 CC AMV
Wi-Fi 免费

梅斯蒂索餐馆
Mestizo

Map p.143/A1

◆评价很高的融合菜系

在欧美的游客中也有着很高人气的墨西哥风格融合菜系餐馆。前菜是金枪鱼片（M$100）、主菜为肉类或鱼肉类（M$120~160），人均 M$400。因为光顾这里的人很多，旺季前来的话最好提前预约。

菠萝酱汁鳕鱼 M$130

住 Pocitos No.69
TEL 732-0612
营 每天 13:00~22:00（周日 ~17:00）
税金 已含
CC MV
Wi-Fi 免费

弗洛雷斯餐馆
El Canastillo de Flores

Map p.143/B2

◆能欣赏到巴西利卡教堂正面

餐馆位于拉巴斯广场南侧，评价很高。餐馆营业时间很长，食客也非常多。主菜 M$75~150、套餐 M$95~。卡布奇诺 M$45。

住 Plaza de la Paz No.32
TEL 732-7198 营 每天 8:00~24:00
税金 已含 CC MV
Wi-Fi 免费

拉卡雷塔餐馆
La Carreta

Map p.143/B1

◆新鲜出炉的烤鸡肉美味可口

餐馆门口有正在烤着的鸡肉，是一家大众餐馆。1/4 只鸡配蔬菜和米饭的套餐 M$70。在当地也有着很高的人气。

1/4 只鸡的套餐

住 Av.Juárez No.96
TEL 734-1726
营 每天 10:00~20:00 左右（售完为止）
税金 已含
CC 不可
Wi-Fi 无

小贴士
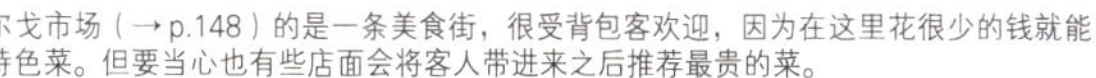
紧挨着伊达尔戈市场（→p.148）的是一条美食街，很受背包客欢迎，因为在这里花很少的钱就能吃到当地的特色菜。但要当心也有些店面会将客人带进来之后推荐最贵的菜。

瓜纳华托的酒店

Hotel

塞万提斯国际艺术节期间和圣周时期住房非常紧张。瓜纳华托虽然有很多酒店，但还是有必要提前预约（这期间酒店价格也会上涨）。联合公园周边的高档酒店较多，适合背包客的相对便宜的酒店集中在伊达尔戈市场周边。

卡斯蒂略圣塞西莉亚酒店

Castillo Santa Cecilia

Map p.143/A1 外

◆城堡改造的殖民风格酒店

酒店位于瓜纳华托市区西北部，原本是 17 世纪一位地主的城堡，后改造成了酒店。从外墙和室内装饰都能看到当时建筑的样貌，仿佛穿越到了中世纪。共有 85 间客房。Wi-Fi 客房 OK · 免费

住在这里仿佛成为了城堡的主人

○ ○ ○ △

住 Camino a la Valenciana Km.1

TEL&FAX 732-0485

URL castillosantacecilia.com.mx

税金 +18%

CC A D M V

费 AC ○ TV ○ TUB △ ⓈⒹM$1468~

波萨达圣达菲酒店

Posada Santa Fé

Map p.143/B2

◆ 1862 年建立的老牌酒店

酒店位于联合广场北侧，咖啡馆的音乐声一直持续到深夜。大堂、台阶、走廊都使用了具有历史年代感的家具、绘画进行装饰。共有 45 间客房。Wi-Fi 客房 OK · 免费

○ × ○ △

住 Jardín de la Unión No.12

TEL&FAX 732-0084

URL www.posadasantafe.mx

税金 已含 CC A M V

费 AC ○ TV ○ TUB × ⓈⒹM$1583~

弗莱雅酒店

Hostería del Frayle

Map p.143/B2

◆复古气氛满分

酒店利用旧造币局改造而成，整体为殖民时期风格，共有 37 间客房。古朴的木质门和家具显得格调颇高。Wi-Fi 客房 OK · 免费

× × ○ ×

住 Sopeña No.3

TEL 732-1179 FAX 731-5738

URL www.hosteriadelfrayle.com

税金 +18% CC A M V

费 AC ○ TV ○ TUB × ⓈⒹM$1193~

圣迭戈酒店

San Diego

Map p.143/B2

◆广场对面绿色的外观令人瞩目

这家中档酒店位于联合广场西侧，共有 55 间客房。大堂和房间内均为殖民时期风格。工作人员的服务态度很好。Wi-Fi 客房 OK · 免费

○ × ○ 收费

住 Jardín de la Unión No.1

TEL 732-1300

URL www.hotelsandiegogto.com.mx

税金 已含 CC M V

费 AC ○ TV ○ TUB × ⓈⒹM$1260~

德尔切洛阳台酒店

Balcón del Cielo

Map p.143/B2

◆从房间可以看到市区的美景

从去往皮毕拉纪念碑的缆车下来后，右手边就是这家酒店。所有的房间都能俯瞰到整个城市。共 10 间客房。Wi-Fi 客房 OK · 免费

× × ○ ○

住 Carretera Pípila S/N

TEL&FAX 732-2576

税金 已含 CC M V

费 AC × TV ○ TUB × ⓈⒹM$1300~

阿连德起义酒店

Insurgente Allende

Map p.143/A1

◆房间数量多，距离车站很近的酒店

这家中档酒店位于伊达尔戈市场西北方向，与市场相差 150 米，共有 83 间客房。酒店前是十字路口，建议选择靠里的房间。Wi-Fi 客房 OK · 免费

○ × ○ 收费

住 Av.Juárez No.226

TEL&FAX 732-6997

URL elinsurgenteallende.wix.com

税金 已含 CC M V 费 AC × TV ○

TUB × ⓈM$550~、ⒹM$620~

H 但丁酒店 La Casa de Dante（Map p.143/B2 外 住 Callejón Zaragoza No.25 TEL 731-0909）是家族经营的酒店，很有家的感觉，人气颇高，推荐选择。带淋浴的的房间 ⓈⒹM$400~。

圣丽塔酒店
Santa Rita

Map p.143/A1

◆值得推荐，干净整洁的酒店

酒店位于伊达尔戈市场西北方向约 100 米处，共 20 间客房。前台 24 小时服务，很晚回到酒店也不用担心任何问题。Wi-Fi 客房 OK · 免费

餐馆 × 游泳池 × 保险柜 × 早餐 ×
住 Av.Juárez No.210 TEL 732-3987
URL hotelsantaritagto.com.mx
税金 已含 CC M V
费 AC × TV ○ TUB × ⓈM$700~、ⒹM$800~

阿隆索酒店
Alonso

Map p.143/B2

◆适合背包客

聚集了来自世界各地的环球旅行者，酒店共有 8 间客房。公共厨房、洗衣机、锁柜等设备齐全。能容纳 22 人的多人宿舍 M$150~。Wi-Fi 客房 OK · 免费

餐馆 × 游泳池 × 保险柜 × 早餐 ○
住 Alonso No.24 TEL 732-4403
URL www.hostelalonso.com
税金 已含 CC 不可
费 AC × TV ○ TUB × ⓈⒹM$500~

迭戈 · 里维拉酒店
Diego Rivera

Map p.143/A1

◆环境安逸，价格合理的经济型酒店

酒店地理条件优越，步行即可到达大部分观光景点。房间简单朴素，面积不大，但是环境清幽，令人心旷神怡。Wi-Fi 客房 OK · 免费

餐馆 × 游泳池 × 保险柜 × 早餐 ×
住 Galarza No.103
TEL 734-2265 税金 已含
CC 不可
费 AC × TV ○ TUB × ⓈⒹM$220~

瓜纳华托 一日游

巴伦西亚纳 Valenciana

可以参观银矿山坑道 ★★

巴洛克风格的主祭坛

巴伦西亚纳是位于瓜纳华托市中心以北 5 公里处的小村庄。这里曾经开采出了大量的银矿，如今也仍有坑道在进行开采作业。巴伦西亚纳的中心地区建有巴洛克风格的教堂，内部的祭坛被金箔覆盖，还有巨幅的宗教绘画作为装饰。

从教堂外右侧的道路可以到达里侧的银矿山坑道遗迹（= 博卡米娜 Bocamina），可以入内参观。需要佩戴安全帽，由导游带领进入坑道深处。只有西班牙语导游，大约进行 20 分钟讲解，途中会关闭灯光，可以看到闪闪发光的矿物质岩床，即便听不懂讲解也充满乐趣。

多洛雷斯 · 伊达尔戈 Dolores Hidalgo

可以感受到独立战争的历史古都 ★★

地处瓜纳华托东北方向，相距 55 公里，作为独立运动的发源地而知名。1810 年 9 月 16 日教区教堂的神父米克尔 · 伊达尔戈利用弥撒集会之际，对本国因殖民统治受苦受难的百姓发表了演讲。以演讲作为开端，独立战争正式爆发，农民、劳动者等组成的解放军部队向瓜纳华托等地发起了进攻。

中心地区的第一广场上矗立着米克尔 · 伊达尔戈的石像，在其背后是伊达尔戈发表独立宣言的多洛雷斯教堂 La Parroquia de Dolores。广场旁边是伊达尔戈曾经居住的地方，如今作为博物馆伊达尔戈之家 Casa de Hidalgo 向公众开放。

巴伦西亚纳

Map p.121/A2

谷仓广场前乘坐开往“Valenciana”的巴士车，每小时发车 4~6 趟。所需时间 20 分钟，M$6。打车约 M$50。

圣拉蒙坑道遗迹

TEL 732-3551
入场 每天 10:30~19:30
费 M$35

多洛雷斯 · 伊达尔戈

Map p.121/A2

从瓜纳华托的巴士站乘坐 Flecha Amarilla 巴士车，每小时 2 班。所需时间 1 小时 15 分钟，M$72。从圣米格尔 · 德阿连德出发每小时有 4 班。车程不到 1 小时，M$46。

伊达尔戈之家

TEL （418）182-0171
入场 周二～周六 10:00~17:45
周日 10:00~16:45
费 M$40

中心地区的第一广场距离巴士站步行需 5 分钟

 餐馆  游泳池  保险柜 早餐 AC 空调 TV 电视 TUB 浴缸

圣米格尔·德阿连德

San Miguel de Allende

童话世界般的世界遗产都市

人　口	约 16 万
海　拔	海拔 1950 米
区　号	415

特色推荐！

★圣米格尔教堂
★民间艺术品市场购物
★参观阿连德美术学院内部

World Heritage 世界遗产

活动信息

● 3~4 月
圣周 Semana Santa

● 5 月最后一个周末
圣克鲁斯节
Fiesta de la Santa Cruz

● 9 月中旬 ~ 下旬
圣米格尔节
Festival de San Miguel Arcágel

● 12 月 16~24 日
音乐节
Festival Música

圣米格尔 · 德阿连德市旅游局

URL www.visitsanmiguel.travel

克雷塔罗国际机场出发到圣米格尔市内的交通

克雷塔罗国际机场（QRO）与圣米格尔相距 85 公里。打车需 1.5 小时，M$500~600。或者可以先打车到克雷塔罗的巴士站，然后换乘长途车前往圣米格尔。

不妨同时参观阿他托尼科

圣米格尔 · 德阿连德的世界文化遗产除了市中心的景观保护区外，还包括距离城市北部 10 公里远的阿他托尼科 Atotonilco。尤其要参观的是圣殿屋顶描绘的宗教画作。因为这一地区旅游产业尚未完全发展，圣殿前仅有几家小卖店和餐馆。1 小时的时间就足以参观完成。

沿圣米格尔 · 德阿连德的市场北侧的 Animas 路向北走 50 米，就有开往阿他托尼科的巴士站台。巴士车每小时仅 1 趟（所需时间 30 分钟，M$10）。

以圣米格尔教堂为中心的世界遗产之城

1542 年方济各会的教徒圣米格尔在湿地附近的山丘上建造了圣米格尔 · 德艾尔格兰德。

20 世纪时城市改名为如今的圣米格尔 · 德阿连德，阿连德是出生在这座城市的一位革命战争中的英雄人物，为纪念他做出的杰出贡献，特意更换了城市名称。城市中留存下的殖民风格建筑，色彩鲜艳，美丽动人。细长的石板路蜿蜒曲折，别有一番风情。尤其一到晚上，点上煤油灯，城市一下充满了浪漫的气氛。

城市中的古建筑都是 18 世纪城市快速发展时建造的。瓜纳华托和塔斯科都是因银矿产业发展起来的，而圣米格尔 · 德阿连德则是依靠手工业取得了巨大的发展。并且因为繁荣盛世已经结束，古老的城市也得以自然地保存下来。1926 年被指定为国家殖民风格纪念城市，为了不破坏这里，如果要新建或者改建建筑都需要得到政府的许可。2008 年圣米格尔保护的城镇和阿他托尼科的拿撒勒人耶稣圣殿一同被列为世界文化遗产。

如今这里被誉为艺术之城，德阿连德美术学院聚集了来自全球各地的艺术家和留学生。城内经营民间艺术品、陶器、玻璃制品、银制品、披肩等的店铺很多，可以在此尽享购物的乐趣。

圣米格尔 · 德阿连德　交　通

飞机▶圣米格尔 · 德阿连德没有机场。距离最近的机场是克雷塔罗国际机场（QRO），墨西哥航空公司和 Volaris 航空公司有往返于墨西哥城、蒙特雷、蒂华纳的航班。也可以飞往瓜纳华托莱昂国际机场（BJX）。

巴士▶国内许多城市都有长途车到达圣米格尔。墨西哥城的一等巴士，每小时有 2~3 班车发往圣米格尔；瓜纳华托和克雷塔罗每小时有 1~3 班。

从克雷塔罗乘坐长途巴士前往圣米格尔的路上，可以看到坐落在山丘上的圣米格尔。另外圣米格尔的索卡洛以东 500 米，沿现实路 Real 走 700 米有观景台（Map p.153/B2）。

另外Autobuses Americanos巴士公司还有开往休斯敦、达拉斯、芝加哥等地的国际巴士。国际线发车时间均为每天18:00。

中心城区的城市巴士往返频繁

长途客运站到市内

客运站位于市区西侧，距离市中心1~2公里。乘坐城市巴士车M$5.5，坐出租车需要M$40左右。

圣米格尔被称作杂货宝库

近些年到圣米格尔旅游的欧美游客大幅增加，城市的各个方面都备受瞩目。尤其是杂货店、服装、室内装饰品和首饰等店铺非常多，商品质量也很不错。圣米格尔教堂附近的乌玛兰路、坚拿路、伊达尔戈路等都有多家商店。

圣米格尔·德阿连德巴士时刻表

目的地	每天车次信息	所需时间	价格
墨西哥城	ETN 5班、Primera Plus 4班、Frecha Amarilla 和 Autovías 每隔40分钟一班	3.5~4小时	M$302~364
克雷塔罗	ETN 6班、Pegasso、Corridonas 每隔40分钟一班（8:05~20:05）	1.5小时	M$68~118
瓜纳华托	ETN 5班、Primera Plus 9班、Frecha Amarilla 4班等	1.5小时	M$102~160
瓜达拉哈拉	ETN 4班、Primera Plus 7班	5~6小时	M$546~660
莱昂	ETN 4班、Primera Plus 9班等	2.5小时	M$187~245
多洛雷斯·伊达尔戈	Frecha Amarilla、HP 每小时4~5班	1小时	M$48

圣米格尔·德阿连德 San Miguel de Allende

地区图▶p.121/A2

民间艺术品市场 Mercado de Artesanías
阿尔卡特拉斯青年旅舍 Hostal Alcatraz
圣菲利佩内里教堂 Oratorio de San Felipe Neri
萨卢教堂 La Salud
市场 Mercado
开往阿他托尼科方向的巴士站100米
这里是墨西哥酒店 Aquí es México
萨特酒店 Casa Sautto
Allende
西维卡广场 Plaza Cívica
San Sebastian
Vianey
尼古洛曼特文化中心 Centro Cultural el Nigromante
卢卡斯餐馆 Tío Lucas
San Francisco
Galeria San Miguel
方济各会教堂 San Francisco
莫纳什酒店 Posada de las Monjas
Starbucks Coffee
旅游咨询处
Sushi Itto
新蒙托商店 El Nuevo Mundo
康塞普西翁教堂 Templo de la Concepción
妈妈咪呀餐馆 Mama Mia
索卡洛
毕加索餐馆 El Pegaso
帕西奥珠宝店 El Topacio
圣米格尔教区教堂 La Parroquia de San Miguel
昆帕尼奥餐馆 Cumpanio
比斯塔埃尔莫萨酒店 Vista Hermosa Taboada
圣米格尔·德阿连德历史博物馆 Museo Historico de San Miguel de Allende
长途客运站方向
科凯塔酒店 Coqueta
贝尔蒙德山脉贝尔蒙德之家酒店 Belmond Casa de Sierra Nevada
Casa Payo
Cafe Zen Teno
Antigua Trattoria
斗牛场 Plaza de Toros
美食广场 Mercado Centro
Villa Jacaranda
观景台 Mirador
Posada de la Aldea
阿连德美术学院 Instituto Allende
Rosewood
华雷斯公园 Jardín Juárez
Aristos San Miguel
Mesones, Hidalgo, Hernández Macías, Quebrada, Canal, Umarán, Pila Seca, Zacateros, Cuadrante, Relox, Insurgentes, Loreto, Manzana, Colegio, Juárez, Animas, Homobono, Nuñez, Aparicio, San Francisco, Correo, Real, Chiquito, Hospicio, Montes de Oca, Barranco, Recreo, Diez, Aldama, Allende, Jesús, Terraplén, Huertas, Garza, Piedras Chinas, Tenerias, Ancha de S.Antonio, Diezmo
0 300m

小贴士 城市巴士车无法进入索卡洛（Map p.153/A1），与索卡洛相隔1~2条街上有巴士车运营。紧邻索卡洛外侧有两个乘坐出租车的地点。

旅游咨询处

Map p.153/A1

位于索卡洛北侧。可以在此领取市内地图和宣传册。

TEL 152-0900

营 周一～周五 9:00~20:00
周六 10:00~20:00
周日 10:00~17:30

货币兑换

索卡洛周边有很多银行和货币兑换处。从索卡洛进入科雷傲路，角落处的货币兑换处汇率比较理想。

有趣的民间艺术品市场

推荐去圣菲利佩内里教堂后面的民间艺术品市场。这里大部分都是原住民经营的露天摊位，商品都非常不错。并且在这里可以砍价，充分享受当地的购物乐趣。市场每天 11:00~18:00 营业。

圣米格尔·德阿连德 漫步

城市规模较小，以哥特式的圣米格尔教区教堂和教堂前的索卡洛（第一广场）为中心，半径 1 公里内是游客的主要活动范围。中心城区有古教堂、石拱门和殖民风格的住宿地，可以悠闲地穿梭其中。索卡洛周边如棋盘般布局十分整齐，稍远的地方道路就变得蜿蜒曲折，一不小心就会迷路。

色彩鲜艳的殖民风格建筑

工艺品、纪念品商店和美术馆遍布城市，索卡洛前的坚拿路上也有很多，并且相对来说交通更加便利。首饰、铜质工艺品、家具、陶瓷器和纺织品等很多作品都透露着年轻艺术家鲜明的个性。在这些店铺闲逛同样是享受这座城市的一种方法。

另外，圣米格尔也是著名的艺术之城。德阿连德艺术学院和尼古洛曼特文化中心作为城市的名片，在全国都有着很高的名气，此外，城市内还有多所语言院校，有不少外国人都选择长期在这里学习西班牙语。可能正是由于这个原因，这里与其他的殖民风格城市不太一样，有一种独特的氛围，对于游客而言可以更快地融入这座城市。

在这里学习艺术和西班牙语的外国人非常之多

COLUMNA

阿连德美术学院入学体验

圣米格尔·德阿连德之所以被称作艺术之城，阿连德美术学院 Instituto Allende 做出了巨大贡献，学校培养出了许多画家、雕刻家、陶艺家和摄影家。有许多外国人选择长期居住在此学习艺术。还有不少退休的美国人也同年轻人一起接触学习艺术。

课程分为绘画、雕刻、陶艺、镂金、纺织、摄影、玻璃绘画等，用数周时间学完全部课程。如果想再提升自己的水平可以再次报名。平时校内的公告牌上会张贴公寓信息，方便想长期居住于此的人找房子，还有学校讲师组织的郊游等信息，即便不是这所学校的学生也可以利用这些资源。

校内的美术馆和咖啡馆（可以眺望到圣米格尔教区教堂）都向公众开放，可以来这里散散步，感受一下浓厚的艺术气氛。

●**阿连德美术学院** Map p.153/B1

TEL 152-0929 FAX 154-4538

URL www.instituto-allende.edu.mx

面向外国人的各种艺术讲座 4 周时间 M$4900~（材料另收费）

阿连德美术学院庭院内的咖啡馆

小贴士 阿连德美术学院北侧是R美食广场 Mercado Centro（Map p.153/B1 TEL 154-5415 营 周三～次周一 10:00~22:00），当地人很多，十分热闹。

圣米格尔·德阿连德 主要景点

圣米格尔教区教堂 La Parroquia de San Miguel

镇守在中心地区的大教堂 ★★

城市地标性建筑的大教堂

圣米格尔教堂作为方济各会的教堂于19世纪建成，由原住民工匠设计，具有欧式风格。与墨西哥大多数教堂不同，圣米格尔教堂并非直线型设计，而是采用的哥特式风格。在蓝天的映衬之下，教堂塔和外墙装饰的直线、曲线构成了微妙的平衡，极具美感。教堂采用墨西哥产的粉红石材，彰显出独特的氛围。

圣米格尔教区教堂
Map p.153/A1
入场 每天 7:00~14:00、16:00~20:30

圣菲利佩内里教堂 Oratorio de San Felipe Neri

教堂内部的宗教画值得一看 ★★

橘红色岩石的独特外观格外引人注目

1714年建成的巴洛克风格的教堂。教堂供奉的是墨西哥圣母瓜达卢佩，也叫作“农民之家 Casa de Capesino”。内部装饰着33幅连环画，描绘了圣菲利佩内里的一生。

圣菲利佩内里教堂
Map p.153/A2
入场 每天 8:00~14:00、16:00~20:30

尼古洛曼特文化中心 Centro Cultural el Nigromante

能够欣赏到西凯罗斯壁画的文化中心 ★

西凯罗斯的立体壁画

利用康塞普西翁修道院改造成了文化会馆，被民众亲切地称为贝拉斯艺术。内设艺术相关的讲座课程，参加的几乎都是年龄较大的欧美人。

这座中心最大的看点是西凯罗斯壁画室。名为《伊格纳西奥·阿连德将军的生涯计划》的壁画是西凯罗斯代表性的抽象作品。作品于1948年完成，展现了西凯罗斯不为人知的一面。另外台阶、内壁各处可以看到许多当地壁画画家佩德罗·马丁内斯的讽刺作品。

尼古洛曼特文化中心
Map p.153/A1
TEL&FAX 152-0289
文化中心教授绘画、雕刻、摄影、陶艺、芭蕾等多种艺术课程。面向外国人的各种艺术讲座 M$680~。

西凯罗斯壁画室
入场 周二~周六 10:00~17:30
周日 10:00~14:00
不允许拍照

圣米格尔·德阿连德历史博物馆 Museo Historico de San Miguel de Allende

英雄阿连德出生的家庭 ★

由墨西哥独立战争英雄伊格纳西奥·阿连德出生的家庭改造成的博物馆。市民都称其为“阿连德之家 Casa de Allende”。博物馆内没有展示阿连德生活在这里时的用品，主要介绍的是城市的历史和文化。

了解原住民生活的展示

圣米格尔·德阿连德历史博物馆
Map p.153/A1
TEL 152-2499
入场 周二~周日 9:00~17:00
费 M$50

小贴士 城市有退休的美国人居住区，除此之外还有许多由于留学等原因在这里长期居住的外国人，英语十分普及。整体物价水平相比其他地区略高。

圣米格尔·德阿连德的商店

Shopping

新蒙托商店

El Nuevo Mundo

Map p.153/A2

◆墨西哥民族工艺品专卖店

商店位于邮局北侧，有许多朴素的手工艺品。墨西哥各地的传统服饰（M$280~）、皮质零钱包等商品种类丰富。装饰品、实用品都可以买来当作纪念品。包 M$230~。

商品种类丰富多样

住 San Francisco No.17
TEL 152-6180
营 每天 9:00~20:00（周五~周六 10:00~21:00）
CC A D M V

帕西奥珠宝店

El Topacio

Map p.153/A1

◆银质首饰的宝库

珠宝店内的商品造型独特，二层的工厂对外开放，可以参观。除玛瑙、青金石等贵重的宝石外，还有用琥珀制成的商品，种类繁多。店内还有手镯、戒指、挂坠套装，都是明码标价。

出售的商品多种多样

住 Umarán No.12
TEL 152-4979
营 周一~周六 10:00~14:00、16:00~19:30，周日 10:00~15:00
CC A D M V

圣米格尔·德阿连德的餐馆

Restaurant

昆帕尼奥餐馆

Cumpanio

Map p.153/A2

◆环境舒适

圣米格尔中心的一家国际餐馆，人均 M$100~150 左右。可以点上一瓶红酒享受美食。餐馆同时经营面包房。

住 Correo No.29
TEL 152-2984
营 每天 8:00~21:00
税金 已含 CC A M V Wi-Fi 免费

毕加索餐馆

El Pegaso

Map p.153/A2

◆一个人也可以轻松享受

邮局东侧的一家餐馆，内部装修也很讨人喜欢。早点套餐 M$65~、中午的套餐 M$125。还有卷肉玉米饼（M$90~）、鱼炸玉米饼（3 个 M$95）、炒饭（M$75~）、各种意大利面（M$75~）等。

餐馆内部使用民间艺术品装饰，讨人喜欢

住 Corregidora No.6
TEL 152-7611
营 周四~次周二 8:30~22:00
税金 已含
CC M V
Wi-Fi 免费

妈妈咪呀餐馆

Mama Mia

Map p.153/A1

◆索卡洛附近的人气餐馆

菜品丰富的意大利餐馆。餐馆紧邻索卡洛，地理条件优越，深受游客喜爱，总是十分热闹。每天 8:00~13:30 有自助早餐（M$120），晚餐人均预算 M$200~300。餐馆还有意大利面和比萨。

庭院中也有餐桌

住 Umarán No.8
TEL 152-2063
营 每天 8:00~24:00（周五、周六~次日 3:00）
税金 已含
CC A D M V
Wi-Fi 免费

卢卡斯餐馆

Tio Lucas

Map p.153/A1

◆喜爱爵士乐的话一定不要错过晚上的演出

一家位于尼古洛曼特文化中心东北侧的牛排馆，每天晚上 9:00 会有爵士乐等现场音乐表演。推荐 300 克的菲力牛排（M$196）、沙拉（M$55~）等。

住 Mesones No.103
TEL 152-4996
营 每天 12:00~23:00
税金 已含 CC A M V
Wi-Fi 免费

小贴士 H比斯塔埃尔莫萨酒店 Vista Hermosa Taboada（Map p.153/A1 TEL 152-0078 ⓈⒹM$440~）是一家共有 13 间客房的小型酒店，位于圣米格尔教堂和历史博物馆之间的小路上。

圣米格尔·德阿连德的酒店

Hotel

以索卡洛为中心，3 个街区之内有着许多家酒店。有不少都是小巧精致的殖民风格的奢华酒店。少数价格便宜的酒店都距离索卡洛较远。整体住宿价格偏低，长期居住者很多。

内华达山脉贝尔蒙德之家酒店

Belmond Casa de Sierra Nevada

Map p.153/B2

◆全球 VIP 也会选择的酒店

一家由 18 世纪大主教的私宅改造而成的高档酒店。酒店共有 37 间客房，室内都是古风家具，根据房间不同，还会准备带有华盖的床铺。Wi-Fi 客房 OK · 免费

酒店内仿佛庭园一般

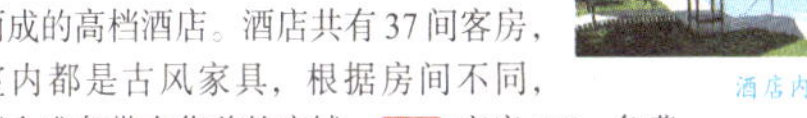

餐馆 ○ 游泳池 ○ 保险柜 ○ 早餐 △
住 Hospicio No.35
TEL 152-7040 FAX 152-1436
URL www.belmond.com
税金 +28%
CC A D M V
费 AC ○ TV ○ TUB ○ ⓈⒹM$4337~

科凯塔酒店

Coqueta

Map p.153/B2

◆气氛和谐的高档小型酒店

圣米格尔教堂往南走一个街区就可以看到酒店，共有 16 间客房。外观、内饰都以黄色和奶油色为基调，看上去十分明亮。酒店带有庭院，居住起来安心自在。Wi-Fi 客房 OK · 免费

房间宽敞明亮

餐馆 ○ 游泳池 ○ 保险柜 ○ 早餐 ○
住 Cuadrante No.3
TEL 152-0742 FAX 152-2601
URL www.coquetahotelb.mx
税金 +18%
CC A D M V
费 AC ○ TV ○ TUB ○ ⓈⒹM$1840~

这里是墨西哥酒店

Aquí es México

Map p.153/A1

◆民宿风格的酒店，放松惬意

传统的墨西哥房间，室内还有沙发，宽敞舒适。淋浴房也很干净整洁。共有 11 间客房。Wi-Fi 客房 OK · 免费

餐馆 × 游泳池 × 保险柜 × 早餐 ×
住 Hidalgo No.28
TEL 154-4686 税金 已含 CC M V
费 AC × TV ○ TUB × ⓈM$675~、ⒹM$725~

莫纳什酒店

Posada de las Monjas

Map p.153/A1

◆视野良好地理位置优越

酒店位于康塞普西翁教堂西侧，相距 1 个街区。酒店特色是在外墙嵌入了石头。楼上带有阳台。共有 66 间房。Wi-Fi 客房 OK · 免费

整洁舒适的中档酒店

餐馆 ○ 游泳池 × 保险柜 ○ 早餐 收费
住 Canal No.37
TEL 152-0171 FAX 152-6227
税金 已含 CC M V
费 AC ○ TV ○ TUB × ⓈM$600~、ⒹM$780~

萨特酒店

Casa Sautto

Map p.153/A1

◆墨西哥学生旅游的首选

酒店位于索卡洛西北侧，相距 300 米，地理位置好，周边十分安静。酒店设施齐全，适合希望选择价格便宜住所的游客。共有 20 间房。Wi-Fi 仅公共区域 · 免费

餐馆 × 游泳池 × 保险柜 × 早餐 ×
住 Hernández Macias No.59
TEL 152-0052 FAX 152-4992
税金 +18% CC 不可
费 AC × TV ○ TUB × ⓈM$385~、ⒹM$580~

阿尔卡特拉斯青年旅舍

Hostal Alcatraz

Map p.153/A2

◆共有 20 张床，便宜整洁的青年旅舍

这家青年旅舍位于索卡洛以北两个街区。共有 4 间房，面积虽然较窄，但保洁及时，干净整齐。旅舍 24 小时出入自由，设施齐全，还有公共厨房。房型只有多人宿舍。Wi-Fi 客房 OK · 免费

旅舍位于城市中心，十分便利

餐馆 × 游泳池 × 保险柜 × 早餐 ×
住 Relox No.54
TEL 152-8543 税金 已含
CC 不可
费 AC × TV × TUB × 多人宿舍 M$180

餐馆 游泳池 保险柜 早餐 AC 空调 TV 电视 TUB 浴缸

克雷塔罗 *Querétaro*

残留着优美的水道桥的历史风景地区

人 口	约 80 万
海 拔	1762 米
区 号	442

特色推荐！

★ 从观景台眺望水道桥
★ 克雷塔罗地方历史博物馆
★ 克雷塔罗风味的卷肉玉米饼

杰尼亚公园对面的方济各会教堂

克雷塔罗位于墨西哥城西北部，相距 200 公里，是一座中等规模的工业城市。自然景观丰富，气候温暖，是克雷塔罗州的首府，官方名称为圣迭戈 · 克雷塔罗。城市北部是圣路易斯 · 波多西、西部是瓜纳华托等城镇，作为连接墨西哥城的交通要冲发展起来，18 世纪左右发展为国内第三大城市。在墨西哥其他各地原住民都被当作奴隶对待的时候，克雷塔罗的西班牙殖民者却和齐齐米卡原住民相处得十分融洽。

克雷塔罗的中心地区石板路延绵不断，殖民地风格的街区不断延伸，巴洛克风格的建筑随处可见，具有历史的石造建筑一座接一座。另外中心地区的东侧有一座长达 1 公里以上的水道桥，保存状态良好。中心城区美丽整洁，城市垃圾很少。克雷塔罗的历史地区在 1997 年列为世界文化遗产，在游客中也有着很高的人气。

活动信息

● 3~4 月
圣周节日期间城市中心会有游行活动。

● 9 月 13~15 日
圣克鲁兹罗斯米拉达罗斯节。可以看到康切罗斯舞蹈表演。

● 11 月下旬 ~12 月上旬
墨西哥规模最大的国际商品展览会 Feria Internacional，家畜等都可以进行交易。音乐会、马戏表演、职业摔角比赛等各种活动都会同时举办。

克雷塔罗州政府旅游局

URL www.queretaro.travel

克雷塔罗 交通

飞机▶城市东北部 8 公里外是克雷塔罗国际机场（QRO），墨西哥城、瓜达拉哈拉、坎昆等地有墨西哥航空、TAR 航空、Volaris 航空运行的航线。

此外也有休斯敦、达拉斯等地的国际航线运行。

巴士▶与瓜纳华托、瓜达拉哈拉等周边城市之间有很多往来车次。

长途客运站到市区

克雷塔罗的长途客运站位于市中心东南，距离 5 公里，乘坐市巴士车需 20 分钟左右，M$8.5。坐出租车需要 M$50 左右。城市巴士车上标有的"Central"是克雷塔罗长途客运站的缩写。

克雷塔罗巴士时刻表

目的地	每天车次信息	所需时间	价格
墨西哥城	ETN、Primera Plus 等每小时 7~8 班	3 小时	M$216~340
瓜达拉哈拉	ETN、Primera Plus 等每小时 5~7 班	4.5~5 小时	M$422~620
瓜纳华托	ETN 16 班、Primera Plus 8 班	2 小时	M$207~221
圣米格尔 · 德阿连德	ETN 6 班、Pegasso 等每小时 1~2 班	1.5 小时	M$68~118
莫雷利亚	ETN、Primera Plus 等每小时 1~2 班	2.5 小时 ~ 4 小时	M$195~274

参观一下教堂内部吧

小贴士 从克雷塔罗乘坐 1 小时巴士车可以到达城市东部伯纳尔 Bernal 的高 350 米的伯纳尔巨岩，其作为"能量场"十分有名。尤其是 3 月 21 日春分时，会聚集上千人。

克雷塔罗 漫步

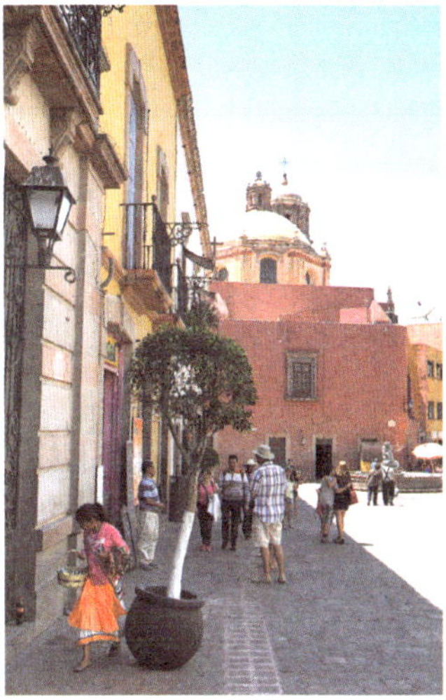

克雷塔罗的历史街区以杰尼亚公园 Jardín Zenea 为中心，具有历史感的街道不断延伸。公园旁的科雷希多拉大街 Av.Corregidora 西侧曾经居住的是西班牙殖民者，而大街东侧则是原住民的居住区。西侧区域划分整齐，建造着装饰豪华的教堂，而与之相对的，东侧的道路狭窄，教堂也没有那么华丽。

老城区的历史地区有 20 多座教堂，附带修建的修道院如今都作为学校或博物馆继续使用，其中一部分游客也可以参观。另外教堂前的广场和公园草木繁茂，还会有应季的鲜花盛开。不妨在广场对面的咖啡馆、餐馆休息，随后漫步于充满历史感的街区吧。

方济各会教堂后面的步行街

市内巡游的观光巴士

旅游咨询处

Map p.159/A1

住 Pasteur 4 Norte

TEL 238-5067

营 每天 9:00~20:00

有很多市内和州内景点的免费小册子。

市内观光巴士

观光巴士 Tranvia 有两条循环线路，分别去往克雷塔罗历史地区和水道桥，途中会经过多个景点，每天 11:00~20:00 在孔斯蒂图西翁广场东侧运营，每小时各 1 班，全程 1 小时，价格 M$80。车票在旅游咨询处和车上都可以购买。

克雷塔罗 Querétaro

地区图▶p.121/A2

前往机场
科雷希多拉餐馆 Mesón Corregidora
圣安东尼奥教堂 Templo de San Antonio
市立博物馆 Museo de la Ciudad
西格罗餐馆 Fin de Siglo
科雷希多拉广场 Plaza de la Corregidora
克雷塔罗地方历史博物馆 Museo Regional de Historia
Señorial
共和剧场 Teatro de la Republica
卡萨德马克萨餐馆 Casa de Marquesa
杰尼亚公园 Jardín Zenea
旅游咨询处
州政府
Mesón de Santa Rosa
阿马斯广场
布里多尼餐馆 Breton
丰达多雷斯广场 Plaza de los Fundadores
广场酒店 Plaza
方济各会教堂
丘乔诺特餐馆 Chucho el Roto
圣克拉拉教堂 Templo de Santa Clara
格雷罗公园 Jardín Guerrero
伊达尔戈酒店 Hidalgo
圣克鲁兹修道院 Convento de la Santa Cruz
孔斯蒂图西翁广场 Plaza Constitución
El Globo（面包房）
Burro Azul
阿康热尔咖啡馆 El Arcángel
酷酷如库酒店 Kuku Ruku
天主教堂 Catedral
圣奥古斯丁酒店 San Agustín
克雷塔罗美术馆 Museo de Arte de Querétaro
Mesón Colonial
（从长途客运站开来）
（开往长途客运站）
邮局
伊察酒店 Itza
苏尔埃斯特餐馆 Tikua Sur Este
San Francisco
货币兑换处
入口
因帕拉酒店 Impala
阿拉梅达·伊达尔戈公园 Alameda Hidalgo
圣罗莎维泰博教堂 Templo de Santa Rosa de Viterbo
瑞尔阿拉梅达酒店 Real Alameda
Amberes
马里亚诺大众市场 Mercado General Mariano
Mirabol
去往墨西哥城、瓜纳华托方向
距离观景台300米
距离水道桥300米
去往长途客运站方向
0 300m

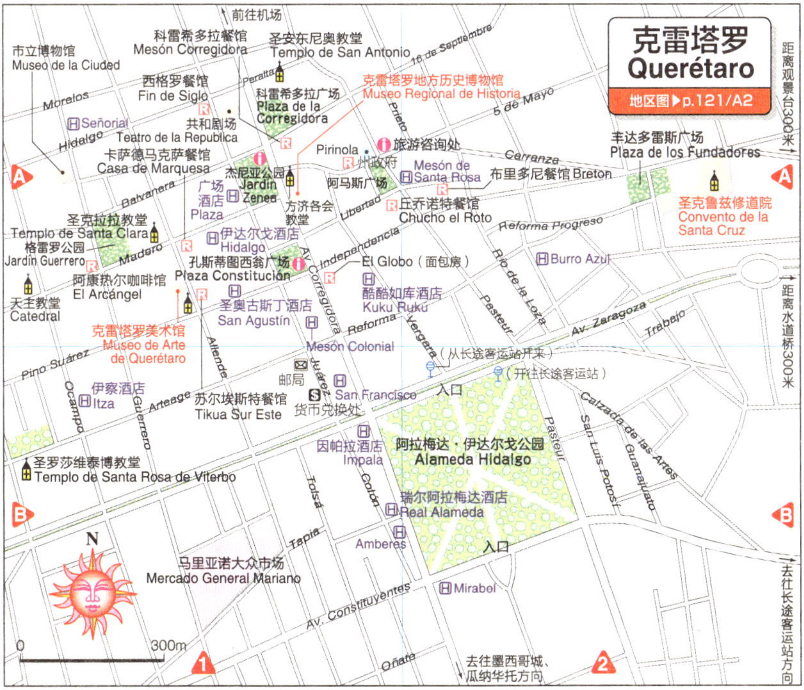

小贴士 杰尼亚公园每周日晚都有管弦乐团进行古典音乐表演，还有各种伴舞同时上演。详细信息可以到旅游咨询处问询。

克雷塔罗地方历史博物馆 Museo Regional de Historia

宗教建筑遗址 ★★

博物馆紧邻方济各会教堂

博物馆位于杰尼亚公园东南侧，收藏着贵重的历史遗物和美术品。建筑本身是1540年方济各会修道院，如今作为博物馆向公众开放。一层是克雷塔罗周边原住民遗迹中的出土物品，还有耶稣教的绘画等宗教美术压轴。二层是墨西哥独立前近现代史的丰富资料展览。

克雷塔罗地方历史博物馆
Map p.159/A1
TEL 212-4889
入场 周二～周日 10:00~18:00
费 M$55

克雷塔罗美术馆 Museo de Arte de Querétaro

利用修道院遗址改造而成的美术馆 ★★

美术馆紧邻方济各会教堂，庭院装饰优雅精美。以企划展为中心，常设展览中17~19世纪的宗教画、肖像画也有很多。

可以欣赏内院的精美装饰

克雷塔罗美术馆
Map p.159/A1
TEL 212-3523
URL museodeartequeretaro.com
入场 周二～周日 10:00~18:00
费 免费

圣克鲁兹修道院 Convento de la Santa Cruz

感受中世纪修道院的氛围 ★★

广场对面的教堂和修道院

修道院位于杰尼亚公园东侧1公里远。修道院内虽然没有像博物馆一样的介绍，但是可以看到修士居住的房间、使用的厨房等，还原了17~18世纪的生活原貌。并且保留着法国占领期间马西米连诺一世曾使用的房间，还有他喜爱的桌椅也都保存完好。绿色的庭院十分美丽，环境安逸。

圣克鲁兹修道院
Map p.159/A2
入场 周二～周六 9:00~13:30、16:00~17:30
周日 9:00~16:00
费 M$10（导游小费单收M$10）

每隔30分钟~1小时不等，会有导游带领参观（西班牙语）。参观时间25分钟。

重现当时的生活

INFORMACIÓN

为克雷塔罗锦上添花的康切罗斯节日庆典

克雷塔罗每年独立纪念日前的9月13~15日都会举办圣克鲁兹罗斯米拉达罗斯节庆典。举办地在圣克鲁兹修道院前的广场上，节日的主题是纪念西班牙殖民者和原住民齐齐米卡族交战后又能够融洽相处。

1654年某天，双方激战愈加激烈，正在此时由于日食的原因，天空变暗，太阳呈现出了十字架的形状。见到此景的齐齐米卡族停止了战斗，决定改为和西班牙人一同信奉天主教。

节日当天，会在广场上跳起阿兹特克起源的康切罗斯舞。当地20多个舞蹈团齐聚一堂，伴随着鼓点一同起舞。上千人会穿着阿兹特克风格的服装翩翩起舞，这种场景难得一见，可以感受到原住民们强大的力量。

广场上到处都是跳着康切罗斯舞的人们

小贴士 克雷塔罗郊外的提克斯克潘 Tequisquiapan 和伯纳尔 Bernal 周边的酿酒厂和奶酪工厂十分有名。可以参加墨西哥城出发的旅游团到此参观，还能试吃、试喝。

水道桥 Acueducto

世界遗产都市的象征 ★★★

水道桥曲线优美，更加映衬出古都风情

水道桥始建于 1726 年，并于 1738 年完成，全长 1280 米，共有 74 个桥洞，横穿城市，可以到达郊区的山脉。当初是由墨西哥城的建筑家倡议，考虑到用水不卫生可能影响居民健康而建造的，如今已经无法使用。

水道桥

Map p.159/A2 外

水道桥沿萨拉戈萨大街 Av.Zaragoza 修建，从圣科鲁兹修道院步行到达需要 10 分钟左右。

观景台 Mirador

可以俯瞰到水道桥和市区 ★★★

圣克鲁兹修道院以东 200 米便是观景台。可以眺望城市东部不断延伸的水道桥和周边宽阔的新市区内住宅。这里是每个来克雷塔罗的游客必然光顾的地方，有很多民间艺术品小摊，不少游客都会在这里选购纪念品。从这里步行到水道桥西侧仅需 2 分钟。观光巴士会在这里停 10 分钟车，可以趁此间隙拍照。

人气颇高的地点之一

观景台

Map p.159/A2 外

从杰尼亚公园打车需要 M$30 左右。从圣克鲁兹修道院步行仅需 5 分钟。白天步行前往没有问题，但如果是晚上一个人的话还是建议打车。

克雷塔罗的餐馆

Restaurant

克雷塔罗的科雷希多拉广场、阿马斯广场对面有不少咖啡馆和餐馆，除此之外，老城市区内还散落着一些很有个性的餐馆。利用古建筑改造的餐馆也有很多，既能吃到美食还能享受古朴的氛围。

阿康热尔咖啡馆

El Arcángel

Map p.159/A1

◆格雷罗公园对面的咖啡馆

格雷罗公园西侧的一家咖啡简餐。内部古朴的风格令人感到放松。肉或鱼的套餐配有汤和沙拉，价格 M$111~153。

住 Guerrero Norte No.1
TEL 212-6542　营 每天 8:00~18:00
税金 已含 CC M V
Wi-Fi 免费

COLUMNA

克雷塔罗教堂巡礼

克雷塔罗市内的教堂数量很多，光老城区就有 30 多座。悠闲地穿梭在这些教堂之间，能够尽情享受古都的风情。

中心地区的杰尼亚公园东侧过去是原住民居住的区域，相反西侧居住的则是西班牙殖民者。东侧道路狭窄，教堂也很普通，而与之相对的，西侧区域划分整齐，矗立着装饰豪华的教堂。

黄昏时进行弥撒的圣克鲁兹教堂

杰尼亚公园西南方向，相距 2 个街区便是圣克拉拉教堂（Map p.159/A1），内部采用丘里格拉风格的装饰。正面是黄金祭坛，侧面的墙壁上装饰着圣人像，细致庄严的装饰令人赞叹不已。

圣罗莎维泰博教堂外观

老城区西侧是圣罗莎维泰博教堂（Map p.159/B1），外观造型会让人联想到伊斯兰教的清真寺。白墙和柱子上都装饰着像瓷砖一样的东西，有蓝色和红色两种色调。内部采用大理石，而侧面整体也像圣克拉拉教堂一样用黄金进行装饰。

小贴士　孔斯蒂图西翁广场每天 19:00~22:00 有音乐喷泉表演。可以在休息时观看放松。

卡萨德马克萨餐馆
Casa de Marquesa

◆**豪华私宅改造成的高档餐馆**

餐馆利用18世纪建成的私人住宅改装而成。大厅内饰豪华，一进入楼内就能感受到奢华的气氛。肉菜M$140~270。这是一家知名的高档餐馆，不妨切实去体验一下。

克雷塔罗的著名餐馆

Map p.159/A1

住 Madero No.41
TEL 227-0500
营 每天 7:30~22:00
税金 已含
CC M V
Wi-Fi 免费

科雷希多拉餐馆
Mesón Corregidora

◆**游客众多热闹不已**

地道的克雷塔罗地方菜餐馆。地理位置好，靠近阳台的座位永远坐无虚席。13:00~18:30的午餐套餐为M$80。播放的音乐也十分应景。

面朝科雷希多拉广场

Map p.159/A1

住 16 de Septiembre No.10
TEL 212-0784
营 每天 8:30~24:00
税金 已含
CC A M V
Wi-Fi 免费

克雷塔罗的酒店
Hotel

历史地区集中着各个价位的酒店，酒店规模普遍偏小。周末和节假日赶在一起时，房间几乎会全满，所以一定尽早预订。

瑞尔阿拉梅达酒店
Real Alameda

◆便于观光的大型酒店

酒店位于老城区南侧附近，是一家高档酒店。屋顶有酒吧，可以俯瞰阿拉梅达·伊达尔戈公园。酒店共有120间客房，客房环境舒适宽敞。Wi-Fi 客房OK·免费

公园对面的大型酒店

Map p.159/B1

餐厅 ○ 游泳池 ○ 保险柜 ○ 早餐 收费
住 Av.Corregidora No.184
TEL 251-8900
URL www.hotelrealalameda.com
税金 +19%
CC A M V
费 AC ○ TV ○ TUB × ⓈⒹM$980~

伊达尔戈酒店
Hidalgo

◆ 1825年创建的老牌酒店

距离杰尼亚公园仅一分钟路程。观光、用餐都很方便。是一家殖民时期风格的酒店，设施齐整，共有46间客房。Wi-Fi 客房OK·免费

Map p.159/A1

餐厅 × 游泳池 × 保险柜 × 早餐 ×
住 Madero No.11
TEL 212-0081 FAX 212-8102
URL www.hotelhidalgo.com.mx
税金 已含 CC M V
费 AC × TV ○ TUB × ⓈM$590~、ⒹM$800~

广场酒店
Plaza

◆价格合理，地理位置优越的人气酒店

酒店位于杰尼亚公园西侧，十分便利。价格合理房间干净整洁，房间经常处于全满状态。共有29间房。Wi-Fi 客房OK·免费

Map p.159/A1

餐厅 × 游泳池 × 保险柜 × 早餐 ×
住 Juárez Norte No.23
TEL&FAX 212-1138
税金 已含 CC M V
费 AC × TV ○ TUB × ⓈM$475~、ⒹM$610~

餐厅 游泳池 保险柜 早餐 AC 空调 TV 电视 TUB 浴缸

小贴士 R丘乔诺特餐馆 Chucho el Roto（Map p.159/A1 TEL 212-4295 营 每天 8:00~23:00）位于阿马斯广场南侧。克雷塔罗风的卷肉玉米饼 M$115。

莫雷利亚 *Morelia*

列为世界文化遗产的殖民风格都市

紧邻天主大教堂的莫雷利亚中心索卡洛

人　口	约73万
海　拔	1920米
区　号	443

特色推荐！

★沿水道桥漫步
★参观夜间的天主大教堂和州政府
★在甜品市场购买当地特产点心

莫雷利亚是米却肯州的首府。莫雷利亚在墨西哥殖民城市中也是历史最为悠久的，有很多重要的建筑物，于1991年列入了世界文化遗产名录。由略带红色的石材建造而成的历史地区，让这座城市的孤独韵味更加浓厚。

16世纪西班牙人征服了这片土地上的塔拉斯科王国，并于1541年开始了城市的建设。城市建设当初名为巴利阿多利德，但为了纪念在这里出生的墨西哥独立运动英雄何塞·玛利亚·莫雷洛斯，在1828年更换了名称。另外，米却肯州的原住民制作的民间艺术品也十分出名。作为州首府，周边城市的特产都聚集在此，可以尽情购物。

黑脉金斑蝶生态保护区

莫雷利亚 交通

飞机▶墨西哥城有墨西哥航空和Aeromar航空的航班，每天3~4班（所需时间1小时、M$2227~5237），蒂华纳有Volaris航空的航班，每天1~3班（所需时间3.5小时、M$2519~3320）。也有达拉斯、休斯敦等国际航线运营。

巴士▶ETN公司的高级大巴、Primera Plus等公司的一等大巴从各地驶来。州内城市间有Ruta Paraiso等二等大巴运营。从墨西哥城出发的话，西部的长途客运站有很多车次都可以到达。

莫雷洛斯的长途客运站位于城市西北部，距离较远。在圣尼古拉斯大学前乘坐Rojal迷你巴士需30分钟，价格M$6.5。打车M$50左右。

米却肯州政府旅游局

URL www.visitmichoacan.com.mx

从市内到机场

莫雷利亚机场Morelia（MLM）位于市中心以东30公里处，乘坐出租车需要30分钟，M$180左右。

墨西哥航空

TEL 313-7632（机场内）

莫雷利亚市内观光巴士

从索卡洛西侧开始运营着的Tranvía地面电车型观光巴士。全程1小时，车上有西班牙语解说。每天10:00~18:30之间，每小时运行1班（价格M$60）。车上仅能乘坐14人，所以每到周末基本都是满座状态，平时则可能因为人少而不发车，务必提前确认。

市内观光巴士

旅游咨询处

Map p.164

住 Palacio del Gobierno

营 周一～周五 10:00~18:00

米却肯州的政府旅游局位于州政府厅内院的楼内一层。有州内各地的资料。市级咨询处（营 每天 10:00~18:00）位于索卡洛西北侧，有市内地图，还可以报名参加郊外旅行团（最少成团人数 2 人）。

市内交通

莫雷利亚市内有 Combi 迷你巴士，途经站点用颜色和数字表示。在老城区内乘坐出租车需要 M$35 左右。

市内的迷你巴士车

莫雷利亚巴士时刻表

目的地	每天车次信息	所需时间	价格
墨西哥城	ETN 36 班、Primera Plus 16 班、Autovias 每小时 1~2 班等	4~6 小时	M$350~505
瓜达拉哈拉	ETN、Primera Plus 等每小时 2~4 班	3.5 小时	M$350~470
瓜纳华托	Primera Plus 3 班（6:30、9:20、14:30）	4 小时	M$230
克雷塔罗	ETN、Primera Plus 等每小时 1~2 班	2.5~4 小时	M$195~274
帕茨夸罗	Purhépechas 等每小时 6~9 班	1 小时	M$45~62
乌鲁阿潘	ETN 4 班、Purhépechas 等每小时 1~3 班	2 小时	M$90~160

莫雷利亚 漫步

主干道马德罗大街

莫雷利亚老城区的建筑石材表面都略带红色，给人一种厚重的感觉。这些建筑如今大多被作为学校、博物馆和酒店，大部分都可以进入内部参观。天主大教堂等市区内的教堂都值得一去。老城区的街道布局像棋盘一样整齐划一，即使迷路了也可以走回到天主大教堂。

从天主大教堂向东走 1 公里便是水道桥，虽然如今已无法使用，但仍是莫雷利亚的标志性建筑。另外独立运动的英雄人物莫雷利亚的故居如今也作为博物馆开放，里面的历史展品不容错过。

甜品市场内各式各样的当地点心

市内有不少市场和商店，米却肯州各地的民间艺术品琳琅满目。如果想找寻礼品，不妨到民间艺术馆或者甜品市场转一转。

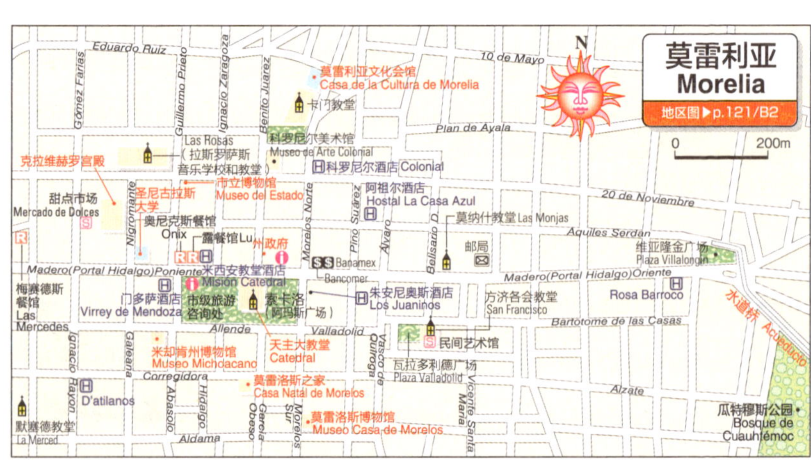

小贴士 莫雷利亚中心地区的旅行社不多。在旅游咨询处可以报名参加游览黑脉金斑蝶生态保护区、哈尼齐奥岛和帕里库廷火山的旅行团。

莫雷利亚 主要景点

天主大教堂 Catedral

莫雷利亚气派的象征 ★★

始建于1640年，耗时100多年才建造完成，是西班牙银匠装饰风格。内部装饰华丽，很有品位，半圆形的屋顶上铺着蓝色和白色的瓷砖。兼顾厚重与优雅。

州政府 Palacio de Gobierno

晚间有灯光照明 ★★

18世纪时建造，为当时流行的巴洛克风格。内部的走廊装饰着当地画家阿尔佛雷德·塞萨尔描写墨西哥历史的壁画作品。夜晚内部有照明，壁画看起来更加魔幻。

走廊中的壁画值得一看

克拉维赫罗宫殿 Palacio Clavijero

中心地区留存的耶稣教遗址 ★

18世纪耶稣教会建造的神教学校遗址，在莫雷利亚的殖民风格建筑中也是非常醒目。内部庭院宽敞，中心是一个喷泉，营造出一种很高的格调。如今宽阔的庭院中，沿走廊会陈列现代美术作家的作品，除此之外，旅游咨询处和图书馆也设在这里。

建筑本身就是一大亮点

市立博物馆 Museo del Estado

免费参观，展览独特 ★

再现19世纪的药局

博物馆一层是米却肯州各地出土的史前时代的陶器、石器和石像等展品。二层是西班牙殖民地时代史料和米却肯州各地的特产。进入博物馆，首先映入眼帘的是还原的19世纪药局。当时药店贩卖的药品也都陈列在此。

天主大教堂

Map p.164

入场 每天 6:00~20:30

天主大教堂漂亮的双塔

州政府

Map p.164

马德罗路北侧，天主大教堂对面。

入场 每天 8:00~20:00

克拉维赫罗宫殿

Map p.164

从索卡洛沿马德罗路向西走一个街区后，右转就能看见宫殿。紧邻市场。

入场 周二～周五 10:00~18:00
周六、周日 10:00~19:00

市立博物馆

Map p.164

TEL 313-0629

入场 周一～周五 9:00~15:00、16:00~20:00
周六、周日 10:00~18:00

费 免费

圣尼古拉斯大学

Map p.164

大学内立有独立之父伊达尔戈神父的教坛，独立英雄莫雷洛斯也曾在这里上学。如今官方名称为米却肯州立大学。

小贴士

州政府可以上到二层，夜间从二层可以看到点亮灯光的天主大教堂。将相机设定成高感光度的话，拍出来的照片上州政府和天主大教堂会重合在一起，十分好看。

莫雷利亚文化会馆

Map p.164
入场 周一～周五 8:00~21:00
周六 8:00~19:00
周日 10:00~18:00
费 免费

莫雷利亚文化会馆 Casa de la Cultura de Morelia

各地的舞蹈服装和面具陈列 ★★

文化会馆紧邻卡门教堂，很有历史建筑的厚重感。文化会馆利用卡门修道院改造而成，有戏剧、舞蹈、管弦乐等演出，是市民文化活动的中心。会馆内没有常设展览，但不时会有当地艺术家的企划展览召开。

很有年代感的修道院

莫雷洛斯之家

Map p.164
TEL 312-2793
入场 每天 9:00~19:00
费 免费

莫雷洛斯博物馆

Map p.164
TEL 313-2651
入场 周二～周日 9:00~16:45
费 M$36

博物馆还展示着马车等常用品

莫雷洛斯之家 / 莫雷洛斯博物馆 Casa Natal de Morelos/Museo Casa de Morelos

墨西哥独立的主角，与莫雷洛斯相关的场所 ★★

莫雷洛斯诞生的地方

墨西哥独立运动的英雄何塞·玛利亚·莫雷洛斯1765年出生的地方。这里和相隔一个街区的莫雷洛斯博物馆都属于历史建筑。博物馆原本是莫雷洛斯后来居住的地方，如今改造后成了博物馆，记录着墨西哥独立和莫雷洛斯的历史资料。

米却肯州博物馆

Map p.164
TEL 312-0407
入场 周二～周日 9:00~18:00
费 M$50

米却肯州博物馆 Museo Michoacano

史前时代到近代的历史展示 ★

米却肯州代表性的博物馆，陈列着许多史前时代的出土文物以及殖民地时代的史料。另外二层还有宗教画和与墨西哥独立战争相关的资料。

水道桥

Map p.164
从索卡洛步行20分钟即到。

水道桥 Acueducto

沿桥散步十分惬意 ★★

水道桥建于18世纪，长1.6公里，造型优美。由253根支柱组成的罗马风格桥洞缓缓弯曲，在城市景色中留下了独特的印象。水道桥西端是拉斯塔拉斯卡斯喷泉Fuente de las Tarascas，喷泉处有当地原住民的女性像，从这里沿道路走上一会儿，就能到达瓜特穆斯公园。

中心城区东侧的莫雷利亚水道桥

索卡洛周边一到晚上，天主大教堂和州政府的建筑都有灯光照明，十分美丽。莫雷利亚属于高原地区，夜间气温较低，外出时注意添加衣物。

莫雷利亚的餐馆

Restaurant

天主大教堂北侧的殖民风格建筑中，入驻了许多家餐馆和咖啡馆。可以一边欣赏城市的风景，一边享受美食。

沿甜品市场北侧的马路一直走，有平价的美食街，菜品丰富价格低廉。另外，莫雷利亚是学生的天堂，适合年轻人的时尚咖啡馆遍布城内。

梅赛德斯餐馆

Las Mercedes

◆品位独特，装修精美

餐馆内使用古董品装饰，建筑本身也有 300 年以上的历史。菜单十分国际化，也有莫雷利亚当地口味的饭菜。推荐菜品有图尔恰·波图格萨（培根卷裹奶酪）M$175、超级梅赛德斯（鸡肉奶油汤）M$90 等。

殖民风格的历史建筑庭院中享受美食

Map p.164

住 León Guzmán No.47

TEL 312-6113

营 每天 14:00~23:00（周日 ~20:00）

税金 已含

CC M V

Wi-Fi 免费

露餐馆

Lu

◆索卡洛对面的咖啡简餐

餐馆位于卡西诺酒店一层，选择来这里的人很多，十分热闹，屋内和室外都有餐桌。卡布奇诺 M$30、一杯红酒 M$72~。

辣肉馅玉米卷 M$77.59

Map p.164

住 Portal Hidalgo No.229

TEL 313-1328

营 每天 7:30~22:00（周五、周六 ~23:00）

税金 +16%

CC A M

Wi-Fi 免费

奥尼克斯餐馆

Onix

◆适合情侣的时尚之选

索卡洛北侧的一家多国元素餐馆。利用历史建筑改造，木质柜台，环境很好，喝上一杯龙舌兰酒（M$60~）或啤酒（M$35），尽情享受吧。

Map p.164

住 Portal Hidalgo No.261

TEL 317-8290

营 每天 12:00~ 次日 1:00

税金 已含　CC M V　Wi-Fi 免费

COLUMNA

黑脉金斑蝶生态保护区

莫雷利亚东部约 170 公里处的安甘格奥 Angangueo 是一座位于海拔 2980 米山间的小镇。每年 11 月底黑脉金斑蝶群都会从北美迁徙到小镇近郊处的黑脉金斑蝶生态保护区 Santuario de Mariposa Monarca（Map p.121/B2 入场 每天 10:00~18:00 费 M$50）。黑脉金斑蝶在墨西哥过冬，当它们在树枝、树干上歇息时，会聚集成小团，总数高达数百万，场面相当壮观。它们的数量如此之多，以至于把树木点缀成了橘黄色，树枝都被这些蝴蝶的重量压弯了。冬天过后，每年的 3 月中旬，它们会再次返回北方。

前往安甘格奥一般要先要乘坐途径锡塔夸罗 Zitacuaro 的巴士，到达锡塔夸罗后再换乘巴士到达安甘格奥，随后再从安甘格奥乘坐出租车，约 10 公里到达保护区，这是最为普遍的一种方式。11 月末～次年 3 月中旬有从莫雷利亚出发的旅行团（一人 M$550~）。在旅游咨询处或旅行社（Casa Maya 公司 TEL 314-5738）都可以报名。

林间飞舞的蝴蝶群

小贴士　黑脉金斑蝶的观察区不光只有安甘格奥，还有从墨西哥城出发参观保护区的旅游团，但只在个别时期发团。从墨西哥城出发前往彼耶德拉耶拉达保护区只需 1 小时左右，交通也很便利。

莫雷利亚的酒店

Hotel

索卡洛周边有多家中高档酒店，卡门教堂周边的酒店价格相对便宜。当地带有空调的酒店较少，但是莫雷利亚气候凉爽，即便没有空调也十分舒适。

朱安尼奥斯酒店

Los Juaninos

Map p.164

◆中世纪情怀

酒店为17世纪历史性建筑，位于天主大教堂东侧。每个房间的面积、装饰都有所不同，摆放了很多古风日用品和历史照片，住起来心情会变得十分美好。酒店共有31间客房，内部还有小酒吧等设施。Wi-Fi 客房 OK · 免费

餐厅 ○ 游泳池 × 保险柜 ○ 早餐 △

住 Morelos Sur No.39

TEL&FAX 312-0036

URL www.hoteljuaninos.com.mx

税金 已含 CC A D M V

费 AC ○ TV ○ TUB ○ ⓈⒹM$1500~

门多萨酒店

Virrey de Mendoza

Map p.164

◆高雅的环境

酒店位于索卡洛西侧，共设有55间客房，属于高档酒店。大堂用画作和家具装饰，营造出一种庄重的气氛。彩色玻璃也十分好看。各个房间会有不同的装饰。Wi-Fi 客房 OK · 免费

被旧时代的家具用品包围

餐厅 ○ 游泳池 × 保险柜 ○ 早餐 ○

住 Madero Poniente No.310

TEL 312-0045 FAX 312-6719

URL www.hotelvirrey.com

税金 已含 CC A M V

费 AC ○ TV ○ TUB ○ ⓈⒹM$1580~

米西安教堂酒店

Misión Catedral

Map p.164

◆环境舒适的中档酒店

酒店位于索卡洛北侧，共有61间房。围绕庭院而建的殖民风格建筑在游客中有着很高人气。Wi-Fi 客房 OK · 免费

餐厅 ○ 游泳池 × 保险柜 × 早餐 △

住 Zaragoza No.37 TEL&FAX 313-0406

URL www.hotelcatedralmorelia.com

税金 +18% CC 银行卡 A M V

费 AC × TV ○ TUB × ⓈM$910~、ⒹM$1010~

科罗尼尔酒店

Colonial

Map p.164

◆步行5分钟即可到达索卡洛

酒店共有26间客房，中间带有庭院。平日和淡季酒店最高有5折优惠。Wi-Fi 客房 OK · 免费

餐厅 × 游泳池 × 保险柜 × 早餐 △

住 20 de Noviembre No.15

TEL 312-1897

URL www.novocolonial.com.mx

税金 已含 CC M V

费 AC × TV ○ TUB × ⓈM$699、ⒹM$990

阿祖尔酒店

Hostal La Casa Azul

Map p.164

◆性价比高

酒店共8间客房，21张床铺，价格便宜。厨房、洗衣机等公共设施齐全。多人宿舍价格为M$150。Wi-Fi 仅公共区域 · 免费

餐厅 × 游泳池 × 保险柜 × 早餐 ○

住 Aquiles Serdan No.149

TEL 312-4475 税金 已含 CC 不可

费 AC × TV × TUB × ⓈⒹM$350~

INFORMACIÓN

莫雷利亚的购物信息

如果在莫雷利亚选购礼品，米却肯州的民间艺术品是绝对的首选。要挑选质量较好的首饰，推荐到方济各会教堂内的民间艺术馆 Casa de las Artesanías（Map p.164）。这里摆放着州内各地的民间艺术品，选择范围广泛。陶器、漆器和铜制品等都明确标有生产地，辛祖坦的工艺品、奥库密侨的陶艺人偶、伊坎的红色陶艺等应有尽有。营业时间为周一～周六 8:30~20:30（周日 9:00~16:00）。

克拉维赫罗宫殿西侧是甜点市场 Mercado de Dolces（Map p.164）。售有米却肯州名产阿特（水果羊羹）和卡赫塔（焦糖酱）等，还有点心盒 M$30~70。营业时间为每天 10:00~20:00。

帕茨夸罗 *Pátzcuaro*

拥有美丽湖泊的殖民风格高原城市

人口	约9万
海拔	2175米
区号	434

特色推荐!

★ 民俗博物馆和周边住宅
★ 欣赏老年舞
★ 哈尼齐奥岛

从半山腰的城镇可以望见帕茨夸罗湖

城镇位于帕茨夸罗湖畔，是米却肯州一个自然美丽的小城。城镇是朴素的殖民时期风格，有许多民间艺术品小店，从城镇可以望见湖泊，同时绿化做得很好，到处都充满了自然的风光。帕茨夸罗的奠基人是西班牙人巴斯科·基罗加神父。在那个蔑视原住民的时代，能说出“墨西哥原住民同样具有优秀的资质”这样的话，表明了自己支持原住民人权的立场，思想崇高。如今为了让墨西哥人能铭记在心，教堂和广场等帕茨夸罗各处都能感受到神父的足迹。

帕茨夸罗湖周边有几处塔拉斯科族的村庄。原住民传统村庄所在地哈尼齐奥岛、擅长工艺品制作的辛祖坦、因铜制品而知名的圣克拉拉科布雷、擅长皮革技艺的基罗加等，长期停留也不会厌倦。

帕茨夸罗 交通

巴士▶从墨西哥城有直达大巴，但是乘坐途经莫雷利亚的巴士更加便利。帕茨夸罗的长途客运站位于市中心南部，相距1公里，从长途客运站出来后，乘坐开往博卡内格拉广场市内的环线迷你巴士（M$7）即可。乘坐出租车需M$35左右。

帕茨夸罗巴士时刻表

目的地	每天车次信息	所需时间	价格
墨西哥城	Autovias 9班、Primera Plus 4班	5~6小时	M$455
瓜达拉哈拉	La Linea 1班（12:15）	5小时	M$355
莫雷利亚	Purhépechas 每小时3班、Autovias 3班、Primera Plus 3班 等	1小时	M$45~62
乌鲁阿潘	Primera Plus 3班、Purhépechas 每小时2班（6:05~20:35）	1小时	M$62~89

活动信息

● 10月31日~11月2日
近郊的哈尼齐奥岛上有“亡灵节”的仪式活动。

米却肯州政府旅游局

URL www.visitmichoacan.com.mx

帕茨夸罗的原住民市集

每周五、周日的8:00~16:00，可以前往桑图阿里奥广场的原住民市集。有五花八门的民间艺术品出售，时间合适的话不妨去看一看。

从莫雷利亚乘坐巴士需注意

从莫雷利亚到帕茨夸罗一般都会乘坐终点站为乌鲁阿潘的巴士，然后在中途下车。但因为帕茨夸罗市区距离主干路有一些距离，所以大多数巴士只会在货物专用的火车站附近停车（上车前跟司机确认好是否到达长途客运站）。在帕茨夸罗的火车站附近下车的话，可以乘坐往返于博卡内格拉广场和帕茨夸罗湖之间的迷你巴士（所需时间5分钟、M$7）到达城市中心。

帕茨夸罗的长途客运站

如果乘坐从莫雷利亚到帕茨夸罗的巴士，大部分乘客都会在主干路的火车站附近下车。如果没有下车还幻想着这趟车会开往帕茨夸罗的长途客运站，实际上就会一直坐到乌鲁阿潘。从莫雷利亚到帕茨夸罗的长途客运站车次非常少。

小贴士 塔拉斯科族在当地也被叫作布雷佩查族，在帕茨夸罗的一些地方还能看到他们生活的场景。布雷佩查的传统音乐拉琵雷夸被列为世界非物质文化遗产。

前往民间艺术品村庄

乘坐巴士车前往帕茨夸罗郊区的工艺品村庄，当天往返即可。帕茨夸罗湖畔的辛祖坦有工艺品、陶器、木雕人偶等大量民间艺术品，光是看一看就觉得十分有趣。圣克拉拉科布雷盛产铜制品，有着几个小工厂。大容器、挂钟、烟灰缸等物品在纪念品店内都能买到。

制作工艺品的塔拉斯科族人

巴斯科·基罗加

帕茨夸罗的奠基人巴斯科·基罗加神父（1470年出生于西班牙），是永远活在墨西哥人心中的人物。按照西班牙政府的任命，为了调查原住民现状而走马上任。他检举了埃尔南·科尔特斯对于原住民的强制劳动和奴隶化做法，并用私人财产在墨西哥城郊外购买土地，设计并建造了教堂、医院、学校、农场等设施。

1537年被任命为帕茨夸罗主教，也将这片土地建造成了理想社会。这也是为什么帕茨夸罗的历史建筑中大部分都与这位神父息息相关。而且神父为了让周边地区的原住民可以自力更生，为乌鲁阿潘的漆器、帕拉西奥的吉他、特雷门托的皮革等各地特产的扶植做出了巨大贡献。原住民敬爱的塔塔·巴斯科（塔塔在塔拉斯科语中有父亲的意思）于1565年在乌鲁阿潘去世。

以神父之名命名的巴斯科·基罗加广场上矗立的铜像

帕茨夸罗 漫步

矗立着基罗加神父铜像的巴斯科·基罗加广场 Plaza Vasco de Quiroga 是城镇的中心，市内的主要景点都集中在广场东侧。许多酒店和餐馆都位于基罗加广场北侧的博卡内格拉广场 Plaza Gertrudis Bocanegra。博卡内格拉广场对面的古老教堂如今作为公立图书馆使用，图书馆内装饰着胡安·奥戈尔曼的壁画作品。

城镇因阳光明媚的风光被人熟知，在这里可以享受原住民的传统文化和丰富的自然风光。可以乘坐巴士车前往帕茨夸罗湖周边散落的原住民村庄。帕茨夸罗和周边地区海拔都超过了2000米，白天就会感到有些寒冷，夜间温度更低。因此要在此停留，一定要带上毛衣等厚衣物。

城市中心的建筑为白色和茶色

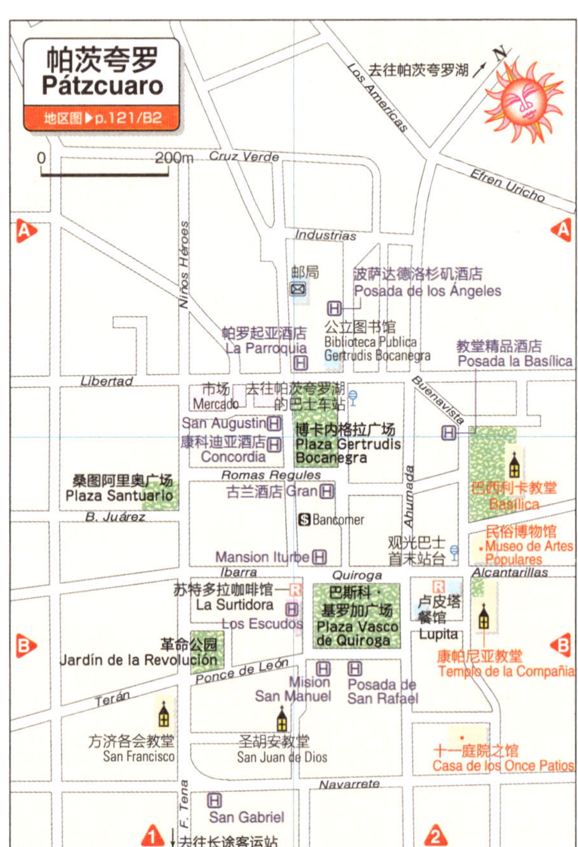

小贴士 帕茨夸罗的当地原住民管巴斯科·基罗加广场叫作普拉杂格兰德 Plaza Grande（大广场），而管博卡内格拉广场叫作普拉杂奇卡（小广场）。

巴西利卡教堂 Basílica

独特的圣母像装饰的古老教堂 ★★

1554 年建设，是墨西哥最古老的教堂之一。当地的原住民信奉的维尔根拉塞尔圣母像因使用玉米穗制成而十分出名。教堂前的广场上有不少露天摊铺出售当地的特产。

巴西利卡教堂周边有许多民间艺术品店铺

巴西利卡教堂

Map p.170/B2

从民俗博物馆步行到坡道，然后再从左侧上去，就可以到达。

入场 周一～周六 7:00~20:00
周日 7:00~21:00

民俗博物馆 Museo de Artes Populares

五颜六色的传统工艺收藏品丰富多彩 ★★

博物馆内陈列的是帕茨夸罗周边原住民制作的陶器、餐具、装饰品，还有殖民地时代节日活动上穿着的服饰和佩戴的面具等。博物馆为 16 世纪的建筑，原本是圣尼古拉斯大学的校舍，如今改造成了博物馆。校舍的地基原被破坏的神殿的一部分，如今在博物馆内还能看到基石上的浮雕。在这座神殿之上还重现了拓洛赫 Troje 的原住民民居等。

中世纪画风的民俗博物馆内院

民俗博物馆

Map p.170/B2

从巴斯科·基罗加广场东侧的阿尔坎塔里利亚 Alcantarillas 路向上走 1 个街区。

TEL 342-1029

入场 周二～周日 9:00~18:00

费 M$50

“老年舞”表演

帕茨夸罗有一种老年舞，叫作 Danza de los Viejitos。戴着老人的面具弯着腰，伴随演奏频繁地踱步。“老人”装作年轻的样子跳舞，歌曲的最后舞者疲惫地倒下，十分搞笑。在十一庭院之馆的中心广场，不定期地会有演出上演。

帕茨夸罗湖在过去就因为捕捞到的白鱼 Pescado Blanco 而闻名。鱼炸过后伴着柠檬和辣椒一起吃。但是有游客发生食物中毒的情况，所以尽量不要去价格太便宜的餐馆。

康帕尼亚教堂

Map p.170/B2

入场 每天 10:00~13:00、16:00~18:00

康帕尼亚教堂 Templo de la Compañia

16 世纪建造的教堂 ★★

巴斯科·基罗加神父在米却肯州建造的第一座天主大教堂。1540 年开始建造，1546 年竣工。因为在 17 世纪中期再次重建，失去了最初的形状。

有可能碰见在康帕尼亚教堂举办的结婚仪式

十一庭院之馆

Map p.170/B2

巴斯科·基罗加广场东侧向南走一个街区，在一条小路左转即可到达。

入场 每天 10:00~20:00

费 免费

十一庭院之馆 Casa de los Once Patios

可以参观传统技艺表演的修道院 ★★

在游客较多的时候会上演“老年舞”演出

1742 年建造的多明我会修道院。当初原本有 11 个庭院，后来为了增加建筑物变成了如今的 5 个庭院，建筑物变得错综复杂，在馆内游逛很容易迷路。馆内还有当地的民间艺术品长廊。周末和旅游旺季，在庭院不定期地会有孩子表演的“老年舞”。

帕茨夸罗的餐馆
Restaurant

苏特多拉咖啡馆
La Surtidora

◆广场对面的人气咖啡馆

利用 17 世纪的古老建筑改造而成的咖啡馆，室内外可以用餐。推荐三文鱼（M$155）。咖啡 M$12~、啤酒 M$18。

Map p.170/B1

住 Plaza Grande, Portal de Hidalgo No.71 TEL 342-2835

营 每天 7:30~22:00 税金 已含

CC 不可 Wi-Fi 免费

卢皮塔餐馆
Lupita

◆深受外国游客喜爱

不仅可以品尝到墨西哥菜，餐馆还有汉堡、意大利面等，食物种类很多。菜价为 M$89~110。红酒种类也很多，很多游客都会光顾这里。

Map p.170/B2

住 Buena Vista No.7

TEL 345-0659

营 每天 7:00~21:30

税金 已含 CC V Wi-Fi 免费

帕茨夸罗的酒店
Hotel

博卡内格拉广场和巴斯科·基罗加广场附近有很多家酒店。大部分酒店建筑都很有年代感，有些酒店没有供暖设备，冬天前往的话最好让酒店提供准备好的毛毯。价格随季节波动很大，周末酒店价格会上涨。

帕罗起亚酒店
La Parroquia

◆环境舒适的四星级酒店

博卡内格拉广场对面的中档酒店。客房围绕庭院排成一圈，室内装饰也很精良。共有 60 间客房。Wi-Fi 客房 OK·免费

在国内外游客中都具有很高人气

Map p.170/A2

餐馆 ○ 游泳池 × 保险柜 ○ 早餐 收费

住 Plaza Bocanegra No.24

TEL 342-2516 FAX 342-2515

URL www.hotellaparroquia.com

税金 +18% CC M V

费 AC ○ TV ○ TUB △ ⓈⒹM$637~

 餐馆 游泳池 保险柜 早餐 AC 空调 TV 电视 TUB 浴缸

教堂精品酒店
Posada la Basílica

◆民俗风格酒店广受好评

巴西利卡的斜前方，共有 12 间客房，小巧精致，让人有回到家的感觉。酒店工作人员也很亲切。Wi-Fi 客房 OK · 免费

房间宽敞舒适

Map p.170/A2

餐厅 ○ 泳池 × 保险箱 ○ 停车场 收费
住 Arciga No.6
TEL 342-1108 FAX 342-0659
URL www.posadalabasilica.com.mx
税金 +18% CC A M V
费 AC ○ TV ○ TUB × ⓈⒹM$1569~

古兰酒店
Gran

◆博卡内格拉广场对面的酒店

酒店建筑很有历史年代感，共有 25 间客房。房间虽然面积较小，但是矿泉水、吹风机等备用品都有提供。Wi-Fi 客房 OK · 免费

Map p.170/B2

餐厅 ○ 泳池 × 保险箱 ○ 停车场 △
住 Plaza Bocanegra No.6
TEL 342-3090 税金 已含 CC M V
费 AC × TV ○ TUB × ⓈM$550~、ⒹM$750~

康科迪亚酒店
Concordia

◆背包客中人气颇高的酒店

位于博卡内格拉广场西侧的一家经济型酒店，共有 35 间客房。价格划算，酒店整洁卫生，工作人员的服务态度也很好。Wi-Fi 客房 OK · 免费

Map p.170/B1

餐厅 ○ 泳池 × 保险箱 × 停车场 收费
住 Portal Juárez No.31
TEL 342-0003 税金 已含 CC 不可
费 AC × TV ○ TUB × ⓈM$497~、ⒹM$600~

波萨达德洛杉矶酒店
Posada de los Ángeles

◆绿意盎然的小型酒店

从公立图书馆旁边的道路一直往里走，便能到达这家酒店，共有 11 间客房。酒店背朝马路，所以十分安静，小巧而精致。Wi-Fi 客房 OK · 免费

Map p.170/A2

餐厅 × 泳池 × 保险箱 × 停车场 ×
住 Títere No.17
TEL 342-2440 税金 已含 CC 不可
费 AC × TV ○ TUB × ⓈⒹM$300~

帕茨夸罗 一日游

哈尼齐奥岛 Isla de Janitzio

塔拉斯科族人的小岛 ★★

帕茨夸罗以北 4 公里的帕茨夸罗湖上有几座小岛，上面居住的是原住民塔拉斯科一族。哈尼齐奥岛便是其中之一，因为坐船前往十分方便，

有船定时开往小岛，岛的顶端矗立着莫雷洛斯像

前往哈尼齐奥岛的交通

Map p.121/B2

从帕茨夸罗的巴士站乘坐前往腊垢 Lago 的迷你巴士，约 10 分钟（M$7），到达前往哈尼齐奥岛的栈桥。船每天 7:00~18:00 之间，每 20~30 分钟出发一趟（所需时间 30 分钟，往返 M$55）。一共有 3 个栈桥，其中 General 栈桥最大，船的数量最多。

帕茨夸罗湖上有村庄的岛屿有武朗德内斯岛 Urandenes、特克艾纳岛 Tecuéna、尤努恩岛 Yunuén、裴康妲岛 Pecanda、哈拉夸罗 Jaracuaro 等。从帕茨夸罗坐船均可以到达。

亡灵节期间的住宿问题

11 月的亡灵节前后，帕茨夸罗的酒店基本全满，预约都十分困难。在这期间如果前往哈尼齐奥岛，可以住在莫雷利亚，然后当天往返。莫雷利亚的旅行社也有不少旅行线路前往尼齐奥岛。

登上难走的台阶到达岛屿顶端，整片湖泊便会呈现在眼前

所以经常有游客前去参观。岛上的居民如今仍然使用过去被称作梅丽波莎（蝴蝶）的特制网来捕捞白鱼 Pescado Blanco。白鱼也成了岛上餐馆的特色美食。

岛中央的高台处，矗立着独立运动的英雄莫雷洛斯的巨像，从顶上可以眺望湖泊，景色极好。巨像的内部是螺旋形楼梯，画有以独立历史为题材的壁画。

这座岛之所以有名，是因为在每年 10 月 31 日 ~11 月 2 日期间会有"亡灵节" Día de Muertos 这样一个仪式活动举行。女性们会去参拜墓地，供奉食物并且在墓地过夜。墓地中会亮起无数的蜡烛，营造出一种独特的气氛。2009 年被列为了世界非物质文化遗产。

前往辛祖坦的交通

Map p.121/B2

从帕茨夸罗的长途客运站乘坐巴士车（所需时间 30 分钟，M$10），车次很多。

辛祖坦遗迹

入场 每天 10:00~18:00

费 M$55

辛祖坦 Tzintzuntzan

曾经作为塔拉斯科王国的中心地而繁荣一时的湖畔村庄 ★★

帕茨夸罗以北 11 公里处的一座湖畔村庄。村中有民间艺术品店铺，工艺品和陶器等的做工、设计都很出色。这个村庄于 1521 年被西班牙人征服，在此之前一直是塔拉斯科王国的中心地区。村庄外的山丘上残留着被称作拉斯亚卡塔斯 Las Yacatas 的金字塔，造型独特，由方形和圆形组成。这个遗迹位于较高的地方，可以俯瞰帕茨夸罗湖和整个村庄。

辛祖坦地区有很多木雕工作室

从村庄步行到遗迹需 15 分钟左右

从帕茨夸罗到哈尼齐奥岛的栈桥共有 3 座，分别为 General、Las Garzas、San Pedrito。General 是最大的栈桥，船舶数量最多，亡灵节时会十分拥堵。

加勒比海与尤卡坦半岛
Caribbean Sea & Yucatan Peninsula

墨西哥湾
Golfo de México

孔托伊岛
Isla Contoy

Río Lagartos
Parque Natural Río Lagartos
Parque Natural San Felipe
Dzilam de Bravo
Holbox
Chiquilá
Telchac Puerto
Corchito
普罗格雷索 Progreso
Uaymitún
女人岛 Isla Mujeres
坎昆船舶晚宴 Xoximilco Cancún
Punta Sam
塞莱斯顿生物保护圈 Reserva de la Biosfera Ría Celestún
Sisal
Dzibilchaltún
Tizimin
Kantunilkin
Motul
尤卡坦州 Yucatán
坎昆 Cancún
Kinchil
梅里达 Mérida
Ekbalam
Vicente Guerrero
Nuevo Xcan
塞莱斯顿 Celestún
Umán
Kantunil
皮斯特 Piste
莫雷洛斯港 Puerto Morelos
玛雅潘遗址 Mayapán
海滨玛雅 Riviera Maya
La Costa
Maxcanú
巴亚多利德 Valladolid
卡门海滩 Playa del Carmen
奇琴伊察遗址 Chichén Itzá
地下溶洞 Río Secreto
圣埃伦娜 Santa Elena
科巴遗址 Cobá
探险公园 Xplor
Becal
Ticul
灰岩坑地下洞穴潜水 Grand Cenote
西卡莱特公园 Xcaret
科苏梅尔 Cozumel
卡巴遗址 Kabah
Tepich
图卢姆遗址 Tulum
夏哈 Xel-Ha
乌斯马尔遗址 Uxmal
拉布纳遗址 Labna
Tihosuco
图卢姆 Tulum
萨伊尔 Sayil
西拉帕克 Xlapak
Laguna Chunyaxché
姆基尔 Muyil
Santa Rosa
Laguna Chicnancanab
坎佩切 Campeche
Bolonchén de Rejón
Bahía de la Ascención
Felipe Carrillo Puerto
艾兹达遗址 Edzná
Dzibilnocac
Polyuc
圣卡安生物保护圈 Reserva de la Biosfera Sian Ka'an
Hochob
Bahía del Espíritu Santo
Champotón
Laguna Xpaitoro
Xmaben
加勒比海 *Mar Caribe*
坎佩切州 Campeche
金塔纳罗奥州 Quintana Roo
Laguna Nohbec
卡拉克穆尔生物保护圈 Reserva de la Biosfera Calakmul
Balamku
Becán
Xpuhil
Xpujil
Francisco Escárcega
切图马尔 Chetumal
Hormiguero
Chicaná
Río Bec
Kohunlich
科罗萨尔 Corozal
卡拉克穆尔生物保护圈 Reserva de la Biosfera Calakmul
La Muneca
Río Hondo
Orange Walk
卡拉克穆尔遗址 Calakmul
伯利兹 BELIZE

N
0 80km

地区信息 Area Information

加勒比海与尤卡坦半岛

在美丽的大海上尽情活动

最精彩场面

以坎昆为代表的墨西哥·加勒比是拥有世界顶级海滨的度假区。可以在纯白色的沙滩与湛蓝清透的大海上尽享潜水与钓鱼等各种水上运动。充满乐趣的娱乐设施与海鲜餐馆一应俱全，治安也不错，游客只要一心地悠闲度日即可。

此外，尤卡坦半岛上有众多玛雅遗址散布在密林当中。特别是被列入世界遗产名录的奇琴伊察，是墨西哥极具代表性的遗址。可以从坎昆出发以短途旅行的形式前往，非常方便。梅里达南侧散布有乌斯马尔等普克风格的玛雅遗址。

有很多从坎昆前往奇琴伊察遗址的短途旅行团

旅行的注意事项

坎昆有很多世界级酒店，是墨西哥首屈一指的度假区。这些酒店主要集中在优雅的度假区，市中心还有一些格外廉价的酒店。位于坎昆东海区域的女人岛，酒店与餐馆均面向长期旅行者开放。这里有美丽的海滨，娱乐设施也很丰富，在悠闲度日的背包客们当中有很高的人气。科苏梅尔是世界级的潜水场所，餐馆与各种档次的酒店数量众多。开往科苏梅尔的渡轮停靠在安静的卡门海滩，这里有很多从欧洲前来的游客。

5月～10月是旅游淡季，高档酒店的住宿费用会比旺季便宜40%左右。不过，年末年初、3~4月前后的圣周以及7、8月的暑假期间，墨西哥国内的旅行团会明显增多，需要提前预订酒店。

拥有众多世界级连锁酒店的坎昆酒店区

交 通

坎昆与梅里达等地建有国际机场。此外，巴士也频繁地往返于墨西哥各地之间，线路完善且车次频繁。

每小时都会有数班定期往返于坎昆—女人岛、卡门海滩—科苏梅尔之间的渡轮。

物价与购物

坎昆的酒店区是世界级的度假胜地，因此这里也是墨西哥物价最高的区域之一。可首先前

可以发现色彩斑斓的墨西哥杂货！

1 坎昆酒店区的海滨（→ p.180）
2 奇琴伊察遗址（→ p.212）
3 城塞都市坎佩切（→ p.248）

往市中心的大型超市，了解当地的物价水平。加勒比海的度假区建有很多大型购物中心。如果想买当地的特色商品，可以去转一转民间艺术品市场。

安全信息

墨西哥的加勒比海度假区因治安较好而闻名。即便如此，也要尽量避免深夜前往人烟稀少的区域。随着旅游业的发展，有时会有以游客为犯罪目标的诈骗犯出现，需要提高警惕。

从夜店回酒店时最好搭乘出租车

文化与历史

以奇琴伊察与乌斯马尔遗址为代表的古代玛雅文明是尤卡坦半岛文化的精髓所在。玛雅人自公元前便开始在尤卡坦生活，7 世纪后开始集中建造大型建筑。16 世纪初期，西班牙军队抵达此地时，玛雅文明的鼎盛时期已经结束，壮观且华丽的城市因被热带雨林吞噬而变得一片荒芜。

玛雅原住民的生活基本上与殖民地化以前没有变化，大多数女性平常还是身着传统服饰。急剧变化的场所与基本维持原状的部分共存，这也算是尤卡坦的魅力所在吧。

全年气候与最佳旅游季节

加勒比海沿岸的度假区，全年有 2/3 的时间都是晴天。年平均气温为 27~28℃，因此一年中的任何时间均可来到这里饱享“南国假期”。2~4 月期间非常干燥，5~11 月期间为雨季，热带地区特有的疾风骤雨在这一时节会有所增加。12 月 ~ 次年 3 月前后不算很热，从气候上来说是最佳旅游季节，但由于海外游客较多，酒店费用也会随之达到顶峰。

11 月 ~ 次年 1 月前后，早晚体感较凉，即便如此，夏天穿的薄毛线上衣与短外套也足以御寒。高级餐馆与夜店有时会禁止身着短裤与拖鞋等穿着随便的顾客入内。因此，男性需要准备长裤与有领衬衫，女性则需要准备连衣裙等。

在各地均可看到身着尤卡坦传统服饰的女性

透明度极高的大海与白色海滨是该地区最大的魅力

坎昆的全年气候表 单位：℃，mm

月份	1	2	3	4	5	6	7	8	9	10	11	12	年平均值
最高气温	27.8	28.4	29.5	30.7	31.8	32.4	32.8	32.9	32.4	31.0	29.4	28.3	30.6
最低气温	22.4	22.4	23.3	24.5	25.2	25.7	25.9	26.8	25.4	24.8	24.0	22.8	24.4
平均气温	25.1	25.4	26.4	27.6	28.5	29.0	29.3	29.8	28.9	27.9	26.7	25.5	27.5
降水量	20.3	33.0	25.4	25.4	63.5	88.9	63.5	71.1	114.3	177.3	177.3	33.0	74.4

坎昆 *Cancún*

令人憧憬的拥有纯白色海滨的加勒比海度假区

人口	约 66 万
海拔	0 米
市外区号	998

不容错过的体验项目!

★ 在酒店区的海滨悠闲度日
★ 潜水或者浮潜
★ 在购物中心寻找民间艺术品

活动信息

● 2~3 月

每年都有狂欢节，届时会举办盛装游行与放烟火等特别活动。

● 9 月 16 日

墨西哥的独立纪念日 Día de Ia Independencia 如同节日一般热闹非凡。前一天晚上的 23:00 左右开始典礼，还会放烟火，人们通宵聚会。

坎昆政府旅游局

URL cancun.travel

在机场打车

坎昆国际机场 Cancún（CUN）位于市中心西南方向 15~20 公里处。前往酒店区可在机场出口处的出租车服务台购票。拼车费用每人 M$170，单辆出租车（最多可乘坐 4 人）收费 M$680。

相反，如果从酒店区搭乘出租车前往机场则需 15~30 分钟（M$450）。从市中心出发前往机场约需 20 分钟（M$400 左右）。

往返于机场—市中心的巴士

往返于机场航站楼到达出口附近与市中心巴士总站之间的巴士由 ADO 公司运营（机场发车 8:15~次日 0:40、市中心发车 4:30~19:00，去程与回程均为每小时 1~2 班车，需时约 30 分钟，票价 M$68）。

飞往坎昆周边的航班

玛雅航空（7M）每天有 5 班飞往科苏梅尔的航班，另外，每天还各有一班航班飞往梅里达、比亚埃尔莫萨以及韦拉克鲁斯。

TEL 881-9413（机场内）

URL www.mayair.com.mx

酒店区位于由加勒比海与环礁湖围绕的细长形陆地上

尤卡坦半岛尖端夹在加勒比海与环礁湖之间 20 公里的细长形陆地便是作为度假区而得以开发的坎昆。蔚蓝色的加勒比海十分清澈，宛如太阳碎片散落在海面一般闪闪发光，细沙般的珊瑚构成了可赤脚行走的白沙海滩，仿佛在邀请人们投入大海的怀抱。椰子树迎风起舞，海的味道弥漫在空气的各个角落，如同置身于人间天堂——来到这里的人无疑都会深有同感。

纯白色的海滨地区建有众多大型度假酒店，无论是购物还是饮食需求均可得到满足。休闲娱乐设施也很丰富，特别适合进行潜水等各种各样的水上运动。周围散布有奇琴伊察等玛雅文明的古代遗址。除此之外，这里还有丰富的夜生活与新鲜的海鲜等，坎昆的魅力绝对不愧于其世界顶级度假胜地的称号。

坎昆 交 通

飞机▶ 墨西哥航空（AM）、墨西哥境内廉航（Y4）以及英特捷特航空（VLO）等每天都有多次航班从墨西哥城发往坎昆。普埃布拉与瓜达拉哈拉每天都有墨西哥境内的廉航（Y4）的航班飞往坎昆。蒙特雷还有墨西哥廉航（VIV）飞往坎昆的航班。

国际航班方面，休斯敦每天有 7~8 班美国联合航空的航班飞往坎昆。纽约、达拉斯、洛杉矶、亚特兰大以及芝加哥等美国各城市均有各航空公司提供从古巴的哈瓦那飞来的经停航班。

从坎昆飞往各地的航班

目的地	每天航班信息	飞行时间	价格
墨西哥城	AM、Y4、VLO 等每天 36~39 班	2~2.5 小时	M$1069~4651
蒙特雷	VIV、VLO、Y4、AM 共计 6~12 班	2.5 小时	M$655~4441
梅里达	7M 每天 1 班	1 小时	M$1683~2392
科苏梅尔	7M 每天 5 班	20 分钟	M$790~881

安全信息 治安状况整体良好，酒店区警备森严，游客可放心前往。市中心白天十分安全，但是建议晚上尽量避免前往距离繁华地段较远的场所。

巴士▶ 搭乘巴士往返于墨西哥主要城市之间也是一个不错的选择。前往西卡莱特公园、图卢姆以及奇琴伊察等近郊景点，可搭乘观光巴士当天往返，非常方便。

位于市中心的巴士总站

从巴士总站前往市内

巴士总站位于市中心，可步行前往周围的酒店。如果入住酒店区，则需要搭乘出租车前往。

开往奇琴伊察的巴士

ADO 公司的一等巴士开往遗址的主门（8:45 发车，需时约 3 小时，票价 M$258）。回程车 16:30 从遗址发车。

Oriente 公司的二等巴士在 5:00~13:00 左右，每小时都有一班开往奇琴伊察的车次（需时约 4.5 小时，票价 M$133）。开往位于遗址西侧约 2 公里的皮斯特的巴士一直会营运至深夜。

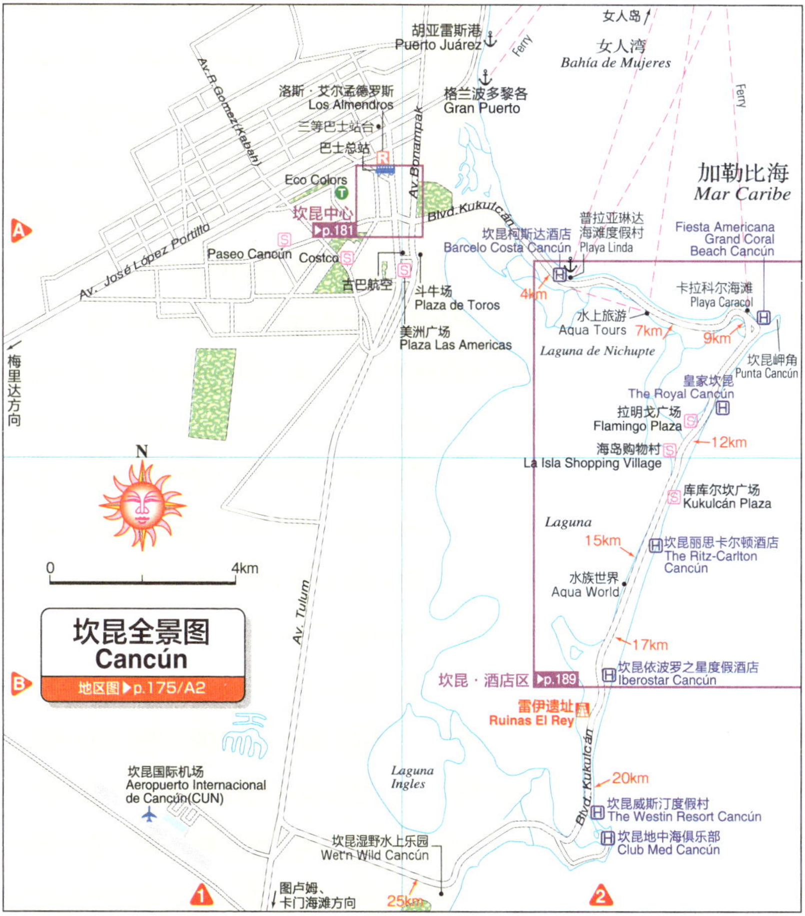

从坎昆开往各地的巴士

目的地	每天的班次	行驶时间	票　价
墨西哥城	ADO、ADO GL 共计 5 班（10:00~18:00）	24~26 小时	M$1904~2160
卡门海滩	ADO、Mayab 等每小时数班（4:00~ 次日 0:30）	1~1.5 小时	M$48~96
西卡莱特公园	ADO、Mayab 每小时 1~2 班	1.5~2 小时	M$65~114
图卢姆	ADO、OCC、Mayab 等每小时 1~6 班（4:00~ 次日 0:30）	2~3 小时	M$118~176
奇琴伊察	ADO 一班（8:45）、Oriente 每小时 1 班（5:00~13:00）	3~4.5 小时	M$133~258
梅里达	ADO、Oriente 等每小时 1~3 班（5:15~ 次日 1:00）	4~7 小时	M$300~576
切图马尔	ADO、Mayab 等每小时 1~3 班（5:00~ 次日 0:30）	5~7 小时	M$306~456
坎佩切	ADO、Oriente 等 共计 12 班（7:45~23:55）	7 小时	M$578~698
比亚埃尔莫萨	ADO、SUR 等每小时 1~3 班（7:45~21:15）	12.5~15.5 小时	M$942~1134
韦拉克鲁斯	ADO、ADO GL 等 共计 5 班（14:00~22:05）	18.5~22 小时	M$1476~1778
帕伦克	ADO、OCC、Cardesa 等共计 5 班（15:45~20:30）	12.5~15 小时	M$876~1156

坎昆全景图 Cancún
地区图▶p.175/A2

女人岛
胡亚雷斯港 Puerto Juárez
Ferry
女人湾 Bahía de Mujeres
洛斯·艾尔孟德罗斯 Los Almendros
格兰波多黎各 Gran Puerto
三等巴士站台
巴士总站
Av. R. Gomez(Kabah)
Av. Bonampak
Eco Colors
坎昆中心 ▶p.181
Blvd. Kukulcán
加勒比海 Mar Caribe
普拉亚琳达海滩度假村 Playa Linda
坎昆柯斯达酒店 Barcelo Costa Cancún
Fiesta Americana Grand Coral Beach Cancún
Av. José López Portillo
Paseo Cancún
Costco
古巴航空
斗牛场 Plaza de Toros
美洲广场 Plaza Las Americas
4km
卡拉科尔海滩 Playa Caracol
水上旅游 Aqua Tours
7km
9km
Laguna de Nichupte
坎昆岬角 Punta Cancún
皇家坎昆 The Royal Cancún
拉明戈广场 Flamingo Plaza
12km
海岛购物村 La Isla Shopping Village
梅里达方向
N
库库尔坎广场 Kukulcán Plaza
Laguna
15km
坎昆丽思卡尔顿酒店 The Ritz-Carlton Cancún
0 4km
水族世界 Aqua World
Av. Tulum
17km
坎昆·酒店区 ▶p.189
坎昆依波罗之星度假酒店 Iberostar Cancún
雷伊遗址 Ruinas El Rey
坎昆国际机场 Aeropuerto Internacional de Cancún(CUN)
Laguna Ingles
20km
坎昆威斯汀度假村 The Westin Resort Cancún
坎昆地中海俱乐部 Club Med Cancún
坎昆湿野水上乐园 Wet'n Wild Cancún
图卢姆、卡门海滩方向
25km

小贴士 坎昆巴士总站附近设有简易食堂以及出售快餐、玉米面豆卷的摊位。可在出发前或者下车后购买品尝。

坎昆 漫步

坎昆大体上分为两部分，一个是分布有高档酒店的酒店区 Zona Hotelera，另外一个则是观光设施的工作人员居住的市中心 Centro（因美国游客较多，又被称为 Downtown）。

酒店区 Zona Hotelera

白沙海滨蔓延的酒店区

酒店区指被加勒比海与环礁湖围绕，长约 20 公里的细长形陆地。高档酒店、餐馆、系船池以及旅行社等沿库库尔康大街 Blvd.Kukulcán 散布开来。位于北端的坎昆岬角是酒店区最为热闹的区域。这里夜景很多，直到深夜都非常热闹。

市中心 Centro（Downtown）

图卢姆大街上设有民间艺术品市场

Centro 意为市中心。坎昆市中心平民范十足，与酒店区的华丽氛围截然不同。游客主要会前往图卢姆大街 Av.Tulum，周边有巴士总站、中档酒店、大型超市、商店以及银行等。物价也比酒店区低，可低价购买日用品与食品。

交通向导

●出租车

出租车没有计价器，因此需要在乘车前与司机沟通费用问题。如果在市中心打车，交涉后的车费一般与墨西哥其他城市相差无几。但是酒店区的车费会相对较高，司机几乎不给乘客讲价的余地。高档酒店内有费用表供游客参考。与市中心的出租车最低收费标准相比高出数倍。

很容易就可以打到车

旅游咨询处

Map p.181/B2

住 Av.Nader y Coba S/N，Centro

TEL 877-3379

营 周一～周五 9:00~16:00

兑现与外币兑换

与现金兑换相比，通过信用卡兑现的方式获取墨西哥货币比索更加划算。即便加上手续费与利息，也比使用美元进行现金兑换便宜5% 左右（使用 ATM 需支付 M$20~40 左右的手续费与税金）。各银行每天可支取的现金额度为 M$5000~10000 不等。

出租车费用预算

●酒店区内

M$150~300。

●市中心内

市中心内花费 M$40 左右足矣。夜间在店前等地方待客的无线出租车则需花费 M$55 左右。

●从市中心前往酒店区

前往普拉亚琳达需花费 M$200，前往坎昆岬角需花费 M$200~250，前往水族世界需花费 M$250~300。从酒店区出发前往市中心方向的出租车收费较高。

小贴士 搭乘酒店区的 R-1 路城市巴士可前往位于市中心的巴士总站，R-2 与 R-15 沿科巴大街直行通往沃尔玛附近，搭乘 R-27 可前往S美洲广场。

●市内巴士

市内巴士频繁往返于酒店区最南端的尼祖克公园 Parque Nizuc 与市中心各地之间。巴士采用 Ruta 1、Zona Hotelera、Hotel Zone 等进行标示。市中心内各站点用“Ruta~”标示，~的部分由不同的数字进行补充。游客经常搭乘的是在市中心图卢姆大街运行的 Ruta 1。Ruta 2 沿科巴大街直行。

在坎昆市内运行的巴士

●租车

从坎昆出发，沿加勒比海自驾观光也非常方便。如有租车需求，可前往租车公司确认具体内容。

市内巴士的票价

Ruta 1 路市内巴士 24 小时不间断营运，白天每间隔 5~10 分钟发一班车，夜间每间隔 20~30 分钟发一班车。车票为均一价 M$9.5。每间隔数百米就建有一个巴士站供乘客乘降。

其他市内巴士在 6:00~24:00 左右，每间隔 20 分钟发一班车。票价 M$8~。

租车费用

带空调的小型车 US$15~（含 US$35000 的人员、物品保险以及税金）、普通车 US$30~（附带保险内容与时间不同）。在机场办理租车手续或者未满 25 岁的人员租车会产生追加费用。

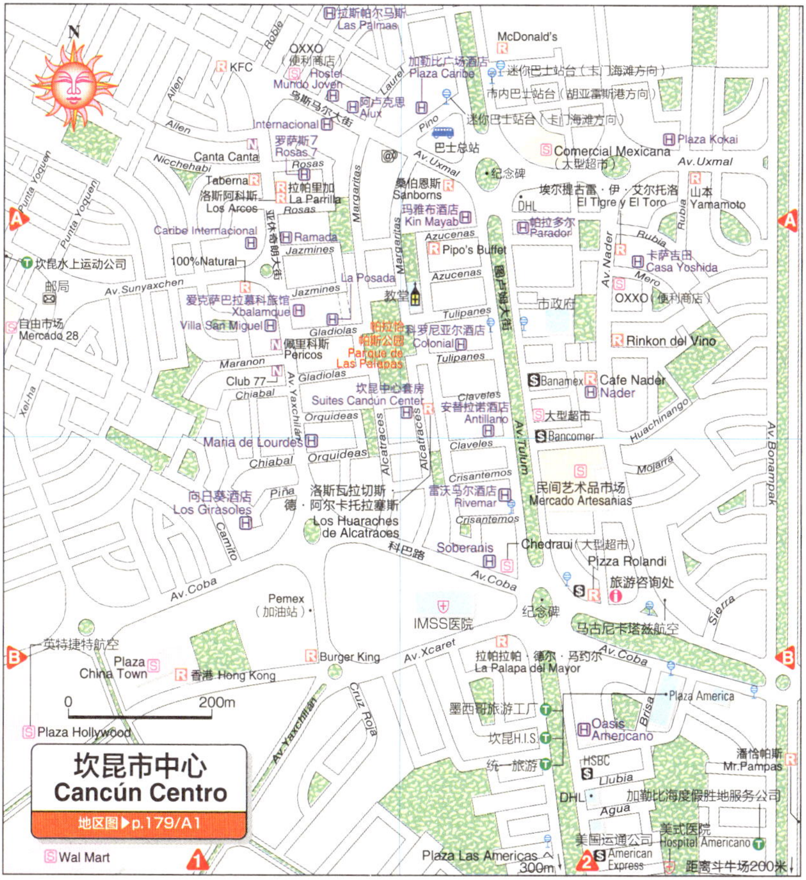

坎昆市中心 Cancún Centro

地区图▶p.179/A1

小贴士：在市内巴士站等车时，如果不挥手示意，司机有时不会停车，因此一定要明确地向来车表达乘车意向。此外，乘车时，最好与司机确认该车是否开往自己要去的目的地。

坎昆 主要景点

雷伊遗址

Map p.179/B2

TEL 849-2880（市内的 INAH 办公室）

入场 每天 8:00~17:00

费 M$50（摄像机摄影 M$45）

英语导游 45~60 分钟 M$200

雷伊遗址 Ruinas El Rey

位于度假区内的玛雅文明遗址 ★

轻松愉快地参观玛雅时代的遗址

雷伊遗址是创建于玛雅时代的小型遗址。古代的尤卡坦半岛上，每个村落的中心都会建造一座石筑建筑。除了奇琴伊察等著名的大规模遗址以外，各地还有无数座小型的无名遗址。

坎昆玛雅博物馆

Map p.189/C1

TEL 885-3842

入场 周二～周日 9:00~18:00

费 M$65（摄像机摄影 M$45）

建于圣米格利托遗址上

坎昆玛雅博物馆 Museo Maya de Cancún

探访玛雅遗址前不妨前往参观 ★

坎昆玛雅博物馆通过约 350 件展品与图示板介绍以玛雅文明为核心的尤卡坦半岛的历史。博物馆里有圣米格利托遗址，还可以参观至今仍在挖掘的金字塔。

旋转风景塔

Map p.189/A1

TEL 848-8300

入场 每天 9:00~21:00

费 US$15

旋转风景塔 Rotating Scenic Tower

从空中眺望，海滨景色尽收眼底 ★★

建于酒店区西侧

旋转风景塔位于发往女人岛的船只出海港口，高 80 米。直梯在塔内盘旋上升，约 10 分钟便可抵达塔顶。从塔顶眺望坎昆海滨，景色绝佳。需要注意的是，搭乘出租车等交通工具前往该景点时，无须说旋转风景塔这样官方的叫法，只要告诉司机去“巴亚尔塔”即可。

YELLOW PAGE 黄　页

航空公司

●墨西哥航空

机场内 TEL 193-1827

●墨西哥廉价航空

机场内 TEL 102-8000

●英特捷特航空 Map p.181/B1

住 Plaza Hollywood，Av.Xcaret TEL 892-0278

●古巴航空 Map p.179/A1

住 Av.Tulum No.232 TEL 887-7210

●马古尼卡塔兹航空 Map p.181/B2

住 Av.Nader No.94 TEL 884-0600

●玛雅航空

机场内 TEL 881-9413

●美国航空

机场内 TEL 887-0129

租车公司

●赫兹汽车租赁公司 Hertz Car Rental

Map p.189/B2

住 Plaza La Isla，Blvd.Kukulcán Km.12

TEL 176 -8077 URL www.hertz.com

※除了机场 S 与海岛购物村之外，市内还有 8 家分店。

其　他

●美国运通公司 American Express

Map p.181/B2

住 Av.Tulum No.208 TEL 881-4000

●美式医院 Hospital Americano

Map p.181/B2

住 Viento No.15,Centro TEL 884-6133

※24 小时开放，提供急救医疗服务。

小贴士 位于坎昆市中心的帕拉恰帕斯公园 Parque de Las Palapas（→p.198）开设有很多食堂与露天摊位，市井氛围浓厚。到了周末的晚上，会在舞台上举行现场表演。

INFORMACIÓN

从坎昆发团的短途旅行线路

从坎昆发团并最终返回坎昆的短途旅行线路种类十分丰富。各旅行社安排行程计划，费用随团餐、观光内容以及参团人数等变化。每家旅行社的发团时间与具体日程等各不相同，因此可直接向旅行社进行咨询确认。当地旅行社的低价团通常不包含遗址与观光设施的门票、餐费以及小费等。

下面介绍的旅行团的时间与费用以普通项目为例。详细情况各异。多人参团或者12岁以下儿童参团，部分旅行团可提供折扣优惠。

● 奇琴伊察 Chichén Itzá

时 7:30~19:00

费 US$75~110

奇琴伊察的战士神庙

探访墨西哥玛雅的代表性遗址奇琴伊察。11:00左右抵达遗址，12:30前由导游对遗址各处进行介绍。导游介绍结束后可自由参观。在奇琴伊察附近餐馆用餐后分别将游客送回各自入住的酒店。

● 西卡莱特公园 Xcaret

时 7:30~22:00（还有中午出发的旅行团）

费 US$100~180

人气极高的海洋自然公园。有海滨、餐馆、地下航道以及博物馆等配套设施，支付追加费用可体验浮潜项目并与海豚近距离接触。

到了晚上会举行名为西卡莱特之夜的表演，可在洞窟大厅中欣赏传统舞蹈表演。

● 图卢姆 & 夏哈 Tulum & Xel-Ha

时 7:30~19:30

费 US$130~190

探访沿海玛雅遗址图卢姆与环礁湖一日游。夏哈与西卡莱特公园一样是适合全家人一同前往的海洋公园。在环礁湖体验浮潜，可以观赏到许多漂亮的鱼类。

● 科苏梅尔 Cozumel

时 7:30~19:30

费 浮潜团 US$125~240、潜水体验团 US$170~240

乘船前往科苏梅尔，在尤卡坦半岛国家公园度过完美的一天。科苏梅尔的大海被誉为潜水圣地，海水透明度在世界范围内首屈一指。

旅行社

● 墨西哥旅游工厂

Map p.181/B2

住 Av.Coba No.5，Plaza América A-46,SM4

TEL 898-1303

URL www.mexicotf.com

营 周一~周六 9:00~18:00（周日 ~12:00）

墨西哥旅游工厂在坎昆、墨西哥城以及洛斯卡波都设有办事处。以“抵达~出发的全程陪护”为口号，如遇身体不适或者酒店内纠纷等紧急情况时，会亲切地提供优质服务。

● 加勒比海度假胜地服务公司

Map p.181/B2

住 Av.Bonampak M.7,R6 Ciero，L40 DA1，SM4

TEL 884-8948M URL www.crsjapan.com

营 周一~周六 9:00~17:00（周日 ~13:00）

● 统一旅游 Map p.181/B2

住 Av.Coba No.5, Plaza América A-27

TEL 887-1730

营 周一~周五 9:00~17:00

● 坎昆 H.I.S. Map p.181/B2

住 Av.Coba No.5,Plaza America A-60

TEL 887-9928

URL www.his-centralamerica.com

营 周一~周六 9:00~18:00（周日 ~13:00）

● 坎昆水上运动公司 Map p.181/A1

TEL 267-9778

URL www.watersportscancun.com

● 鲁托旅行社

住 Mza.4 Lote 9 Hacienda Maria Bonita，S.M.21

TEL 883-9571

URL www.rutotours.com

前往古巴的旅行团

古巴被誉为“加勒比海的珍珠”，是紧邻坎昆且人气极高的一条观光线路之一。这里有蔚蓝色的大海与愉快的乐曲，魅力十足。可办理旅游护照，是墨西哥之旅中不容错过的一次短途旅行项目。

需另行支付旅游护照费用（US$50，时限30天，在当地可延长一个月）。

可以欣赏到从非洲传入的舞蹈

小贴士 坎昆及其周边的海滨玛雅一带以及科苏梅尔等地的旅行费用以美元为单位，并可直接使用美元现金。如使用比索，则以当天汇率为计算标准。

坎昆 活动项目

坎昆是世界级观光胜地，各种旅游设施琳琅满目，短时间内很难全部体验。乘周游观光船出海，不同旅行社所使用的系船池各不相同。此外，各旅行社的集合场所也各不相同。在预约时需要进行确认。

水上运动项目

潜水 Diving

加勒比海透明度高且固有鱼种丰富，是世界上所有潜水员的向往之地。特别是坎昆，作为加勒比海度假胜地，汇集了优秀的配套设施，可放心体验。在水中可观赏到的生物随季节与潜水地点发生变化，因此可将自己的愿望与所掌握的潜水技巧等告知工作人员，以协商出最佳潜水方案。

有时可与海龟等大型生物近距离接触

乘船前往潜水地点后报名参加

浮潜 Snorkeling

在浅滩也可充分享受浮潜的乐趣

酒店区的海滨周边有珊瑚礁，可以看到色彩缤纷的鱼类。此外，水族世界还开设有浮潜体验团，参团游客可乘大型周游观光船前往珊瑚礁景点 Punta Nizuc 后体验浮潜项目（9:00 起发团，每天共计 5 个班次）。

活动项目公司

●水族世界 Aqua World

Map p.189/C1

住 Blvd.Kukulcán Km 15.2

TEL 848-8300

URL www.aquaworld.com.mx

营 每天 6:30~20:00

水族世界除了在库库尔康大街边设有办公室以外，还在大型购物中心与酒店区的高档酒店内设有接待处。另外，这家公司基本上与坎昆所有的旅行社均有合作。

潜水

费 一罐氧气 US$62~、两罐氧气 US$77~、潜水体验 US$95~。PADI 的 C 卡课程 US$442~。

● Scuba Cancún

Map p.189/A1

住 Blvd.Kukulcán Km 5

TEL 849-7508/849-4736

营 每天 7:00~20:00

URL scubacancun.com.mx

潜水店

除了潜水，还可为游客安排海豚表演与丛林游等项目。

浮潜

费 在各酒店租借器材，费用为每天 US$20 左右。浮潜两小时收费 US$50 左右。

从坎昆出发的活动项目

在加勒比海与大型洄游鱼一起游泳

在坎昆北侧 70~100 公里处的远洋可与世界上最大的鱼类鲸鲨（6~8 月）与平鳍旗鱼（1~3 月）一起浮潜。活动（含饮品、快餐）时间为 7:00~13:00，团费为 US$200 左右，各旅行社均可报名。

与鲸鲨一同畅游，这在全世界都是非常罕见的

前往神秘的地下钟乳洞河川

前往坎昆南侧约 120 公里处的地下溶洞 Río Secreto，可与导游一起在漆黑的地下钟乳洞内探险畅游。进入溶洞需佩戴加装头灯的安全帽并身着潜水衣。从坎昆发团的官方旅行团（URL www.riosecreto.com）逢周二、周四、周六发团，团费为每人 US$109。

探访尤卡坦半岛特有的地下钟乳洞

坎昆周边有很多沉船潜水地点。体验者可进入 “Barco C-55” 与 “Barco C-58” 等沉船的船舱，这种体验会激起你的冒险精神。乘船前往潜水地点需时 15~20 分钟。

加勒比海的热带鱼索引

女王天使鱼 Queen Angel Fish

色彩鲜明的加勒比海女王

斑高鳍 Spotted Drum

拥有优雅的长尾鳍

害羞的哈姆雷特 Shy Hamlet

加勒比海固有鱼种当中的珍奇品类

喇叭鱼 Trumpet Fish

体形细长

托多鱼 Todo Fish

隐藏在岩石多而裸露的地方，是科苏梅尔的固有品种

青斑 Indigo Hamlet

深蓝色的哈姆雷特

长爪鱼 Long Jaw Squirefish

拥有漂亮的背鳍

蜂巢角鱼 Honey Comb Cowfish

独特的花纹非常可爱

塔蓬 Tapon

活动在科苏梅尔尤卡坦半岛国家公园周边的古代鱼类

尖鼻子鱼 Sharp Nose Puffe

拥有独特表情的加勒比人气鱼种

坎昆周边的加勒比海水温较高，一般情况下不穿潜水衣也可潜水。冬季最冷的 2 月可身着潜水衣入水，无须准备干式抗浸服。

柏布 Bob

类似潜水，可以观赏到多种多样的鱼类

即便没有潜水执照也可饱享海底世界乐趣的水中小摩托。将头钻进由氧气罐输送氧气的专用头罩，两腿跨坐在椅子上。按下手边的按钮即可完成操作，非常简单。

柏布

费 由水族世界进行准备工作，费用为 US$68，在海中的时间为 30 分钟左右。周一～周六期间，每天早上 9:00 开始，全天共计发团 5 次。

钓鱼 Fishing

在加勒比海集中精神，破除杂念，专心地钓鱼也不乏乐趣

全年均可钓到梭鱼与鲈鱼。4~8 月还可以钓到金枪鱼与黄尾鱼。通常情况下命中率较高，当然也要看运气与技术。如果入住带厨房的酒店，还可以自己下厨烹饪钓来的活鱼。

钓鱼

费 由水族世界等进行准备工作，6 小时收费 US$142~。包船 4 小时收费 US$600~，10 小时收费 US$900~。费用随船只大小与使用人数发生变化。

团费未包含的费用支出

乘船出海需支付码头 / 港口使用费 Dock Fee（每人 US$5~10），前往国家海洋公园内钓鱼或者浮潜需支付门票 Reef Tax（每人 US$5），还有向船长支付的小费（US$5 左右）等，上述各费用一般是不包含在团费当中的。此外，还需提前确认团费中是否包含税金（+16%）等。

帆伞运动 Parasailing

从湛蓝的天空俯瞰大海

帆伞运动指身背降落伞，由汽船牵引在空中滑翔，是人气极高的一项水上运动项目。从空中俯瞰坎昆的大海，景色绝佳。

帆伞运动

费 每人每 10 分钟收费 US$50~。还有双人伞。可通过水族世界等报名。

水上摩托艇 Wave Runner

坎昆的人气运动项目

坎昆的水上摩托艇搭载有大动力引擎，马力十足。在大海上高速行驶十分爽快。不过，驾驶水上摩托艇一定要注意安全。

水上摩托艇

费 30 分钟收费 US$50，一小时收费 US$90。

悬浮滑板 Flyboard

需要很好地保持全身平衡的状态

悬浮滑板指安装在水压作用下使身体悬浮的器具，可以体验在海上飞翔的快感，是几年来人气急涨的水上休闲项目。

悬浮滑板

费 15 分钟收费 US$60，30 分钟收费 US$103。

赛艇 Aqua Twister

赛艇作为坎昆的最高速运动而备受青睐。由于赛艇以约 90 公里的时速在水面漂移前行，因此不得入海，通常只会在基本没有海浪的酒店区西侧的环礁湖内疾驰。乘坐赛艇的感觉如赛车一般爽快，时而会有急弯，对驾驶技术要求极高。

赛艇

费 由水族世界进行准备工作，费用为 US$60，需时 30 分钟。周一～周六期间，每天上午 10:00 开始，全天共计发船 5 次。

高速航行专用赛艇

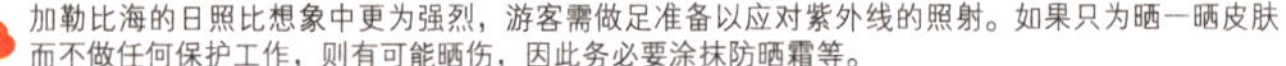

小贴士 加勒比海的日照比想象中更为强烈，游客需做足准备以应对紫外线的照射。如果只为晒一晒皮肤而不做任何保护工作，则有可能晒伤，因此务必要涂抹防晒霜等。

水上活动体验团

与海豚同游 Swim with Dolphin

与海豚同游项目备受世界各地游客的喜爱。目的地是漂浮在坎昆海上的女人岛。此体验团共有三个项目，分别是全程与两只海豚一同玩耍的皇家游泳体验、与一只海豚一起游泳的冒险活动以及听海豚唱歌并抚摸海豚等与海豚近距离接触的项目。

女人岛上与海豚一同玩耍的人气项目

丛林探险 Jungle Tour

丛林探险是一种将驾驶小艇与浮潜融为一体的旅行项目。游客可自行驾驶小型艇从酒店区的环礁湖一侧前往加勒比海上的人工岛屿天堂岛附近。在岛屿上停留 1 小时左右返回系船池，期间可体验浮潜项目。

在绿意盎然的环礁湖上航行

在墨西哥驾驶小型船舶无须执照，但是最起码要掌握水上摩托艇的驾驶技巧才可以。船舶以租借的形式出借给游客，借方对所借船舶承担全部责任，如发生事故则有可能需要支付高额赔偿金，因此务必要多加注意。驾驶线路中有 10 米左右的路程需要钻过狭窄的桥梁缝隙与红树类植物。

玻璃海底船探险 Sub See Explorer

从环礁湖出发，乘船前往人工岛屿，全程用时 30 分钟左右。以此为起点，搭乘玻璃海底船观赏海中美景。途中可以观赏到两个珊瑚礁群以及色彩斑斓的鱼类，对于不擅长游泳的人与儿童来说，可以轻松地享受仿佛在海中散步一般的乐趣。

轻松享受海底世界的乐趣

高尔夫

坎昆伊波罗之星高尔夫俱乐部 Iberostar Cancún Glof Club

坎昆伊波罗之星高尔夫俱乐部是一座大型高尔夫运动场地，与同名酒店对向而建，分别位于库库尔康大街的两侧。即便不在此入住，只要支付费用也可以入场。费用随季节变动，5~12 月中旬为淡季。

场地内地势平缓，几乎没有起伏

与海豚同游

10:30~15:30 期间，各项目（30 分钟）分别重复 4~6 次。日程时有变化，需要提前进行确认。由于体验项目设有人数上限，因此最好提前一个月进行预约（如有其他游客取消，则有可能在当地临时补位）。开往女人岛的渡轮从水族世界发船。

皇家游泳体验项目收费 US$179、游泳冒险体验项目收费 US$149、与海豚近距离接触收费 US$109。

预约 · 咨询：Dolphin Discovery

TEL 193-3350

URL www.dolphindiscovery.com

丛林探险

通过水族世界等进行报名。往返共需时 2.5 小时，费用为 US$60~。

提高警惕，避免发生事故!

虽说丛林探险非常有趣，但却也是事故频发的一个项目。体验者除了不要胡乱驾驶以外，还要注意切勿靠近任何其他船只。如在船舶事故中导致对方受伤或者有船只损坏的现象，一般的海外旅行伤害保险是不对上述情况进行赔偿的。

工作人员会在项目开始前使用英语与西班牙语介绍变速杆的使用方法、停船以及快速前行等信号常识，体验者务必要仔细聆听。如果有不明白的地方，切勿不了了之，一定要加以询问。

玻璃海底船探险

9:00~14:00 期间，每间隔 1 小时从水族世界的系船池发一班船。费用为 US$40。

坎昆伊波罗之星高尔夫俱乐部

Map p.189/C1

TEL 881-8000

18 洞收费 US$161~170，黄昏时分（冬季指 13:00 后、夏季指 14:00 后）收费 US$111~130。俱乐部设备租赁套餐费用为 US$40 左右，球鞋费用为 US$20 左右。入住伊波罗之星酒店的游客可享受球场费半价的优惠。

小贴士 S 在海岛购物村内水族馆 Aquarium（Map p.189/B2 URL www.aquariumcancun.com.mx）的游泳池内也可与海豚玩耍。在与海洋生物近距离接触的同时，还可以给它们喂食。

周游观光船

湛蓝色的大海与尽享活动的日间周游观光船

加勒比海周游观光船分为尽享活动乐趣的日间周游观光船与享用晚餐并欣赏表演的夜间周游观光船两种。有游艇、巡航型快艇以及小型客船等船型，费用依目的地活动项目与餐饮内容而定。

女人岛一日游 Isla Mujeres Day Trip

女人岛一日游
TEL 848-8327（水族世界）
URL www.aquaworld.com.mx
费 US$63（含午餐 & 皮筏项目）

乘坐开往女人岛方向的日间周游观光船，可以在宽敞舒适的海滨悠闲度日，或通过参加皮筏项目或者购物来度过充满活力的一天。还可以参观海龟保护中心。周一～周六期间，每天上午9:00发团，17:00返回坎昆。

胡克船长游船 Capitan Hook

胡克船长游船
TEL 849-4451
URL www.capitanhook.com
费 大海虾晚宴 US$102、烤肉晚宴 US$87。6~12岁的儿童可享受半价优惠

在游船上可以欣赏到如电影一般的特别加演节目

胡克船长游船会在19:00从普拉亚琳达起航。在船上可以品尝到美味晚宴、甜品、葡萄酒以及桑格利亚汽酒，还可以欣赏音乐会与舞蹈表演。船体与工作人员的服饰均为海盗风格。游船会在22:00返回码头。

龙虾晚宴巡航 Lobster Dinner Cruise

龙虾晚宴巡航
TEL 849-4748
URL www.thelobsterdinner.com
费 US$99

龙虾晚宴巡航由水上旅游公司 Aqua Tours 创办，每天17:30与20:30发团。如果天气晴朗，还可以在船上欣赏到美丽的夕阳风光。游船外形与哥伦布抵达美洲大陆时使用的船只十分相似。

INFORMACIÓN

乘屋顶形画舫沿水路巡游的坎昆船舶晚宴项目

这是一座主题公园，可搭乘装饰华丽的船舶一边在人工运河中畅游，一边体验墨西哥文化。周游观光船在周一～周六的19:45发船，可以品尝墨西哥各地美食，还可以欣赏墨西哥流浪乐队艺人的演奏等，内容相当丰富。游客大可载歌载舞地度过极具墨西哥特色的愉快时光。

●坎昆船舶晚宴 Xoximilco Cancún
Map p.175/A2 TEL 883-0433
URL www.xoximilco.com
费 US$89

一般均通过旅行团的形式报名参加，旅行社提供景区至坎昆酒店区的接送服务。团费为 M$100~。

搭乘屋顶形画舫环游运河

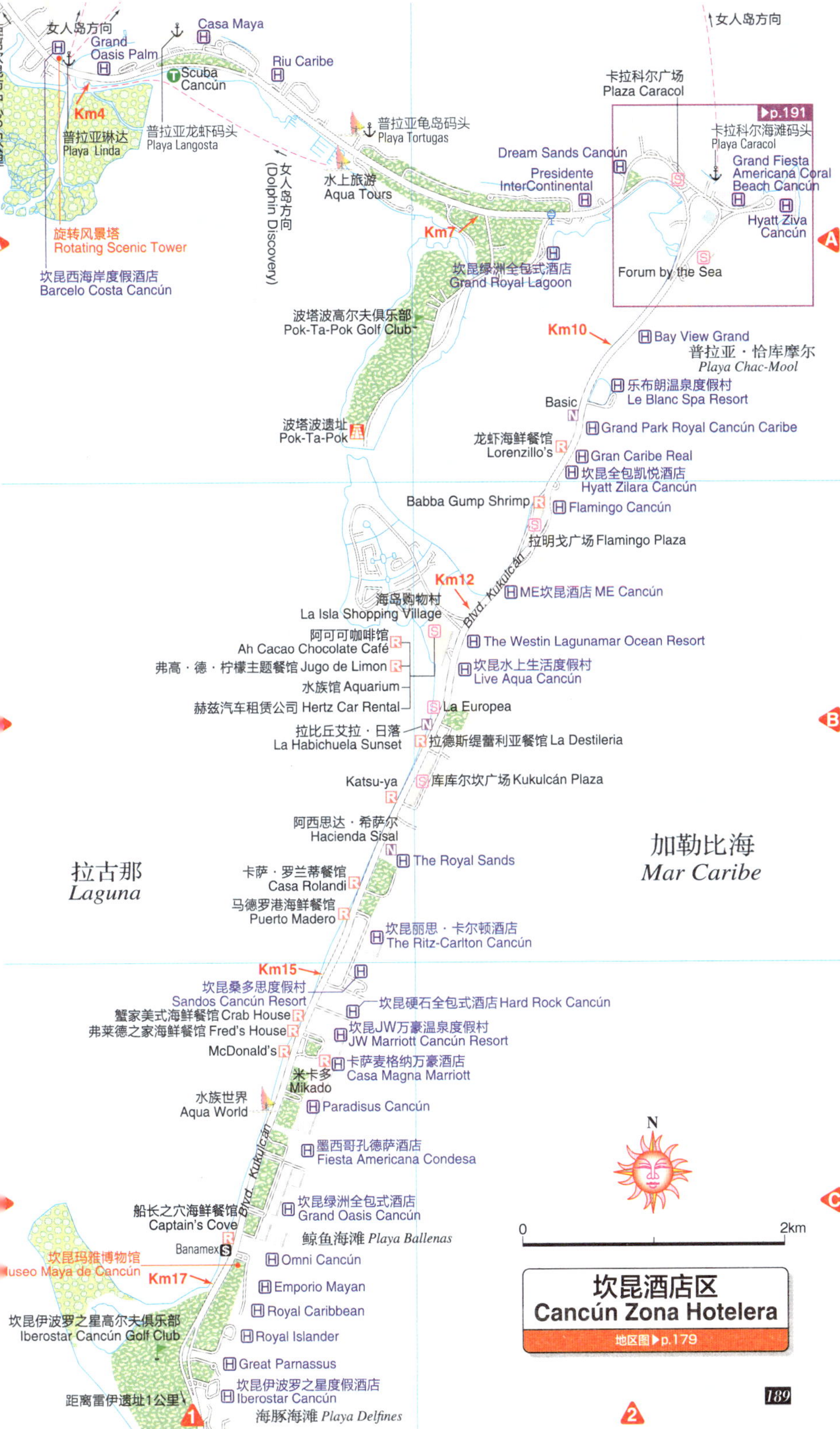

女人岛方向
Grand Oasis Palm
Casa Maya
Scuba Cancún
Riu Caribe
Km4
普拉亚琳达
Playa Linda
普拉亚龙虾码头
Playa Langosta
普拉亚龟岛码头
Playa Tortugas
女人岛方向 (Dolphin Discovery)
水上旅游
Aqua Tours
旋转风景塔
Rotating Scenic Tower
坎昆西海岸度假酒店
Barcelo Costa Cancún
Km7
卡拉科尔广场
Plaza Caracol
▶p.191
卡拉科尔海滩码头
Playa Caracol
Dream Sands Cancún
Presidente InterContinental
Grand Fiesta Americana Coral Beach Cancún
Hyatt Ziva Cancún
坎昆绿洲全包式酒店
Grand Royal Lagoon
Forum by the Sea
波塔波高尔夫俱乐部
Pok-Ta-Pok Golf Club
Km10
Bay View Grand
普拉亚·恰库摩尔
Playa Chac-Mool
乐布朗温泉度假村
Le Blanc Spa Resort
Basic
波塔波遗址
Pok-Ta-Pok
Grand Park Royal Cancún Caribe
龙虾海鲜餐馆
Lorenzillo's
Gran Caribe Real
坎昆全包凯悦酒店
Hyatt Zilara Cancún
Babba Gump Shrimp
Flamingo Cancún
拉明戈广场 Flamingo Plaza
Km12
Blvd. Kukulcán
ME坎昆酒店 ME Cancún
海岛购物村
La Isla Shopping Village
阿可可咖啡馆
Ah Cacao Chocolate Café
弗高·德·柠檬主题餐馆 Jugo de Limon
水族馆 Aquarium
赫兹汽车租赁公司 Hertz Car Rental
The Westin Lagunamar Ocean Resort
坎昆水上生活度假村
Live Aqua Cancún
La Europea
拉比丘艾拉·日落
La Habichuela Sunset
拉德斯缇蕾利亚餐馆 La Destileria
Katsu-ya
库库尔坎广场 Kukulcán Plaza
阿西思达·希萨尔
Hacienda Sisal
The Royal Sands
加勒比海
Mar Caribe
拉古那
Laguna
卡萨·罗兰蒂餐馆
Casa Rolandi
马德罗港海鲜餐馆
Puerto Madero
坎昆丽思·卡尔顿酒店
The Ritz-Carlton Cancún
Km15
坎昆桑多思度假村
Sandos Cancún Resort
坎昆硬石全包式酒店 Hard Rock Cancún
蟹家美式海鲜餐馆 Crab House
弗莱德之家海鲜餐馆 Fred's House
坎昆JW万豪温泉度假村
JW Marriott Cancún Resort
McDonald's
卡萨麦格纳万豪酒店
Casa Magna Marriott
米卡多
Mikado
水族世界
Aqua World
Paradisus Cancún
墨西哥孔德萨酒店
Fiesta Americana Condesa
Blvd. Kukulcán
N
船长之穴海鲜餐馆
Captain's Cove
坎昆绿洲全包式酒店
Grand Oasis Cancún
鲸鱼海滩 Playa Ballenas
0
2km
Banamex
坎昆玛雅博物馆
Museo Maya de Cancún
Km17
Omni Cancún
Emporio Mayan
Royal Caribbean
坎昆伊波罗之星高尔夫俱乐部
Iberostar Cancún Golf Club
Royal Islander
Great Parnassus
坎昆伊波罗之星度假酒店
Iberostar Cancún
距离雷伊遗址1公里
海豚海滩 Playa Delfines
坎昆酒店区
Cancún Zona Hotelera
地区图▶p.179

坎昆的商店

Shopping

在坎昆，即便是高档品牌的免税商品也可以较低价格购入。坐落在酒店区的海岛购物村、墨西哥坎昆购物中心以及库库尔坎广场均为比较有代表性的购物中心。这些购物中心除了提供英语服务以外，还可以直接使用美元现金进行消费。

市中心的图卢姆大街上开设有数家大型超市。超市内出售陶器等旅游纪念商品，价位在墨西哥全国范围内属中等水平。游客在抵达墨西哥后务必要到超市去转一转，以此了解当地的物价水平。

鲜艳的民间艺术品摆得满满的

墨西哥坎昆购物中心

Forum by the Sea

Map p.191-B1

◆坎昆岬角的人气景点

墨西哥坎昆购物中心坐落在酒店区内，其内共开设有 50 余家店铺，是一家积攒了极高人气的娱乐及购物中心。周边是非常受欢迎的夜店区，可可·邦戈 Coco Bongo 与滚石餐馆 Hard Rock Cafe 等娱乐性较高的店铺均在此入驻。

巨大的吉他纪念碑是这里的地标性建筑

这里还有不少出售广受女性欢迎的银质或者玻璃装饰品的商店，感兴趣的游客不妨去看一看。此外，在汇集众多小店的市场与 Ambarte 内可以购买到由原住民制作的，极具墨西哥特色的旅游纪念商品。

住 Blvd.Kukulcán Km 9
TEL 883-4425
营 每天 10:00~22:00
CC 详情咨询各店铺
URL www.forumbythesea.mx

卡拉科尔广场

Plaza Caracol

Map p.191-A1

◆老字号购物中心

卡拉科尔广场创办于 1979 年，是酒店区内的购物中心之一。这座双层建筑内共开设有约 120 家店铺。除了供应范思哲等设计师品牌商品的 Envy 之外，汇集酒类免税店与欧洲各品牌化妆品的 Ultra femme 等也绝对不容错过。一层除了咖啡吧之外，还有世界闻名的星巴克咖啡等。逛街之余不妨在这里享受轻松的咖啡时间。

购物中心内汇集了从商店到餐馆等多种多样的店铺

住 Blvd.Kukulcán Km 8.5
TEL 883-1395
营 每天 8:00~22:00
CC 详情咨询各店铺
URL www.caracolplaza.com

INFORMACIÓN

酒店区的高档超市

2014 年入驻坎昆岬角区的高档超市墨西哥特选超市 Selecto Súper Chedraui 汇集了丰富的食品、酒类以及杂货等商品，特别适合游客选购旅游纪念商品。这里的酒类品种极为多样，价位低于购物中心。同时，超市内还供应小包装点心与茶类商品，其包装极具墨西哥特色，非常适合作为旅游纪念商品馈赠亲朋好友。食品区还设有回转寿司专区。

墨西哥特选超市 Selecto Súper Chedraui
Map p.191-A1
住 Blvd.Kukulcán Km 9 Mz.48 y 49
TEL 830-0866
营 每天 7:00~23:00
CC A M V

食品区商品十分丰富

小贴士 拉费斯塔广场 Plaza La Fiesta（Map p.191/B1）是一家汇集了墨西哥各地旅游纪念商品的购物中心，这里的商品价格较为低廉。购物中心是一座光色建筑，建筑外观上写有"MEXICAN OUTLET"的字样。

海岛购物村

La Isla Shopping Village

Map p.189/B2

住 Blvd.Kukulcán Km 12.5

TEL 883-5025

营 每天 11:00~23:00

CC 详情咨询各店铺

◆高娱乐性设施

海岛购物村是酒店区内人气最高的购物中心。购物村内涵盖西班牙著名服装品牌 Zara、极具南国情趣的泳装商店 Zingara 以及香水专营店 Ultra Femme 等，除此之外这里还汇集了电影院、迪斯科以及餐馆等 180 余家店铺。集合众多小型旅游纪念品商店的市场也别具风趣。人工河在精心设计的建筑内缓缓流淌，河上架设着几座桥梁，环境宛如主题公园一般。购物村内还有可观赏并近距离接触热带海洋生物的水族馆（门票 US$14），支付一定的费用便可给鲨鱼喂食或者与海豚一同玩耍。夜幕降临，湖旁的步行街便会灯火辉煌，经常挤满众多前来观光的游客。

购物村内还建有水路，顾客可舒舒坦坦地在此休息

购物村内还设置有可与海豚玩耍的水族馆

坎昆岬角周边 Around Punta Cancún

地区图▶p.189/A2

女人岛方向
墨西哥坎昆梦幻沙滩度假酒店 Dreams Sands Cancún
Fiesta Americana Villas Cancún
Riu Palace
Riu Cancún
玛雅潘旅舍 Hostal Mayapan
ATM
Costa Blanca
便利商店
KFC
卡拉科尔广场 Plaza Caracol
Xcaret主题公园信息中心
卡拉科尔海滩码头 Playa Caracol
大美洲庆典珊瑚海滩酒店 Grand Fiesta Americana Coral Beach Cancún
Solo Buseo
塔克斯·力高餐馆 Tacos Rigo
墨西哥特选超市 Selecto Súper Chedraui
Hanaichi
莫卡波海鲜餐馆 Mocambo
鲁·巴西里库餐馆 Le Basilic
凯悦天地度假村 Hyatt Ziva Cancún
杰姆休闲健身中心 Gem Spa
豪雅 La Joya
OXXO（便利商店）
Hiroya
Bancomer
纪念碑
拉费斯塔广场 Plaza La Fiesta (Mexican Outlet)
坎昆中心 Cancún Center
味爱普思 Vips
Desire
墨西哥工厂餐馆 Taco Factory
坎昆克里斯塔尔酒店 Krystal Cancún
坎昆克里斯塔尔大蓬旅馆 Krystal Grand Punta Cancún
Hooters
Plaza El Zócalo
Congo
阿西恩达·埃尔莫尔特罗餐馆 Hacienda El Mortero
爹地O酒吧 Dady'O
可可·邦戈 Coco Bongo
曼陀罗 Mandala
墨西哥坎昆购物中心 Forum by the Sea
曼陀罗海滩俱乐部 Mandala Beach Club
Coral Negro
滚石餐馆 Hard Rock Cafe
康巴拉切餐馆 Cambalache
Salvia
Carisa y Palma
青蛙先生 Señor Frogs
Girasol
Maralago
蓝海鸥海滩 *Playa Gaviota Azul*
N
0 300m

小贴士 这里有很多墨西哥当地生产的民间艺术品，游客可以在此享受愉快的购物时光。

库库尔坎广场

Kukulcan Pláza

坐落在酒店区的巨大型购物中心

◆品类齐全的巨大型购物中心

库库尔坎广场是一座双层的大型购物中心，卖场面积十分宽敞。其内部开设有约130家店面，内容涵盖女服、装饰品、银制品、贵金属、宝石、香水、化妆品、药店、礼品店以及墨西哥民间手工艺品等。特别是设置在建筑南侧的Luxury Avenue，主要供应路易·威登、卡地亚以及菲拉格慕等高档品牌。此外，Taxco的金银装饰品选择多样。哈雷·戴维森的官方商店等也有入驻。快餐、餐馆以及咖啡馆等常规商店种类十分齐全。

Map p.189/B2

住 Blvd.Kukulcán Km 13　TEL 193-0161

营 每天 8:00~22:00

CC 详情咨询各店铺

同时设置有聚集世界级品牌的Luxury Avenue

美洲广场

Plaza Las Americas

可以低价购入体育用品

◆沉浸在愉快氛围当中的大型商场

美洲广场坐落在市中心地区，是备受当地人喜爱的一家购物中心。一层的特大型超市Chedraui供应商品品类齐全，价位较酒店区更加低廉。

此外，各种精品女装店、摄影器材商店以及书店等联营商户多达180余家。特别推荐坎昆最大规模的音像店Mix up。店内的国内外CD与DVD资源十分充实，同时还准备了试听专区，便于顾客了解墨西哥时下最为流行的音乐。每张CD的售价为M$80~。这里有很多打折出售的CD，价位比市中心的商店更加低廉。

Map p.179/A1-A2

住 Av.Tulum No.260　TEL 887-4839

营 每天 10:00~23:00

CC 详情咨询各店铺

多种多样的店铺混在一起的大型商场

拉明戈广场

Flamingo Plaza

供应墨西哥特色商品的商店也很充实

◆各种商店集聚

拉明戈广场内近50余家商店与精品女装店中，以供应长筒皮靴与皮革制品的Rogers Boots为代表，Sunglass Island等时尚商店与酒类专营店最具人气。除此之外，The Hand Craft Depot等礼品店前会有店员招呼顾客，看上去十分热情。这里还有各种快餐店与烧烤店等，购物之余还可以品尝美食。

从坎昆市中心出发，沿库库尔坎大街向西南方向前行约5公里便可抵达拉明戈广场。周边与墨西哥其他景点相同，也集聚了众多看上去十分普通的旅游纪念品商店与餐馆。

Map p.189/B2

住 Blvd.Kukulcán Km 11.5

TEL 883-2855　营 每天 10:00~22:00

CC 详情咨询各店铺

URL www.flamingo.com.mx

外观的装饰令人印象深刻

在坎昆期间的安全对策

坎昆的治安条件在墨西哥可谓首屈一指，游客大可放心前往。即便是在酒店区的夜店玩到深夜，也基本上不会被卷入犯罪事件。不过，贵重物品尽量不要随身携带，可以充分利用酒店的保险柜进行保管。市中心地区较其他城市相对安全，但由于其整体治安状况不如酒店区，游客在深夜外出时需要提高警惕，注意周边环境。

在坎昆外出，基本上会使用出租车或者巴士。由于出租车上没有计价器，因此在发车前要与司机确认车费。通常不会被敲竹杠，游客如果不放心，不妨提前通过在高档酒店等地张贴的区间运费表进行了解。此外，如果在酒店区搭乘市内巴士，一定要注意在巴士停稳后再上下车。司机有时会在乘客准备上下车时突然发车，因此游客如果需要上下车一定要告知司机并举手示意。

小贴士　在位于海岛购物村内的R阿可可咖啡馆Ah Cacao Chocolate Café（Map p.189/B2　TEL 883-1927　营 每天 8:00~23:30）可以品尝到美味的咖啡与巧克力。

自由市场
Mercado 28

Map p.181/A1

住 Mercado No.28　TEL 无
营 每天 8:00~21:00　CC 详情咨询各店铺

◆极普通的市场

自由市场位于市中心西侧约 500 米处，是当地百姓经常光顾的一家十分朴素的开放型市场。市场内有供应民间艺术品、日用品以及食品的各类商店与餐馆等，价位较市中心更加低廉，还可以讲价。T 恤衫售价 M$50~、沙滩巾售价 M$100~、银饰售价 M$30~ 等。开店时间各异，餐饮店等的闭店时间也不统一。

可以找到很多墨西哥风格的旅游纪念商品

顾客类型包括当地人与游客等，客户群体多种多样

坎昆的夜生活
Night Spot

坎昆是一个即便在夜晚也可以尽兴玩乐的度假胜地。这里有很多餐馆都有音乐、舞蹈以及表演等。其中，人气特别高的是可以欣赏到墨西哥流浪乐队艺人表演与流浪舞等墨西哥音乐的店铺。同时，当地还分布着一些正宗的夜店，来自中南美的音乐家们会为顾客们带来萨尔萨舞与雷击顿等热情的演奏表演。

可可 · 邦戈
Coco Bongo

Map p.191/B1

住 Folum by the Sea
TEL 883-5061
URL www.cocobongo.com.mx
营 每天 22:30~ 次日 3:30
税金 含税
CC A M V
Wi-Fi 免费

◆垄断行业话题的人气俱乐部

可可 · 邦戈位于墨西哥坎昆购物中心内，是坎昆最为著名的俱乐部之一。每天晚上都会有融合 PV、影音剪辑以及各种现场秀的杂技表演（22:30~ 次日 2:30 左右）。除此之外，还有空中杂技表演，令人赏心悦目。供应自助饮品的开放式酒吧收费 US$65（周四 ~ 周日为 US$75）。深夜 1:00 后为半价。

坎昆绝对不容错过的夜店

阿西思达 · 希萨尔
Hacienda Sisal

Map p.189/B1

住 Blvd.Kukulcán Km 13.5
TEL 848-8220
URL www.haciendasisal.com
营 每天 14:00~22:30（周日 8:00~14:00、17:00~22:30）
税金 含税　CC A M V
Wi-Fi 免费

◆沉浸在墨西哥的味觉与音乐中

阿西思达 · 希萨尔位于库库尔坎广场南侧，步行 5 分钟左右即到。周三、周四可以在这里欣赏到墨西哥的传统音乐表演（19:30~）。餐饮以涵盖海鲜与烤肉在内的墨西哥菜肴为核心，单人预算为 M$600~900。周日 8:00~14:00 期间的早午餐也备受好评。

在欣赏音乐的同时享用美食

INFORMACIÓN

坎昆的货币兑换情况

2010 年政府发布限制美元流通的方针，在酒店与旅行社使用比索进行消费便成为消费者的义务，美元在一段时期内被加以限制。2016 年 6 月起，并非墨西哥国内所有地区均需执行上述方针，坎昆及其周边地区又恢复了美元流通。在大型超市与便利商店使用美元支付，店员会根据即时汇率进行换算并通常会使用比索找零。关于使用何种货币消费更加划算的问题完全取决于即时汇率，因此，游客可与银行以及兑换处的汇率进行比较。

银行的 ATM 虽然会收取一定的手续费与利息，但是使用国际银行现金卡支取现金或者使用信用卡提现比在银行等地进行货币兑换要更加划算。坎昆市中心的巴士总站附近、卡门海滩以及位于科苏梅尔码头的 HSBC、Banorte 的 ATM 可以支取美元现金。高额消费一般都支持信用卡支付，游客可刷卡付款。

位于市区的货币兑换处

小贴士 位于市中心的贝因特欧乔市场内摆满了备受当地人欢迎的简易食堂与摊位。如果想节省花费，不妨到这家市场里来用餐。

拉比丘艾拉 · 日落

La Habichuela Sunset

Map p.189/B2

住 Blvd.Kukulcán km 12.6
TEL 840-6280
URL www.lahabichuela.com
营 每天 13:00~24:00
税金 含税
CC A M V
Wi-Fi 免费

◆可以欣赏到玛雅的舞蹈表演

可以体验独特的舞蹈表演

拉比丘艾拉 · 日落是一家供应加勒比海鲜与墨西哥菜的餐馆，其玛雅文明风格的内部装饰十分别致。周一、周三、周五的 20:00~21:00 期间可以在室外露天舞台欣赏由身着鲜艳传统服饰的 4 名演员表演的玛雅舞蹈（无附加费）。在这里可以品尝到鱼类菜品（M$285~）与烤肉（M$255~）。该店的招牌菜是在大海虾或者普通的虾上浇一些咖喱酱汁而成的拉比丘艾拉（M$550）。

曼陀罗

Mandala

Map p.191/B1

住 Blvd.Kukulcán Km 9
TEL 883-3333 ext.115
URL www.mandalanightclub.com
营 每天 22:30~ 次日 5:00
税金 含税
CC A M V
Wi-Fi 免费

◆极具人气的室外俱乐部

在街上就可以看到内部景象

曼陀罗位于坎昆酒店区深夜最为繁华的地段。这是一家定员 800 人的室外露天俱乐部，充满异国情调的内部装饰与年轻人们被灯光映红，大音量的舞曲响彻整个街区。附加费（US$50）。酒类饮品自助，费用为 US$65。

青蛙先生

Señor Frogs

Map p.191/B1

住 Blvd.Kukulcán Km 9.5
TEL 883-3454
URL www.senorfrogs.com/cancun
营 每天 12:00~24:00
税金 含税
CC A M V
Wi-Fi 免费

◆青蛙玩偶相当显眼

店前的青蛙非常引人注目

青蛙先生面向环礁湖开设，白天以餐馆形象示人，晚上则是非常热闹的俱乐部。店内分为餐饮区与舞池两个部分，到了晚上整个店面宛如舞会一般，服务员也会登台起舞。菜单以玉米面豆卷（M$200~）等墨西哥菜为主，同时还供应各类海鲜。

豪雅

La Joya

Map p.191/A2

住 Blvd.Kukulcán Km 9.5
TEL 881-3200（ext.4200）
营 周二～周日 18:30~23:00
税金 含税
CC A D J M V
Wi-Fi 免费

◆正宗的墨西哥音乐 & 晚餐

作为鉴赏传统音乐的场所而闻名

豪雅位于大美洲庆典珊瑚海滩酒店内，是坎昆最具排场的餐馆之一。19:00~19:45 是墨西哥传统音乐三部合奏曲演奏（免费），周二、周四、周六的 20:00~21:00 是墨西哥流浪乐队艺人的表演（附加费 US$5）。

在这里可以品尝到世界各地的美味佳肴，特别是新鲜的海鲜与正宗的墨西哥菜广受好评。推荐菜品为大海虾（M$610）。除此之外，前菜拼盘售价 M$225~、套餐售价 M$780~。

爹地 O 酒吧

Dady'O

Map p.191/B1

住 Blvd.Kukulcán Km 9.5
TEL 883-3333
营 每天 22:00~ 次日 5:00
税金 含税
CC A M V
Wi-Fi 免费

◆特别推荐！位于酒店区的大型俱乐部

白天虽然安静，夜幕降临后会十分热闹

爹地 O 酒吧位于酒店区东北部，是坎昆岬角核心区域非常引人注目的一家大型夜店。虽然周边汇集了众多人气俱乐部，竞争十分激烈，但这里依然能够呈现出一番热闹的盛况。店内有电子通俗音乐与拉丁音乐 DJ，周末还有人气 DJ 与拉丁歌手的现场演出。基本费用为 US$60。酒类自助需加付 US$20。

小贴士

N 可可 · 邦戈经常出现爆满的盛况。特别席位的黄金会员票价为 US$125（周五、周六为 US$145）。

佩里科斯
Pericos

Map p.181/A1

◆围成一圈翩翩起舞！

可以欣赏木琴演奏

佩里科斯是市中心比较有代表性的一家夜店。每天19:00起开始木琴演奏与演出，之后顾客会伴随背景音乐一起翩翩起舞。旺季时，旅游大巴会搭载团队游客来到这里，入口处排起的长队更是彰显了这家店的极高人气。20:00~24:00可以欣赏到墨西哥流浪乐队艺人的表演。主菜售价M$150~，特别供应的菜品售价M$300~490。30厘米以上的玻璃杯装玛格丽特售价M$170（常规杯装售价M$85~）。

住 Av.Yaxchilan No.61 S.M.25
TEL 884-3152
营 每天12:00~24:00
税金 含税
CC A M V
Wi-Fi 免费

坎昆的餐馆
Restaurant

酒店区与市中心均开设有快餐、咖啡馆以及正宗的餐馆等各种餐饮设施，数量繁多，种类也十分丰富。酒店区的店铺价位略高，但是店内的演出与菜品档次也相对较高。市中心还有很多当地人时常光顾的美味餐馆，可以在浓厚的地方氛围下品尝美食，建议游客前往体验。酒店区的卡拉科尔广场周边的库库尔坎大街与市中心的图卢姆大街都是餐馆的聚集区。

诱人且制作精湛的海鲜食品

墨西哥料理

阿西恩达·埃尔莫尔特罗餐馆
Hacienda El Mortero

Map p.191/B2

◆内装如豪宅一般漂亮

阿西恩达·埃尔莫尔特罗餐馆位于坎昆克里斯塔尔酒店内，是沿街开设的一家十分优雅的餐馆。餐馆内部中央地区设有喷泉，墙壁上装饰着圣像。招牌菜是用铁丝网烤的大海虾与肉类，这里称其为墨西哥炙烤拼盘（两人份售价M$1250）。此外，还有墨西哥风味烤牛肉（M$430）等，菜品种类相当丰富。葡萄酒品类也十分多样，杯装葡萄酒售价M$80~。每天19:30~23:00还可以欣赏墨西哥流浪乐队艺人的演奏。

住 Blvd.Kukulcán Km 9.5
TEL 848-9800（ext.777）
营 每天18:00~23:00
税金 含税 CC A M V
Wi-Fi 免费

务必要品尝一下备受好评的烤牛肉

坎昆首屈一指的豪华温泉

墨西哥最高档的温泉设施

位于大美洲庆典珊瑚海滩酒店西馆四层的杰姆休闲健身中心是坎昆最大的温泉设施。这里采用墨西哥自古流传至今的治疗秘方为游客振作身心。反射疗法（50分钟）收费US$216，热带芳香按摩疗法（50分钟）收费US$216。特别是声名远扬的水治疗，建议在按摩前1.5~2小时体验。这家休闲健身中心需要支付US$85的入场费用，50分钟以上的按摩费用中包含上述入场费用。

E杰姆休闲健身中心 Gem Spa
Map p.191/A2
TEL 881-3200 ext.4750
URL www.gemspacancun.com
营 每天7:00~22:00（周一15:00~）

小贴士 坎昆整体治安状况较好，即便是深夜也基本不必担心出现安全问题，尽管如此，为了安全起见，从夜店出来之后最好选择搭乘出租车返回酒店。

拉帕里加
La Parrilla

Map p.181/A1

◆炭火烤肉广受好评的人气店铺

还可以欣赏墨西哥流浪乐队艺人的演奏

拉帕里加餐馆位于市中心的亚斯奇兰大街，前来用餐的当地人与游客都很多。人行道上巨大的牛是这家餐馆的标志性招牌，装饰得十分鲜艳的开放式店铺充满了墨西哥风格特色。玉米面豆卷（5个售价 M$160~）与鸡肉卷（M$180）等菜品价位适中。推荐品尝墨西哥烧烤（两人份售价 M$450）与大杯装玛格丽特（M$110~）。

住 Av.Yaxchilan No.51，entre Rosa y Rosas
TEL 287-8119
URL www.laparrilla.com.mx
营 每天 12:00~ 次日 2:00（周日 ~ 次日 1:00）
税金 含税
CC A M V
Wi-Fi 免费

拉德斯缇蕾利亚餐馆
La Destileria

Map p.189/B2

◆品尝龙舌兰酒的好去处

独特的店内景观宛如龙舌兰酒的蒸馏场所一般

拉德斯缇蕾利亚餐馆的龙舌兰酒品类十分齐全。售价 M$75~。餐食售价 M$300~500。店内仿照龙舌兰酒蒸馏场所进行装饰，分为高级酒吧与餐馆两个部分。

住 Blvd.Kukulcán Km 12.65
TEL 885-1086
营 每天 13:00~24:00
税金 含税
CC A M V
Wi-Fi 免费

拉帕拉帕 · 德尔 · 马约尔
La Palapa del Mayor

Map p.181/B2

◆大型的简陋草棚建筑十分引人注目

拉帕拉帕 · 德尔 · 马约尔是位于市中心西卡莱特大街上的一家极具人气的地方餐馆。采用新鲜鱼类与贝类烹制的墨西哥菜非常受欢迎。推荐石锅海鲜汤（M$160）。菜量很大。

部分菜品可半份供应

住 Av.Xcaret Mza.1 No.119，S.M.20
TEL 892-0142
营 每天 10:00~21:00
税金 含税
CC V
Wi-Fi 免费

塔克斯 · 力高餐馆
Tacos Rigo

Map p.191/A1

◆在度假地品尝百姓味道

塔克斯 · 力高餐馆是市中心一家主营玉米卷的人气餐馆，当地百姓市场光顾，在酒店区开设有分店。绘有滑稽的漫画人物的招牌十分惹人注目。将鸡肉与蔬菜一同炒制而成的传统料理法士达搭配玉米粉圆饼的套餐售价 M$65，价位比较适中。啤酒售价 M$25~。

推荐品尝法士达

住 Blvd.Kukulcán Km 8.5 Plaza El Parian M3L3
TEL 883-1154
营 每天 11:00~ 次日 1:00
税金 含税
CC M V
Wi-Fi 无

洛斯阿科斯
Los Arcos

Map p.181/A1

◆品尝海味的同时还可以欣赏现场演出

在饱享玉米卷等百姓风味美食的同时，各种海鲜料理也非常丰富。蒜香白肉鱼售价 M$155，与酒店区相比价位十分低廉。每晚 11:00 起除了举办现场音乐演出以外，还有备受欢迎的墨西哥流浪乐队艺人到场助兴。

以适中的价格便可品尝到海鲜菜品

住 Av.Yaxchilan esq.Rosas
TEL 887-6784
营 每天 12:00~24:00
税金 含税
CC A M V
Wi-Fi 免费

小贴士

R 洛斯 · 艾尔孟德罗斯 Los Almendros（Map p.179/A1 TEL 887-1332 营 每天 12:00~22:00）是供应传统尤卡坦菜的名店。主菜售价 M$00 左右。位于市中心。

洛斯瓦拉切斯·德·阿尔卡托拉塞斯
Los Huaraches de Alcatraces

Map p.181/A2

◆市中心的大众食堂

洛斯瓦拉切斯·德·阿尔卡托拉塞斯位于帕拉恰帕斯公园东南侧，是一家可以品尝到墨西哥家常菜的餐馆。多种多样的菜品陈列在柜台上，顾客点菜后工作人员们会现场装盘。玉米面团包馅卷（M$20~）、墨西哥炸辣椒（M$90）、卷肉玉米饼（M$115）。

傍晚便会闭店，可在此享用早午餐

住 Alcatraces No.31
TEL 884-3918
营 周二～周日 8:30~17:00
税金 含税
CC M V
Wi-Fi 免费

墨西哥工厂餐馆
Taco Factory

Map p.191/B1

◆酒店区的玉米面豆卷店

环境十分轻松的玉米面豆卷店

墨西哥工厂餐馆是一家直到深夜都十分热闹的人气店铺，主营玉米面豆卷。这家餐馆位于酒店区的繁华街道，由于这里罕见平价食堂，因此更加彰显出它的珍贵。游客可在夜间游玩时抽空前来品尝。多达十余种的玉米面豆卷，单个售价仅为M$38。

住 Blvd.Kukulcán Km 9.5
TEL 883-0750
营 全天 24 小时营业
税金 含税
CC A D J M V
Wi-Fi 免费

各国风味

鲁·巴西里库餐馆
Le Basilic

Map p.191/A2

◆正宗的法国 & 地中海菜肴

鲁·巴西里库位于大美洲庆典珊瑚海滩酒店内，是一家荣获AAA级五钻奖的高档餐馆。店内风格十分雅致，19:30~22:15有钢琴与低音大提琴演奏。人气菜品为安格斯牛排（M$560）、鲈鱼里脊与鱼子酱（M$500）以及酱鹅肝与黑西洋蘑菇馅小方饺（M$420）等。葡萄酒的种类也十分丰富，杯装酒售价M$150~，瓶装酒售价M$720~。甜品售价M$145~。需要注意的是禁止身着沙滩拖鞋、T恤以及短裤等入内。

住 Blvd.Kukulcán km 9.5
TEL 881-3200（内线 4220）
营 周一～周六 18:30~23:00
税金 含税　CC A D J M V　Wi-Fi 免费

为顾客提供现场演奏且极富情调的餐室

香港
Hong Kong

Map p.181/B1

◆备受当地顾客欢迎的大型餐馆

香港餐馆位于市中心繁华街道的西南方向，是规模极大的一家中国菜馆。菜品种类齐全，涵盖汤品、肉类、炒饭、面食、水果以及甜品等。10:00~17:00开设自助专区，周五～下周三单人自助餐价为M$155，周四为海鲜日，当天单人自助餐价为M$226。自驾前来用餐的当地人占该店客流的大部分，此外，还有许多游客慕名而来，因此，这家店时常活力满满、热闹非凡。

住 Av.Xcaret,manzana 2 Lot 6
TEL 881-2777　营 每天 8:00~22:00
税金 含税　CC A M V　Wi-Fi 免费

宫殿风格的建筑十分惹人注目

卡萨·罗兰蒂餐馆
Casa Rolandi

Map p.189/B1

◆坎昆最为著名的意式餐馆

卡萨·罗兰蒂餐馆沿库库尔坎大街开设，店内视野极佳，主要供应意大利 & 瑞士菜。采用海鲜食材烹制的意大利面食与炖饭售价M$250~350。除了常规的意式菜肴之外，采用大海虾等加勒比海海产品烹制的美食也分量十足。

海风吹拂非常舒适

住 Blvd.Kukulcán Km 13.5
TEL 883-2557
营 每天 13:00~24:00
税金 含税
CC A D J M V
Wi-Fi 免费

小贴士　市中心的亚斯奇兰大街上有很多供应墨西哥菜的餐馆。以墨西哥流浪乐团为代表，众多流行音乐家频繁驻店演出，顾客可一边欣赏演奏一边享用美食。

潘恰帕斯

Mr.Pampas

Map p.181/B2

◆饱享肉类与蔬菜

潘恰帕斯是一家主营巴西叉烧牛肉的餐馆。店内为不限时自助用餐模式，男性收费M$340，女性收费MS$320。在这里可以品尝到牛肉、猪肉、鸡肉、羊肉以及吐绶鸡等各种肉类，沙拉品种也十分丰富。

工作人员将大块的肉切后分开给顾客

住 Av.Bonampak 200，S.M.4A
TEL 884-2004
营 每天 12:30~24:00
税金 含税
CC A M V
Wi-Fi 免费

埃尔提古雷·伊·艾尔托洛

El Tigre y El Toro

Map p.181/A2

◆平民区的时尚意式餐馆

埃尔提古雷·伊·艾尔托洛是一家舒适的开放式露天餐馆，在这里可以适中的价格品尝到正宗的炉烤比萨饼。采用蔬菜与海鲜制作的比萨饼种类十分丰富，每张售价M$120左右。还可以选择两种口味，各要半张，以拼盘的形式点餐。意大利面食与甜品种类也非常多。

推荐品尝刚烤好的比萨饼

住 Av.Nader esq.Rubia
TEL 898-0041
营 每天 18:00~ 次日 0:30
税金 含税
CC M V
Wi-Fi 免费

康巴拉切餐馆

Cambalache

Map p.191/B1

◆品尝分量极大的牛排

康巴拉切位于墨西哥坎昆购物中心的二层，是一家阿根廷风味餐馆。前菜售价M$60~、肋眼牛排售价M$435。葡萄酒种类也十分丰富。

位于购物中心内部的人气餐馆

住 Blvd.Kukulcán Km 9
TEL 883-0902
营 每天 13:00~ 次日 1:00
税金 含税
CC M V
Wi-Fi 免费

Hanaichi

Hanaichi

Map p.191/A1

◆在加勒比海享受丰美的日本料理

Hanaichi是坎昆酒店区最具人气的日本料理店。在这里可以品尝到采用当地海鲜烹制的生鱼片与油炸天妇罗。生金枪鱼片紫菜寿司卷售价M$120、生鱼片拼盘售价M$295。甜品有豆馅烤饼，售价M$75。

厌倦了墨西哥菜的游客不妨来这里品尝截然不同的美味

住 Blvd.Kukulcán Km 9 Mza 48 Lote 1 Local 1
TEL 883-2804
营 每天 13:00~23:00
税金 含税
CC M V
Wi-Fi 免费

INFORMACIÓN

市中心格外廉价的美食景点

帕拉恰帕斯公园 Parque de las Palapas 北侧有十余个广受好评的摊子既便宜又美味（推荐选择较为热闹的店面）。套餐包括汤、主菜、玉米粉圆饼以及饮品，售价M$50~60。营业时间为每天7:00~24:00左右。

此外，民间艺术品市场后面的玉米面豆卷店Taqueria“El Polilla”的炖猪肉玉米卷饼Carnitas非常有名，售价M$14，很多当地人都会排队购买。每天8:00~13:30左右营业，卖完一头猪后便会闭店，最好尽早前往。

推荐品尝名气很大的墨西哥卷饼

酒店区西侧的环礁湖畔建有很多餐馆，游客可一边眺望落日一边享用晚餐。环礁湖内有很多螃蟹，部分餐馆还可给螃蟹喂食。

Hiroya
Hiroya

◆日式拉面专营店

人气极高的大海虾拉面

Hiroya 日本料理位于坎昆岬角周边的繁华街道。这里曾是名为 K's cafe 的一家日本料理店，之后改装成为日式拉面专营店。人气较高的是加入整只大海虾的拉面，售价 M$285。还有咸味拉面与味噌味拉面，售价 M$220~。不妨来这里品尝一下坎昆当地的拉面。

Map p.191/A1-81
住 Blvd.Kukulcán Km 8.5 Plaza El Parian Local 3
TEL 883-2848
营 每天 12:00~22:00
税金 含税
CC M V
Wi-Fi 免费

山本
Yamamoto

◆市中心的老字号餐馆

美味的日式料理备受好评

山本餐馆位于市中心北部，H Plaza Kokai 的斜对面。如果想吃美味的日本料理，那么这里绝对是不二之选。所有的套餐均包括味噌汤、小钵米饭、咸菜以及水果，生鱼片套餐（M$280）等，十分划算。即便是食欲不振，也可以点乌冬面与拉面（M$135~）、茶泡饭（M$100~）等。两位以上还可提供接送服务。

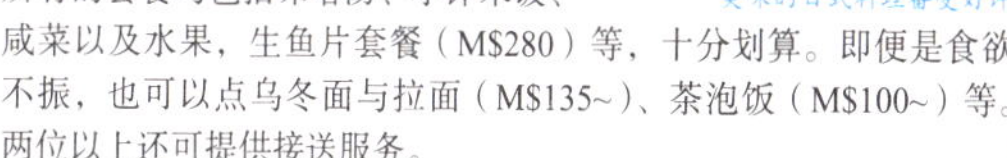

Map p.181/A2
住 Av.Uxmal No.31
TEL 887-3366
营 周一～周六 13:30~23:00、周日 13:30~20:00
税金 含税
CC A D J M V
Wi-Fi 免费

海　鲜

船长之穴海鲜餐馆
Captain's Cove

◆系船池旁的老字号餐馆

船长之穴海鲜餐馆位于水族世界南侧 1 公里左右，是一家面向环礁湖开设的海鲜餐馆。店内呈通顶设计，海风阵阵吹拂，令人感觉十分舒适。菜单以鱼类（M$300~500）为主，还有海鲜煎饼（两人份售价 M$1150 左右）、大海虾（M$365~）等，均采用新鲜的海产品烹制而成。每周日的 8:00~14:00，还可以在这里享用早餐自助（M$220）。这家餐馆地理位置绝佳，店内可眺望到美丽的海景，推荐情侣前去度过优雅且浪漫的用餐时光。

Map p.189/C1
住 Blvd.Kukulcán Km 15
TEL 885-0016　营 每天 12:00~23:00（周日 8:00~）　税金 含税　CC A M V
Wi-Fi 免费

可眺望环礁湖，地理位置绝佳，极具人气

莫卡波海鲜餐馆
Mocambo

◆简易的自助午餐名声很好

可眺望大海的开放式餐馆

莫卡波海鲜餐馆位于坎昆岬角，主营鱼类与贝类菜肴，大虾形象的店铺招牌十分惹人注目。推荐品尝周二～周四 13:00~17:30 期间的午餐自助（M$258）。最好赶在美食刚刚出锅时光顾。生牛肉片（M$195）与传统文蛤周打汤（M$155）等也极具人气。顾客还可以在自己就坐的餐桌上烤制美食。

Map p.191/A2
住 Blvd.Kukulcán Km 9.5
TEL 883-0398
营 每天 12:00~23:00
税金 含税
CC A M V
Wi-Fi 免费

马德罗港海鲜餐馆
Puerto Madero

◆享受丰美的海产品与牛排

马德罗港海鲜餐馆位于库库尔坎广场南侧 1 公里左右的环礁湖畔。店内仿照船舱进行装饰，无论环境还是价位都可以算是一家高档餐馆。这家餐馆还为顾客们准备了开放式甲板座席，在这里可以眺望在夕阳映照下的环礁湖。人气菜品为黄尾鳍金枪鱼（M$365）与大海虾（M$550~）等海鲜，点餐前可以看一下当天的食材。

Map p.189/B1
住 Blvd.Kukulcán Km 14.1
TEL 885-2829
营 每天 13:00~ 次日 1:00
税金 含税
CC A D M V
Wi-Fi 免费

小贴士　坎昆市中心聚集了众多平民化的墨西哥餐饮店，而国际餐饮店则大多集中在酒店区。

龙虾海鲜餐馆
Lorenzillo's

Map p.189/A2

◆痛快地品尝大海虾

龙虾海鲜餐馆建在环礁湖上的突出部位。顾客可自行在鱼塘内选取大海虾（1kg M$840~）并要求店家按照自己的口味进行烹饪。鸡肉菜肴（M$260~285）等海鲜以外的菜品也十分丰富。由于这家餐馆人气极高，旅游旺季时经常是人满为患。店内设有夕阳观景点，晚餐最好提前预订座位。

住 Blvd.Kukulcán Km 10.5
TEL 883-1254
营 每天 13:00~24:00
税金 含税
CC A M V
Wi-Fi 免费

蟹家美式海鲜餐馆
Crab House

Map p.189/C1

◆专营螃蟹的餐馆

可眺望加勒比海的阳台露天席位

蟹家美式海鲜餐馆面向码头而建，在店内可以将加勒比海景色尽收眼底。这是一家以螃蟹为主题的鱼贝类海鲜餐馆，顾客可在阳台露天席位上一边欣赏落日一边享用晚餐。大海虾每 400g 售价 M$1100 左右。顾客可以指定烧烤或者炖煮等烹饪方法。

住 Blvd.Kukulcán Km 14.7
TEL 193-0350
URL www.crabhousecancun.com
营 每天 11:30~23:00
税金 含税
CC A M V
Wi-Fi 免费

主题餐馆

滚石餐馆
Hard Rock Cafe

Map p.191/B1

◆世界闻名的人气音乐景点

摇滚歌迷可以前往体验

滚石餐馆的巨型吉他标志非常惹人注目。店内墙壁上挂满了摇滚明星的照片与海报，还有店主曾经爱用的乐器等。这家餐馆的菜量较大，主营美式与墨西哥风味美食，代表菜品有凯撒沙拉（M$189）与芝士玉米片（M$195）等。鸡尾酒类（M$129~）也十分丰富。周二、周五～周日的 22:30~ 次日 1:30 有现场演奏。

住 Blvd.Kukulcán Km 9.5
TEL 688-5491
URL www.hardrock.com/cafes/cancun
营 每天 11:00~ 次日 1:00
税金 含税
CC A M V
Wi-Fi 免费

INFORMACIÓN

从白天起便可以喝酒跳舞的海滨俱乐部

位于曼陀罗东南侧的海滨俱乐部从白天起便会聚集喜爱跳舞的年轻人们。游泳池旁的 DJ 台不停地播放各种各样的音乐。有人在泳池内随着音乐翩翩起舞，有人在大型的沙滩床上打盹儿，还有人品尝着鸡尾酒。这里分为仅限成人入内的成人区与可携带儿童入内的家庭区两个部分，即便是全家前往也不必有任何担心。

票价 US$22~（含毛巾租赁费用），沙滩床、区域以及人数等因素会影响票价。鸡尾酒与快餐的种类十分丰富。每周四 22:30 起会举办泳池派对 & 比基尼大赛，非常热闹。

●曼陀罗海滩俱乐部 Mandala Beach Club
Map p.191/B2
住 Blvd.Kukulcán Km 12.6
TEL 848-8380
URL mandelabeach.com
营 每天 10:30~18:00（周四的 22:30~ 次日 5:00 也会营业） CC A M V

大音量播放快节奏音乐，发出阵阵轰鸣声

沙滩上摆满了沙滩床与折叠式躺椅等

小贴士

R 弗莱德之家海鲜餐馆 Fred's House（Map p.189/C1 TEL 840-6466 营 每天 13:00~ 次日 1:00）是一家海鲜专营店。有面向环礁湖设置的阳台露天席位，环境非常好。

弗高·德·柠檬主题餐馆
Jugo de Limon

Map p.189/B2

住 Blvd.Kukulcán Km 12.5
TEL 176-8107 营 每天 9:30~21:30
税金 含税 CC A M V Wi-Fi 免费

◆可以一边眺望海豚一边吃饭

弗高·德·柠檬主题餐馆位于海岛购物村内水族馆的二层。在设有顶棚的室外席位可以俯瞰海豚活动的泳池（夜晚有灯光照明）与环礁湖，令人心情十分愉悦。同时，顾客可以参观海豚项目的参加情况，运气好的话还可以欣赏到海豚表演。早餐套餐可以从墨西哥风味鸡蛋菜肴与班尼迪克蛋等主菜当中进行选择，售价 M$245，味美价廉（每天 9:30~12:30）。

旅游期间顺路参观一下也不错

坎昆的酒店
Hotel

酒店大体上分布在两个区域，一个是高档度假村集聚的“酒店区”，另外一个则是廉价酒店与中档酒店较为集中的“市中心”。酒店区各度假村的设施非常完善，深夜也十分热闹的会议中心周边，购物与用餐都十分方便。

酒店的住宿费用会随季节发生细微的变化，12 月 ~ 次年 4 月为冬季，这期间也是坎昆的旅游旺季。除此之外，年末年初、复活节（圣周）以及 7~8 月的暑假均适用旺季的收费标准。游客可通过酒店预订网站与机场的酒店向导预订中高档酒店，以享受一定的优惠政策。近年来很多酒店都开始采用包含餐饮费用等在内的全包住宿。

酒 店 区

坎昆全包凯悦酒店
Hyatt Zilara Cancún

Map p.189/A2

餐厅 ○ 泳池 ○ 保险箱 ○ 高尔夫 ○
住 Blvd.Kukulcán Km 11.5，Zona Hotelera
TEL 881-5600
FAX 881-7399
URL cancun.zilara.hyatt.com
税金 含税
CC A D M V
费 AC ○ TV ○ TUB ○ Ⓢ M$5226~、Ⓓ M$6526~

◆面向成人的全包酒店

坎昆全包凯悦酒店的所有客房均为海景房且配有波浪式浴盆，是一家名副其实的豪华度假村。酒店共设有 285 间客房。从阳台可以眺望窗外的大型泳池、白色沙滩以及一望无际的大海，可谓是美景如画。这家酒店仅限 16 岁以上的游客入住，来宾可尽情地享受酒店生活。住宿费用包含所有的餐饮与活动等费用。Wi-Fi 客房 OK · 免费

上 / 豪华海景房
下 / 面向加勒比海的白色大型酒店

坎昆伊波罗之星度假酒店
Iberostar Cancún

Map p.189/C1

餐厅 ○ 泳池 ○ 保险箱 ○ 高尔夫 ○
住 Blvd.Kukulcán Km 17，Zona Hotelera
TEL 881-8000
FAX 881-8082
URL www.iberostar.com
税金 含税
CC A D J M V
费 AC ○ TV ○ TUB ○ Ⓢ M$3321~、Ⓓ M$4498~

◆同时设置高尔夫球场的人气酒店

坎昆伊波罗之星度假酒店拥有十八洞高尔夫球场，是坎昆最高档的酒店之一。入住这家酒店的游客可以免费使用来宾专用的健身中心，活动项目十分多样。酒店内共设有 506 间客房，每件客房均配有咖啡机。特别是豪华客房位于酒店两端的位置，眺望海景的观景阳台也非常宽敞。客房内的灯饰与床品等很有品位，推荐情侣或者全家出行的游客入住。费用因季节各异。酒店采用包含三餐在内的全包计费方式，入住前提是至少留宿三天。Wi-Fi 客房 OK · 免费

上 / 酒店内建有一座大型泳池
下 / 阳台上视野极佳

小贴士 全包酒店的餐饮情况以及是否有附加费用的菜品等问题需要提前通过网站或旅行社进行了解。

乐布朗温泉度假村
Le Blanc Spa Resort

Map p.189/A2

◆安静的豪华酒店

乐布朗温泉度假村是一座白色的现代化建筑，在坎昆酒店区显得格外惹人注目。酒店前厅正对一望无际的加勒比海，游客可在此享受悠闲地海滨度假时光。这家酒店共设有 260 间客房，所有客房均设有波浪式浴盆，配套设施统一为宝格丽酒店系列用品。酒店采用全包收费方式，分别建有五个个性迥异的餐馆与酒吧。Wi-Fi 客房 OK · 免费

上 / 全包酒店提供餐饮服务
下 / 高档客房

餐厅 ○ 游泳池 ○ 保险柜 ○ 早餐 ○

住 Blvd.Kukulcán Km 10.5，Zona Hotelera

TEL 881-4740

FAX 881-4741

URL www.leblancsparesort.com

税金 含税 CC A D J M V

费 AC ○ TV ○ TUB ○ Ⓢ M$9400~、Ⓓ M$12545~

面向加勒比海而建，地理位置绝佳

坎昆丽思 · 卡尔顿酒店
The Ritz-Carlton Cancún

Map p.189/B1

◆很有气派的豪华酒店

坎昆丽思 · 卡尔顿酒店共设有 365 间客房，被冠以“拉丁美洲最优秀酒店”的称号，拥有极高的社会评价。珊瑚色的外观宛如巨大型城堡一般极具存在感，酒店大厅与客房呈欧式风格，看上去气派稳重。所有客房均为带阳台的海景房，淡蓝色的地毯、卷毛浴衣以及较高的天花板等无一不为这轻松自在的悠闲时光添光加彩。特别推荐给情侣游客的是以苔绿色和浅粉红色为主色调的英式豪华套房。这种套房均为角房且拥有两个阳台，其视野绝对令人惊叹。Wi-Fi 客房 OK · 收费（每天 M$270）

所有客房均为海景房

餐厅 ○ 游泳池 ○ 保险柜 ○ 早餐 △

住 Retorno del Rey No.36,Zona Hotelera

TEL 881-0808

FAX 881-0815

URL www.ritzcarlton.com

税金 +19%

CC A D J M V

费 AC ○ TV ○ TUB ○ Ⓢ Ⓓ M$4450~

殖民时期风格的优美外观增加了度假氛围

INFORMACIÓN

灵活运用全包式酒店

全包是指酒店的住宿费用内包含酒店内餐饮费用等。这种计费形式很受欧洲人的喜爱，近年来，全包式收费方式也逐渐成为坎昆大型酒店的主流。游客入住酒店后可免费使用体育馆与儿童俱乐部等设施，部分酒店还无须支付附加费便可参加各种活动。游客在酒店内无须随身携带钱包，更不用向工作人员支付小费，不必担心有额外的费用支出。

虽说各大型酒店内均开设有多家餐馆与酒吧，但你如果吃腻了酒店的饭菜，不妨前往周边的餐馆或者小摊去体验一下。库库尔坎大街沿街有很多海鲜餐馆与人气极高的意式餐馆，如果想要品尝当地的地方特色美食，建议前往市中心来一场美食之旅。游客可事先对比各酒店情况后选择符合自身需求的住处。

餐厅 游泳池 保险柜 早餐 AC 空调 TV 电视 TUB 浴缸

小贴士 几乎所有建在酒店区的高档酒店均有私人海滩。游客可以身着泳衣直接从房间前往加勒比海的海滨区域，实为一种高端的享受。

墨西哥孔德萨酒店
Fiesta Americana Condesa

◆游泳池也很有魅力的舒适酒店

墨西哥孔德萨酒店拥有一座十分漂亮的泳池，给人一种南国度假村的感觉。前台所在的主楼为绿荫繁茂的通顶设计，完美地烘托了愉悦的度假氛围。托儿所与温泉等配套设施齐备。这家酒店的收费系统只有含三餐在内的全包模式。共设有 502 间客房。Wi-Fi 客房 OK · 免费

优美且极具设计性的游泳池

Map p.189/C1

餐厅 ○ 游泳池 ○ 保险箱 ○ 高尔夫 ○

住 Blvd.Kukulcán Km 16.5, Zona Hotelera
TEL 881-4200
FAX 881-4294
URL www.fiestamericana.com
税金 含税
CC A D J M V
费 AC ○ TV ○ TUB ○ Ⓢ M$4450~ ⒹM$5784~

墨西哥坎昆梦幻沙滩度假酒店
Dreams Sands Cancún

◆人气区域的舒适酒店

墨西哥坎昆梦幻沙滩度假酒店是一家四星级酒店，共计 438 间客房。体育馆与游泳池等配套设施完备。所有客房均为面向海滩一侧的海景房，冰箱与吹风机等室内设施齐全。纯白色的私人沙滩格外美丽。收费系统仅限全包模式。Wi-Fi 仅限公共区域 · 免费

设备完善的酒店

Map p.191/A1

餐厅 ○ 游泳池 ○ 保险箱 ○ 高尔夫 △

住 Blvd.Kukulcán Km 8.5, Zona Hotelera
TEL 848-7600
URL www.dreamsresorts.com/sands-cancun
税金 含税
CC A D M V
费 AC ○ TV ○ TUB ○ Ⓢ M$2722~、Ⓓ M$3497~

卡萨麦格纳万豪酒店
Casa Magna Marriott

◆各国餐馆齐全

卡萨麦格纳万豪酒店是一家面向成人开设的度假酒店，吊在天花板上的豪华枝形吊灯与客房都十分雅致。游泳池也非常大，从中庭望去，主楼仿佛一座漂浮在水面上的宫殿。共设有 450 间客房。Wi-Fi 客房 OK · 收费（M$230 一天）

沙滩上的位置布局

Map p.189/C1

餐厅 ○ 游泳池 ○ 保险箱 ○ 高尔夫 △

住 Blvd.Kukulcán Km.14.5, Zona Hotelera
TEL 881-2000
FAX 881-2085
URL www.marriott.com
税金 +19%
CC A D J M V
费 AC ○ TV ○ TUB ○ Ⓢ Ⓓ M$2600~

凯悦天地度假村
Hyatt Ziva Cancún

◆坎昆岬角上突出的度假地

坎昆凯悦兹瓦酒店坐落在坎昆岬角东北侧，位于卡拉科尔广场东侧 500 米左右，便于购物。夜幕降临，可以欣赏到狭长的酒店区的美丽夜景。陈列着艺术作品的大厅宛如画廊一般。这家酒店共设有 547 间客房，仅有全包模式一种收费形式。Wi-Fi 客房 OK · 免费

坎昆岬角东端的大型酒店

Map p.191/A2

餐厅 ○ 游泳池 ○ 保险箱 ○ 高尔夫 ○

住 Blvd.Kukulcan,Manzana 51, Lote.7,
TEL 848-7000
FAX 848-7099
URL cancun.ziva.hyatt.com
税金 含税 CC A D M V
费 AC ○ TV ○ TUB ○ Ⓢ M$3848~、Ⓓ M$4927~

小贴士 高档酒店通常有两种入住模式：一种是单纯住宿模式；另一种则为包含三餐与饮品等在内的全包模式。部分酒店只有全包模式，预约时需要进行确认。

坎昆绿洲全包式酒店

Grand Oasis Cancún

Map p.189/C1

◆模仿玛雅遗址建造的酒店外观令人印象深刻

坎昆绿洲全包式酒店由坎昆绿洲酒店与大绿洲酒店两部分组成，是一个共计有1316间客房的酒店复合体。网球场与健美中心等配套设施完备，环状泳池长度较长，非常具有体验价值，总之，这里的一切都以大而著称。酒店客房分为花园景观房、环礁湖景观房、面海房以及海景房四种，均采用全包式收费模式。Wi-Fi 仅限公共区域 · 收费（每天 M$200）

模仿玛雅遗址建造的坎昆绿洲全包式酒店的外观

○ ○ ○ ○

住 Blvd.Kukulcán Km 16.5，Zona Hotelera

TEL 885-0867

URL www.grandoasiscancunresort.com

税金 含税

CC A D M V

费 AC ○ TV ○ TUB ○ Ⓢ Ⓓ M$2925~

坎昆克里斯塔尔酒店

Krystal Cancún

Map p.191/B2

◆最适于夜间游玩的地理位置

坎昆克里斯塔尔酒店位于坎昆岬角的中心区域，地理位置优越，便于游客前往购物中心或者夜店娱乐消费。这是一家共计有325间客房的高档酒店，最适于尽享愉悦的度假氛围。高雅的酒店大堂呈白色，从这里可以瞭望向南延伸的海滨，还可以直接通往游泳池。客房内采用鲜艳的日用织品进行装饰，极具墨西哥特色的色调搭配令人印象深刻。客房面积虽小，却极具功能性，十分方便。Wi-Fi 客房 OK · 免费

在这个地段能有这样价位的酒店实属罕见

○ ○ ○ △

住 Blvd.Kukulcán Km 9 Lotes 9 y 9A，Zona Hotelera

TEL 848-9800

FAX 848-9813

URL www.krystal-hotels.com.mx

税金 含税

CC A D M V

费 AC ○ TV ○ TUB △ Ⓢ Ⓓ M$1698~

玛雅潘旅舍

Hostal Mayapan

Map p.191/A1

◆坐落在酒店区内的青年旅舍

玛雅潘旅舍位于坎昆岬角附近，是一家共设有6间客房，20个床位的青年旅舍。这家旅舍是酒店区价位最为低廉的住宿设施，多人房费用为M$250~。由于客房与床位数量有限，游客如需入住，要尽早预订。

Wi-Fi 客房 OK · 免费

单间需要早一点预约

× × ○ ○

住 Blvd.Kukulcán Km 8.5，Zona Hotelera

TEL &FAX 883-3227

URL www.hostalmayapan.com

税金 含税

CC A D J M V

费 AC ○ TV ○ TUB × Ⓢ Ⓓ M$850~

市　中　心

加勒比广场酒店

Plaza Caribe

Map p.181/A2

◆在市中心也可享受度假氛围

加勒比广场酒店建于巴士总站前，共拥有140间客房，是一家交通便利的中档酒店。酒店内设有能够欣赏拉丁音乐现场演出的酒吧，在极具热带风情的中庭内还可以看到闲庭信步的孔雀。Wi-Fi 客房 OK · 免费

位于巴士总站的对面

○ ○ ○ △

住 Av.Tulum con Av.Uxmal Lote 19，S.M.23

TEL 884-1377

FAX 884-6352

URL www.hotelplazacaribe.com

税金 +19%

CC A M V

费 AC ○ TV ○ TUB × Ⓢ Ⓓ M$1120~

面向大海而建的坎昆酒店区的住宿设施几乎都是每晚收费M$1000以上的高档酒店。如果想要节约住宿费用，可以选择位于市中心的中档或中档以下酒店入住。

坎昆岬角附近有很多购物中心与夜店，除了海滨度假区，如果还想在其他场所转一转的话，可以选择入住这一地段的酒店。

安替拉诺酒店
Antillano

◆非常有价值的中档酒店

安替拉诺酒店位于民间艺术品市场斜对面（西北方向），周围有很多旅游纪念品商店与餐馆。这家酒店共有48间客房，清洁且敞亮，感觉比较舒适。Wi-Fi 客房 OK · 免费

地理位置优越，便于观光

Map p.181/A2

餐厅 ○ 泳池 ○ 保险箱 ○ 早餐 ○
住 Av.Tulum y Claveles No.1
TEL 884-1132
FAX 884-1878
URL www.hotelantillano.com
税金 含税
CC A M V
费 AC ○ TV ○ TUB × Ⓢ Ⓓ M$680~

科罗尼亚尔酒店
Colonial

◆从巴士总站步行便可前往，地理位置优越

科罗尼亚尔酒店位于帕拉恰帕斯公园东侧70米左右。酒店所在地热闹且方便，地理位置十分优越。共设46间客房，紧邻巴士总站。
Wi-Fi 客房 OK · 免费

殖民地风格的入口

Map p.181/A2

餐厅 ○ 泳池 ○ 保险箱 × 早餐 收费
住 Tulipanes No.22 y Av.Tulum
TEL & FAX 884-1535
URL www.hotelcolonialcancun.com
税金 +19%
CC M V
费 AC ○ TV ○ TUB × Ⓢ Ⓓ M$650~

向日葵酒店
Los Girasoles

◆舒适度极高，令人不禁久居

向日葵酒店位于帕拉恰帕斯公园西南方向300米左右，是一家家族经营的酒店。酒店坐落在远离主要街道的安静区，共设有18间客房，各种功能完备。几乎所有的客房均设置有厨房，对于长期住居的游客来说，非常方便。
Wi-Fi 客房 OK · 免费

干净且鲜艳的卧室

Map p.181/B1

餐厅 × 泳池 ○ 保险箱 × 早餐 ×
住 Calle Piña No.20,S.M.25
TEL 887-3990
FAX 887-3043
URL www.losgirasolescancun.com.mx
税金 +19%
CC M V
费 AC ○ TV ○ TUB × Ⓢ Ⓓ M$514~

雷沃马尔酒店
Rivemar

◆宽敞的房间内装有空气自动调节器

雷沃马尔酒店位于市中心民间艺术品市场的对面，是一家共设有36间客房的平价酒店。酒店地理位置优越，客房也十分干净。
Wi-Fi 客房 OK · 免费

住宿费用不高，但客房却十分宽敞

Map p.181/B2

餐厅 × 泳池 × 保险箱 × 早餐 ×
住 Av.Tulum No.49-51
TEL &FAX 884-1199
URL www.hotelrivemar.com
税金 含税
CC J M V
费 AC ○ TV ○ TUB × Ⓢ M$405~、Ⓓ M$465~

坎昆酒店区共有十余处公共海滨区，其中，海豚海滩最具人气。每逢周末，这里都会挤满前来游玩的当地人。
坎昆市中心与酒店区相比，酒店与餐馆都比较经济划算。白天前往拥有美丽海滨的酒店区，餐饮与住宿都安排在市中心，这样可以大大节省费用。

奔赴坎昆周边的生物保护圈&海洋公园！

尤卡坦半岛的加勒比海沿岸，越向南越会发现与坎昆截然不同的有趣景点。游客不妨前往观察野鸟并参与各种活动。

左 / 密林的东侧是加勒比海
右上 / 小军舰鸟结群停歇
右下 / 旅行中搭乘皮筏游览环礁湖

由陆地与大海组成的尤卡坦半岛上的世界自然遗产

圣卡安生物保护圈
Reserva de la Biosfera Sian Ka'an

左 / 白色羽毛非常漂亮的大白鹭　右 / 全年均可见的褐鹈鹕

圣卡安生物保护圈位于尤卡坦半岛东部沿岸地区，陆地被葱郁茂密的树林覆盖，海岸线一直延伸至伯利兹国境附近。这是一个辽阔的生物保护圈，总面积 52 万公顷左右的区域内生活着 300 种以上的野鸟，还有 800 种以上繁茂的植物。1987 年，这个大自然景点被列入世界自然遗产名录。

如果想要观察野鸟，最好在早晨前往。从图卢姆出发，经 20 分钟左右的车程前往姆基尔遗址 Muyil，再从遗址背面随导游一起步入林间小径。之后，马上便可看到林莺等小鸟飞来飞去，当然还有草丛中四处流窜的鬣蜥。

林间小径途中设置有高 20 米左右的动物观察台。使用双筒望远镜随鸣叫声四处瞭望，便可看到霸鹟、绿鸟、大班琢磨鸟以及鹦鹉等色彩鲜艳的野鸟。步行至沼泽地带的码头后搭乘小艇前往海岸地区。除了小军舰鸟、海鸥以及鹈鹕之外，1~3 月期间还会有火烈鸟群。这里每天都会限制来访人数，游客可以全情投入地仔细观察野鸟。

旅行中会搭乘皮筏或者小艇游览环礁湖并观察海鸟。届时游客会沿着被红树属植物覆盖的河川前行，还可以游泳。旅行团还包含一项自选项目，那就是在可观察鱼类与池龟的洞状陷穴潜泳。需要携带泳衣。原始森林内多蚊虫，因此需要准备除虫喷雾。

圣卡安生物保护圈
Map p.175/B2

不随团而选择自行前往的游客，通常会从图卢姆出发，搭乘出租车前往姆基尔遗址（门票 M$40）。姆基尔遗址附近的街道上有往返于坎昆与切图马尔之间的巴士，二等巴士可在遗址附近乘坐。

从图卢姆出发，搭乘出租车前往姆基尔遗址需时约 20 分钟，费用在 M$150 左右。二等巴士费用为 M$18。搭乘 Mayab 公司的二等巴士从坎昆前往姆基尔遗址需时约 3.5 小时，费用为 M$92。

发往圣卡安的旅行团信息

含皮筏在内的旅行团费用为 US$250~。如果精通英语或者西班牙语，可参加这两种语种的旅行团，从图卢姆出发，即便是旅游淡季（5~11 月）也会每天发团。

生物保护圈一日游

图卢姆发团 9:00~16:30/ 坎昆发团 7:00~18:30

※ 最少组团人数为 5~8 人。含午餐与饮品。

开设圣卡安旅行团的旅行社

● Eco Colors（西班牙语、英语）
Map p.179/A1
TEL（998）884-3667
URL www.ecotravelmexico.com

图卢姆发团 US$120~、坎昆发团 US$165~。

带照相机的游客如果想拍摄野鸟，最好准备长焦距镜头。此外，由于旅行途中会乘坐皮筏或者小艇，防水的小型照相机会更加方便。

上／坐在游泳圈上在被原始森林环绕的河流上随波逐流　左／在吊床上悠闲地休息　中／与热带地区的鸟类合影留念　右／可与海豚一同玩耍的活动项目也十分有趣

可与动物们交流的主题公园

夏哈 Xel-Ha

夏哈是位于加勒比海沿岸十分漂亮的海湾地区的一座主题公园，游客在此可全天享受活动项目带来的乐趣。海水与淡水混合的环礁湖内有很多岩石多而裸露的地方，游客可通过潜泳的方式在此观察色彩斑斓的鱼类。这里还有可乘坐游泳圈漂流的河流与洞状陷穴，也同样为游客们准备了多种多样的活动项目。公园内绿意盎然，还有小型玛雅遗址与洞穴。

人气较高的活动项目是与海豚一同玩耍的特别节目。主要包括亲吻海豚 Dolphins Interax；两只海豚顶起体验者的脚，好像飞起来一样的 Dolphins Primax 以及在水中与海豚交流互动 Dolphins Trek 等。此外，面部戴上水中呼吸器在水中漫步的无水肺潜水 Snuba 与海上迷航 Sea Trek 也极具人气，不过这些均为自费项目，需要提前预约。

夏哈在玛雅语中意为“涌水之地”，是沿海地区被石灰岩环礁湖环绕的水上乐园。被红树属植物环绕的河川内有泉水从地下源源涌出。参加泳圈漂流项目，首先会有巴士送参加者前往始发地，在租赁处租借潜泳用具。泳圈漂流需时 30~40 分钟。途中可以体验潜泳并欣赏神秘景观。除此之外，还可以与喜欢亲近人的鸟类拍摄纪念照或者在折叠式躺椅与吊床上摇晃休憩。

公园内设有更衣室、淋浴、餐馆、旅游纪念品商店以及小型博物馆等。橱柜与潜泳用具均可免费使用。漂流接送巴士也是免费提供的服务。

海湾处是一座环礁湖，游客可在此戏水

夏哈

Map p.175/A2

TEL（998）883-0524

URL www.xelha.com

入场 每天 8:30~18:00

费 US$89、12 岁以下儿童 US$44.5（由于要确认年龄，因此需要出示身份证件）

夏哈位于坎昆南侧约 120 公里处的沿街地带，游客可通过坎昆的酒店与旅行社报名参团，费用为 US$123~。游客如自行前往，可搭乘 ADO 公司的一等巴士或者 Mayab 公司等的二等巴士（M$65~114）在沿街处下车，继续步行 1 公里左右便可抵达公园入口处。上述巴士每小时发车 1~2 班。

夏哈的活动项目

无水肺潜水	US$49
海上迷航	US$49
亲吻海豚	US$99
海豚顶脚	US$149
海豚交流互动	US$149

小贴士　西卡莱特公园有杂技表演等多种多样的内容，而夏哈则是以活动性为核心的海洋公园。如果只想体验水上运动项目，推荐选择夏哈。

上／海湾的海滨地区十分热闹　左／海滨地区水比较浅，儿童也可放心游玩　中／水族馆内饲养有海龟　右／重现玛雅仪式的表演

可以体验多种多样活动的海洋公园

西卡莱特公园 Xcaret

夜间上演墨西哥各地的舞蹈表演

西卡莱特公园专为在坎昆等地住宿的游客而建。周边虽然散布有以相同观念开发的主题公园，但无论设备还是各种活动均十分完善的西卡莱特公园却最具人气。在这里可以充分享受与海豚一同玩耍等项目的乐趣，特别适合与家人共同前往。夜幕降临，露天会场上还会举行传统舞蹈表演，游客可以在此欣赏到墨西哥各地的舞蹈。

人气较高的是与海豚一同玩耍的项目。由两只海豚顶住体验者脚掌游泳的海豚游泳项目 Dolphins Swim 与亲密接触并亲吻海豚的海豚教育项目 Dolphins Educational 都是这里的特色活动。此外，通过氧气供应器从水面获取氧气的无水肺潜水 Snuba 与海上迷航 Sea Trek 也极具人气，这些均为自费项目，需要提前预约。特别是海豚项目极受欧美游客的喜爱，旅游旺季需要通过官网等提前预约。

此外，可体验潜泳项目的游船会从码头 Muelle 出发。虽然除了门票之外还需另行支付潜泳费用，但是可以前往美丽的水中世界，获得独一无二的体验。不过，西卡莱特公园的海湾处设有潜泳点，因此即便不参加游船项目，也可和亲近人的热带鱼同游。

园内除可欣赏马术竞赛的马场 Caballerizas、介绍加勒比海生物的水族馆 Acuario 以及通过自然形态展示各种植物的植物园 Jardín Botánico 等之外，还散布有两处玛雅遗址 Zonas Arqueológicas。游客不妨在摆满遮阳伞的海湾海滨处休闲放松一下，之后再进行下一步探索。

西卡莱特公园　Map p.175/A2
TEL（998）883-3143　URL www.xcaret.com　入场 每天 8:30~21:00
费 US$99、12 岁以下儿童 US$49.5（由于要确认年龄，因此需出示身份证件）

西卡莱特公园位于坎昆南侧约 100 公里处的沿街地带，游客可通过坎昆的酒店与旅行社报名参团，费用为 US$130~。如果游客自行前往，则可以在坎昆搭乘 ADO 公司的直达一等巴士，8:15、10:00、11:00 发车，需时约 1 小时 30 分钟，票价为 M$114。

从入口进入公园内部，首先抵达的是博物馆。博物馆内陈列着具有代表性的玛雅遗址模型。还有出售与海豚玩耍照片的区域、橱柜、淋浴以及零食卖场。游客可首先登上楼梯，眺望漂浮在美丽的加勒比海上的科苏梅尔岛的美景，整体了解这座公园的规模。

夜间的舞蹈表演可欣赏到墨西哥各地的表演艺术，每天 19:00~21:00（冬季为 18:00~20:00）。从坎昆发来的旅行团会在这场表演结束后乘免费接送巴士返回，游客不必担心回程的交通问题。

西卡莱特公园的活动

海豚游泳	US$200
海豚教育	US$130
无水肺潜水	US$60
海上迷航	US$50
潜泳游船	US$39

上 / 去神秘的洞窟探险　左 / 索道十分惊险　中 / 架有吊桥的探险公园入口　右 / 四驱小机动车也拥有极高的人气

享受冒险气氛

探险公园 Xplor

探险公园充分利用了原始森林所覆盖的洞窟，为游客们准备了多种多样的活动项目。这座公园很受欧美年轻人的喜爱，作为一处可体验冒险气氛的景点而闻名。

公园内人气较高的是索道 Zip-Lines。游客可佩带专用设备沿塔间绳索滑下。索道共设有 1.5 公里与 2.3 公里两条线路，在洞窟内部高速下滑并最终落水，十分惊险。该项目人气极高，在旅游旺季或者高峰期需要排队。

此外还有钟乳石河 Stalactite River 项目，游客需身着救生衣在长约 400 米的钟乳洞河上漂流。亮起照明灯的钟乳洞上挂着冰柱，游客可

左 / 洞窟内的索道　右 / 采用全包式收费系统，游客可随意品尝美食

在这神秘的大自然中饱享冒险气氛。

除上述活动外，还有在全场 5 公里左右的原始森林内运行的水陆两用小机动车 Amphibious 与摇筏穿过长约 500 米洞窟的地下筏 Underground Rafts 等各种活动。游客可结合自身情况，在保证休息的前提下体验冒险气氛。

探险公园
Map p.175/A2
TEL （998）251-6560
URL www.xplor.travel
入场 周一～周六 9:00~17:00
费 US$139、12 岁以下儿童 US$69.5（由于要确认儿童年龄，因此需要出示身份证件）

探险公园采用全包式收费系统，费用内包含所有活动项目与餐饮费。

探险公园位于坎昆南侧约 100 公里的沿街处，游客可通过坎昆的酒店与旅行社报名参团，费用为 US$145~，含接送服务。游客如需自行前往，可搭乘 ADO 公司开往西卡莱特公园方向的直达一等巴士，8:15、10:00、11:00 发车，需时 1 小时 30 分钟，票价为 M$114。公园入口位于西卡莱特公园的对面，步行 5 分钟左右便可抵达。每小时有 2~3 班免费巴士往返于西卡莱特公园与探险公园之间。

各种主题公园均十分注重自然保护，禁止游客涂抹防晒用品或化妆品进入水中。预约或者入园时要提前确认禁止事项。

清澈的加勒比海与玛雅遗址共同构成了如画一般的美景

面向加勒比海的玛雅终结地

图卢姆遗址 Tulum

降临之神的神庙等地刻有象征着图卢姆的“天降之神”浮雕

图卢姆遗址位于坎昆南侧 130 公里左右，
伫立在眺望加勒比海的断崖之上。
遗址规模虽小，却保留着由三面城墙环绕的城塞都市风貌，
在这里可以观赏到 13~15 世纪玛雅文明末期的浮雕作品。
图卢姆是一直在原始森林内发展的玛雅文化的最终到达地，
也是西班牙人最早发现的玛雅都市。
游客可以在眺望湛蓝大海的同时追忆玛雅的历史。

俯瞰加勒比海的中央神庙
埃尔卡斯蒂约
El Castillo

卡斯蒂约意为“城堡”。埃尔卡斯蒂约建于可俯瞰大海的断崖之上，是图卢姆遗址内最高的建筑。位于楼梯上方神庙入口处的立柱与奇琴伊察一样刻有蛇状浮雕，可以看出其深受托尔特克闻名的影响。

玛雅神庙是在古老建筑上加盖的新神庙。这座神庙采用了相同的手法，保存至今的神庙内部更是有两个时代的神庙共存。

被推测为中央神庙的埃尔卡斯蒂约

遗留着独特的浮雕

降之神神殿

Templo del Dios Descendente

降之神神殿是坐落在埃尔卡斯蒂约北侧的一座小型神殿。之所以命名为降之神神殿，是因为神殿入口上部刻有非常像“天降之神”字样的浮雕。关于这个看上去呈颠倒状的雕像至今仍然诸说纷纭，有的说是雨神，还有的说是象征玛雅人对蜜蜂的敬畏之意。在科巴等周围的玛雅遗址也可看到类似的浮雕。

表现玛雅世界观的浮雕绝对不容错过

壁画神殿

Templo de Las Pinturas

壁画神殿是一座双层建筑，15 世纪前半期共分为三个阶段完成建设。神殿内的降之神与假面浮雕等壁画装饰在图卢姆遗址中是最大的看点之一。壁画通过三个层次进行描绘，分别是死者居住的地下世界、生者生活的中间世界以及创造之神与雨神居住的天堂。这正是玛雅人的世界观。

左右墙壁上刻着假面具的壁画神庙

交　通　图卢姆城区与遗址相距 4 公里左右，巴士总站位于图卢姆市中心地区 Tulum Centro。从市中心搭乘出租车前往遗址需花费 M$45。距离遗址较近的是位于干线道路与遗址岔路口处的图卢姆遗址 Tulum Ruinas 巴士站，从这里步行约 1 公里便可抵达遗址。从坎昆发来的巴士依次停靠图卢姆遗址与图卢姆市中心，司机大多不会在图卢姆遗址站停车，如需在该站下车请提前告知司机。

前往图卢姆市中心可搭乘 ADO 公司的巴士，坎昆每小时约发 2 班车（票价 M$116~184、需时 2~2.5 小时），卡门海滩每小时发 1~4 班车（票价 M$56~90，需时 1~1.5 小时）。还可以从坎昆搭乘巴士前往卡门海滩，抵达后再换乘发往图卢姆遗址的迷你巴士（M$40 左右）。

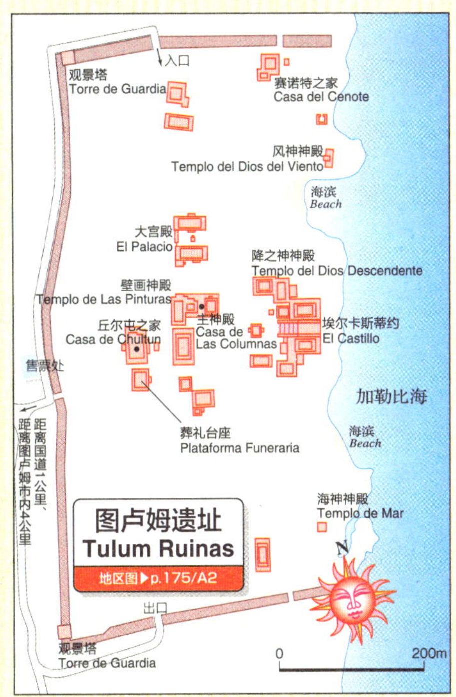

游览方法　遗址开放时间为每天的 8:00~17:00（16:30 停止入场），票价 M$65（摄像机摄影需另行支付 M$45）。从图卢姆遗址巴士车站向大海方向步行 200 米左右是摆渡车乘车处，游客可在此搭乘仿照机车设计的摆渡车前往遗址入口。摆渡车频繁往返于乘车处与遗址入口之间，单程票价 M$20。其实这里距离遗址只有 600 米左右的距离，游客也可步行前往。

遗址规模较小，1 小时左右便可游览结束。游客可自由往返于遗址与海滨之间，不妨身着泳衣前往，在观光结束后悠闲地到海滨区域戏水玩乐。

遗址东侧的海滨也有极高人气

酒　店

图卢姆遗址入口南侧 300 米左右有 El Paraiso（URL www.elparaisotulum.com　费 M$1230~）与 H La Vita é Bella（URL www.lavitaebellatulum.com　费 Ⓢ Ⓓ M$1520~）等酒店。

在遗址西侧 4 公里左右的图卢姆城区内，巴士总站周边也开设有数家酒店。

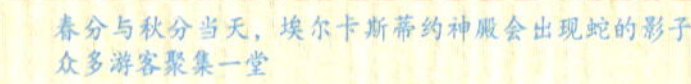

春分与秋分当天，埃尔卡斯蒂约神殿会出现蛇的影子，众多游客聚集一堂

World Heritage 世界遗产

玛雅文明两个时代相交的圣地

奇琴伊察遗址 Chichén Itzá

供献活供品心脏的查克穆尔雕像，这里的战士神殿等深受中央高原文化的影响

玛雅文明在中亚美利加洲南部的密林内繁荣起来。
众多城市均散布在这一地区，但奇琴伊察却在200年以上的时期内一直是尤卡坦的艺术、宗教以及经济中心。
同时，这里至今依然保留有彰显当时繁华的雄伟遗址，吸引着世界各地的游客来一场穿越古代的浪漫旅程。

奇琴伊察的历史与文化

奇琴伊察在玛雅人的语言中意为“泉水旁边”的伊察人。这座城市以尤卡坦半岛最大的洞状陷穴（圣泉）为中心得以繁荣发展，这也被世人推测为它名字的由来。遗址群大致分为两个区域，一个是属于玛雅特征显著的6世纪前后的玛雅古典期“旧奇琴伊察”，另一个则是属于10世纪后引进托尔特克等中央高原文化的后古典时期“新奇琴伊察”。7世纪时，奇琴伊察极尽繁盛，之后皇族离开这座城市，使之甚至一度完全从历史舞台上消失。据说古代玛雅人会依据日历定期迁都。

到了10世纪，玛雅人再次返回这片土地并重新建都（可以看出他们深受称霸中央高原的战斗部族托尔特克人的影响，并进行过一定程度上的文化交流）。玛雅·托尔特克文明由此而成，并在新遗址的主题风格上得到了很好的表现。原本祭祀鹰钩鼻子神（雨神与山神）的质朴主题由此开始追加描绘了好战的士兵像、骷髅供品以及托尔特克的象征库库尔坎（长有翅膀的蛇神）。之后，这里变化成为军事国家并极尽荣华，13世纪初期玛雅潘族致其灭亡，悠久历史由此完结。

新奇琴伊察

以高尚城堡形象示人的大神殿

埃尔卡斯蒂约
El Castillo

位于奇琴伊察核心地段的神殿以西班牙语中的“城堡”或者“城墙”命名。传说这座神殿于9世纪初期竣工，是一幢高25米、拥有九层基台，气宇轩昂的建筑。中亚美利加洲的金字塔风格神殿一般以正面的陡坡台阶为特征，而这座神殿的四面均建有台阶。这些台阶的阶数、基台部位垂直面的浮雕均象征着玛雅的农耕年数（哈布历）与祭神仪式年数（卓尔金历）。而且，北侧安设有库库尔坎（长有翅膀的蛇神）的台阶侧面每年在春分与秋分均会出现翅膀的影子，实属十分巧妙的工艺。埃尔卡斯蒂约完美地彰显了玛雅天文学与建筑技术的过人之处。

神殿内部设有小型神殿，这里保管着拥有翡翠眼睛的红色美洲豹雕像与供献活供品心脏的查克穆尔雕像。不过，现在游客不可登上神殿内部参观。

春分与秋分当天九层神殿上会出现影子，蛇头位于中央台阶，台阶侧面则会映出翅膀的形状。影子随太阳的照射角度而发生变化，宛如蛇在扭动一般

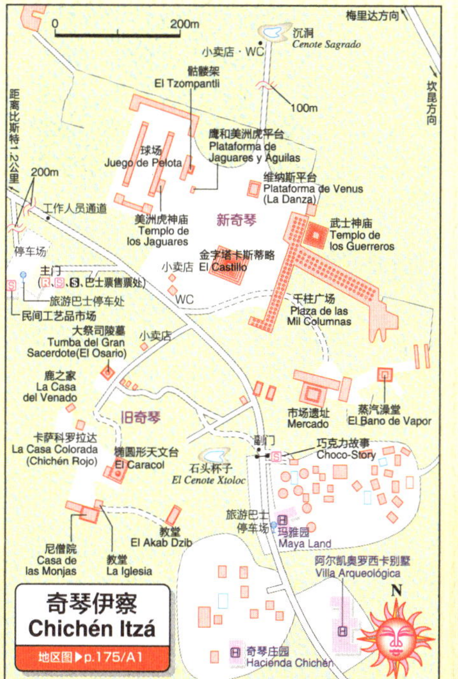

这里陈列有出售民间艺术品的摊位

COLUMNA

金字塔实为巨型日历

埃尔卡斯蒂约从整体上表示玛雅历。四面分别设有91级台阶（91×4=364），再加上顶部的一层便可表示一年365天之意。此外，这座神殿由九层基台构成，中央阶梯一分为二（9×2=18），这表示一年共分为18个月，这也符合哈布历对于月数的表示方法。各基台每面均有52处凹陷部分，这也正确表示了用于农耕的哈布历（1年365天）与用于祭神的卓尔金历（1年260天）重叠的52年的“周期”。

石柱林立的托尔特克风格建筑

武士神庙

Templo de los Guerreros

武士神庙拥有三层基台，其周边布满了刻有武士浮雕的石柱群，又被称为“千柱神庙”。位于中央高原的图拉遗址同样有一座拥有石柱与支撑祭坛的19个阿特拉斯人头像等的神庙，这也是强调奇琴伊察与托尔特克文明之间深刻交流的原因所在。

上坛入口处横摆着仰望天空的查克穆尔雕像。这座供献活供品心脏的雕像也有强烈的托尔特克色彩。不过，令人遗憾的是摆放有查克穆尔雕像的台阶禁止游客靠近参观。此外，神庙内部还有另外一座神庙，这里保留有色彩鲜艳的壁画，但是同样未向游客开放。

武士神庙前摆满了石柱群“千柱广场”

武士神庙上部横摆着活供品台座查克穆尔

头盖骨台座

骷髅架 El Tzompantli

骷髅架意为“头盖骨城堡”。这个台座紧邻球场，是将活供品骸骨示众的场所。这与玛雅的传统文化截然不同，而更多的是受到了中央高原文化的影响。墙壁一面刻有各种各样表情的头盖骨，给人以非常可怕的印象。

头盖骨台座上的骷髅浮雕深受中央高原文化的影响

加以神化的动物是自然的象征

美洲虎神庙

Templo de los Jaguares

美洲虎神庙是建在球场东墙的一座小型神庙，其正前方安设有一尊美洲虎雕像，墙壁内侧则细致地描绘了战争的场景。据说这是10世纪托尔特克人入侵时的战斗场面。居住在森林内的美洲虎对玛雅人而言是畏惧的对象，也是强者的象征。

建在球场前的美洲虎神庙。森林王者美洲虎是王室的象征

COLUMNA

洞状陷穴解密

虽说尤卡坦半岛是密林的湿润地带，却四处不见河流。这里的石灰岩土壤导致降雨全部渗入地下，并形成地下储水空洞。空洞上部地面塌陷后便会形成洞状陷穴。据16世纪时弗朗西斯科会的兰达神父写下的《尤卡坦事物记》中记载，玛雅人曾遭遇干旱与传染性疾病，为此他们特意不远万里前来朝拜并向泉内投入活供品与财宝。1911年，美国领事汤普森经过水底调查发现21具儿童尸体、13具成年男性尸体以及8具女性尸体。此外，如神父所述，这里还发现了黄金工艺品与翡翠等财物。

这座运动场经常为宗教仪式举行竞技赛事

球场 Juego de Pelota

这座球场全长150米，是中亚美利加洲规模最大的球场。玛雅人的球场并非娱乐所用，而是祭祀丰登之神等宗教仪式的举办地。比赛规则是将生橡胶球投入装在墙壁上的圈内。比赛过程中不可使用双手，而是通过佩带护具的上臂与腰部击球。获胜队的队长身披荣光并作为活供品供献神灵。内壁的基坛部分有一幅图，图中描绘了从被斩首的圣者体内迸出的鲜血变为七条蛇，还有植物生根发芽。此外，还雕刻有右手持刀、左右拿着被斩首人头颅的武士与骸骨做成的球以及围绕在一旁的两方选手等图案。

球场两侧墙壁越往上越向球场内侧倾斜。这种设计是为了防止声音外流，使得选手的声音可贯穿整座球场。游客不妨通过拍手的方式试一下音效。应该很容易便可发现声音回声效果极佳，这也很好地彰显了玛雅的自然石布置技术。

上／球场是神圣仪式的会场
中／决出胜败之后被砍头的战士浮雕
下／被用做球门的石圈

不可思议的活供品之泉

沉洞 Cenote Sagrado

奇琴伊察的“圣泉”不仅是尤卡坦半岛规模最大的洞状陷穴，还是富有神话色彩的圣域。干旱时期，年轻的处女们被作为人身贡品投入泉内。此外，除了活供品还投入了各种各样的物品，通过调查发现，泉底有众多贵金属制品，其中，南美的哥伦比亚与中美的巴拿马的舶来品也成为了解当时贸易状况的重要史料。部分从水底出土的文物展示在梅里达的尤卡坦人类学博物馆。现在，泉边还保留着投入活供品时使用的祭坛遗址，在这里可以深切地感受到阴阳两隔的独特氛围。

装满深色泉水的圣泉洞状陷穴仿佛要将人们吸入泉内一般。财宝与人身供品均被投入这个泉内

COLUMNA

遗址参观结束后可在回程途中前往能够游泳的洞状陷穴

奇琴伊察东侧3公里左右有一处能够游泳的天然洞状陷穴。午后随着游客数量的增多，神圣氛围也相对减弱，这里配有更衣室与淋浴等相关设施，还可以租借救生衣。从奇琴伊察遗址出发，搭乘出租车需要花费M$90~的车费。

●益吉天然井 Ik Kil TEL（985）851-0002
入场 每天7:00~18:00（景区餐馆~17:00）
费 M$75、儿童票 M$35.5

不妨体验在神秘的洞状陷穴内游泳

采用玛雅人自古崇拜的鹰钩鼻子神的雕像进行装饰的修女院。特别是在玛雅古典时期最受人们的信仰

旧奇琴伊察区域

古代玛雅人的天文台

椭圆形天文台 El Caracol

椭圆形天文台虽然地处旧奇琴伊察区域，但这座建筑在托尔特克·玛雅时代又重新进行过改建。据推测，建筑上部的圆形屋顶应该是玛雅的天文观测台，9米的露台上建有高13米的观测台。观测室东侧与北侧已经坍塌，西侧与南侧至今仍然保留着原貌。

椭圆形天文台（意为水牛儿）保留有三扇用于观测的窗户。南侧是面向正南方（子午线）的窗户，西南侧是观察月落最北线的窗户，西侧则是可通过各种角度正确观测春分、秋分节气时日落与月落最北线的窗户。此外，天文台台座面向正西偏北27.5°的方向，这是金星向北下沉的方向。玛雅人通过肉眼观测月亮、太阳以及星星的运行，从而制成准确度极高的日历，令人惊叹。

椭圆形天文台是旧奇琴伊察的代表性建筑，上部形状的设计与现代天文台相通

墙面采用普克风格的浮雕进行装饰

修女院 Casa de las Monjas

修女院位于椭圆形天文台的南侧。这是在高20米的基坛上加建众多房间的一座二层建筑。虽然命名为修女院，但其实际用途却不得而知。这座建筑并未受到托尔特克文化的影响，是纯粹的普克设计风格，有众多神像。

得以修复的小型金字塔

大祭司陵墓 Tumba del Gran Sacerdote

大祭司陵墓与卡斯蒂略相同，是一座金字塔形神庙。这座建筑破坏较为严重，曾一度无法看出它的本来样貌，近年来通过修复，往昔姿态又重新展现在世人面前。

20世纪初期，美国人爱德华·汤普森在发掘这座遗址时发现了隐藏在5座伪造墓地下的真迹。其中有含有翡翠等的雪花石膏花瓶、带有珍珠的贝壳以及仪式用的打火石的刀等物品。之后，汤普森还成功发掘了洞状陷穴内的财宝。

在大祭司陵墓内发现了贵重的埋葬品

交 通 奇琴伊察位于坎昆与梅里达之间。这两座城市均有二等巴士频繁往返，但由于路况不佳，车程较长。走高速的一等巴士班次虽少，但舒适度较高，物超所值。此外，坎昆与梅里达还开设有各种前往奇琴伊察的观光团。

遗址主门在傍晚前有开往各地的巴士，遗址西侧 1.5 公里处的皮斯特则有 Oriente 的二等巴士从清晨一直运行至深夜 24 点左右，约每小时发一班车。从主门出发，搭乘出租车前往皮斯特需花费 M$40~。

●从坎昆出发

每天有 3 班 ADO 公司的一等巴士开往遗址主门（8:45 发车、需时约 3 小时、票价 M$268）。此外，开往梅里达方向的 Oriente 公司的二等巴士也从坎昆巴士总站发车，清晨至午后每小时发一班车（需时 4 小时 30 分钟、票价 M$160）。

回程可在遗址主门搭乘 ADO 公司开往坎昆方向的一等巴士，16:30 发车。Oriente 公司的二等巴士在 8:35~17:35 期间，每小时发一班车。

●从梅里达出发

每天有 3 班 ADO 公司的一等巴士（6:30、8:30、9:15 发车，需时约 2 小时，票价 M$130~150。）此外，Oriente 公司的二等巴士在每天的 6:00~24:00 期间，每小时发 1~2 班车（需时约 2 小时 30 分钟，票价 M$80）。

回程可在遗址主门搭乘 ADO 公司开往梅里达方向的一等巴士，17:35 发车，每天仅此一班。Oriente 公司在 9:10~17:10 期间，每小时发一班车。

游览方法 开放时间为每天的 8:00~17:00（入场~16:00）。成人门票票价为 M$232、13 岁以下免费。摄像机摄影收费 M$45，由英语导游带队的观光团团费 M$750，游览时间为 1.5~2 小时。

主门入口处的建筑内设有餐馆、小卖店、货币兑换处以及 ATM 等配套设施。水与食品可以在此购买，但是帽子、太阳镜以及防晒霜需要提前准备。雨季期间，午后 13:00 左右经常会有阵雨，一定不要忘记随身携带雨具。奇琴伊察景区非常大，一定要选择穿着舒适的鞋子。拖鞋会给你的旅途带来极大的不便。

通常情况下，要预留出半天以上的时间来完成景区参观。越接近午时越热，因此可在清爽的早晨

主门售票处

梦幻的灯光音乐秀

开始观光。入场后，首先前往建在中央区域的卡斯蒂略金字塔周边看一看，感受遗址的整体规模。

此外，夜幕降临后，遗址内还会举行神秘的灯光音乐秀 Noches de Kukulcán。游客可提前通过合作酒店进行报名并索取入场券，在官网（URL nochesdekukulkan.com）录入入场券登录密码完成日程预约。由于该表演设有 400 人的人数上限，因此在确定时间后最好尽早报名。举办时间因季节各异，表演历时 45 分钟。夏季 20:00 起，冬季 19:00 起开始表演。观看表演时需携带显示预约成功的票据（或者使用手机拍照）与护照。持当天的遗址入场券可免费入场观看表演。

遗址入口处设有衣帽寄存处，免费提供行李寄存服务。游客可从坎昆搭乘巴士来到遗址参观，之后再前往梅里达（或者从梅里达来到这里参观后再前往坎昆）。

景区内有很多出售旅游纪念商品的摊位

酒 店

奇琴伊察遗址旁有几家高档酒店。H Maya Land（TEL（985）851-0100 URL www.new.mayaland.com ⓈⒹ M$1780~）与 H Hacienda Chichén（TEL（985）851-0045 URL www.haciendachichen.com Ⓢ Ⓓ M$2260~）均建有泳池与餐馆等完善的配套设施，舒适的居住环境令人期待万分。

此外，距离遗址 2 公里左右的皮斯特 Piste 是通往梅里达途中的一座小城，这里共有七家左右价位适中的酒店。皮斯特的巴士站周边有 H Piramide Inn（TEL（985）851-0115 URL www.piramideinn.com ⓈⒹ M$530~）与 H Posada Maya（TEL（985）851-0211 Ⓢ Ⓓ M$300~）等。5~10 月期间是旅游淡季，游客可与酒店交涉以获取一定程度的优惠。

遗址旁散布有 Maya Land 等酒店

人　口	约1.6万
海　拔	0米
市外区号	998

关键词!

★在北海滩悠闲度日
★在海洋公园体验潜泳
★参观海龟保护中心

活动信息

● 12月8日前10天

圣母玛利亚无染成胎节 Celebración de la Virgen inmaculada Concepción 期间在市中心举行游行。

从坎昆的酒店区前往女人岛

胡亚雷斯港与格兰波多黎各大体间隔30分钟便会有一班发往女人岛的船，如果在酒店区居住，在以下港口搭乘Ultramar公司等的高速船会更为便利。这些船需时25~40分钟，单程票价US$14，往返票价US$19。船期经常发生变化，因此需要确认。

Ultramar公司

TEL 881-5890

URL www.granpuerto.com.mx

●琳达海滩

开往女人岛的船次于9:00、10:30、12:00、13:30、14:30、16:30发船。从女人岛返程的船次于9:30、11:00、12:30、14:00、16:00、17:30发船。

●龟岛海滩

9:00~17:00期间，每天共有8班船发往女人岛。9:30~17:30期间，每天共有8班船从女人岛出发返回龟岛海滩。

●卡拉科尔海滩

开往女人岛的船次于9:00、10:15、11:30、12:45、14:00、16:45发船。从女人岛返程的船次于9:45、11:00、12:15、13:30、16:00、17:15发船。

如何前往胡亚雷斯港与格兰波多黎各

在坎昆巴士总站东侧搭乘开往胡亚雷斯港方向的迷你巴士（M$7）或者出租车（M$60），经10分钟左右的车程便可抵达。

女人岛 *Isla Mujeres*

在加勒比海的海滨安静地休闲住宿

美丽海滨不断蔓延的度假地

女人岛是在约10公里的坎昆海上漂浮着的全长8公里左右的小岛。从坎昆出发，搭乘班轮经约30分钟便可抵达，对居住在坎昆的游客来说，这里的海豚之旅与周游观光船等一日游项目都有极大的魅力。

女人岛的酒店与水上运动设施齐备，但最初被誉为背包客胜地时期的质朴与岛屿特有的舒适度全然没有发生任何变化。从设施极为完善的坎昆来到这里会略感不便，但是温暖的氛围与低廉的物价仍然吸引了众多来自世界各国的年轻长途旅行者。在清澈的大海与鲜艳醒目的蓝天之间悠闲度日，这座岛屿绝对是不二之选。

女人岛意为“女神的岛屿”，据说阿兹特克帝国在被荷南·考特斯的西班牙征服军灭亡以前，从加勒比诸岛来到大陆的西班牙人在登上这座岛屿时发现了许多玛雅的生殖女神雕像，这便是这座岛屿名称的由来。

女人岛　交　通

船舶▶坎昆的7座港口均有渡轮与小型船只发往女人岛。班次最多的是从胡亚雷斯港 Puerto Juárez 与格兰波多黎各 Gran Puerto 发出的高速船，每小时各发1~2班（5:00~23:30）。船票价格均为M$78，从格兰波多黎各发出的Ultramar公司的渡轮比较新，可以在甲板上欣赏美景，建议游客乘坐。

酒店区的琳达海滩 Playa Linda、龟岛海滩 Playa Tortugas 以及卡拉科尔海滩 Playa Caracol 均有高速船驶出。回程可搭乘海豚探索的船只。

▶从坎昆出发的周游观光船→p.188

开往女人岛海豚探索的直达船从水族世界出发，每天9:00、11:00发船。回程在14:30、17:30发船。往返票价US$15（单程票价与往返票价相同）。

女人岛 漫 步

下了渡轮可直接进入中心区

抵达港口后可以看到很多招徕游客的生意人。他们大多经营着可在岛内穿行的高尔夫球车与各种旅行观光团。时间紧迫的游客可与其交涉后谈好价格，如果时间允许，还是建议游客前往港口周边的高尔夫球车租赁处与旅游局的办公室进行沟通确认。

总之，即便是抵达女人岛后马上开始观光也不必担心是否有迷路的可能。这是一座规模很小的岛屿，岛上标识也十分简洁明了。港口周边汇集了银行、酒店、餐馆、商店以及潜水咨询处等。即便是前往活动设施十分完善的北海滩，也仅需 10 分钟左右的路程。

岛内交通

在岛内搭乘出租车十分方便。从渡轮码头出发，搭乘出租车前往北海滩需要花费 M$40，前往海洋公园需要花费 M$78，前往海豚探索的 Sac Bajo 则需要花费 M$78。回程可无线叫车。如果想不受限制地随意游览，则可以租一辆小摩托车，费用为每小时 M$120，每天 M$270（含油费）。即便没有驾照，也可以出示护照与保证金（预付款）办理租借手续。不过，街道上有几处断坡沟坎，驾驶途中严禁超速。可乘坐 4 人座的高尔夫球车，每小时收费 M$200~，一天 M$600~。自行车每天 M$125 左右。

旅游咨询处

Map p.221/B2

住 Av.Rueda Medina No.130

TEL 877-0307

URL www.isla-mujeres.net

营 周一～周五 9:00~16:00

位于渡轮码头的斜对面。

货币兑换

位于渡轮码头斜对面的 HSBC 内有 ATM，旅游咨询处旁边也设有货币兑换处。银行汇率与坎昆市内基本持平。

出租车费用

出租车无计价器，收费标准通常会张贴在挡风玻璃的右上方。每小时收费 M$240。乘车前最好与司机确认费用问题。

可在岛内自由穿行的高尔夫球车

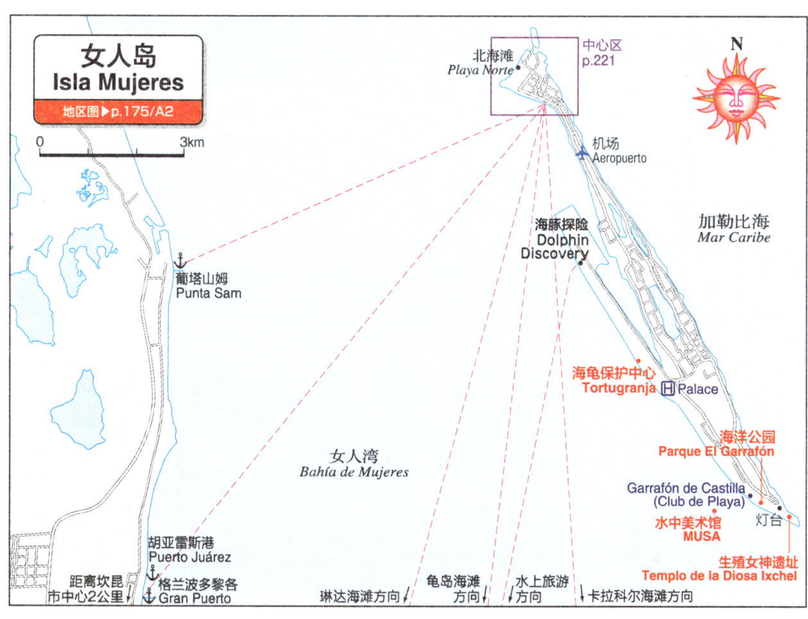

小贴士 女人岛西南方向的海中有一座将石刻雕像沉入水中的水中美术馆 MUSA（Map p.219），这里作为潜水地点而聚集了极高的人气。据说这里还是海洋生物的保护培育地。

北海滩（可可海滩）Playa Norte（Coco Beach）

在美丽的海滨悠闲度日 ★★

在白沙海滨享受日光浴的游客

北海滩是位于岛屿中心区北侧的一座美丽海滩。这里风平浪静，宛如游泳池一般。清澈的大海里有众多热带鱼，因此在这里潜水也是非常有趣的一个项目。玩沙子的儿童与在白色海滩上享受日光浴的裸体女性在这里处处可见。悠闲度日的南国乐园称号非这里莫属。

海滨有几家潜水商店，支付US$50~60（含氧气罐与器材费）便可体验。当然还可以参加划船竞赛（US$20/小时）、脚踏船（US$20/30分钟）以及帆板冲浪（US$25）等多种水上运动项目。

海洋公园 Parque El Garrafón

位于坎昆对岸的度假公园 ★★

从坎昆出发的观光团也可参加潜水

海洋公园位于女人岛南端，距离中心区7公里左右的热带鱼保护海岸。潜入水中便可观赏到由色彩斑斓的鱼类与珊瑚礁组成的海底世界。哪怕只是在海里追逐边游边变换颜色的乌贼与色彩鲜艳的女王天使鱼等，也会让人觉得不枉此行。10:00~15:00期间有很多从坎昆组团前来观光的游客，如果想要安静地游玩，最好避开这段高峰期。

在园内的商店可以报名参加潜水与各种活动项目。餐馆、游泳池、淋浴以及橱柜等设施十分齐全。

潜水区与可遥望大海的游泳池

北海滩

Map p.221/A1

渡轮码头西北方向约500米。步行前往10分钟内便可抵达，还可搭乘出租车（M$40）前往。

折叠式躺椅与海滨遮阳伞的租赁费用为M$100~150/天。

潜水商店

● Carey

Map p.221/B1

住 Av.Matamoros 13-A

TEL 877-0763

URL www.careydivecenter.com

营 每天 8:00~20:00

浅滩地区风平浪静，孩子们可放心玩耍

海洋公园

Map p.219

TEL 193-3360

URL www.garrafon.com

入场 每天 10:00~17:00

费 US$82（含快餐、毛巾、橱柜以及潜水用具费用）

从渡轮码头搭乘出租车约需10分钟（M$78）。

从坎昆出发的官方旅行团每早9:00在龟岛海滩发团。团费含早餐、午餐、饮品。游客还可参加岛内的自行车旅行与购物团，团费为US$89。

紧邻海洋公园的海滨俱乐部

● Garrafón de Castilla

住 Carretera Punta Sur，Km.6

TEL 877-0107

入场 每天 9:00~17:00

费 M$65

海洋公园北侧有一家海滨俱乐部。俱乐部拥有私人海滩、餐馆、酒吧以及潜水商店等配套设施。俱乐部附属酒店的客房配有面向大海的阳台、空调、迷你酒水吧以及冰箱，ⓈⒹ M$845~。

公园旁的酒店现已开放

小贴士 海洋公园经营有海豚探索项目，游客通过官网与海豚游泳项目一起报名可享受15%~25%的优惠。

生殖女神遗址 Templo de la Diosa Ixchel

访问玛雅文明的痕迹 ★

生殖女神遗址位于海洋公园南侧 500 米左右，岛屿南端的断崖绝壁之上。附近的灯塔周边有咖啡馆与商店，从整体上看是一座现代雕刻作品鳞次栉比的公园。遗址周边的断崖上建有散步道，可沿这条路下海，还可由此通往海洋公园。

遗址本身并无很大看点，但是从这里可以眺望到一望无际的加勒比海

生殖女神遗址

Map p.219

入场 每天 10:00~17:00

费 M$35（包含在海洋公园的门票内）

从中心区搭乘出租车，经约 10 分钟车程便可抵达，车费为 M$78。

遗址周围开设有较为完善的咖啡馆等

海龟保护中心 Tortugranja

了解加勒比海的自然环境 ★

海龟保护中心在大海内建有几处大型水塘，以生长时期为依据将海龟分类饲养。巨大的海龟悠然自得地游来游去的场景是一大看点。海边有孵龟蛋的沙地，还有收集刚孵出的小龟的小型泳池，海龟保护中心就是通过饲养海龟，从而进行生态研究等科研项目的环境保护设施。

海龟保护中心内还开设有一家附属的小型博物馆，馆内有水族馆。

期待回归大海的小龟

海龟保护中心

Map p.219

从渡轮码头搭乘出租车，经约 7 分钟车程便可抵达，车费为 M$54。

TEL（987）888-0705（总部）

入场 每天 9:00~17:00

费 M$35

女人岛中心区 Isla Mujeres Centro

地区图▶p.219

女人湾 *Bahía de Mujeres*
加勒比海 *Mar Caribe*
Avalon Resorts
桥
Na-Balam
Buho's Bar
Zazil-Ha
月光媒体酒店 Playa la Media Luna
卡巴纳斯玛利亚德尔马酒店 Cabañas Maria del Mar
塞克雷托酒店 Secreto
北海滩（可可海滩） Playa Norte(Coco Beach)
Sea Hawk Divers
Tarzan Dive
Centro de Convenciones
潘乔尔多海滩 *Playa Panchold*
Felipez Water Sports Center
Carlos Lazo
Ixchel Beach
Sunset Grill
集查利餐馆 Chi Chi's & Charlie's
邮局 · 电话局
梅尔卡多 · 多哈维尔 · 罗霍 · 戈麦斯餐馆 Mercado Javier Rojo Gómez
珀库纳酒店 Poc-Na
Nauti Beach
Hidalgo
Vela
Brisa Mexicana
Cubano
Guerrero
卡尔梅利纳酒店 Carmelina
阿琉斯优惠酒店 Privilege Aluxes
Fayne's
洛朗蒂滋比萨餐馆 Pizza Rolandi's
López Mateos
灯塔
德玛咖啡屋 Cafe del Mar
Jax
Carey
Abasolo
Madero
大型超市
索卡洛中央广场 Zócalo
Matamoros
Cafe Mogagua
出赁汽车&轻便机器脚踏车
Rocamar
波萨达德尔马酒店 Posada del Mar
Av. Rueda Medina
Benito Juárez
Nicolás Bravo
旅游咨询处
Morelos
冰激凌店
米拉马尔餐馆 Miramar
HSBC
出赁汽车&轻便机器脚踏车
出租车落客处
Allende
（胡亚雷斯港方向）
渡轮码头（格兰波多黎各、琳达海滩、龟岛海滩以及卡拉科尔海滩方向）
渡轮码头（发往蓬塔山姆方向）
机场与国家海洋公园方向
N
0 400m

小贴士 孔托伊岛是野鸟的簇生地，众多军舰鸟生活在这里。到了大概 12 月时的繁殖期，可以看到咽喉变红且鼓起的雄军舰鸟向母鸟求爱的景象。

女人岛的餐馆

Restaurant

集查利餐馆

Chi Chi's&Charlie's

◆北海滩的海滨酒吧 & 餐馆

集查利餐馆人气极高，白沙海滩、平浅的湛蓝大海以及头顶的椰子树构成了一幅理想的完美画面，地理位置绝佳。游客可租借折叠式躺椅与遮阳伞（M$150/天）在这里悠闲度日。推荐品尝烤海鲜（M$295）与玛格丽特酒（M$70）。

一边眺望大海一边度过美味食光

Map p.221/A1

住 Playa Norte，Av.Rueda Medina No.50

TEL 877-0491

营 每天 9:00~22:00

税金 含税

CC M V

Wi-Fi 免费

米拉马尔餐馆

Miramar

◆看海的同时品尝海鲜

餐馆位于渡轮码头西侧，是一家"海之家"风味的开放式餐馆。鱼类与鸡肉菜肴售价 M$100~、大海虾售价 M$310、烤海鲜拼盘（鱼、虾以及大海虾等）售价 M$550，物美价廉。

菜品种类繁多，涵盖快餐与鱼贝类菜肴

Map p.221/B2

住 Av.Rueda Medina

TEL 100-1551

营 每天 7:00~22:00

税金 含税

CC M V

Wi-Fi 免费

洛朗蒂滋比萨餐馆

Pizza Rolandi's

◆意式菜品备受好评

洛朗蒂滋比萨餐馆位于索卡洛中央广场西侧 100 米左右。玛格丽特（M$50）等价格较低，众人同行大声吵嚷也没有关系。比萨（M$100~222）与意大利面（M$102~148）均非常美味。

可在室外露天席位悠闲用餐

Map p.221/B2

住 Av.Hidalgo No.110

TEL 877-0430

营 每天 8:00~24:00

税金 含税

CC A M V

Wi-Fi 免费

梅尔卡多·多哈维尔·罗霍·戈麦斯餐馆

Mercado Javier Rojo Gomez

◆体验家常风味

梅尔卡多·多哈维尔·罗霍·戈麦斯餐馆位于索卡洛中央广场西北方向 400 米左右的市场内，共有 4 间食堂。各食堂经营内容虽有不同，但都接近墨西哥家常菜且价位十分便宜。每天特供套餐售价 M$55~、汤品售价 M$35~、煎鸡蛋与火腿售价 M$30。

备受游客与当地人的青睐

Map p.221/A1

住 Guerrero

TEL 877-1463

营 每天 7:00~17:00（各食堂不同）

税金 含税

CC 不可

Wi-Fi 无

COLUMNA

女人岛的夜生活

女人岛有几家充满南国情趣的夜店 Discoteca。岛屿规模较小，因此夜间也十分安全。游客可轻松出游。

推荐位于 Av.Hidalgo 正中位置的 Fayne's 及其周边的几家店。在墨西哥流行歌曲的陪伴下轻松度过休闲时光。各夜店的客流最高峰通常会出现在 22:00~次日 3:00 左右。周末有时会延长至次日 5:00 左右。此外，北海滩的开放式酒吧 Buho's Bar 全天均可欣赏到牙买加音乐与流行歌曲等。

夕阳西下之时便是另一个假日的开始

小贴士 阿琉斯优惠酒店 Privilege Aluxes（Map p.221/B1 TEL 848-8470 URL www.privilegehotels.com）是一家共设有 124 间客房的高档酒店。酒店采用全包式收费系统，Ⓢ Ⓓ M$2950~。

女人岛的酒店

Hotel

女人岛虽然没有坎昆那样的大型酒店，但是岛屿中心区有很多中档酒店与便宜的小客栈。酒店在冬天的旅游旺季会将价位上调 20%~30%，当然，到了夏天的旅游淡季也会适当优惠。圣诞节与圣周前后，酒店会非常拥挤，因此最好在坎昆提前预订。

塞克雷托酒店

Secreto

◆女人岛上大放异彩的设计酒店

塞克雷托酒店位于索卡洛中央广场西北方向 500 米左右，面向大海而建，是一家共设有 12 间客房的高档酒店。从客房可以眺望到海景，酒店内部装饰如画廊一般，显得十分优雅。这里还有舒适的游泳池。入住前提是至少留宿两天。Wi-Fi 客房 OK · 免费

Map p.221/A2

餐厅 ○ 游泳池 ○ 保险柜 ○ 早餐 ○

住 Sección Rocas，Lote 11，Punta Norte

TEL 877-1039 FAX 877-1048

URL www.hotelsecreto.com

税金 +19% CC A M V

费 AC ○ TV ○ TUB × Ⓢ Ⓓ M$2350~

月光媒体酒店

Playa la Media Luna

建在海滨附近的小型酒店

◆饱享海滨生活

月光媒体酒店位于索卡洛中央广场西北方向约 500 米的海滨区，是一家共设有 18 间客房的舒适酒店。酒店地理位置极佳，可安静地享受海滨与自然风光，备受全家出行的游客们的喜爱。Wi-Fi 客房 OK · 免费

Map p.221/A2

餐厅 ○ 游泳池 ○ 保险柜 ○ 早餐 ○

住 Sección Rocas，Lotes 9 y 10，Punta Norte

TEL 877-0759 FAX 877-1124

URL www.playamedialuna.com

税金 含税 CC A M V

费 AC ○ TV ○ TUB × Ⓢ Ⓓ M$1340~

卡巴纳斯玛利亚德尔马酒店

Cabañas Maria del Mar

◆舒适的四星级酒店

卡巴纳斯玛利亚德尔马酒店面向北海滩而建，共设有 73 间客房。入住这家酒店的游客可直接身着泳衣前往美丽的加勒比海。客房以位置与室内设施为依据分为三类，费用随季节发生变动。Wi-Fi 客房 OK · 免费

Map p.221/A1

餐厅 ○ 游泳池 ○ 保险柜 ○ 早餐 ○

住 Av.Carlos Lazo No.1

TEL 877-0179 FAX 877-0213

URL www.cabanasdelmar.com

税金 含税 CC A M V

费 AC ○ TV ○ TUB × Ⓢ Ⓓ M$1305~

波萨达德尔马酒店

Posada del Mar

拱门形状的入口极具特色

◆绿荫繁茂且地理位置极佳

波萨达德尔马酒店位于渡轮码头西北方向 400 米左右，如隐居在绿荫当中一般。酒店内有被椰子树包围的酒吧等设施，环境极佳。共有 61 间客房。Wi-Fi 客房 OK · 免费

Map p.221/B1

餐厅 ○ 游泳池 ○ 保险柜 ○ 早餐 收费

住 Av.Rueda Medina No.15-A

TEL 877-0044 FAX 877-0266

URL www.posadadelmar.com

税金 含税 CC A M V

费 AC ○ TV ○ TUB × Ⓢ Ⓓ M$495~

卡尔梅利纳酒店

Carmelina

◆环境极佳且长期留宿的顾客居多

卡尔梅利纳酒店位于渡轮码头北侧 300 米左右，是一家清洁且环境幽雅的舒适酒店。游客可在楼顶休闲放松。长期住客居多，是交换旅游信息的绝佳场所。共设有 29 间客房。Wi-Fi 客房 OK · 免费

Map p.221/B2

餐厅 × 游泳池 × 保险柜 × 早餐 ×

住 Guerrero No.4 TEL 877-0006

税金 含税 CC 不可

费 AC × TV ○ TUB × Ⓢ M$380~、Ⓓ M$550~

珀库纳酒店

Poc-Na

多人房室内状况

◆备受背包客们青睐的青年旅舍

珀库纳酒店位于渡轮码头北侧 400 米左右，是一家共设有 17 间客房（176 个床位）的青年旅舍。区分男女的多人房费用为 M$155~195。Wi-Fi 客房 OK · 免费

Map p.221/A2

餐厅 ○ 游泳池 × 保险柜 × 早餐 ○

住 Matamoros No.15

TEL &FAX 877-0090

URL www.pocna.com

税金 含税

CC 不可

费 AC △ TV ○ TUB × Ⓢ Ⓓ M$370~

餐厅 游泳池 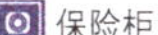 保险柜  早餐  AC 空调 TV 电视 TUB 浴缸

卡门海滩 *Playa del Carmen*

备受欧洲人好评的加勒比海度假胜地

人　口	约 20 万
海　拔	0 米
市外区号	984

关键词!

★ 在加勒比海潜泳
★ 在餐馆饱享海鲜
★ 在海滨玛雅度假

旅游咨询处

Map p.225/B1
住 Av.Juárez,entre 25 y 30
TEL 877-3050
URL www.solidaridad.gob.mx
营 周一～周五　8:00~20:00
　周六　9:00~12:00

货币兑换

在渡轮码头与 Av.Quinta 之间有很多货币兑换处。通常情况下，这些货币兑换处的营业时间为 9:00~21:00。美元汇率与坎昆相比较低。

开往科苏梅尔方向的渡轮码头

购物中心

发往科苏梅尔方向的渡轮码头西侧 200 米左右有一家购物中心，名为漫步卡门。购物中心内入驻了出售民间艺术品、装饰品、时装以及泳衣等的各种商铺，餐馆 & 酒吧也选择多多。

S 漫步卡门购物中心
Paseo del Carmen
Map p.225/B1
营 每天 9:30~23:00（商铺具体时间各异）

购物中心也已经成为观光景点

面向加勒比海的海滨区绵延不绝

卡门海滩位于坎昆南侧约 65 公里处。这里曾经只是游客前往科苏梅尔途中的一个小型港口城市。近年来，卡门海滩因远离观光景点的喧嚣而得以发展，尤其备受希望安静地享受海边假期的欧洲游客们的青睐。在这里可一边眺望湛蓝的加勒比海，一边悠闲地度过假日时光，是绝佳的度假胜地。

卡门海滩 交 通

巴士▶ 城区内共有两座巴士总站。旧巴士总站位于索卡洛中央广场北侧，是发往近郊方向的巴士的停靠站。新巴士总站位于城区北部，发往国内各地的一等与二等巴士大多在此停靠。两座巴士总站均有发往坎昆的车次，发往坎昆机场的只有从旧巴士总站发车的 ADO 公司的车次。

船舶▶ 往返于科苏梅尔与卡门海滩之间的渡轮在每天的 5:45~22:00 之间共计发 35 船次。需时 35~45 分钟，单程票价 M$135~162。

从卡门海滩发往各地的巴士

目的地	每天班次	行驶时间	票　价
坎昆	ADO、Mayab 等每天 6 班	1.5 小时	M$33~60
坎昆机场	ADO 每小时 1~2 班（7:10~24:00）	1 小时	M$162
西卡莱特公园、夏哈	ADO 三班（8:31~10:51）、Mayab 等每小时 1~2 班	20~40 分钟	M$14~70
图卢姆	ADO、Mayab 等每小时 1~2 班（1:30~23:31）	1~1.5 小时	M$38~62
切图马尔	ADO 7 班（7:20~18:25）、Mayab 10 班（10:27~22:27）	5 小时	M$223~382
奇琴伊察	ADO 1 班（8:00）、Mayab 1 班（7:30）	4 小时	M$145~282
梅里达	ADO 8 班（5:00~ 次日 0:59）、ADO GL 2 班（7:30、18:45）	5~6 小时	M$204~450
比亚埃尔莫萨	ADO 3 班（18:25~23:10）、ADO GL 1 班（11:30）	11 小时	M$878~1074
帕伦克	OCC 2 班（17:15、21:55）、ADO GL 1 班（19:15）	11 小时	M$812~972
圣克里斯托瓦尔	OCC 2 班（17:15、21:55）、ADO GL 1 班（19:15）	16~20 小时	M$1010~1218
韦拉克鲁斯	ADO GL 1 班（18:45）	21 小时	M$1652
普埃布拉	ADO GL 1 班（18:25）	22 小时	M$1738
墨西哥城	ADO 2 班（12:30、21:30）、ADO GL 1 班（15:25）	23~26 小时	M$1850~2280

小贴士 S 街道地图购物中心 Plaza Calle Corazón（Map p.225/A2　营 每天 11:00~23:00）是位于中心区的一家购物中心。出售香薰制品的 Bloomish 等人气店铺均有入驻。

卡门海滩 漫 步

巴士总站与港口所在的卡门海滩中心区规模很小，游客可在此悠闲漫步。发往科苏梅尔方向的渡轮码头与索卡洛中央广场周边有货币兑换处与租车公司等，横穿市中心的 Av.Quinta 沿街则开设有酒店、购物中心、旅游纪念品商店以及餐馆等。海滨玛雅等高档度假村多分布在城市周边区域，游客可搭乘出租车前往。

凉风吹拂的城区中心

卡门海滩 活动项目

潜水、潜泳 Diving，Snorkeling

与对岸的科苏梅尔相同，卡门海滩也有很多可体验加勒比海与洞状陷穴内水中世界的潜水、潜泳点。特别是卡门海滩周边有很多洞状陷穴，体验时间与门票各异（洞状陷穴水温较低，身着户外泳衣会更为舒适）。

在卡门海滩周边的洞状陷穴体验神秘的潜水与潜泳

出租车

出租车无计价器，市内交通费用预算为 M$70~。搭乘出租车前往坎昆机场需花费 M$650~、前往酒店区需花费 M$700~。可在位于索卡洛中央广场北侧的巴士总站与待客的出租车司机进行交涉，包车前往近郊。

活动项目费用

● **摩托艇**
30 分钟收费 US$75

● **钓鱼**
每艘船每半天收费 US$450~

● **潜水**
两个氧气罐收费 US$75~、夜间潜水收费 US$60~

● **洞状陷穴内潜水**
两个氧气罐收费 US$110~

● **洞状陷穴内潜泳**
每小时收费 US$60~

潜水商店

● Yucatek Divers
Map p.225/B1
住 Av.15,entre Calle 2 y 4
TEL 803-2836

延缓张伞跳伞

卡门海滩的延缓张伞跳伞运动极具人气。费用为 US$270。

● Skydive Playa
Map p.225/B2
住 Plaza Marina #32
TEL 873-0192
URL www.skydive.com.mx

卡门海滩
Playa del Carmen
地区图▶p.175/A2

坎昆方向
N
0 300m
MEX 307（国道）
图卢姆、西卡莱特公园方向
距离R阿卡克思餐馆400米
有滋有味哈罗乔餐馆 El Gusto Jarocho
普拉亚卡、图卢姆方向
卡门海滩机场 Aeropuerto Playa del Carmen(PCM)
阿埃罗多罗莫航空
距离R雅偃餐馆300米
新巴士总站（长途线路）
距离R拉帕利里亚餐馆200米
Wal Mart
市政府
Playa Hostel
Cafe Andrade
街道地图购物中心 Plaza Calle Corazón
Casablanca
Costa del Mar
Maya Bric
迷你巴士乘车处（图卢姆方向）
拉维达酒店 Vive la Vida
卡萨·图坎酒店 Casa Tucán
鲁纳塔酒店 Lunata
Xamax Hostel
邮局
Yucatek Divers
Bancomer
红十字
旅游咨询处
卡萨·德·哥帕拉酒店 Casa de Gopala
旧巴士总站（近郊线路）
医院
HSBC
Mar Caribe
咪咪迪尔马尔酒店 Mimi del Mar
普拉亚德尔卡曼德尔卡利宾庄园酒店 Hacienda del Caribe
塔拉雅餐馆 Tarraya
金塔海滩酒店 Quinta Playa
出租车落客点
教堂
Zocalo
Las Piñatas
漫步卡门购物中心 Paseo del Carmen
渡轮售票处
Señor Frog's
发往科苏梅尔方向的渡轮码头
安提瓜广场 Plaza Antigua
Skydive Playa
Playacar Palace
加勒比海 Mar Caribe
Av.45 Av.40 Av.35 Av.30 Av.25 Av.20 Av.15 Av.10 Av.Quinta(Av.5) Av.Juárez Ped.Mall
Calle 16 Calle 14 Calle 12 Calle 10 Calle 8 Calle 6 Calle 4 Calle 2 Calle 1 Calle 1 Sur

小贴士 市内的繁华街道为 Av.Quinta 的沿街区域，在这里不仅能够体验购物与美食的乐趣，还有众多经济型酒店。再前行一个街区便可以抵达海滨地区，尽享轻松愉悦的度假氛围。

卡门海滩的餐馆
Restaurant

雅惬餐馆
Yaxche

Map p.225/A2 外

◆将玛雅菜肴进行现代化改良

雅惬餐馆将尤卡坦自古流传至今的玛雅菜肴进行现代化改良后展现在游客面前。索托比尔恰伊（M$90）是将玉米面、驱虫苋的叶子以及肉馅包在蕉叶内蒸制而成。加入洋葱薹后趁热食用，非常美味。马塞瓦尔（M$120）是味道十分清淡的墨西哥青柠鸡汤。玛雅式“鱼干”等主菜售价在 M$300 左右，游客可以十分实惠的价格品尝尤卡坦的传统美食。

将鱼肉块包在蕉叶内蒸制而成的玛雅式“鱼干”

住 Av.5,entre Calle 22
TEL 873-3011
营 每天 11:00~23:00
税金 含税
CC A M V
Wi-Fi 免费

阿卢克思餐馆
Alux

Map p.225/A1 外

◆可以欣赏到独奏独唱的洞窟餐馆

阿卢克思餐馆由地下洞窟改造而成，也是非常受欢迎的人气景点。洞窟内被灯光装点得五彩斑斓，宛如迷宫一般，还有鲜绿色的梦幻水池。菜品以墨西哥菜与国际风味为主，菜量很大。尤卡坦风味鸡肉菜品售价 M$280，大马哈鱼生鱼片售价 M$220。周末还可以欣赏到现场音乐。餐馆位于索卡洛中央广场西侧约 1 公里处，从中心区搭乘出租车需花费 M$50~60。

神秘的环境备受游客好评

住 Av.Juárez Mza.217 Lote.2 Col.Ejidal entre Diagonal 65 y 70
TEL 206-1401
营 每天 5:30~23:30
税金 含税
CC M V
Wi-Fi 免费

卡门海滩的酒店
Hotel

卡门海滩的酒店越是远离中心区，档次越高。Av.Quinta 沿街与海滨地区有很多中档以上酒店。

卡门海滩中心区

咪咪迪尔马尔酒店
Mimi del Mar

Map p.225/B2

◆可悠闲留宿的私人酒店

咪咪迪尔马尔酒店位于海滨地区，共设有 18 间客房，室内装饰令人感觉置身于大海中一般，非常舒适。客房规模虽小，但厨房与冰箱等配套设施应有尽有，可自己做饭。Wi-Fi 客房 OK · 免费

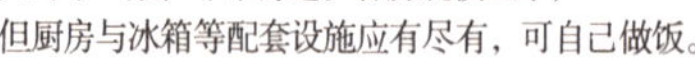

备受长期居住者们的欢迎

餐厅 × 游泳池 ○ 保险柜 ○ 早餐 ×
住 la Norte.Zona Federal Maritimo，Lane 1-A,Mz 2　TEL 873-2595
URL www.mimidelmar.com
税金 +19%　CC A M V
费 AC ○ TV ○ TUB × Ⓢ Ⓓ US$80~

鲁纳塔酒店
Lunata

Map p.225/A2

◆内部装饰十分别致

鲁纳塔酒店的橙色外观非常引人注目，这是一家共设有 10 间客房的中档时尚酒店。客房规模略小，但铺有鲜艳毛巾的桌子与摆设有陶器的墙壁等令人感觉十分良好。Wi-Fi 客房 OK · 免费

卧室感觉良好

餐厅 ○ 游泳池 × 保险柜 ○ 早餐 ○
住 Av.5 S/N，entre Calles 6 y 8
TEL 873-0884
URL www.lunata.com
税金 +19%　CC A M V
费 AC ○ TV ○ TUB × Ⓢ Ⓓ US$125~

金塔海滩酒店
Quinta Playa

Map p.225/B2

◆面向背包客开设的小客栈

从金塔海滩酒店出发，步行几分钟便可抵达海滨地区，这是一家共设有 36 个床位的小客栈（所有客房均为多人房）。没有公用厨房，提供自行车租赁服务。Wi-Fi 客房 OK · 免费

餐厅 × 游泳池 ○ 保险柜 × 早餐 ×
住 Calle 2，entre Av.5 y Playa
TEL 147-0428　URL www.quintaplaya.com　税金 含税　CC M V
费 AC ○ TV × TUB × 多人房 M$200

海滨玛雅

巴哈亚普林西比岛
Bahia Principe

Map p.228

◆规模较大的酒店度假村

巴哈亚普林西比岛是海滨玛雅比较具有代表性的大规模酒店设施之一，客房数量多达2278间。宽敞的度假村宛如一座城市，三层的公寓风格建筑林立。班车随处可见，游客可自由搭乘前往海滨、餐馆、游泳池以及旅游纪念品商店街等。可体验潜泳的海滨区也具有极高的人气。采用全包式收费系统。Wi-Fi 客房 OK · 收费（M$150/ 天）

搭乘班车非常方便

可尽享度假氛围的泳池区

餐厅 ○ 泳池 ○ 保险箱 ○ 高尔夫 ○
住 Carretera Chetumal Km.250
TEL 875-5000
FAX 875-5004
URL www.bahia-principe.com
税金 +19%
CC A D M V
费 AC ○ TV ○ TUB △ Ⓢ M$2923~、Ⓢ M$4233~

海洋玛雅皇家酒店
Ocean Maya Royale

Map p.228

◆与周围的自然十分融洽的空间

海洋玛雅皇家酒店位于卡门海滩北侧约18公里处。入口大厅与海滨之间共设有320间客房，高尔夫球车频繁往返于贯穿这些客房的通道上。面向环礁湖与洞状陷穴的别墅式客房与7间餐室以及酒吧等各具特色。通过开垦热带雨林与红树属植物建成的酒店与野鸟纷飞的大自然构成了一幅和谐的画面。酒店设有健身休闲中心，全身美容收费 M$1800~。未满18岁不可入住。Wi-Fi 仅限公共区域 · 免费

面向环礁湖设置的客房阳台

宽敞舒适的卧室

餐厅 ○ 泳池 ○ 保险箱 ○ 高尔夫 ○
住 Carretera Chetumal Km.299
TEL 873-4700
FAX 873-4701
URL www.oceanhotels.net
税金 含税
CC M V
费 AC ○ TV ○ TUB △ Ⓢ M$2720~、Ⓓ M$3136~

COLUMNA

海滨玛雅的度假酒店

卡门海滩周边约100公里范围内的海岸线地带被通称为海滨玛雅 Riviera Maya。这不是正式的行政区划地名，只是2003年前后开始使用的俗称。由于这里的酒店远离市区，因此几乎均采用全包式收费系统，游客的饮食也通常是在酒店内进行的。大多数酒店均拥有私人海滩，游客可在安静的环境下尽情享受加勒比海的度假时光。

这里的酒店虽然各具特色，但各种设施均十分丰富，除了游泳池以外，还有休闲健身中心与桑拿等。此外，为了能够满足游客体验水上运动、高尔夫以及网球等项目，酒店还准备了各种运动器具供游客租用，当然，周围的红树属植物林内还设置了观察野鸟的场地。游客可通过官网查询酒店设施与服务内容，选择适合自己的酒店。此外，酒店住宿费用随季节发生变化，有时会有优惠活动。

可眺望加勒比海的私人海滩

小贴士 海滨玛雅作为新兴的墨西哥度假胜地而备受国内外瞩目。为了使游客能够安静地度过假期，这里陆续建造并开放了数家豪华酒店。

费尔蒙特玛雅科瓦酒店
Fairmont Mayakoba

◆被加勒比海与红树属植物环绕

从干线道路穿过高尔夫球场便可抵达费尔蒙特玛雅科瓦酒店的前台。住宿楼沿环礁湖与河流而建，从客房可以眺望到加勒比海与红树属植物林。如果比较注重隐私，则建议选择入住单门独户的豪华小屋。

Wi-Fi 客房 OK · 免费

周围覆盖着热带雨林与红树属植物林

可悠闲度日的大厅

Map p.228

餐厅 ○ 游泳池 ○ 美容 ○ 高尔夫 △

住 Carretera Chetumal Km.298

TEL 206-3000

FAX 206-3030

URL www.fairmont.com/mayakoba

税金 +19%

CC A D J M V

费 AC ○ TV ○ TUB △ Ⓢ Ⓓ M$4290~

西方格兰西卡莱特
Occidental Gran Xcaret

◆紧邻海洋公园的高档度假村

西方格兰西卡莱特酒店紧邻备受游客喜爱的西卡莱特海洋公园，从公园出发，步行或者搭乘小船便可抵达这家度假酒店。酒店内饲养有火烈鸟与鹦鹉等鸟类，可身临其境地体验大自然的乐趣。酒店共设有 769 间客房，采用全包式收费系统，可以品尝到墨西哥菜与意大利菜等美食。Wi-Fi 客房 OK · 收费（M$150/ 天）

从西卡莱特公园入口前往酒店

Map p.228

餐厅 ○ 游泳池 ○ 美容 ○ 高尔夫 ○

住 Carretera Chetumal Km.282

TEL 871-5400

FAX 871-5406

URL www.occidentalhotels.com

税金 含税

CC A D M V

费 AC ○ TV ○ TUB △ Ⓢ M$3184~、Ⓢ M$4485~

坎昆蓝宝石海滨度假村
Now Sapphire Riviera Cancún

◆面向家族游客开设的人气度假村

坎昆蓝宝石海滨度假村位于坎昆市内向南约 32 公里处。是散布在海滨玛雅的全包式度假村中比较有代表性的一家。由玛雅风格的 13 座木质小房组成的共计 496 间客房均为套房，分为热带景观房与海景房两种房型。各种娱乐休闲设施也非常充实。住宿费用中包含备受好评的食物、饮品、客房服务、迷你吧、潜泳以及帆船等活动。Wi-Fi 客房 OK · 收费

宽敞的客房

Map p.228

餐厅 ○ 游泳池 ○ 美容 ○ 高尔夫 ○

住 SM.11 MZ.-9 Lote 10，Puerto Morelos

TEL 872-8383

FAX 872-8384

URL nowresorts.com/sapphire

税金 含税

CC A D J M V

费 AC ○ TV ○ TUB △ Ⓢ M$5985~、Ⓓ M$6650~

游泳池备受家庭出行的游客们的喜爱

小贴士 海滨玛雅的酒店警备森严。部分酒店不允许未预订游客入内，因此如果只是用餐或者前往酒店休闲设施消遣的话，务必要提前与酒店方确认是否已经预约成功。

科苏梅尔 Cozumel

宽广且透明度高的大海形成了一座潜水乐园

一边眺望加勒比海一边安静地度过美好时光

科苏梅尔长约 53 公里，宽约 14 公里，是墨西哥规模最大的岛屿，其名称源于玛雅语中的 Ah-Cuzamil-Petin（燕子岛）。4 世纪前后，玛雅人开始在此居住，不久便作为涵盖洪都拉斯与韦拉克鲁斯等地在内的贸易中心而繁荣起来，并发展成为人口多达约 4 万的都市。科苏梅尔还是设有丰登之神 IX-Chel 祭坛的重要朝拜圣地，曾经历了玛雅文明的所有王国均有参拜者前来朝拜的时代。到了 16 世纪，科苏梅尔被西班牙势力占领，玛雅祭坛遭到破坏，取而代之的是新建的众多小型教堂。繁荣一时的科苏梅尔在 16 世纪后半期，人口一度跌落至 300 人以下。19 世纪后半期，科苏梅尔作为军事要地，大批人口再次迁入此地，现如今更是以观光旅游业作为支柱产业，共约有 8 万的常住人口。

科苏梅尔周边的大海透明度在世界范围内首屈一指，一般情况下可达 30~40 米，有时甚至可以达到 50~60 米。这里作为以潜泳与潜水为代表的水上运动景点而闻名世界。

人　口	约 8 万
海　拔	5 米
市外区号	987

关键词！

★ 在加勒比海潜泳
★ 在蔷卡纳布公园潜水
★ 饱享美味海鲜

活动信息

● 4 月 29 日 ~5 月 3 日

埃尔塞德拉尔节 El Cedral 是玛雅人居住的塞德拉尔村的节日。村子位于岛屿中央，节日期间会举行斗牛、赛马、墨西哥著名歌手音乐会以及民族舞蹈表演等活动。

科苏梅尔政府旅游局

TEL 869-0212
URL www.cozumel.travel

方便的墨西哥旅游纪念品专营店

墨西哥万岁

S Viva Mexico　Map p.232/B1
住 Rafael Melgar No.199
TEL 872-5466
营 周一～周六　8:00~21:00
周日　12:00~20:00

这是一家汇集墨西哥各地著名特产的大型商店。

买东西首先要来这里转一转

INFORMACIÓN

可与黄貂鱼一同玩耍的景点

位于科苏梅尔中心区西南方向约 2 公里处的科苏梅尔黄貂鱼海滨区是可以在浅滩与鲼鱼一同玩耍的水上度假村。参与互动的游客首先需要听取有关鲼鱼的讲座，之后进入有 60 条鲼鱼同游的海滨养鱼池，接下来便可以通过给喂食或者潜水的方式与鲼鱼一同玩耍。各种各样大小不一的鲼鱼在海中畅游，看上去十分梦幻。费用含潜水用具的租赁费。从科苏梅尔码头出发，搭乘出租车经 7 分钟左右的车程便可抵达景区。

可以与鲼鱼一同玩耍的海洋度假村

● **科苏梅尔黄貂鱼海滨区**

Stingray Beach Cozumel
Map p.230/A1
TEL 872-4932
URL www.stingraybeach.com
入场 周一～周六 8:00~15:00、周日 8:30~14:30
※ 活动在 11:00 与 13:00 开始，各 50 分钟左右
费 US$64、儿童 US$29

小贴士 科苏梅尔岛共有 3 座国际性港口，到了旅游旺季，每天约有 2 万游客蜂拥而至。近年来，搭乘周游观光船下船度蜜月的人、老年人以及毕业旅行的学生等越来越多，游客年龄层十分广泛。

英特捷特航空
TEL 872-3716（机场）

玛雅航空
TEL 872-1595（机场）

从机场前往市内

科苏梅尔国际机场 Cozumel（CZM）距离市中心约 3 公里。从机场出来便有公共出租车待客点，采用购票制收费方式。前往科苏梅尔市中心需要花费 M$57，前往位于北部或者南部郊外的酒店则需要花费 M$96~141。

货币兑换

科苏梅尔大多采用美元作为货币单位，可直接使用美元现金进行消费，因此即便不兑换比索也很方便。采用比索作为货币单位的餐馆与出租车等也可以使用美元进行支付。

科苏梅尔 交 通

飞机▶ 墨西哥城每天共计有 1~2 班（需时 2~2.5 小时，票价 M$1689~3474）墨西哥国际航空与英特捷特航空的航班飞往科苏梅尔。

坎昆每天有 5 班（需时约 20 分钟，票价 M$790~）玛雅航空的航班飞往科苏梅尔。达拉斯每天有 1~2 班，休斯敦每周有 5 班航班飞往科苏梅尔。

船舶▶ 卡门海滩在每天 6:45~23:00 期间共计有 36 班船次发往科苏梅尔。船期随季节发生变化，需要在港口进行确认。需时 35~45 分钟，单程票价 M$135~162。

卡门海滩有渡轮开往科苏梅尔

迦理迦还有车辆渡船发往科苏梅尔，班次较少且在距离城区较远的港口靠岸，因此并不适合游客乘坐。

坎昆方向
卡门海滩 Playa del Carmen
渡轮航线
加勒比海 Mar Caribe
灯塔 Punta Molas
Punta Norte
Isla de La Pasión
Laguna Xlapak
科苏梅尔高尔夫美利亚度假酒店 Meliá Cozumel Golf
Cozumel County Club
Playa Xhanan
科苏梅尔国际机场 Aeropuerto Internacional de Cozumel (CZM)
▶p.232
科苏梅尔
圣赫瓦西欧遗址 San Gervasio
Playa Bonita
新车辆渡船码头
Santa Rita
科苏梅尔黄貂鱼海滨区 Stingray Beach Cozumel
科苏梅尔度假酒店 Cozumel Resort
Carretera Transversal
Hacienda Antiqua（龙舌兰酒酿造）
考祖梅酒店 Grand Park Royal Cozumel
科苏梅尔洲际总统度假村 Presidente InterContinental Cozumel
San Benito
Los Cocos
罗马阿尔弗雷多餐馆 Alfredo di Roma
Chankanab Bay
Fiesta Americana Cozumel Dive Resort
Santa Cecilia
Laguna Chankanaab
蔷卡纳布公园 Parque Chankanaab
托尔门托斯 Tormentos
Punta Morena
桑斯科波萨波科苏梅尔酒店 Sunscape Sabor Cozumel
Playa Chen Rio
Playa San Francisco
El Cedral
尤卡布珊瑚礁 Yucab Reef
Playa de San Martín
圣塔罗莎海墙 Santa Rosa Wall
Punta Chiqueros
埃尔帕索德拉尔 Paso del Cedral
0 10km
Playa El Mirador
蓬塔苏尔公园 Parque Punta Sur
帕兰卡珊瑚礁 Palancar Reef
Playa Bush
哥伦比亚珊瑚礁 Colombia Reef
Punta Celarain
Playa Encantada
灯塔
科苏梅尔 Cozumel
地区图▶p.175/A2

小贴士 蓬塔苏尔公园 Parque Punta Sur（Map p.230/B1 营 每天 9:00~16:00 费 US$14）内有鳄鱼与火烈鸟栖息的环礁湖，灯塔上的视野也非常不错。

科苏梅尔 漫步

岛屿中心的唯一一座城市是圣米格尔 San Miguel。市内汇集了小旅馆与中档以上的酒店等各种住宿设施。酒店、餐馆、大型超市、面包房、银行、货币兑换处、潜水商店、旅行社以及码头等观光途中不可或缺的基础设施主要集中在索卡洛中央广场方圆五个街区与海岸线之间，散步便可抵达上述任一目的地。

栽有椰子树的圣米格尔滨海路

可以眺望落入加勒比海的美丽夕阳

高档酒店散布在远离圣米格尔市区的北部与南部沿海地区。这两个地区分别被称为北酒店区 Zona Hotelera Norte 与南酒店区 Zona Hotelera Sur。透过客房的窗户可以眺望到美丽的大海，还有漂亮静谧的沙滩，游客可以使用酒店的水上运动设备尽情玩耍。这些酒店周围无任何其他设施，完全是为游客纯粹地享受加勒比海度假乐趣而开设的。

岛内有几处玛雅遗址，游客可以包车、租车抑或是参加岛内观光团等方式前往。这些遗址因被认定为邪教的象征而遭到西班牙人的破坏，现如今均得以修复。此外，科苏梅尔不光有大海，这里的陆地也是自然的宝库，很多人会来到这里观鸟。

岛内交通

科苏梅尔的出租车按照区域划分确定车费。圣米格尔城区内收费 M$30，圣米格尔到北酒店区或者南酒店区收费 M$80。机场到圣米格尔收费 M$85。机场虽然不远，但收费却相对较高。游客在搭乘出租车前最好与司机确认费用，以防出现纠纷。

科苏梅尔岛内交通

在圣米格尔市中心可租借汽车或者摩托车。租车费用为每天 US$50~，摩托车费用为每天 US$30~。需要提前确认是否有保险等相关事宜。

在市中心租自行车，每天仅需花费 US$10 左右。

科苏梅尔的医院

● Cozumel's Internacional Hospital

Map p.232/B1

住 Calle 5 Sur #21-B

TEL 872-1430

24 小时开放，拥有完善的再加压治疗室。位于市中心，医生可使用英语与患者交流。

巧克力工厂观光团

前往设立在可可豆产地的工作室参观并体验巧克力制作工艺的项目（团费 M$240）。参与者可试吃各种巧克力，还可将制作完成的巧克力打包带回。

● 卡欧卡奥 Kaokao

Map p.232/B2 外

住 1a.Bis Sur S/N por 80 Bis. Av.Sur Flores Magón

TEL 869-4705

URL chocolateskaokao.com

营 周一～周六 9:00~15:00（最后一个观光团会在 14:00 发团）

INFORMACIÓN

从科苏梅尔出发的旅行团

游客可报名参加以科苏梅尔为起点的旅行团前往周边各地游玩观光。主要的人气旅行线路有图卢姆与夏哈（US$130）、西卡莱特公园（US$163）、图卢姆遗址（US$52）以及奇琴伊察巴士观光团（US$72）等。Caribbean Tours Cozumel（TEL 872-4318 URL www.caribbeantourscozumel.com）等旅行社主办。

●奇琴伊察半日游（搭乘飞机）

清晨搭乘塞斯纳飞机公司的包机从科苏梅尔出发。趁上午较为凉爽的时间参观遗址，结束后再搭乘塞斯纳飞机公司的航班返回科苏梅尔，这样可以与从坎昆前往景点的巴士观光团打时间差，错开遗址参观的高峰期。全程需时 5 小时。旅行社与航空公司主办（最少需要 4 名游客才可成团）。费用含机票、遗址往返接送费以及遗址门票。配英语导游。团费为 US$295（+ 机场税 US$55）。

奇琴伊察的金字塔

小贴士 科苏梅尔在每年 2 月前后举行的狂欢节非常有名。主会场中心西南方向是金塔纳罗奥公园。游行在滨海路举办。酒店非常拥挤，这个时期来到科苏梅尔需要提前预订酒店。

科苏梅尔 主要景点

蕾卡纳布公园 Parque Chankanaab

与海豚玩耍的项目也极具人气 ★★

与可爱的海豚愉快地玩耍

蕾卡纳布公园是一座可畅享加勒比海乐趣且十分舒适的自然海洋公园。园内开设有餐馆与旅游纪念品商店，还有潜水与潜泳器材租赁处、纯白的沙滩以及种植有热带植物的植物园等，充足且完善的设备可供游客足足玩够一天。当然，在这里还可以体验加勒比海各度假村人气极高的海豚探索项目。

公园内有潜水的好地方！

公园内的海滨极具特色，推荐在这里体验潜水项目。这里的海面十分平缓，潜入深 5~7 米的白沙海底可以看到耶稣受难雕像、玛利亚雕像以及大炮等。此外，除了可以看到刻有玛雅图画文字的石碑之外，还有可进入水中洞窟的人气神秘景点。游客可从坎昆出发，以一日游的形式来这里游玩。

海洋公园特别适合家庭游客前往

蕾卡纳布公园

Map p.230/B1

从圣米格尔搭乘出租车，经约 15 分钟车程便可抵达蕾卡纳布公园，车费为 M$120。

入场 每天 8:00~16:00（淡季的周日休息）

费 US$21、3~8 岁 US$14

● Dolphin Discovery

TEL 872-9700

为游客准备了可与海豚一同玩耍的各种活动项目。

- ●海豚奇遇 US$99
- ●海豚游泳冒险 US$139
- ●海豚皇室游 US$169

上述活动项目含公园门票、午餐以及回程出租车通票等。

小贴士 科苏梅尔自太古时代便有玛雅人在此居住。除了位于岛屿东部的圣赫瓦西欧等遗址之外，坐落在市中心的科苏梅尔博物馆也对其历史等进行了详细的介绍。

科苏梅尔博物馆 Museo de la Isla de Cozumel

小岛上的小型博物馆 ★

科苏梅尔博物馆展示有珊瑚礁的形成过程等，是一家学术性博物馆。二层有介绍玛雅文明与科苏梅尔历史的展示，一层里侧则还原了玛雅人的住宅。博物馆位于圣米格尔城区，索卡洛中央广场北侧 300 米左右的滨海区。

通过展示可以清楚地了解玛雅人住宅的样貌

圣赫瓦西欧遗址 San Gervasio

科苏梅尔最大的玛雅时代遗址 ★

圣赫瓦西欧遗址是位于岛屿东北部的玛雅时代遗址。遗址内没有大型神庙，但至今仍然保留有古代玛雅人的住宅。

科苏梅尔 活动项目

除了潜水与潜泳等活动以外，还可以体验深海钓鱼等项目。可水中漫步国家海洋公园的潜水舰“亚特兰蒂斯”号等也极具人气。

潜水 Diving

通过潜水与海豚近距离接触

科苏梅尔是世界闻名的潜水胜地。经常会有从欧美专程前来潜水的游客。这里的海底世界只能用“太棒了”这一句话来形容。透明度 25~60 米。断崖与浅滩比比皆是。潜水者可在水中与长约 1 米的鲇科鱼一同玩耍。这里的鱼类数量与坎昆相比更多，只有在地形多变且水流较快的地方才可以尝试的放流潜水也更加适合科苏梅尔。生活在加勒比海的固有生物品类一定不要错过。水温 25~30℃左右。夏季身着 3 毫米的半身衣即可，冬季则需要准备 5 毫米的潜水服。船上海风较凉，务必要随身携带风衣与毛巾等。

潜水与水上运动的申请方法

主要酒店内均设有报名点。圣米格尔城区内除了散布在各处的潜水商店以外，还可以通过旅行社报名（必须出示潜水执照）。

两罐收费 US$85~。各店价格上下浮动 US$60 不等，由于这项运动涉及人身安全，因此最好选择信誉度较高的店铺。设有 PADI 与 SSI 标识的店意为已通过科苏梅尔潜水操作协会制定的无线、发动机以及氧气等标准。

科苏梅尔博物馆

Map p.232/A2

入场 周一～周六 9:00~16:00

费 US$4

古代玛雅人的住宅遗址

圣赫瓦西欧遗址

Map p.230/A2

入场 每天 8:00~15:45

费 US$9

各种活动项目的费用

● **潜水舰亚特兰蒂斯**

US$105（儿童 US$97）

● **深海钓鱼**

US$350~450（租船半天）

● **潜泳**

三小时 US$35

科苏梅尔的潜水商店

● Dive House

Map p.232/B2

住 Main Plaza P.O.Box 246

TEL 872-1953

E-mail dive@divehouse.com

面向索卡洛中央广场西侧。

● Aqua Safari

Map p.232/B1

住 Av.Rafael Malgar No.429

TEL 869-0610

E-mail dive@aquasafari.com

科苏梅尔最具实力、信誉度最高的潜水商店。

透明度极高的大海

每年 11 月，科苏梅尔岛会举办铁人三项运动的比赛。游泳 3.8 公里 + 自行车 180 公里 + 全马拉松。
URL www.ironmancozumel.com

科苏梅尔的潜水地点

科苏梅尔最大的魅力在于其透明度极高的海水以及栖息在加勒比海的固有鱼种与美丽的珊瑚礁。在众多的潜水地点当中，着重推荐并介绍以下几处。

圣塔罗莎海墙 Santa Rosa Wall

最大水深 25 米 / 平均水深 18 米

圣塔罗莎海墙是人气极高的潜水地点，在这里可随急流沿着从 12~15 米的礁缘处急转直下的海墙漂移。这里有很多洞穴与隧道，适合中级～高级潜水员。与黑眼鲹鱼群与梭子鱼等大型鱼相遇的概率极高。从圣米格尔出发前往圣塔罗莎海墙需时 30~40 分钟。

圣塔罗莎海墙的珊瑚也非常漂亮

哥伦比亚珊瑚礁 Colombia Reef

最大水深 25 米 / 平均水深 20 米

巨大的岩块状珊瑚礁截流 16~20 米的倾斜沙地，形成复杂的海墙。哥伦比亚珊瑚礁有大小不一的各种洞穴与隧道，透明度极高，可体验多变的放流潜水。经常可以看到黑眼鲹与海龟，洞穴内还有很多沙锥齿鲨。从圣米格尔出发前往哥伦比亚珊瑚礁需时 50~60 分钟。

哥伦比亚珊瑚礁的黑眼鲹鱼群

帕兰卡珊瑚礁 Palancar Reef

最大水深 24 米 / 平均水深 18 米

帕兰卡珊瑚礁是岛屿西南端长约 5 公里的海墙，是帕兰卡洞穴、帕兰卡霍斯舒、帕兰卡花园以及帕兰卡拉多里欧斯四处潜水地点的总称。无论在上述哪一个潜水点都可以欣赏到加勒比特有的多彩海底世界，除此之外还有众多洞穴与突出的岩石，推荐热衷于特殊地形的潜水员们前来体验。从圣米格尔出发前往帕兰卡珊瑚礁需时 40~50 分钟。

可体验多彩地形带来的无限乐趣

托尔门托斯 Tormentos

最大水深 19 米 / 平均水深 15 米

虽说白色沙地在科苏梅尔处处可见，但是托尔门托斯海底闪闪发光的白色却别具一格，游来游去的鱼类与潜水员的影子可以清楚地显现在白沙上。长约 350 米的带状珊瑚礁沿南北方向延伸，顶部 -10 米，底部 -16 米，软珊瑚相当丰富，黄姑鱼等当地固有品种也非常多。一般都可以欣赏到三种刺鲽鱼（皇后神仙、古雷以及神仙鱼）、博氏喙鲈以及梭子鱼。从圣米格尔出发前往托尔门托斯需时约 20 分钟。

海底之美充满神秘感

尤卡布珊瑚礁 Yucab Reef

最大水深 18 米 / 平均水深 15 米

尤卡布珊瑚礁位于平缓且倾斜的沙地上，沿南北方向延伸的珊瑚礁全长约 400 米。托尔门托斯的白色沙地更美，但这里却拥有更多的鱼种。除了会有黑眼鲹、神仙鱼以及黄尾笛鲷等鱼群环绕在潜水员身旁一同漂流，还很有可能看到人气极高的科苏梅尔特有品种——礁蟾鱼。从圣米格尔出发前往尤卡布珊瑚礁需时约 30 分钟。

在尤卡布珊瑚礁常见的神仙鱼

埃尔帕索德拉尔 Paso del Cedral

最大水深 18 米 / 平均水深 14 米

长约 250 米的宽幅珊瑚礁在略显粗糙的平坦沙地上蔓延，顶部 -10 米，底部 -14 米左右，突出的岩石与隧道随处可见，地形非常有趣。白石鲈、蓝仿石鲈以及石鲈科等鱼群几乎在原地一动不动。大型的黑眼鲹时常出现，围在潜水员身边，令人心情愉悦。特大的钥鱼（绿海鳝）与梭子鱼也是这里的常客。从圣米格尔出发前往埃尔帕索德拉尔需时 40~50 分钟。

鲈鱼群

科苏梅尔的餐馆

Restaurant

科苏梅尔有很多可以品尝到尤卡坦地区传统料理与海鲜的餐馆。此外，作为世界性的潜水度假胜地，这里的意大利与地中海料理餐馆等也十分正宗。除了美丽的大海，科苏梅尔也是一座可以品尝到美食的岛屿。港口周边还有滚石餐馆与高级青蛙等直至深夜都可以欣赏音乐表演的夜店。

罗马阿尔弗雷多餐馆

Alfredo di Roma

Map p.230/A1

住 Hotel Presidente InterContinental
TEL 872-9500
营 每天 18:00~23:00
税金 含税
CC A M V
Wi-Fi 免费

◆浪漫的意式餐馆

高级酒店内优雅的餐馆

罗马阿尔弗雷多餐馆是坐落在岛屿南部的科苏梅尔洲际总统度假村内的一家高档餐馆。由于餐馆面向海滨，只要提前预约晚餐便可以欣赏到加勒比海的落日美景。餐桌上摆有蜡烛，还可以欣赏演出。餐馆的名字来源于意大利宽面条的创始人阿尔弗雷多·费托奇内，在这里可以品尝到正宗的意式料理。推荐菜品为意大利宽面条（M$195）等。甜品与葡萄酒种类也非常丰富。

卡萨丹尼斯餐馆

Casa Denis

Map p.232/B2

住 Calle 1 Sur entre 5 y 10
TEL 872-0067
营 每天 7:00~23:00（周日 17:00~）
税金 含税
CC 不可
Wi-Fi 免费

◆可以品尝到丰富多彩的墨西哥料理

散步途中可以来这里小憩

卡萨丹尼斯餐馆位于索卡洛中央广场南侧 100 米左右，是备受当地人与游客喜爱的一家休闲餐馆。餐馆为开放式席位，环境轻松愉悦。菜品以各种墨西哥料理为核心，种类丰富，还供应当地的尤卡坦料理。招牌菜有墨西哥青柠鸡汤（M$60）、墨西哥风味辣鸡肉卷（M$165）以及墨西哥组合菜品（M$180）等。

佩佩的餐馆

Pepe's

Map p.232/B1

住 Av.Rafael Melgar No.6
TEL 872-0213
营 每天 12:00~23:00（周日、周一 14:00~）
税金 含税
CC A M V
Wi-Fi 免费

◆木纹极具高档感的内部装饰

雅致且极具现代感的店内

佩佩的餐馆面向滨海主路，进入店内仿佛来到了另外一个稳重的世界。店内使用大量木制品进行装饰，蜡烛的光芒摇摆不定。烤鸡（M$220）与肉眼牛排（M$460）等售价较高，却极具品质。酒类与饮品选择多样且品质极佳。

拉绰扎餐馆

La Choza

Map p.232/B2

住 Rosado Salas No.216
TEL 872-0958
营 每天 7:30~22:30
税金 含税
CC A J M V
Wi-Fi 免费

◆享受当地料理

工作人员服务极佳

拉绰扎餐馆是居住在科苏梅尔的人们市场光顾的一家墨西哥餐馆。早晨 7:30 便会开门迎客，这在圣米格尔城区十分罕见。餐馆从早上一开门就会挤满游客与当地的墨西哥人。玉米粉圆饼管饱，分量极大的早餐售价 M$62~。摩尔（M$136）等常规墨西哥料理也非常美味，备受好评。

埃尔皮克餐馆 El Pique（Map p.232/B2 营 每天 18:00~ 次日 1:00）是一家可以喝啤酒的墨西哥玉米面豆卷专营店。墨西哥玉米面豆卷单个售价 M$10~，物美价廉，十分美味，备受好评！餐馆与 Aki 超市一路之隔，坐落在它的东侧。

科苏梅尔的酒店
Hotel

科苏梅尔城区开设有中档及以上档次的酒店以及小旅馆等各种住宿设施，即便是同等档次的酒店，距离索卡洛中央广场越远，价位越低。

高档酒店集中在科苏梅尔郊外的北侧以及南侧沿海地区。下设潜水商店的舒适度假村也拥有极高的人气。价格会更加便宜。

郊外地区的酒店

科苏梅尔洲际总统度假村
Presidente InterContinental Cozumel

Map p.230/A1

餐馆○ 游泳池○ 保险柜○ 早餐△

住 Carretera.A Chankanaab Km 6.5
TEL 872-9500
FAX 872-9501
URL www.presidenteiccozumel.com
税金 +19%
CC A M V
费 AC○ TV○ TUB△ Ⓢ Ⓓ US$289~

◆科苏梅尔极具代表性的老字号度假村

科苏梅尔洲际总统度假村位于宽敞的沙滩上，是一家共设有 220 间客房的高档度假村。度假村拥有约 800 米长的私人白沙滩，工作人员精湛的服务以及使用大理石进行装饰的豪华客房，整体格调很高。

Wi-Fi 客房 OK · 免费

2016 年 5 月改装后开张

桑斯科波萨波科苏梅尔酒店
Sunscape Sabor Cozumel

Map p.230/B1

餐馆○ 游泳池○ 保险柜○ 早餐○

住 Carretera Costera Sur Km 12.9
TEL （998）287-5901（坎昆事务所）
URL www.sunscaperesorts.com
税金 含税
CC A M V
费 AC○ TV○ TUB△ Ⓢ US$230~、Ⓓ US$330~

可在酒店的游泳池悠闲度日

◆备受家庭旅行游客的欢迎

桑斯科波萨波科苏梅尔酒店位于岛屿西南部，是一家设有 218 间客房的全包式酒店。周围环境十分安静，步行便可前往海滨区，游客可享受私密的度假氛围。酒店内的休闲健身中心也十分完备，人气很高。潜水商店位于酒店内部，距离潜水地点也很近。Wi-Fi 仅限公共区域 · 免费（客房每天收费 US$39）

科苏梅尔的酒店

比斯塔 · 德尔 · 玛尔酒店
Vista del Mar

Map p.232/B1

餐馆× 游泳池○ 保险柜○ 早餐○

住 Av.Rafael Melgar No.453
TEL 872-0545
FAX 872-7043
税金 含税
CC A M V
费 AC○ TV○ TUB× Ⓢ Ⓓ US$68~

◆沿海地区性价比极高的酒店

从渡轮码头出发，向西南方向前行 4 个街区便可抵达面向大海而建的中档酒店——比斯塔 · 德尔 · 玛尔酒店。酒店共设有 20 间客房，冰箱与热水等齐备。费用随季节变化。设备完善，价位却十分低廉，因此经常客满。Wi-Fi 客房 OK · 免费

客房也十分舒适

考祖梅旅舍
Hostelito

Map p.232/A2

餐馆× 游泳池× 保险柜○ 早餐×

住 10 Av.Norte.Av.Juáez y Calle 2 Norte.
TEL 869-8157
URL www.hostelcozumel.com
税金 含税 CC 不可
费 AC△ TV× TUB× Ⓢ Ⓓ M$550

◆圣米格尔的背包客专享住宿地

从索卡洛中央广场出发，东行一个街区便可抵达这家青年旅舍。除了单间以外，还共设有男女共用的 26 个床位，费用为 M$180，十分合理。Wi-Fi 客房 OK · 免费

餐馆 游泳池 保险柜 早餐 AC 空调 TV 电视 TUB 浴缸

小贴士 科苏梅尔高尔夫美利亚度假酒店 Melia Cozumel Golf（Map p.230/A1 TEL 872-9870 URL www.melia.com）是位于圣米格尔市中心东北方向 6 公里左右的高档酒店，共设有 140 间客房，费用 Ⓓ US$180~。

梅里达 *Mérida*

通往沉睡在密林中的遗址的起点，同时还是尤卡坦州的首府

广场与公园内上演的乡土舞蹈

梅里达是尤卡坦州的首府，有无数的玛雅遗址散布在此。市中心至今仍保留着浓厚的殖民地时代风貌，令人回味无穷。无论是市民还是游客都会不约而同地避开炎热的白天，选择在傍晚时分前往州政府与大教堂所在的中央公园等地区休闲纳凉。当然还有很多以这些纳凉人群为目标的露天摊位。曾经被玛雅人称为蒂乔的这座城市在 1542 年被由蒙特霍率领的西班牙军队占领，之后便成为压制内陆地区原住民的基地，同时还是迫使原住民改信天主教的活动基地。位于索卡洛中央广场的大教堂至今仍是尤卡坦半岛规模最大的教堂，罗马法王访问该地时曾与原住民一起在这里祈祷。

到了傍晚，当地人会在索卡洛中央广场上休闲乘凉

从梅里达发往各地的巴士

目的地	每天的班次	行驶时间	票 价
坎 昆	ADO、Oriente 等每小时 1~3 班	4~7 小时	M$300~576
卡门海滩	ADO、Mayab 等每小时 1~2 班（23:40~次日 7:40）	5~6 小时	M$290~524
图卢姆	ADO 与 Mayab 共计 11 班（6:00~23:55）等	4~7 小时	M$266~298
奇琴伊察	ADO、Oriente 等每小时 1~2 班（6:00~24:00）	1.5~2.5 小时	M$123~155
乌斯马尔	SUR 与 ATS 共计 6 班（6:00~17:05）	1.5 小时	M$56~88
坎佩切	ADO、ATS 等每小时 1~3 班（1:30~23:55）	2.5~3 小时	M$176~254
韦拉克鲁斯	ADO、ADO GL 等共计 7 班（17:45~次日 0:35）	14~15.5 小时	M$1164~1392
比亚埃尔莫萨	ADO、SUR 等共计 20 班（7:15~次日 1:30）	8~9 小时	M$636~1122
切图马尔	ADO、Mayab 等共计 7 班（7:00~23:15）	5.5~6.5 小时	M$253~420
帕伦克	ADO、OCC 共计 4 班（8:30、19:15~23:50）	7.5~9 小时	M$568~576
圣克里斯托瓦尔	OCC 1 班（19:45）	12.5 小时	M$778
普埃布拉	ADO 与 ADO GL 共计 3 班（14:00~18:30）	17 小时	M$1468~1758
墨西哥城	ADO、ADO GL 共计 9 班（10:01~21:15）	19~21.5 小时	M$1592~1882

人 口	约 83 万
海 拔	10 米
市外区号	999

关键词！

★ 尤卡坦人类学博物馆
★ 塞莱斯顿生物保护圈
★ 欣赏尤卡坦舞蹈

活动信息

● 1 月 5~30 日

举办国际艺术节 Festival Internacional de Las Artes，在市中心展示从世界各地收集来的艺术作品，还可以欣赏电影、演剧以及音乐家等带来的表演。

● 2、3 月

梅里达的游行活动十分盛大，数周前便会有各种活动的通告，同时还会预售活动入场券等。详细内容请参考下述梅里达政府观光局官网。

梅里达政府旅游局

URL www.merida.gob.mx/turismo

尤卡坦州政府旅游局

URL yucatan.travel

旅行信息收集

Yucatan Today
URL yucatantoday.com
Yucatan Explore
URL www.revistaexplore.com
Yucatan Living
URL www.yucatanliving.com

Yucatan Today 与 Yucatan Explore 均发行免费信息杂志，通常会摆放在主要酒店、餐馆、旅游咨询处以及旅行社等地。

从市内到机场

从市内到机场，搭乘出租车需要花费 M$150~。需时约 20 分钟。搭乘巴士前往机场则需要在长途巴士总站或者 Calle 60 y 67 的巴士车站搭乘 79 路开往 Aviacion 方向的巴士车。需时 40~60 分钟，票价为 M$7。

墨西哥国际航空

住 Calle 56-A
TEL 920-5998

安全信息 酒店与餐馆等比较集中的中心街区犯罪事件较少，相对比较安全。清晨与夜间外出时可选择搭乘出租车，只要在安全问题上多加注意，一般是不会出现危险的。

从机场到市内

雷约恩国际机场 Rejón（MID）位于市中心西南方向约 10 公里处。搭乘出租车前往机场需时约 20 分钟，费用为 M$200。此外，79 路市内巴士也往返于机场与市内。每小时两班，需时 40~60 分钟，单程票价 M$7。

梅里达的巴士总站

梅里达的一等巴士总站通称为 CAME。位于其东侧的二等巴士总站主要是 Oriente 公司与 SUR 公司等发往周边遗址的的车次，上午与下午各发数班。巴士总站位于市区西南方向，从市中心出发，步行 15 分钟左右便可抵达。搭乘出租车则需要花费 M$50~，开往市中心的市内巴士（M$7）从 Calle 68 发车。一等巴士的车票还可以在索卡洛中央广场北侧，州政府西侧的建筑内购买。

左 / 面向索卡洛中央广场的市政府
右 / 蒙特霍之家的装饰

梅里达 交 通

飞机▶ 墨西哥国际航空与英特捷特航空等每天共计有 9~18 次航班从墨西哥城飞往梅里达（需时约 2 小时，票价 M$926~4709）。玛雅航空则每天各有一次航班从坎昆、比亚埃尔莫萨以及韦拉克鲁斯飞往梅里达。

巴士总站的售票窗口

巴士▶ 近郊城市与墨西哥城等主要都市均有巴士频繁往返于梅里达。

梅里达
Mérida
地区图▶p.175/A1

0 200m
N
Calle 41
凯悦梅里达酒店、梅里达假日酒店方向
尤卡坦人类学博物馆 Museo de Antropología
Calle 43
Banorte
Paseo de Montejo
圣塔安那酒店 Santa Ana
Calle 45
圣塔安那教堂 Iglesia de Santa Ana
HSBC
Cafetería Impala
Calle 47
El Gran Café
Casa San Angel
Calle 49
Los Aluxes
墨西哥青年旅舍 Nómadas Hostel
Nomadas Travel
Calle 51
Trinidad Galeria
Calle 53
La Choperia
圣塔卢西亚公园 Parque de Santa Lucía
Calle 55
民艺博物馆 Museo de Arte Popular
圣地亚哥公园 Parque Santiago
拉恰亚·玛雅餐馆 La Chaya Maya
电影院
市场（食堂街）
Calle 57
尤卡坦大学
Casa Del Balam
梅里达穆库里酒店 Mucuy
Alma
尤卡坦音乐博物馆 Museo de la Canción Yucatan
Del Gobernador
墨西哥潘昭餐馆 Pancho's
Colón
剧场
市立旅游咨询处
耶稣教堂 Iglesia de Jesús
Banamex
Misión
洛斯阿尔门多罗斯餐馆 Los Almendros
Calle 72
圣地亚哥教堂 Iglesia de Santiago
Calle 59
拉帕里加餐馆 La Parrilla
电器街
Paseo de Montejo方向的市内巴士
Embajadores
州立旅游咨询处
梅里达酒店 Gran Hotel de Mérida
Calle 61
Sports Bar
Latino
Centro Cultural Olimpo
州政府
Calle 60
大教堂 Catedral
多拉高内斯拱门 Arco de Dragones
Las Monjas
市政府
索卡洛中央广场
尤卡坦现代美术馆
MACAY
Calle 54
Calle 52
Calle 70
Calle 63
墨西哥拉斯阿尔特萨尼亚斯购物中心 Casa de las Artesanías
便利商店
María del Carmen
佐卡罗旅馆 Hostal Zócalo
蒙特霍之家 Casa de Montejo (Banamex)
Calle 56
Calle 50
普恩特拱门 Arco del Puente
Calle 68
Calle 66
Calle 64
Calle 58
Dolores Alba
Calle 48
Casa Bowen
Calle 65
La Paz
皮制品市场
邮局
梅里达市博物馆 Museo de la Ciudad
Calle 62
巴士总站（普罗格雷索方向）
一等巴士总站（CAME）
Posada del Angel
卢卡斯·德·加尔贝斯市场 Mercado Municipal Lucas de Gálvez
Oriente
Calle 67
廉价食堂
市内巴士乘车处（机场方向）
San Jacobo
Casa Becil
市内巴士乘车处（机场方向）
贝尔巴士总站（发往塞莱斯顿方向）
Calle 69
Las Jarras
二等巴士总站
圣胡安教堂 Iglesia de San Juan

小贴士 车上写有 Taxi Metro 字样的串街揽客的出租车起步价为 M$5（不过 M$20 为最低消费金额）。出租车经常聚集的地方通常是在耶稣教堂前等地。

梅里达 漫 步

面向索卡洛中央广场而建的大教堂

梅里达的景点全部位于市中心，而且由于这是一座殖民地城市，道路宛如棋盘的格子一般，十分便于步行观光。东西向街道为奇数号码，南北向则为偶数。

首先前往具有浓厚的中世纪氛围的索卡洛中央广场周边。面向东侧的大教堂是尤卡坦半岛规模最大的教堂，位于左侧内部的礼拜堂装饰有著名的基督雕像。索卡洛中央广场南侧是蒙特霍之家 Casa de Montejo，以市内最古老建筑（1549 年建造）之称而闻名。尤卡坦的征服者 F. 蒙特霍投入大量财富用于建造拥有美丽的热带植物庭园的豪宅（现在用作银行）。装饰在入口上方的征服者欺辱原住民的雕刻令人深切地感受到了沉重的历史。大教堂南侧还建有尤卡坦现代美术馆 MACAY。

索卡洛东南方向有一个经常热闹非凡的卢卡斯 · 德 · 加尔维斯市场。在这里可以买到梅里达特产巴拿马草帽与漂亮的传统刺绣连衣裙（泰尔诺）。

梅里达 主要景点

尤卡坦人类学博物馆 Museo de Antropologia

玛雅遗址的出土文物十分丰富 ★★

具有悠久历史的殖民风格建筑也颇具看点

尤卡坦人类学博物馆是由州知事官邸改装而成的，十分优雅的文化设施，是了解尤卡坦玛雅文明的最佳场所。博物馆内除了展示有尤卡坦州出土的贵重物品以外，还会定期举办介绍当地自古流传下来的刺绣、陶瓷器以及建筑等特有文化的展览。在这里可通过各种角度了解玛雅文明与尤卡坦文化。

州政府 Palacio de Gobierno

壁画长廊不容错过 ★

位于州政府二层的画廊

州政府因以玛雅文明为主题的 27 幅壁画而闻名。画在楼梯墙壁上的《人类诞生于玉米里》尤为著名。可俯瞰索卡洛中央广场的极尽奢华的房间现如今也演变为画廊，仿佛在炫耀州统治者的威力。

旅游咨询处

●州立旅游咨询处

Map p.238/B1

住 Calle 61,60 y 62

TEL 930-3101

营 每天 8:00~20:00

●市立旅游咨询处

Map p.238/B1

住 Calle 60,57 y 59

TEL 924-9290

营 每天 8:00~20:00

索卡洛中央广场周边有两处旅游咨询处。工作人员都十分友善。

货币兑换

索卡洛中央广场向南一个街区有 Bancomer、Banamex 等，ATM24 小时开放。

位于州政府东侧的货币兑换处相对更加方便（营 每天 9:00~20:00）

尤卡坦现代美术馆 MACAY

Map p.238/B1

尤卡坦现代美术馆位于索卡洛中央广场东侧、拥有悠久历史的建筑物的二层。主要展示尤卡坦当地画家与雕刻家的作品。

住 Calle 60

TEL 928-3258

入场 周三～次周一 10:00~18:00

费 免费

尤卡坦人类学博物馆

Map p.238/A2

住 Palacio G.Canton Paseo de Montejo No.485

TEL 923-0557

入场 周二～周日 9:00~17:00

费 M$55

通过触觉感受当时世界观的展品相当丰富

州政府

Map p.238/B1

二层的画廊绝对不容错过。

TEL 930-3100

入场 每天 8:00~21:00

费 免费

安全信息 S 墨西哥拉斯阿尔特萨尼亚斯购物中心 Casa de las Artesanias（Map p.238/B1 TEL 928-6676 营 周一～周六 9:00~22:00、周日 ~17:00）可以买到各种尤卡坦旅游纪念品。

梅里达的餐馆
Restaurant

洛斯阿尔门多罗斯餐馆
Los Almendros

Map p.238-B2

◆正宗的尤卡坦料理！

在洛斯阿尔门多罗斯餐馆可以品尝到正宗的墨西哥菜，是备受游客喜爱的人气餐馆。招牌菜是将猪肉卷入蕉叶并放入炉内烤制而成的墨西哥烤猪肉（M$110）与墨西哥青柠鸡汤（M$85）等尤卡坦地区的乡土料理。14:00~17:00还有音乐演奏。

如果想要饱尝乡土料理，这里绝对是不二之选！

住 Calle 50 A No.493，entre 57 y 59
TEL 928-5459
营 每天 11:00~22:00（周日 ~21:00）
税金 含税
CC A M V
Wi-Fi 免费

拉帕里加餐馆
La Parrilla

Map p.238-B1

◆可在轻松愉快的环境下用餐的人气餐馆

周五、周六晚上，拉帕里加餐馆前的道路便成为步行者的天堂，店家会将餐桌摆在路上，整条街道都显得充满了生气。尤卡坦特色套餐售价M$174。玛格丽特等鸡尾酒种类也十分多样。

住 Calle 60.entre Calle 59 y 61
TEL 928-1691
营 每天 10:00~ 次日 2:00
税金 含税
CC A M V
Wi-Fi 免费

墨西哥潘昭餐馆
Pancho's

Map p.238-B1

◆可趁热品尝烧烤，有情调的餐馆

这家餐馆以墨西哥革命英雄潘昭维拉的名字命名，店内摆放着拥有悠久历史的照片与古玩。服务员也身着特色服饰迎接前来用餐的顾客。在这里可以品尝到龙舌兰酒虾（M$360）与墨西哥青柠鸡汤（M$75）等乡土菜。如果点了烧烤，工作人员会在桌边为你现场烤制。

住 Calle 59 No.509,entre Calles 60 y 62
TEL 923-0942
营 每天 13:00~ 次日 1:00
税金 含税
CC A M V
Wi-Fi 免费

在梅里达接触传统舞蹈与音乐

梅里达每天晚上都有传统表演。下述表演时间均会持续1小时左右，游客可免费欣赏。

●周日

9:00~21:00左右在索卡洛中央广场上会有出售手工艺品的摊位以及供应食品的饮食售货车，游客还可在此欣赏现场演奏与街头艺术表演。

●周一

21:00起在市政府前有伴随尤卡坦特有的传统音乐翩翩起舞的巴克罗斯表演。

市政府前的巴克罗斯表演

●周二

20:30起在圣地亚哥公园（住Calles 59 y 72）有20世纪40年代音乐的大乐团演奏，还有很多随音乐翩翩起舞的情侣。

●周四

21:00起在圣塔卢西亚公园（住Calles 60 y 55）有尤卡坦乡土舞蹈与传统音乐会Serenata Yucateca。

●周五

20:00起在索卡洛中央广场有玛雅时代的球技表演Juego de Pelota Maya。

●周六

20:00起在Paseo Montejo与Calle 47的交叉路口附近有托罗巴与马林巴琴的演奏。

圣塔卢西亚公园的舞蹈表演

小贴士 S面向圣地亚哥公园的市场内开设有10家左右的简易食堂，会一直营业至每晚23:00左右。周二晚上可一边欣赏音乐表演一边享用尤卡坦美食。

拉恰亚·玛雅餐馆
La Chaya Maya

Map p.238-B1

◆可以尝试各种尤卡坦美食

拉恰亚·玛雅餐馆在当地拥有压倒性的人气。光是吐绶鸡果酱煎饼（M$105）就可以品尝到三种尤卡坦极具代表性的酱料。菜品以乡土菜肴为住，游客可细细慢慢地品尝。

很有分量的饭菜绝对可以满足你的胃口

住 Calle 62 y 57
TEL 928-4780
营 每天 7:00~23:00
税金 含税
CC A M V
Wi-Fi 免费

梅里达的酒店
Hotel

高档酒店大多位于市中心北侧 2 公里处，从索卡洛中央广场向北延伸的 Calle 60、Paseo Montejo 以及 Av.Colón（Calle 33）的交叉路口附近。中档酒店与小旅馆多位于以索卡洛中央广场为核心的市区内，便于游客步行找寻适合自己的酒店。梅里达有很多价位十分合适的酒店。

凯悦梅里达酒店
Hyatt Regency Merida

Map p.238-A2 外

◆备受游客好评的大型酒店

凯悦梅里达酒店位于市中心北侧约 2 公里处，是一家共设有 289 间客房的大型酒店。酒店紧邻购物中心与蒙特霍大街。健身会所与商务中心等配套设施齐全。

Wi-Fi 客房 OK · 免费

现如今这里形成了一家高档酒店

餐厅 ○ 泳池 ○ 保险箱 ○ 停车场 △
住 Av.Colón esq.Calle 60
TEL 942-1234
FAX 925-7002
URL www.merida.regency.hyatt.com
税金 +19%
CC A D M V
费 AC ○ TV ○ TUB ○ ⓈⒹ M$1565~

梅里达假日酒店
Holiday Inn Mérida

Map p.238-A2 外

◆蒙特霍地区的殖民风格酒店

梅里达假日酒店是坐落在市中心北侧约 2 公里处的一家高档酒店，酒店与购物中心隔街相望，十分方便。客房内配有吹风机与熨斗等，设施完善。共设有 213 间客房。

Wi-Fi 客房 OK · 免费

餐厅 ○ 泳池 ○ 保险箱 ○ 停车场 △
住 Av.Colón No.498
TEL 942-8800
FAX 942-8811
URL www.ihg.com
税金 +19%
CC A D M V
费 AC ○ TV ○ TUB ○ ⓈⒹ M$1513~

梅里达酒店
Gran Hotel de Mérida

Map p.238-B1

◆别具风趣的殖民风格建筑

梅里达酒店面向伊达尔戈广场而建，因此即便是听音乐演奏到深夜也不必担心。推荐长期居住的游客入住。共设有 25 间客房。

Wi-Fi 客房 OK · 免费

索卡洛中央广场附近的老字号酒店

餐厅 ○ 泳池 × 保险箱 ○ 停车场 收费
住 Calle 60 No.496.esq.Calle 59
TEL 923-6963
FAX 924-7622
URL www.granhoteldemerida.com
税金 含税
CC M V
费 AC ○ TV ○ TUB × Ⓢ Ⓓ M$650~

小贴士 从乌斯马尔发来的二等巴士途经梅里达的一等 / 二等巴士总站附近，开往贝尔巴士总站附近的小型巴士总站。进入市内后要确认下车位置。

圣塔安那酒店

Santa Ana

Map p.238-A1

◆周边环境十分安静的舒适酒店

圣塔安那酒店紧邻圣塔安那教堂，是一家共设有 18 间客房的小型酒店。客房清洁，室内装饰也非常可爱。Wi-Fi 客房 OK · 免费

餐厅 ○ 游泳池 ○ 保险柜 × 早餐 收费

住 Calle 45 No.503, entre 60 y 62

TEL 923-3331

URL hotelsanta-ana.com.mx

税金 含税

CC M V

费 AC ○ TV ○ TUB × Ⓢ M$600~、Ⓓ M$700~

梅里达穆库里酒店

Mucuy

Map p.238-B2

◆家庭氛围浓厚的舒适酒店

梅里达穆库里酒店位于索卡洛中央广场东北方向 400 米左右，共设有 20 间客房，友好的工作人员是这家酒店的魅力所在。费用也十分合适。Wi-Fi 客房 OK · 免费

餐厅 × 游泳池 ○ 保险柜 × 早餐 ×

住 Calle 57 No.481

TEL 928-5193

FAX 923-7801

URL www.mucuy.com

税金 含税

CC 不可

费 AC × TV ○ TUB × Ⓢ Ⓓ M$580~

佐卡罗旅馆

Hostal Zócalo

Map p.238-B1

◆单间费用也十分低廉的人气酒店

佐卡罗旅馆面向索卡洛中央广场南侧，是一家共设有 22 间客房的廉价青年旅舍。旅馆的公共空间内设有厨房。多人房费用为 M$175。Wi-Fi 客房 OK · 免费

餐厅 × 游泳池 × 保险柜 × 早餐 △

住 Calle 63 No.508,entre Calles 60 y 62

TEL 930-9562

URL www.hostalzocalo.com

税金 含税

CC M V

费 AC × TV ○ TUB × Ⓢ M$350~、Ⓓ M$400~

墨西哥青年旅舍

Nómadas Hostel

Map p.238-A1

◆热闹的青年旅舍是年轻人们的集合地

墨西哥青年旅舍提供橱柜、公共热水淋浴以及厨房等配套设施。还可提供各种旅游行程的准备服务。多人房费用 M$180~。共设有 50 个床位。Wi-Fi 客房 OK · 免费

餐厅 ○ 游泳池 ○ 保险柜 × 早餐 ○

住 Calle 62 No.433， esq.Calle 51

TEL &FAX :924-5223

URL www.nomadastravel.com

税金 已含

CC M V

费 AC △ TV △ TUB × Ⓢ M$270~、Ⓓ M$360~

梅里达 短途旅行

塞莱斯顿生物保护圈 Reserva de la Biosfera Ría Celestún

探访火烈鸟的栖息地

★★

塞莱斯顿位于梅里达西侧 100 公里左右，是面向墨西哥湾的一座小型渔村。这座渔村周边遍布红树属植物林，流经丛林的河湾宛如河川一般成为火烈鸟的栖息地。

距离塞莱斯顿村 2 公里左右的地方是河船码头，游客可以在这里搭

塞莱斯顿生物保护圈

Map p.175/A1

贝尔巴士总站在 5:15~20:30 期间，每小时都有一班发往塞莱斯顿方向的巴士，车程约 2 小时，票价 M$56。

距离塞莱斯顿村约 2 公里的海湾处有一座桥，这里是游船码头。游船费用为单人 M$200~300（4 人以上方可运行）。

餐厅 游泳池 保险柜 早餐 AC 空调 TV 电视 TUB 浴缸

乘限乘10人的游船，悠闲地靠近火烈鸟的栖息地。几乎全年都可来到这里观鸟，而2月前后则是最佳观鸟季节。这一带除了火烈鸟之外，还生活着海鸬鹚、大白鹭以及翠鸟等大小不一的野鸟，种类多达200余种。此外，游客还可以在如同隧道一般的红树属植物林内穿行，以及前往水流不断涌出的池塘，变化多样的行程十分精彩，可享受巡游原始森林的无尽乐趣。这里不仅是野鸟爱好者的天堂，普通游客也可感受美好的自然风光。

生活在茂密丛林中的海鸬鹚

作为火烈鸟的栖息地而闻名

梅里达的旅行社开设有迷你巴士短途旅行线路，团费M$650~720，含船费与门票。

梅里达墓地之旅

每周三20:00发团，在位于城区西南部的墓地（住Calle 90 No.526B）追忆长眠在此的历史人物，了解梅里达的历史。

从梅里达发团的短途旅行

市内有很多旅行社均开设有前往周边遗址观光的短途旅行线路。此外，三星级以上的酒店基本上都会设有旅行咨询柜台。旅行团依据是否有导游带团、是否提供餐饮等定价。下述为大致的内容与费用介绍。

●奇琴伊察遗址

时9:00~17:30

费M$450~500

餐馆玛雅规模最大的遗址，一日游。

●乌斯马尔 & 卡巴遗址

时9:00~17:00

费M$450~500

探访玛雅·普克风格极具代表性的两个遗址。

●乌斯马尔声光秀

时13:00~22:30（冬季~21:30）

费M$450~500

下午在导游的带领下参观乌斯马尔遗址，晚上欣赏梦幻的激光表演。

●火烈鸟之旅

时8:00~17:00

费M$650~700

乘船观察塞莱斯顿生物保护圈海湾处的火烈鸟。

●洞状陷穴之旅

时9:00~17:00

费M$470~520

前往在石灰岩台地的大型洞窟内有大量积水的泉水洞状陷穴。光束从地上射入洞窟内部，泉底倒映出蓝色的光芒，环境十分梦幻。

梅里达的旅行社

● Nomadas Travel　Map p.238-A1

住Calle 62 No.433（Nomadas Hostel 内）

TEL 924-5223

URL www.nomadastravel.com

● Carmen Travel

住Calle 27 No.151,esq.Calle 34（Fiesta Americana 内）

TEL 927-2027

URL carmentravel.com.mx

乌斯马尔遗址的修道院

玛雅・普克风格的装饰性遗址

乌斯马尔遗址 Uxmal

乌斯马尔的各个神庙均装饰有鹰钩鼻之神雕像。近年来，将其解释为山神维茨的学说也日渐增多

乌斯马尔遗址位于梅里达南侧约 80 公里处。

遗址坐落在茂密的森林中，与奇琴伊察齐名，是玛雅文明极具代表性的遗址。

这片土地在 7 世纪前后创建了都市国家，作为在建筑风格与装饰方面都十分杰出的艺术之都而闻名。

遗址内各神庙均采用众神的雕像进行装饰。

乌斯马尔的历史与文化

乌斯马尔遗址在 7 世纪初期的玛雅古典期繁荣一时，以被称为普克风格（Puuc= 玛雅语中意为尤卡坦半岛中央的丘陵地带）的玛雅文明特有的建筑而闻名。在建筑的一面墙壁上将雕刻过的石头进行组合，装饰为复杂的马赛克（几何学图形）与蛇等各种主题，这便是普克风格的特色所在。在乌斯马尔特别引人注目的是装饰魔法师金字塔等使用的大量的鹰钩鼻之神的雕像。这一地区为岩溶台地，没有河流，生活用水完全依赖雨水。因此，这座面容看上去极为幽默的神像被推断为雨神恰克。

四方修道院等看上去如拱门一般的建筑模式也是普克风格较为常见的特征之一，这种建筑方法表现了玛雅高超的技术水准。

到了 10 世纪前后，玛雅潘占领乌斯马尔，在此之后，库库尔坎（羽蛇神）也逐渐成为人们崇拜的对象。

拥有优美曲线的代表性神庙

魔法师金字塔 Pirámide del Adivino

魔法师金字塔是一座高 38 米的巨型建筑，这座玛雅遗址采用罕见的椭圆形自然石进行建造，侧壁为圆形。这座美丽的神庙十分优雅，给人以女性柔美的印象。内部隐藏着四座神庙，其中，在一号神庙内发现了一座从蛇口内露出人脸的石雕，被命名为《乌斯马尔女王》。这座雕像现如今展示在墨西哥城的国家人类学博物馆内。

传说魔法师金字塔是由小人儿在一夜之间建造完成的，因此被命名为“魔法师”。实际上这里的五座神庙是在 8~11 世纪期间，历时 300 年逐一建造完成的。正面的四方形修道院一侧（西侧）的楼梯上有鹰钩鼻之神的奇怪面容，这正是这座建筑的精华所在。

夜幕降临后会打开照明灯

大批量的装饰是这座建筑的精华所在

四方形修道院 Cuadrángulo de las Monjas

四方形修道院位于魔法师金字塔的西侧，四座矩形建筑环绕出一个广阔的中庭。而这四座矩形建筑又分别拥有众多小房间，因此被命名为四方形修道院。实际上这里曾经应该是一座宫殿。

四方形修道院内部的天花板全部由普克风格的玛雅拱门组成。外墙嵌入碎石并组成马赛克、蛇神库库尔坎以及雨神恰克等浮雕。特别是上部张开翅膀的库库尔坎，表明这座建筑深受托尔特克文化的影响。建筑南侧中央部分的大型玛雅拱门形成了一条通道。从外侧穿过这座拱门便可看到内部漂亮的中庭。

修复状态完好的四方形修道院

被用作球场的遗址

石环球门得以复原

球场 Juego de Pelota

穿过四方形修道院南侧的拱门，在前往总督官殿的途中便可看到这座球场遗址。石墙破损严重，中央石环上的浮雕却依然保存完好。宗教意义浓厚的球赛与足球一样不可使用双手触球。因此，只要将球射进这个石环便是获胜。

球场球门的环形浮雕

玛雅古典时期的最美建筑

总督官邸

Palacio del Gobernador

总督官邸的外墙装饰得极为壮丽，建筑中央还拥有一座漂亮的大型拱门，在玛雅建筑中算是搭配最为协调的建筑之一了。总督官邸正是因其气派的外观而得名。这里究竟是贵族的住宅还是行政机关，外界对其用途众说纷纭，但实际上到底发挥了怎样的作用，至今不得而知。

总督官邸以长 187 米，宽 170 米，高 8~12 米的露台为基坛，上部又叠加有三层露台。内部以长 18 米、宽 5 米的大房间为代表，建有众多房间。东侧正面是满满的复杂且漂亮的普克风格装饰，令人瞠目结舌。这里有石柱格子、浮雕、鹰钩鼻之神的面容以及佩戴头饰的人物雕像等，所用碎石多达 2 万多块。与四方形修道院相同，由于碎石工艺平日受到尤卡坦强烈的阳光照射，产生了明显的明暗对比色效果。

墙壁上的艺术性装饰不容错过

可 360° 眺望原始森林

大金字塔

La Gran Pirámide

大金字塔上部刻有浮雕，是一座高 30 米的大型神庙。现在仅有北侧的楼梯得以修复。游客不妨沿楼梯登顶体验，但是攀爬途中一定要注意脚下安全。这座建筑是所有遗址中海拔最高的一个，可以眺望到绿色的地平线。

在顶部可眺望到密林中几乎所有的主要遗址

可以看到拥有独特装饰的窗户

埃尔帕洛马尔

El Palomar

埃尔帕洛马尔位于大金字塔西侧，上部为如同鸽子窝一般的格子窗。现在山丘上仅仅保存有看上去十分气派的墙壁，其他基本上什么都没有。这座建筑在当时是什么用途，从遗址现状来看完全摸不着头绪。

埃尔帕洛马尔屋顶上方至今依然保留着格子窗

建筑上方至今保留着万物有灵论的装饰

龟之家

Casa de las Tortugas

龟之家位于总督官邸西北侧，是一座小型的普克风格建筑。建筑上部装饰着龟形石雕，并因此命名。

玛雅神话中龟与雨神恰克同样为水的使者。因此后人推断这座建筑也是为了求雨而建造的。

龟之家上部的石雕。以象征水的万物有灵论为中心思想

COLUMNA

了解自古至今的巧克力文化

乌斯马尔旅游期间，游客可以前往位于遗址对面的巧克力博物馆巧克力故事去看一看。可可豆在玛雅时代曾是十分神圣的药物，游客可通过博物馆内的各种展示了解它的文化与历史。在这里可以试饮当时的可可茶，还可以参观使用可可豆举行的玛雅仪式等。馆内开设有商店与咖啡馆。

●巧克力故事 Choco-Story

TEL （999）289-9914

URL www.choco-storymexico.com/uxmal

营 每天 9:00~19:00

费 M$120

交通 往返于梅里达与坎佩切之间的二等巴士途经乌斯马尔，每天共有5班。从梅里达出发，经约1小时20分钟的车程便可抵达乌斯马尔（票价M$59）。从乌斯马尔发往梅里达的SUR巴士分别在每天的9:20、12:30、15:15、17:40、20:15发车。发往坎佩切的巴士在7:20~18:20期间共有5班。SUR巴士不会前往遗址停车场，因此游客需从国道步行至遗址入口，这段路程大约需要花费2分钟左右。

从梅里达发团，前往乌斯马尔与卡巴遗址一日游，团费为M$450~500。

游览方法 遗址开放时间为每天的8:00~17:00，门票为M$213。摄像机摄影需支付M$45，英语向导收费M$700（1.5~2小时）。售票窗口（TEL（997）976-2121）所在建筑除了餐馆与商店以外，还有供游客观看玛雅遗址影音资料的大厅。提供免费的行李寄存服务。

遗址规模与奇琴伊察相比较小，但由于地势起伏较多，步行游览还是十分耗费体力的。大约2小时便可游览完毕，但游客最好预留出更多的时间。此外，切记带好帽子、防晒霜以及水等防暑用品。遗址每晚都会亮起照明灯，上演声光秀Luz y Sonido，表演大概会持续45分钟。夏季20:00~、冬季19:00~。费用为M$89。解说词只有西班牙语一个语种。

巧克力故事是可了解饮食文化的博物馆

酒店

乌斯马尔孤单单地坐落在原始森林之中，周边没有其他城市。游客通常都会以一日游的形式前往观光，但是遗址周边还分布着一些酒店的，例如The Lodege at Uxmal（预约TEL（997）976-2031 URL www.mayaland.com 费Ⓢ Ⓓ M$1630~）与Hacienda Uxmal（预约TEL（998）887-2495 费Ⓢ Ⓓ M$1260~）等，这些酒店均配有游泳池与餐馆等相关设施。

舒适的酒店位于遗址周围

INFORMACIÓN

前往乌斯马尔周边的普克风格遗址

乌斯马尔周边分布有很多普克风格的遗址。不妨拿出一天的时间前往其他规模较小却很有意思的遗址群参观。卡巴遗址通常都会包含在乌斯马尔观光团的计划之内，而萨伊尔、西拉帕克以及拉布纳却没有公共交通。游客可通过当地旅行社包车前往。各遗址入场时间相同，均为8:00~17:00，门票M$45（只有西拉帕克可免费入场）。

卡巴遗址 Kabah

Map p.175/A1

卡巴遗址位于乌斯马尔东南方向22公里处。这座遗址是乌斯马尔的姐妹城市，装饰有近300个鹰钩鼻之神面部雕刻的外墙Coz Poop是其精华看点，正因如此，这里还拥有假面宫殿的称号。北侧是细密的马赛克工艺，上部还有人物雕像。

此外，道路对面是被誉为凯旋门的巨型拱门。从梅里达发团的乌斯马尔观光团也会安排参观这个遗址。每天有数班地方巴士。

萨伊尔 Sayil

Map p.175/A1

萨伊尔位于卡巴遗址东南方向约5公里处。三层构造的巨大王宫El Palocio对面的一对圆柱看上去十分优美。雄柱直立，雌柱中间较细。建筑上方布满了独特的装饰。南部外围区域建造有艾尔米拉多El Mirador观景台，上方拥有几个小型格子窗。

西拉帕克 Xlapak

Map p.175/A1

西拉帕克位于萨伊尔东侧约6公里处。这里至今依然保存着一座小型王宫。这座双层建筑的上方是凝视四方的鹰钩鼻之神，内部则为玛雅拱门构造，是典型的普克风格建筑。

采用鹰钩鼻之神进行装饰的西拉帕克遗址的王宫

拉布纳 Labna

Map p.175/A1

拉布纳位于西拉帕克东北方向4公里左右。这里拥有巨型拱门Arco、可眺望四周的展望台El Mirador以及被众神与蛇等装饰覆盖的王宫El Palacio等，在宽敞的遗址内散布有众多景点。特别是位于王宫内部的蛇口人面像，是非常奇异的一个作品。

坎佩切 *Campeche*

伫立在海边且风光明媚的殖民地化都市

人　口	约 26 万
海　拔	5 米
市外区号	981

关键词!

- ★在圣何塞城堡上欣赏黄昏美景
- ★灯光音乐表演
- ★卡拉克穆尔遗址

以大教堂为背景举行的夜间演奏会

坎佩切面向墨西哥湾，是由西班牙统治者创建的一座要塞都市。部分城门与城堡至今依然原状保存，处处洋溢着殖民地时代的风貌。是旅行途中特别适合作为休息地的一座城市。

1540 年，F. 蒙特霍率领西班牙军队征服坎佩切，这座玛雅人之都变身为墨西哥为数不多的贸易港口之一。同时，由于几度遭遇海盗的袭击，自 1686 年起的 18 年间，这里构筑起了大型要塞。300 多年后的今天，其威容犹存。1999 年，坎佩切的街道被列入世界文化遗产名录。要塞建成后，西班牙国王承认其为自治都市，经过不断发展，现在这里已经成为坎佩切州的首府。

坎佩切政府旅游局
URL www.campeche.travel

坎佩切的旅行社
● DMC Tours
Map p.249/A1
住 Calle 59 No.7,entre Calles 8 y 10
TEL 816-5015

坎佩切 交 通

飞机▶ 墨西哥城每天共计有 4~5 班墨西哥国际航空与英特捷特航空的航班飞往坎佩切（需时 1.5~2 小时，票价 M$1573~4240）。

巴士▶ 除了墨西哥各地的主要城市之外，帕伦克等恰恰帕斯州的城市也有巴士发往坎佩切。

从坎佩切发往各地的巴士

目的地	每天的班次	行驶时间	票　价
梅里达	ADO、ATS、SUR 等每小时 1~3 班	2.5~3 小时	M$176~254
乌斯马尔	SUR 5 班（6:00、9:15、12:00、14:30、17:00）	3.5 小时	M$139
坎昆	ADO、OCC 等共计 9 班（23:00~ 次日 13:50）	6.5~7.5 小时	M$578~698
塔巴斯科	ADO 1 班（23:30）	6 小时	M$432
比亚埃尔莫萨	ADO、ATS 等共计 21 班（9:45~ 次日 4:00）	5.5~7 小时	M$356~572
韦拉克鲁斯	ADO 1 班（20:10）、ADO GL 1 班（22:05）	11.5~13 小时	M$986~1134
帕伦克	ADO、OCC 共计 4 班（11:00、21:45、0:30、2:20）	5~6.5 小时	M$382~384
圣克里斯托瓦尔	OCC 1 班（21:45）	10 小时	M$548
普埃布拉	ADO、ADO GL 共计 2 班（14:45、20:55）	14.5~15 小时	M$1298~1556
墨西哥城	ADO、ADO GL 共计 5 班（12:31~23:45）	17~18.5 小时	M$1444~1742

从市内前往机场
附近的坎佩切国际机场 Campeche（CPE）位于市中心南部约 5 公里处。搭乘出租车需要花费 M$120 左右。

墨西哥国际航空
TEL 816-6656
坎佩切国际机场内。

坎佩切的巴士总站
一等巴士总站位于市中心南部约 3 公里处。写有“Centro”字样的市内巴士（M$6.5）从总站出发开往阿拉米达公园。搭乘出租车前往市中心需要花费 M$50 左右。

二等巴士总站位于市中心东部约 1 公里处（Map p.249/A2）。前往市中心可搭乘开往西部方向的市内巴士或者搭乘出租车，出租车费为 M$40 左右。

货币兑换
索卡洛中央广场周边有 Banamex、Santander 等主要银行，可使用 ATM 完成货币兑换。

小贴士　坎佩切是治安状况良好的一座小型城市。白天在市内观光绝对没有任何安全问题。不过，夜间出游最好不要离开被城墙与城堡环绕的老城区。

坎佩切 漫 步

可以眺望美丽夕阳的沿海步行道

坎佩切的景点均位于被城墙与城堡环绕的殖民地风格的老城区。游客可以在风景如画的街道上随心所欲地散步。市中心的索卡洛中央广场前建有一座大教堂 Catedral，周围则残留着殖民地时期的建筑。交错纵横的街道上有很多身着传统服饰流动叫卖的小贩，整体环境悠闲自在。

有 7 座环城城堡至今依然保留着原状，其中 4 座已改造为博物馆面向游客开放。首先来到位于索卡洛中央广场西北侧的索雷达德城堡 Baluarte de la Soledad。内部展示有玛雅的石碑等。从这里穿过海门，向西南方向前行便可抵达卡洛斯城堡 Baluarte de San Carlos。这座城堡内展示有中世纪的航海线路、武器以及 18 世纪的坎佩切市区模型，通过上述展品可以了解都市防备的历史。

城墙曾以 2.5 公里的长度环绕市区，而完美保存至今的也只有圣胡安城堡 Baluarte de San Juan 至圣弗兰西斯科城堡 Baluarte de San Francisco 这一区间而已。从地之门 Puerta de Tierra 进入后可参观至今仍然保留原状的城墙内部，了解当时的样貌。此外，20:00 起还会举办声光表演秀。

坎佩切 主要景点

大教堂 Catedral

殖民地都市的象征

★★

大教堂是 1540 年为祭祀圣母玛利亚而建，历经一个半世纪以上的工期并最终在 18 世纪初期完工。这座建筑作为坎佩切的代表性建筑而闻名，索卡洛中央广场东侧的白色塔楼上装饰有 4 座雕像。

旅游咨询处

住 Calle 57 No.6
TEL 816-1782
营 每天 9:00~21:00

在卡洛斯城堡北部等地也设有旅游咨询处。

索雷达德城堡

Map p.249/A1
入场 周二～周日 9:00~17:30
费 M$40

卡洛斯城堡

Map p.249/A1
入场 每天 9:00~20:00
费 仅限捐献者入场

地之门与圣胡安城堡

Map p.249/A1
入场 周一～周五 9:00~18:00
周六、周日 9:00~16:00
费 M$15

圣弗朗西斯科堡垒为代表的城墙将老城区包围起来

大教堂

Map p.249/A1
入场 每天 8:00~12:00、16:00~20:00

索卡洛中央广场前的大教堂

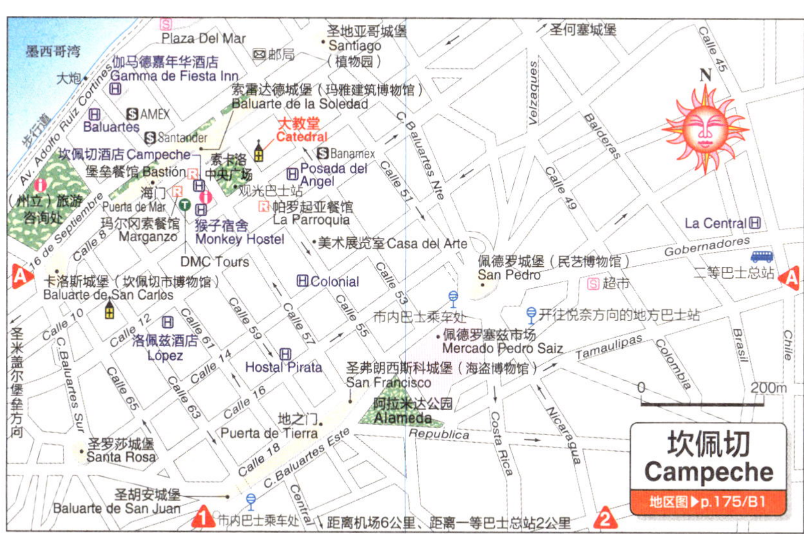

小贴士 索卡洛中央广场东南方向 500 米左右有一个当地人经常光顾的佩德罗・萨伊斯市场。在这里出售蔬菜水果以及日用品等商品的市场内开设有简易食堂，可以以十分低廉的价位品尝到乡土菜肴。

市内观光巴士

索卡洛中央广场南侧有由路面电车改造而成的观光巴士，这种观光巴士在当地被称为托朗比亚 Tranvia。巴士共有红色 Tranvia Rojo 与绿色 Tranvia Verde 两种，红色巴士在圣弗朗西斯科城堡与瓜达卢佩等城市的历史地区行驶。而绿色巴士仅在旅游旺季运营，开往圣米盖尔城堡或者圣何塞城堡。两种巴士车程均约需 40 分钟，票价 M$80。提供西班牙语与英语向导。运行时间为每天 9:00~20:00，根据客流状态确定发车时间（10 人以上发车）。

圣何塞城堡

Map p.249/A2 外

入场 周二～周日 8:00~17:00

费 M$40，录像机摄影 M$45

搭乘出租车需时约 10 分钟，单程车费 M$50。

圣米盖尔城堡

Map p.249/A1 外

入场 周二～周日 8:00~17:00

费 M$50、录像机摄影 M$50

搭乘出租车需时约 10 分钟，单程车费 M$50。包车每小时收费 M$130~。

圣何塞城堡 Fuerte de San José

了解要塞都市坎佩切的历史 ★★

作为绝佳的晚霞观赏地而闻名

圣何塞城堡位于索卡洛中央广场东北方向约 5 公里处的山丘上，这座单边 30 米长的四方形城堡是 18 世纪为了抵抗海盗攻击，守护市区而建造的。城堡周围由壕沟环绕，跨过壕沟上方的链条式吊桥后便可抵达城门出入口。曾用作教堂、共用寝室以及火药库等的室内，现如今展示有枪支与佩刀等以前的武器。在城堡顶部可以眺望到远处的市内景色。

圣米盖尔城堡 Fuerte de San Miguel

设有下属博物馆的观景点 ★★

圣米盖尔城堡位于索卡洛西南方向 5 公里左右的山丘上，同样是 18 世纪为了抵抗海盗攻击守护市内而建造的城堡。曾用作公共寝室与仓库的宽敞空间，现如今已然变身为一座博物馆，馆内陈列着艾斯那遗址出土的石碑与州南部卡拉库穆尔遗址出土的木乃伊以及翡翠面具等展品。城堡上方有三座岗亭与大炮。

从卡拉克穆尔遗址发掘出土的木乃伊展品

坎佩切的餐馆

Restaurant

玛尔冈索餐馆

Marganzo

◆在当地人气极高的文雅餐馆

玛尔冈索餐馆位于索卡洛中央广场与海门之间，经常会挤满前来用餐的游客等。餐馆主要供应坎佩切名菜德卡松面包（M$106），除此之外，采用虾等海鲜烹制的料理（M$167）也备受好评。周二～周六的 19:30 与周日的 12:00 还有音乐演奏表演。

在开放冷气的室内品尝乡土料理德卡松面包

Map p.249/A1

住 Calle 8 No.267,entre Calles 57 y 59

TEL 811-3898

营 每天 7:00~23:00

税金 含税

CC M V

Wi-Fi 免费

COLUMNA

梦幻的坎佩切特别节目

游客可以在地之门 Puerta de Tierra 体验声光表演秀 Espectáculo de Luz y Sonido。首先装扮成海盗形象的导游会对城堡进行介绍，同时带领游客步行前往城堡上的圣弗朗西斯科城堡，之后观看介绍城市历史的影音资料。最后回到地之门前的舞台，观看重现历史景象的短剧与声光表演秀。如果时间合适，不妨报名参加体验。

●声光表演秀

入场 周四～周日 20:00~21:00

※ 旅游旺季（3~4 月与 7~8 月）期间每天都有表演

费 M$50

可以与身着传统服饰的导游拍照留影

小贴士 在免费向游客开放的美术展览室 Casa del Arte（Map p.249/A1 住 Calle 55，entre Calles 12 y 14 营 周一～周五 9:00~14:00、17:00~21:00）内可以参观到由当地艺术家创作的绘画与照片等作品。

帕罗起亚餐馆
La Parroquia

◆ 24 小时营业的大众食堂

帕罗起亚餐馆是位于大教堂南侧的一家平民餐馆。早餐套餐售价 M$60~85、每天推荐套餐 Comida del Día 售价 M$65~70。

Map p.249/A1

住 Calle 55 No.8,entre Calles 10 y 12
TEL 816-2530　营 每天 24 小时
税金 含税　CC M V
Wi-Fi 免费

堡垒餐馆
Bastión

◆品尝当地料理的不二之选

堡垒餐馆面向索卡洛中央广场而建，主要供应当地的乡土料理。尤卡坦风味猪肉售价 M$95。晚上可以一边眺望灯火辉煌的大教堂一边享用晚餐。

Map p.249/A1

住 Calle 57 No.2a entre 8 y 10
TEL 816-2128　营 每天 7:00~24:00
税金 含税
CC M V
Wi-Fi 免费

坎佩切的酒店

Hotel

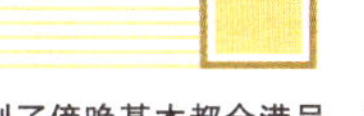

酒店大多集中在老城区的索卡洛中央广场周边。价位适中的酒店到了傍晚基本都会满员，因此最好提前办理入住手续。

伽马德嘉年华酒店
Gamma de Fiesta Inn

◆现代化的五星级舒适酒店

伽马德嘉年华酒店位于海门西北方向约 200 米处，是一家共设有 146 间客房的高档酒店。酒店地理位置优越，便于观光，海景房环境极佳。设施完善，是众多商务人士的首选。Wi-Fi 客房 OK · 免费

Map p.249/A1

餐厅 ○ 游泳池 ○ 保险柜 ○ 早餐 ○
住 Av.Adolfo Ruiz Cortinez No.51
TEL &FAX 811-9191　URL gammahoteles.com　税金 已含　CC A M V
费 AC ○ TV ○ TUB ×ⓈⒹ M$1160~

坎佩切酒店
Campeche

◆客房种类多种多样

坎佩切酒店位于索卡洛中央广场西侧，是一家共设有 40 间客房的经济型酒店，地理位置优越，便于市内观光。客房有风扇房与空调房两种。Wi-Fi 客房 OK · 免费

Map p.249/A1

餐厅 × 游泳池 × 保险柜 × 早餐 ×
住 Calle 57 No.2,entre 8 y 10
TEL &FAX 816-5183　税金 已含
CC 不可　费 AC △ TV ○ TUB ×Ⓢ M$280~、Ⓓ M$330~

洛佩兹酒店
López

◆可以在游泳池内悠闲放松

从索卡洛中央广场出发，步行 5 分钟左右便可抵达洛佩兹酒店，这是一家共设有 35 间客房的殖民地风格中档酒店。顺着通顶设计的走廊向里前行便可抵达中庭，炎热的夏日可以在这里悠闲放松。Wi-Fi 客房 OK · 免费

Map p.249/A1

餐厅 ○ 游泳池 ○ 保险柜 ○ 早餐 ○
住 Calle 12 No.189，entre Calles 61 y 63
TEL 816-3344　URL www.hotellopezcampeche.com.mx　税金 已含
CC A M V
费 AC ○ TV ○ TUB ×Ⓢ Ⓓ M$750~

猴子宿舍
Monkey Hostel

◆友好的简易招待所

猴子宿舍位于索卡洛中央广场附近，是一家共设有 25 个床位的青年旅舍。公用厨房与洗衣机等设施完善，还可协助游客准备前往悦奈遗址的短途旅行。多人房费用为 M$120~。Wi-Fi 客房 OK · 免费

Map p.249/A1

餐厅 × 游泳池 × 保险柜 × 早餐 ×
住 Calle 10 No.244,entre Calles 57 y 59
TEL 160-0007（手机）　税金 已含
CC 不可
费 AC △ TV ○ TUB ×Ⓢ Ⓓ M$340~

餐厅　游泳池　保险柜　早餐　AC 空调　TV 电视　TUB 浴缸

坎佩切 短途旅行

艾兹达遗址 Edzná

坎佩切郊外的玛雅都市遗址

★★

神庙与寺院被完美复原

艾兹达遗址位于坎佩切东南方向约 52 公里处，是玛雅文明极具代表性的遗址。现如今这里保留着高 30 米的 5 层寺院，内部采用蛇与美洲豹装饰得十分美观。这个遗址是在 1907 年发现的，但是直到 1958 年才开始首次实地勘察。公元前 600~300 年前后，这里只不过是一座拥有数千人口的共同体，在 600~900 年后的 15 世纪，主要建筑竣工并在方圆约 6 公里的范围内形成了都市。

卡拉克穆尔遗址 Calakmul

散布着金字塔且十分辽阔的世界遗产

★★

从卡拉克穆尔遗址的大神庙便可看出遗址整体的宏伟规模

卡拉克穆尔遗址位于坎佩切东南方向约 350 公里的原始森林内，是在 1931 年发现的玛雅文明规模最大的遗址群。这个遗址的知名度很低，与其规模完全不成正比，近年来经过整顿与修复，2002 年，以“坎佩切州的古代玛雅都市卡拉克穆尔”的称号列入世界文化遗产名录。

神庙的环境令人联想到危地马拉的蒂卡尔，实际上在 250~695 年期间的古典时期，这里与蒂卡尔以及帕伦克等地势力相当。众多大型神庙及神庙前的石碑令人印象深刻。主要区域是约 4 平方公里的四方区，2~3 小时便可游览一周。由于这里深处美洲豹栖息的自然保护区，还可以在遗址内看到啄木鸟等野鸟与猴子。

艾兹达遗址

Map p.175/B1

在佩德罗塞兹市场东侧 100 米左右的地方巴士站搭乘开往 Bonfil 方向的巴士，约 1 小时车程便可抵达艾兹达遗址，票价 M$38。每天有数班巴士发往艾兹达遗址方向（7:00~13:00 发车），从艾兹达遗址发车的回程车次也很多（7:00~16:00 发车）。下午的车次有时会随客流状况变更。游客需提前与司机沟通，在遗址前 100 米处的路口下车。

入场 每天 8:00~17:00 费 M$55

前往艾兹达遗址的旅行团

坎佩切市内的旅行社与酒店均会为游客安排前往艾兹达遗址的旅行团。8:00~12:00 或者 13:30~17:30 的半日游，由导游带团的团费为 M$340（无导游带团的团费为 M$235）。到了旅游旺季，每天 7:00~14:00 期间每小时发团。

卡拉克穆尔遗址

Map p175/B1

入场 每天 8:00~17:00

费 M$65（通行费 M$30、自然保护区门票 M$75 需要另行支付）

前往卡拉克穆尔遗址群的旅行团

坎佩切的旅行社 DMC Tours 有前往卡拉克穆尔遗址群的旅行团。一日游线路巡游卡拉克穆尔等三地，每人 M$1350。两日一夜的旅行团游览 5 处遗址，另外包含野鸟观察项目，每人 M$3200。五人以上开团。

COLUMNA

探访卡拉克穆尔遗址

个人前往卡拉克穆尔遗址首先要搭乘巴士前往虚普西 Xpujil。SUR 巴士每逢 5:15、8:15、18:15、22:00 从坎佩切二等巴士总站发车，约需 5 小时车程，票价 M$223。ADO 巴士在 14:00 从一等巴士总站发车，约需 4 小时车程，票价 M$314。抵达虚普西后在当地包车前往遗址，往返约需 5 小时，费用在 M$1000 左右。搭乘出租车经 30 分钟左右的车程便可抵达自然道的大门。支付 M$30 的通行费后继续沿林道行驶。经常会有游客误认为这个大门就是遗址的入口，实际上遗址距离这里还有约 55 公里，切记不要在此下车。距离大门约 15 公里的地方有博物馆与杂货铺，游客可以在这里采购一些饮品。继续行驶约 40 公里便可最终抵达卡拉克穆尔遗址。如果感觉行程烦琐，报名参团前往会更加方便。

旅行团会带领游客参观拥有漂亮的美洲豹浮雕的巴朗库遗址 Balamku（位于卡拉克穆尔遗址北侧约 60 公里）与被称为里奥·贝克建筑风格的遗址群（位于卡拉克穆尔遗址东侧约 60 公里）。横排一列的三座塔楼令人印象深刻的虚普西 Xpuhil、被护城河环绕的贝康 Becán、拥有采用马赛克进行装饰的漂亮的门与神庙的奇卡诺 Chicaná、奥尔米格罗 Hormiguero 以及里奥·贝克 Rio Bec 等均在正面外观装饰与塔楼形状等方面极具特色，千万不要错过。

小贴士 前往艾兹达遗址欣赏声光表演秀（周四～周日 冬季 19:00~、夏季 20:00~）的旅行团在表演开始前 1 小时 15 分钟从旅游咨询处发团。团费为 M$130。

瓦哈卡州与恰帕斯州

Oaxaca & Chiapas State

墨西哥湾
Galfo de México
坎佩切湾
Bahía de Campeche
伊达尔戈州
Hidalgo
特拉斯卡拉州
Tlaxcala
波萨里卡
Poza Rica
帕潘特拉
Papantla
韦拉克鲁斯
Veracruz
普埃布拉州
Puebla
Presa Miguel Aleman
Teotitlán del Camino
Huautla de Jiménez
Tuxtepec
韦拉克鲁斯州
Veracruz
塔巴斯科州
Tabasco
比亚埃尔莫萨
Villahermosa
坎佩切
Campeche
坎佩切州
Campeche
Río San Pedro
Huajuapan de León
Coixtlahuaca
Valle Nacional
Santiago Juxtlahuaca
Nochixtlán
Ixtlán
Guelatao
San Andrés Chicahuaxtla
瓦哈卡
Oaxaca
亚古尔
Yagul
Zacatepec
▲Zempoaltépetl 3395m
阿尔万山
Monte Albán
米特拉 Mitla
格雷罗州
Guerrero
Río Colorado
Zimatlán
Tlacolula
奥科特兰
Ocotlán
瓦哈卡州
Oaxaca
Matías Romero
Presa Nezahualcóyotl
Río Grijalva
Río Mezcalapa
Pichucalco
Simojovel
Tila
Río Tulija
Emiliano Zapata
帕伦克遗址
Palenque Ruinas
帕伦克
Palenque
塔巴斯科
Tenosique
危地马拉
GUATEMALA
Río Usumacinta
科罗萨尔
Corozal
碧水瀑布
Agua Azul
米索尔哈瀑布
Misol-Ha
Ocosingo
Toniná
亚斯奇兰
Yaxchilán
波拿蒙派克
Bonampak
Cuajinicuilapa
Sola de Vega
Ejutla
La Ventosa
Juiquipilas
图斯特拉古铁雷斯
Tuxtla Gutiérrez
圣克里斯托瓦尔德拉斯卡萨斯
San Cristóbal de Las Casas
Amatenango del Valle
Río Verde
San José del Progreso
Miahuatlán
Presa Juárez
Tapanatepec
Tehuantepec
San José del Pacífico
Salina Cruz
Arriaga
Laguna Chacahua
Laguna La Pastoreia
埃斯孔迪多港
Puerto Escondido
Laguna Manialtepec
波丘特拉Pochutla
Santa María Huatulco
Bahías de Huatulco
Tonalá
恰帕斯州
Chiapas
哥密堂
Comitán
蒙特贝洛国家公园
Montebello P.N.
Río Lacantún
Puerto Arista
Boca del Cielo
Presa la Angostura
La Trinitaria
Reserva de la Biosfera Montes Azules
马总兹
Mazunte
安赫尔港
Puerto Ángel
兹波利特
Zipolite
Pijijiapan
莫城
Ciudad Cuauhtémoc
拉梅西亚
La Mesilla
Mapastepec
韦韦特南戈
Huehuetenango
塔利斯曼
Talismán
Huixtla
Izapa
埃尔卡门
El Carmen
太平洋
Océano Pacífico
塔帕丘拉
Tapachula
克察尔特南戈
Quetzaltenango
Puerto Madero
特昆乌曼城
Ciudad Tecún Umán
伊达尔戈城
Ciudad Hidalgo
危地马拉
GUATEMALA
N
0 100km
A
B
1
2

瓦哈卡州与恰帕斯州

在露天市场可以看到身着传统服饰的原住民

当地有很多像格拉哥查节这样传统色彩浓厚的节日，因此游客不妨提前确认节日活动与露天市场的日程安排，前往当地亲身体验原住民的独特文化。

格拉哥查节日上华丽的舞蹈

最精彩场面

玛雅人建造的帕伦克遗址与萨波特克族建造的阿尔万等均被列入世界文化遗产名录，是当地最大的观光景点。特别值得一提的是帕伦克，为墨西哥规模最大的玛雅遗址，建筑的保存状态十分完好。

瓦哈卡与圣克里斯托瓦尔等颇具风情的殖民地风格街景也很有看点。可以以这些城市为起点，探访当地人自古维持生计的村落。

位于瓦哈卡市中心的大教堂

旅游小贴士

瓦哈卡州与恰帕斯州是墨西哥原住民文化色彩最为浓厚的区域。瓦哈卡等主要都市的周边，每周都会定期举办被称为哈桑 Tianguis 的露天市场。届时卖家与买家均会身着色彩鲜艳的传统服饰，还有很多游客会聚集在此。由于交通不便，可以参加近郊短途旅行等方式来到这里。

交 通

瓦哈卡州的首府瓦哈卡有很多巴士车次与飞机航班。特别是与墨西哥城之间的交通联络十分密集，随着新路的开通，两地间车程与之前相比大大缩短。不过，这一地区从整体上来看巴士车次较少，道路路面状况不佳。例如，瓦哈卡与位于太平洋沿岸的埃斯孔迪多港之间便多为曲折的山路，且起伏较多。特别是进入雨季之后，巴士经常会出现晚点的情况，因此游客一定要为自己的行程预留出足够的时间，以应对各种突发状况。

此外，恰帕斯州的圣克里斯托瓦尔通常会是观光的起点，但由于山路较多，部分线路的旅途时间也相对较长。

旅游旺季与节日期间各类交通设施爆满，有时甚至挤得动弹不得。游客在旅行途中一定要多加注意，尽量降低发生纠纷的概率。此外，游客若从各交通设施的起点出发前往遗址观光，与其搭乘地方巴士，倒不如选择参加旅行团更为方便。

在旅行过程中要灵活利用巴士，充分发挥它的功效

瓦哈卡州·恰帕斯州的三大景点 3

1 帕伦克遗址（→ p.288）
2 瓦哈卡的圣多明各教堂（→ p.261）
3 圣克里斯托瓦尔·德拉斯卡萨斯城市漫步（→ p.278）

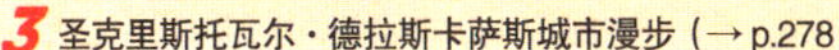

物价与购物

瓦哈卡州与恰帕斯州虽然是观光胜地，但物价却相对低廉。这里原住民较多，推荐选购织品、陶器等品种丰富的民间艺术品作为旅游纪念商品。特别是瓦哈卡州的织品，细腻的刺绣工艺非常漂亮。女性专用的传统服饰连衣裙会以村子为单位施以不同的色彩与设计。织品方面厚实的纯毛彩色披衣也非常有名。

当地出产的龙舌兰酒也是旅游纪念品的不二之选

安全信息

从瓦哈卡与圣克里斯托瓦尔前往原住民村落观光相对比较容易，但是这些原住民至今仍然保留并传承着其独特的文化。例如，如果游客要在这里拍照，很有可能激怒原住民并发生纠纷。为了避免社会风俗差异与强盗行为的发生，游客最好不要单独出行或出村游玩。参加当地的旅行团是比较不错的选择。

瓦哈卡至埃斯孔迪多港区间的山路经常会发生巴士抢盗事件。因此，如果行程中途经这一区间，游客最好尽量避免搭乘二等巴士，选择在白天乘坐飞机或者一等巴士会更加安全。

此外，瓦哈卡州与恰帕斯州的城市时而会有要求增加工资的工会等举行的示威运动，如果恰巧在旅行途中遇到类似的状况务必要多加注意。

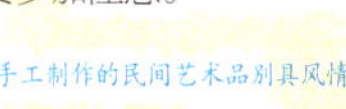
手工制作的民间艺术品别具风情

文化与历史

瓦哈卡州与恰帕斯州作为原住民文化色彩浓厚的地区而闻名。特别是现在的瓦哈卡近郊区域，自公元前便居住着萨波特克族人，并拥有阿尔万遗址等引以为豪的高度文明产物。现如今瓦哈卡州的人口已突破 380 万，据说其中 100 万以上均为原住民，与其他地区相比，这一比例明显较高。墨西哥史上唯一一位原住民出身的总统贝尼托·胡亚雷斯是萨波特克族，10 岁起便开始在瓦哈卡孜孜不倦地求学。

此外，原住民（当地人）也有很多种，现在的瓦哈卡州就居住着库伊卡特科 Cuicateco、池南特克 Chinanteco、阿约奥库 Ayook、米斯特科 Mixteco、特里基 Trique 以及萨波特克 Zapoteco 等民族，恰帕斯州则有拉坎东 Lacandon、泽套 Tzeltal 以及佐齐尔等原住民。

帕伦克的碑文神庙

全年气候与最佳旅游季节

瓦哈卡市等所在高原地带气候干燥，即便是夏天，到了晚上也十分凉爽。6~9 月多雨，7 月则是格拉哥查等节日活动集中的季节。洼地与太平洋沿岸地区高温多湿，太平洋沿岸在 8~10 月期间经常会受到飓风的影响。

在太平洋沿岸戏水时要注意迎面袭来的大浪

瓦哈卡的全年气候表 单位：℃，mm

月份	1	2	3	4	5	6	7	8	9	10	11	12	年平均值
最高气温	28.0	29.7	31.8	32.7	32.1	29.5	28.5	28.8	27.5	27.6	28.1	27.7	29.3
最低气温	8.4	9.8	12.1	14.3	15.3	15.7	14.8	14.8	14.8	12.6	10.0	8.5	12.6
平均气温	17.2	18.9	21.1	22.2	22.7	21.6	21.1	20.5	20.5	19.4	18.3	17.7	20.1
降水量	0.2	0.2	10.1	25.4	60.9	124	93.9	104	170	40.6	7.6	10.1	53.9

瓦哈卡 *Oaxaca*

可以体验原住民文化的殖民地时期都市

人　口	约 26 万
海　拔	1550 米
区　号	951

特色推荐！

★ 圣多明各教堂
★ 阿尔万遗址
★ 郊外村落举办的露天集市

活动信息

● 7 月 16 日

卡门圣母节 Virgen del Carmen 前一周左右开始，上卡门教堂周边便会举行抬神轿等活动，非常热闹。

● 7 月上旬 ~8 月上旬

格拉哥查节 Guelaguetza 上的乡土舞蹈备受游客们的青睐。

● 12 月 16~24 日

圣诞节前 9 天的夜间开始便有抬神轿的队伍与舞蹈表演。23 日被称为墨西哥萝卜节 Noche de los Rabanos，索卡洛中央广场上会使用大量的萝卜进行装饰。

瓦哈卡州政府旅游局

URL oaxaca.travel

圣多明各教堂前摆满了出售传统服饰的摊位

瓦哈卡州的首府瓦哈卡是一座凝结了墨西哥魅力的城市。拥有众多修建得很雅致的殖民地时期建筑的历史地区与至今仍然有原住民居住的阿尔万遗址等均被列入世界文化遗产名录，是墨西哥观光的热门景点。瓦哈卡气候较好，明朗且悠闲的城市氛围十分独特，令人向往。

在瓦哈卡近郊可以看到至今依然传承着古老文化与风俗的原住民的生活状态。瓦哈卡州是原住民人口比例最高的州，同时也是传统服饰与民间艺术品等原住民文化的宝库。特别是女性用的披肩、坐垫以及通过刺绣表达原住民世界观的传统服饰“连衣裙”等，哪怕只是看一看这些色彩鲜艳的织品都会觉得心情愉悦。此外，这里每年都会举办格拉哥查节等自古流传至今的节日庆祝活动。

COLUMNA

可充分享受乡土舞蹈表演的格拉哥查节

在每年 7 月 16 日之后的两个周一（7 月 18 日是贝尼托·胡亚雷斯的忌日，如恰逢当天为周一，则会在 7 月 25 日和 8 月 1 日举办节日活动）举办的格拉哥查节 Guelaguetza 上可以欣赏到身着色彩鲜艳的传统服饰的人们表演的舞蹈。格拉哥查节原本是原住民向玉米神祈祷丰收的节日，在天主教会的指引下，逐渐演变为卡门圣母的庆祝和祭祀活动（7 月 16 日）。近年来，与宗教节日这一称号相比，实际上舞蹈要素显得更为突出。

位于市区西北部的弗奥尔汀山上的格拉哥查观看场 Auditorio de la Guelaguetza 是格拉哥查节的活动会场。该会场可同时容纳 11000 人，通常情况下，瓦哈卡的七大区域的团体舞均会在此上演，舞蹈团队的服装各具特色，非常有意思。特别是帕帕罗阿潘地区的菠萝花舞 Flor de Piña 与萨波特克的羽冠舞 Danza de las Plumas 比较著名。此外，各团队表演结束时均会向观众席投掷特产与舞蹈中使用过的小道具。例如，麦秆帽子、龙舌兰酒瓶以及菠萝等水果。向观众席投掷的礼品种类很多，到此观看表演的观众可以踊跃地争抢。表演会在 7 点左右开场，负责垫场节目的乐团在 8 点左右开始演奏，各地区舞蹈的表演会分别在 10:00~13:00 点与 17:00~20:00 点进行演出。

观众席分为 Palco A~D 4 种，A~B 的票价为 M$700（C~D 免费）。每年 4 月起，可通过当地的旅游咨询处、旅行社以及票务中心（URL www.ticketmaster.com.mx）购票。

瓦哈卡市内从整体上看犯罪事件较少，景区警备完善，在治安方面基本不必担心。但是，当地穷困阶级人数较多，有很多以游客为目标的乞讨者，如果发现类似人员最好不要靠近。

瓦哈卡 交通

飞机▶ 墨西哥城与瓦哈卡之间每天都有墨西哥国际航空（AM）与英特捷特航空（VLO）的航班往返。埃斯孔迪多港与瓦哈卡之间则有阿埃罗图康航空（RTU）的航班往返。国际航线方面，休斯敦每天有一班联合航空公司的航班飞往瓦哈卡。

从瓦哈卡飞往各地的航班

目的地	每天航班信息	飞行时间	价格
墨西哥城	AM、VLO 共计 7~9 班	1~1.5 小时	M$882~4469
埃斯孔迪多港	Aerotucán 1 班	1 小时	M$1338~1802
蒂华纳	Y4 1 班	4 小时	M$1969~2519

巴士▶ 除了墨西哥城之外，比亚埃尔莫萨、韦拉克鲁斯以及危地马拉国境城市等均有发往瓦哈卡的巴士。

瓦哈卡共有两个主要的巴士总站。位于索卡洛中央广场东北侧的一等巴士总站主要为长途巴士，而位于索卡洛中央广场西侧的二等巴士总站主要是长途巴士与开往米特拉遗址等近郊方向的巴士。

除上述巴士总站之外，还有索卡洛中央广场南侧 400 米左右的 Oaxaca Pacifico 公司的巴士站（除了瓦哈卡南部郊外之外，还有开往爱之沙滩、埃斯孔迪多港方向的二等巴士）等众多小型乘车处。

从瓦哈卡发往各地的巴士

目的地	每天航班信息	飞行时间	价格
墨西哥城	ADO、AU、Fypsa 等每小时 1~3 班	6.5~11 小时	M$442~944
普埃布拉	ADO、AU、Fypsa 等每小时 1~2 班	4.5~8 小时	M$368~690
韦拉克鲁斯	ADO 6 班（8:00~23:59）	6~8 小时	M$464~590
埃斯孔迪多港	OCC 4 班（21:30~ 次日 9:30）	10~12 小时	M$412
圣克里斯托瓦尔	OCC 2 班（19:00、21:00）、ADO GL 1 班（20:00）	10~12 小时	M$604~726
比亚埃尔莫萨	ADO 3 班（17:00~21:30）	12~12.5 小时	M$736
帕伦克	ADO 1 班（17:00）	15 小时	M$856
爱之沙滩	OCC 4 班（21:30~ 次日 9:30）	9~10 小时	M$534~644
图斯特拉·古铁雷斯	OCC、ADO GL 共计 4 班（19:00~22:30）	9~10 小时	M$534~644
塔帕丘拉	OCC 1 班（19:10）	12 小时	M$536

从机场到市内

瓦哈卡的索科索科特兰机场 Xoxocotlán（OAX）位于市区南侧 7 公里处。搭乘出租车（M$300）或者迷你公共汽车（M$75），需时 20 分钟。

从瓦哈卡市内前往机场可在位于大教堂西侧的机场出租车办公室（Map p.258/B2 TEL 514-1071 营 周一～周六 9:00~19:30、周日 10:00~14:00）报名，费用为 M$75。报名成功后，对方会安排含周日在内的航班起降时间段内接送服务。预约时将航班班次准确告知对方，还可享受酒店接送服务。

巴士票售票处 Map p.258/B2

在巴士总站之外的地点也可购买车票。"Ticket Bus" 紧邻索卡洛中央广场，手续费为 M$7。

TEL 501-1208

住 20 de Noviembre No.103

营 每天 8:00~22:00

※ 索卡洛中央广场东北侧也设有窗口

从巴士总站前往市内

一等巴士总站（Map p.259/A4）距索卡洛中央广场约 2 公里。马路对面的巴士车站上标有 Centro 字样的巴士（M$7）开往市中心地区。巴士开往车体风挡玻璃上标注的街道，车辆每两个街区停一次车，由于目的地标识比较难理解，因此最好提前向司机确认。打车约 M$45。

二等巴士总站（Map p.258/C1）距卡洛中央广场约 1 公里。若前往埃斯孔迪多港（每天约 10 班车，车程 7~9 小时，M$200）与爱之沙滩（每小时发多班车，车程 6~8 小时，M$150），从这里搭车较快。

瓦哈卡的市场

从索卡洛中央广场出发，向西南方向前行一个街区便可抵达贝尼托·胡亚雷斯市场 Mercado Benito Juárez（Map p.258/C2 每天 6:00~20:00），这里主要供应食品与日用品，时常挤满前来购物的当地人。可以说这里是市民们的厨房，与购物相比，更重要的是体验当地的地方氛围。该市场南侧紧邻餐馆市场 Mercado 20 de Noviembre（Map p.258/C2 每天 6:00~22:00），这里开设有很多餐馆，种类相当充足。

索卡洛中央广场南行四个街区或者西行两个街区是面向游客设立的民间艺术品市场 Mercado de Artesanias（Map p.258/C2 每天 9:00~20:00）。当地人很少踏入这两家市场，因此略显凄凉，但这恰好给游客们提供了仔细挑选商品的空间。

索卡洛西南方向约 1 公里处是瓦哈卡最大的阿巴斯特斯中央市场 Mercado Central de Abastos（Map p.258/C1 每天 8:00~21:00）。帐篷下的市场内部挤满了人与商品（周六是最高峰），民间艺术品等商品十分丰富。这里有很多原住民，如果无法前往郊外的露天市场，不妨在这里细细品味当地的风土人情。不过，市场内有扒手，游客务必要注意照相机与行李等随身携带的物品。

中心街区的市场内出售的瓦哈卡特产奶酪

小贴士 二等巴士站主要为廉价巴士，为了保证安全，建议游客选择搭乘一等巴士。

瓦哈卡
Oaxaca
地区图▶p.253/A1
N
A
B
C
1
2
瞭望台
天象仪
Planetario
福廷山
Cerro del Fortín
盖拉盖查音乐堂
Auditorio de la Guelaguetza
贝尼托·胡亚雷斯雕像
Calzada Niños Héroes
维多利亚酒店
Victoria
Marcos Pérez
Antigua Fortín Faustino
G. Olivera
Crespo
蒸疗中心
Temazcal
Quetzalcóatl
Escaleras del Fortín
ICC
Jesús Carranza
Cjon del Fortín
Cerro del Fortín
División
Calz. Madero
Oriente
Los Reyos
Unión
Allende
N. Bravo
Expediciones
Sierra Norte
百合花酒店
Azucenas
Tinoco y Palacios
Porfirio Díaz
Moriano Matamoros
Magnolia
Negrete
舞曲广场
Plaza de la Danza
鲁菲诺·塔马约博物馆
Museo Rufino Tamayo
缩勒戴得教堂
Iglesia de la Soledad
圣何塞教堂
San Jose
瓦哈卡绘画美术馆
MUPO
G. Victoria
（从一等巴士总站发车）
圣菲利佩教堂
San Felipe Neri
Independencia
圣伊萨贝尔青年旅舍
Santa Isabel
邮局
机场出租车办公室
Huizares
Hidalgo
墨西哥国际航空
巴士票售票处 Ticket Bus
HSBC
阿尔万山酒店 Monte Albán
Monte Albán
Periferico二等巴士站
（AU公司、SUR公司）
Trujano
公共出租车落客点
（开往北部郊外方向）
Playa Cangrejo
琳娜宿舍
Paulina Hostel
Hostal Santa Rosa
Las Casas
拉康帕尼亚教堂
La Compañía
Victoria
Periférico
Galeana
G. Díaz Ordaz
Lescas Co.
贝尼托·胡亚雷斯市场
Mercado Benito Juárez
二等巴士总站
阿巴斯特斯中央市场
Mercado Central de Abastos
里维拉德尔安吉尔酒店
Rivera del Ángel
（开往阿尔万山方向的迷你巴士）
Ignacio Aldama
圣胡安·德·迪奥斯教堂
San Juan de Dios
公共出租车落客点
（开往东部·南部郊外方向）
开往阿尔万山方向的
巴士乘车处
Mina
巧克力专营店一条街
餐馆市场
Mercado 20 de Noviembre
Miery Terán
Ignacio Zaragoza
民间艺术品市场
Mercado de Artesanías
Arista
J. P. García
20 de Noviembre
M. Cabrera

距离阿埃罗图康航空400米
开往市中心方向
de Chapultepec
卡伦达酒店
Calenda
Instituto Cultural Oaxaca
韦拉克鲁斯酒店
Veracruz
一等巴士总站
Margarita Maza de Juárez
J.Dolevuelta
康扎提公园
Jardín Conzatti
Gómez Farías
墨西哥瓦哈卡购物中心
Oaxaqueño de las Artesanías
胡亚雷斯公园
Parque Juárez
Amigos del Sol
San Martín
Cosijopi
Humboldt
Zarate
Hidalgo
贝尼托·胡亚雷斯之家
Casa de Benito Juárez
上卡门教堂
Carmen Alto
Berriozábal
拉斯玛丽玻萨斯酒店
Las Mariposas
瓦哈卡文化博物馆
Museo de las Culturas de Oaxaca
拉必思那嘎餐馆
La Biznaga
圣多明各教堂
Iglesia de Santo Domingo
罗斯当桑特斯餐馆
Los Danzantes
Constitución
金德阿尔万
Oro de Monte Albán
Becari
教堂
Macedonio Alcalá
罗斯帕克斯餐馆
Los Pacos
拉奥加餐馆 La Olla
Soléxico
Quinta Real Oaxaca
Abasolo
Casa de las Artesanías
Arte de Oaxaca
5 de Mayo
瓦哈卡金塔实酒店
Quinta Real Oaxaca
Tacos Roy
Libres
旅游咨询处
波利尼亚腰布直营店
MARO
Juárez
Pino Suárez
Murguia
Garcia Vigil
Mayis
Morelos
Morelos
Martires de Tacubaya
Insurgentes
Bancomer
瓦哈卡现代美术馆
Arte Contemporáneo de Oaxaca
Reforma
大教堂
Catedral
剧场
Boletotal
埃尔梅斯餐馆
El Mesón
瓦哈卡纺织博物馆
Museo Textile de Oaxaca
Independencia
Turismo Marqués del Valle
索卡洛中央广场
Zócalo
德尔巴列马奎斯酒店
Marqués del Valle
Hidalgo
Valerio Trujano
Lobo Azul
州政府
圣奥古斯丁教堂
San Agustín
Guerrero
González Ortega
Degollado
拉普里马韦拉咖啡馆
La Primavera
Trebol
Cristobal Colón
Santos
Aurora
La Casa del Mezcal
M. Fiallo
Melchor Ocampo
Xicotencatl
Cristobal Colón
Casa de Cultura
Manuel Doblado
Eclipso
（↔爱之海滩方向）
López Rayón
Atlantida公司
（↔爱之海滩方向）
Artega
La Noria
Bustamante
Armenta y López
Oaxaca Pacifico公司
（↔莫雷洛斯奥科特兰）
0
500m
Arista
A
B
C
3
4

旅游咨询处

Map p.259/B3

住 Moriano Matamoros No.120

TEL 514-4161

营 周一～周六 9:00~20:00

周日 9:00~15:00

除了这个营业点之外，一等巴士总站、圣多明各教堂以及大教堂附近的瓦哈卡绘画美术馆等地也开设有旅游咨询处网点。

货币兑换

提供美元现金兑换服务的货币兑换处主要集中在自索卡洛中央广场向东延伸的伊达尔戈大街 Hidalgo 沿街的一个街区。虽然银行汇率更加合适，但营业时间较短且相对拥挤。

位于索卡洛中央广场北部两个街区的 Bancomer 银行的营业时间为周一～周五的 8:30~16:00，游客可使用银行 ATM 完成货币兑换。

墨西哥国际航空

Map p.258/B2

住 Av.Hidalgo No.513

TEL 516-1066

瓦哈卡 漫 步

索卡洛中央广场周边摆满了出售民间艺术品的摊位

瓦哈卡州的首府瓦哈卡市虽然是一座规模比较大的城市，但是主要景点比较集中，步行便可游完全部景点，道路宛如棋盘网格一般，十分完善，简明易懂。从市中心的索卡洛中沿广场到位于该广场北部五个街区开外的圣多明各教堂这一区间被命名为马切多尼奥阿尔卡拉大街 Macedonio Alcalá，是步行者的天堂。这里对游客来说是一条较为繁华的街道，道路两旁有很多商店、餐馆以及出售民间艺术品的露天摊位等。

从索卡洛中央广场出发向南一个街区有贝尼托·胡亚雷斯市场 Mercado Benito Juárez 与餐馆市场 Mercado 20 de Noviembre 等大型市场。市场内除了出售富有平民生活气息的各种商品之外，还汇集了可以品尝地方美食的简易食堂。继续西行 500 米左右便可抵达紧邻二等巴士总站阿巴斯托斯中央市场 Mercado Central de Abastos，这里是瓦哈卡规模最大的市场。除了食品与生活用品之外，还供应各种各样的民间艺术品，是不容错过的一大景点。

在瓦哈卡市内选择搭乘出租车是最为便利的出行方式。起步价 M$40，从索卡洛中央广场到一等巴士总站需花费 M$50 左右。市内巴士（票价 M$57）线路较多，略显复杂。

INFORMACIÓN

有用的信息

从瓦哈卡发团的短途旅行

●阿尔万山遗址

由西班牙语与英语导游带团游览阿尔万山遗址的半日游。10:00、15:00 发团。团费 M$150~220。

●近郊的露天集市

探访举办露天集市的村落及其周边景点。周三～周五、周日的 10:00~14:30，团费 M$200~280。

●埃尔阿瓜瀑布、米特拉遗址

在参观完埃尔图雷与米特拉遗址之后，前往埃尔阿瓜瀑布，回程途中前往龙舌兰酒工作室。10:00~19:00，团费 M$300~350。

※ 上述团费不包含遗址等地的门票与午餐费用等。

※ 有几家旅行社同时开设有前往近郊阿尔万山与米特拉遗址等地的短途旅行团。这些旅行团均配有西班牙与与英语导游。

● Turismo Marqués del Valle　Map p.259/B3

TEL 514-6962

位于大教堂旁的 Marqués del Valle 内。

● Lescas Co.　Map p.258/C2

住 Mina No.518　TEL 516-0666

URL www.montealbanoaxaca.com

位于 Rivera del Angel 内。每天 8:30~19:00 营业。同时运营着开往阿尔万山的迷你巴士（往返票价 M$70）。

瓦哈卡的西班牙语课程

瓦哈卡有很多语言研修学校。几乎所有的学校均以周为单位（仅限工作日），每周一开课。

● ICC (Instituto de Comunicación y Cultura)

Map p.258/A2

住 Escaleras del Fortín No.105

TEL 501-2359　URL www.iccoax.com

五人小班教学，教学方法备受好评。每天 3 小时的课程，一周共需缴纳 US$150 的课时费。

● Soléxico　Map p.259/B3

住 Abasolo No.217,entre Juárez y Reforma

TEL & FAX 516-5680

URL www.solexico.com

成熟的办学机构，广受好评，五人小班教学制。每天 3~5 小时的课程，一周共需缴纳 US$175~215 的课时费，寄宿费用为每周 US$195~。

● Becari　Map p.259/B3

住 M Bravo 210，Plaza San Cristóbal

TEL & FAX 514-6076　URL www.becari.com.mx

小班制教学，除语言课之外，还开设纺织、陶艺、烹饪以及萨尔萨舞等课程。每天 3~6 小时的课程，一周共需缴纳 US$150~320 的课时费。

也可以学习制作纺织品

瓦哈卡 主要景点

圣多明各教堂 Iglesia de Santo Domingo

墨西哥风格巴洛克建筑的代表作 ★★★

圣多明各教堂始建于1575年，历经约一个世纪的时间才完成建造。教堂拥有两座钟楼，外观看上去很有气派，采用华丽装饰的内部也给人以稳重的感觉，是被列入世界文化遗产名录的历史地区的象征性建筑。

教堂内部采用的黄金装饰是圣多明各教堂的精华所在

穿过圣多明各教堂入口后，由金箔与木刻浮雕组成的天花板即刻映入眼帘，上面描绘着以1221年逝世的圣多明各为核心的圣者关联图，又称作生命之树。教堂内并排有两座祭坛，分别是正面的主祭坛与右侧的圣罗萨利亚礼拜堂。教堂整体采用金箔覆盖，重点部位更是镶嵌了宝石，即便是对宗教美术完全不感兴趣的游客也会被这座豪华教堂所感动。

瓦哈卡文化博物馆 Museo de las Culturas de Oaxaca

瓦哈卡地区的各种展示很丰富 ★★

瓦哈卡文化博物馆内展示了阿尔万与米特拉等近郊遗址的出土文物，内容相当丰富。特别值得注意的是阿尔万7号坟墓出土的宝物类文物。例如，金银材质的装饰品、镶嵌有宝石的王冠以及采用精细技术打磨至1毫米厚的玻璃工艺品等，均为极富考古学价值的展品。数量之多，以至于宽敞的展厅内都快要盛不下的这些宝物均出自同一座坟墓。

拥有院子的建筑本身也十分美丽

瓦哈卡文化博物馆内有关瓦哈卡州传统文化的展示也非常有意思。这一地区的原住民被划分为众多民族，通过手工纺织品等便可了解各民族间的文化差异。馆内还有介绍以长老为核心的原住民社会构造与日常生活用品的展示。

圣多明各教堂

Map p.259/B3

入场 每天 7:00~13:00、16:00~20:00

教堂内的注意事项

圣多明各教堂虽然是瓦哈卡首屈一指的观光景点，但它同时也是严肃的信仰之地。游客来到教堂参观时要保持肃静，避免打扰到前来做礼拜的信徒。另外，在教堂拍照禁止使用闪光灯。

从正面看圣多明各教堂

瓦哈卡文化博物馆

Map p.259/B3

位于圣多明各教堂北侧。

TEL 516-2991

入场 周二～周日 10:00~18:15

费 M$65、录像机摄影 M$45

在阿尔万发掘出土的翡翠头盖骨

COLUMNA

希艾拉·诺尔特生态之旅

位于瓦哈卡东北部的希艾拉·诺尔特是保留有丰富的自然生态环境的区域。森林内以蜂鸟与旧大陆莺等数百种鸟类与蝴蝶为主，还生活着美洲豹与蜘蛛猴等，游客可在此巡回山麓游览或观鸟。从瓦哈卡市内包车并聘请导游前往希艾拉·诺尔特，每天需要花费M$1300~1500。

■ 从瓦哈卡出发的生态之旅

● Expediciones Sierra Norte Map p.258/B2

住 Bravo No.210

TEL 514-8271

URL www.sierranorte.org.mx

推荐在架设有大型吊桥的贝尼托·胡亚雷斯周边散步游览

小贴士 在蒸疗中心Temazcal（Map p.258/A2 TEL 516-4644）可以体验墨西哥的传统桑拿。桑拿室内充满芳香水蒸气，含药草按摩在内共需时2~3小时，费用为M$600~。

缩勒戴得教堂

Map p.258/B2

教堂内还开设有宗教博物馆。

●宗教博物馆

入场 每天 9:00~14:00、15:00~19:00

费 M$5 左右的捐献款

尝试着安静地参观教堂

鲁菲诺·塔马约博物馆

Map p.258/B2

TEL 516-4750

入场 周一、周三~周六 10:00~14:00、16:00~19:00 周日 10:00~15:00

费 M$40

贝尼托·胡亚雷斯之家

Map p.259/A3

TEL 516-1860

入场 周二~周日 10:00~19:00

费 M$50、录像机摄影 M$45

内部遗留着曾用作接待室的房间

缩勒戴得教堂 Iglesia de la Soledad

传说中的信仰核心地 ★★

有威严的巴洛克风格教堂

缩勒戴得教堂是在 1682~1690 年期间建造的一座巴洛克风格教堂，外墙装饰是整座建筑的精华所在。教堂内部装饰有瓦哈卡的守护圣母像 Virgen de la Soledad（过去曾采用数百颗钻石与大型珍珠进行装饰，1990 年中期宝石被盗）。

这座教堂建在圣母现身奇迹发生的地方，作为当地最重要的教堂而吸引了众多的信徒。每天 12 月 18 日的缩勒戴得圣母日都会举行祝贺活动，教堂前会有盛大的原住民舞蹈表演与游行队伍。

鲁菲诺·塔马约博物馆 Museo Rufino Tamayo

可以看到墨西哥各地的遗址出土文物 ★

有很多考古学展品

鲁菲诺·塔马约博物馆以著名壁画家鲁菲诺·塔马约（1899~1991）冠名，但实际上这里并不是美术馆，而是塔马约私人收藏的考古学文物博物馆。以在瓦哈卡盆地繁荣的萨波特克与米斯特科文化为核心，同时还展示了对上述文化产生深厚影响的韦拉克鲁斯州的托托纳卡与奥美加的出土文物以及特奥提瓦康文明的出土文物。

贝尼托·胡亚雷斯之家 Casa de Benito Juárez

总统青年时代的居住地 ★

贝尼托·胡亚雷斯（1806~1872）是墨西哥史上唯一一位原住民总统。胡亚雷斯是出生在瓦哈卡近郊的萨波特克族人，12 岁时，几乎完全不会讲西班牙语的胡亚雷斯作为瓦哈卡权威人士的学生勤学苦读并最终以律师的身份踏入政界。在做学生的约 10 年期间，胡亚雷斯就住在这里。这里完好地保留了当时的样子，游客可看到 19 世纪典型的民居。

COLUMNA

贝尼托·胡亚雷斯及其所处时代

胡亚雷斯出生时正值墨西哥独立不久且反动派与自由主义派对立的混沌时期。胡亚雷斯作为自由主义派的领导人出任瓦哈卡州知事后，在 1853 年被中央政府流放至国外，1855 年阿尤托拉革命爆发后回国担任新政府的法务大臣。

1858 年胡亚雷斯当选总统，没收过于富裕的教堂财产，推进自耕农培养等，实行名为“雷福马”Reforma 的划时代性改革。位于市区西北部的福尔特山半山腰上伫立着胡亚雷斯的大型铜像，至今依然守护着瓦哈卡。墨西哥各地也有很多道路以他的名字命名，可以看出胡亚雷斯直至今日还享有很高的声望。

小贴士 餐馆市场南侧是巧克力专营店一条街。中南美通常会将巧克力放入牛奶内溶化后饮用。

瓦哈卡的商店
Shopping

原住民居多的瓦哈卡州是纺织品与陶器等民间艺术品的宝库。圣多明各教堂对面的购物中心、路边摊以及市场等凡是有出售商品的地方均可看到极具当地特色的民间艺术品。如果想要购买质量好一点的商品，建议前往价位较高的商店选购。部分商店会在商品上张贴价签，如大量购买，店家会积极地为顾客提供一些优惠政策。

波利尼亚腰布直营店
MARO

Map p.259/B3

◆民间艺术品直营店

出售五光十色的民间艺术品

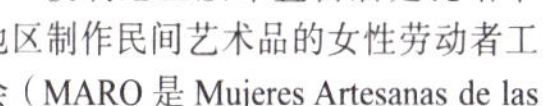

波利尼亚腰布直营店是瓦哈卡地区制作民间艺术品的女性劳动者工会（MARO 是 Mujeres Artesanas de las Región de Oaxaca 的简称）直营的一家艺术商店。店内供应艺术性极高的民间工艺品，商品种类丰富，特别是纺织品与陶器的品种相当齐全。价位适中。

住 5 de Mayo No.204
TEL & FAX 516-0670
营 每天 9:00~19:30
CC M V

墨西哥瓦哈卡购物中心
Oaxaqueño de las Artesanías

Map p.259/A3

◆瓦哈卡州直营的民间艺术品商店

墨西哥瓦哈卡购物中心供应木质杂货、棉绸刺绣、纺织品、陶瓷器以及皮质工艺品等，购物中心内开设有由原住民经营的，出售当地特产的小店，无论是商品品质还是种类都是百里挑一的水准。所有商品均明码标价，定价售卖。

住 Garcia Vigil No.809
TEL 514-4030
营 周一～周五 8:00~19:00、周六 9:00~15:00
CC M V

金德阿尔万
Oro de Monte Albán

Map p.259/B3

◆黄金制品种类十分丰富

金德阿尔万是位于圣多明各教堂对面西侧的一家珠宝店，除上述店铺之外，在市内还有 3 家分店。店内商品以瓦哈卡的特产黄金制品为主，塔斯科的银制品与圣克里斯托瓦尔的琥珀饰品等的种类也相当丰富。手工制品居多。

住 Macedonio Alcalá No.403/503
TEL 516-4224
营 每天 10:00~20:00
CC A M V

INFORMACIÓN

瓦哈卡的特产

传统服饰、纺织品

瓦哈卡州的民间艺术品多为色彩鲜艳的商品，琳琅满目。女性传统服饰连衣裙采用阿姆斯格风格（胭脂色调）与塞拉拉风格（以白色为底色的花纹）等，每个村子的颜色与刺绣各异。此外，纺织品有用于厚实的纯毛彩色披衣与薄桌布等的帕拉梅萨。高档的彩色皮衣采用自然染色工艺，与采用化学染色剂染色的普通商品相比显得更为素雅。纸垫与杯垫等小商品比较适合作为旅游纪念商品。手工刺绣（背面有缝制的痕迹）的帕拉梅萨比机械纺织的花纹更受欢迎。游客可通过检查接缝是否均匀或者用手指摩擦表面检查是否起球等方法判断是否是优质披衣。

买威士忌也可以来民间艺术品市场

陶器、木制品

位于近郊的圣巴托洛科约特佩克出产的名为巴罗黑人的黑色陶器拥有神秘的光泽，在全国范围内享誉盛名。除此之外，还有名为卡尔斯的胡奇唐绿色陶器。卡尔斯是实用性较强的产品，在阿巴斯托斯中央市场等地均有出售。

阿雷布里赫斯是一种木质的动物摆件，色彩鲜艳，在旅游纪念品商店有售，当然也是瓦哈卡的传统工艺品。五彩缤纷的啄木鸟与鳄鱼等，题材十分有趣。

黄金制品

瓦哈卡是黄金产地，因此这里以黄金制品为代表，淡水珍珠与土耳其玉等宝石也相当丰富。在这个地区，女性的时尚往往通过耳饰来表现。因此，耳环与耳钉类饰品相对比较丰富。游客还可以在这里看到以阿尔万山出土文物为设计灵感的商品。

小贴士 瓦哈卡奶酪 Queso Oaxaquerto 是卷成球状的白色细长形奶酪，清淡的咸味与耐嚼的口感是它的特征所在。市场上称重售卖的新鲜奶酪尤为美味。

瓦哈卡的餐馆

Restaurant

由于瓦哈卡是观光胜地，因此餐馆也非常多。时尚餐馆主要集中在索卡洛中央广场与圣多明各大教堂周边，餐馆市场等地还开设有很多简易食堂，供游客品尝当地的平民美食。

瓦哈卡的乡土料理除了将特产奶酪放入砂锅内融化后食用的奶酪锅之外，与摩尔酱汁搭配食用的鸡肉料理也非常有名。瓦哈卡的摩尔酱汁有黑色、红色以及黄色等多个品种，每种颜色的口味都有微妙的差异。

埃尔梅斯餐馆

El Mesón

◆瓦哈卡传统风味美食

埃尔梅斯餐馆拥有开放式厨房，店内环境轻松愉快，可以品尝到瓦哈卡特产奶酪以及搭配玉米粉圆饼食用的香肠（M$43）等乡土料理。早餐M$89，午餐、晚餐M$95，餐馆采用自助用餐模式，备受游客好评。

快餐口碑不错

Map p.259/B3

住 Hidalgo No.805
TEL 516-2729
营 每天 8:00~22:30
税金 已含
CC M V
Wi-Fi 免费

罗斯当桑特斯餐馆

Los Danzantes

◆晚餐需要预订的人气餐馆

罗斯当桑特斯餐馆的烹饪技艺十分精湛，在这里可以品尝到广受好评的墨西哥融合料理。推荐品尝墨西哥魔力鸡（M$175）与采用足量新鲜蔬菜制作的沙拉（M$85~）。从金德阿尔万的入口进入后径直向里便可抵达这家餐馆，采用间接照明的梦幻空间可以用美轮美奂来形容。

摆盘非常漂亮

Map p.259/B3

住 Macedonio Alcalá No.403
TEL 501-1187
URL www.losdanzantes.com
营 每天 13:00~23:00
税金 已含
CC A M V
Wi-Fi 免费

拉普里马韦拉咖啡馆

La Primavera

◆面向索卡洛中央广场的开放式咖啡馆

拉普里马韦拉咖啡馆是位于索卡洛中央广场西侧的一家雅致的自助餐馆。推荐品尝采用奶酪等制成的瓦哈卡风味拼盘 Botana Oaxaqueña（两人份 M$200）。除此之外，早餐套餐 M$43~，饮品 M$19~，酒品种类也十分丰富。

Map p.259/B3

住 Portal de Flores No.1 c
TEL 516-2595
营 每天 8:00~23:00
税金 已含
CC M V
Wi-Fi 免费

罗斯帕克斯餐馆

Los Pacos

◆供应丰富的瓦哈卡料理

罗斯帕克斯餐馆是备受游客青睐的乡土料理店。摩尔拼盘（M$180）可同时品尝到七种摩尔酱汁。还可以尝一尝瓦哈卡风味奶酪火锅（M$99~）。

可以享受摩尔料理的摩尔拼盘

Map p.259/B3

住 Abasolo No.121
TEL 516-1704
URL www.lospacos.com.mxrestaurantes.html
营 每天 12:00~22:00
税金 已含 CC M V Wi-Fi 免费

拉奥加餐馆

La Olla

◆挤满海外游客的乡土餐馆

拉奥加餐馆内采用绘画进行装饰，环境十分时尚。这家餐馆供应多种摩尔料理（M$120~145），将肉与奶酪放在玉米粉圆饼上烤制而成的 Tlayuda Tradicional（M$95）等乡土料理分量十足。

Map p.259/B3

住 Reforma No.402
TEL 516-6668
营 周一～周六 8:00~22:00
税金 已含 CC A M V
Wi-Fi 免费

龙舌兰酵汁是以龙舌兰为主要原材料的墨西哥特产蒸馏酒的总称（龙舌兰酒是其中一种）。在通往米特拉的道路两旁分布着下设商店且可供游客参观的工厂。

拉必思那嘎餐馆
La Biznaga

Map p.259/B3

◆墨西哥 & 欧美料理人气极高

拉必思那嘎餐馆是开设在建筑物中庭区的一家时尚餐馆，采用可自由移动的开放式天花板。这家餐馆的菜单会书写在黑板上，除此之外还有啤酒（M$30~）、主菜（M$94~）以及甜品（M$46）。餐位十分紧张，因此晚餐需要提前预订。

可以休闲地度过用餐时光

住 Garcia Vigil No.512
TEL 516-1800
营 周一～周六 13:00~22:00（周五、周六 ~23:00）
税金 含税
CC M V
Wi-Fi 免费

瓦哈卡的酒店
Hotel

酒店数量繁多且整体费用较低，一些颇具历史感的酒店也十分引人注目。在办理入住前不妨先了解一下客房内装并做一下对比。市中心的部分酒店会受到周边往来车辆的噪声影响，入住这些酒店时需留意选择远离街道的安静客房。索卡洛中央广场与圣多名高教堂周边的步行街是相对比较安静的区域。廉价的小旅馆大多位于索卡洛中央广场南侧的贝尼托·胡亚雷斯市场周边。

瓦哈卡金塔实酒店
Quinta Real Oaxaca

Map p.259/B3

◆瓦哈卡首屈一指的酒店

瓦哈卡金塔实酒店位于圣多名高教堂南侧两个街区，是一家共设有 91 间客房的高档酒店。酒店由建于 16 世纪的修道院改装而成，环境十分浪漫。酒店内各种设施也很齐全。如果条件允许，建议游客入住体验。Wi-Fi 客房 OK · 免费（M$150）

宽敞的客房

可以在酒店的游泳池内悠闲度日

餐馆 ○ 游泳池 ○ 保险柜 ○ 早餐 △
住 5 de Mayo No.300
TEL 516-0611
FAX 516-0732
URL www.quintareal.com/oaxaca
税金 +19%
CC A D M V
费 AC ○ TV ○ TUB △ ⓈⒹM$2250~

INFORMACIÓN

可以欣赏舞蹈表演的餐馆

即便不是在格拉哥查节期间来到瓦哈卡，每天晚上也还是可以在市内的餐馆欣赏舞蹈表演。游客可一边在座位上享用美食与饮品，一边近距离欣赏表演，还可以随意拍照或者录影。

R Monte Albán　Map p.258/B2

位于瓦哈卡市中心的 Monte Albán 内，每周会安排多次表演，具体时间为 20:30~22:00。服务费 M$100，也可以单点饮品。

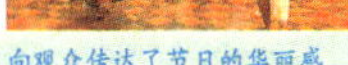
向观众传达了节日的华丽感

R Quinta Real Oaxaca　Map p.259/B3

位于同名酒店内。每周五（旅游旺季期间，每周三也会举办）的 19:00~21:45 期间举办自助形式的豪华晚宴（表演从 20:00 开始）。含餐费在内共需支付 M$400。

舞者们鲜艳的服饰

 餐馆  游泳池  保险柜 早餐 AC 空调 TV 电视 TUB 浴缸

里维拉德尔安吉尔酒店
Rivera del Ángel

Map p.258/C2

◆遗址旅行的迷你巴士也从这里发车

里维拉德尔安吉尔酒店是开往阿尔万山遗址的迷你巴士的始发地。酒店内部的旅行社为游客们准备了丰富多彩的旅行线路。共设有 79 间客房。Wi-Fi 客房 OK · 免费

餐厅 ○ 泳池 ○ 保险箱 ○ 早餐 ○

住 Mina No.518 TEL 516-6666 FAX 514-5405 URL www.hotelrivera-delangel.com 税金 已含 CC M V

费 AC ○ TV ○ TUB × Ⓢ Ⓓ M$700~

卡伦达酒店
Calenda

Map p.259/A3

◆沿街而建，地理位置十分便利

从一等巴士总站出发，步行 8 分钟左右便可抵达卡伦达酒店。这是一家共设有 30 间客房的中档规模酒店，却拥有着十分宽敞的大堂，游客可在此悠闲放松。Wi-Fi 客房 OK · 免费

餐厅 × 泳池 × 保险箱 ○ 早餐 ×

住 Calzada Niños Héroes de Chapultepec No.521-A TEL 515-1576 URL www.hotelcalenda.com 税金 含税 CC M V

费 AC × TV ○ TUB × Ⓢ Ⓓ M$700~

瓦哈卡 **短途旅行**

圣巴托洛科约特佩克 San Bartolo Coyotepec

以漆黑陶器制造而闻名的村落 ★★

圣巴托洛科约特佩克以名为巴罗黑人 Barro Negro 且拥有神秘光泽的黑色陶器而闻名。1930 年，这座村子内一位名为罗莎的女性在原有的瓦哈卡烤瓷基础上发明了这种独特的工艺，并在全村得以推广。罗莎去世后，她的家人继承了工作室，现在还面向游客进行实际制作工艺的现场演示。

格拉哥查节上可以看到手持黑色罐子的女性，实际上这是当地的一种舞蹈。

巴罗黑人的工作室

莫雷洛斯奥科特兰 Ocotlán de Morelos

周五十分盛大的集市 ★

莫雷洛斯奥科特兰位于 175 国道沿线，是一座拥有约 2 万人口的村子，人们通常称其为奥科特兰。每逢周五，中央广场及其周边会有很多露天摊位，村内外很多人会前来赶集。由于周边地区畜牧业繁荣，市场上有很多出售猪、山羊等活家禽以及新剥下的皮毛的摊位。村中心是建

如何前往瓦哈卡郊外的村落

开往瓦哈卡郊外的巴士从二等巴士总站发车，且大多会在阿巴斯托斯中央市场附近停靠。到了下午，巴士班次减少，线路也有所变化，因此最好在清晨搭乘巴士。周六、周日的巴士班次与工作日相比有所减少。

此外，开往北部方向的公共出租车从阿巴斯托斯中央市场北侧发车，开往其他各地的车辆则从阿巴斯托斯中央市场东侧发车，如果目的地就在附近，搭乘这种公共出租车出行会更为顺畅。

如果要高效地游览多个场所，参加由当地发团的旅行团会更加方便。出租车包车费用为每小时 M$150。

圣巴托洛科约特佩克

Map p.267

圣巴托洛科约特佩克位于瓦哈卡市中心南侧约 16 公里。出租车包车前往需要花费 M$10 左右。也可以搭乘开往莫雷洛斯奥科特兰的巴士，在中途下车。

巴罗黑人工作室

● Doña Rosa

住 Benito Juáez No.24

TEL 551-0011

营 每天 9:00~19:00

从巴士停靠的道路向东直行，步行 3 分钟左右便可抵达巴罗黑人工作室。

莫雷洛斯奥科特兰

Map p.267

莫雷洛斯奥科特兰位于瓦哈卡市中心南侧约 40 公里处。每小时约有一班二等巴士从 Oaxaca Pacifico 公司的巴士站发往莫雷洛斯奥科特兰（车程约 1 小时，票价 M$25）。公共出租车费用为 M$20。

小贴士 H 韦拉克鲁斯酒店（Map p.259/A4 住 Calzada Héroes de Chapultepec No.1020 TEL 515-0511）是紧邻一等巴士总站的一家中档酒店。Ⓢ M$540~、Ⓓ M$640~。

每周五举办露天集市

于16世纪的圣多明各教堂，由淡蓝色与黄色组成的教堂外观独特而又十分漂亮。

德·埃托拉村 Villa de Etla

尽显地方风光的淳朴村落 ★★

摆满了出售食材的露天摊位

德·埃托拉村是一座小型村落，沿190国道向普埃布拉方向行驶20公里左右，再向右侧前行，不久便可抵达。这个村子每逢周三举办露天集市，村中心的常规市场周围会挤满众多摊位。从国道向村子行驶途中有家畜市场，可以看到牛、猪以及山羊等家畜交易的盛况。

德·埃托拉村

Map p.267

德·埃托拉村位于瓦哈卡西北侧约20米处。搭乘公共出租车前往需支付M$15。

小贴士 瓦哈卡极具代表性的陶器玩偶作家阿圭勒姐妹在莫雷洛斯奥科特兰中央广场北侧400米左右开设有商店（住 AV.Morelos No.428 TEL 571-0214）与工作室。

奎拉潘 Cuilapan

可以参观宛如希腊神庙一般的修道院遗址 ★

奎拉潘村外的奎拉潘修道院 Convento de Cuilapan 是一座气派的教堂，与这座小型村落显得格格不入。修道院正面荒如废墟，但其形态会令人不禁联想到希腊神庙的遗址。礼拜堂与修道院的部分区域现已作为博物馆对外开放，馆内供游客进行参观。此外，格拉哥查节上的最后一个节目羽冠舞 Danza de las Plumas 实际上是这个村子自古流传下来的舞种。

奎拉潘修道院是必须看的景点

奎拉潘

Map p.267

奎拉潘位于瓦哈卡西南侧10公里左右。每小时有数班开往萨阿奇拉的巴士从二等巴士总站发车（车程约20分钟，票价M$7）。搭乘公共出租车前往需支付M$15。

奎拉潘修道院

入场 每天 8:00~17:00

费 M$39

萨阿奇拉 Zaachila

保留着小型遗址的萨波特克族村落 ★

萨阿奇拉共有3万左右人口，多为原住民萨波特克族。16世纪20年代被西班牙人占领之前，这里曾是古代萨波特克族的居住区，萨阿奇拉遗址 Ruinas Arqueológico de Zaachila 位于村中心附近。每周四举办露天集市，中央公园及其周边道路挤满摊位，充满活力。

萨阿奇拉

Map p.267

萨阿奇拉位于瓦哈卡西南侧17公里处。每小时有数班巴士从二等巴士总站出发开往萨阿奇拉（车程约30分钟，票价M$25）。

萨阿奇拉遗址

入场 每天 8:00~17:00

费 M$39

埃尔图莱 El Tule

高40米的大树非常有名 ★★

被栅栏围住的树木十分巨大

埃尔图莱拥有被誉为“美洲大陆最大树木”的千年古树 Árbol del Tule。这棵树是红杉的一种，据推测其树龄长达2000年以上。高42米，树干粗约60米，总重量可达600吨。现如今位于圣玛利亚教堂内的这座大树被栅栏围绕，四周挤满了慕名前来的朝拜者。

埃尔图莱

Map p.267

埃尔图莱位于瓦哈卡市中心东侧约7公里。每小时有数班巴士从二等巴士总站出发开往米特拉、特拉科卢拉方向（车程约30分钟，票价M$10）。搭乘公共出租车需要支付M$15。

拥有千年古树的圣玛利亚教堂

入场 每天 8:00~17:00

费 M$10

特奥提兰村 Teotitlán del Valle

访问毛纺织品工作室 ★

特奥提兰村的毯子、彩色披衣以及羊毛制品制造业十分兴盛。羊毛纺纱、染色以及编织等工艺几乎均在这个村子完成。这里多为传统的手工制品且产品品质很高，因此高档商品较多。村子里有数百家毛纺织品工作室，在下设商店

还可以参观花毯等羊毛制品的制作工艺

特奥提兰村

Map p.267

特奥提兰村位于瓦哈卡市中心东侧25公里左右。二等巴士总站每小时有数班开往米特拉与特拉科卢拉方向的巴士，从始发站到特奥提兰村这一区间约需50分钟车程，票价M$10。搭乘公共出租车需支付M$15。下车后需要换乘公共出租车（M$15）或者摩托出租车（M$5）。

小贴士 前往米特拉 & 钟乳岩的旅行团会额外收取午餐费用，因此游客在向旅行社申请报名前，最好与对方确认具体的午餐费用。

的工作室内还可以参观制作工艺。村中心有建于 17 世纪的教堂，这座建筑是采用萨波特克遗址的石材完成建造的。来到教堂背面便可发现，这座建筑与米特拉同样是采用遗址作为地基。

特拉科卢拉 Tlacolula

周日的露天集市绝对不容错过 ★

位于特拉科卢拉中心区域的丘里格拉风格教堂

特拉科卢拉坐落在通往恰帕斯方向的 190 国道沿线，这里共有以萨波特克族为主的约 2 万人口。每逢周日，这座村子会举办大规模的露天集市，届时周边村落的村民会蜂拥而至。这里有建于 16 世纪的省克里斯托礼拜堂，内部为丘里格拉装饰风格。

特拉科卢拉

Map p.267

特拉科卢拉位于瓦哈卡市中心东侧 32 公里左右。二等巴士总站每小时有数班开往米特拉与特拉科卢拉方向的巴士（约需 1 小时车程，票价 M$15）。搭乘公共出租车前往需支付 M$22。

钟乳岩 Hierve el Agua

如全景立体画一般的特有景观是这一地区的精华所在 ★★

从瓦哈卡出发，穿过特拉科卢拉与米特拉，在翻越过山道后的溪谷地带有一处钟乳岩景点。这座钟乳岩意为“沸腾的水”，这里原本有矿物质含量极高的冷水不断涌出，源源不断的水流将岩石熔化，之后又经长年累月的风化而凝固，并最终形成了宛如瀑布石化一般的独特景观。当地开设有长约 2 公里的环绕钟乳岩一周的参观线路，可以从断崖绝壁的石化瀑布上眺望远方，也可以从下向上仰望等通过各种角度欣赏美景。

瀑布石化一般的景观令人不可思议且充满魅力

钟乳岩

Map p.267

入场 每天 8:00~18:00

费 M$35

钟乳岩位于瓦哈卡市中心东南方向 70 公里左右。米特拉的巴士站每小时有 1~2 班迷你巴士与公共卡车（M$15）开往钟乳岩。报名参加由瓦哈卡出发的旅行团会比较方便。

COLUMNA

去露天集市上转一转吧

瓦哈卡近郊每周都会定期举办露天集市 Tianguis（9:00~17:00 左右）。这一地区的露天集市是萨波特克族与米斯特克族原住民的传统集市（历史悠久，据说可追溯至 500 年以前）。集市上出售各种各样的食材、日用品以及民间艺术品。卖家与买家均身着色彩鲜艳的传统服饰，当然还聚集了众多前来欣赏上述光景的游客们。游客可在当地报名参加旅行团前往。

原住民的生活状态很有意思

●集市举办时间

周日　特拉科卢拉 Tlacolula
周二　阿特松帕 Atzompa
周三　德·埃托拉村 Villa de Etla
周四　萨阿奇拉 Zaachila
周五　莫雷洛斯奥科特兰 Ocotlán de Morelos
周六　瓦哈卡的阿巴斯托斯中央市场

小贴士 特奥提兰村中心附近的 R Tlamanalli（住 Av.Juárez No.39 TEL 524-4006 营 周二～周日 13:00~16:00）供应瓦哈卡地区的传统美食。这家餐馆至今依旧采用自古流传下来的古老烹饪方法。

特辑 遗迹探访 MonteAlbán

攀登到北侧的大基坛上便可眺望遗址全景

World Heritage 世界遗产

古代萨波特克的祭祀仪式中心

阿尔万山 MonteAlbán

阿尔万山的象征性浮雕"舞者"。在金字塔旁与博物馆内均有展出

阿尔万山始建于公元前 500 年前后，是中美地区历史最为悠久的遗址。遗址虽然仅对基坛部分进行了复原，但其规模却可一目了然，舞者金字塔上的浮雕等具有极高的考古学价值，已被列入世界文化遗产名录。

阿尔万山的历史与文化

萨波特克族将山顶夷为平地并建造了祭祀仪式中心，人口在最强盛时期（500~750 年）一度增长到 25000 人，玛雅文明迎来全盛时期之前，这里曾是中美地区文化水准最高的地方。现如今保留下来的建筑也几乎都是那个时代的产物。850 年前后，萨波特克族开始建造米特拉等新都市，并阶段性地放弃了阿尔万山。之后，米斯特克族踏上这片土地，将这里用作阿尔万山的坟场。这里至今已发掘出 170 余座坟墓，还在部分坟墓中发现了金银财宝。后人推断这座城市惨遭遗弃的原因有地震、流行疾病以及地势较高导致的水资源短缺等，但决定性原因至今依然是一个谜。

萨波特克族的天体观测处

天文台 Observatorio(Edificio J)

在众多建筑中只有这座建筑呈 45° 倾斜状态，因此后人推测这里曾是天文观测台。春分与秋分时节站在宫殿 Palacio 上望去，太阳光正好落入此天文台。

遗址中心区域的天文台

曾用作古代宗教仪式场地的运动场

球场 Juego de Pelota

球场从正上方俯瞰呈平坦的 H 形，与玛雅文明以及托尔特克文明的遗址为同一形态。球赛规则为穿戴皮质护具的选手将球投入石环即为胜利，而阿尔万山并未发现用于投球的石环。

球场曾用作祈祷丰收的宗教仪式场地

描绘有独特的壁画

舞者金字塔 Danzantes(Edificio L)

舞者金字塔是阿尔万山最为古老的建筑之一，墙面上的 300 块巨石平板上刻有舞者的浮雕。这些浮雕看上去像是在滑稽地跳舞，但仔细观察便可发现浮雕上的人物几乎全部裸露着身体，他们紧闭双眼且张着嘴巴，甚至有些部位还迸出鲜血，据说浮雕实际上意为对俘虏的拷问与尸体。其中还有部分刻有浮雕的石板被用为楼梯，当作检查来者是否是天主教徒的手段。阿尔万山将金字塔作为权力与军事力量的象征。如今装饰在金字塔前的物品均为仿制品，真品被保存在金字塔入口处的博物馆、瓦哈卡地方博物馆及墨西哥城的人类学博物馆等地。

遗址观景点

南大基坛 Plataforma Sur

正如其名，南大基坛是位于遗址南侧且规模最大的金字塔。在基坛上可将阿尔万山全景尽收眼底，还可以眺望到远处的瓦哈卡盆地与机场等。

保留有诸神浮雕

第 104 号坟墓 Tumba No.104

第 104 号坟墓建造于 6~8 世纪前后，曾在内部发现了男性尸体与罐子。坟墓墙壁类似特奥蒂瓦坎风格，上面刻有以萨波特克诸神为主题的浮雕。坟墓位于遗址北侧，地上无任何建筑，游客需按照向导前往该景点。

出土众多贵重的埋葬品

第 7 号坟墓 Tumba No.7

7 号坟墓是 14~15 世纪前后米斯特克族的埋葬地，这里曾出土过贵族与陪葬者的尸体，以及数百种宝石和金银财宝。

第 7 号坟墓位于博物馆北侧，出土文物在瓦哈卡文化博物馆内展出。

交通 瓦哈卡的里维拉德尔安吉尔酒店在 8:30~15:30（回程为 12:00~17:00）期间，每小时有 1~2 班的迷你巴士往返于瓦哈卡与阿尔万山之间。车程约需 30 分钟，往返票价为 M$70。

在抵达阿尔万山 2 小时之后方可搭乘回程车，不同时间的车次均可乘坐。从瓦哈卡搭乘出租车前往阿尔万山，单程需支付 M$120 的车费。很多旅行社均开设有由导游带队的旅行团。10:00、15:00 发团，各需 3 小时。团费 M$150~220（不含门票）。

游览方法 遗址开放时间为每天的 8:00~17:00，门票 M$64（含博物馆参观费）。录像机摄影需支付 M$45。花费 1~2 小时的时间便可游遍整个遗址。可以在售票处雇用英语导游（M$230~280 左右）。遗址入口（TEL（951）516-1215）设有博物馆、咖啡馆以及书店，参观之余可前往这些场所小憩。

遗址入口右侧是北大基坛 Plataforma Norte。建议首先登上基坛上方，俯瞰遗址全景。

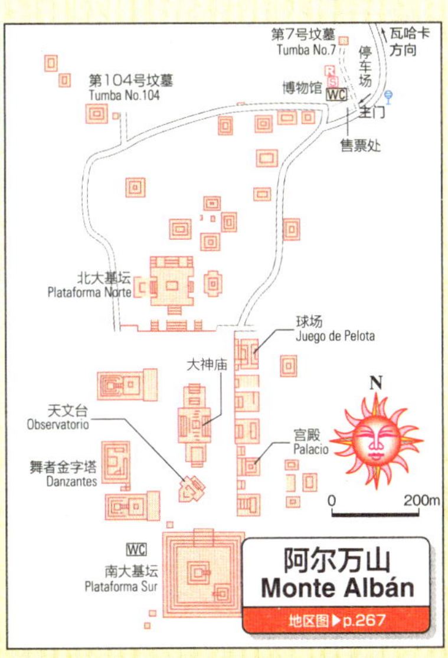

采用碎石进行装饰的外墙

World Heritage 世界遗产

采用细密的马赛克进行修饰的萨波特克遗址

米特拉 Mitla

采用碎石组合而成的细密的马赛克装饰。同时，这也是瓦哈卡传统纺织品的灵感来源

米特拉是萨波特克族在放弃阿尔万山之后的宗教核心地，也是修道士的居住地。

米特拉始建于 100 年前后，9~12 世纪作为萨波特克的祭祀中心得以繁荣，还曾举办过活供品仪式等。

墙壁上至今依然保留着几何图形的马赛克装饰，通过这些墙面装饰便可了解萨波特克族的高超建筑技术与艺术才能。

米特拉的历史与文化

“Mitla”源自古代纳瓦特尔语中的“Mictitlan”（意为死者的场所），米特拉在 14 世纪前后曾用作米斯特克族的坟地，因此后期在这里发现了众多的坟墓。据修道士布尔戈亚记载，17 世纪时西班牙传教士在这里发现了萨波特克国王们的坟墓，因众多活供品尸体而震惊，并重新贴上封条并加以掩埋。

位于北中庭内的建筑遗址

石柱大厅 Sala de las Columnas

石柱大厅位于北中庭 Patio de Norte，在长约 38 米的狭长大厅内等间隔矗立有六根石柱。建筑采用一种脆且比重较大的石灰岩建造而成，屋顶使用竹子或者棕榈等可拆卸的材料进行搭设。中庭一侧的墙壁下方至今依然保留着建造之初的红色。

壮丽的墙饰十分宏伟

马赛克庭院 Patio de Mosaicos

石柱大厅北侧的建筑物墙壁采用壮丽的几何图形进行装饰。碎石完美地表现出了大地与天空等 14 种设计。马赛克庭院是米特拉遗址中最大的看点。

采用漂亮的马赛克花纹进行装饰

独特的石柱传说流传至今

南中庭 Patio de Sur

南中庭紧邻北中庭南侧。这里的地下坟墓是生命石柱 Columna de la Vida 所在地。传说两手环抱生命石柱，可通过手间距离预测余生，距离越短的人越长寿。

南中庭的外墙

遗址内不容错过的景点

教堂地区建筑群 Grupo de la Iglesia

售票处西侧与建于 1590 年的圣帕布罗教堂的背面均保留有马赛克花纹遗址，但保存状态并不好。这座殖民地风格的教堂采用遗址石材建造在遗址上。由于基督教传教，原住民文化惨遭破坏，通过这里的建筑群可以了解到被放弃的墨西哥历史的另一面。

位于遗址北端的教堂地区建筑群

交通 米特拉位于瓦哈卡市中心东侧 60 公里左右。每小时有 3~5 班巴士从瓦哈卡的二等巴士总站开往米特拉，约需 1 小时 40 分钟车程，票价 M$18。搭乘公共出租车前往米特拉需花费 M$25。在米特拉村入口处下车后，沿“Ruinas”的向导步行约 15 分钟便可抵达。

此外，瓦哈卡开设有由导游带队的旅行团，这些旅行团还会途经埃尔图莱等地。10:00~14:30 或者 15:00~19:30 发团，团费 M$200~（不含门票）。另外，还可以在瓦哈卡包车前往（费用为每小时 M$120 左右）。

游览方法 遗址开放时间为每天的 8:00~17:00。门票 M$47。米特拉遗址共分为 5 个区域，圣帕布罗教堂南侧的石柱建筑群 Grupo de las Columnas 是重要遗址的集中地。如果时间允许，不妨前往圣帕布罗教堂北侧的遗址去转一转。

COLUMNA

作为米斯特克族核心地而繁荣的亚古尔遗址

亚古尔 Yagul 是 8~12 世纪前后米斯特克族管辖范围的核心，这里规模不大，但依然保留有修道院等宗教建筑、球场以及坟墓等。据推测，这里是由深受米斯特克族影响的萨波特克族建造而成的。遗址中心区的球场仅次于奇琴伊察遗址，是中美地区第二大球场。这里还保留着三重坟墓的庭园与美洲豹石像（看上去像绿蛙一般）等。此外，登上遗址东侧的岩石，可将遗址与瓦哈卡盆地的景色尽收眼底。遗址开放时间为每天 8:00~17:00。门票 M$43。

亚古尔位于瓦哈卡市中心东侧约 36 公里处。搭乘从二等巴士总站开往米特拉方向的巴士经约 1 小时车程后在设有遗址标识的岔路口下车。由于是中途下车，要提前与司机做好沟通。下车后步行约 1.5 公里便可抵达目的地。当然，游客还可以在瓦哈卡报名参加前往米特拉遗址与亚古尔遗址的旅行团，非常方便。

此外，“亚古尔与米特拉的史前洞窟”在 2010 年列入了世界文化遗产名录。洞窟的部分区域至今依然保留有游牧民定居并从事农业的岩石绘画。另外，洞窟内还出土了数千年前的玉米，这应该是中南美初期栽培植物的痕迹。这些洞窟暂未向游客开放，但作为世界遗产备受世人瞩目。

埃斯孔迪多港

Puerto Escondido

海滩区域聚集了来自世界各地的冲浪运动员们

人口	约3万
海拔	10米
区号	954

活动信息

● 2~3月期间的一周

狂欢节 Carnival 期间整座城市都会沉浸在节日的喧闹中，同时，瓦哈卡州还会在同一时间举办冲浪狂欢节。

● 11月1~30日

在埃斯孔迪多港节 Puerto Escondido Fiesta 期间会同时举办冲浪冠军资格赛 Nacional Surfing Championship，除此之外，还有选美大赛与冲浪大赛等。

● 12月18日

搭载有圣母索雷达 Soledad 像的船只出海，举行如神轿一般的宗教仪式。

瓦哈卡州政府旅游局

URL oaxaca.travel

墨西哥大湖航空公司

TEL 582-0977

墨西哥国际航空

TEL 582-3461

安全信息

墨西哥太平洋沿岸，海水流速较快，不适合游泳。在佩雷斯·加斯加大街南侧的普拉亚·普林西帕尔 Playa Principal、普拉亚·马林奈尔罗 Playa Marinero 及其西侧的昂和里托港 Puerto Angelito 与卡里萨利吉奥 Carrizalillo 等地的海滨区游泳时务必要提高警惕，注意人身安全。

可以在海滨骑马

埃斯孔迪多港（意为“隐藏的港口”）位于阿卡普尔科东侧约400公里处，环小型海湾扩展开来，是一个安静的海滨度假胜地。正如其名，这里曾经是背包客隐居的渔村，而随着瓦哈卡州沿岸的旅游开发，现如今已然成为意趣盎然的游览胜地。沿岸地区波涛汹涌，作为冲浪运动的胜地而闻名。这里每年都会举办墨西哥国内大赛与国际大赛（7~9月、11月）。

落入太平洋的夕阳也十分美丽

埃斯孔迪多港 交通

飞机▶ 墨西哥城每天共有4~6班墨西哥大湖航空公司与墨西哥廉航的航班飞往埃斯孔迪多港。瓦哈卡每天有一班墨西哥国际航空的航班飞往埃斯孔迪多港。埃斯孔迪多港机场 Puerto Escondido（PXM）位于市中心西侧4公里左右，从机场搭乘出租车前往市中心需花费 M$285 左右。

巴士▶ OCC、Estrella Valle、Futura 等各公司的巴士将墨西哥各地紧密地联系在了一起。一等巴士总站位于北部的丘陵地带，距离市中心1公里左右，二等巴士总站位于市中心西北方向2公里左右。

埃斯孔迪多港开往各地的巴士

目的地	每天航班信息	飞行时间	价格
墨西哥城	OCC 2班（15:30、18:00）	18小时	M$1004
瓦哈卡	OCC 4班	7.5~11小时	M$412
圣克里斯托瓦尔	OCC 2班（18:30、21:30）	12~13小时	M$668
阿卡普尔科	Futura、Costa Line 等共计10班（7:00~23:00）	7~8小时	M$412
爱之沙滩	OCC、SUR 等每小时约4班（5:30~次日0:35）	1.5小时	M$66~88

小贴士 埃斯孔迪多港有很多冲浪商店，冲浪板每天仅需 M$200 左右的租金，价位非常低廉。游客可以在当地接受冲浪课程的培训，不妨在墨西哥来一次冲浪首秀。

埃斯孔迪多港 漫 步

起浪很好的兹卡特拉海滩

埃斯孔迪多港共有3个酒店区域。对于游客来说最核心的区域应该是沿巴士总站所在丘陵南下的佩雷斯·加斯加大街 Av.Pérez Gasga 沿街地区。酒店、餐馆、商店、迪斯科以及货币兑换处等鳞次栉比，到了午后这一区域俨然变身为步行者的天堂，挤满了前来观光的游客。位于佩雷斯·加斯加大街东南方向1公里左右的兹卡特拉海滩 Playa Zicatela 作为拥有大浪的冲浪地点而闻名。这里开设有很多经济型旅馆，会聚了世界各地的冲浪运动员。此外，市中心西侧3公里左右是高档酒店区 Bacocho。

从坐落在半山腰的巴士总站处可以非常轻松地步行前往市中心。相反，如果要从市中心前往巴士总站或者高档酒店区，最好搭乘出租车。这里全年日照强烈且湿度较高，步行会出人意料地消耗体力。此外，夜间没有人的海滨区十分危险，应尽量选择较为明亮的道路行走。

埃斯孔迪多港 活动项目

冲浪 Surfing

兹卡特拉海滩是世界前十名的冲浪胜地。这里全年起浪，最佳时节为5~11月前后（不过，5~7月期间多雨，海浪较高，十分危险）。

建议前往兹卡特拉海滩的 Acuario 内的 Central Surf（TEL 582-2285 営 每天 9:00~21:00）租船或者购买船只。租船费用为每天 M$200 左右。购买一艘二手船需要花费 M$1400~，全新的船只则需要 M$4000 左右~。

旅游咨询处

Map p.275

住 Av.Pérez Gasga
TEL 582-1186
営 周一～周五 9:00~14:00、16:00~18:00
周六 10:00~14:00

窗口工作人员精通英语

交通向导

在市内搭乘出租车通常会花费 M$30 左右。从市区前往郊外还可以搭乘小型市内巴士。

货币兑换

佩雷斯·加斯加大街设有货币兑换处，游客可在此将美元或者欧元兑换成当地货币。不收取任何手续费且汇率十分合适。

骑马团

在面向太平洋的海滨区骑马游览。费用为每小时 M$500 左右，可通过酒店与旅行社报名。

野鸟观察团

埃斯孔迪多港西侧14公里左右有一片长约7公里且被红树属植物林包围的环礁湖。这里生活着鹭鸶、朱鹮、鹈鹕以及钓鱼郎等约270种鸟类，游客可乘船观察上述鸟类，活动历时3小时左右。7:00~12:00，团费为 M$600~。

● Lalo Ecotours
TEL 588-9164
URL www.lalo-ecotours.com

出现在树间的船嘴鹭

埃斯孔迪多港共有3座巴士总站。如果时间充裕，游客可分别前往3座巴士总站对比开往各地的巴士时刻表与票价，选择适合自己的巴士。

埃斯孔迪多港的餐馆

Restaurant

游客经常出没的佩雷斯 · 加斯加大街周边汇集了地理位置十分优越的海鲜餐馆与面向当地人开设的食堂等。坐落在海滨区的餐馆多为没有空调的开放式结构，即便是身穿泳衣也可以无所顾忌地进店用餐。

罗斯库洛托斯餐馆

Los Crotos

◆菜品种类繁多

罗斯库洛托斯餐馆面向市中心的海滨区，休息时不妨来到这家餐馆点一杯饮品小憩。各种汤品（M$50~）、金枪鱼的鱼翅（M$124）以及烤虾（M$144）等菜品品种繁多且价位适中。建议品尝由章鱼、贝类、虾类、螃蟹以及鱼类等组成的拼盘 Mariscada（M$295）。

Map p.275

住 Av.Pérez Gasga S/N
TEL & FAX 582-0025
营 每天 7:00~23:00
税金 已含
CC M V
Wi-Fi 免费

弗恩托 · 阿尔马尔餐馆

Junto al Mar

◆在海滨区饱享美味海鲜

弗恩托 · 阿尔马尔餐馆位于市中心的海滨沿岸，来到这里可以海浪声作为背景音乐，在浪漫的环境下享用美食。餐馆内供应各种海鲜菜品，备受游客与当地人的好评。推荐菜品为鱼内塞满虾肉的腓力布拉伊（M$196）。章鱼搭配各种酱料（M$157）也十分美味。

Map p.275

住 Av.Pérez Gasga No.502
TEL 582-0286
营 每天 8:00~23:00
税金 已含
CC M V
Wi-Fi 免费

埃斯孔迪多港的酒店

Hotel

佩雷斯 · 加斯加大街周边与向东延伸的兹卡特拉海滩沿岸汇集了中档酒店以及廉价旅馆。周边开设有很多餐馆与商店，非常方便。此外，市中心西侧 3 公里左右有现代化大型酒店较为集中的高档酒店区，可以安静地度过休假时光。

波萨达真实酒店

Posada Real

◆紧邻海滨的开放式酒店

波萨达真实酒店位于高档酒店区的海滨沿岸。客房以绿色与白色为基础色调，内装十分敞亮。酒店附近的海滨波涛汹涌，游客可以在中庭悠闲放松。酒店还为游客提供全包式住宿系统。共设有 100 间客房。
Wi-Fi 客房 OK · 免费

上 / 详和静谧的客房 下 / 备受游客欢迎

Map p.275 外

餐馆 ○ 游泳池 ○ 保险柜 ○ 早餐 △
住 Bacocho
TEL 582-0133
FAX 582-0192
URL www.posadareal-hotels.com
税金 +19%
CC A D M V
费 AC ○ TV ○ TUB × ⓈⒹM$1138~

圣塔非酒店

Santa Fe

◆安静的周边环境拥有极高的人气

圣塔非酒店位于兹卡特拉海滩的最北端。客房窗框与家具等采用稳重的木质材料，看上去详和静谧。海景餐馆也备受好评。共设有 60 间客房。Wi-Fi 仅限公共区域 · 免费

Map p.275

餐馆 ○ 游泳池 ○ 保险柜 × 早餐 △
住 Morro S/N,Colonia Marinero
TEL 582-0170 FAX 582-0260
URL www.hotelsantafe.com.mx
税金 +19% CC A M V
费 AC ○ TV ○ TUB × ⓈⒹM$1500~

五月花酒店

Mayflower

◆设有多人房且十分清洁的廉价旅馆

五月花酒店位于佩雷斯 · 加斯加大街前的一个街区。这家酒店住宿费用低廉，但十分清洁，热水等配套设施也很齐备。留宿的多为背包客，还可以在这里收集旅游信息。4~7 人的多人房费用为 M$100~。共设有 17 间客房。Wi-Fi 客房 OK · 免费

Map p.275

餐馆 × 游泳池 × 保险柜 × 早餐 ×
住 Andador Libertad S/N TEL 582-0367
FAX 582-0422 URL www.mayflowerhostel.com 税金 已含 CC M V
费 AC ○ TV × TUB × Ⓢ M$290~、Ⓓ M$420~

埃斯孔迪多港 短途旅行

安赫尔港 Puerto Angel

充满质朴氛围的海滨 ★★

安赫尔港距离瓦哈卡约200公里，位于埃斯孔迪多港东侧约80公里处。这里原本是一座小渔村，20世纪60年代欧美嬉皮士开始在此集结，并逐渐发展成为远离都市喧嚣与文明、使身心得到解放的世外桃源。现如今，这里共开设有30余家小型酒店，与较为成熟的埃斯孔迪多港相比显得更加悠闲宁静。

在安安静静的海滨享受宛如世外桃源一般的环境

较受游客欢迎的是乘船环游附近四个海滨的潜泳项目。除了在途中可以看到海豚群之外，还有可能在6~12月期间看到正值产卵期的海龟。游客可通过设在海滨区的办公室报名。

兹波利特 Zipolite

长期旅行者聚集的安静渔村 ★★

兹波利特是位于安赫尔港西侧约3公里处且拥有超长海岸线的美丽村落。这里海浪较高，不适宜游泳，但作为冲浪地备受冲浪运动员们的青睐。海滨沿岸有很多木质小房的家庭旅店，客房也多以吊床的形式呈现。住宿费用为每晚M$100~300左右。

休息日在这里悠闲自在地眺望海浪也是一个不错的选择

从兹波利特海岸返回安赫尔港的海湾处有以裸体主义而闻名的爱情海滩 Playa Amor。

马总兹 Mazunte

可以参观海龟生态 ★

马总兹位于安赫尔港西侧8公里左右，与兹波利特齐名，备受冲浪运动员以及背包客们的青睐。这个海滨建有海龟博物馆 Centro Mexicano de la Tortuga，这里以乌龟研究而闻名世界。馆内参观包括饲养有海龟的水族馆、室外水槽、图片展示区以及旅游纪念品商店等。埃斯孔迪多港开设有前往马总兹海龟博物馆的旅游专线。

饲养的海龟

如何前往埃斯孔迪多港近郊

游客可以爱之沙滩 Pochutla 为起点前往安赫尔港、兹波利特以及马总兹。爱之海滩的巴士总站附近开设有几家价位适中的酒店（M$100~300左右）。埃斯孔迪多港每小时有4班巴士开往爱之海滩（车程1~2小时，票价M$37~69），瓦哈卡每小时有多班巴士开往爱之海滩（车程6~8小时，票价M$144~388），墨西哥城每天有8班巴士开往爱之海滩（车程14~16小时，票价M$1004）。

安赫尔港

Map p.253/B1

从爱之海滩搭乘巴士前往安赫尔港约需15分钟车程（票价M$10）。还可以乘坐出租车（M$12）与公共卡车（M$10）前往。

潜泳体验团

TEL （958）584-3109

10:00、14:00发团，需时约4小时，团费M$200。

兹波利特

Map p.253/B1

从爱之海滩出发，搭乘出租车（M$18）经由安赫尔港前往兹波利特，需时约20分钟。

马总兹

Map p.253/B1

从爱之海滩出发，搭乘巴士（M$18）或者出租车（M$22）前往马总兹，需时约30分钟。

海龟博物馆

TEL （958）584-3376

入场 周三～周六 10:00~16:30
周日 10:00~14:30

费 M$30

小贴士 马总兹聚集了以冲浪运动员为代表的年轻游客，沿岸地区开设有众多廉价旅馆，每人每天仅需M$100左右。这里有时会由于季节原因蚊虫过多，游客务必要做好防虫准备。

圣克里斯托瓦尔·德拉斯卡萨斯

San Cristóbal de Las Casas

展现墨西哥原始风景的恰帕斯高原核心地

人　口	约 25 万
海　拔	2210 米
区　号	967

关键词!

- ★圣多明各教堂
- ★圣克里斯托瓦尔教堂的景色
- ★圣胡安·恰穆拉

活动信息

● 3~4 月

圣周 Semana Santa 期间举办神轿、游行以及斗牛等活动。

● 7 月 15~25 日

圣克里斯托瓦尔节 Fiesta de San Cristobal 期间在圣克里斯托瓦尔教堂周边举办各种庆祝活动。

※ 除上述活动之外，圣克里斯托瓦尔·德拉斯卡萨斯市创立纪念日（3 月 31 日）、恰帕斯统一纪念日（9 月 14 日）、死者日（11 月 2 日）以及圣母瓜达卢普节（12 月 10~12 日）等也会举行庆祝活动。

恰帕斯州政府旅游局

URL www.turismochiapas.gob.mx

恰帕斯州的首府图斯特拉·古铁雷斯

图斯特拉·古铁雷斯位于圣克里斯托瓦尔·德拉斯卡萨斯西侧约 85 公里处，是恰帕斯州的首府，同时还是拥有约 57 万人口的商业都市。这座城市是四面环山的盆地，由于地势低洼，与圣克里斯托瓦尔·德拉斯卡萨斯相比更显闷热。这里是重要的交通要塞，从各地发来的航班与巴士都非常频繁。市内基本没有十分突出的观光胜地，市区西侧约 12 公里处有一座至今仍保留有历史建筑的古都恰帕德科尔索城，从这里可以搭乘观光船前往苏米德罗峡谷欣赏大自然美景。

挤满游客与小贩的索卡洛中央广场与总教堂

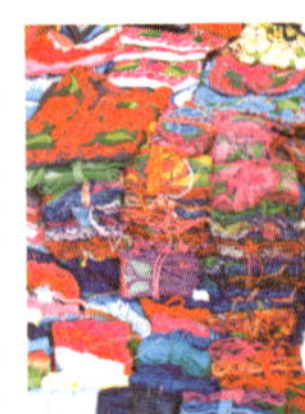

鲜艳的纺织品是十分受欢迎的旅游纪念商品

圣克里斯托瓦尔·德拉斯卡萨斯四面环山，是恰帕斯州美丽的高原城市。玛雅文明瓦解后，原住民从洼地移居来到这片土地。1528 年，西班牙人马萨里格斯将这一地区作为统治的核心区域，创建殖民城市，在 1893 年迁都图斯特拉·古铁雷斯之前，这里曾以政治与经济中心的身份繁荣一时。

圣克里斯托瓦尔·德拉斯卡萨斯近郊有很多自古便在此生活的原住民建立的村落，现如今这座城市也成了他们的交易中心。身着鲜艳传统服饰的原住民在殖民风格的市区内穿行的样子颇具墨西哥风情。此外，这里还作为漂亮的刺绣纺织品等民间艺术品的产地而闻名。这座城市虽然是通往危地马拉与帕伦克遗址等地的交通要塞，但最好能够在此逗留些许时日，悠闲地体验墨西哥南部的风土人情。

从圣克里斯托瓦尔·德拉斯卡萨斯开往各地的巴士

目的地	每天的班次	行驶时间	价格
墨西哥城	OCC、ADO GL、Lacandonia 共计 16 班（16:30~次日 5:30）	13~14 小时	M$1256~1522
瓦哈卡	OCC 2 班（18:05、22:45）、ADO GL 2 班（20:00、21:00）	11.5 小时	M$604~726
图斯特拉·古铁雷斯	OCC、ADO GL、O.Chiapas 等每小时数班	1 小时	M$52~64
埃斯孔迪多港	OCC 2 班（19:15、22:00）	12.5~13.5 小时	M$668
帕伦克	OCC、AEXA 等每小时 1~2 班	6~6.5 小时	M$206~374
比亚埃尔莫萨	OCC 1 班（10:00）	8 小时	M$402
坎昆	OCC、ADO GL 共计 3 班（12:00~15:30）	17.5~19 小时	M$1188~1242
莫城	OCC 5 班（7:00~17:30）	3 小时	M$132
克密塔恩	OCC、ADO GL 等每小时 1~2 班（5:45~次日 1:35）	1.5~2 小时	M$64~76
塔帕丘拉	OCC 7 班（7:45~23:20）	7.5 小时	M$346~430
切图马尔	OCC、ADO GL 共计 3 班（12:15~16:00）	11.5~13 小时	M$730~852

安全信息　市中心的历史地区警备森严，可放心游玩。不过，城市周边的坡地多为贫困阶层居住的贫民街，治安状况较差，尽量不要靠近。

圣克里斯托瓦尔·德拉斯卡萨斯 交 通

飞机▶ 墨西哥国际航空与英特捷特航空等每天共计有 6~13 次航班（需时约 1.5 小时，票价 M$799~4222）从墨西哥城飞往位于圣克里斯托瓦尔·德拉斯卡萨斯西侧 85 公里左右的恰帕斯州首府图斯特拉·古铁雷斯的安琪儿·阿尔比诺·克尔索机场 Angel Albino Corzo（TGZ）。

巴士▶ 圣克里斯托瓦尔·德拉斯卡萨斯市中心南侧的街边有各公司的巴士总站。一等巴士总站位于 Insurgentes 大街入口附近，主要停靠由各地发来的 OCC、ADO GL 等巴士。其周边集中了公共迷你巴士与 AEXA 等巴士站。除此之外还有二等巴士，主要为由各地发来的 Ruta Maya 与 Elite 等巴士。

从图斯特拉·古铁雷斯的安琪儿·阿尔比诺·克尔索机场前往圣克里斯托瓦尔

OCC 公司开设有从机场前往圣克里斯托瓦尔的直达巴士，每天 7~8 班（需时约 1 小时 30 分钟，票价 M$210）。还可以从机场搭乘出租车前往位于市内的巴士总站（需时约 30 分钟，费用为 M$337），再换乘开往圣克里斯托瓦尔方向的巴士（需时 1 小时、票价 M$30~79）或者迷你巴士（票价 M$50）。

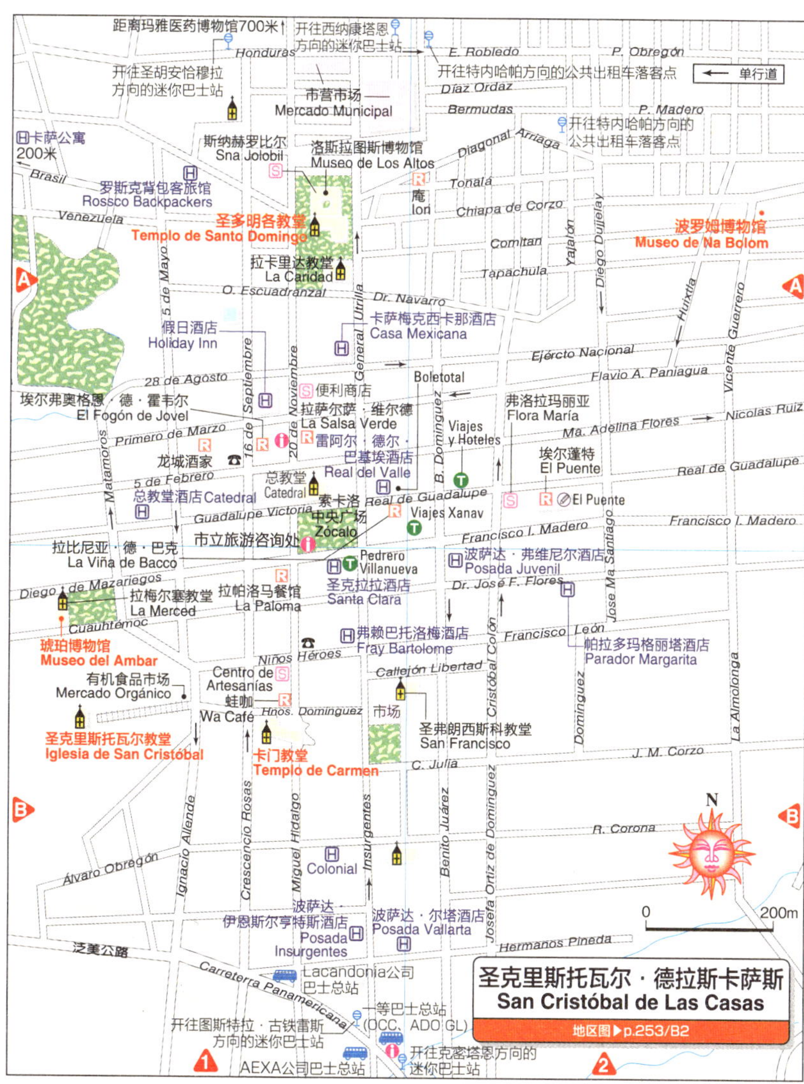

旅游咨询处

● 市立旅游咨询处

Map p.279-A1

TEL 678-6570

营 每天 8:00~19:00

货币兑换

集中在索卡洛中央广场周边的银行与货币兑换处提供美元现金兑换服务。

西班牙语学校

● El Puente

Map p.279-A2

住 Real de Guadalupe No.55

TEL 678-3723

URL elpuente.galeon.com

CC M V

班级授课每小时 US$10,3 小时 US$30，一周（15 小时）US$140。寄宿形式（含三餐）的班级授课，一周需支付 US$230。除上述之外还提供一对一辅导服务。馆内设有电影放映室、瑜伽教室以及餐馆（营 周一～周六 8:00~22:30、周日 9:00~17:00），会一直热闹到深夜。

一等巴士售票处

● Boletotal

Map p.279-A1

住 Real de Guadalupe No.14

TEL 678-0291

营 每天 7:00~21:00

圣克里斯托瓦尔·德拉斯卡萨斯 漫 步

近郊村落的原住民集聚在一起出售物品

市场上出售蔬菜水果，环境淳朴

圣克里斯托瓦尔·德拉斯卡萨斯的市中心是索卡洛中央广场。广场北侧建有巴洛克风格的总教堂，周边还聚集了酒店、餐馆以及商店等。从位于 190 国道（泛美公路）沿线的长途巴士总站出发，沿起义者大道 Insurgentes 北行 9 个街区便可抵达索卡洛中央广场，步行约需时 10 分钟。道路比较平坦，景点也大都集中在市中心地区，因此可以步行的形式悠闲地游览观光。

索卡洛中央广场北侧 600 米左右有一个市场 Mercado，近郊的原住民会集聚在这里售卖各种物品。市场营业时间为每天 7:00~16:00，经常会挤满身着鲜艳传统服饰的人。此外，开往近郊村落方向的迷你巴士的巴士总站位于该市场西侧一个街区。市区里有很多营运出租车，如目的地在市区范围内，则大约需花费 M$30~35 的车费。还可以包车，费用为每小时 M$140 左右。

由于圣克里斯托瓦尔·德拉斯卡萨斯地势较高，白天日照十分强烈，而夜间却又相当寒冷，即便是夏天也务必要准备长袖棉毛衫等御寒衣物。

INFORMACIÓN

有用的信息

从圣克里斯托瓦尔出发的旅行团

旅行社为游客们安排了前往周边景点的旅行团。如探访原住民村落，考虑到人身安全问题，建议游客报名参团前往。下面介绍各线路的基本信息，报名时间需要与旅行社方面详细确认费用与注意事项（开团人数、是否提供团餐以及是否有英语导游等）等具体事宜。

● 原住民村之旅

前往恰穆拉与西纳康塔恩两个村子。9:30~13:30，团费 M$250~300。前往圣胡安·恰穆拉的骑马团费用为 M$200~。

● 帕伦克遗址与碧水瀑布之旅

前往墨西哥玛雅闻名的代表性遗址帕伦克与米索尔哈瀑布以及碧水瀑布。5:00~21:00，团费 M$450。

● 蒙特贝洛湖与楊纳姆桥考古区

除了紧邻国境的蒙特贝洛湖与楊纳姆桥考古区之外还会前往阿玛特南戈·德尔·帕基埃。8:00~20:00，团费 M$350。

● 恰帕德科尔索城与苏米德罗峡谷

在参观完古都恰帕德科尔索城之后乘船前往苏米德罗峡谷。9:00~14:30，团费 M$300~330。

主要旅行社

● Viajes Xanav Map p.279-A2

住 Real de Guadalupe No.7

TEL 678-5581

● Viajes y Hoteles Map p.279-A2

住 Real de Guadalupe No.34

TEL 678-0957 URL www.tourshotel.com.mx

● Pedrero Villanueva Map p.279-B1

住 Insurgentes No.1 TEL 678-1041

骑马前往圣胡安·恰穆拉的旅行团拥有极高的人气

小贴士 市中心地区由外国人经营的时尚餐馆、咖啡馆以及商店逐渐增多。随着街道交通流量与游客量的增加，从索卡洛中央广场延伸出来的步行者专用道也不断地扩大范围。

圣多明各教堂 Templo de Santo Domingo

拥有豪华祭坛的巴洛克教堂 ★★

从索卡洛中央广场向北5个街区便是圣多明各教堂，这是圣克里斯托瓦尔·德拉斯卡萨斯规模最大的教堂。这座庄严的建筑于1560年竣工，巴洛克风格的墙面装饰则是在17世纪修造的。内部设有采用黄金进行装饰的祭坛等，十分豪华。

圣多明各教堂北侧是由修道院改装而成的洛斯拉图斯博物馆 Museo de Los Altos，这里展出有用于了解恰帕斯州原住民村历史的展品。

教堂前的露天集市

建筑物的正面装饰也相当宏伟

卡门教堂 Templo de Carmen

充满异国情调的建筑轮廓深深印入人们的脑海 ★

卡门教堂的钟楼亮起了照明灯

索卡洛中央广场向南3个街区便是建于16世纪的卡门教堂。教堂正面采用拱门设计的钟楼在墨西哥十分罕见，随处可见危地马拉风格的设计理念。教堂东侧是设有画廊与图书馆的文化会馆 Casa de Cultura。

波罗姆博物馆 Museo de Na Bolom

了解原住民拉坎东族文化的图片绝对不容错过 ★

这里曾居住着一对夫妻，二人分别是丹麦考古学家与瑞士人类学专家，波罗姆博物馆现在展出的便是他们留下来的恰帕斯玛雅文明与原住民拉坎东族的研究资料。波罗姆在佐齐尔语中意为“美洲豹之家”。夫妻二人连续13年对禁止外族人靠近的拉坎东族的村落进行考察并留下了十分珍贵的图片资料等。此外，图书馆内共拥有13000册的藏书。

博物馆又同时作为酒店与餐馆对外营业

圣多明各教堂
Map p.279/A1

洛斯拉图斯博物馆
Map p.279/A1
入场 周二～周日 9:00~18:00
费 M$43

卡门教堂
Map p.279/B1
TEL 631-6018
入场 每天 10:00~12:00、16:00~18:00

采购特产

可以在市区的珠宝店、饰品店购买翡翠与琥珀装饰品等恰帕斯特产。街边小贩与广场上的露天商贩们出售的商品价位虽低，但品质却不容乐观。

波罗姆博物馆
Map p.279/A2
TEL 678-1418
入场 每天 10:00~19:00
费 M$45（在西侧庭园内的商店购票）

可参加16:30出发的英语或者西班牙语导游团（需时2小时，团费M$60）。含15分钟的英语解说视频。

在博物馆享用晚餐

波罗姆博物馆的部分区域是一家正常经营的酒店。住宿费用为Ⓢ Ⓓ M$1050~。共设有16间客房。

此外，游客还可以在古香古色的餐室优雅地享用晚餐（需要在17:00前预约。晚餐从19:00开始，餐费为M$250）。

小贴士 圣多明各教堂周围有由居住在郊外的原住民们举办的露天集市。不过，这里的商品通常会翻倍要价，在购买之前务必要与卖家进行交涉。

圣克里斯托瓦尔教堂

Map p.279/B1

坐落在高岗上，可以俯瞰市镇

民间艺术品的采购点

索卡洛中央广场向南3个街区有恰帕斯州公认的民间艺术品商店。店内定价出售刺绣商品、服饰以及陶器等，种类十分齐全。

● Centro de Artesanías

Map p.279/B1

住 Av.Miguel Hidalgo, esq. Niños Héroes TEL 678-1180

营 周二～周日 9:00~20:00

玛雅医药博物馆

在北部郊区有一座由恰帕斯州当地医药协会组建的玛雅医药博物馆。在这里可以通过堪比实物的人形玩偶、布景以及影音资料了解原住民的传统信仰与医药疗法。

● Museo de la Medicina Maya

Map p.279/A1 外

住 Av.Salomón González Blanco No.10 TEL 678-5438

URL www.medicinamaya.org

入场 每天 9:00~18:00（周六·周日 10:00~17:00）

费 M$20

琥珀博物馆

Map p.279/B1

TEL 678-9716

URL www.museodelambar.com.mx

入场 周二～周日 10:00~14:00、16:00~19:30

费 M$25

圣克里斯托瓦尔教堂 Iglesia de San Cristóbal

建在可以俯瞰市镇的高岗上 ★

建在山顶上的白色教堂

圣克里斯托瓦尔教堂位于索卡洛中央广场西南方向的山丘上。登上被树木覆盖的阶梯便可看到坐落在山顶的教堂，教堂外墙以白色为基础色调，朱红色镶边，在朝阳的映射下显得格外美丽。在山顶上可将圣克里斯托瓦尔市区的景色尽收眼底。教堂背面有一座广场，7月下旬的圣克里斯托瓦尔节期间这里会摆满摊位，还有木琴乐团等的现场表演。游客可以从索卡洛中央广场出发，悠闲漫步15分钟左右后，在西侧车道搭乘出租车前往。

琥珀博物馆 Museo del Ambar

展出墨西哥古代文明的装饰品 ★

展出琥珀的博物馆

琥珀博物馆紧邻拉梅尔塞教堂，由修道院遗址修复而成。恰帕斯州拥有世界第三大琥珀矿脉，自古玛雅时代起便将其用作装饰用品。馆内除了展出加工为各种形态的琥珀之外，还有关于开采及其历史的内容，此外，通过观看影音资料还可以进一步加深琥珀的相关知识。

COLUMNA

蒙特贝洛国家公园

位于圣克里斯托瓦尔东南方向100公里左右的蒙特贝洛国家公园 Montebello P.N. 是拥有丰富森林资源的自然保护区。这一带紧邻危地马拉国境，有各种各样，大小不一的琥珀，美丽且神秘。周围森林采取周密的保护措施，游客可在森林的沐浴下环湖游览。搭乘巴士等公共交通设施前往蒙特贝洛国家公园略显不便，但是圣克里斯托瓦尔开设有包含国家公园、榻纳姆桥考古区以及阿马特南戈·德尔·巴杰村在内的旅游观光团，团费M$330~380。

可在当地原住民的陪同下游览观光

小贴士 有机食品市场 Mercado Orgánico 出售在周边收获的蔬菜与水果，市场营业时间为每周三、周六的10:00~15:00。具体位置为圣克里斯托瓦尔教堂楼梯北侧的食堂中庭。

圣克里斯托瓦尔·德拉斯卡萨斯的商店

Shopping

恰帕斯州是纺织品、陶器以及皮革制品等民间艺术品的宝库。特别是连衣裙与毯子等纺织品，备受游客们的喜爱。除了索卡洛中央广场周边之外，圣多明各教堂附近等地也有出售民间艺术品的商店。翡翠与琥珀等饰品也是这个地区的特产。

斯纳赫罗比尔

Sna Jolobil

◆民间艺术品品类丰富

斯纳赫罗比尔是圣多明各教堂内的一家民间艺术品商店。品类齐全的纺织品采用独具当地特色的设计风格进行制作。店内商品涵盖连衣裙、穗式披巾等传统服饰，还有帽子与工艺品等，十分丰富。商品布局十分整齐，产地一目了然。

Map p.279/A1

住 Lázaro Cárdenas No.42

TEL 678-7178

营 周二～周日 9:00~14:00、16:00~18:00

CC A M V

弗洛拉玛丽亚

Flora María

◆珠宝专营店

弗洛拉玛丽亚是一家大型珠宝店，从索卡洛中央广场向东 3 个街区即是。店内一角展出有恰帕斯出产的琥珀。除此之外，还有塔斯科产的银质与翡翠等装饰品。

Map p.279/A2

住 Real de Guadalupe No.27

TEL 678-5050

营 每天 9:00~21:00

CC A M V

圣克里斯托瓦尔·德拉斯卡萨斯的餐馆

Restaurant

餐馆多位于索卡洛中央广场周边。索卡洛东西开设有平价餐馆，市场与巴士总站周边还有面向当地人开设的简易食堂，建议经济型游客前往品尝。

埃尔弗奥格恩·德·霍韦尔

El Fogón de Jovel

◆乡土料理的不二之选！

在埃尔弗奥格恩·德·霍韦尔可以品尝到恰帕斯的乡土美食，每天 14:00~ 与 20:00~ 还可以欣赏木琴演奏。推荐恰帕斯风味炭火烧烤 Parrillada Chiapaneca（M$195~）。

浇有奶油与奶酪的恰帕斯风味炭火烧烤

Map p.279/A1

住 Av.16 de Septiembre No.11

TEL 678-1153

营 每天 9:00~12:00、13:00~22:00

税金 已含

CC 不可

Wi-Fi 无

拉帕洛马餐馆

La Paloma

◆在富丽堂皇的餐馆内享用美味菜肴

拉帕洛马餐馆同时又是一家咖啡馆，店内设有画廊，旁边还开设有礼品店。菜品涵盖墨西哥料理与欧式料理（M$55 左右）等，品种丰富，菜量也很大。咖啡售价 M$23~。

Map p.279/B1

住 Miguel Hidalgo No.3

TEL 678-1547

营 每天 8:00~24:00

税金 已含

CC M V　Wi-Fi 免费

蛙咖

Wa Café

◆供应素食菜单

人气拉面（M$85~）有酱油、盐以及猪骨等丰富的品种，口味十分正宗。

Map p.279/B1

住 Miguel Hidalgo 13A

TEL 631-6247

营 周三～周日 14:00~22:00

税金 已含　CC 不可　Wi-Fi 免费

拉比尼亚·德·巴克

La Viña de Bacco

◆可饱享葡萄酒的西班牙风味小馆

拉比尼亚·德·巴克实际上是一家酒吧，可在休闲的环境下品尝美味的葡萄酒。店家共准备有十余种杯装葡萄酒（M$20~），还有 3 种免费小菜供顾客品尝。店内开放式的环境备受游客青睐，慕名前来的顾客经常会排起长队等位。

一边欣赏街景一边品尝美味的葡萄酒

Map p.279/A1

住 Real de Guadalupe No.7

TEL 119-1985

营 每天 13:30~24:00

税金 已含

CC M V

Wi-Fi 免费

圣克里斯托瓦尔·德拉斯卡萨斯的酒店

Hotel

市中心各种档次的酒店资源十分丰富，有很多费用低廉却十分优质的酒店。夜间较为寒冷，入住前务必要确认是否可以洗热水澡。

卡萨梅克西卡那酒店
Casa Mexicana

◆木质内装十分漂亮

从圣多明各教堂向南一个街区便是卡萨梅克西卡那酒店，这是一家共设有 54 间客房的四星级酒店。殖民地时期风格的酒店外观非常漂亮，院子里摆满了庭园式的盆景，显得时尚且优雅。客房内部以黄色为基础色调，可以感受到木质材料所特有的温暖感。

Wi-Fi 客房 OK · 免费

Map p.279/A1

餐厅 ○ 泳池 ○ 保险箱 ○ 停车场 收费

住 28 de Agosto No.1

TEL 678-0698

FAX 678-2627

URL www.hotelcasamexicana.com

税金 +18%　CC A M V

费 AC ○ TV ○ TUB ○ ⓈⒹM$1050~

假日酒店
Holiday Inn

◆最好的殖民地时期风格酒店

从索卡洛中央广场向北三个街区便可抵达这家四星级的假日酒店。酒店规模较大，外观呈殖民地时期风格，客房设计各具特色，可以多参观几间再决定入住。电炉与暖气设施完善，共设有 79 间客房。

Wi-Fi 客房 OK · 免费

Map p.279/A1

餐厅 ○ 泳池 × 保险箱 ○ 停车场 收费

住 Primero de Marzo No.15

TEL 674-9090　FAX 678-0514

URL www.ihg.com

税金 +18%　CC A D M V

费 AC ○ TV ○ TUB × ⓈⒹ M$1355~

帕拉多玛格丽塔酒店
Parador Margarita

有优雅感觉的内部装饰

◆轻松舒畅地度过美好时光

从索卡洛中央广场出发，向东步行 5 分钟左右便可抵达帕拉多玛格丽塔酒店，环境十分安静。宽敞明亮的中庭环绕庭园而建。在餐馆可以围在炉旁享用恰帕斯料理。共设有 27 间客房。

Wi-Fi 客房 OK · 免费

Map p.279/B2

餐厅 ○ 泳池 × 保险箱 ○ 停车场 ○

住 Dr.José F.Flores No.39

TEL 116-0164

税金 已含

CC M V

费 AC × TV × TUB × Ⓢ M$830~、Ⓓ M$960~

圣克拉拉酒店
Santa Clara

◆面向索卡洛中央广场的历史建筑

酒店位于索卡洛中央广场前，是一家共设有 38 间客房的殖民地时期风格酒店，这座建筑是西班牙人马萨里格斯在 16 世纪 30 年代建造的。在 1982 年以酒店身份开始迎客之前，这里一直是地主豪宅，因此客房有十分强烈的贵族气质。

Wi-Fi 客房 OK · 免费

Map p.279/B1

餐厅 ○ 泳池 × 保险箱 ○ 停车场 收费

住 Av.Insurgentes No.1

TEL 678-1140

URL www.hotelsantaclara.mx

税金 已含　CC M V

费 AC × TV ○ TUB × Ⓢ Ⓓ M$1365~

雷阿尔·德尔·巴基埃酒店
Real del Valle

中庭内设有休息厅

◆便于观光，推荐入住

从索卡洛中央广场向东一个街区便可抵达雷阿尔·德尔·巴基埃酒店，酒店附近汇集众多旅游纪念品商店与旅行社，地理位置十分优越。酒店入口会在夜间 24:00 准时关闭，游客务必在时间方面多加注意。共设有 40 间客房。

Wi-Fi 客房 OK · 免费

Map p.279/A1

餐厅 × 泳池 × 保险箱 × 停车场 ×

住 Real de Guadalupe No.14

TEL 678-0680

URL hrealdelvalle.com

税金 已含

CC 不可

费 AC × TV ○ TUB × Ⓢ Ⓓ M$575~

弗赖巴托洛梅酒店
Fray Bartolome

◆殖民地时期风格的平价酒店

从索卡洛中央广场向东两个街区便是弗赖巴托洛梅酒店，这是一家中档酒店。酒店入口较为狭窄，内部构造给人以悠闲舒适的感觉，客房天花板也比较高。共设有 37 间客房。

Wi-Fi 客房 OK · 免费

Map p.279/B1

餐厅 × 泳池 × 保险箱 × 停车场 ×

住 Niños Héroes No.2 esq.Insurgentes

TEL 678-0932　FAX 678-3510

税金 已含　CC 不可

费 AC × TV ○ TUB × Ⓢ Ⓓ M$480~

小贴士 H 波萨达·伊恩斯尔亨特斯酒店 Posada Insurgentes（Map p.279/B1　住 Av.Insurgentes No.73　TEL 678-2435）是一家小客栈，从一等巴士总站向北一个街区即可抵达。Ⓢ M$135~，Ⓓ M$230~。

波萨达·尔塔酒店
Posada Vallarta

Map p.279/B1

◆设备齐全且环境清洁的住宿设施

从一等巴士总站出发，向北步行一个街区后右转便可抵达波萨达·尔塔酒店。酒店虽然紧邻平价食堂街，却十分安静。客房宽敞干净。共设有 33 间客房。Wi-Fi 客房 OK · 免费

朴素却宽敞干净的客房内部

餐厅× 游泳池× 保险柜× 早餐×
住 Hermanos Pineda No.10
TEL 678-0465
税金 已含　CC 不可
费 AC×TV○TUB×Ⓢ M$450~
Ⓓ M$500~

罗斯克背包客旅馆
Rossco Backpackers

Map p.279/A1

◆活动项目十分丰富

旅馆位于索卡洛中央广场西北方向约 500 米处。除了公用浴室与厨房之外，休息室内还有 TV 以及 DVD 播放器。在种满绿植的中庭内悬挂的吊床上悠闲放松也是不错的选择。4~14 人的多人房费用为 M$125~145。共设有 50 个床位。
Wi-Fi 客房 OK · 免费

坐落在市中心的平价简易招待所

餐厅× 游泳池× 保险柜× 早餐○
住 Real de Mexianos No.16
TEL 674-0525
URL backpackershostel.com.mx
税金 已含　CC 不可
费 AC×TV×TUB× Ⓢ Ⓓ M$300~

波萨达·弗维尼尔酒店
Posada Juvenil

Map p.279/B2

◆设备齐全的平价酒店

从索卡洛中央广场向东一个街区便是波萨达·弗维尼尔酒店，共设有 14 间客房。游客可在休息厅内小憩，酒店内还设有公共厨房与橱柜。4~8 人的多人房费用为 M$80~100。
Wi-Fi 仅限公共区域 · 免费

非常受背包客们的青睐

餐厅× 游泳池× 保险柜× 早餐×
住 B.Juárez No.2
TEL 678-7655
税金 已含
CC 不可
费 AC×TV×TUB×Ⓢ Ⓓ M$200~

卡萨公寓
Casa Kasa

Map p.279/A1 外

◆令人不禁想长期居住的舒适酒店

卡萨公寓前有开往危地马拉方向的班车。这家酒店不太好找，需要提前通过 HP 确认具体位置。共设有 12 个床位，多人房费用为 M$90。Wi-Fi 仅限公共区域 · 免费

可通过 Facebook "CASA KASA" 预订

餐厅× 游泳池× 保险柜× 早餐×
住 Cerroda Brasil No.6B，entre calle Brasil y Rio Barrio Mexicanos
TEL 674-5080　URL perosatoshi.wix.com/casakasa　税金 已含　CC 不可
费 AC×TV×TUB×Ⓢ M$140、Ⓓ M$180

COLUMNA

原住民村的生活与习惯

圣克里斯托瓦尔·德拉斯卡萨斯周边有很多佐齐尔族与策尔塔尔族的原住民村，这里的村民们至今依然维持着自古流传下来的生活方式。他们身着传统服饰，居住在草顶泥瓦房内。女性们一面干农活一面从事纺织的工作。

宗教方面，基督教与传统宗教浑然一体，经营着独特的信仰生活。周日清晨会举行独特的弥撒仪式，还会举办露天集市。

圣胡安·恰穆拉村至今依旧保留着传统的医疗与埋葬方法。每当村民身心状况发生异常，会被带去名为伊洛尔的女性家中接受祈祷，传说她拥有治愈疾病的能力。他们坚信碳酸饮料与鸡蛋在对抗疾病方面拥有特殊功效，因此会将其作为药物贡献给教堂。村里规定家族成员要埋葬在同一座墓穴内，白色十字架代表儿童，蓝色或者绿色代表成人，黑色则代表老人。此外，因传说埋葬代表着通往天国，因此一般会安排在日落时分下葬。

前往村内观光时，尽量避免单独行动，通过参加旅游团的形式前往会大大增加安全性。游客不要只是抱着参观当地风俗的态度前往观光，而是要通过观光了解当地原住民的生活状态，在与当地人接触时一定要充满敬意。特别是拍照时非常容易发生纠纷，因此一定要在获得许可后再拍照。不过，通常情况下，当地人会拒绝拍照或者要求缴纳一定的费用。由于他们对拍照这一行为有十分强烈的不信任感，因此表情也会显得不太友好。

保持特有的信仰形态的西纳康塔恩教堂

餐厅　游泳池　保险柜　早餐　AC 空调　TV 电视　TUB 浴缸

圣克里斯托瓦尔·德拉斯卡萨斯 短途旅行

圣胡安·恰穆拉 San Juan Chamula

穿越玛雅

★★

身着独特服饰的女性们出售蔬菜与水果

圣胡安·恰穆拉是佐齐尔族的原住民村，同时也是这一带规模较大的一座村落。每逢周日，集市会从清晨一直摆到傍晚时分，似乎重现了过去的玛雅风情。男性村民身着衬衫、长裤以及纯毛的黑色外套 Gabán，女性则身穿白底刺绣衬衫、黑布贴身裙以及红色腰带。此外，功德越高，在特别的日子里会穿着更为与众不同的服饰。这座村落共有 70 名左右的评议员且均为男性，这些评议员在周日会身着黑色背心与白色短裤在教堂前的广场上举行集会。虽说是集会，他们有时会针对某些事件展开讨论，有时会坐在椅子上维护市场秩序。

建在村中心地带的教堂

村民们信仰传统宗教与基督教的融合体，极具个性。进入村中心的教堂，昏暗的室内香气弥漫，村民在铺满松叶的地板上摆上几根蜡烛跪拜，他们将头与地板接触，像被迷住一般用恰穆拉语祈祷。祈祷内容不同，蜡烛的颜色也会各不相同，祈祷健康时使用最多的是白色的蜡烛。供品多使用鸡蛋与碳酸饮料。

圣胡安·恰穆拉

Map p.287

圣胡安·恰穆拉位于圣克里斯托瓦尔西北方向约 10 公里处。市营市场西侧的乘车处在 5:00~17:00 期间，每间隔 15~30 分钟便会发一班迷你巴士，约需 25 分钟车程，票价 M$15。搭乘出租车 1 小时 M$140 左右。

进入村教会需在入口处支付 M$20 的入场费。内部严禁拍照摄影。

圣胡安·恰穆拉村的节日

- 1 月 18~22 日
  圣塞巴斯蒂安节
- 2 月前后
  狂欢节
- 6 月 22~25 日
  圣胡安·包蒂斯塔节
- 8 月 29·30 日
  圣罗莎节
- 9 月 19~21 日
  圣马特奥节
- 10 月 5~7 日
  罗萨里奥的圣处女节

阿马特南戈·德尔·巴杰 Amatenango del Valle

以民间艺术品制作而闻名的原住民村

★

阿马特南戈·德尔·巴杰是一座茨埃尔塔恩族的原住民村，位于通往克密塔恩方向的道路沿街。罐子与花瓶等陶器生产业较为兴盛，有很多人从墨西哥各地慕名前来购买。当地女性身着有红色与黄色刺绣装饰的白色衬衫，下身则是蓝色与红色的裙子。

民间艺术品制作十分精细

地上摆满了鲜艳的陶器

阿马特南戈·德尔·巴杰

Map p.287

阿马特南戈·德尔·巴杰位于圣克里斯托瓦尔东南方向约 37 公里处。在巴士总站搭乘开往克密塔恩方向的迷你巴士（M$50），约 50 分钟车程便可抵达。

小贴士 如果会讲一些西班牙语，可以包车（每小时 M$140 左右）前往郊外村落游玩。如果语言方面存在障碍，参加旅行团前往是更好的选择。

齐纳坎坦 Zinacantán

可以看到身着鲜艳传统服装的原住民 ★★

齐纳坎坦是佐齐尔族的原住民村。首先映入眼帘的是色彩鲜艳的传统服饰。村子里的女性们身着手工缝制，以红色为基础色调的服装，采用当地特有的花朵图案进行装饰，非常漂亮。男性们身穿牛仔裤与配有红色花纹的衬衫，着装十分整齐。女性的 Rebozo（披肩）呈深蓝色，腰部采用红色腰带固定藏青色的裙子。

可以参观自古流传下来的机织工艺

教堂比圣胡安·恰穆拉教堂更具特色，内部摆放着众多鲜花，横放在其中的基督像与圣人像也都身着红色的传统服饰。动物是教堂的守护神，地板上摆放的蜡烛前供奉有纸质的鹿、虎、牛等。每逢周日可以在教堂旁的礼拜堂看到 34 名村领导的身影。他们头戴灰色兜帽，身穿白色长袖衬衫、白色短裤以及像斗篷一样的黑色外套，迈着奇妙的舞步跳舞、协商。

圣安德烈斯拉赖恩萨尔 San Andres Larrainzar

盛产独特刺绣的纺织品村 ★

恰帕斯州有很多被纺织品的魅力所吸引，而慕名前来的游客。虽说周边各村均有各具特色的刺绣与纺织品，而圣安德烈斯拉赖恩萨尔的产品却更加吸引人。此外，联邦政府与萨帕塔民族解放军在 1996 年针对原住民权利与文化签订了《圣安德烈斯协议》，这里也作为协议签订地点而闻名。

几何学图案的刺绣

特内哈帕 Tenejapa

可以愉快地体验当地的隐居氛围 ★

特内哈帕位于被群山环绕的狭窄盆地内。周围绿荫环绕，山谷间川流不息，俨然一幅美丽的田园风光，从小型礼拜堂所在的山区上可以俯瞰这座如庭园盆景一般的小型村落。这座村子里女性的传统服装为红色衬衫，男性则为黑色外套。2 月的狂欢节期间以及 7 月 25 日前后都会举行庆祝活动，届时有舞蹈表演与游行队伍等。

这座村子的环境宛如世外桃源一般

齐纳坎坦

Map p.287

齐纳坎坦位于圣克里斯托瓦尔西北方向约 11 公里处。市营市场北侧的乘车处在 5:00~19:00 期间每隔 30 分钟发一班迷你巴士，车程约 25 分钟，票价 M$26。

旅游咨询处（营 每天 8:30~18:00）紧邻教堂，在这里可以购买三座教堂的门票（M$15）。

齐纳坎坦的节日

- 1 月 20~22 日 圣塞巴斯蒂安节
- 4 月 29 日 圣佩德罗马蒂尔节
- 8 月 8~10 日 圣洛伦佐节
- 10 月 8 日 拉那提比达圣母节
- 10 月的第一个周日 罗萨里奥的圣处女节

圣安德烈斯拉赖恩萨尔

Map p.287

圣安德烈斯拉赖恩萨尔位于圣克里斯托瓦尔西北方向约 28 公里处。在市营市场北侧 150 米左右的乘车处搭乘公共出租车（M$30），约 40 分钟车程便可抵达。

特内哈帕

Map p.287

特内哈帕位于圣克里斯托瓦尔东北方向约 28 公里处。在市营市场北侧 150 米左右的乘车处搭乘公共出租车（M$30）或者出租车（M$280），约 40 分钟车程便可抵达。

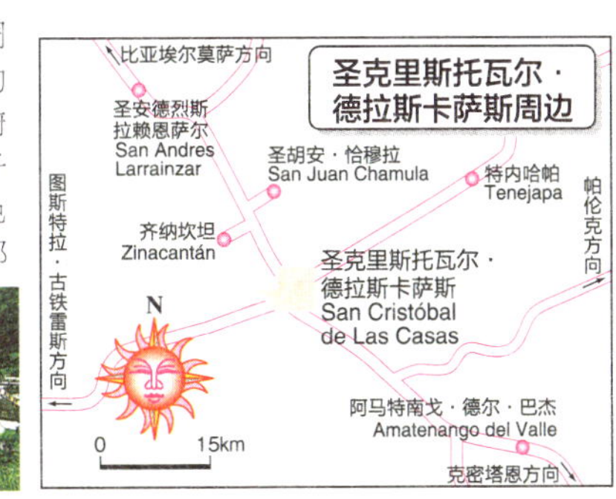

有些原住民如果被拍照会变得特别神经质，因此游客在村子里拍照时要注意远离人群。露天摊位等有当地原住民会在收到小费后与游客拍照留念。

帕伦克 *Palenque*

这座小型城市是通往雄伟的帕伦克遗址的起点

人们在通往索卡洛中央广场的华莱士大街上穿行

帕伦克是原始森林正中孤零零的一座小城。这里是通往西侧约 8 公里处的帕伦克遗址的必经之路，因此时常有游客到访，市中心有很多开设遗址旅游线路的旅行社以及价位适中的酒店。这座城市中虽然没有景点，却处处洋溢着悠闲自在的乡村风情。

帕伦克 交 通

飞机▶ 从市中心出发，搭乘出租车前往帕伦克机场（PQM）约需要 10 分钟的车程，每周有 2 班英特捷特航空的航班（需时约 1.5 小时，票价 M$1067~1849）。搭乘巴士经约 2 小时车程前往位于比亚埃尔莫萨的卡罗斯·佩雷斯机场 Carlos Pérez（VSA）会更为方便。

巴士▶ ADO 与 OCC 等均开设有从各地开往帕伦克的长途巴士。一等与二等巴士总站位于市中心西侧 500 米处。从帕伦克始发的长途巴士班次较少，需要提前进行预约。

帕伦克 漫 步

开往帕伦克遗址方向的迷你巴士

从巴士总站向索卡洛中央广场延伸的华莱士大街 Av.Juárez 沿街有很多餐馆、酒店以及开设有各种遗址旅游线路的旅行社，还有旅游咨询处。此外，搭乘迷你巴士前往帕伦克遗址与郊外的观光胜地，经济实惠且十分方便。

人　口	约 4 万
海　拔	60 米
区　号	916

活动信息

● 8 月 1~5 日

圣多明各节 Feria Santo Domingo 期间在索卡洛中央广场北侧的市民大厅举行舞蹈与音乐表演。

恰帕斯州政府旅游局

URL www.turismochiapas.gob.mx

旅游咨询处

●**州立旅游咨询处**

Map p.288

住 Av.Juárez

TEL 345-0356（总部）

营 每天 9:00~21:00（周日 ~13:00）

如何前往帕伦克遗址

两家公司的公共迷你巴士在 6:30~18:00 期间每间隔 10~15 分钟发一班车。车程约 20 分钟，单程票价 M$22。

从帕伦克出发的旅行团

市中心有很多开设近郊线路的旅行社。前往波拿蒙派克与亚齐连遗址的一日游团费为 M$800~。

● Kichan Bajlum

TEL 345-2452

URL www.kichanbajlum.com

● Servicio Turistico de Palenque

TEL 345-1340

URL www.stpalenque.com

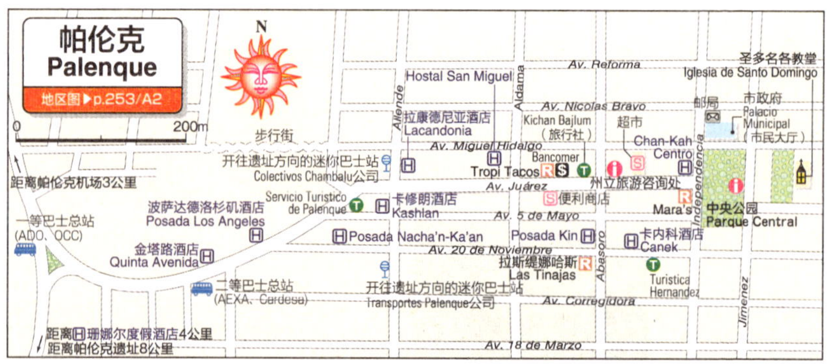

小贴士 R 拉斯缇娜哈斯 Las Tinajas（Map p.288 营 每天 7:00~22:00）是主营乡土菜与海鲜的人气餐馆。早餐套餐售价 M$36~，两人份套餐售价 M$282~。

从帕伦克开往各地的巴士

目的地	每天的班次	行驶时间	票　价
墨西哥城	ADO 1 班（18:30）	13 小时	M$900
瓦哈卡	ADO 1 班（17:30）	14.5 小时	M$856
圣克里斯托瓦尔·德拉斯卡萨斯	OCC AEXA 等每小时 1~2 班	6~6.5 小时	M$206~374
切图马尔	OCC、ADO 等共计 4 班（17:40~21:30）	6.5~7 小时	M$508~602
比亚埃尔莫萨	ADO、Cardesa 等几乎每小时 1~2 班（5:30~21:35）	2~2.5 小时	M$150~164
坎佩切	ADO、OCC 共计 5 班（8:00、21:00~23:25）	5~5.5 小时	M$382~384
梅里达	ADO、OCC 共计 5 班（8:00、21:00~23:25）	7.5~8.5 小时	M$568~576
坎昆	ADO、OCC、ADO GL 等共计 4 班（17:00~21:30）	12.5~13.5 小时	M$876~1156

如何前往危地马拉

帕伦克有开往蒂卡尔观光据点弗罗雷斯的班车与船舶。6:00 出发，15:00 抵达，票价 M$450~。可以通过市内的旅行社与酒店报名。

在墨西哥支付过境税（M$30）后方可乘船跨越国境。在危地马拉的入境管理处进行出入境卡登记并在入境时缴纳手续费（US$5）。

帕伦克的酒店

Hotel

珊娜尔度假酒店

Chan-Kah Resort Village

◆坐落在郊外的一级酒店

珊娜尔度假酒店位于帕伦克遗址与市区之间，是一家简易旅馆。采用红木与石头建造的门房颇具玛雅传统风情。共设有 86 间客房。Wi-Fi 仅限公共区域·免费

Map p.288 外

餐厅 ○ 游泳池 ○ 保险柜 ○ 早餐 收费

住 Carretera Palenque-Ruinas km 3

TEL 345-1134 FAX 345-0820 URL www.chan-kah.com.mx 税金 +18% CC M V

费 AC ○ TV ○ TUB × ⓈⒹM$1300~

卡修朗酒店

Kashlan

◆通往遗址的交通十分便利

从一等巴士总站出发，向市中心方向步行 300 米左右便可抵达，这是一家共设有 46 间客房的中档规模酒店。一层开设有旅行社与民间艺术品商店，紧邻迷你巴士车站，交通十分方便。Wi-Fi 客房 OK·免费

Map p.288

餐厅 ○ 游泳池 × 保险柜 ○ 早餐 收费

住 Av.5 de Mayo No.117

TEL 345-0297 FAX 345-0309

税金 已含 CC 不可

费 AC ○ TV ○ TUB × ⓈⒹM$560~

拉康德尼亚酒店

Lacandonia

客房把院子包围了起来

◆清洁感十足，特别推荐

拉康德尼亚酒店共设有 22 间客房，是一家干净整洁的中档酒店，建议女性游客入住。酒店位于开往遗址方向的巴士车站附近，地理位置优越，交通十分便利。Wi-Fi 客房 OK·免费

Map p.288

餐厅 × 游泳池 × 保险柜 × 早餐 ×

住 Allende No.77

TEL 345-0057 FAX 345-2333

税金 已含 CC 不可

费 AC ○ TV ○ TUB × Ⓢ M$550~、Ⓓ M$670~

波萨达德洛杉矶酒店

Posada Los Angeles

◆坐落在巴士总站附近

从一等巴士总站出发，步行 2 分钟左右便可抵达波萨达德洛杉矶酒店。这家酒店对于抵达帕伦克后希望马上办理入住的游客来说十分方便。酒店分为新馆与旧馆两个部分，共设有 36 间客房，建议入住更加清洁的新馆。Wi-Fi 无

Map p.288

餐厅 × 游泳池 × 保险柜 × 早餐 ×

住 Av.Juárez S/N

TEL 345-1738

税金 已含

CC 不可

费 AC △ TV ○ TUB × ⓈⒹ M$220

帕伦克 短途旅行

米索尔哈瀑布 & 碧水瀑布 Misol-Ha&Agua Azul

在近郊风景美丽的地方小憩 ★

帕伦克周边的原始森林地带有很多大小不一的瀑布。位于帕伦克南侧 18 公里左右的米索尔哈瀑布高 30 米左右，壮丽的景观扣人心弦。

碧水瀑布位于帕伦克南侧 66 公里左右，这里有几座较低的瀑布相连，湛蓝色的水清澈美丽。夏季还可以游泳，游客可携带游泳衣前往。

米索尔哈瀑布 & 碧水瀑布

Map p.253/A2

帕伦克有前往米索尔哈瀑布与碧水瀑布的旅行团，团费为 M$200~260。还有含帕伦克遗址参观在内的旅行团（M$250~320）以及负责将游客送往圣克里斯托瓦尔·德拉斯卡萨斯的旅行团（M$400 左右）。需要提前与旅行社确认团费是否包含门票与午餐费用。

餐厅 游泳池 保险柜 早餐 AC 空调 TV 电视 TUB 浴缸

特辑 遗迹探访 Palenque Ruinas

在十字架神庙眺望遗址全景

World Heritage 世界遗产

大书古代浪漫情调的玛雅圣域

帕伦克古城 Palenque Ruinas

装饰在宫殿内的帕卡尔王位继承浮雕。据推测，615年即位的帕卡尔年仅12岁

7世纪时，帕伦克在帕卡尔国王的统治下繁荣一时，现已被列入世界文化遗产名录，是玛雅古典期后期的代表性遗址。

曾不为人知的帕伦克遗址在原始森林内长眠约800年，18世纪时，西班牙传教士发现并将其公布于世，玛雅的历史性碑文与帕卡尔国王的地下坟墓等激动人心的发现相继问世。

现如今“碑文神庙”与“宫殿”在茂密的森林内得以完美复原，帕伦克遗址也逐渐成为遗址爱好者们在墨西哥之行中最为期待的景点。

帕伦克的历史与文化

这一地区自公元前便有人居住，7世纪时，在帕卡尔国王及其儿子恰恩·巴尔姆国王统治时代急速发展并迎来了最为强盛的时期。现在展现在世人面前的重要建筑几乎都是这个时代的产物。不过，其繁荣并不长久，9世纪起城市遭到阶段性的放弃，10世纪末期在托尔特克族入侵时已经进入废墟状态，之后便长眠于原始森林内。

1746年，德·索利斯神父到访此地，帕伦克逐渐成为闻名世界的遗址。遗址在发现时，大多数的建筑仅保留有装饰屋顶的部分，墙壁上的石灰雕刻呈红色与蓝色等鲜艳的色彩。不过，遗址惨遭之后到访的西班牙调查团的掠夺与纵火，失去了众多装饰墙壁与玛雅文字的石板等。

帕伦克共拥有500栋以上的建筑，得以发掘并修复的只是其中的一部分。1993年在13号神庙内发现了“红色女王”的墓室等，至今还是有很多未解之谜。城市被放弃的原因不明，在没有车轮的时代建造巨型金字塔的方法至今无人知晓。

优美的玛雅建筑

宫殿 El Palacio

宫殿位于帕伦克遗址的中心区域，是这里最为气派的建筑，因此被推断为国王的住处并被命名为宫殿。这座建筑始建于 7 世纪，在之后的约 120 年间进行增建，最终形成由拱顶与地下通道贯通四座中庭建筑的复杂形态。建筑地下有深 3 米的水渠，因此可以断定建筑在最初时期便设有洗手间与土耳其式蒸浴。

宫殿最大的特征在于其他玛雅建筑不曾有过的高 15 米的四层塔楼。塔楼墙面分别面向东、西、南、北四个方向，因此被后人推断其曾用于天体观测，并命名为“天体观测塔”。塔楼的一个楼梯平台上有表示金星的图形文字，最顶层还有曾用于天体观测的桌子。冬至时在这座塔楼上观望可以发现太阳刚好在神庙处落下。

此外，天花板上被称为玛雅拱门的 E 栋通道至今依然保留有骑着双头美洲豹接受母亲王冠的帕卡尔国王的浮雕。615 年，12 岁的帕卡尔国王继承了母亲萨库·库库的王位，在去世前的 68 年间统治帕伦克，并使其极尽兴盛。

内部至今依然保留有壮观的玛雅拱门回廊

曾用作天体观测塔的宫殿塔楼

墙面上保留有独特的浮雕作品

头盖骨神庙
Templo de la Calavera

头盖骨神庙位于碑文神庙对面右侧，是距离入口最近的神庙。神庙中央设有类似拱门的入口，立柱根部刻有兔子头盖骨的浮雕。这座建筑曾采用红色与蓝色上色。

神庙上的兔子浮雕令人毛骨悚然

在内部发现了帕卡尔国王的坟墓

碑文神庙

Templo de las Inscripciones

由于碑文神庙正值发掘调查期间，禁止入内参观

碑文神庙高23米，神庙在帕伦克最为强盛的675年由帕卡尔国王（在玛雅语中意为盾）主持建造，692年，国王去世后由其子恰恩·巴尔姆国王继续建造并最终完工。因神庙最上部拥有刻着600字以上碑文的石板而得名。碑文内容为玛雅文字，描述了历时2世纪的帕伦克家族的历史，是玛雅文明研究的重要资料。神庙正面有69级十分陡峭的阶梯，最上部共分为5个房间，最中央的房间内有刻着碑文的石板。各房间的门柱上也刻有帕卡尔国王的浮雕等。从这座神庙出土的埋葬品等在墨西哥城国家人类学博物馆的玛雅展厅内展出（可以在遗址内的博物馆参观复制品）。

恰恩·巴尔姆国王时代的建筑

十字架神庙

Templo de la Cruz

十字架神庙位于河对岸小山丘上、名为十字集团的区域。这座神庙与太阳神庙以及玉米神庙等均为帕卡尔国王之子恰恩·巴尔姆国王时代的产物。

十字架神庙因内部嵌板中心处有一幅十字架图而得名，现如今该嵌板由墨西哥城国家人类学博物馆保存。两个房间上部如玛雅拱门装饰梳一般的屋顶以及吸烟老人的浮雕得到了完美复原。

体现了古代建筑的超高技艺

太阳神庙

Templo del Sol

太阳神庙因神庙内部墙面上刻有象征太阳的由盾与枪组成的战神（L神）而得名。神庙上部屋顶的装饰保存状态完好。内部有642年称赞帕卡尔国王的碑铭。恰恩·巴尔姆国王在位的18年间，几乎所有的时间与精力都花费在了建造称赞帕卡尔国王的神庙建造上。这座建筑与对面的玉米神庙是超音波室构造，可产生回声。

太阳神庙上部的屋顶装饰十分漂亮

十字架神庙顶部视野极佳

令人追忆往昔的细节

玉米神庙

Templo de la Cruz Foliada

玉米神庙是坐落在太阳神庙对面山丘上的一座小型神庙。类似拱门的入口以及上部左右两侧表示玉米叶与人类脖颈的窗户是这座神庙的特征所在。十字架图上还可以看到落在太阳神与雨神面部的绿咬鹃的身影。十字架将发芽的玉米形象化地展示在世人面前，象征大地生成、丰收以及力量，是世界树的代表。

位于入口上部的窗户形状有很深的寓意

交通 位于遗址东侧8公里左右的帕伦克市中心在6:30~18:00期间每间隔10~15分钟发一班车。车程约20分钟，票价M$22。帕伦克、圣克里斯托瓦尔·德拉斯卡萨斯以及比亚埃尔莫萨均开设有前往遗址的旅行线路。

遗址内出售多种多样的民间艺术品

游览方法 遗址开放时间为每天8:00~17:00（16:30停止入场），门票M$65（自然保护区需要另外支付M$30的入场费）。可在入口处雇用英语导游（M$500）。

遗址所在地天气炎热，游客务必准备帽子与防晒霜等防晒用品并尽量在上午前往参观。此外，这一带疟疾盛行，还需要准备防虫蚊喷雾等。遗址楼梯坡陡路滑，舒适的鞋子便显得格外重要。

从遗址入口开始，长约1.5公里的道路沿线上开设有博物馆Museo(入场 周二~周日9:00~16:30)，展出了神庙的浮雕等作品。同时还开设有礼品店。从遗址北侧出发，在原始森林内步行15分钟左右也可抵达，不过返回入口再搭乘迷你巴士会更加安全。

从遗址出发沿水渠前往博物馆可充分体验原始森林的神秘

COLUMNA

在碑文神庙发现的帕卡尔国王坟墓

1952年在碑文神庙的地下发现了帕卡尔国王的墓室。当时正在研究遗址的考古学家拿起神庙上方的地板后惊奇地发现了通往地下室的楼梯。考古学家们一边清除砂石一边不断地挖掘，经过三年的时间终于在伪造墓室内发现了六名年轻男女的殉葬尸体，继续向前便是帕卡尔国王的墓室。墓室面积为36平方米，高7米，位于中央的巨型石棺重20吨，石棺内是帕卡尔国王的遗骸与翡翠面具等陪葬品。采用一整块岩石制成的棺盖重5吨，上面刻有人、神、植物以及玛雅文字。阶梯旁有一条细管从墓室延伸出来，这应该是已逝君王的魂魄通往阴间的通道。在发现这座地下坟墓之前，与埃及等地“金字塔＝皇族坟墓”的说法不同，玛雅地区的金字塔通常被认为是“神庙的台座”。

还有一种说法，即十分擅长天文学知识的帕伦克国王们其实都是外星人。横向观察在碑文神庙发现的石棺棺盖，可以发现上面的浮雕看上去像是玛雅的神主在驾驶宇宙飞船。这种说法虽然离奇，但古代玛雅人拥有高超的天体观测技术且一直使用正确的年历等都是不可磨灭的事实。如此令人难以理解的遗址，一定要像孩子一样充满想象力地参观。

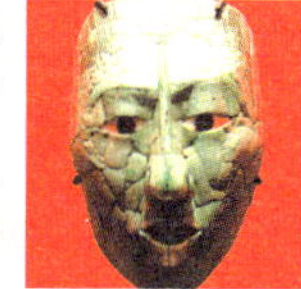

遗址北侧的博物馆内展出了帕卡尔国王的面具复制品

保留有色彩鲜艳壁画的玛雅遗址

波拿蒙派克

Bonampak

Map p.253/B2

帕伦克遗址东南方向约 150 公里处沿危地马拉国境蔓延开来的拉坎东热带雨林内有波拿蒙派克与亚斯奇兰两处非常特别的玛雅遗址。这两个遗址均位于浓密的森林当中，建议在帕伦克参加旅行团前往观光。

波拿蒙派克在玛雅语中意为“彩色的墙壁”，800 年前后绘制而成彩色壁画至今依然保存在建筑内部。这些壁画均采用原色鲜明地表现了各个主题，东侧房间是战斗前的仪式与乐团演奏的场景，中间的房间是盛装打扮的国王与俘虏在拷问期间揭掉手指甲盖儿的场景，西侧的房间则是人们为了庆祝胜利在喇叭与响葫芦等的伴奏下跳舞的场景。此外，广场中央的巨型石碑十分漂亮，在玛雅遗址中首屈一指。遗址开放时间为每天 8:00~16:00，门票 M$65。

演奏响葫芦庆祝胜利的壁画

在热带雨林内长眠的宗教城市

亚斯奇兰

Map p.253/B2

Yaxchilán

亚斯奇兰在玛雅语中意为“绿石所在地”。这里是 8 世纪前后迎接最强盛时期时的重要祭祀中心，近郊的波拿蒙派克当时也归属亚斯奇兰的统治。建筑大多采用千草（搭在出入口上部的水平材料），除了战争与仪式的盛况之外，还刻有日期与文字，因此还作为玛雅碑文的线索而闻名。23 号建筑上有身着豪华服饰且正将带刺的绳索穿过舌头的人物浮雕，通过浮雕可以看出当时人们会将自己的血作为献给神的供品。从广场出发向南步行 20 分钟左右便可抵达这个遗址内的制高点 41 号建筑。虽说景色不错，但由于是在原始森林内步行，游客务必要紧随导游，以免迷路。遗址开放时间为每天 8:00~16:00，门票 M$70。

通过亚斯奇兰遗址可以联想到其往昔的规模

INFORMACIÓN

前往波拿蒙派克&亚斯奇兰的旅行团

帕伦克市区有前往波拿蒙派克与亚斯奇兰的一日游或者两天一晚的旅行团（※ 冬季昼短夜长，为了保证游客的安全，很多一日游线路会暂停）。这些遗址的修复并不完善，交通与安全方面均存在隐患，去之前务必要确认当地的状况。

各旅行社的费用与内容（是否包含餐饮等）不同，预约前需要详细确认。大体上一日游的费用为 M$800~，含拉坎东族居住区在内的两日游费用为 M$1500~。

用餐时间经常会推迟，因此游客最好随身携带一些饮品与食物。一日游行程基本会在早晨 6:00 左右在帕伦克搭乘巴士，经过原始森林前往波拿蒙派克。途中设有盘查哨所，检查游客护照与旅游签证。之后会在河边搭乘船舶，经 1 小时左右抵达亚斯奇兰。在亚斯奇兰参观 2 小时左右，搭乘船舶与巴士在 19:00 左右返回帕伦克。还有在参观完波拿蒙派克与亚斯奇兰后，第二天前往危地马拉的弗洛雷斯的旅行团（M$1150~）。帕伦克市内有很多旅行社。

旅行途中可享受顺流而下的探险体验

墨西哥湾沿岸

Gulf Coast

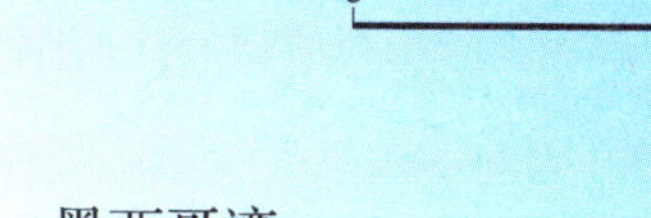

地区信息

Area Information

墨西哥湾沿岸

由托特纳克族传统仪式演变而来的民俗表演“生命之树”

精彩看点

在墨西哥湾岸区繁荣起来的神秘的埃尔塔欣遗址与奥美加文化史迹是最大的看点。此外，切勿错过港口城市韦拉克鲁斯每晚举办的狂热舞会与新鲜的海产品。

仅韦拉克鲁斯州与塔巴斯哥州就有近千万人的常住人口，其中包括近60万的原住民。在各地有很多目睹传统服饰与自古流传下来的舞蹈以及仪式的机会。

旅游贴士

墨西哥湾岸区有埃尔塔欣遗址的起点帕潘特拉与被列入世界文化遗产名录的特拉科塔尔潘等极具风情的小型城市。虽然墨西哥城有很多巴士通往湾岸区，但还是建议游客最好能够在这些小城市逗留几天，悠闲自在地感受当地的风土人情。

埃尔塔欣遗址是绝对不容错过的看点

交　通

飞机

韦拉克鲁斯、波萨里卡以及比亚埃尔莫萨建有机场，通过往返航班与墨西哥城等主要城市连通。此外，联合航空公司每天有1~2次航班从休斯敦飞往韦拉克鲁斯，还有一个飞往比亚埃尔莫萨的航班。

巴士

笼统地说共有下述几条线路，由墨西哥北部通往墨西哥湾岸区的线路、由墨西哥湾岸区通往尤卡坦半岛的线路、由墨西哥湾岸区通往墨西哥城等高原地区主要城市的线路。此外，还有为数不多的通往太平洋沿岸瓦图尔科与埃尔帕索等美国城市的直通巴士。

物价与购物

一般来说，墨西哥湾岸区的游客物价低于墨西哥城与尤卡坦半岛的度假区。人气比较高的旅游纪念商品有帕潘特拉的香草制品与韦拉克鲁斯周边的传统服饰等。

韦拉克鲁斯的民间艺术品市场

安全信息

帕潘特拉与特拉科塔尔潘等小型城市基本上没有犯罪事件发生。墨西哥湾岸区屈指可数的城市韦拉克鲁斯因受到反毒品运动的影响，治安状况较差，游客切忌前往观光地与海滨区以外的其他地域。此外，即便是在其他城市也要注意保管好随身携带的贵重物品，避免夜间单独出行，切忌前往人烟稀少的地区。

散布在墨西哥湾岸区的度假区，人们十分友好，治安状况也相对稳定。不过，在各海滨区需要多加注意，谨防行李被盗等。此外，要确认各海滨区的海水浴场指定区域。与太平洋沿岸相同，这里的度假区海浪较高，部分海滨区并不适宜游泳。

海浪很大，游泳时务必多加注意

1 埃尔塔欣遗址（→ p.298）
2 韦拉克鲁斯的阿尔马斯广场上的舞蹈表演（→ p.306）
3 比亚埃尔莫萨的拉木塔遗址公园内的巨石人头像（→ p.313）

文化与历史

奥美加文化

墨西哥湾岸区周边自古便有很多河川与湖沼，是绿植与水源十分丰富的湿地。公元前 10 世纪之前，被认为是墨西哥文明母体的奥美加族（意为橡胶国的人）在这片热带密林内留下了他们的足迹。不过，奥美加族本身是一个非常神秘的种族，与周边原住民的相同点少之又少。他们留下的巨石人头像也与非洲的黑人有些相像。

奥美加文化自公元前 1200~ 前 900 年前后以圣洛伦佐为核心开始发展，之后公元前 400 年前后，圣洛伦佐瓦解之后又以拉木塔为核心繁荣一时。现在可以在比亚埃尔莫萨的拉木塔遗址公园与哈拉帕的人类学博物馆内参观奥美加文化的遗产。

展示有奥美加巨大人头像的拉木塔遗址公园

埃尔塔欣文化

继奥美加之后，300~1000 年前后得以繁荣的是古代韦拉克鲁斯文明。这个时代通过可可豆、棉线以及橡胶等的交易加深了与周边特奥提瓦康文明以及玛雅文明的关系，游客可通过遗址看出这些文明相互影响的痕迹。特别是埃尔塔欣至今依然保留着那个时代的代表性遗址。

古代后的文化

1000 年前后，各地兴起各自独特的文化。埃尔塔欣灭亡后，托特纳卡族在那里构筑居舍，同时还在森珀阿拉创建了古代都市。瓦斯特科族在图斯潘北部兴盛了棉花栽培业。后来，诞生于中央高原的战斗集团托尔特克族在这个时期进入墨西哥湾岸区，对瓦斯特科族以及玛雅人产生了极大的影响。

到了 14 世纪，阿兹台克帝国的势力逐渐强大，统治范围几乎涵盖整个墨西哥湾岸区。

殖民地文化

1519 年，由荷南 · 考特斯率领的政府军踏上这片土地，墨西哥历史由此发生了巨大的变迁。征服者利用森珀阿拉的托特纳卡族等对阿兹特克人颇为反感的部族力量，在 1523 年占领了墨西哥湾岸区的大部分区域，推行殖民地化政策。位于韦拉克鲁斯郊外的拉安提瓜的由科尔特斯创建的首个政府现如今已然变为一片废墟。

韦拉克鲁斯郊外的科尔特斯之家

全年气候与最佳旅游季节

墨西哥湾岸区属热带气候。位于湾岸区中心的韦拉克鲁斯全年平均气温在25℃以上。8 月最热，全天平均气温为 27.7℃。1 月最冷，平均气温为 21.5℃。雨季降水量较多，7~9 月期间可超过 300 毫米。

与其他观光地相同，湾岸区的酒店与交通设施在休假期间也会十分拥挤，避开圣周（3~4 月）与暑假是非常明智的选择。

韦拉克鲁斯的全年气候表　　单位：℃，mm

月　份	1	2	3	4	5	6	7	8	9	10	11	12	年平均值
最高气温	24.5	25.0	26.3	28.5	30.1	30.7	30.7	31.2	30.7	29.6	27.5	25.6	28.4
最低气温	18.4	18.9	20.6	23.0	24.6	24.8	23.9	24.2	23.9	23.0	19.9	19.4	22.0
平均气温	21.5	21.9	23.4	25.7	27.3	27.8	27.3	27.7	27.3	26.3	23.7	22.5	25.2
降 水 量	30.4	15.2	5.1	17.8	38.1	299.7	307.3	332.7	353.1	157.5	53.3	22.9	136.1

在阿罗约广场眺望埃尔塔欣全景

World Heritage 世界遗产

古代韦拉克鲁斯地区的祭礼遗址

埃尔塔欣 El Tajín

可以在遗址大门前欣赏传统仪式"生命之树"的表演——这个求雨的仪式已有上千年的历史

埃尔塔欣作为保留有漂亮的金字塔与球场的古代都市遗址而闻名，已被列入世界文化遗产名录。

这里共建有10余座球场，因此又被称为"古代球场的发源地"，通过墙面上保留至今的浮雕可以了解到祭神时的游戏场景。游客可以在眺望湛蓝大海的同时追溯玛雅的历史。

埃尔塔欣的历史与文化

"塔欣"在当地的托特纳卡族语中意为雷与闪电（"埃尔"是西班牙语的定冠词）。托特纳卡族传说这里曾经居住着12位老人且这些老人均为雨神，这也是埃尔塔欣的由来。到了雨季，这一地区便会电光闪闪、雷声隆隆。经常发出尖锐叫声的帕潘（生活在当地的一种野鸟）会在电闪雷鸣后归巢，全神贯注捕获猎物的美洲豹也会藏身于暗处。这种感觉像是原始森林在屏息祈求天空的谅解一般，非常奇妙。生活在原始森林内的原住民将雷敬以为神也就并不意外了。

这一地区自古便作为祭祀仪式与宗教仪式的核心举办地繁荣发展，并对韦拉克鲁斯地区产生了极大的影响。埃尔塔欣创建于600~700年间，1200年前后因某些原因灭亡。不过，埃尔塔欣的创建者以及与托特纳卡族为何种关系等至今依然是不解之谜。近年来"创建埃尔塔欣的是与玛雅人有血缘关系的瓦斯特科族"的说法广受认可。1785年，正在调查原始森林的西班牙工程师偶然发现了埃尔塔欣并复原了众多金字塔与球场，不过，已发掘内容只占整体数量的1/10左右，这片原始森林内还隐藏着很多的建筑。

壮丽的浮雕令人不禁联想起往昔

南球场 Juego de Pelota Sur

南球场规模虽然不大，但因两侧墙壁六张嵌板上的浮雕而闻名。宛如画卷一般的浮雕除了球员之外，还有雨神、鹫、龟以及郊狼等各种各样的主题，完美再现了当时的场景。

东北侧的浮雕是描绘制服中央选手的二人将刀刺入胸口的《人身活供品图》，左侧则雕刻着意为黄泉之国的骸骨（死神）。此外，西北侧的嵌板上刻有选手们在比赛前沟通的场景。嘴边还有如当今漫画一般的对白。据说选手右侧的郊狼是通往黄泉之国的领路人。

南球场内的《人身活供品图》

如同窗户一样的洼坑实际上是日历

壁龛金字塔 Pirámide de Nichos

壁龛金字塔建于6~7世纪前后。看上去十分干枯的墙面在建造之初曾采用红色与蓝色灰泥涂抹得十分鲜艳美观。高约25米的六层基坛上建有一座祭坛，各基坛上共计有365个如窗户一般的洼坑，这个数字刚好与全年总天数相吻合。实际上这座建筑曾用作宗教日历，并且发挥了十分重要的作用。据推测，这些壁龛内曾分别放置有神像。

东侧阶梯是在后来追加修建的，主要起装饰作用。五层壁龛像小房间一样，两旁还有旋涡状的马赛克图样。

保留有漂亮的六层基坛的壁龛金字塔

中央广场周边保留有很多遗址

埃尔塔欣宗教活动的核心举办地

中央广场 Zona Central Ceremonial

中央广场位于遗址核心区，是主要宗教活动的举办场所。周边建筑采用数字进行编号，5号建筑内至今依然保留有被誉为埃尔塔欣主神的雨神石像。

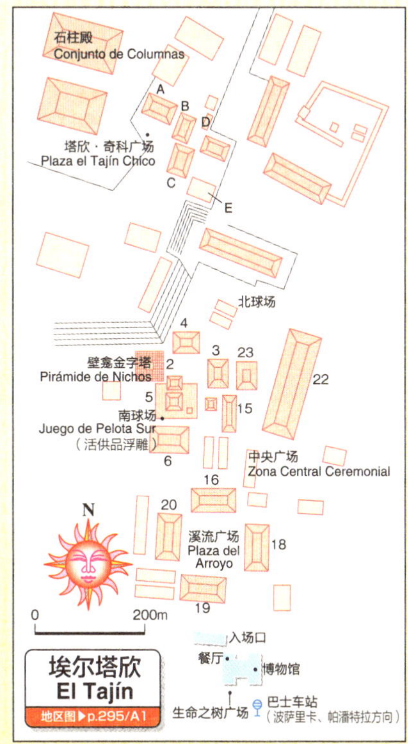

建筑 A 的玛雅拱门绝对不容错过

至今依然保留着采用独特设计进行装饰的建筑

塔欣·奇科广场 Plaza el Tajín Chico

塔欣·奇科广场属于遗址中年代比较久远的一个部分。广场周边的建筑也是埃尔塔欣的特征所在，通过阶梯形雷纹（旋涡状）与壁龛装饰得十分华丽。建筑按照英文字母的顺序命名，北侧建筑 A 的入口处，越往内侧石头堆积得越高，可以看到非常漂亮的玛雅拱门。

贵重的浮雕正在修复中

石柱殿 Conjunto de olumnas

塔欣·奇科广场北侧有一座石柱殿（现正处于修复期，禁止游客参观）。除了用作装饰的阶梯之外，圆柱上还有长有双翼的舞蹈少女、活供品图、鹫以及玛雅数字等浮雕，通过这些保留下来的浮雕作品可以看出塔欣文化曾拥有自己的文字。

交通 在位于帕潘特拉大教堂西侧 200 米左右的巴士站（Map p.301）搭乘开往埃尔塔欣的巴士，经约 30 分钟车程便可抵达，票价 M$20。从波萨里卡出发可在位于市中心的 Monumento a la Madre 或者二等巴士总站搭乘开往埃尔塔欣的巴士，经约 30 分钟车程便可抵达，票价 M$20。无论上述哪座城市，市内巴士均每间隔 15~20 分钟便会发一班车。

在帕潘特拉运营的二等巴士

游览方法 遗址参观时间为每天 9:00~17:00，门票 M$65（携带录像机入内需另行支付 M$45）。入场口前的广场上除了旅游纪念品商店与露天摊位之外，还有国旗飘扬的旗杆。这里是托特纳卡族传统仪式生命之树 Voladores 的表演地。这是专门面向游客举行的表演，太鼓与笛子演奏预示着表演即将开始。游客需支付小费（M$10 左右）作为参观费用。

遗址参观最少需要花费 1 小时的时间。如日照强烈，则需准备水瓶与帽子。此外，遗址内几乎没有任何标识与介绍，游客可在入口处雇用导游一同入内。导游费用为一个半小时 M$200 左右。不过，导游几乎都只会说西班牙语。入场口的建筑内设有行李寄存柜（免费）、洗手间以及餐馆。除上述配套设施之外，这里还开设有博物馆，展出遗址内出土的赤土陶器与部分壁画等。

COLUMNA

生命之树仪式

托特纳卡族是这一地区人口规模最大的民族，他们的生命之树（空中飞人）宗教活动十分有名。呈倒立状的 4 名表演者在高 30 米以上的立柱顶端将绳索固定在脚腕处，表演途中不停旋转直至降到地面。这是自古流传下来的宗教活动，以前在立柱砍伐等方面都有十分细致的规定。人们在森林中找出神木，供奉龙舌兰酒并祷告，在感谢大地恩惠之后方可将其砍伐并竖立在广场上用作立柱。表演开始之前会通过演奏笛子与太鼓呼唤东南西北 4 个方向的风，反射在镜子上向神汇报表演开始。

生命之树的表演者实际上是在模仿为了捕获食物从天而降的鹫，还有人说这是象征因渴望人类心脏而降临的太阳神。表演者服装也以鹫为原型，采用红色作为基础色调，十分鲜艳。现在除了埃尔塔欣遗址之外，在韦拉克鲁斯地区也可以欣赏到这种祭祀表演。近年来，生命之树逐渐演变为营利性质的表演项目，神木立柱也由钢筋取代，不过不可否认的是，这是接触原住民文化的一个绝好机会。

令人惊艳的祭典活动

帕潘特拉 *Papantla*

这座充满情趣的城市是埃尔塔欣遗址的观光起点

人　口	约 15 万
海　拔	198 米
区　号	784

帕潘特拉位于距离墨西哥湾岸区30公里左右的内陆地区，是一座被小山丘环绕的牧歌式的田园城市。这片土地在西班牙人迁入之前一直由托特纳卡族统治，因此托特纳卡族独特的文化与习惯在这里留下了深深的烙印。农业是这座城市的核心产业，这里曾因香草栽培而闻名，现如今则盛行养鸡。

在大教堂上俯瞰特杰斯公园

帕潘特拉市区并无特别的观光景点，安静的街道上处处洋溢着中世纪风情。城市的地理位置十分优越，是埃尔塔欣观光的重要据点。

活动信息

● Corpus Christi

5月的最后一周与6月的前两天。除了游行与舞蹈等，活动期间每天还有2~3次的生命之树表演。

从帕潘特拉开往各地的一等巴士

● 开往墨西哥城方向

每天7班，5小时，票价M$346

● 开往韦拉克鲁斯方向

每天9班，3.5小时，票价M$256

● 开往哈拉帕方向

每天13~14班，4小时，票价M$276

● 开往波萨里卡方向

每天1~2班，0.5小时，票价M$28

帕潘特拉 交 通

飞机▶ 墨西哥大湖航空公司等每天共计有1~3次直达航班（需时约1小时）从墨西哥城飞往位于帕潘特拉西北方向约21公里处的波萨里卡机场Poza Rica（PAZ）。游客可在机场搭乘出租车直接前往帕潘特拉，还可以先搭乘出租车离开波萨里卡市区，再换乘巴士前往帕潘特拉。

巴士▶ ADO公司每天有7~9班巴士从墨西哥城与韦拉克鲁斯开往帕潘特拉。这座城市与位于近郊的波萨里卡联系十分紧密，因此还可经由波萨里卡来到帕潘特拉。

一等巴士总站位于特杰斯公园北侧约800米处，从这里步行前往市中心约需要15分钟（搭乘出租车需要花费M$20）。此外，二等巴士总站位于特杰斯公园北侧约200米处。帕潘特拉的一等巴士车次较少，提前预约方可万无一失。

帕潘特拉 漫 步

集中在市中心的酒店、餐馆、市场以及银行等将大教堂与广场围绕起来。特杰斯公园（索卡洛中央广场）一带是这座城市比较大的看点。种满绿植且在一侧设有混凝土长椅的特杰斯公园Parque Tellez是市民休憩的场所，南侧建有大教堂。清晨这里有忙碌的擦鞋摊位，中午则有气球与肥皂泡装点的翠绿的园林环境，下午会聚集手持玉米与刨冰在这里乘凉的市民。

市民中身着白色绣花连衣裙的女性与

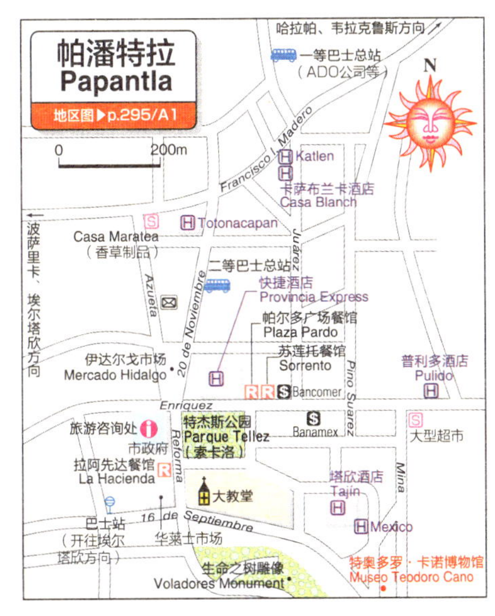

小贴士 帕潘特拉的香草栽培业十分发达。市区内的民间艺术品商店都会出售采用香草叶制成的装饰品。不过，香草工艺品易坏，携带时需要多加小心。

旅游咨询处 Map p.301

旅游咨询处位于市政府内，入口设在恩里克斯大街Enriquez一侧。在这里可以获取韦拉克鲁斯州的观光宣传册。

TEL 842-3837

营 周一～周五 8:00~20:00

特奥多罗·卡诺博物馆
Museo Teodoro Cano

Map p.301

特奥多罗·卡诺博物馆是出生在帕潘特拉，墨西哥极具代表性的画家特奥多罗·卡诺的小型美术馆。馆内除了展示有他的大型绘画与雕刻作品之外，还有托特纳卡地区的传统服饰以及贵重的出土文物等。

TEL 842-4751

入场 周二～周日 10:00~19:00

费 M$10

可以近距离感受作品的感染力

波萨里卡

Map p.295/A1

如何前往波萨里卡

飞机：墨西哥城每天有3~7班墨西哥国际航空的航班飞往波萨里卡机场Poza Rica（PAZ）。其他城市也有经由墨西哥城飞往波萨里卡的航班。

巴士：ADO与UNO每小时有3~4班巴士从墨西哥城与韦拉克鲁斯等地开往波萨里卡。在市中心搭乘市内巴士，北行约10分钟左右便可抵达ADO公司等的一等巴士总站。

身着传统服饰的人们在特杰斯公园周边表演节目

身穿白色衬衫、裤子且头戴麦秆帽子的男性十分惹人注目。上述为托特纳卡族的传统服饰，游客在位于广场一角的伊达尔戈市场可购买到这些传统服饰。此外，大教堂对面的华莱士市场有堆积如山的生鲜食品，哪怕只是随便看一看都会让人备感愉悦。

采用干香草制作的装饰品是帕潘特拉的名产

如果想眺望市区全景，可以前往位于白色大教堂背后的山顶。沿大教堂与华莱士市场之间的坡道上行，再顺着山顶左侧的陡坡继续向上，便可抵达在特杰斯公园就可以眺望到的巨大的飞行者雕像。一边眺望市区一边昂首吹笛子的雕像宛如陆地上的灯塔一般。

山上的飞行者雕像

帕潘特拉 主要景点

波萨里卡 Poza Rica

交通便利的石油产业都市 ★

波萨里卡位于帕潘特拉西北方向约20公里处，从墨西哥城出发沿陆路前往艾尔特新遗址与帕潘特拉时需要在此地换乘巴士。这座城市的石油产业较为发达，共拥有17万以上的人口，市场周边充满生气。

波萨里卡市中心的市场

波萨里卡没有观光景点，也没有游客会将这里作为落脚的据点，尽管如此，中央广场一带还是有很多经济型酒店，市场周边也有很有廉价食堂。旅游业较为落后，物价也相对较低，有通往墨西哥城的巴士，交通比帕潘特拉更为方便。

帕潘特拉的餐馆
Restaurant

众多餐馆集中在特杰斯公园（索卡洛中央广场）一带。当地人也时常光顾这些餐馆，环境十分休闲，价位也比较适中。市场内食堂的消费会相对较低。

帕尔多广场餐馆
Plaza Pardo

Map p.301

◆可一边眺望索卡洛中央广场一边享用美食

在帕尔多广场餐馆的露台上可以俯瞰特杰斯公园，环境非常舒适。肉类与鱼类菜肴（M$90~140）种类繁多，还有早餐套餐（M$62~99）与三明治（M$35~45）等。

可以自选主菜的早餐套餐

住 Enriquez No.105

TEL 842-0059

营 每天 7:30~23:30

CC M V

Wi-Fi 免费

小贴士 H普利多酒店 Pulido（Map p.301 住Enríquez No.205 TEL 842-0036）共设有23间客房，设备十分完善。Ⓢ D M$200~。公共区域免费提供Wi-Fi网络。

苏莲托餐馆
Sorrento

◆方便的大众食堂

苏莲托餐馆位于特杰斯公园北侧，环境颇具地方特色。除了肉类与鱼类的绝品菜肴（M$85~140）之外，还有早餐套餐（M$45~65）以及每天推荐套餐（M$65）等。肉类、虾类以及薯类菜肴等品种丰富，令人欣喜的是这里的菜量也很大。

Map p.301

住 Enriquez No.105
TEL 842-0067
營 每天 7:30~24:00
CC 不可
Wi-Fi 无

拉阿先达餐馆
La Hacienda

◆紧邻市政府，地理位置优越

拉阿先达餐馆位于市政府旁建筑内的二层。推荐菜品为坦皮科风味牛柳扒 Cecina Tampiqueña（M$140）。玉米面豆卷与托尔塔等菜品种类丰富，早餐套餐售价 M$32~49。

Map p.301

住 Reforma No.100
TEL 842-0633
營 每天 7:30~22:00
CC M V
Wi-Fi 无

帕潘特拉的酒店
Hotel

帕潘特拉拥有 10 余家经济型酒店。推荐选择餐馆较为集中的特杰斯公园附近的酒店。此外，入住位于西北方向约 20 公里处的波萨里卡，前往墨西哥城时会相对更为便利，价格也会更加便宜。

塔欣酒店
Tajín

◆可在历史悠久的建筑内安心地享受假日时光

塔欣酒店紧邻大教堂，共设有 72 间客房，是帕潘特拉规模最大的酒店。酒店充满历史感，家具与装饰有一种自然而不造作的感觉。Wi-Fi 客房 OK · 免费

位于市中心，地理位置优越，交通便利

Map p.301

餐厅 ○ 游泳池 ○ 保险柜 ○ 早餐 收费
住 José de J. Nuñez y Dominguez No.104
TEL 842-0121 FAX 842-0644
URL www.hoteltajin.com.mx
税金 已含 CC M V
费 AC ○ TV ○ TUB × ⓈⒹM$467~

快捷酒店
Provincia Express

◆面向索卡洛中央广场而建的舒适酒店

酒店位于帕潘特拉市中心，共设有 20 间客房，规模不大，设施却十分齐全。面向索卡洛中央广场的客房视野较好，但还是推荐游客选择位于里侧，相对比较安静的客房。工作人员十分友好。Wi-Fi 客房 OK · 免费

Map p.301

餐厅 × 游泳池 × 保险柜 × 早餐 ×
住 Enriquez No.103
TEL & FAX 842-1645
税金 已含
CC V
费 AC ○ TV ○ TUB × ⓈⒹM$640~

卡萨布兰卡酒店
Casa Blanch

◆设有食堂的家庭式住宿设施

卡萨布兰卡酒店位于一等巴士总站通往市中心特杰斯公园的道路沿街，共设有 19 间客房。住宿费用适中，客房宽敞整洁。Wi-Fi 客房 OK · 免费

Map p.301

餐厅 × 游泳池 × 保险柜 × 早餐 △
住 Benito Juárez No.305
TEL 842-4020 税金 已含 CC 不可
费 AC △ TV ○ TUB × ⓈM$350~、ⒹM$400~

餐厅 游泳池 保险柜 早餐 AC 空调 TV 电视 TUB 浴缸

韦拉克鲁斯 *Veracruz*

享受快活的音乐及舞蹈的同时品尝海味

人　口	约 51 万
海　拔	0 米
区　号	229

关键词

★ 阿尔马斯广场的音乐与舞蹈表演
★ 圣胡安·德·乌尔亚要塞
★ 森珀阿拉遗址

周末挤满游客的海滨区

活动信息

● 2~3 月

圣周前 40 天举办国际最大规模的狂欢节。活动约持续 10 天，期间会在市内进行游行与音乐舞蹈表演等各种活动。

● 7~8 月期间的 5 天

夏季举办名为阿芙洛卡里维尼奥 Afrocaribeño 的国际性活动，届时可以欣赏到加勒比海诸国的音乐与舞蹈等。

韦拉克鲁斯州政府旅游局

URL www.veracruz.gob.mx/turismo

狂欢节期间的天气

12 月～次年 3 月刮北风，天气十分恶劣。狂欢节期间多为恶劣天气，游客务必要安排好行程，留出一定的灵活时间。

墨西哥国际航空

住 Blvd.Adolfo Ruíz Cortines Lote 6

联合航空公司

住 Blvd.Adolfo Ruíz Cortines No.1600

TEL 922-5801

韦拉克鲁斯是墨西哥最为古老的殖民城市。这座城市十分盛行音乐与舞蹈，最畅销单曲《拉·邦巴》的原曲是这一地区名为夏洛楚颂乐的传统音乐，经常可以看到在音乐下迈着小碎步的舞蹈表演。从古巴引进的丹森舞也拥有极高的人气，年长的人们接触十分广泛。此外，每年 2~3 月期间举办的狂欢节是墨西哥规模最大的节日，届时市内各地会举行盛装游行，大批游客也会在节日期间蜂拥而至。这个旅游胜地的人们非常快活，市区与海滨在平时也是一片音乐与舞蹈的海洋。从墨西哥城出发，仅需 4~5 小时的车程便可抵达韦拉克鲁斯，特别是周末，会有很多人前往海滨区度假，或是前来享受音乐与海鲜盛宴，非常热闹。

在阿尔马斯广场尽享美食与音乐盛宴

韦拉克鲁斯 交 通

飞机▶ 墨西哥城、蒙特雷以及坎昆有墨西哥国际航空（AM）、英特捷特航空（VLO）以及墨西哥大湖航空公司（VW）等的航班飞往韦拉克鲁斯，比亚埃尔莫萨则有玛雅航空（7M）等航班飞往韦拉克鲁斯。国际航线方面，休斯敦每天有 1~2 次联合航空公司的航班飞往韦拉克鲁斯。

韦拉克鲁斯的巴哈达斯国际机场 Bajadas（VER）位于市中心西南方向

从韦拉克鲁斯飞往各地的航班

目的地	每天航班信息	飞行时间	价格
墨西哥城	AM、VLO、VW 每天共计 8~12 次	1 小时	M$953~3980
比亚埃尔莫萨	AM、7M 每天共计 2 班	1 小时	M$1683~4013

安全信息 市中心的繁华街道与海滨区等观光地警备森严。部分地区因受到抗毒活动的影响，治安状况较差，游客切记不要前往景区以外的其他区域。

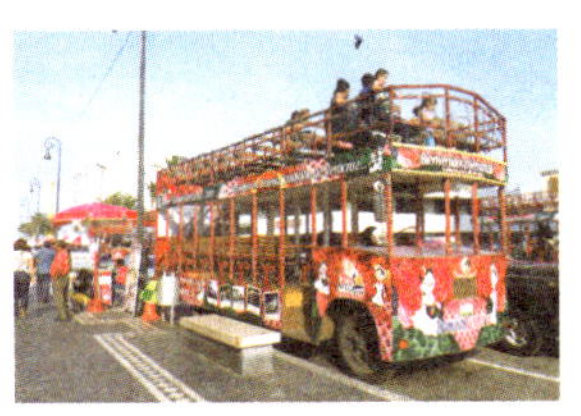

韦拉克鲁斯的市内观光巴士

约 15 公里处。没有巴士，只能在机场搭乘出租车（M$170）前往市内。

巴士▶ 韦拉克鲁斯是交通要塞，因此巴士线路十分丰富。一等巴士总站主要运营 ADO 与 ADO GL 等，二等巴士总站停靠的则主要为 AU 与 TRV 的巴士。一等与二等巴士总站同处一地，游客乘车时务必要注意区分具体乘车地点。巴士总站位于市中心南侧约 2 公里。搭乘标有“Centro”字样的市内巴士（M$9）经约 15 分钟车程便可抵达市中心。搭乘出租车则需花费 M$30 左右。

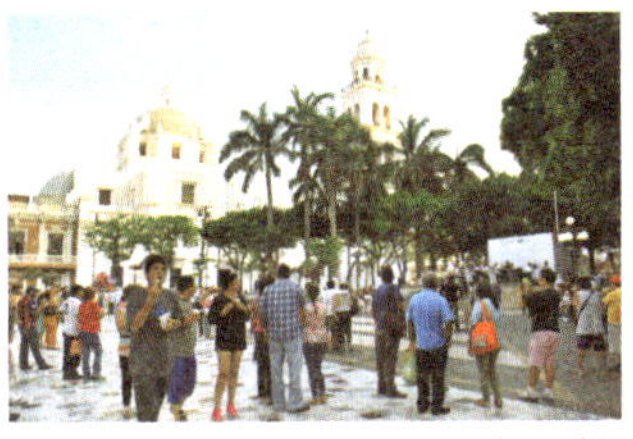

热闹的阿尔马斯广场

从韦拉克鲁斯开往各地的巴士

目的地	每天的班次	行驶时间	票价
墨西哥城	ADO、AU 等每小时 5~6 班	5~7 小时	M$520~720
普埃布拉	ADO、AU 等每小时 2~3 班	3.5~4 小时	M$328~510
帕潘特拉	ADO 9 班	3.5 小时	M$256
哈拉帕	ADO、AU、TRV 等每小时约 10 班	2~3 小时	M$118~166
比亚埃尔莫萨	ADO、ADO GL 等每小时 1~2 班	7~8 小时	M$540~810
梅里达	ADO、ADO GL 等共计 5 班	15~16 小时	M$1164~1392
瓦哈卡	ADO 等共计 6 班	6~8 小时	M$464~590

货币兑换

阿尔马斯广场北侧有很多货币兑换处。手续费各不相同。

韦拉克鲁斯的旅行社

● Viaje Veramundo S.A.

Map p.305/A1

住 M. Molina No.138

TEL 932-6414

提供机票与长途巴士票的代购服务。

韦拉克鲁斯的历史

1519 年，西班牙人荷南·考特斯从古巴来到墨西哥。他首先踏上了在韦拉克鲁斯市区也可眺望到的萨里费克尤斯岛。后来考特斯率领西班牙开拓者开垦曾属于托特纳卡族的这片土地，并创建了美洲大陆上的首座欧洲殖民都市。在 1760 年前的约 150 年间，这里作为墨西哥殖民政府唯一一座获得西班牙贸易许可的港口而繁荣发展。期间，为了补充劳动力，他们带来了少数非洲奴隶，古巴与哥伦比亚等加勒比海沿岸城市也有很多人移民至此地。现如今，这里依然作为墨西哥的重要港湾城市，发挥着不可取代的作用。

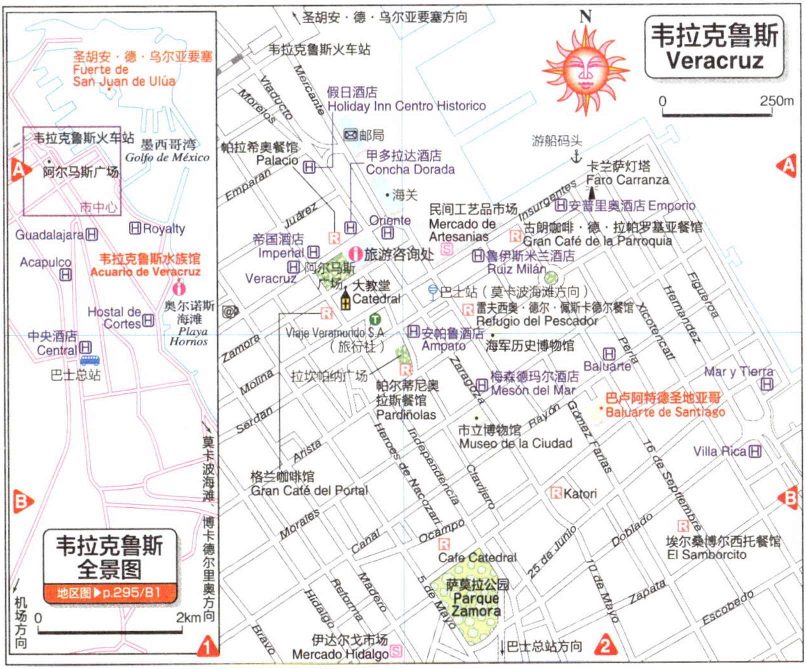
韦拉克鲁斯
Veracruz
N
0 250m
圣胡安·德·乌尔亚要塞方向
韦拉克鲁斯火车站
假日酒店
Holiday Inn Centro Historico
邮局
帕拉希奥餐馆
Palacio
甲多拉达酒店
Concha Dorada
海关
游船码头
卡兰萨灯塔
Faro Carranza
安普里奥酒店 Emporio
民间工艺品市场
Mercado de Artesanias
古朗咖啡·德·拉帕罗基亚餐馆
Gran Café de la Parroquia
帝国酒店
Imperial
旅游咨询处
鲁伊斯米兰酒店
Ruiz Milán
阿尔马斯广场
大教堂
Catedral
巴士站（莫卡波海滩方向）
雷夫西奥·德尔·佩斯卡德尔餐馆
Refugio del Pescador
Viaje Veramundo S.A.（旅行社）
安帕鲁酒店
Amparo
海军历史博物馆
Baluarte
Mar y Tierra
拉坎帕纳广场
帕尔蒂尼奥拉斯餐馆
Pardiñolas
梅森德玛尔酒店
Mesón del Mar
巴卢阿特德圣地亚哥
Baluarte de Santiago
市立博物馆
Museo de la Ciudad
Villa Rica
格兰咖啡馆
Gran Café del Portal
Katori
埃尔桑博尔西托餐馆
El Samborcito
Cafe Catedral
萨莫拉公园
Parque Zamora
伊达尔戈市场
Mercado Hidalgo
巴士总站方向
Viaducto
Morelos
Mercante
Emparan
Juarez
Oriente
Insurgentes
Veracruz
Zamora
Molina
Serdan
Arista
Morales
Canal
Madero
Reforma
Hidalgo
Bravo
Heroes de Nacozari
Independencia
Ocampo
Zaragoza
Clavijero
5 de Mayo
Gómez Farías
Rayón
25 de Junio
16 de Septiembre
Doblado
Zapata
Escobedo
10 de Mayo
Xicotencatl
Hernández
Perla
Figueroa
圣胡安·德·乌尔亚要塞
Fuerte de San Juan de Ulúa
韦拉克鲁斯火车站
墨西哥湾
Golfo de México
阿尔马斯广场
市中心
Guadalajara
Royalty
Acapulco
韦拉克鲁斯水族馆
Acuario de Veracruz
Hostal de Cortes
奥尔诺斯海滩
Playa Hornos
中央酒店
Central
巴士总站
莫卡波海滩、博卡德尔里奥方向
机场方向
韦拉克鲁斯全景图
地区图▶p.295/B1
0 2km

小贴士 韦拉克鲁斯在 2~3 月期间会举办国内规模最大的狂欢节。届时在马勒孔海滨步行街会举行盛装游行，并出动 10 辆彩车进行音乐演奏与舞蹈表演。URL www.carnavalveracruz.com.mx

旅游咨询处

Map p.305/A1

旅游咨询处位于面向阿尔马斯广场东北侧而建的市政府一层。除了可以获得市区地图与韦拉克鲁斯州宣传册等之外，还可向游客提供翔实的活动信息。

住 Plaza de Armas
TEL 200-2017
营 每天 9:00~21:00

港湾游船

这里运营有限乘 20~30 人的游船。游船自卡兰萨灯塔附近出发，在韦拉克鲁斯港湾区游览 45 分钟左右。可一边聆听西班牙语介绍，一边在海上眺望圣胡安·德·乌尔亚要塞。游船运行时间不固定，游客较多的周末与旅游旺季，每小时发多班船次。费用为 M$100。

● ASDIC
TEL 935-9417
URL www.asdic.com.mx

搭乘游船观光

市内观光巴士

韦拉克鲁斯的市内观光巴士（咨询电话：937-4269）名为 Tranvía。每天 10:00~22:00 期间，每小时有一班车环行市中心一周。巴士从阿尔马斯广场与民间艺术品市场发车，全程需时 1 小时 15 分钟，票价 M$75。

韦拉克鲁斯 漫 步

阿尔马斯广场上无论昼夜均有音乐演奏与舞蹈表演

游览这座城市要从阿尔马斯广场 Plaza de Armas 迈出第一步。被旅游咨询处、酒店以及众多餐馆所环绕的广场全天都播放音乐，这里的人们总是沉浸在快活的氛围当中。白天起就有几个乐团表演，到了晚上还有夏洛楚舞蹈表演，广场上挤满了前来跳丹森舞的人们。这里是亲身体验韦拉克鲁斯风土人情的绝佳场所。

阿尔马斯广场东北方向两个街区是民间艺术品市场，前面的港口周边则是傍晚的散步线路。引人注目的白色灯塔名为卡兰萨灯塔 Faro Carranza，完美展现了拥有古老历史的港口风情。海员在出售刨冰与旅游纪念商品的露天摊位中穿行，不得不承认，这里是体验港口城市韦拉克鲁斯风情的最佳景点。

市中心东南方向是名为奥尔诺斯海滩 Playa Hornos 的海滨区，岬角

白色的卡兰萨灯塔位于紧邻市中心的港口

COLUMNA

在韦拉克鲁斯欣赏音乐和舞蹈

港口城市韦拉克鲁斯处处洋溢着音乐与舞蹈带来的欢乐，游客可以在阿尔马斯广场等地欣赏表演。夏洛楚颂乐起源于韦拉克鲁斯，采用吉他与阿帕（像竖琴一样的弦乐器）等进行演奏，节奏较强。以上述音乐为背景，人们迈着碎步跳起夏洛楚舞。全身都身着白色服饰的舞者们欢快且华丽的舞姿是韦拉克鲁斯一道独特的风景线。

丹森舞也非常盛行。从古巴流传到当地的丹森舞节奏较为缓慢，备受年长者的喜爱。公园与广场上经常会有管弦乐团的现场演奏，普通人随着音乐翩翩起舞，游客也可自由参与。

阿尔马斯广场与民间艺术品市场附近等地每周有三次左右的夏洛楚舞表演。此外，萨莫拉公园、阿尔马斯广场以及拉康帕纳广场等地每周有五次左右的丹森舞表演，这些表演均在 19:00~20:00 左右开始。当地每月都会制订表演计划，详细的时间与场地可通过旅游咨询中心进行确认。

可在乐团的伴奏下体验丹森舞的乐趣

小贴士 尼艾维斯·德尔·马雷孔 Nieves del Malecón 是颇具人气的冰激凌店。这家店位于民间艺术品市场附近的 Zamora 沿街。可以在这里品尝曼密苹果与刺果番茄等十分罕见的水果口味。

最前端还有一座韦拉克鲁斯水族馆。从这里到博卡德尔里奥 Boca del Río 是长约10公里，且面向海水浴游客开放的海滨区。沿岸开设有众多餐馆，可一边眺望海景一边品尝海鲜。

韦拉克鲁斯 主要景点

巴卢阿特德圣地亚哥 Baluarte de Santiago

可以品味大航海时代氛围的史迹

★

内部设有金制品与钢盔的展厅

16 世纪惨遭海盗攻击的这座城市在当时建造了九座堡垒。这些堡垒几乎都没有保存下来，1635 年建造的巴卢阿特德圣地亚哥保留了当时的风貌。

圣胡安 · 德 · 乌尔亚要塞 Fuerte de San Juan de Ulúa

切身体验墨西哥殖民地的历史

★

要塞内还设有博物馆

圣胡安 · 德 · 乌尔亚要塞是 1582 年在岛上建造的要塞。建造之初只是采用珊瑚与沙子等搭建的四方形墙壁，之后又建造了城堡，现在展现在世人面前的形态是在 18 世纪前后建成的。要塞也是划分历史的场所。1518 年，西班牙的船舶自古巴驶入这座港口，这也意味着墨西哥殖民地时代的开始。1825 年，独立战争结束，要塞内的西班牙守卫队投降，殖民地时代就此完结。

韦拉克鲁斯水族馆 Acuario de Veracruz

位于海滨区的水族馆

★

可以看到色彩鲜艳的鱼类

韦拉克鲁斯水族馆规模很大，在这里可以看到梭子鱼与海龟等生活在墨西哥湾的约 3000 种海洋生物。馆内还设有影音室与鲸鱼骨骼展厅。水族馆坐落在开设有商店与餐馆的建筑内部，位于阿尔马斯广场东南方向 2 公里左右。这座水族馆周边有奥尔诺斯海滩 Playa Hornos 与比加 · 德尔 · 玛尔海滩 Playa Villa del Mar，餐馆鳞次栉比的步行道气氛轻松愉悦。

博卡德尔里奥 Boca del Río

悠闲地享受南国风情

★

博卡德尔里奥是位于韦拉克鲁斯市中心东南方向 12 公里处的海滨区。地处哈恩巴河 Río Jamba 的河口，可乘船游览并体验海水浴。此外，这里还因可以十分低廉的价格吃到海鲜而闻名，美味的餐馆鳞次栉比。

巴卢阿特德圣地亚哥

Map p.305/B2

从阿尔马斯广场出发，沿 Zaragoza 大街向东南方向五个街区，再向港口方向两个街区便可抵达巴卢阿特德圣地亚哥。步行约需 10 分钟。

TEL 931-1059

入场 周二～周日 10:00~17:00

费 M$55

圣胡安 · 德 · 乌尔亚要塞

Map p.305/A1

在阿尔马斯广场搭乘出租车前往圣胡安 · 德乌尔亚要塞需花费 M$60 左右。

TEL 938-5151

入场 周二～周日 9:00~16:30

费 M$55

韦拉克鲁斯水族馆

Map p.305/A1

在由阿尔马斯广场向东南方向延伸的 Zaragoza 大街搭乘开往 "Playa Villa del Mar" 与 "Boca del Río" 等方向的巴士，经约 10 分钟（M$9）车程便可抵达韦拉克鲁斯水族馆。搭乘出租车前往需花费 M$30 左右。

TEL 931-1020

URL www.acuariodeveracruz.com

入场 每天 9:00~19:00（周五～周日 ~19:30）

费 M$125

博卡德尔里奥

Map p.295/B1

在由阿尔马斯广场向东南方向延伸的 Zaragoza 大街搭乘开往 "Boca del Río" 方向的巴士，经约 30 分钟（M$9）便可抵达博卡德尔里奥。搭乘出租车前往需花费 M$100 左右。

小贴士 奥尔诺斯海滩等紧邻市区的海滨到了周末会挤满当地游客。工作日游客相对较少，如果想悠闲地在海滨游玩，最好选择工作日前往。

韦拉克鲁斯的餐馆

Restaurant

阿尔马斯广场被众多咖啡馆与餐馆环绕，音乐与快活的氛围会一直持续至深夜。前往郊外海滨区的博卡德尔里奥与莫卡波海滩，可以一边享受海滨氛围一边品尝新鲜的海鲜。

帕尔蒂尼奥拉斯餐馆

Pardiñolas

◆如果想品尝海鲜，这里绝对是不二之选！

帕尔蒂尼奥拉斯餐馆曾烹饪出世界最大的鱼翅，是吉尼斯纪录的保持者。将大头鱼放入沙司内炖制而成的瓦奇纳恩戈（M$100~）与在挖空的菠萝内装满海鲜的皮尼亚·雷杰纳·东·法罗（M$130）等都是可以品尝韦拉克鲁斯海味的人气菜品。

可以试着品尝一下名菜瓦奇纳恩戈

Map p.305/B2

住 Plazuela de la Campana No.115-2D
TEL 952-5674
营 周二～周日 13:00~22:00
CC 不可
Wi-Fi 免费

埃尔桑博尔西托餐馆

El Samborcito

◆特别想在早餐时品尝的小食品

埃尔桑博尔西托餐馆是备受当地人们喜爱的一家休闲餐馆。招牌菜是炸面包 Gorda（M$14~39）与手掌比萨 Picada（M$14~44）。菜品涵盖甜品与家常菜等，种类十分丰富，特别适合在肚子饿的时候前去饱餐一顿。

推荐 Gorda（右）与 Picada（左）

Map p.305/B2

住 16 de Septiembre No.727
TEL 931-4939
营 每天 7:00~19:00
税金 已含
CC 不可
Wi-Fi 免费

格兰咖啡馆

Gran Café del Portal

◆大教堂附近的老字号咖啡馆

阿尔马斯广场向南一个街区，大教堂的对面便是格兰咖啡馆。鱼类菜品售价 M$195~226，早餐套餐售价 M$99~118，咖啡售价 M$29~。还有音乐家为前来用餐的顾客演奏木琴与夏洛楚。

Map p.305/A1

住 Independencia No.1187
TEL 931-2759
营 每天 7:00~24:00
CC M V
Wi-Fi 免费

古朗咖啡·德·拉帕罗基亚餐馆

Gran Café de la Parroquia

◆如同观光景点一般的韦拉克鲁斯名店

古朗咖啡·德·拉帕罗基亚餐馆是面向民间艺术品市场东端开设的韦拉克鲁斯名店。在同一个街区内有兄弟二人分别经营的两家店。咖啡备受好评，全天都非常热闹。除了人气较高的卡布奇诺（M$42）之外，还供应汤品（M$35~）与肉类及鱼类菜品（M$200~）等。

Map p.305/A2

住 Gómez Farías No.34
TEL 932-2584
URL www.laparroquia.com
营 每天 7:00~24:00
CC A M V
Wi-Fi 免费

帕拉希奥餐馆

Palacio

◆市中心的人气餐馆

帕拉希奥餐馆面向阿尔马斯广场北侧，是这一区域内人气最高的店面之一。店内随时可欣赏竖琴等乐队演奏。费雷特·德·佩斯卡德（M$135）等海鲜十分美味。

Map p.305/A1

住 Miguel Lerdo No.127
TEL 931-0720
营 每天 12:00~次日 4:00
CC M V
Wi-Fi 免费

雷夫西奥·德尔·佩斯卡德尔餐馆

Refugio del Pescador

◆有众多餐馆入驻

雷夫西奥·德尔·佩斯卡德尔是位于旧鱼市的简易食堂一条街。这里的 27 家海鲜餐馆竞争非常激烈，定价比较适中。午餐套餐售价为 M$50 左右，采用鳞介类制成的小菜售价为 M$40 左右。大多数餐馆在菜品售罄后便会关门，因此建议在午餐时间前来用餐。

鳞介类小菜拥有极高的人气

Map p.305/A2

住 Francisco Landero y Coss
TEL 无
营 每天 7:00~20:00
CC 不可
Wi-Fi 免费

小贴士 H安普里奥酒店 Emporio（Map p.305/A2）是韦拉克鲁斯首屈一指的高档酒店之一，在这里眺望，可将海景尽收眼底。住宿费用为 Ⓢ Ⓓ M$1536~。URL www.hotelesemporio.com/veracruz

韦拉克鲁斯的酒店
Hotel

市中心集中了平价旅馆与中档酒店，南部海岸区则散布有高档度假村。面向阿尔马斯广场的酒店设有阳台房，在客房便可欣赏音乐演奏，费用相对较高。此外，市中心的酒店每逢周末，从中午开始便会客满，需要多加注意。

假日酒店
Holiday Inn Centro Historico

特别推荐这座可以饱享殖民地时期风情的酒店

◆漂亮的历史性建筑

从阿尔马斯广场向西北方向两个街区便可抵达假日酒店，这是一座由圣弗朗西斯科修道院改装而成的殖民地时期酒店，共设有 41 间客房。18 世纪的建筑充满情调，中庭洋溢着浓厚的度假氛围。

Map p.305/A1
餐厅 ○ 游泳池 ○ 保险柜 ○ 早餐 △
住 Av.Morelos No.225
TEL 932-4052
FAX 932-4255
URL www.ihg.com
税金 +18% CC A D J M V
费 AC ○ TV ○ TUB × ⓈⒹ M$810~

鲁伊斯米兰酒店
Ruiz Milán

◆可以眺望韦拉克鲁斯港口的人气酒店

鲁伊斯米兰酒店面向韦拉克鲁斯湾而建，是一家共设有 97 间客房的四星级酒店。酒店外观与内装都十分时尚，波浪式浴盆等设施也很齐全。Wi-Fi 客房 OK · 免费

Map p.305/A2
餐厅 ○ 游泳池 ○ 保险柜 ○ 早餐 收费
住 Paseo del Malecón，esq.Gómez Farías
TEL 932-6707 FAX 932-4255
URL www.ruizmilan.com 税金 已含
CC A D J M V 费 AC ○ TV ○ TUB ×
ⓈM$630~、Ⓓ M$720~

梅森德玛尔酒店
Mesón del Mar

天花板较高，非常舒适

◆由殖民地时期建筑改装而成

梅森德玛尔酒店环境明亮，共设有 24 间客房。客房类型繁多，沿旋转阶梯上行至阁楼处的套房比较受欢迎。Wi-Fi 客房 OK · 免费

Map p.305/B2
餐厅 × 游泳池 × 保险柜 × 早餐 ×
住 Esteban Morales No.543,esq.Zaragoza
TEL 932-5043 URL www.mesondelmar.com.mx 税金 +18% CC M V
费 AC ○ TV ○ TUB × ⓈM$600~、Ⓓ M$700~

帝国酒店
Imperial

◆创始于 1794 年的老字号酒店

帝国酒店面向阿尔马斯广场北侧而建，这家共设有 55 间客房的中档酒店是一座独特的历史性建筑。客房充满旧日风情。Wi-Fi 客房 OK · 免费

Map p.305/A1
餐厅 ○ 游泳池 × 保险柜 × 早餐 △
住 Miguel Lerdo No.153 TEL 931-3470
URL www.hotelimperialveracruz.com
税金 已含 CC A M V 费 AC △ TV ○
TUB × ⓈM$600~、Ⓓ M$700~

甲多拉达酒店
Concha Dorada

◆简约的经济型酒店

甲多拉达酒店面向阿尔马斯广场北侧，是一家共设有 48 间客房的经济型酒店。客房空间虽然狭窄，但却十分干净。

Map p.305/A1
餐厅 × 游泳池 × 保险柜 × 早餐 ×
住 Miguel Lerdo No.77 TEL 931-1756
FAX 931-1736 税金 已含 CC M V
费 AC △ TV ○ TUB × ⓈⒹM$350~

中央酒店
Central

◆紧邻巴士总站，特别适合在当地中转的游客

中央酒店位于巴士总站北侧，共设有 126 间客房。酒店附近有很多大众食堂与小卖店，地理位置优越，特别适合短期留宿的游客。

Map p.305/B1
餐厅 × 游泳池 × 保险柜 × 早餐 ×
住 Av.Diaz Mirón No.1612
TEL 937-2222 URL www.hotelcentral.com.mx 税金 已含 CC M V
费 AC ○ TV ○ TUB × ⓈⒹM$350~

安帕鲁酒店
Amparo

◆地理位置优越的平价旅馆

安帕鲁酒店位于开往莫卡波海滩方向的巴士站南侧。可直接步行前往阿尔马斯广场与港口。共设有 63 间客房。Wi-Fi 客房 OK · 免费

Map p.305/A2
餐厅 × 游泳池 × 保险柜 × 早餐 收费
住 Serdan No.482 TEL & FAX 932-2738
税金 已含 CC M V
费 AC △ TV △ TUB × ⓈM$250~、ⒹM$400~

腐朽不堪的考特斯之家

拉安提瓜

Map p.295/B1

拉安提瓜位于韦拉克鲁斯西北方向约 20 公里处。从韦拉克鲁斯出发，搭乘 AU 公司等的二等巴士需时约 40 分钟，票价 M$27。在高速公路收费站下车后步行 15 分钟左右便可抵达拉安提瓜（乘坐出租车费用为 M$7）。可以参观考特斯之家的外观。

森珀阿拉遗址

Map p.295/B1

森珀阿拉遗址位于韦拉克鲁斯西北方向约 40 公里。从韦拉克鲁斯出发，搭乘 AU 公司等的二等巴士前往卡特耳 Cardel 需时 1 小时左右，票价 M$54。之后换乘开往森珀阿拉遗址方向的巴士，需时约 20 分钟，票价 M$12。

此外，从韦拉克鲁斯出发后在沿街通往森珀阿拉村的岔路口下车，步行 15 分钟左右（乘坐出租车费用为 M$8）便可抵达。遗址紧邻森珀阿拉村。

TEL （229）934-4208

入场 每天 9:00~18:00

费 M$50

哈拉帕人类学博物馆

Map p.295/B1

各公司每天有约 10 班巴士从韦拉克鲁斯开往哈拉帕（需时 2~3 小时，票价 M$118~166）。墨西哥城与波萨里卡也有巴士频繁往返该地。

在哈拉帕巴士总站搭乘市内巴士，经约 20 分钟（M$8）车程便可抵达人类学博物馆，搭乘出租车约需 15 分钟（M$35）。

TEL （228）815-0920

入场 周二～周日 9:00~17:00

费 M$50

韦拉克鲁斯 短途旅行

拉安提瓜 La Antigua

考特斯在墨西哥建造的最早的居住区

★

拉安提瓜作为西班牙人荷南·考特斯在墨西哥创建的第一座殖民城市而闻名。坐落在悠闲宁静的市中心地区的考特斯之家 Casa de Cortés 已然成为一片废墟。树枝缠绕在修建于 1525 年的建筑遗址的立柱上，颇具历史感。此外，从市中心出发，步行 3 分钟左右便可抵达罗萨里奥教堂 La Ermita del Rosario，这座教堂是墨西哥历史最为悠久的教堂。

保留有罗萨里奥教堂等历史性建筑的拉安提瓜

森珀阿拉遗址 Zempoala

由圆石组成的独特遗址

★★

采用圆石建造是这座遗址的特征所在

森珀阿拉遗址原是创建于 13 世纪的托特纳卡族的古代都市，现如今依然保留着神庙遗址与建筑的基坛部分。遗址坐落在由韦拉克鲁斯通往埃尔塔欣遗址方向的街道附近，不妨顺路前往参观。

哈拉帕人类学博物馆 Museo de Antropología de Jalapa

墨西哥湾岸区的文化遗产宝库

★★

首府哈拉帕（又被写作 Xalapa）位于韦拉克鲁斯西北方向约 90 公里处。这座城市有一座博物馆，其规模仅次于墨西哥城人类学博物馆，馆内展出了奥美加文化的巨石人头像、阿兹台克文化以及托特纳卡文化的石像等出土文物。

最大的看点是拥有墨西哥最古老文化的奥美加留下的巨石人头像。这座雕像以 Cabezón（大头）的名字闻名，采用高约 3 米、宽 2 米左右的巨型岩石雕刻而成。奥美加是公元前 10 世纪前后突然在墨西哥湾岸区出现的谜一般的存在。这座巨型岩石的面部与黑人十分相似，大大区别于当地的原住民。此外，在埃尔塔欣遗址出土的托特纳卡土偶也几乎均在这座博物馆内展出。除了著名的“笑颜”（Caritas Sonrientes）之外，“死神”（Señor de los Muertos）等主题也非常丰富多彩。

由巨大岩石雕刻而成的巨石人头像

在森珀阿拉遗址也可以参观生命之树仪式→ p.300。每逢周末与节假日等游客较多的时期，与埃尔塔欣遗址相同，表演者会等游客聚集到一定程度后开始表演。

特拉科塔尔潘 *Tlacotalpan*

保留有古时韵味的殖民地时期城市

特拉科塔尔潘位于韦拉克鲁斯东南方向约 90 公里处，是坐落在帕帕罗瓦潘河河中沙洲的一座古老城市。这座城市在船舶贸易十分繁荣的 19 世纪前后作为重要的港口而闻名，同时这里还是墨西哥代表性作曲家奥古斯丁·劳拉的出生地。公园与建筑自古便完好地保存了下来，并在 1998 年被列入世界文化遗产名录。

人　口	约 7600 人
海　拔	155 米
区　号	288

世界遗产

★ 特拉科塔尔潘

特拉科塔尔潘 交通

巴士▶ 韦拉克鲁斯没有直达特拉科塔尔潘的巴士，因此需要在阿尔瓦拉多 Alvarado 换乘前往。韦拉克鲁斯每小时有 8~10 班 TRV 公司等的二等巴士开往阿尔瓦拉多（需时约 1 小时 30 分钟，票价 M$49），下车后再换乘开往特拉科塔尔潘的二等巴士（每小时 3~4 班，需时约 30 分钟，票价 M$32）。从特拉科塔尔潘的巴士站步行 5 分钟左右便可抵达市中心。

特拉科塔尔潘 漫步

来到特拉科塔尔潘，可以以建有教堂的萨拉戈萨广场 Plaza Zaragoza 为起点开始游览这座被列为世界文化遗产的城市。这座城市的街道上基本上没有机动车通行，沿街是呈现各种设计且多彩缤纷的房屋。萨拉戈萨广场东侧有奥古斯丁·劳拉博物馆与萨尔瓦多·费兰多博物馆等景点。此外，帕帕罗瓦潘河沿岸有很多供应美味海鲜的餐馆，岸边还有待客的船只与船夫，游客可乘船游玩或者前往近邻的其他岛屿。这里全年多蚊虫，因此最好随身携带防虫喷雾。

特拉科塔尔潘 主要景点

萨尔瓦多·费兰多博物馆 Museo Salvador Ferrando

拉丁美洲最大的教堂 ★

萨尔瓦多·费兰多博物馆展出有特拉科塔尔潘著名画家艾伯特·福斯特 Albert Fuster 的《身着结婚典礼服饰的我的祖母》等众多绘画作品、中世纪特拉科塔尔潘的出土文物以及历史性图片等。

奥古斯丁·劳拉博物馆 Museo Agustín Lara

墨西哥代表性作曲家的故居 ★

奥古斯丁·劳拉博物馆曾是音乐家奥古斯丁·劳拉居住的场所。馆内展出了劳拉曾经使用的家具与从前的照片等。从这座博物馆向西步行 5 分钟左右还有奥古斯丁·劳拉出生的家（内部未对外开放）。

活动信息

● 2月2日

圣烛节 Día de Candelaria 是特拉科塔尔潘的守护圣人日。节日期间有圣体队列、赶牛、舞蹈表演以及盛装游行等活动。

旅游咨询处

旅游咨询处位于米阿娘市中心萨拉戈萨公园而建的市政府入口旁。

TEL 884-2050

营 周一～周六 9:00~15:00、16:00~19:00

悠闲宁静的市中心充满古时情趣

萨尔瓦多·费兰多博物馆

TEL 884-2495

入场 周二～周日 8:00~19:00

费 M$10

奥古斯丁·劳拉博物馆

从萨拉戈萨广场步行一分钟左右便可抵达奥古斯丁·劳拉博物馆。

TEL 937-0209

入场 周二～周日 8:00~14:00、16:00~19:00

费 M$12

特拉科塔尔潘的酒店

萨拉戈萨广场南侧的 Reforma（TEL 884-2022）共设有 21 间客房。Ⓢ M$500~、Ⓓ M$620~。

帕帕罗瓦潘河附近的 Posada Doña Lala（TEL 884-2580）共设有 34 间客房。Ⓢ Ⓓ M$800。

小贴士 1897 年，奥古斯丁·劳拉出生在这座城市。他身为作曲家发行了众多乐曲，另外，他还作为广播节目的主持人而闻名，在 1970 年去世之前一直活跃在各个领域。

比亚埃尔莫萨 *Villahermosa*

奥美加文化独特的史迹公园不容错过

人 口	约 59 万
海 拔	10 米
区 号	993

州政府前的阿尔马斯广场上建有喷泉，热闹非凡

比亚埃尔莫萨（意为美丽的城市）是塔巴斯哥州的首府，这座城市自古便在格里哈尔瓦河沿岸繁荣，近年来又在石油产业方面取得了令人瞩目的发展。这里还有拉木塔遗址公园等可接触到奥美加文化珍贵遗产的观光景点。此外，由于地处韦拉克鲁斯与梅里达之间，这座城市还是通往帕伦克遗址的交通要道。

比亚埃尔莫萨 交 通

飞机▶ 墨西哥国际航空（AM）等航空公司每天都有从墨西哥城、梅里达以及韦拉克鲁斯等地飞往比亚埃尔莫萨的航班。比亚埃尔莫萨的卡罗斯·佩雷斯机场 Carlos Pérez（VSA）位于市中心东侧 13 公里左右，搭乘售票出租车约需 20 分钟车程，票价 M$200。

从比亚埃尔莫萨飞往各地的航班

目的地	每天航班信息	飞行时间	价格
墨西哥城	AM、VLO、VW 共计 9~12 班	1.5 小时	M$1173~5488
韦拉克鲁斯	AM、7M 共计 2 班	1 小时	M$1683~4013
梅里达	AM、VW、7M 共计 2~3 班	1~1.5 小时	M$2094~4356

巴士▶ ADO 等巴士开设有从墨西哥各地发往比亚埃尔莫萨的线路。一等巴士总站位于市中心北侧 1 公里左右，搭乘出租车需要花费 M$25 左右。从一等巴士总站向东北方向 1~3 个街区便是二等巴士总站。

从比亚埃尔莫萨开往各地的巴士

目的地	每天的班次	行驶时间	价格
墨西哥城	ADO、AU 等每小时数班	11~13 小时	M$850~1250
瓦哈卡	ADO 3 班（18:00、19:35、21:25）	12.5~13.5 小时	M$736
圣克里斯托瓦尔·德拉斯卡萨斯	OCC 2 班（14:30、23:40）	8 小时	M$402
特诺西科	ADO 12 班	3.5 小时	M$206
帕伦克	ADO、Cardesa 等几乎每小时 1~2 班	2~2.5 小时	M$150~164
韦拉克鲁斯	ADO、ADO GL 等每小时数班	6~9.5 小时	M$540~810
坎佩切	ADO、ATS 等每小时数班	5.5~7 小时	M$356~572
切图马尔	ADO 共计 5 班	8~8.5 小时	M$580
梅里达	ADO、SUR 等每小时数班	8~9 小时	M$636~1122
坎昆	ADO、SUR 等每小时数班	12~15 小时	M$942~1134

活动信息

● 4 月下旬 ~5 月中旬

在近郊特设会场举办的塔巴斯哥州规模最大的节日活动 Expo Tabasco 上有音乐与舞蹈表演。

旅游咨询处

一等巴士总站与拉木塔遗址公园入口等地设有旅游咨询处。游客可在这里索取地图与旅游宣传册。

墨西哥国际航空

Map p.313/A1

住 Av.Ruiz Cortines esq.Sagitario No.102-B

TEL 315-8876、315-0844

营 周一 ~ 周六 9:00~18:30

前往帕伦克遗址的旅行团

市内的旅行社开设有帕伦克遗址一日游的线路（8:00~17:00）。包含餐费、米索尔哈瀑布以及碧水瀑布观光，团费为 M$1100~1400。

市内的主要旅行社有 Tropitur（Map p.313/A1 住 Carranza No.117 Local 6 TEL 131-2123）与 Creatur Transportadora（住 Paseo Tabasco No.715 TEL 310-9900 URL creaturviajes.com）等。

文化中心 Centro Cultural

Map p.313/B1

文化中心一层是画廊（免费），楼上有一个大厅，用于举办音乐会或者播放电影。

住 Madero S/N

TEL 312-6136

营 周二 ~ 周日 10:00~20:00

小贴士 横跨帕塞欧·塔巴斯哥大街的美术馆 MUSEVI（Map p.313/A1 入场 每天 7:00~23:30 费 免费）展出有雕刻与绘画作品。美术馆北侧的水池在周三 ~ 周日的 20:00~20:50 有声光喷泉秀。

比亚埃尔莫萨 漫 步

索纳·鲁斯 Zona Luz 是繁华街道，从华莱士公园到阿尔马斯广场之间，商店、银行、酒店以及餐馆鳞次栉比。不远处便是格里哈尔瓦河，在阿尔马斯广场附近的瞭望桥眺望沿河景色尽收眼底。

比亚埃尔莫萨 主要景点

拉木塔遗址公园 Parque-Museo de la Venta

在室外展出巨石人头像的史迹公园绝对不容错过 ★★

拉木塔遗址公园位于比亚埃尔莫萨西侧约 130 公里处，这座周长约 1.2 公里的遗址公园内摆放着 1925 年从奥美加文化核心地塔木塔遗址出土的石碑。高约 2 米、重 20 吨以上的巨石人头像等被誉为墨西哥文明源头的奥美加出土文物，它们会在宛如热带雨林的遗址公园内忽然显现。

巨石人头像是压卷之笔

公元前 1200~ 前 400 年期间雕刻完成的巨石人头像与非洲黑人十分相似，非常有意思。奥美加在阿兹特克语中意为橡胶国人，因为他们是从生产橡胶的热带地区迁移至此地的。公园共有 33 座石碑与石像，主要看点是❽年轻的战士、⓲仰望天空的猴子、㉕五王石碑以及㉖ 6 巨石人头像 No.1 等（数字为线路编号）。

市内巴士终点站标识一览

Centro：索纳·鲁斯
Central：二等巴士总站
Terminal：一等（ADO）巴士总站
Tabasco：Paseo Tabasco
2000：Tabasco 2000 地区

拉木塔遗址公园

Map p.313/A1

拉木塔遗址公园位于市中心西北方向约 3 公里处。在市中心搭乘出租车（M$30~40 左右）前往更加方便，也可以换乘车次频繁的市内巴士与迷你巴士前往。

TEL 232-0423
入场 每天 8:00~17:00
费 M$50（地图 M$10）
※ 在公园支付入场费后可顺带参观附属动物园。

入口对面还有历史自然博物馆 Museo de Historica Natural。需要另外支付 M$25 的入场费用。

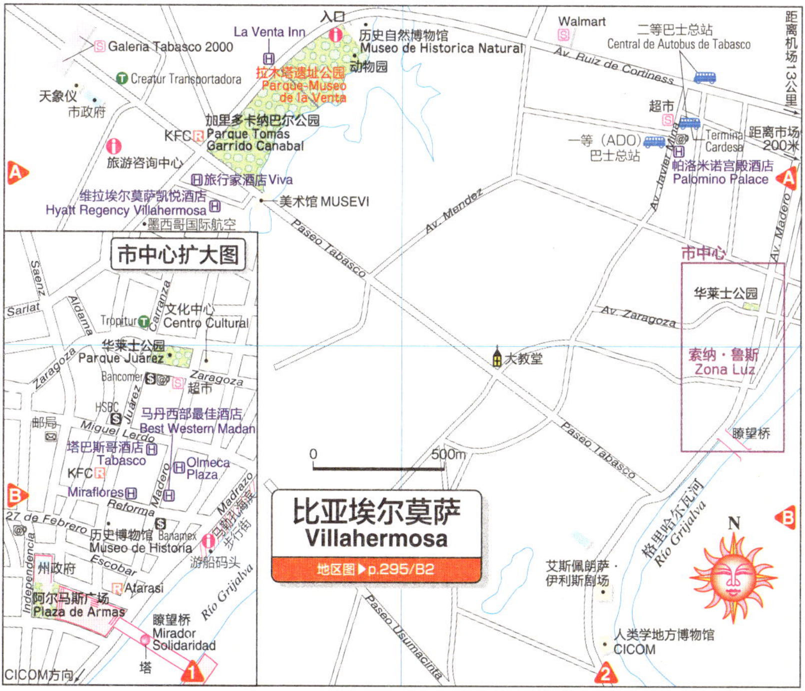

比亚埃尔莫萨 Villahermosa
地区图 ▶ p.295/B2

入口
La Venta Inn
历史自然博物馆 Museo de Historica Natural
动物园
拉木塔遗址公园 Parque-Museo de la Venta
Galeria Tabasco 2000
Creatur Transportadora
天象仪
市政府
加里多卡纳巴尔公园 Parque Tomás Garrido Canabal
KFC
旅游咨询中心
旅行家酒店 Viva
维拉埃尔莫萨凯悦酒店 Hyatt Regency Villahermosa
美术馆 MUSEVI
墨西哥国际航空
Walmart
二等巴士总站 Central de Autobus de Tabasco
Av. Ruiz de Cortiness
超市
一等（ADO）巴士总站
Terminal Cardesa
距离市场 200米
距离机场 13公里
帕洛米诺宫殿酒店 Palomino Palace
Av. Javier Mina
Av. Mendez
Paseo Tabasco
Av. Madero
市中心
华莱士公园
Av. Zaragoza
索纳·鲁斯 Zona Luz
大教堂
瞭望桥
格里哈尔瓦河 Río Grijalva
艾斯佩朗萨·伊利斯剧场
人类学地方博物馆 CICOM
Paseo Usumacinta
0 500m
N

市中心扩大图
Saenz
Sarlat
Aldama
Carranza
Tropitur
文化中心 Centro Cultural
华莱士公园 Parque Juárez
Bancomer
Zaragoza
超市
HSBC
Juárez
马丹西部最佳酒店 Best Western Madan
邮局
Miguel Lerdo
塔巴斯哥酒店 Tabasco
Olmeca Plaza
KFC
Miraflores
Madero
Madrazo
马勒孔海滨步行街
Reforma
27 de Febrero
历史博物馆 Museo de Historia
Banamex
游船码头
Independencia
州政府
Escobar
Atarasi
阿尔马斯广场 Plaza de Armas
Río Grijalva
瞭望桥 Mirador Solidaridad
塔
CICOM方向

小贴士 游客可搭乘游船（URL www.olmecaexpress.com）在格里哈尔瓦河上观光。游船在周六、周日的 12:30、14:30、17:30 以及 19:30 从马勒孔海滨步行街驶出，需时 1 小时，费用为 M$180（只有周日 14:30 发出的船次提供自助餐，该船次费用为 M$280）。

比亚埃尔莫萨的酒店

Hotel

高档酒店集中在拉木塔遗址公园南侧。紧邻购物中心，地理位置十分便利。中档酒店与平价旅馆则多位于马德罗大街周边与巴士总站周边。

维拉埃尔莫萨凯悦酒店

Hyatt Regency Villahermosa

◆便于观光的大型酒店

维拉埃尔莫萨凯悦酒店位于拉木塔遗址公园入口西南方向1公里左右，是一家共设有207间客房的高档酒店。客房宽敞舒适，色调也比较明朗。餐馆的自助餐（M$380）广受好评。Wi-Fi 客房 OK · 免费

得到良好评价的连锁酒店

Map p.313/A1

餐厅 ○ 游泳池 ○ 保险柜 ○ 早餐 △

住 Av.Juárez No.106

TEL 310-1234 FAX 315-1235

URL www.villahermosa.regency.hyatt.com

税金 +18% CC A D M V

费 AC ○ TV ○ TUB ○ ⓈⒹ M$1384~

旅行家酒店

Viva

◆适合商务人士的老字号连锁酒店

旅行家酒店位于维拉埃尔莫萨凯悦酒店的北侧，步行约10分钟便可抵达遗址公园。酒店地理位置优越，便于观光，各种设施也比较完善。共设有240间客房，三层建筑环游泳池而建。Wi-Fi 客房 OK · 免费

宽敞的游泳池

Map p.313/A1

餐厅 ○ 游泳池 ○ 保险柜 ○ 早餐 △

住 Av.Ruíz Cortines y Paseo Tabasco S/N

TEL 313-6000 FAX 315-3073

URL www.hotelviva.com.mx

税金 +18% CC A M V

费 AC ○ TV ○ TUB × ⓈⒹM$930~

马丹西部最佳酒店

Best Western Madan

◆位于繁华的马德罗大街上

从华莱士公园出发，步行约3分钟便可抵达马丹西部最佳酒店，这座酒店坐落在餐馆与简易食堂鳞次栉比的马德罗大街上，是一家共设有40间客房的中档酒店。客房的大床非常舒适。Wi-Fi 客房 OK · 免费

Map p.313/B1

餐厅 ○ 游泳池 ○ 保险柜 × 早餐 收费

住 Av.Madero No.408

TEL 312-1650 FAX 314-0518

URL www.madan.com.mx

税金 已含 CC A M V

费 AC ○ TV ○ TUB × ⓈⒹ M$965~

帕洛米诺宫殿酒店

Palomino Palace

◆建议短期居住者入住

帕洛米诺宫殿酒店是位于一等巴士总站东侧的一座六层建筑。交通虽然便利，但位于街道一侧的客房夜间会有嘈杂的噪声，建议游客选择里侧客房。共设有48间客房。Wi-Fi 客房 OK · 免费

Map p.313/A2

餐厅 ○ 游泳池 × 保险柜 × 早餐 收费

住 Av.Javier Mina No.222

TEL 312-8431

税金 已含 CC M V

费 AC ○ TV ○ TUB × ⓈⒹ M$500~

塔巴斯哥酒店

Tabasco

◆市中心的平价酒店

塔巴斯哥酒店坐落在繁华的索纳 · 鲁斯大街，地理位置十分优越。共设有29间客房，客房面积不大，价位比较适中。装有空调的客房费用会高出普通客房 M$50。Wi-Fi 免费

Map p.313/B1

餐厅 × 游泳池 × 保险柜 × 早餐 ×

住 Lerdo No.317,esq.Juárez

TEL 312-0077

税金 已含 CC 不可

费 AC △ TV ○ TUB × ⓈⒹM$270~

INFORMACIÓN

比亚埃尔莫萨的餐馆

中档酒店与平价旅馆较多的繁华街道上还汇集了各种餐馆。此外，马勒孔海滨步行街上开设有快餐店与俱乐部，这里经常会挤满携带家人的当地游客，非常热闹。快餐店的营业时间基本上是周一～周五 16:00~24:00 以及周六、周日 12:00~24:00。

此外，Tabasco 2000 是市区西北部的开发区，除了位于区核心地带的 Caleria 购物中心之外，还有旅游咨询处、市政府以及播放电影的音像厅等。

 餐厅 游泳池 保险柜 早餐 AC 空调 TV 电视 TUB 浴缸

阿卡普尔科与太平洋沿岸
Acapulco & Pacific Coast

锡那罗亚州
Sinaloa
杜兰戈州
Durango
萨卡特卡斯州
Zacatecas
圣路易斯波托西州
San Luis Potosí
阿瓜斯卡连特斯州
Aguascalientes
纳亚里特州
Nayarit
瓜纳华托州
Guanajuato
克雷塔罗州
Querétaro
哈利斯科州
Jalisco
墨西哥州
Estado de México
米却肯州
Michoacán
科利马州
Colima
格雷罗州
Guerrero
马萨特兰
Mazatlán
Villa Unión
Rosano
Escuinapa de Hidalgo
Teacapan
Acaponeta
Mexcaltitán
Isla San Juanito
Islas Marías
Isla María Madre
Isla María Magdalena
Isla María Cleofas
圣布拉斯
San Blas
特皮克
Tepic
Santa Cruz
Compostela
Las Varas
Mountain Time Zone
Central Time Zone
Bahía de Banderas
巴亚尔塔港
Puerto Vallarta
瓜达拉哈拉
Guadalajara
莱昂
León
Laguna de Chapala
Tomatlán
圣帕特里西奥·梅拉奎
San Patricio-Melaque
Chamela
Cihuatlán
科利马
Colima
巴拉德纳维达
Barra de Navidad
曼萨尼约
Manzanillo
Tecoman
El Paraíso
乌鲁阿潘
Uruapan
帕茨夸罗
Pátzquaro
Presa Infiernillo
Río Balsas
Lázaro Cádenas
普拉亚阿苏尔
Playa Azul
Troncones
伊思塔帕岛
Isla Ixtapa
芝华塔尼欧
Zihuatanejo
伊思塔帕
Ixtapa
阿卡普尔科
Acapulco
派德拉库埃斯塔
Pie de la Cuesta
Punta Marqués
太平洋
Océano Pacífico
N
0 100km
A
B
1
2

地区信息 Area Information

阿卡普尔科与太平洋沿岸

从圣迭戈博堡垒眺望阿卡普尔科湾

精彩看点

太平洋海岸的阿卡普尔科、巴亚尔塔港、伊斯塔帕以及马萨特兰等地的度假生活相对比较热门。除了可以体验各种海滨活动项目与钓鱼游戏之外，由于海浪较高，当地还有很多冲浪场所。阿卡普尔科自古便作为高档度假村而闻名，在墨西哥城搭乘巴士经约 5 小时车程便可抵达。这里最为热门的海滨使人们从日常生活中得以解放，至今依然备受当地人们的好评。

在度假区可体验各种各样的特别节目

旅游贴士

灵活运用酒店包价政策

在阿卡普尔科等度假村留宿时（特别是淡季）建议使用当地的包价游政策。例如，高档酒店住宿淡季（5~6 月、9~11 月）与冬天的旅游旺季（12 月 ~ 次年 4 月）住宿条件相同，却可享受半价甚至更低的折扣。游客可提前通过酒店的预约网站比较费用后申请。还可以通过墨西哥城等的旅行社购买包价并预约酒店。

交　通

飞机

阿卡普尔科、芝华塔尼欧以及巴亚尔塔港建有机场，墨西哥城等国内主要城市均开设有飞往当地的航线。此外，美国各城市飞往这一区域的国际航班线路也十分丰富。洛杉矶与休斯敦每天都有各航空公司的航班飞往巴亚尔塔港。休斯敦每周有 2 班联合航空的直达航班飞往阿卡普尔科与马萨特兰。

巴士

主要城市均运营有各公司的巴士。巴士共分为豪华客车、一等巴士以及二等巴士三种，同一车型，线路不同具体运营状况也会存在差异。又因为各公司分别负责不同的运营区域，即便是同一车型在相同的线路上运行，票价也各不相同。此外，车票可在巴士始发地预订与购买，部分公司提供网上购票服务。

除了墨西哥城至阿卡普尔科等主要干线之外的道路均较为狭窄，路面状况也不尽乐观。此外，道路时常会因台风等的影响遭到损坏，购票时最好仔细确认车程用时。

船舶

每周有 3~5 个船次往返于下加利福尼亚的拉巴斯（皮奇林格港）与马萨特兰之间。需时约 18 小时。

物价和购物

由于是观光区，物价整体较高，除伊斯塔帕之外的海滨区有很多当地游客经常光顾的简易食堂与商店，游客可有选择性地安排自己的行程。特别是阿卡普尔科的高档酒店，到了旅游淡季会有大幅度的折扣，十分合适。

此外，阿卡普尔科有很多面向游客开设的旅游纪念品商店与民间艺术品市场，出售近郊原住民村制作的民间艺术品与颇具墨西哥特色的宽边帽。不过，从整体上来看，墨西哥城等城市的价格更低。

阿卡普尔科与太平洋沿岸的三大看点 3

1 巴亚尔塔港的酒店生活（→ p.328）
2 阿卡普尔科的悬崖跳水表演（→ p.320）
3 巴亚尔塔港的水肺潜水（→ p.327）

安全信息

太平洋海岸区的度假区总体来说治安状况较为良好。不过，阿卡普尔科因受到抗毒运动的影响，治安状况相对比较恶劣，是墨西哥国内凶杀案犯罪率最高的城市之一。海滨区与繁华街道警备森严，游客基本上不会发生任何危险。在当地逗留期间切忌前往观光地之外的任何地区，在人烟稀少的街道务必要提高警惕。

由于海浪较高，在海滨区游泳前务必要仔细确认相关的注意事项

文化与历史

16世纪初期，西班牙人荷南·考特斯来到阿卡普尔科时，这里还只是一座原住民的小型村落。不过，由于这里的海浪较为平稳，非常适合作为港口，因此在后期急速发展成为西班牙亚洲贸易的重要中转地（向中国等地输送银制品）。进入20世纪后推进观光开发计划，1934年建成首家酒店后，阿卡普尔科成功变身为国际化度假胜地。

近年来，作为新兴度假胜地，巴亚尔塔海滩与伊斯塔帕的开发也得以推进，吸引了众多美国度假爱好者的目光。

为了抵御海盗的攻击而特别建造的圣迭戈博堡垒

全年气候与最佳旅游季节

阿卡普尔科与太平洋海岸区全年高温，雨季湿度较大。阿卡普尔科的全年平均气温为27℃，干旱季节的最低平均气温为22℃左右。总体来说这里属于热带气候，6~9月的下午会出现热带地区特有的疾风骤雨，其他时期几乎没有降雨，每天都是阳光灿烂的好天气。

12月～次年4月期间有复活节假期，几乎所有的酒店都会早早地预订一空，计划在这一时期前往当地旅游的话，务必提前确定住宿场所。此外，7~8月是墨西哥人的暑假，也十分混乱。天气虽不稳定，但为了经济且安静地度过度假时光，建议游客选择5~6月与9~11月期间前往游玩

在海滨区悠闲地度过美好时光

阿卡普尔科的断崖跳水表演绝对不容错过

阿卡普尔科的全年气候表　　单位：℃，mm

月份	1	2	3	4	5	6	7	8	9	10	11	12	年平均值
最高气温	31.0	31.0	31.0	31.3	32.2	32.4	32.8	33.0	32.2	32.2	32.0	31.0	31.8
最低气温	22.4	22.3	22.4	22.9	24.7	25.0	24.9	24.9	24.6	24.5	23.8	22.7	23.7
平均气温	26.1	26.1	26.4	27.0	27.6	28.4	28.6	28.5	27.1	28.4	27.7	26.7	27.4
降水量	10.1	0	0	0	304.8	431.8	218.4	248.9	355.6	170.1	30.4	10.1	148.3

阿卡普尔科 Acapulco

代表太平洋海岸区的平民度假区

人口	约 79 万
海拔	50 米
区号	744

关键词

- ★ 阿卡普尔科湾的游览观光船
- ★ 断崖跳水表演
- ★ 圣迭戈博堡垒寻民间艺术品

这里建有 1614 年抵达阿卡普尔科的支仓常长的纪念碑

阿卡普尔科全年游客总数可达数百万人次，是墨西哥比较有代表性的海滨度假胜地。白天在蓝色的天空下尽享喷气式滑艇与高尔夫的乐趣，日落时搭乘晚宴周游观光船欣赏美丽的海景。晚上在夜店畅饮龙舌兰酒与鸡尾酒，不醉不归。这里是历史悠久的成熟度假胜地，游客可享受典型的度假时光。

位于阿卡普尔科内陆的平民区以小山丘为背景，全长 8 公里左右的海滨沿岸汇集了高档酒店与观光景点等。这座城市是一个国际化度假胜地，在餐馆等地也可以听到人们使用英语与法语对话，近年来，这里逐渐发展成为“墨西哥城居民的周末度假地”。阿卡普尔科在古代纳瓦特尔语中意为“芦草之地”。

阿卡普尔科 交 通

飞机▶ 每天共计有 10~16 班（飞行时间 1~1.5 小时）墨西哥国际航空与墨西哥大湖航空公司等的航班从墨西哥城飞往阿卡普尔科。每周还有 6 班墨西哥廉价航空的直达航班从蒂华纳飞往阿卡普尔科。国际航线方面，每天有一班联合航空公司的航班从休斯敦飞往阿卡普尔科。

巴士▶ 国内各地均有艾斯特雷亚布兰卡公司 Estrella Blanca 与艾斯特雷亚·德·欧罗公司 Estrella de Oro 公司的巴士，分别开往阿卡普尔科市内的不同巴士总站。需要注意的是，艾斯特雷亚布兰卡公司的长途巴士总站共有帕帕加约风 Papagayo、埃希多 Ejido 及市中心 Centro 三处。

阿卡普尔科市中心的酒店较为分散，因此从各巴士总站搭乘出租车前往酒店会比较方便（前往市中心需花费 M$30~60）。相反，可在市中心搭乘市内巴士前往各巴士总站，开往艾斯特雷亚布兰卡巴士总站的巴士上标有“Ejido”的字样，而开往艾斯特雷亚·德·欧罗巴士总站的巴士上标有“Base-Cin Rio-Caleta”的字样。

活动信息

● 12 月 11・12 日

瓜达卢佩节 Festivales de Virgen de Guadalupe 期间会通宵向圣母瓜达卢佩祈愿。笛鼓队在街道上行进，索卡洛中央广场还还会举办传统舞蹈与音乐表演，非常热闹。

阿卡普尔科政府旅游局

URL www.visitacapulco.travel

从市内前往机场

阿卡普尔科的阿尔瓦雷茨国际机场 Alvarez（ACA）位于市区东侧约 25 公里处，开往市内六区的出租车费用各不相同。搭乘轿式汽车前往阿卡普尔科海岸区需花费 M$400（大型车为 M$485），搭乘轿式汽车前往索卡洛中央广场周边需花费 M$450（大型车为 M$525）。从市内搭乘流动出租车前往机场需花费 M$250~300。

从阿卡普尔科开往各地的巴士

● 开往墨西哥城

每小时数班，车程 5~5.5 小时，票价 M$480~645

● 开往塔斯科

每天 8 班，车程 4.5~5 小时，票价 M$240~280

● 开往芝华塔尼欧

每小时数班，车程 4~5 小时，票价 M$184~235

● 开往埃斯孔迪多港

每天 10 班，车程 7~8 小时，票价 M$412

安全信息 虽然海滨区与市中心等地警备森严，但阿卡普尔科的治安状况非常恶劣。游客切忌前往观光地与繁华街道之外的其他任何场所，同时请尽量避免夜间出行。

阿卡普尔科 漫 步

阿卡普尔科有两个市中心。分别是以索卡洛中央广场为核心的老城区以及位于东侧3~8公里处，建有众多高档酒店的新城区（阿卡普尔科海岸区 Acapulco Dorada）。这两个区域由沿海岸线延伸的海岸米格尔阿莱曼大街 Av.Costera Miguel Alemán（通称拉科斯特拉 La Costera）相连通，道路沿线是汇集高档酒店与平价旅馆的度假区。此外，新市区东侧还有分布着超豪华酒店、别墅以及高尔夫球场等，被称为阿卡普尔科迪亚曼特加 Acapulco Diamante 的新兴度假区。

建在老城区的拉索莱达教堂

一般的游览会将拉科斯特拉大街作为中心展开。作为度假胜地的阿卡普尔科，在新城区可以感受时尚氛围，如果要体验墨西哥特有的风情，则可以在索卡洛中央广场与市场所在的老城区散散步。老城区的市中心很小，步行便可游览完毕。

交通向导

频繁在拉科斯特拉出现的市内巴士与出租车，乘坐方法非常简单。市内巴士票价 M$6（空调车票价 M$7），每天 6:00~23:00 左右运营。费用在乘车时支付给司机。每 2~3 个街区设有一座巴士车站，提前将目的地告知司机，对方会提醒应在哪里下车。

在市中心地区运营频繁的市内巴士

这里的出租车没有计价器，乘坐前要与司机交涉费用。新城区与索卡洛中央广场所在老城区区间费用为 M$30~60（夜间与周末有时会被要求支付成倍或者多倍的车费）。

艾斯特雷亚布兰卡公司

TEL 469-2081

艾斯特雷亚布兰卡是巴士公司集团的总称。旗下的 Turistar、Costa Line、Futura 以及 Alta Mar 等巴士开往各地。

艾斯特雷亚·德·欧罗公司

TEL 485-8705

采用高档巴士往返于阿卡普尔科与墨西哥城之间的 Diamante 十分舒适。

旅游咨询处

Map p.319/B2

● Secretaria de Turismo

住 Costera, Miguel Alemán No.3221

TEL 435-1980

营 周一～周五 8:00~20:00

可免费获取简易地图。

货币兑换

市中心的银行、货币兑换处以及酒店前台均提供美元现金兑换服务。货币兑换处的汇率优于银行，但是需要花费的时间相对更长。

小贴士 因阿卡普尔科面向太平洋一侧，因此部分区域海浪较高，海水流速也相对较快。安全起见，可向酒店工作人员询问并确认可以游泳的场所。

圣迭戈博堡垒

Map p.319/A1

从索卡洛中央广场向东步行约 10 分钟便可抵达圣迭戈博堡垒。

TEL 480-0956

入场 周二～周日 9:00~18:00

费 M$55

阿卡普尔科的历史性建筑

水上公园

Map p.319/A2

可搭乘出租车或者开往"CICI"与"Puerto Marques"方向的市内巴士前往水上公园。

TEL 484-0505

URL www.elrolloacapulco.com.mx

入场 每天 10:00~18:00

费 M$230~（含海豚表演参观）

与海豚一同游泳

水上公园每天还会举办与海豚一同游泳的活动。活动共持续 30 分钟，费用为 M$1140。

鹦鹉公园

Map p.319/A1

入场 每天 8:00~20:00

阿卡普尔科 主要景点

圣迭戈博堡垒 Fuerte de San Diego

堡垒遗址现如今已成为阿卡普尔科的历史博物馆 ★★

圣迭戈博堡垒是 1616~1617 年期间为抵御海盗攻击而建，之后在大地震中毁坏，1778~1783 年期间进行了重建。堡垒位于一座小断崖上，周围由护城河环绕，是一个五角形石筑建筑。现在内部是阿卡普尔科历史博物馆，对堡垒历史、贸易、海盗以及殖民地时代等进行展示。此外，登上保留着大炮的露台，可以欣赏到阿卡普尔科的历史风貌。

水上公园 El Rollo

适合一家人悠闲自在地玩耍 ★

2014 年重装开业的水上主题公园（原名茜茜 CICI），坐落在新城区，园内有可制造人工波浪的游泳池、大人与儿童均可体验的水滑道以及海豚表演等适合全家一同参与的特别活动。

设有儿童专用游泳池，可放心使用

鹦鹉公园 Parque Papagayo

在安静的公园休憩片刻 ★

鹦鹉公园是一家公立公园，坐落在拉科斯特拉大街旁，与奥尔诺斯海滩 Playa Hornos 隔街相望。园内种有南国树木与花朵，还栖息着各种各样的鸟类。可乘船在池中游览，还可以体验滑旱冰。

游览小艇也备受当地人的青睐

COLUMNA

不惜生命的悬崖跳水表演

从高 35 米的拉克夫拉达断崖跳入惊涛骇浪的大海之中，这种跳水表演 Clavadista 是阿卡普尔科的著名的特有项目。4~5 名年轻力壮的男子登上近 90° 的断崖绝壁，在收到起跳信号后划出一条完美的曲线，落入海中的一刹那白色水花四溅，非常漂亮。这项运动不但展现了双人跳水的同步度与转体等技巧，在落下的瞬间，身体无限度接近裸露在外的岩石，十分惊险。当落入海中的表演者将头部露出海面时，观众的喝彩声响彻云霄。从事这项运动的人无疑是为了生计，这种不惜生命代价的表演绝对值得一看。

左 / 走向断崖的跳水运动员们
右 / 从断崖上跳下的跳水运动员

●拉克夫拉达 La Quebrada

Map p.319/A1

拉克夫拉达每天有五次悬崖跳水表演（13:00/19:30/20:30/21:30/22:30）。观众席（TEL 483-1400）门票售价 M$50。隔壁酒店的酒吧在表演期间会收取入场费 M$180（含两杯饮品）。

从老城区的索卡洛中央广场出发，沿 Calle La Quebrada 坡道上行 15 分钟左右便可抵达拉克夫拉达。搭乘出租车可告知司机前往 Mirador。

阿卡普尔科 活动项目

海事活动 Marine Activity

在阿卡普尔科湾饱享各种各样的活动

在阿卡普尔科可以体验喷气式滑艇、水肺潜水、帆伞运动、香蕉船、潜水、汽船以及钓鱼等各种各样的活动项目。游客需通过康狄沙海滩的活动接待处等进行报名。

周游观光船 Cruise

搭乘周游观光船前往拉克夫拉达

别出心裁且极具墨西哥特色的周游观光船从索卡洛中央广场附近的港口驶出。各酒店与市内的旅行社均提供预约服务。颇具人气的日落周游观光船的起止时间为16:30~19:00，夜景周游观光船为22:00~次日1:00，阿卡雷伊 Acarey（M$310）与嘉年华 & 伯南扎 Fiesta&Bonanza（M$220）则是每天出航。周六与旅游旺季期间，阿卡雷伊在19:30~22:00也会载客运营。周游观光船提供免费饮品，快餐则需另外支付费用。在代理店购买船票可享受 M$20~30 的优惠。

钓鱼 Fishing

钓鱼船可通过各酒店与旅行社进行准备。船型不同，费用也大不相同，限乘2~4人的船只每天只需花费 M$400~500 左右的包船费用。巡航型快艇（限乘4~10人）出海每天需要 M$3000~5000 左右。

钓鱼一般会在早晨7点左右从阿卡普尔科的港口出发，午后返回。

高尔夫 Golf

高尔夫球场紧邻阿卡普尔科帝国皇家公主酒店

迪亚曼特加地区的各酒店均经营有私人高尔夫球场。阿卡普尔科帝国皇家公主酒店的18洞冠军锦标赛场地会向前来打球的顾客收取 M$2000（非酒店住客为 M$2300）的球场费。玛雅宫殿酒店 Mayan Palace 也是18洞球场，本酒店顾客需支付 M$950（非酒店住客为 M$1100）的球场费。此外，新城区会议中心西侧还有公共球场高尔夫俱乐部 Club de Golf，球场费为 M$1400（半场 M$1000）。

在香蕉船上乘风破浪

各活动项目的费用

喷气式滑艇/30分钟，M$450

香蕉船/10分钟，M$60

帆伞运动/7~8分钟，M$350

阿卡普尔科的潜水商店

几乎所有的潜水商店都提供英语服务。通常情况下，单次潜水收费 US$65，两次则为 US$75。含装备 & 午餐费用。

● Acapulco Scuba Center Map p.319/A1
住 Tlacopanocha 13 y 14, Paseo del Pescador
TEL 482-9474
URL www.acapulcoscuba.com

周游观光船

●阿卡雷伊
TEL 100-3637

●嘉年华 & 伯南扎
TEL 482-2055

高尔夫球场

●阿卡普尔科帝国皇家公主酒店
TEL 469-1000

●玛雅宫殿酒店
TEL 469-6003

●高尔夫俱乐部
TEL 484-0782

小贴士 阿卡普尔科曾经有很多外国游客，现如今则以墨西哥当地游客为主。活动项目的费用采用美元作为货币单位，即便如此，也有很多游客按照消费当天的实时汇率换算后使用比索进行支付。

阿卡普尔科的餐馆

Restaurant

朋友米格尔 3 餐馆

El Amigo Miguel 3

◆ 可以吹海风的海鲜餐馆

鱼类菜品非常受欢迎的餐馆

朋友米格尔 3 餐馆位于奥尔诺斯海滩旁，是一家开放式环境的海鲜专营店。这家人气极高的连锁餐馆在阿卡普尔科共开设有 3 家店。菜品有鱼片（M$100~）与鳞介类汤品（M$133）等，以非常适中的价位就可品尝到新鲜的海产品。

Map p.319/A1

住 Av.Costera Miguel Alemán S/N
TEL 486-2868
营 10:00~20:30
税金 含税
CC M V
Wi-Fi 免费

埃尔索利特餐馆

El Zorrito

◆ 24 小时营业的开放式餐馆

位于道路沿街，十分方便

埃尔索利特馆是位于新城区的人气快餐店之一。除了大虾（M$265）与鱼片（M$123）之外，还有玉米肉汤（M$85）、牛肉玉米饼（M$85）以及热狗 & 法式油炸食品（M$53）等。

Map p.319/A2

住 Av.Costera Miguel Alemán 212
TEL 485-7914
营 24 小时营业
税金 含税
CC A D J M V
Wi-Fi 免费

三得利餐馆

Suntory

当地著名的老字号日本料理餐馆

可安静放松的店内环境

三得利餐馆的内装与迷你庭园看上去十分稳重。推荐海鲜与肉类的铁板烧套餐（阿卡普尔科 M$785、帕奇菲科 M$805）。寿司单品（M$125~210）、生鱼片拼盘（M$330）以及烤鸡（三串 M$95）等菜品种类十分丰富。

Map p.319/A2

住 Av.Costera Miguel Alemán No.36
TEL 484-8088
营 每天 14:00~24:00
税金 含税
CC A J M V
Wi-Fi 免费

利卡多餐馆

Ricardo's

索卡洛中央广场上的平价套餐店

套餐分量十足

利卡多餐馆位于老城区的索卡洛中央广场南侧，备受当地人的青睐。套餐售价 M$60（含汤品 & 软饮料或者咖啡），主菜可从 12 个品种中自选。此外，还可以品尝到玉米面豆卷与卷肉玉米饼（M$60）等当地特色菜。

Map p.319/A1

住 Benito Juárez No.9
TEL 482-1140
营 每天 7:00~23:00
税金 含税
CC 不可
Wi-Fi 无

小贴士 在阿卡普尔科可以放心游泳的人气海滨区是康狄沙海滩至伊卡科斯海滩这一带。这周边的海滨还有可用作遮阳伞的椰子树。

阿卡普尔科的酒店
Hotel

阿卡普尔科的酒店区大体上分为三个部分。奥尔诺斯、康狄沙以及伊卡科斯海滨周边是名为“阿卡普尔科海岸区”的最大规模酒店区，汇集了众多中档～高档酒店。此外，老城区的索卡洛中央广场周边则集中有价位相对较低的平价旅馆。最后，马尔克斯湾至机场之间是被称为“阿卡普尔科迪亚曼特加”的超豪华酒店区。游客可根据自己的预算决定住宿地点。

各酒店在旅游淡季（一般是5~6月与9~11月）与旺季会分别制定两种定价。此外，在圣诞节、圣周以及8月的旅游高峰期多会加价，预订时需要与酒店方进行确认，价格会更加便宜。

推荐可眺望海滨的海景房

阿卡普尔科海岸区

阿卡普尔科嘉年华美式别墅酒店
Fiesta Americana Villas Acapulco

◆代表新城区的老字号度假村

阿卡普尔科嘉年华美式别墅酒店是阿卡普尔科的代表性度假酒店。酒店面向适合游泳的康狄沙海滩，这座18层建筑是一家共设有324间客房的大型酒店，十分引人注目。全家出行的游客大多会选择这家酒店，因此酒店内设有儿童俱乐部与医疗服务等，对来宾无微不至的照顾是这家酒店最为显著的特征。酒店大厅与游泳池旁均设有酒吧。仿佛与湛蓝色的大海融为一体的游泳池内设有水中篮球的球篮等设施，可见酒店在取悦顾客方面下了很大的功夫。卧室采用颇具对比度的白色与淡橘色进行装饰，宽敞舒适且极具墨西哥风情。客房的视野也非常不错，在阳台便可欣赏傍晚时的日落风光。Wi-Fi 客房 OK · 免费

建造岬角处的大型酒店

Map p.319/A2

餐厅 ○ 游泳池 ○ 保险柜 ○ 早餐 △

住 Av. Costera Miguel Alemán No.97

TEL 435-1600

FAX 435-1645

URL www.fiestamericana.com

税金 +19%

CC A D M V

费 AC ○ TV ○ TUB ○ ⓈⒹM$1754~

宽大舒适的客房

假日酒店
Holiday Inn Resort Acapulco

◆便利的地理位置，可舒适地度过假期时光

假日酒店位于新城区市中心，这家共设有224间客房的度假酒店在湛蓝色的大海与天空的映照下显得美不胜收。酒店前是充满私人海滩风情的美丽海滨。这里的海浪较为平稳，是体验阿卡普尔科大海乐趣的绝佳场所。客房采用墨西哥色彩进行装饰，宛如一幅漂亮的彩色粉笔画，室内设施十分齐全。阳台非常宽敞。Wi-Fi 免费

海滨的景色广受好评

Map p.319/A2

餐厅 ○ 游泳池 ○ 保险柜 ○ 早餐 △

住 Av.Costera Miguel Alemán No.2311

TEL 435-0500

FAX 435-0509

URL www.ihg.com 税金 +19%

CC A D M V

费 AC ○ TV ○ TUB ○ ⓈⒹM$1240~

客房装饰采用颇具南国情趣的色彩搭配

普拉亚套房酒店
Playa Suites

Map p.319/A2

◆地理位置很好的高档酒店

普拉亚套房酒店位于奥尔诺斯海滩与康狄沙海滩之间，紧邻新城市，地理位置十分便利。开放式的酒店大厅紧邻游泳池与海滨，可欣赏海浪声与海景。酒店还设有健美中心与网球场，游客可通过各种各样的方式度过休假时光。共设有 502 间客房。Wi-Fi 客房 OK · 免费

餐厅 ○ 游泳池 ○ 保险箱 ○ 早餐 △

住 Av.Costera Miguel Alemán No.123

TEL 469-5011 FAX 485-8731

URL playasuites.mx

税金 +19%

CC A M V

费 AC ○ TV ○ TUB ○ ⓈⒹM$973~

阿卡普尔科华美达酒店
Ramada Acapulco

Map p.319/A1

◆可享受经济型度假村的美好生活

阿卡普尔科华美达酒店位于奥尔诺斯海滩旁的繁华大街上，是一家共设有 100 间客房的中档酒店。2015 年重装开业，室内设施充实，工作人员也十分友善。宽敞的客房配有冰箱等配套设施。Wi-Fi 客房 OK · 免费

餐厅 ○ 游泳池 ○ 保险箱 ○ 早餐 △

住 Av.Costera Miguel Alemán No.248

TEL 485-1312 FAX 485-1387

URL www.ramada.com/acapulco

税金 +19% CC A M V

费 AC ○ TV ○ TUB × ⓈⒹM$650~

索卡洛中央广场周边

天使酒店
Del Angel

Map p.319/A1

◆地理位置优越的平价旅馆

从索卡洛中央广场向南 500 米左右便可抵达面向滨海路而建的天使酒店。酒店设置的 11 间客房中共有 6 间是海景房。客房虽然简朴，但却十分整洁。Wi-Fi 客房 OK · 免费

装有空调的卧室

餐厅 × 游泳池 × 保险箱 × 早餐 ×

住 Av.Costera Miguel Alemán No.155

TEL 482-0039

税金 已含

CC 不可

费 AC ○ TV ○ TUB × ⓈM$300~、ⒹM$400~

阿卡普尔科迪亚曼特加地区

阿卡普尔科迪亚曼特卡米诺里尔酒店
Camino Real Acapulco Diamante

Map p.319/B2 外

◆可将马尔克斯湾尽收眼底的高档度假村

阿科普尔科迪亚曼特卡米诺里尔酒店位于新城区市中心东侧约 14 公里处，是一家共设有 157 间客房的超豪华酒店。客房位于观海高台之上，各客房阳台上的视野都非常不错。酒店建有网球场与三座游泳池。Wi-Fi 客房 OK · 免费

地理位置优越，可安静地享受度假时光

餐厅 ○ 游泳池 ○ 保险箱 ○ 早餐 △

住 Carretera Escenica Km 14

TEL 435-1010

FAX 435-1020

URL www.caminoreal.com/acapulco

税金 +19%

CC A D M V

费 AC ○ TV ○ TUB ○ ⓈⒹM$2216~

小贴士 位于阿卡普尔科市中心东侧 15 公里左右的迪亚曼特加地区有一家名为阿卡普尔科拉岛 La Isla Acapulco 的超大型购物中心。除了各种商店之外，餐馆也很多。

巴亚尔塔港 *Puerto Vallarta*

备受美国度假游客青睐的人气海滨区

人　口	约 25 万
海　拔	0 米
区　号	322

海岸边摆满了独特的艺术作品

巴亚尔塔港是太平洋沿岸的度假区，近年来备受世界各地度假游客的瞩目。市区环绕海湾而建，海滨区相当安静，特别适合水上运动。这座城市由昆勒河划分为南侧的老城区与北侧的新城区两个部分，新城区北部现如今依然在进行港口与高档度假酒店的开发。

巴亚尔塔港政府旅游局
URL visitapuertovallarta.com.mx

巴亚尔塔港 交 通

飞机▶ 墨西哥国际航空（AM）、英特捷特航空（VLO）、墨西哥廉价航空（Y4）以及 TAR 航空（LCT）均开设有从国内各地飞往巴亚尔塔港的航线。国际航线方面，达拉斯、洛杉矶、休斯敦以及芝加哥等也都有飞往巴亚尔塔港的航班。

从市内到机场
巴亚尔塔港的奥尔达斯国际机场 Ordaz（PVR）位于市中心北侧 3 公里左右，在机场搭乘出租车前往市中心需花费 M$300。相反，在市中心打车前往机场仅需 M$200 左右。

墨西哥国际航空
TEL 225-1777

英特捷特航空
TEL 221-3206

从巴亚尔塔港飞往各地的航班

目的地	每天航班信息	飞行时间	价格
墨西哥城	AM、VLO、Y4、VIV、MAG 共计 10~12 班	1.5 小时	M$936~3770
瓜达拉哈拉	AM、LCT 共计 1~3 班	1 小时	M$1737~3406
蒂华纳	Y4 每周 5 班	3 小时	M$2169~2980

巴士▶ 墨西哥城、瓜达拉哈拉、蒂华纳以及阿卡普尔科等国内各地有各种各样的巴士开往巴亚尔塔港。如果追求舒适度，推荐游客乘坐 Futura 与 ETN 的豪华客车。

中央巴士总站 Central Camionera 位于市中心北侧约 10 公里处，在市中心搭乘出租车前往需花费 M$150~。市内巴士（M$6.5）中在风挡玻璃上标有"Central"字样的巴士均开往巴士总站方向。

从巴亚尔塔港开往各地的巴士

目的地	每天的班次	行驶时间	票价
墨西哥城	ETN 3 班、Futura 5 班、Primera Plus 1 班等	13~15 小时	M$865~1255
瓜达拉哈拉	ETN、Transporte del Pacifico 等每小时 1~2 班	5 小时	M$410~610
蒂华纳	TAP 1 班	约 36 小时	M$1590
马萨特兰	TAP 4 班	8 小时	M$540
阿卡普尔科	Futura 3 班	约 16 小时	M$1376~1724

可体验帆伞运动等海滨活动的乐趣

巴亚尔塔港 漫 步

市中心被昆勒河划分为南、北两个部分。北侧的坎佩切主广场 Plaza Principal 周边汇集了众多银行、旅行社、餐馆、画廊以及商店等。特别是从广场向北延伸的滨海步行街（马勒孔）上有很多时尚商店与餐馆。游客可一边享受海景与海风，一边悠闲地漫步。

位于昆勒河南侧中心的起义者大道沿街集中了很多商店，昆勒河的河中沙洲处还有民间艺术品市场。度假酒店散布在距离市中心南北各 10 公里左右的地方。

交通指南

在市中心范围内搭乘出租车只需花费 M$50~70。巴士采用均一票价，M$6.5。游客还可以在市中心搭乘巴士前往开设有众多平价旅馆的老城区（即便巴士终点站相同，途经线路也有可能存在差异）。

车身色彩鲜艳的市内巴士在市区内穿行

旅游咨询处

Map p.326

旅游咨询处位于市政府地上层。

住 Independencia No.123

TEL 226-8080（内线 230）

营 每天 8:00~21:00

在民间艺术品市场可以购买到具有当地地方特色的旅游纪念品

租车

● Alamo

TEL 221-3030

● Avis

TEL 221-1112（机场内）

货币兑换

大教堂周边至海滨步行街附近有很多银行与货币兑换处。

小贴士 生活在巴亚尔塔港附近的原住民维乔人生产采用串珠工艺制成的民间艺术品。成品会在旅游纪念品商店与民间艺术品市场等地出售，感兴趣的游客不妨找找看。

海豚冒险 Dolphin Adventure

在位于市中心北侧约 2 公里处的瓦拉尔塔港的部分区域可以体验与海豚一同游泳的项目。周一～周六的 10:00~17:00，逢整点开始（14:00 除外），与海豚一同游泳约 1 小时，需要支付 US$169。

戴水肺潜水 Scuba Diving

周边有 Las Marietas、Las Caletas、El Morro、Los Arcos 以及 Corbeteña 等众多绝佳潜水点，潜水时可以看到海豚、鲸鱼、龟以及软骨鱼等各种海洋生物。各报名处费用不同，基本上是两罐收费 US$90。潜泳每 2 小时收费 US$40。

高尔夫 Golf

市中心至北部的海湾沿线散布有高尔夫俱乐部，可一边欣赏海景一边打球。各俱乐部分布于四季度假酒店与火烈鸟酒店等高档度假村中，商家还为游客准备了各种优惠套餐活动。

在海边建有高尔夫球场的四季度假酒店

海豚冒险

与海豚一同游泳的项目每天限制体验人数为 40 人，因此最好提前预约。

● Vallarta Adventures

Map p.326

住 Edificio Marina Golf, 13-C, Mastil, esq. Marina Vallarta

TEL 226-8413

URL www.vallarta-adventures.com

潜水商店

● Chico's Dive Shop

住 Díaz Ordaz No.772

TEL 222-1875

URL www.chicos-diveshop.com

INFORMACIÓN 参考信息

从巴亚尔塔港出发的旅行团

● **骑马体验团** Montada a Caballo

骑马穿越近郊村落与田园地带，溯流而行，一边游泳一边享受大自然的美景。由导游带队，提供啤酒等饮品。需时 5 小时，每人 US$45。

● **希艾拉·马德雷郊游** Sierra Madre Cominata

搭乘室外 4WD 前往原始森林，探访 19 世纪的繁荣村落，一边欣赏绝美景色一边享用美味午餐。需时 6 小时，每人 US$75。

● **克罗米特斯海滩** Playa Colomitos

乘车前往近郊的博卡·德·托马特朗，在密林中穿行 30 分钟左右后抵达克罗米特斯海滩。在海面平稳且透明度很高的海滨区体验通气管潜泳与皮筏等。需时 5 小时，团费 M$80。

● **海龟保护区** Conservación de las Tortugas

这是一个生态游项目，安排游客在夜间前往海龟产卵的海滨。8 月中旬 ~12 月上旬开团。根据季节安排参观产卵与孵化小海龟等项目。需时 4 小时，团费 US$55 左右。

● **观鲸船** Observación de Ballenas

观察经常在班德拉斯湾出现的座头鲸等，是针对鲸鱼生存环境开展的生态游项目。12 月中旬～3 月下旬开团。需时 8 小时，每人 US$90 左右。

面朝大海的步行街（马勒孔）上设有很多旅游咨询摊位

巴亚尔塔港的旅行社

● Ecotours de Mexico

住 Ignacio L. Vallarta No.243

TEL 209-2195

URL www.ecotoursvallarta.com

开设有各种生态游项目。

巴亚尔塔港的酒店

Hotel

平价旅馆集中在昆勒河南侧，且主要坐落在 Madero 大街上。这些平价旅馆基本上都是建筑环绕小型中庭的殖民地时期风格建筑，部分旅馆不提供空调。高档酒店散布在市中心南北双向 10 公里左右的海湾地带，酒店内设有建有游泳池、海滨以及餐馆等配套设施，极尽奢华。冬季是旅游旺季，住宿费用也会有所上调。

蓬美达四季度假酒店

Four Seasons Resort Punta Mita

Map p.326

◆西郊外令人憧憬的超豪华度假村

蓬美达四季度假酒店位于因鲸鱼观赏而闻名的蓬塔米塔，是一家世界级的优雅型度假酒店。酒店面向美丽的海滨，同时还建有由杰克·尼克劳斯设计的 18 洞高尔夫球场。共设有 143 间客房，备受世界各地度假者们的青睐。Wi-Fi 客房 OK·收费（每天需支付 M$300）

阳台上的视野非常棒

餐厅○ 泳池○ 保险箱○ 高尔夫△

住 Bahia de Banderas，Nayarit

TEL（329）291-6000

FAX（329）291-6060

URL www.fourseasons.com/puntamita

税金 +19%

CC A D J M V

费 AC ○ TV ○ TUB ○ ⓈⒹM$9120~

基瓦巴亚尔塔港凯悦度假村

Hyatt Ziva Puerto Vallarta

Map p.326

◆可眺望夕阳的绝佳位置广受好评

基瓦巴亚尔塔港凯悦度假村坐落在美丽的海滨旁，是一家共设有 335 间客房的高档酒店。酒店内开设有 5 家餐馆、海景温泉以及健康中心等，游客可以体验到最高等级的服务。瑜伽与普拉提等项目也十分充实。酒店仅提供全包式入住模式。Wi-Fi 客房 OK·免费

能够欣赏夕阳风景的餐馆十分舒适

餐厅○ 泳池○ 保险箱○ 高尔夫○

住 Carretera a Barra de Navidad Km.3.5

TEL 226-5000

URL puertovallarta.ziva.hyatt.com

税金 +19%

CC A M V

费 AC ○ TV ○ TUB ○ ⓈⒹ M$5054~

巴亚尔塔港酒店

Fiesta Americana Puerto Vallarta

Map p.326

◆可享受连续休假的大型酒店

巴亚尔塔港酒店是面向班德拉斯湾的一家度假酒店，共设有 291 间客房。酒店呈现代化的墨西哥设计风格，内部共有 6 家餐馆和咖啡馆等，配套设施十分齐备。住宿费用采用含三餐的全包式入住模式。Wi-Fi 客房 OK·免费

从客房可以眺望太平洋的美景

餐厅○ 泳池○ 保险箱○ 高尔夫○

住 Av.Francisco Medina Ascencio Km 2.5

TEL 226-2100 FAX 224-2108

URL www.fiestamericana.com/puerto-vallarta

税金 +19% CC A D J M V

费 AC ○ TV ○ TUB ○ ⓈM$6397、ⒹM$7430

贝尔马酒店

Belmar

Map p.326

◆ 2015 年进行过改装

昆勒河向南两个街区便可抵达贝尔马酒店，这是一家中档酒店。酒店坐落在商店街，跨过桥梁便可抵达市中心。共设有 30 间客房。Wi-Fi 客房 OK·免费

面向主要街道

餐厅× 泳池× 保险箱○ 高尔夫×

住 Insurgentes No.161

TEL 223-1872

URL www.belmarvallarta.com

税金 含税 CC A M V

费 AC ○ TV ○ TUB ×ⓈⒹM$1481~

阿兹特克酒店

Azteca

Map p.326

◆卫生状况良好的平价旅馆

昆勒河向南两个街区便可抵达阿兹台克酒店，这是一家三层建筑的平价旅馆。酒店共设有 46 间客房，房间内没有空调，配套虽然有些简单，但周围开设有很多餐饮店，十分方便。Wi-Fi 客房 OK·免费

餐厅× 泳池× 保险箱× 高尔夫×

住 Francisco Madero No.473

TEL 222-2750 税金 含税 CC 不可

费 AC ○ TV ○ TUB ×Ⓢ M$300~、ⒹM$400~

小贴士 巴亚尔塔港周边有很多潜水点，有的季节可以看到多种多样的生物。在浅滩潜泳也是不错的选择。

马萨特兰 *Mazatlán*

这个老字号度假胜地开设有通往拉巴斯方向的渡轮航线

拥有悠久历史的度假胜地充满情趣

马萨特兰自古便是一座繁荣的港口城市，美国的豪华客船与世界巡航中的大型客船均会在此停靠。这座城市作为太平洋沿岸为数不多的度假胜地而闻名，冬季有很多北美人来到这里避寒。此外，马萨特兰还有连通位于下加利福尼亚南端的拉巴斯与墨西哥本土的渡轮，因此有众多游客会来这里观光游玩。

人 口	约 44 万
海 拔	0 米
区 号	669

马萨特兰 交 通

飞机▶ 墨西哥城每天共计有 4~6 班墨西哥国际航空、英特捷特航空、墨西哥大湖航空公司以及墨西哥廉航等的航班飞往马萨特兰。瓜达拉哈拉与蒂华纳等每天也有飞往马萨特兰的航班。马萨特兰的拉斐尔布魏尔纳国际机场 Rafael Buelna（MZT）位于市中心东南方向约 27 公里处，搭乘出租车约需 30 分钟车程（M$250）。

巴士▶ 墨西哥城与瓜达拉哈拉等国内各地均开设有通往马萨特兰的巴士线路。马萨特兰共设有 3 座巴士总站，位于索卡洛中央广场北侧约 3 公里处的客运总站有开往各地的巴士。

船舶▶ 马萨特兰每周有 3~5 班驶向拉巴斯皮奇林格港的船次，全程约需 12 小时，票价 M$1102~。船次与运行时间随季节变化较大，需要通过官方网站进行确认。在市中心搭乘出租车前往港口约需花费 M$50。游客可搭乘红色市内巴士（M$6.5）前往市中心。

锡那罗亚州政府旅游局
URL turismo.sinaloa.gob.mx

从马萨特兰开往各地的巴士

●墨西哥城
每小时有 1~3 班 Elite、TAP 等的巴士开往墨西哥城。全程约需 17 小时，票价 M$1025~1173。

●瓜达拉哈拉
每小时有一班 Elite、TAP 等的巴士开往瓜达拉哈拉。全程需时 7~8 小时，票价 M$470~570。

●蒂华纳
每小时有数班 Elite、TAP 以及 TNS 等的巴士开往蒂华纳。全程约需 26 小时。票价 M$1465~1582。

驶向拉巴斯的船舶
● Baja Ferries
TEL 985-0470
URL www.bajaferries.com

市内交通
市内巴士分为票价 M$6.5 的普通车与票价 M$8.5 的空调车两种。线路不同，巴士车身颜色也各不相同。搭乘出租车从市中心前往海岸区约需花费 M$120。

旅游咨询处
Map p.329
TEL 915-6600
住 Av.del Mar 882
营 周一～周五 9:00~17:00

马萨特兰 漫 步

观光的核心区域——海岸区

马萨特兰主要分为作为观光胜地而热闹非凡的海岸带 Zona Dorada 与当地人生活的老城区两个部分。区域范围较广，游客可搭乘出租车与城市内巴士作为代步工具。

海岸区位于老城区北侧约 6 公里处，这里集中了面向游客开设的餐馆、迪斯科以及购物中心等。从这里继续向北延伸的海岸沿线区域是马萨特兰的游客区，高档度假酒店鳞次栉比。水上运动设施完善，还有供应美味海鲜与切块水果等的摊位，全年都会聚满前来度假的游客。

雅致的老城区内也散布有景点

至今依然保留着殖民地时期风格街景的老城区内有高台上历史十分悠久的灯塔 El Faro、游艇停泊处以及驶向拉巴斯方向船舶的港口等。此外，海岸区与老城区中间还有马萨特兰水族馆 Acuario Mazatlán，可以欣赏潜水表演与海狮表演。

马萨特兰水族馆

Map p.329

TEL 981-7815
URL www.acuariomazatlan.com
入场 每天 9:30~17:30
费 M$115

从位于市中心北侧约 3 公里处的滨海路向里 100 米左右。

马萨特兰的酒店
Hotel

经济型酒店散布在老城区的索卡洛中央广场至海岸区一带。高档酒店则集中在海岸区的海滨旁。客运总站周边还有一些中档酒店与平价旅馆。

皇家别墅度假村
Royal Villas Resort

◆沉浸在度假氛围当中的优雅酒店

皇家别墅度假村坐落在海岸区的萨巴罗海滩，是一家共设有 125 间客房的高档酒店。酒店内所有客房均配有冰箱与厨房等配套设施。客房十分宽敞，可以在阳台上眺望大海。Wi-Fi 客房 OK · 免费

海岸边的高档酒店

Map p.329

○ ○ ○ △
住 Av.Camarón Sábalo No.500
TEL 916-6161
FAX 914-0777
URL www.royalvillas.com.mx
税金 +19%
CC A D M V
费 AC ○ TV ○ TUB ○ ⓈⒹM$1950~

安普里奥酒店
Emporio

◆配有雅致阳台的白色酒店

安普里奥酒店坐落在海岸区，共设有 134 间客房。酒店在海滨旁建有游泳池，客房环泳池而建。客房内装以白色作为主要色调，看上去明亮且十分清爽。Wi-Fi 免费

对开放式的假日时光充满期待

Map p.329

○ ○ ○ △
住 Av.Camarón Sábalo No.51
TEL 983-4611
FAX 984-4532
URL www.hotelesemporio.com/mazatlan
税金 +19%
CC A M V
费 AC ○ TV ○ TUB × ⓈⒹM$1267~

贝尔马酒店
Belmar

◆马萨特兰历史最为悠久的酒店

贝尔马酒店位于老城区的滨海路，是一家共设有 159 间客房的经济型酒店。这家酒店建于 20 世纪初期，是这座城市最为古老的建筑，客房十分简朴。Wi-Fi 客房 OK · 免费

Map p.329

× × × ×
住 Olas Altas No.166 Sur
TEL 985-1113
URL www.hotelbelmar.com.mx
税金 含税 CC M V
费 AC ○ TV ○ TUB × ⓈⒹM$500~

 餐厅 游泳池 保险柜 早餐 AC 空调 TV 电视 TUB 浴缸

伊斯塔帕 & 芝华塔尼欧 *Ixtapa&Zihuatanejo*

太平洋沿岸的度假海滨区

芝华塔尼欧风平浪静的海滨区

伊斯塔帕位于阿卡普尔科西侧约 240 公里处，是世界级度假酒店鳞次栉比的新兴度假胜地。这里原本是一片椰子树林，虽然几乎没有一点墨西哥风情，但对于想要享受完美度假时光的人们来说这里绝对是最好的选择。伊斯塔帕近郊的芝华塔尼欧至今依然保留着渔村风情，由于消费较低而吸引了众多年轻游客。

伊斯塔帕 & 芝华塔尼欧 交通

飞机▶ 墨西哥城每天共计有 5~7 班墨西哥国际航空等的航班飞往当地（需时约 1 小时，票价 M$788~3910）。伊斯塔帕 / 芝华塔尼欧机场 Ixtapa-Zihuatanejo（ZIH）距离芝华塔尼欧市中心 15 公里左右，搭乘出租车需要花费 M$120 左右。

巴士▶ 所有开往当地的长途巴士均会停靠在芝华塔尼欧的巴士总站。如需前往伊斯塔帕，可在当地换乘地方巴士（票价 M$5.5），车程约 15 分钟。还可以搭乘出租车（M$70 左右）前往。阿卡普尔科每小时有数班（约 4 小时车程，M$184~235）巴士开往当地，墨西哥城每天有 7 班（约 9 小时车程，票价 M$680~785）巴士开往当地。

伊斯塔帕 & 芝华塔尼欧 漫步

朴素的渔村芝华塔尼欧与高档度假村鳞次栉比的伊斯塔帕分别拥有不同的魅力。无论住在哪里，务必要前往另外一个海滨区去体验别样的风情。除了出租车之外，每 20 分钟还有一班往返于伊斯塔帕与芝华塔尼欧之间的市内巴士。

浓郁的伊斯塔帕大街是高档度假村伊斯塔帕的繁华街道，海滨区就位于这条街道一旁。潜泳、水肺潜水以及钓鱼等活动项目十分丰富。在海滨区玩累了可以租自行车或者小摩托车在市区周边闲逛，还可以到市

芝华塔尼欧作为墨西哥国内游客的度假首选而拥有极高的人气

中心面向游客开设的市场与旅游纪念品商店去看一看。前往伊思塔帕岛 Isla de Ixtapa 与环礁湖，抑或是体验高尔夫球与骑马等运动项目也是不错的选择。晚上可以在迪斯科与酒吧享受快活的时光。

芝华塔尼欧充满质朴的渔民城市气息，物价也相对较低。市中心充满生气的中央市场周边有很多经济型酒店与海鲜餐馆。东部沿海地区还分布有高档酒店。在佩斯卡多尔海滨走廊 Paseo del Pescador 上散散步便可发现，尽管这里已经被改造成观光胜地，但还是能在人与风景等多个方面深刻感受到渔村风情。

伊斯塔帕 & 芝华塔尼欧的酒店 *Hotel*

特别推荐伊斯塔帕的酒店 Dorado Pacifico

由于这里是新兴的观光度假胜地，酒店费用相对较高。特别是伊斯塔帕，高档酒店鳞次栉比，根本找不到平价旅馆。如果想要入住经济型酒店，则需要落脚在芝华塔尼欧。

在世界级高档度假村林立的伊斯塔帕，H Brisas Ixtapa（TEL（755）553-2121 FAX 553-1038）的费用相对比较适中。这家酒店的住宿费用为ⓈⒹ M$2082~。H Dorado Pacifico（TEL（755）553-2025 FAX 553-0126）的内装采用蓝色与白色作为基础色调，充满了海滨度假村风情，所有客房均为海景房。酒店采用全包式入住模式，费用为ⓈⒹ M$3458~。

芝华塔尼欧的酒店中，特别推荐位于东南部罗帕海滨的 H Viceroy Zihuatanejo（TEL（755）555-5500 URL www.viceroyhotelsandresorts.com）。酒店地理位置优越，可眺望海滨区，共设有 46 间客房，所有客房面积均在 45 平方米以上，十分宽敞。住宿费用为ⓈⒹ M$3000~。

芝华塔尼欧市中心还有 H Casa de Huéspedes la Playa（TEL（755）554-2247）等酒店，每晚费用为ⓈⒹ M$350。

下加利福尼亚与墨西哥北部

Baja California & North Mexico

圣迭戈 San Diego
蒂华纳 Tijuana
墨西卡利 Mexicali
厄尔比那喀提火山与德阿尔塔大沙漠
Reserva de la Biosfera El Pinacate y Gran Desierto de Altar
美利坚合众国
图桑 Tucson
埃尔帕索 El Paso
罗萨里托 Rosarito
Río Colorado
罗萨里托 Sonoyta
恩森那达 Ensenada
佩尼亚斯科港 Puerto Peñasco
诺加莱斯 Nogales
胡亚雷斯城 Ciudad Juárez
圣菲利佩 San Felipe
Parque Nacional Sierra San Pedro Mártir
新大卡萨斯 Nuevo Casas Grandes
科尔特斯海（加利福尼亚湾）Mar de Cortés
El Desemboque
Santa Ana
Bavispe Yaqui
帕基梅遗址 Paquimé
A
埃尔罗萨里奥 El Rosario
索诺拉州 Sonora
奇瓦瓦州 Chihuahua
下加利福尼亚州 Baja California
Isla Ángel de la Guarda
Isla Tiburón
埃莫西约 Hermosillo
Parque Nacional Cascadas de Basaseachi
奇瓦瓦 Chihuahua
Santa Rosalillita
罗萨里托 Rosarito
La Junta
Islas San Benito
Bahía de Sebastián Vizcaíno
圣弗朗西斯科山地的岩绘群
Pinturas Rupestres de la Sierra de San Francisco
Isla Cedros
格雷罗内洛罗 Guerrero Negro
瓜伊马斯 Guaymas
Presa Alvaro Obregón
克雷艾尔 Creel
Laguna Ojo de Liebre
渡轮
Parque Nacional Barranca del Cobre
埃尔·威茨凯诺的鲸鱼保护区
Santuario de Ballenas El Vizcaíno
圣伊格纳西奥 San Ignacio
Santa Rosalía
加利福尼亚湾的岛屿与保护地域群 Golfo de California
Río Mayo
奇瓦瓦太平洋铁路
太平洋 Océano Pacífico
Laguna San Ignacio
圣伊西德罗 San Isidro
洛雷托 Loreto
El Fuerte
San Blas
Isla del Carmen
洛斯莫奇斯 Los Mochis
托波洛万波 Topolobampo
南下加利福尼亚州 Baja California Sur
Isla Magdalena
Puerto López Mateos
B
圣卡洛斯港 Puerto San Carlos
渡轮
Culiacan
N
Isla Santa Margarita
皮奇林格 Pichilingue
拉巴斯 La Paz
锡那罗亚州 Sinaloa
San Pedro
渡轮
0 200km
洛斯卡波 Los Cabos
托多斯桑托斯 Todos Santos
Santiago
圣荷西·戴尔卡布 San José del Cabo
卡布圣卢卡斯 Cabo San Lucas
马萨特兰 Mazatlán
1
2

Area Information

地区信息

下加利福尼亚与墨西哥北部

鲸鲨也会出没的拉巴斯海面

精彩看点

下加利福尼亚南北向长约 1680 公里，是世界上最长的半岛。位于半岛南端的洛斯卡波与拉巴斯的游乐渔业具有相当高的人气，度假村设施也十分完备。近年来，这里还作为可以观赏大型洄游鱼的潜水点而人气剧增。夏季海水水温在 25℃左右，身穿泳衣下水即可。而在 4~5 月期间，水温会一度下降至 18℃以下，因此游客需要身着 5 毫米以上的简易潜水服下水。此外，下加利福尼亚是野生动物的宝库，还有很多未经开发的自然环境。特别是每年 12 月～次年 3 月期间，在南部沿岸可以看到前来产卵的鲸鱼的身影。

旅游贴士

使用英语进行沟通

下加利福尼亚有很多美国游客，是墨西哥境内英语流通程度最高的区域。只要会说一些简单的英语，用餐或者购物就几乎没有任何问题。不过，如果会用西班牙语说一些寒暄语等，那么与当地人之间的关系会更为友好。

注意时差

这一地区共跨越三个时区，因此务必要注意时差问题。大部分地区与墨西哥城同属于中部标准时间，位于洛斯卡波与拉巴斯的南下加利福尼亚州、纳加里州、锡那罗亚州以及索诺拉州（仅索诺拉州未采用夏令时）的科尔特斯海东岸采用山岳标准时间，比中部标准时间早 1 小时。

蒂华纳所处的北下加利福尼亚州采用太平洋标准时间，比标准时间早两个小时。此外，墨西哥铁路行车时间表均采用中部标准时间进行标示。搭乘奇瓦瓦太平洋铁路等的游客务必要注意时差问题。

交　通

飞机

下加利福尼亚与墨西哥北部远比地图留给人们的印象要大得多，因此飞机在这一地区的利用价值相对较高。

在墨西哥北部搭乘飞机前往其他城市相对比较方便

巴士

下加利福尼亚州几乎均为沙漠地带，各城市间的距离相对较远。巴士车程较长，因此务必要随身携带足够的水与食物。

铁路

在墨西哥北部运营的奇瓦瓦太平洋铁路是在西马德雷山脉的大自然中穿行的山岳铁路。搭乘这条人气线路有可能会偶遇拥有独特文化的原住民塔拉乌马拉族人。

船舶

拉巴斯开设有横跨科尔特斯海（加利福尼亚湾）前往马萨特兰与洛斯莫奇斯的航线。不过，如遇恶劣天气会临时停运，游客务必要留出充裕的时间以应对突发状况。

物价和购物

度假胜地与国境周边的城市有很多美国游客，因此酒店与餐饮等的旅游物价较高。洛斯卡波等的商店与市场有专门为游客准备的旅游纪念品，如果会讲英语，在进行价格交涉时会更加方便沟通。

下加利福尼亚与墨西哥北部的三大看点 3

1 在卡布圣卢卡斯海面观赏鲸鱼（→ p.342）

2 拉巴斯周边的海狮群生地（→ p.350）

3 奇瓦瓦太平洋铁路（→ p.362）

度假地的旅游纪念品商店也很多

安全信息

洛斯卡波等度假地是墨西哥治安状况最好的区域之一。虽然美国游客等会一直在夜店玩到深夜，但还是要注意切忌夜间单独出行。

国境地带、繁华街道等地有警察巡逻，旨在从一般的游乐场所蜕变为健全的旅游景点。不过，部分生活较为窘迫的人们会聚集在国境地带企图伺机潜入美国。游客切忌进入蒂华纳旅游区域以外的其他任何地区。特别是犯罪组织斗争较多的胡亚雷斯，务必要避免通过或者滞留在当地。

文化与历史

1848 年，墨西哥在美墨战争中战败，曾属于墨西哥领土的得克萨斯至加利福尼亚之间的各州割让给美国。因此，由格兰德河等划分的北部国境线附近有很多在土地割让后新建的城市。国境城市表现出了两国经济的差距，墨西哥每天有数千人在这里等待越境，而美国人却将这里作为廉价的游玩度假场所。近年来，外资公司在墨西哥开办的组装工厂作为保税（免税）加工工业地带登上了历史的舞台。这种组装工厂原本只是储存原材料并将其制成粉末等再返回，以从中获取加工费，是墨西哥传统的委托加工业者。现在的组装工厂则是专门使用从外国免税输入的部分产品或零件来装配为成品，之后再出口以获得财富。

全年气候与最佳旅游季节

整体来看，这一地区较为干燥且多为晴天。7~8 月期间，最高气温有时会超过 40℃，12 月 ~ 次年 1 月最为舒适。

洛斯卡波在圣诞节与新年前后是旅游旺季。从美国来到这里避寒的游客们蜂拥而至，酒店价格也会有所上调。

在洛斯卡波体验水上运动

圣何塞—戴尔卡沃（洛斯卡波）的全年气候表　单位：℃，mm

月　份	1	2	3	4	5	6	7	8	9	10	11	12	年平均值
最高气温	25.4	26.1	26.2	28.5	30.1	31.8	32.9	32.8	32.9	27.6	29.5	26.8	29.2
最低气温	12.7	13.4	13.4	15.6	18.1	21.1	23.3	23.7	23.1	20.3	17.1	14.5	18.0
平均气温	17.7	18.9	19.6	22.2	24.1	26.2	28.1	29.1	28.5	26.4	23.3	19.7	23.6
降 水 量	8.5	7.3	2.2	0.2	4.1	17.1	25.4	56.9	57.8	42.0	5.7	12.8	20.2

奇瓦瓦（北部）全年气候表　单位：℃，mm

月　份	1	2	3	4	5	6	7	8	9	10	11	12	年平均值
最高气温	17.9	20.4	23.7	27.7	31.4	33.7	31.7	31.3	29.2	26.5	22.0	18.3	26.1
最低气温	2.1	4.1	6.9	11.7	15.1	19.0	19.1	18.2	15.8	10.9	5.7	2.4	10.9
平均气温	9.4	11.1	14.9	18.3	23.3	26.1	24.9	26.1	22.2	18.3	13.3	9.4	18.1
降 水 量	2.5	5.0	7.6	7.6	10.1	0.0	78.7	93.9	93.9	35.5	7.6	20.3	30.2

洛斯卡波（卡布圣卢卡斯/圣何塞—戴尔卡沃）

Los Cabos(Cabo San Lucas&San José del Cabo)

在神圣的岬角享受快活的墨西哥度假生活

人口	约24万
海拔	0米
区号	624

关键词！

★ 前往艾尔阿尔克的游船
★ 鲸鱼观赏
★ 快活的夜生活

白沙海滨蔓延的世界级度假区

洛斯卡波是太平洋海岸人气最高的海滨度假胜地之一，这座海岸地区的城市连接了位于下加利福尼亚半岛最南端的卡布圣卢卡斯与圣何塞—戴尔卡沃。可观察到多种生物的大海作为加利福尼亚湾诸岛与保护地域群已被列入世界遗产名录。

在发红的沙漠尽头突然出现一片蓝色的世界，这便是科尔特斯海（加利福尼亚湾）与太平洋相交汇的卡布圣卢卡斯的神圣岬角。岬角顶端是被惊涛骇浪冲刷成型的拱形岩石与塔状奇岩，海狮与鹈鹕在这里肆意地玩耍。到了冬天，海洋内还会出现座头鲸与灰鲸的身影。

如此壮丽的自然宝库又作为钓鱼运动与潜水的绝佳场所而闻名。在这里有时会偶遇软骨鱼与锤头双髻鲨等鱼群，有时还可以钓上旗鱼等大型鱼类等，来到这里的人们都有着各自最为期待的乐趣所在。高尔夫球场与骑马等设施也十分完善。日落后还可以在卡布圣卢卡斯享受墨西哥夜生活直到深夜。快活且热闹的假期在这座海滨等待着你的到来。

活动信息

● 10~11月

在卡布圣卢卡斯举办游乐渔业的国际性比赛世界钓鱼淘汰赛，这座城市在比赛期间热闹非凡。此外，10月18日是表彰圣卢卡斯守护神的日子。

南下加利福尼亚州旅游局

URL visitbajasur.travel

从机场到市内

洛斯卡波国际机场Los Cabos（SJD）位于圣何塞—戴尔卡沃市中心北侧约10公里。可搭乘班车前往市内。前往圣何塞—戴尔卡沃用时约20分钟（M$200），前往卡布圣卢卡斯用时50~60分钟（M$260）。

在机场搭乘出租车前往圣何塞—戴尔卡沃需花费US$60~，前往卡布圣卢卡斯则需要花费US$80~。

从市内到机场

从卡布圣卢卡斯（索罗·洛斯卡波酒店前台附近）开往机场的班车会在9:15、11:15以及13:15发车（M$260）。在卡布圣卢卡斯搭乘出租车前往机场需花费M$970左右，而从圣何塞—戴尔卡沃搭乘出租车前往机场则需花费M$500。

墨西哥国际航空

TEL 146-5097（机场内）

洛斯卡波 交通

飞机▶ 英特捷特航空（VLO）与墨西哥国际航空（AM）等每天共有7~8班航班从墨西哥城飞往洛斯卡波。英特捷特航空与墨西哥廉价航空（Y4）开设有瓜达拉哈拉飞往洛斯卡波的航线。

美国飞往洛斯卡波的国际航班十分频繁。美国航空、阿拉斯加航空以及联合航空公司每天各有1~2班航班从洛杉矶飞往洛斯卡波。除此之

从洛斯卡波飞往各地的航班

目的地	每天航班信息	飞行时间	价格
墨西哥城	AM、VLO、Y4、MAG共计7~8班	2~2.5小时	M$1629~4965
瓜达拉哈拉	VLO、Y4、共计2~3班	1.5小时	M$959~1531
蒂华纳	Y4、AM共计1~2班	2~2.5小时	M$2019~3833

安全信息 卡布圣卢卡斯与圣何塞—戴尔卡沃游客较多，警备完善且治安状况良好。游客务必要注意扒手与偷盗等，只要保管好随身携带的贵重物品就不会出现其他的安全问题了。

外，圣迭哥、达拉斯以及休斯敦等每天还有飞往洛斯卡波的航班。

巴士▶ 卡布圣卢卡斯市中心西北方向 5 公里左右与圣何塞—戴尔卡沃市中心西南方向 2 公里左右分别有一座巴士总站。这两座巴士总站运营着 Aguila 公司从拉巴斯经由托多斯桑托斯的 Via Corta 与经由圣迭戈的 Via Larga 两条线路。

从洛斯卡波开往各地的巴士

目的地	每天的班次	行驶时间	票价
拉巴斯（卡波圣卢卡斯发车）	Aguila 每小时 1~2 班	2.5~4 小时	M$315~325
拉巴斯（圣何塞—戴尔卡沃发车）	Aguila 每小时 1~2 班	3~3.5 小时	M$340~360
蒂华纳（卡布圣卢卡斯发车）	Aguila2 班（9:45、16:45）	2~2.5 小时	M$2765

洛斯卡波 漫 步

位于岬角最顶端的城市卡布圣卢卡斯，观光设施与夜生活都非常丰富。圣何塞—戴尔卡沃的殖民地时期风格的安静街景则会给人留下深刻印象。连通两座城市的国道一号线 Carretera Transpeninsular 沿线是散布有高档度假村的洛斯卡沃斯走廊。洛斯卡波从大体上分为上述三个区域。

洛斯卡沃斯走廊 Los Cabos Corridor

国道一号线 Carretera Transpeninsular 笔直地在被人们称为“仙人掌土地”的沙漠上延伸。洛斯卡沃斯走廊连通了卡布圣卢卡斯与圣何塞—戴尔卡沃，是位于国道旁的海岸区。这里有作为潜泳点而闻名的圣玛丽亚海滩与希里诺海滩，还分布有极具个性的高档度假酒店与高尔夫球场等。这一地区的地址采用与卡布圣卢卡斯之间的距离进行标示。

圣玛利亚海滩的海滨区

从拉巴斯开往各地的巴士

洛斯卡波基本上没有开往墨西哥各地的巴士。位于卡布圣卢卡斯西北方向约 200 公里处的拉巴斯有开往半岛北部的巴士与发往太平洋沿岸城市的船舶，时间充裕且希望节省开支的人们可将拉巴斯作为前往其他地区的起点。

出租车的单程标准费用

● 卡布圣卢卡斯→圣何塞—戴尔卡沃 M$350

● 巴士总站→卡布圣卢卡斯 M$80

洛斯卡波的地方巴士

洛斯卡波各地区都有市内巴士频繁地循环往返。票价为 M$12.5。

连接卡布圣卢卡斯与圣何塞的巴士在 5:00~22:30 期间由巴士总站驶出，约 20 分钟发一班车。票价为 M$32。

穿行在走廊地区的市内巴士

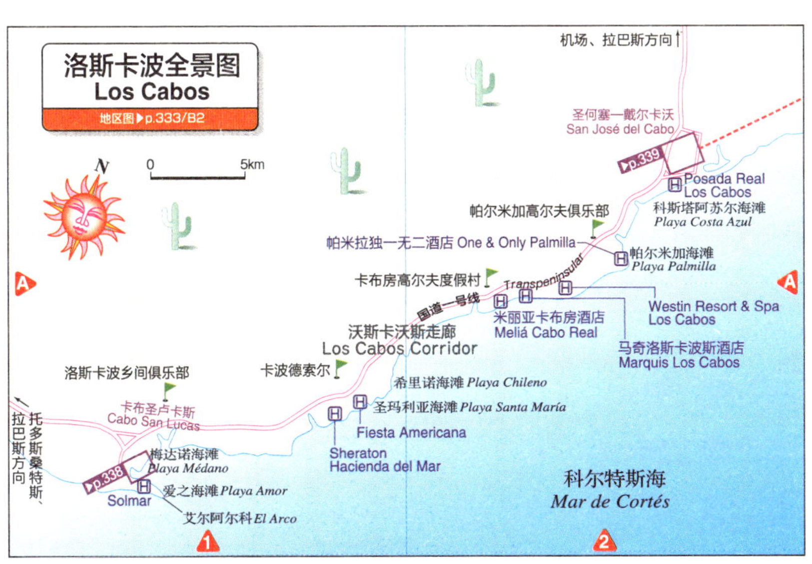

小贴士 从卡布圣卢卡斯市中心前往巴士总站可在索罗洛斯卡波酒店附近搭乘开往圣何塞—戴尔卡沃方向的巴士（M$12.5）。

货币兑换

货币兑换处位于市内购物中心与大型酒店内部。银行也提供货币兑换服务。政府规定，美元兑换上限为每天 US$300（兑换货币时需出示护照）。

旅游咨询处

Map p.338/A2

住 Lázaro Cárdenas S/N,El Medano

TEL 143-0093

营 周一～周五 8:15~15:00

出租自行车

在市中心可以租自行车代步。每人每小时需支付 M$150，租自行车在市区内游览观光非常方便。不过，短距离收费 M$70~，相对不太划算。

卡布圣卢卡斯 Cabo San Lucas

卡布圣卢卡斯最适合积极地享受假日时光。繁华的玛丽娜大街 Blvd. Marina 上，高档酒店、购物中心以及潜水商店等鳞次栉比。这条路的南侧，即岬角顶端逐渐落入大海的部分被称为地面终结点，爱之海滩 Playa Amor 被高高耸立的岩山所守护，展现在世人面前的拱形天然岩石艾尔阿尔科 El Arco 显得十分突出，这也是洛斯卡波的象征所在。没有直接通往地面终结点的道路，但是南侧的栈桥有频繁驶出的游览船与航行帆船。

此外，玛丽娜大街东侧向圣何塞方向不断延伸的梅达诺海滩 Playa Médano 上，喷气式滑艇与帆伞运动等各种水上运动设施十分齐全。玛丽娜大街北侧是餐馆与购物点集中的市中心。城市整体规模较小，10 分钟左右便可转一圈。白天十分炎热，街道上少有行人，到了傍晚却全然变成另外一番景象，洛斯卡波的夜生活一直会持续到深夜。

可悠闲自在地度过美好时光的爱之海滩

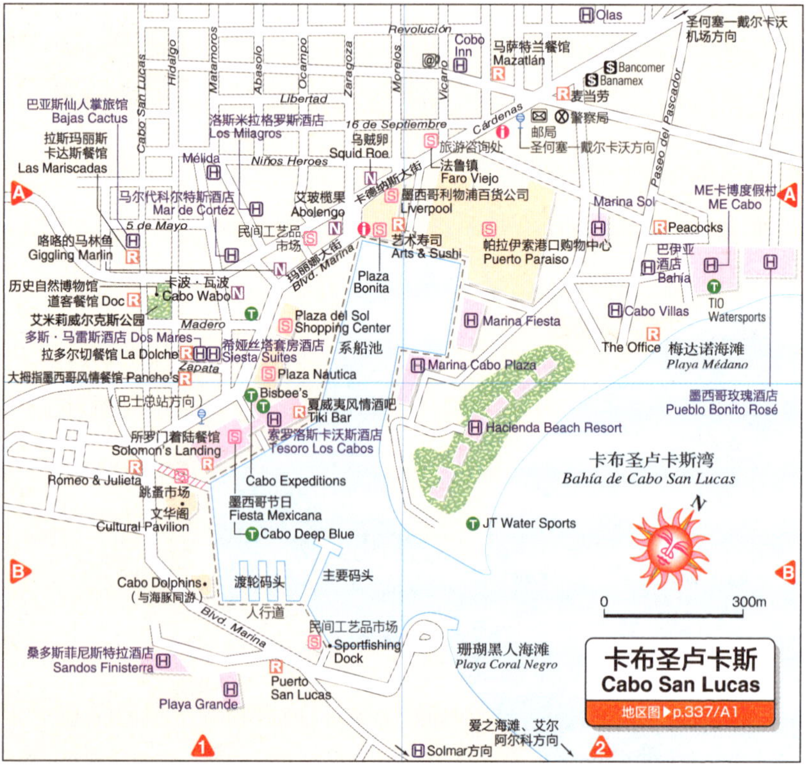

Olas
圣何塞—戴尔卡沃机场方向
Revolución
Cobo Inn
马萨特兰餐馆 Mazatlán
Bancomer
Banamex
麦当劳
警察局
邮局
圣何塞—戴尔卡沃方向
Cárdenas
旅游咨询处
16 de Septiembre
乌贼卵 Squid Roe
法鲁镇 Faro Viejo
卡德纳斯大街
墨西哥利物浦百货公司 Liverpool
艾玻楼果 Abolengo
民间工艺品市场
艺术寿司 Arts & Sushi
帕拉伊索港口购物中心 Puerto Paraiso
Plaza Bonita
玛丽娜大街 Blvd. Marina
Paseo del Pascador
Marina Sol
ME卡博度假村 ME Cabo
Peacocks
巴伊亚酒店 Bahía
TIO Watersports
Cabo Villas
The Office
梅达诺海滩 Playa Médano
墨西哥玫瑰酒店 Pueblo Bonito Rosé
Marina Fiesta
Marina Cabo Plaza
Hacienda Beach Resort
卡布圣卢卡斯湾 Bahía de Cabo San Lucas
JT Water Sports
0 300m
Cabo San Lucas
Hidalgo
Matamoros
Abasolo
Ocampo
Zaragoza
Morelos
Vicario
Libertad
巴亚斯仙人掌旅馆 Bajas Cactus
拉斯玛丽斯卡达斯餐馆 Las Mariscadas
洛斯米拉格罗斯酒店 Los Milagros
Mélida
Niños Heroes
马尔代科尔特斯酒店 Mar de Cortéz
5 de Mayo
咯咯的马林鱼 Giggling Marlin
历史自然博物馆
卡波·瓦波 Cabo Wabo
道客餐馆 Doc
艾米莉威尔克斯公园
Madero
多斯·马雷斯酒店 Dos Mares
拉多尔切餐馆 La Dolche
希娅丝塔套房酒店 Siesta Suites
Plaza del Sol Shopping Center
系船池
Zapata
大拇指墨西哥风情餐馆 Pancho's
Plaza Nautica
（巴士总站方向）
Bisbee's
夏威夷风情酒吧 Tiki Bar
所罗门着陆餐馆 Solomon's Landing
索罗洛斯卡沃斯酒店 Tesoro Los Cabos
Romeo & Julieta
跳蚤市场
Cabo Expeditions
文华阁 Cultural Pavilion
墨西哥节日 Fiesta Mexicana
Cabo Deep Blue
Cabo Dolphins（与海豚同游）
渡轮码头
主要码头
人行道
Blvd. Marina
民间工艺品市场
Sportfishing Dock
珊瑚黑人海滩 Playa Coral Negro
桑多斯菲尼斯特拉酒店 Sandos Finisterra
Puerto San Lucas
Playa Grande
爱之海滩、艾尔阿尔科方向
Solmar方向

卡布圣卢卡斯 Cabo San Lucas

地区图▶p.337/A1

小贴士 洛斯卡波市中心的银行、便利商店以及购物中心等均设有 ATM，非常方便。不过，玛丽娜大街的人行道上虽然也设立有几个 Intercam 的 ATM，但 M$17.4 的手续费比银行高。

圣何塞—戴尔卡沃 San José del Cabo

从机场乘车前往圣何塞—戴尔卡沃约用时 20 分钟。与专门为游客建造的人工度假地卡波圣卢卡斯相比，这里虽然算不上华丽，但却处处洋溢着沉稳的城市风情。这里有很多保留着殖民地时代风貌的古老建筑，行政机关也大都集中在此。市中心是绿意盎然的米哈雷斯广场 Plaza Mijares，旁边的白色大教堂是 1730 年由这座城市的创建者西班牙耶稣会在其遗址上重建的。

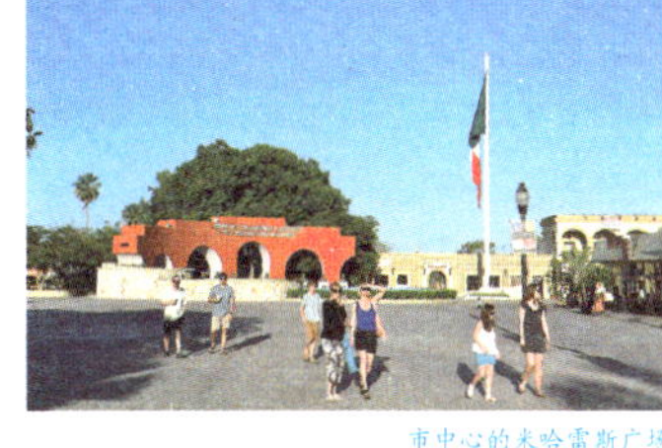

市中心的米哈雷斯广场

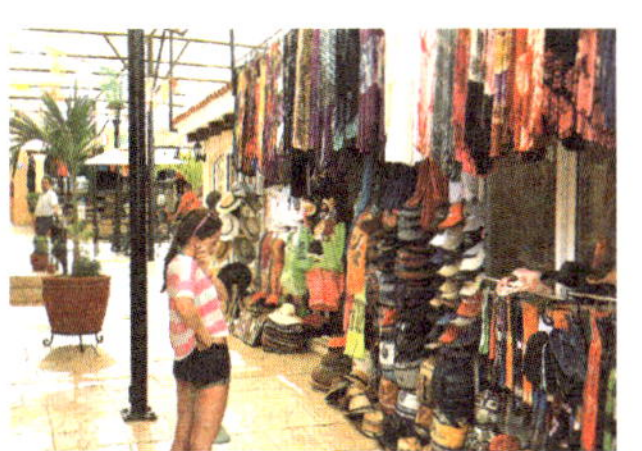

购买旅游纪念商品还是要前往阿尔特萨诺斯广场

沿米哈类似大街南行，有一条名为阿尔特萨诺斯广场 Plaza Artesanos 的旅游纪念品商店街，游客不妨在散步途中顺便前往。市中心的平价酒店与建有中庭的餐馆很多，游客不妨尝试着前往购物便利且夜生活丰富的卡布圣卢卡斯看一看。

游泳时务必要注意安全！

洛斯卡波的海浪很大，从海滩向大海方向 3 米便会突然变深。在游人稀少的洛斯卡沃斯走廊务必要特别注意安全问题。即便是在人比较多的梅达诺海滩也几乎没有下水游泳的人。

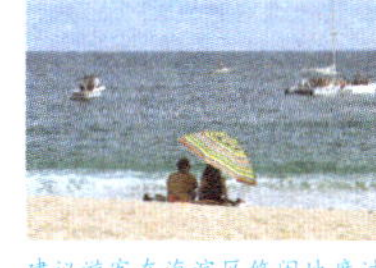

建议游客在海滨区悠闲地度过休闲时光

阿尔特萨诺斯广场

Map p.339/B2

阿尔特萨诺斯广场上汇集了出售各种墨西哥杂货的 70 余家商店。如果想要购买具有墨西哥特色的旅游纪念品，不妨来这里看一看。

营 每天 9:00~18:00

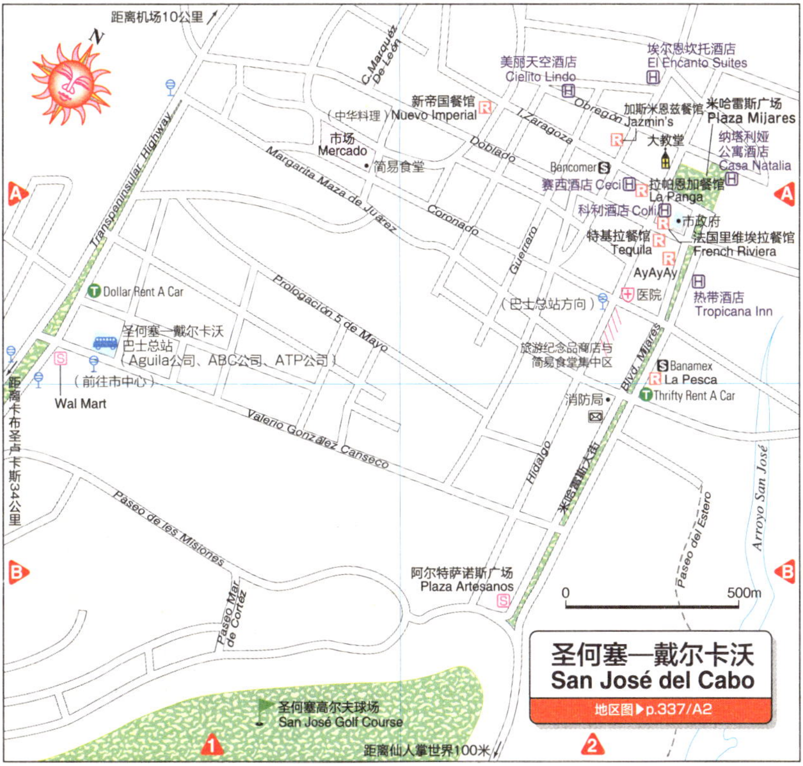
距离机场10公里
C.Marquéz De León
美丽天空酒店
Cielito Lindo
埃尔恩坎托酒店
El Encanto Suites
新帝国餐馆
（中华料理）Nuevo Imperial
Obregón
I.Zaragoza
加斯米恩兹餐馆
Jazmin's
米哈雷斯广场
Plaza Mijares
纳塔利娅公寓酒店
Casa Natalia
市场
Mercado
简易食堂
大教堂
Doblado
Bancomer
赛西酒店 Ceci
拉帕恩加餐馆
La Panga
科利酒店 Colli
市政府
Margarita Maza de Juárez
Coronado
特基拉餐馆
Tequila
法国里维埃拉餐馆
French Riviera
Transpeninsular Highway
Guerrero
AyAyAy
Dollar Rent A Car
医院
热带酒店
Tropicana Inn
（巴士总站方向）
Prolongación 5 de Mayo
圣何塞—戴尔卡沃巴士总站
（Aguila公司、ABC公司、ATP公司）
旅游纪念品商店与简易食堂集中区
Blvd. Mijares
Banamex
La Pesca
Thrifty Rent A Car
（前往市中心）
Wal Mart
消防局
距离卡布圣卢卡斯34公里
Valerio Gonzalez Canseco
Hidalgo
米哈雷斯大街
Arroyo San José
Paseo del Estero
Paseo de las Misiones
阿尔特萨诺斯广场
Plaza Artesanos
0
500m
Paseo Mar de Cortéz
圣何塞—戴尔卡沃
San José del Cabo
地区图▶p.337/A2
圣何塞高尔夫球场
San José Golf Course
距离仙人掌世界100米
A
B
1
2

小贴士 洛斯卡波的出租车支持比索与美元两种支付方式。车内无计价器，因此在乘车前必须要与司机针对价格问题进行交涉。司机经常会在找零时说没有零钱，游客要提前做好准备。

潜水的收费标准

单罐潜水费用为US$50~，双罐为US$85~，三罐则需要支付US$100~。器材租借费用为US$15~25。没有经验的初次体验者需支付US$110~。考证课程为期四天，课时费为US$450~。

主要潜水商店

● Cabo Deep Blue

Map p.338/B1

住 Tesoro Los Cabos Local-D-1

TEL 143-7668

URL www.cabodeepblue.com

除了各种潜水体验团与潜水执照课程之外，还开设有鲸鱼观赏团。同时出售潜水器材。

洛斯卡波 活动项目

水上运动

潜水 Diving

这里是可以观赏软骨鱼、鲸鲨、锤头双髻鲨、海龟以及海狮等世界级的大型鱼类垂钓点，除此之外，潜水点也十分丰富多彩。陆地终结点周边与洛斯卡沃斯走廊的希里诺湾内有距离海滨仅5~10分钟路程的潜水点，在东北海岸的卡布·普尔莫也可以体验生气勃勃的游船潜水。

最佳潜水季节是可与海狮同游且六带鲹等较多的7~12月期间。4~6月水温为15℃左右，潜水者需身着5~7毫米厚的简易潜水服。9~11月期间，与软骨鱼等大型鱼相遇的概率较高，水温通常会在28~30℃，体感温暖，8月下旬~9月期间为台风期，需要多加注意（这期间海狮也会不见踪影）。

洛斯卡波的大海内的鱼很多

INFORMACIÓN

洛斯卡波的主要潜水点

在流沙地畅游的海狮

●鹈鹕石 Pelican Rock

鹈鹕石位于爱之沙滩旁，在海滨搭乘船只经5分钟左右便可抵达，适合初学者。正如其名，岩石周围有很多鹈鹕鱼群。水深较浅的地方也有很多色彩鲜艳的热带鱼在游动，有时还能够看到海狮的身影。另外，千万不要错过海底斜坡上壮观的流沙景象。

●海狮殖民地 Sea Lion's Colony

陆地终结点旁裸露的岩石上有一个海狮的繁殖地。在这里可以看到六带鲹鱼群，港鱼、花园鳗以及大头鱼等也非常多。东侧的海神尼普顿潜水点在4~12月期间有机会偶遇魔鬼鱼。

●卡布·普尔莫 Cabo Pulmo

从卡布圣卢卡斯出发，经由圣何塞前往卡布·普尔莫约需2小时车程。这里有可以看到硬珊瑚的普尔莫·珊瑚礁与埃尔巴霍珊瑚礁以及海底散布有沉船残骸的罗伯托戴维斯等富于变化的潜水点。

在卡布·普尔莫的珊瑚内隐藏的韧鱼

小贴士 艾米莉威尔克斯公园内有一座历史自然博物馆（Map p.338/A1 入场 周二～周五 10:00~19:00，周六、周日 10:00~14:00）。门票为M$15。可以在馆内了解该地区的历史与海洋知识等。

运动性钓鱼 Sports Fishing

洛斯卡波周边海域是太平洋与科尔特斯海的交汇处，即寒流与暖流发生碰撞的区域，这里共拥有800余种鱼类，堪称海洋生物宝库。卡布圣卢卡斯又被称为“海洋资本”，是巨型鱼垂钓爱好者们的向往之地。除了钓鱼爱好者们憧憬的蓝枪鱼之外，这里还有箕作枪鱼与平鳍旗鱼等，年垂钓量高达4万条以上，每年10~12月期间还会举办拖饵垂钓国际大赛“世界钓鱼淘汰赛”。

虽说可以钓到蓝枪鱼等的10~12月期间是游玩最佳季节，但是鲯鳅、梭子鱼、蓝点马鲛、黄肌金枪鱼、大头鱼以及鲇科鱼等大型鱼全年均可钓到。

作为可钓到大型旗鱼的垂钓点而拥有极高的人气

帆伞运动 Parasailing

情侣可体验在海上漫步的浪漫感觉

在空中欣赏与宽广无垠的仙人掌沙漠形成鲜明对比的湛蓝色大海与被白浪冲刷过的海岸线等美景。

摩托艇 Wave Runner

机动性与速度感极佳的摩托艇（喷气式滑艇）是洛斯卡波人气最高的活动项目之一。

摩托艇是令人备感清爽的水上运动项目

冲浪运动 & 帆板运动 Surfing&Wind Surfing

还可以饱享水上滑板的乐趣

冲浪地点是位于洛斯卡沃斯走廊的帕尔米加酒店至圣何塞—戴尔卡沃之间的帕尔米加海滩与科斯塔阿苏尔海滩等。特别是在夏季至秋初期间海浪条件极佳。

活动报名

各活动项目均可通过酒店内的旅游服务台、梅达诺海滩的水上运动中心以及位于系船池旁的旅游商店与市中心的代理店等进行报名，手续非常简单。

主要活动承办公司

● Cabo Expeditions
住 Blvd.Marina S/N，Plaza dela Danza Local 6
TEL 143-2700
URL www.caboexpeditions.com.mx
为游客准备了各种活动与鲸鱼观赏项目。

运动性钓鱼

名为潘加的小型船限乘3名乘客，费用为每5小时US$175~。巡航型快艇的租赁按照船形大小进行区分。31英尺的小型巡航型快艇费用为US$500（8小时，限乘6名乘客），33英尺的大型巡航型快艇费用为US$550（8小时，限乘7名乘客）。

费用包含整套钓鱼用具与冰箱等。钓鱼执照费用US$18、活食费用US$30以及支付给船员的小费（团费的15%）需要另行支付。午餐与饮品等需要自己准备。

开设有钓鱼团的公司

● Dream Maker
住 Tesoro Los Cabos Local F-10
TEL 143-7266
URL www.dreammakercharter.com

● Minerva's Baja Tackle
住 Madero y Blvd.Marina
TEL 143-1282
URL www.minervas.com

● Bisbee's
住 Tesoro Los Cabos
TEL 143-2468
URL www.bisbees.com
※Bisbee's总部也会举办世界最大规模的钓鱼比赛。

帆伞运动的费用

每次限时20分钟，单人费用US$55~，双人费用US$99~。

摩托艇的费用

单人乘坐，30分钟US$50，1小时US$90。

冲浪商店

● Costa Azul Surfing Shop
冲浪板租金为每天US$20。冲浪船租金为每天US$15~。
住 Plaza Costa Azul，Local 8，Carretera Transpeninsural km28
TEL 142-2771
URL www.costa-azul.com.mx

小贴士 面向太平洋的洛斯卡波海浪较高，有特别适合冲浪运动的场所。不过，海水流速随季节发生变化，速度越快，危险度越高，因此在体验前务必要在冲浪商店等收集相关的活动信息。

周游观光船 & 游船观光团

周游观光船 Cruise

人气很高的日落周游观光船

搭乘双体船与大型帆船航海是在当地务必要体验的活动项目之一。浮潜周游观光船大体是于 11:00~15:00 在近海环游的项目。团费内包含午餐、饮品以及浮潜装备的租金，在全家出游的游客当中拥有很高的人气。

在浪漫的夕阳余晖照射下出海的日落周游观光船大体是 17:00~19:00（夏季为 18:00~20:00）期间出海。游客可免费享用船上的玛格丽特与啤酒等饮品。这是专门为情侣们开设的游船项目。

玻璃海底船 Glass Bottom Boat

在艾尔阿尔科附近航行的船只

玻璃海底船从码头附近出发，环游海狮殖民地与艾尔阿尔科岩石多而裸露的区域，全程共计 45 分钟。行程结束后可以在爱之海滩下船并要求船员稍后再来接回始发地。海滨长 60 米左右，西侧是太平洋，东侧面向科尔特斯海，景色非常美。

鲸鱼观赏 Whale Watching

冬季来到这里务必要去观赏海豚

每年 12 月末~次年 3 月期间，座头鲸 Humpback Whale 与加利福尼亚灰鲸 California Grey Whale 会经过 10000 公里以上的路程从阿拉斯加来到这里（每年 2 月是最高峰）。这种海内体重高达数十吨的海洋生物得到了墨西哥政府的大力保护。主要酒店与旅行社在旺季时都会开设鲸鱼观赏团。

主要周游观光船旅行团

●佩斯・加特 Pez Gato
TEL 143-3797
URL www.pezgato.com
从阿西恩达海滨度假村附近的船坞出发。浮潜周游观光船团费 US$75。日落周游观光船团费 US$50。

●卡伯雷 Caborey
TEL 143-8260
URL www.caborey.com
从主船坞出发（仅限周一～周六运营）。晚宴周游观光船团费 US$116（不包含表演的自助晚宴费用为 US$72）。提前 4 天通过网络预约可享受 20% 的优惠。

●拉普琳 La Princesa
TEL 143-7676
URL www.laprincesacharters.com
从帕拉伊索港口购物中心背面的主船坞 D-1 出发。浮潜周游观光船团费 US$59，日落周游观光船团内 US$49。

拴在船坞内的周游观光船

玻璃海底船旅游团

● Rancho Tours
TEL 143-5464
URL www.ranchotours.com
每天 9:00~16:00 期间频繁发团。团费 US$15。

开往爱之海滩的水上出租车

卡布圣卢卡斯的系船池内有待客的水上出租车。费用基本上通过交涉决定，通常情况下，往返爱之海滩每人需要 US$10 左右，包船 45 分钟需支付 US$30。

鲸鱼观赏团

Cabo Deep Blue（→ p.340）在旺季期间，每天 9:00 从系船池发船。全程需时 2 小时，团费 US$65。

小贴士 系船池旁的文华阁 Cultural Pavilion（Map p.338/B1）是举办音乐会与表演的室外舞台。表演计划可在信息网站（URL www.eventsloscabos.com）上进行查询确认。

与海豚同游 Swim with Dolphins

与海豚同游是墨西哥各海滨区拥有极高人气的，与海豚一起游泳的活动设施。活动设施位于卡布圣卢卡斯湾西侧，这里为游客们准备了可以与海豚亲密接触的各种活动项目。还可以参加周一～周五 10:00~16:00 期间举行的海豚驯兽项目。

在 Cabo Dolphins 可以与海豚亲密接触

高尔夫 Golf

在林立的巨型仙人掌中面向大海漂亮地挥上一杆！这种玩法也只有在洛斯卡波才可以体验得到。洛斯卡沃斯走廊与圣何塞—戴尔卡沃共建有 5 座高尔夫球场，所有场地均为宽敞的 18 洞球场，同时还充分利用了所处地形特征。虽然只要有空闲就可以马上开始体验，但最好还是提前一天进行预约。夏季在 20:00 左右天还很亮，很多人都避开白天强烈的日照，选择在傍晚前来打球。

●卡布房高尔夫度假村 Cabo Real Golf Resort

拥有丰富景观的卡布房高尔夫度假村

卡布房高尔夫度假村是紧邻米丽亚卡布房酒店的冠军赛场地。场地由罗巴特·托伦特·约翰·基尤妮亚设计，设有众多急弯与障碍物。球洞所在位置均可眺望大海，特别是位于面向断崖绝壁的 18 号球洞的视野非常漂亮。

与海豚同游

● Cabo Dolphins

Map p.338/B1

住 Paseo de la Marina，Lote 7

TEL 173-9500

URL www.cabodolphins.com

海豚游泳（60 分钟，费 US$189），与海豚不期而遇（30 分钟，费 US$119），全天海豚驯兽项目（费 US$249）。通过网络预约可享受 10% 的优惠。

场地费用随季节变化发生浮动

费用随季节变化发生浮动，与冬季（10 月中旬～次年 6 月中旬）相比，夏季（6 月中旬～10 月中旬）价位更为低廉。此外，部分场地逢周四～周六费用上调 US$5~10。

球杆可在场地内租赁，鞋子穿着网球鞋等即可。18 洞球童服务费用为 US$100 左右，通常情况下，游客会亲自驾驶高尔夫球场在场地内活动。

卡布房高尔夫度假村

Map p.337/A2

TEL 173-9400

URL www.questrogolf.com

球场费在 10 月中旬～次年 6 月期间为 US$245(14:00 之后为 US$175)，7 月中旬～10 月中旬为 US$175（15:00 之后为 US$135）。

主要租车公司

● Alamo

TEL 143-6060

URL www.alamo.com

● Budget

TEL 105-8412

URL www.budget.com

※ 机场内设有各公司的接待柜台。

INFORMACIÓN

沙漠吉普体验团

搭乘四驱沙漠吉普 ATV 在沙漠暴走 3~4 小时。这个团是可与沙丘同游的独特项目，共有两条线路，分别从卡布圣卢卡斯与圣何塞—戴尔卡沃发团，探访建在砂山内的古老灯塔、沙漠牧场以及圣何塞附近的钓鱼村。

Camino Aventura 公司（TEL 105-8413 URL www.caminoaventura.mx）提供各酒店接客服务。出发时间为每天的 9:00、12:00、15:00。单人乘车费用为 US$65~，双人乘车费用为 US$80~。

在沙漠中疾驰的沙漠吉普

小贴士 在洛斯卡波的机场与酒店等地可获取 *What's up* 等免费信息杂志。部分杂志内附有详细的地图与通票，请仔细查看。

洛斯卡波的商店
Shopping

卡布圣卢卡斯与圣何塞—戴尔卡沃的各种商店鳞次栉比。如果想要迅速地多转几家店，可以选择前往位于卡布圣卢卡斯市中心的购物中心。此外，如果想买一些具有墨西哥特色的旅游纪念品，则可以前往民间艺术品市场看一看。

墨西哥节日
Fiesta Mexicana

Map p.338/B1

◆人气礼品店

墨西哥节日店铺面向码头，门口有骷髅玩偶迎接来店顾客，明亮的店内摆满了具有墨西哥特色且色彩鲜艳的各种旅游纪念品。例如，瓶形独特且大小不一的龙舌兰酒、T恤等服装以及阔边草帽等。此外，小件的民间艺术品也十分丰富。

店内供应独具墨西哥特色的各种民间艺术品

住 Tesoro Los Cabos Local 789
TEL 172-0341
营 每天 9:00~22:00
CC M V

帕拉伊索港口购物中心
Puerto Paraiso

Map p.338/A2

◆这家大型商店是市中心的地标性建筑

帕拉伊索港口购物中心是卡布圣卢卡斯市中心十分引人注目的一座大型购物中心。购物中心内入驻有出售珠宝、时装、音像制品以及杂货等的各类商户，特别适合想要购买旅游纪念品的游客。此外，除了电影院与赌场之外，这里还有可以眺望港口的市场餐馆等。在这里可以悠闲自在地享受购物乐趣，但价格相对较高。

坐落在卡布圣卢卡斯市中心

住 Lázaro Cárdenas S/N
TEL 144-3000
营 每天 9:00~23:00（店铺各异）
CC 店铺各异

洛斯卡波的夜生活
Night Spot

洛斯卡波的夜生活十分丰富。特别是卡布圣卢卡斯，除了下述介绍的店铺之外，莫雷洛斯大街周边还有 Mocambo 与 Kokomo 等众多夜店，会一直热闹到深夜。圣何塞—戴尔卡沃则适合喜欢在浪漫的小酒店内安静地享受夜晚的游客。

乌贼卵
Squid Roe

Map p.338/A1

◆快活的夜晚时光

乌贼卵是卡尔德纳斯大街上最受年轻游客欢迎的一家高人气夜店。夜幕降临，友善的工作人员会带动店内气氛直至最高潮。音乐以摇滚乐为主。饮品方面，啤酒与鸡尾酒售价 M$61~。汤品售价 M$63~，意大利面食售价 M$102~。BBQ 套餐售价 M$151。

洛斯卡波的著名夜店之一

住 Lázaro Cárdenas esq.Zaragosa
TEL 143-1269
营 每天 11:00~ 次日 3:00
税金 含税
CC A M V　Wi-Fi 免费

咯咯的马林鱼
Giggling Marlin

Map p.338/A1

◆尽享独具墨西哥风情的夜生活

咯咯的马林鱼是坐落在玛丽娜大街中部的一家气氛活跃的墨西哥酒吧 & 西式小餐馆。在这里可以十分低廉的价格品尝到海鲜与墨西哥料理。此外，正如其名，模仿上钩的旗鱼呈倒立状拍照的区域拥有极高人气。店内还设有舞池，里面挤满了快活的美国游客。几乎所有的酒类饮品售价均为 M$100 左右。

人们在店门外玩的不亦乐乎

住 Blvd.Marina esq.Matamoros
TEL 143-1182
营 每天 9:00~ 次日 1:00
税金 含税
CC A M V
Wi-Fi 免费

小贴士 卡尔德纳斯大街与系船池旁有民间艺术品市场与跳蚤市场。游客可在明码标价的商店确认价格后来到市场内与商家砍砍价，饱享购物乐趣。

洛斯卡波的餐馆
Restaurant

卡布圣卢卡斯有很多供应各国美食的餐馆与酒吧，直到夜晚都会十分热闹。夜店当然不用说，餐馆也会为游客准备热场的龙舌兰酒等“强制性一口干”饮品。另外，圣何塞—戴尔卡沃除了安静且时尚的海鲜餐馆之外，独具地方特色的食堂也很多。

当地餐馆支持比索与美元两种支付方式，但由于美元汇率不佳，使用比索进行支付更加划算。刷卡消费则是以比索支付核算。几乎所有的餐馆均提供打包盒，吃不完的情况下可以要求工作人员打包。

卡布圣卢卡斯

大拇指墨西哥风情餐馆
Pancho's

Map p.338/A1

◆引以为豪的 550 种龙舌兰酒

大拇指墨西哥风情餐馆是一家半开放式的休闲餐馆，主要供应墨西哥料理，工作人员也十分热情。餐馆特制的潘乔兹·孔波售价 M$265，还有塞比切（M$130）、法西塔（M$155~）以及龙舌兰酒（M$57~）。每晚 18:30~22:00 有现场演奏。

轻松愉快的环境

住 Emiliano Zapata S/N，esq.Hidalgo
TEL 143-0973
营 每天 12:00~22:00
税金 +16%
CC A D M V
Wi-Fi 免费

所罗门着陆餐馆
Solomon's Landing

Map p.338/B1

◆可一边眺望码头一边享用美食

所罗门着陆餐馆位于索罗洛斯卡沃斯酒店内，主要供应海鲜与墨西哥料理。这家餐馆还出售意大利面与寿司等，推荐品尝这里的海鲜拼盘（两人份售价 M$1230）等。餐馆面向码头，因此可以在这里一边品尝玛格丽特（M$65）一边欣赏美景。

沿海地理位置优越

住 Tesoro Los Cabos
TEL 143-3050
营 每天 7:00~23:00
税金 含税
CC A M V
Wi-Fi 免费

拉斯玛丽斯卡达斯餐馆
Las Mariscadas

Map p.338/A1

◆以适当的价格品尝海产品

拉斯玛丽斯卡达斯餐馆因供应新鲜海鲜而广受好评。在点餐后才开壳的牡蛎，单个售价 M$38。海鲜玉米面豆卷售价 M$45，塞比切售价 M$145，海鲜汤售价 M$152。

新鲜的牡蛎拥有极高的人气

住 Cabo San Lucas S/N
TEL 105-1563
营 每天 13:00~21:30
税金 +16%
CC M V
Wi-Fi 免费

圣何塞—戴尔卡沃

加斯米恩兹餐馆
Jazmin's

Map p.339/A2

◆从清晨便开始营业，菜品种类相当丰富

加斯米恩兹餐馆位于大教堂西侧，设有开放露天席位。除了早餐（M$50~85）之外，墨西哥料理、海鲜拼盘（M$188）、大海虾与虾类料理（M$555）、鱼类料理（M$200 左右）以及素食（M$150）等菜品也非常丰富。

分量十足的早餐套餐

住 Morelos el Zaragoza y Obregón
TEL 142-1760
营 每天 8:00~23:00
税金 含税
CC A M V
Wi-Fi 免费

小贴士 洛斯卡波的旅游高峰期为 1~3 月与 7~9 月，期间游客众多，不论昼夜均十分热闹。其他时节，餐馆与夜店在晚上生意十分冷清。
R 道客餐馆 Doc（Map p.338/A1 住 Cabo San Lucas No.8 TEL 143-8500 营 周一 ~ 周六 13:00~24:00）是意大利人经营的餐馆。生牛肉片售价 M$118~，意式实心面售价 M$185~。

洛斯卡波的酒店
Hotel

洛斯卡波酒店数量众多且涵盖从高档度假村到平价旅馆等各种档次。每个区域的酒店环境与费用各异，游客可根据自身需求与预算选择适合自己的住宿设施。

对于白天体验水上运动，晚上还希望通过夜店与购物的形式充实地度过假日时光的行动派游客来说，卡布圣卢卡斯是最佳选择，而对于珍惜私人时间的新婚夫妇们则推荐洛斯卡沃斯走廊的高档度假村。此外，圣何塞—戴尔卡沃海滨区的酒店与其他地区的相比，价位更为适中。两座城市的市中心均开设有廉价旅馆。

12 月中旬 ~ 次年 4 月中旬期间是当地的旅游旺季，高档酒店等的住宿费用会上调 20% 左右。

洛斯卡沃斯走廊

帕米拉独一无二酒店
One&Only Palmilla

Map p.337/A2

◆备受高尔夫爱好者们喜爱的舒适度假村

帕米拉独一无二酒店建于圣何塞—戴尔卡沃南侧 7 公里的岬角上，是一家共设有 173 间客房的高档度假村。酒店内还建有可眺望大海的高尔夫球场。客房内配有大型电视与 DVD 播放器等设施，同时还为游客们准备了精彩纷呈的演出。所有客房均可眺望科尔特斯海。建议想要从城市喧嚣中得以解放，能够一边眺望大海一边安静地度过休闲时光的游客们入住。酒店还提供含一日三餐在内的全包式收费模式。Wi-Fi 客房 OK · 免费

酒店建有可眺望大海且十分舒适的高尔夫球场

餐厅 ○ 泳池 ○ 保险箱 ○ 高尔夫 △
住 Carretera Transpeninsular Km.7.5
TEL 146-7000
FAX 146-7001
URL www.oneandonlyresorts.com
税金 +34%
CC A D M V
费 AC ○ TV ○ TUB ○ ⓈⒹ M$9167~

马奇洛斯卡波斯酒店
Marquis Los Cabos

Map p.337/A2

◆开放式的豪华度假村

马奇洛斯卡波斯酒店是面向洛斯卡沃斯走廊海滨而建的五星级高档酒店。开放式的酒店结构十分明亮，内设三座游泳池与温泉等配套设施，整体环境十分舒适。在 237 间客房内，拥有私人泳池的独立套房拥有极高的人气。酒店采用全包式收费模式进行费用核算。Wi-Fi 客房 OK · 免费

殖民地时期风格的酒店充满魅力

餐厅 ○ 泳池 ○ 保险箱 ○ 高尔夫 ○
住 Carretera Transpeninsular Km.21.5
TEL 144-2000
FAX 144-2001
URL www.marquisloscabos.com
税金 已含
CC A M V
费 AC ○ TV ○ TUB ○ ⓈⒹM$8761~

卡布圣卢卡斯及其周边

ME 卡博度假村
ME Cabo

Map p.338/A2

◆舒适且便利的地理位置充满魅力

ME 卡博度假村活动设施丰富，是梅达诺海滩边的一座五星级酒店。醒目的黄色外墙与度假胜地欢快的氛围十分吻合。酒店建筑环绕大型泳池而建，住客可身着泳衣直接从客房前往游泳池或海滨轻松体验各种水上运动。客房环境时尚，151 间客房均可眺望到海滨。Wi-Fi 客房 OK · 免费

游泳池与建筑的色彩搭配十分漂亮

餐厅 ○ 泳池 ○ 保险箱 ○ 高尔夫 △
住 Playa el Médano S/N
TEL 145-7800
FAX 143-0420
URL www.melia.com
税金 +29%
CC A M V
费 AC ○ TV ○ TUB ○ ⓈⒹM$4959~

桑多斯菲尼斯特拉酒店
Sandos Finisterra

Map p.338/B1

◆位于可以瞭望全市的山丘上

桑多斯菲尼斯特拉酒店位于卡布圣卢卡斯市区西端，共设有 282 间客房，是建在小山丘上的一家高档酒店。酒店选址充分发挥了岩壁的作用，可瞭望大海与市区两侧。山下的私人海滩上开设有酒吧，旁边还有宽敞的游泳池。客房类型种类繁多，采用包含一日三餐在内的全包式收费模式。Wi-Fi 客房 OK · 免费

餐厅 ○ 泳池 ○ 保险箱 ○ 高尔夫 ○
住 Domicilio Conocido
TEL 145-6700 FAX 143-0590
URL www.sandos.com
税金 已含
CC A M V
费 AC ○ TV ○ TUB △ ⓈⒹM$6167~

圣何塞—戴尔卡沃的大教堂周边汇集了众多面向游客开设的餐馆。此外，市场与巴士总站附近还有以当地人为主要客源的简易食堂，物美价廉。位于港口旁步行街的夏威夷风情酒吧（Map p.338/B1 TEL 144-4973 营 每天 8:00~23:00）供应的新鲜鱼肉玉米面豆卷十分美味，M$90 三个，广受好评。

巴伊亚酒店
Bahía

Map p.338/A2

◆所有客房均配有厨房，便于游客长期居住

从阳台眺望大海

巴伊亚酒店位于可俯瞰梅达诺海滩的山丘上，客房内配有厨房，是一家共设有 81 间客房的休闲公寓式酒店。客房规模虽然不大，但由于配有厨房而大大降低了游客的用餐成本。Wi-Fi 客房 OK · 免费

○ ○ ○ 收费
住 El Pescador S/N
TEL 143-1890 FAX 143-1891
URL www.bahiacabo.mx
税金 +19%
CC A M V
费 AC ○ TV ○ TUB × ⓈⒹM$2660~

希娅丝塔套房酒店
Siesta Suites

Map p.338/A1

◆受长期居住者欢迎的酒店

鲜艳的色彩搭配十分引人注目

希娅丝塔套房酒店地理位置优越，十分方便，虽然坐落在市中心，却相当安静。酒店的工作人员大多会讲英语，回头客很多。共设有 20 间客房，其中 15 间是带厨房的起居室，设施十分完善。Wi-Fi 客房 OK · 免费

× ○ ○ ×
住 Emiliano Zapata
TEL &FAX 143-2773
URL www.cabosiestasuites.com
税金 +19%
CC M V
费 AC ○ TV ○ TUB × ⓈⒹM$1197~

巴亚斯仙人掌旅馆
Bajas Cactus

Map p.338/A1

◆设有多人房的小型酒店

如同公寓一般的酒店构造

巴亚斯仙人掌旅馆是一家共设有 8 间客房的小型酒店。三层是公共厨房、休息室以及露台，游客们可以在这里相互交流、休闲娱乐。酒店内设有卡布圣卢卡斯唯一一间多人房，费用为 M$320，是一间男女混住的六人房。Wi-Fi 客房 OK · 免费

× × × ○
住 Cabo San Lucas y 5 de Mayo
TEL 143-5247
税金 +19%
CC M V
费 AC ○ TV ○ TUB × ⓈⒹM$660~

圣何塞—戴尔卡沃及其周边

纳塔利娅公寓酒店
Casa Natalia

Map p.339/A2

◆紧邻米哈雷斯广场的高档酒店

设有起居空间的舒适客房

纳塔利娅公寓酒店位于圣何塞的市中心，地理位置优越，便于用餐与购物，是一家共设有 16 间客房的雅致酒店。客房装饰十分优雅且配有厨房。中庭繁花似锦，游客还可以在游泳池内悠闲放松。Wi-Fi 客房 OK · 免费

○ ○ ○ ○
住 Blvd.Mijares No.4
TEL 142-5100 FAX 142-5110
URL www.casanatalia.com
税金 +19%
CC A M V
费 AC ○ TV ○ TUB × ⓈⒹM$2147~

热带酒店
Tropicana Inn

Map p.339/A2

◆在安静的环境中度过休闲时光

可以在游泳池中悠闲放松的酒店

从圣何塞市政府向南一个街区便可抵达热带酒店。繁花似锦的酒店中庭内建有游泳池。客房内配有咖啡机、吹风机以及冰箱等配套设施。共设有 40 间客房。Wi-Fi 客房 OK · 免费

○ ○ ○ ○
住 Blvd.Mijares No.30
TEL 142-1580 FAX 142-1590
URL www.tropicanainn.com.mx
税金 已含 CC A D J M V
费 AC ○ TV ○ TUB × ⓈⒹM$1500~

科利酒店
Colli

Map p.339/A2

◆环境舒适

靠近市中心广场

从米哈雷斯广场向南一个街区便可抵达科利酒店，由建筑正面右侧入口进入后一直向里可以看到酒店前台。这家酒店共设有 32 间客房，客房清洁且工作人员十分友善。Wi-Fi 客房 OK · 免费

× × ○ ×
住 Hidalgo S/N TEL &FAX 142-0725
URL www.hotelcolli.com
税金 已含 CC M V
费 AC ○ TV ○ TUB × Ⓢ M$750~、Ⓓ M$900~

 餐厅  游泳池 保险柜 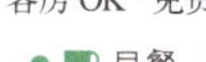 早餐 AC 空调 TV 电视 TUB 浴缸

小贴士 Cabo Adventure 公司（URL www.cabo-adventures.com）开设有骑骆驼前往仙人掌群生地与在海滨散布的旅行线路。全程共 4 小时，团内 US$100~。

向鲸鱼乐园出发

MAP ● P.333/B1

埃尔·威茨凯诺的鲸鱼保护区

World Heritage 世界遗产

Santuario de Ballenas El Vizcaíno

埃尔·威茨凯诺作为海洋生物宝库而被人们所熟知。这里是灰鲸、海狮以及海豹的繁殖与越冬场所，同时也是绿蠵龟与玳瑁等濒临灭绝的海龟的保护区。此外，海湾周边的海滩是水鸟们的乐园，冬季期间的清晨可以看到无数前来此地过冬的黑雁与鹈鹕。从蒂华纳搭乘巴士，经 10 小时左右的车程便可抵达鲸鱼观察据点格雷罗内洛罗。

上 / 在 1993 年被列入世界自然遗产名录的埃尔·威茨凯诺的鲸鱼保护区。在这一地区出没的只有小型灰鲸

下 / 鲸鱼向船只靠近，据说可以摸到鲸鱼背鳍与头部的概率高达 50%

为了能够近距离地观察鲸鱼，参加由当地旅行社开设的旅行团是非常不错的选择（只要有游客，每天都会发团）。搭乘限乘 10 人的船只出海，在休息的工夫便可看到海面上若隐若现的灰鲸。鲸鱼有时会通过尾巴向游客打招呼，有时会从海面一跃而起（跃水），有时还会靠近船只与游客亲近。眺望友善的鲸鱼，让人有一种无法言喻的感动。运气好的话，还可以抚摸灰鲸的头部与背鳍。

埃尔·威茨凯诺保护区在 1 月中旬 ~4 月中旬期间是观察鲸鱼的旺季（高峰期在 2 月下旬 ~ 3 月中旬）。不过，旺季的初期与收尾阶段经常会落空。此外，海上天气多变，有时会十分寒冷，有风的日子船身两侧还会溅起水花，要多准备些外套与长袖棉毛衫等上衣。

海滩是鹈鹕与海鸥等鸟类的栖息地

●格雷罗内洛罗 Guerrero Negro

Map p.333/A1

格雷罗内洛罗是通往埃尔·威茨凯诺保护区的观光据点，共拥有 1 万多人口。巴士总站周边散布有价位适中的酒店、餐馆以及旅行社。

格雷罗内洛罗的巴士总站周边有很多开设有鲸鱼观察团的旅行社

交通◆格雷罗内洛罗位于蒂华纳与拉巴斯中间，每天有 3 班（车程约 10 小时，票价 M$1470）Aguila 公司的巴士从蒂华纳开往格雷罗内洛罗，洛斯卡波每天也有 3 班（车程约 16 小时，票价 M$1730）巴士开往此地。

当地旅行团◆ Mario's Tours［TEL（615）157-1940 URL www.mariostours.com］与 Malarrimo Tours［TEL（615）157-0100 URL www.malarrimo.com］等开设有鲸鱼观察团。旅游旺季时，每天 8:00 与 11:00 发团，需 4 小时（团费每天 M$740，含英语导游与盒装午餐）。

酒店◆ Motel San José［TEL（615）157-1420］是紧邻巴士总站的一家平价旅馆，共设有 13 间客房。提供热水淋浴，住宿费 Ⓢ M$330、Ⓓ M$400。Motel Las Ballenas［TEL（615）157-0116］共设有 14 间客房，提供热水淋浴，住宿费 Ⓢ M$365、Ⓓ M$420。

MAP●P.333/B1

圣弗朗西斯科山地的岩绘群

左／骑骡子前往山中观赏岩绘作品。历时几天才可以欣赏完主要洞窟壁画，因此需要随身携带帐篷，必要时设置露营
上／据推测，绘有岩绘的洞窟曾是原住民的居住场所。洞窟内设有脚手架，可近距离观赏

位于加利福尼亚半岛中间位置的圣弗朗西斯科山地有令人向往且已被列为世界文化遗产的文物。公元前1世纪~14世纪期间在此生活的克奇密族在众多的洞窟墙面上绘制了400余幅岩绘作品。这个岩绘群采用多种多样的色彩描绘了人类、鹿、兔子、狼、龟以及鲸鱼等，因其干燥的气候与偏僻的位置而得以保存至今。关于绘制岩绘的来龙去脉可谓众说纷纭。例如，领土标记、战争记录以及原住民的人生大事与世界观等。无论真相如何，这绝对是了解古代墨西哥文明的珍贵遗址。

除了人类之外，以与生活息息相关的鹿以及鲸鱼为主题的作品众多；构图大胆且色彩多变，令人震撼

前往岩绘群的起点是因鲸鱼观察而闻名的圣伊格纳西奥（从格雷罗内洛罗搭乘巴士约需3.5小时车程）。自由行游客通常会委托当地旅行社安排行程或者直接参加旅行团。参观帕尔马里托Palmarito的岩绘可从圣伊格纳西奥出发并当天往返。前往圣塔玛尔塔村需要在乘车约2小时后再跟随导游在仙人掌山地骑骡子前行一个半小时左右。为了方便游客参观，绘有岩绘的洞窟内搭设了供来访者使用的脚手架。

岩绘群散布在山沟里较为宽阔的区域。参观著名的彩色洞窟Cueva Pintada等主要洞窟壁画需要在峡谷内露营2~3天。干旱季节是观赏岩绘的旺季。白天不是很热，可在海面观察鲸鱼的1~3月是最佳的岩绘观赏季节（不过，早晚十分寒冷）。

●圣伊格纳西奥 San Ignacio

Map p.333/B1

圣伊格纳西奥是一座共拥有2000人口的小型城市，同时还是通往岩绘群的交通据点。巴士总站距离市中心约2.5公里（搭乘出租车需花费M$30~40）。中央广场周边开设有酒店、餐馆以及旅行社。旅行社支持信用卡支付，但是需要注意的是圣伊格纳西奥市区内没有银行。

进入山岩地带需要在INAH（国家人类学・历史学研究所）办理进入许可证。参团前往的游客可由旅行社代为办理

交通◆每天有3班（车程约13小时，票价M$1755）Aguila公司的巴士从蒂华纳开往圣伊格纳西奥，格雷罗内洛罗每天有4班（车程约3.5小时，票价M$275），洛斯卡波每天也有3班（车程约13小时，票价M$1710）巴士开往圣伊格纳西奥。

当地旅行团◆Kuyima（TEL（615）154-0070 URL www.kuyima.com），团费为每人每天M$1100~，两天M$3850~，3天M$6000~（随参团人数变化）。还开设有圣伊格纳西奥海滩的鲸鱼观察团。

酒店◆Chalita（TEL（615）154-0082）是位于中央广场南侧的平价酒店，共设有3间客房。Ⓢ M$270，Ⓓ M$350。Casa Lereé（TEL（615）154-0158）位于中央广场东北侧，共设有3间客房，ⓈⒹ M$400~。

拉巴斯 *La Paz*

体验伟大的自然与潜水

人　口	约 25 万
海　拔	0 米
区　号	612

关键词！

★ 在海狮簇生地潜泳
★ 品尝海鲜
★ 殖民地时期风格的托多斯桑托斯

可以在拉巴斯的海面上与海狮一同潜泳

16 世纪起，拉巴斯作为港口城市发展至今，是南下加利福尼亚州最大的城市。拉巴斯在一段时期内作为免税区而繁荣，现如今已然看不到当时的影子，美丽、平和的大海是这里最大的魅力。科尔特斯海上诸岛与加利福尼亚湾诸岛同为保护地域群而被列入世界自然遗产名录。

如今拉巴斯还因作为墨西哥最佳潜水点而人气高涨。

活动信息

● 2 月中旬 ~ 下旬
狂欢节 Carnival
● 5 月
拉巴斯市创立节 Fundacion de la Ciudad
● 6 月 1 日
海军节 Diá de la Marina
● 11 月中旬
自行车比赛 Carrera de Autos Baja Mil

南下加利福尼亚州政府旅游局
URL visitbajasur.travel

从机场到市内

拉巴斯的曼努埃尔马奎斯列昂机场 Manuel Márquez de León（LAP）位于市中心西南方向 10 公里左右，搭乘出租车约需要 20 分钟的车程（费用约为 M$350，公共汽车票价 M$200）。从市内搭乘出租车前往机场需要花费 M$200 左右。

墨西哥国际航空 Map p.351/A2
TEL 122-0091

拉巴斯 交 通

飞机▶ 墨西哥国际航空（AM）与墨西哥廉价航空（Y4）每天都有航班从墨西哥城与瓜达拉哈拉等城市飞往拉巴斯。TAR 航空（LCT）也开设有从马萨特兰飞往当地的航班。

从拉巴斯飞往各地的航班

目的地	每天航班信息	飞行时间	价格
墨西哥城	AM、VLO、Y4 共计 5 班	2.5 小时	M$1299~4792
瓜达拉哈拉	VIV、Y4 共计 1~2 班	1.5 小时	M$856~1425
马萨特兰	LCT 每周 5 班	1 小时	M$798~2108
蒂华纳	Y4 1 班	2 小时	M$1669~2369

通过潜泳之旅体验大自然之美

拉巴斯周边海域有很多自然观察场所。从市区出发，乘船出海可以看到海鸟群，还可以通过潜泳观察海狮。特别推荐爱好野鸟的游客参加前往圣埃斯皮里图岛的潜泳团。在那里可以看到鹈鹕、海鸥以及军舰鸟等鸟群。游船会在野鸟聚集的暗礁停靠，方便游客观鸟。此外，在海狮聚居地还可以近距离地观察在小岛上躺卧且表情丰富的海狮。

最适合观察动物的季节是 9~10 月期间。求偶的雄性军舰鸟为了展示自己，喉囊会呈鲜红色并鼓起。此外，小海狮也是在这个时节开始自己捕食的。游客还可以通过潜泳的方式与好奇心旺盛的小海狮们一同在海中嬉戏。

旅行团活动时间为 9:00~16:00，团费 US$90~99，含午餐与饮品。游客可通过旅行社、酒店以及潜水商店等报名（→ p.353）。

巴士▶ 面向海岸的马勒孔巴士总站有 Aguila 公司等开往洛斯卡波与蒂华纳等各地的巴士。在市中心的 Aguila 公司的窗口可以买到开往墨西哥各地的巴士票，还可以在此乘车。

从拉巴斯开往各地的巴士

目的地	每天的班次	行驶时间	票价
卡布圣卢卡斯	Aguila 每小时 1~2 班（5:00~21:30）	2.5~4 小时	M$315~325
圣何塞—戴尔卡沃	Aguila 每小时 1~2 班（5:00~21:30）	3~3.5 小时	M$340~360
蒂华纳	Aguila3 班（7:00~20:00）	22 小时	M$2505
洛伦特	Aguila9 班（7:00~21:00）	5 小时	M$800

船舶▶ 前往拉巴斯的皮奇林格港共有两条航线，分别是从本土的马萨特兰与洛斯莫奇斯（托珀洛邦波港）出发。每周有 5~7 班开往洛斯莫奇斯方向的渡轮，需时约 6 小时，票价 M$970。每周有 3~5 班开往马萨特兰方向的渡轮，需时约 12 小时，票价 M$11020。如需单间客舱，每间要在上述票价基础上再追加支付 M$920。渡轮班次与运行时间随季节发生变化，需要通过 Baja Ferries 的官方网站进行确认。

在渡轮甲板上眺望港口

下加利福尼亚的巴士

● Aguila 公司

URL www.autobusesaguila.com

覆盖下加利福尼亚内的巴士线路。

拉巴斯的港口

开往马萨特兰与洛斯莫奇斯方向的渡轮均从位于拉巴斯市中心北侧约 20 公里处的皮奇林港口 Pichilingue 驶出。游客可在马勒孔巴士总站搭乘巴士（约 20 分钟车程，票价 M$74）前往港口，7:00~18:00 期间每小时发一班车。搭乘出租车需要花费 M$230 左右。

渡轮在夏季与圣诞节等会很快满员，因此最好提前在市内的售票窗口购票。

开往洛斯莫奇斯与马萨特兰方向的船舶

● Baja Ferries

Map p.351/B1 外

住 Ignacio Allende No.1025

TEL 123-6600

URL www.bajaferries.com

营 周一～周五 8:00~17:00

周六 8:30~14:00

从索卡洛中央广场向南步行 15 分钟左右便可抵达 Baja Ferries。这里还出售奇瓦瓦太平洋铁路的车票。

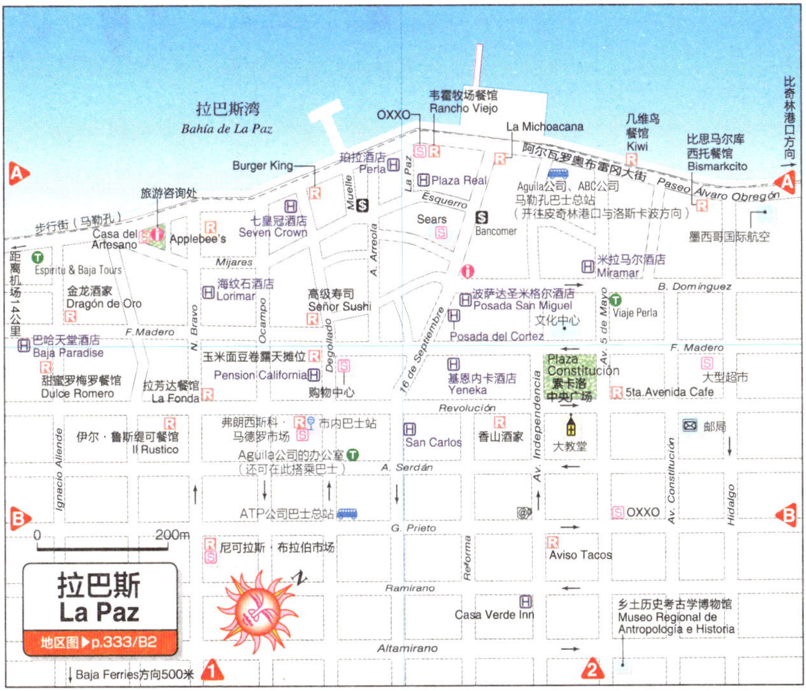

拉巴斯湾
Bahía de La Paz
韦霍牧场餐馆
Rancho Viejo
OXXO
La Michoacana
几维鸟餐馆
Kiwi
比思马尔库西托餐馆
Bismarkcito
比奇林港口方向
Burger King
珀拉酒店
Perla
Plaza Real
阿尔瓦罗奥布雷冈大街
Paseo Álvaro Obregón
Aguila公司、ABC公司
马勒孔巴士总站
（开往皮奇林港口与洛斯卡波方向）
旅游咨询处
步行街（马勒孔）
Casa del Artesano
Applebee's
七皇冠酒店
Seven Crown
Esquerro
Sears
Bancomer
墨西哥国际航空
Espiritu & Baja Tours
Mijares
米拉马尔酒店
Miramar
距离机场14公里
金龙酒家
Dragón de Oro
海纹石酒店
Lorimar
高级寿司
Señor Sushi
波萨达圣米格尔酒店
Posada San Miguel
文化中心
Posada del Cortez
B. Dominguez
Viaje Perla
巴哈天堂酒店
Baja Paradise
F. Madero
玉米面豆卷露天摊位
Pension California
购物中心
甜蜜罗梅罗餐馆
Dulce Romero
拉芳达餐馆
La Fonda
基恩内卡酒店
Yeneka
Plaza Constitución
索卡洛中央广场
5ta.Avenida Cafe
大型超市
Revolución
伊尔·鲁斯缇可餐馆
Il Rustico
弗朗西斯科·马德罗市场
市内巴士站
San Carlos
香山酒家
大教堂
邮局
Aguila公司的办公室
（还可在此搭乘巴士）
A. Serdán
Ignacio Allende
ATP公司巴士总站
Av. Independencia
OXXO
Av. Constitución
Hidalgo
G. Prieto
尼可拉斯·布拉伯市场
Aviso Tacos
Reforma
Ramirano
Casa Verde Inn
乡土历史考古学博物馆
Museo Regional de Antropología e Historia
Altamirano
拉巴斯
La Paz
地区图▶p.333/B2
Baja Ferries方向500米
Muelle
La Paz
A. Arreola
N. Bravo
Ocampo
Degollado
16 de Septiembre
Av. 5 de Mayo
0 200m

小贴士 随着 LCC（廉价航空公司）的发展，从拉巴斯开往马萨特兰与洛斯莫奇斯的渡轮班次逐渐减少，因此需要提前确认最新的船次信息。如果时间充裕，选择悠闲的游船之旅将会是非常棒的体验。

拉巴斯 漫 步

拉巴斯市中心的道路如棋盘网格一般散布开来。面向拉巴斯湾的繁荣街道阿尔瓦罗奥布雷冈大街 Paseo Álvaro Obregón 上建有步行街，可以从这里眺望沉入大海的美丽夕阳。餐馆、银行、旅行社以及平价酒店等较为集中，从市中心步行便可抵达，而高档酒店与适合游泳的海滨则分布在市中心北侧、皮奇林岬角的滨海区。

在滨海区的马勒孔巴士总站可以搭乘巴士前往驶向马萨特兰与洛斯莫奇斯方向的船舶始发港口。这里还有开往洛斯卡波方向的巴士，因此要从拉巴斯前往近郊的游客无须特地到远离市中心的中央巴士总站乘车。

在面向科尔特斯海的拉巴斯可以体验各种各样的水上运动项目。特别是潜水与竞技钓鱼，这里是世界上屈指可数的潜水与竞技钓鱼场所，1 月中旬 ~3 月上旬还非常盛行鲸鱼观赏团。可以通过酒店的旅游团服务台与市内的旅行社进行报名。

在滨海步行街悠闲自在地散步

拉巴斯的海滨

拉巴斯市中心西侧约 15~18 公里处有赫马卡海滩 Playa Hamacas 与科密塔恩海滩 Playa Comitan，与上述两座海滩相比，散布在市中心北侧的皮奇林岬角处的海滨景色更加漂亮，推荐游客前往体验。

距离市中心由近及远分别有帕尔米拉 Palmira、克罗姆埃尔 Coromuel、花臣 Caimancito、铁修罗 Tesoro、皮奇林 Pichilingue、巴伦德拉 Balendra、特科洛特 Tecolote 以及丛林狼 Coyote 等海滨区。搭乘开往皮奇林港口方向的地方巴士便可抵达皮奇林海滩。部分海滨开设有餐馆并设有遮阳伞，游客最好随身携带饮品与零食等。市内的旅行社开设有前往海滨区的旅行团。

安静的海滨令人只想悠闲自在地度过休闲时光

旅游咨询处

Map p.351/A1

住 Paseo Álvaro Obregón Rosales y Bravo

TEL 122-5939

营 周一～周五 9:00~15:00（周六、周日不定时）

市内巴士

市内巴士采用 M$10 的均一票价，班次频繁地在市区内同行。

货币兑换

16 de Septiembre 大街周边的 Bancomer 与 Banamex 以及货币兑换处提供美元现金兑换服务。

弗朗西斯科 · 马德罗市场

Map p.351/B1

市中心附近有一家弗朗西斯科 · 马德罗市场。营业时间为周一～周六 6:00~19:00，周日、节假日 6:00~14:00。市场供应蔬菜、水果、海鲜以及日用品。内设简易食堂，可以十分低廉的价格品尝到美味海鲜，早餐与午餐时段不妨到此体验。

海滨旁摆有各种各样的露天摊位

乡土历史考古学博物馆

乡土历史考古学博物馆通过展出拉巴斯与下加利福尼亚各地的出土文物介绍近现代之前的地域历史。同时还展出有生活用具与住宅模型。

● Museo Regional de Antropologia e Historia

Map p.351/B2

住 Altamirano y 5 de Mayo

TEL 125-6424

入场 每天 8:00~18:00

费 M$40（周日免费）

拍照需支付 M$45

拉巴斯 活动项目

潜水 & 潜泳 Diving&Snorkeling

可与鲸鲨一同潜泳

拉巴斯周边海域有海狮、海豚、梭鱼、花园鳗鱼以及科尔特斯天使鱼等各种各样的海洋生物在等待着潜水者们的到来。与众人向往的锤头鲨鱼以及在海面跃水的软骨鱼群相遇的概率相当高。

潜水的最佳季节是7~11 月。这一时期水温在 19~27℃，海水透明度也很高。拉巴斯的潜水场所均远离市区（港口），通常会采用每天 2~3 次的乘船出海方式进行潜水。费用因场所与氧气罐数各异，每天大概需要 US$130~150。

钓鱼 Fishing

拉巴斯是钓鱼运动的中心地，在这里可以钓到旗鱼等大型鱼类。由于科尔特斯海是内海，因此水面相对较为平稳。即便是新手也完全无须有任何担忧。

钓鱼团通常会在 6:30 时出港前往蓬塔 · 阿雷纳斯与恩塞纳达 · 德 · 穆埃尔特斯等钓鱼场所，13:00 左右返回。费用因船型各异，限乘 1~2 人的船只单日费用为 US$280（含器材费等）。可通过市内旅行社与主要酒店的旅游服务台进行报名。

从拉巴斯出发的旅行团

潜水团（US$130~150）、前往圣埃斯皮里图的潜泳团（US$85）、钓鱼团（两人 US$280）以及海洋皮筏团（US$95）。

1~3 月上旬开设鲸鱼观赏团，费用为 US$140~（需时 12 小时）。8~12 月期间开设鲸鲨潜泳团，团费 US$80~90（需时 3 小时）。

主要潜水商店

● Baja Paradise
住 Madero No.2166
TEL 128-6097
URL www.bajaparadise.mx

● The Cortez Club
住 Carretera a Pichilingue, Km 5
TEL 121-6120
URL www.cortezclub.com

位于海滨沿岸的 The Cortez Club 潜水商店

INFORMACIÓN

拉巴斯的主要潜水场所

●洛斯伊斯洛特斯 Los Islotes

从港口出发，经约 60 分钟便可抵达洛斯伊斯洛特斯，建有小型灯塔的裸露岩石周边有海底隧道与洞窟。还有数百头海狮（加利福尼亚海狮）的栖息。海狮好奇心极强，爱亲近人，但是在 5~6 月的繁殖期会略显神经质，务必要多加注意。10 月前后，当年出生的小海狮们也慢慢地长大了，看上去十分可爱。

●方明 Fang Ming

1999 年，墨西哥政府没收的中国偷渡船在这里沉没。现如今，沉船周围聚集了很多鱼类，成为潜水场所。由于沉船地处回游鱼必经之处，因此有时可以偶遇大型海洋生物。沉船内部对游客开放，备受喜爱探险的欧美游客的青睐。

●埃尔巴霍 El Bajo

埃尔巴霍是潜水爱好者们的向往之地，同时又因当地可偶遇锤头鲨鱼而闻名。岩石裸露的区域有蝴蝶鱼与金天使鱼等色彩鲜艳的鱼群。但水深较深且水流湍急。

●皇后 La Reina

从拉巴斯乘船向南行驶一个多小时便可抵达由小型暗礁构成的皇后潜水区。这里是海狮群居地，即便是在水中也可以看到海狮。除了梭鱼等鱼群之外，有时还会有软骨鱼与鲸鲨等大型海洋生物出现。

运气好的话还可以偶遇软骨鱼

小贴士 从市中心的索卡洛中央广场出发，步行一分钟左右便有一家大型超市，这里有大小不一的众多商店。饮品、点心以及日用品等在索卡洛中央广场周边就可以买全。

拉巴斯的餐馆

Restaurant

拉巴斯市内的餐馆被当地人与游客广为利用。品类涵盖意式料理与中餐等，内容相当丰富，所有的餐馆均可以适中的价格品尝到美味的料理。

韦霍牧场餐馆

Rancho Viejo

◆建在海岸沿线的人气餐馆

韦霍牧场餐馆是备受当地人喜爱的一家墨西哥餐馆。餐馆建在海岸沿线，便于游客到店用餐。7:00~13:00期间供应的早餐售价为 M$35~93，午餐、晚餐单人预算在 M$100~315 之间。饮品售价为 M$20~，质优价廉。拉巴斯市内还开设有两家分店。

可以尝试一下鱼类料理

Map p.351/A2

住 Álvaro Obregón esq.16 de Septiembre y Cjón

TEL 123-4346

营 每天 7:00~ 次日 2:00

税金 含税

CC A M V

Wi-Fi 免费

几维鸟餐馆

Kiwi

◆以大海与天空为背景，悠闲自在地享用美食

几维鸟餐馆位于海滨旁，在这里可以品尝到墨西哥料理与海鲜等丰富多彩的菜品。海鲜汤（M$106）与沙拉（M$71~）价位适中。周末会一直热闹到深夜。

因地处海滨区而拥有极高的人气

Map p.351/A2

住 Álvaro Obregón Entre 5 de Mayo y Constitución

TEL 123-3282

营 每天 8:00~24:00

税金 含税

CC 不可

Wi-Fi 免费

伊尔·鲁斯缇可餐馆

Il Rustico

◆当地原住民也会光顾的意大利餐馆

伊尔·鲁斯缇可餐馆由意大利人经营。店内供应的 11 种意大利面食（M$70~163）与约 20 种比萨（M$117~169）广受好评。餐馆分别设有室内席位与室外露天席位，经常客满。

Map p.351/B1

住 Revolición No.1930

TEL 122-3001

营 周三～次周一 18:00~23:00

税金 含税 CC M V

Wi-Fi 免费

金龙酒家

Dragón de Oro

◆菜品十分丰富的中餐馆

金龙酒家是建在拉巴斯住宅区内的大型中餐馆，由中国家族经营，口味正宗且在当地备受好评。各种中餐应有尽有，虾与贝类等组成的海鲜拼盘售价 M$105。两人份套餐售价 M$150~235。

Map p.351/A1

住 Madero No.96

TEL 125-1378

营 每天 11:30~21:00

税金 含税 CC M V

Wi-Fi 免费

比思马尔库西托餐馆

Bismarkcito

◆海边的海鲜餐馆

比思马尔库西托餐馆是在 1968 年创建的拉巴斯老字号大海虾之家的分店。海鲜鸡尾酒（M$180 左右）与西班牙大锅饭（M$175）等料理分量十足。

Map p.351/A2

住 Álvaro Obregón entre Constitución e Hidalgo

TEL 128-9900 营 每天 8:00~23:00

税金 含税 CC M V

Wi-Fi 免费

拉芳达餐馆

La Fonda

◆备受游客青睐的百姓餐馆

拉芳达餐馆在午餐时间会聚集来自世界各国的游客，人气非常旺。午餐（13:00~18:00）时间的套餐（M$60~80）很受欢迎。此外，墨西哥名菜拼盘售价 M$100，鱼类料理售价 M$68~。早餐套餐售价 M$50~65。

呈橘黄色外观的餐馆

Map p.351/B1

住 N.Bravo,esq Revolución

TEL 125-4700 营 每天 7:30~22:30

税金 含税 CC 不可

Wi-Fi 免费

小贴士 R 甜蜜罗梅罗餐馆 Dulce Romero（Map p.351/B1 TEL 185-2095 营 周一～周五 8:00~20:00、周六 8:00~17:00）是要特别推荐的有机糕点铺。同时，这里还是一家咖啡馆。

拉巴斯的酒店
Hotel

与洛斯卡波相同，拉巴斯虽然没有高档度假村，但是市中心的海岸沿线中档酒店鳞次栉比。平价旅馆大多位于市中心的商店街周边

七皇冠酒店
Seven Crown

◆可以瞭望大海的高档酒店

七皇冠酒店建在海岸沿线的阿尔巴罗奥布雷冈大街上，是一家共设有 54 间客房的高档酒店。沿街开设有餐馆，地理位置极佳。酒店内设有商务中心、旅行社以及酒吧等，还可以使用波浪式浴缸。Wi-Fi 客房 OK · 免费

Map p.351/A1
餐厅 ○ 游泳池 ○ 保险柜 ○ 早餐 △
住 Álvaro Obregón No.1710
TEL 128-7787 FAX 128-9090
URL www.sevencrownhotels.com
税金 +19% CC A M V
费 AC ○ TV ○ TUB × ⓈⒹM$1115~

珀拉酒店
Perla

◆可以从露台上眺望迷人的夕阳

珀拉酒店面向滨海路，地理位置优越，共设有 110 间客房。位于游泳池旁建筑内的客房视野也非常不错。Wi-Fi 客房 OK · 免费

推荐入住视野极佳的游泳池侧客房

Map p.351/A1
餐厅 ○ 游泳池 ○ 保险柜 ○ 早餐 ○
住 Álvaro Obregón No.1570
TEL 122-0777 FAX 125-5363
URL www.hotelperlabaja.com
税金 +19% CC A M V
费 AC ○ TV ○ TUB × ⓈⒹM$1430~

海纹石酒店
Lorimar

◆在家庭型环境中居住

从滨海路向东南方向两个街区便可抵达海纹石酒店，这是一家共设有 20 间客房的家庭式酒店。周围环境安静，可安心居住。Wi-Fi 客房 OK · 免费

Map p.351/A1
餐厅 × 游泳池 × 保险柜 × 早餐 ×
住 N.Bravo No.110 TEL 125-3822
税金 已含 CC 不可
费 AC ○ TV × TUB × ⓈM$460~、Ⓓ M$530~

米拉马尔酒店
Miramar

◆紧邻索卡洛中央广场的平价酒店

从索卡洛中央广场向海岸方向两个街区便可抵达米拉马尔酒店，这家酒店设备齐全，共设有 25 间客房。便于观光与购物。

Map p.351/A2
餐厅 × 游泳池 × 保险柜 ○ 早餐 ×
住 5 de Mayo esq.Belisario Domínguez
TEL 122-8885 FAX 122-1607
税金 已含 CC M V
费 AC ○ TV ○ TUB × ⓈⒹ M$670~

基恩内卡酒店
Yeneka

◆入口装饰独特的平价酒店

从索卡洛中央广场向西南方向一个街区便可抵达基斯内卡酒店，这是一家共设有 20 间客房的平价酒店。从入口进入酒店便可看到环绕中庭而建的客房。

Map p.351/B2
餐厅 × 游泳池 × 保险柜 × 早餐 ○
住 Madero No.1520
TEL&FAX 125-4688 税金 已含 CC 不可
费 AC ○ TV ○ TUB × ⓈM$400~、Ⓓ M$500~

巴哈天堂酒店
Baja Paradise

◆潜水商店下设酒店

巴哈天堂酒店可为游客安排无人岛之旅。居住一周以上可享受优惠。Wi-Fi 客房 OK · 免费

Map p.351/A1
餐厅 ○ 游泳池 × 保险柜 × 早餐 收费
住 Madero No.2166 TEL 128-6097
URL www.bajaparadise.mx 税金 已含
CC M V 费 AC △ TV ○ TUB ×
ⓈM$270~、Ⓓ M$370~

波萨达圣米格尔酒店
Posada San Miguel

◆殖民地时期风格建筑内的平价旅馆

从索卡洛中央广场向西一个街区便可抵达波萨达圣米格尔酒店，这是一家共设有 15 间客房的经济型酒店。推荐入住比一层更为明亮的二层客房。

Map p.351/A2
餐厅 × 游泳池 × 保险柜 ○ 早餐 ×
住 Belisario Domínguez NO.1510
TEL 125-8888 税金 已含 CC 不可
费 AC × TV ○ TUB × ⓈⒹM$390~

餐厅　游泳池　保险柜　早餐　AC 空调　TV 电视　TUB 浴缸

托多斯桑托斯 Todos Santos

使艺术家入迷且充满艺术情调的城市 ★

托多斯桑托斯位于下加利福尼亚半岛西海岸，是拉巴斯与卡布圣卢卡斯正中间的一座小城。这座城市是在18世纪时由西班牙耶稣会传教士所建，至今依然保留着采用柔和色调喷涂的殖民地时期风格建筑，充满了独特的风情。近年来，从美国圣菲等地来到墨西哥的年轻艺术家大多居住在这里，这座城市也因设有出售这些艺术家作品的工作室与画廊而闻名。距离市中心1.5公里处是自然风光十分丰富的海滨，这里有便宜且美味的海鲜餐馆与小吃摊位。此外，这里还是老鹰乐队名曲《加州旅馆》的原型所在地。

被誉为名曲原型的加利福尼亚酒店

圣卡洛斯港 Puerto San Carlos

太平洋鲸鱼观赏的起点 ★★

圣卡洛斯港是位于太平洋沿岸的一座小城，共拥有4500人左右的常住人口，因2~3月上旬期间可近距离接触到灰鲸而发展成为生态旅游的观光据点。从拉巴斯搭乘巴士，经约4小时的车程便可抵达圣卡洛斯港，酒店等设施齐备，如果时间充裕，不妨在这里悠闲地体验下加利福尼亚的独特风情。鲸鱼观赏与钓鱼等主题旅行团可通过各酒店与旅行社报名。

以圣卡洛斯港为起点，前往太平洋岸的大海

洛雷托 Loreto

可以体验水上运动项目的下加利福尼亚历史最为悠久的城市 ★★

洛雷托是科尔特斯海的潜水与钓鱼据点，这座小城共拥有1万常住人口。这里是前往被列入世界自然遗产名录的加利福尼亚湾诸岛与保护地域群的起点之一，冬季还会挤满前来观赏鲸鱼的游客。

此外，这座城市是下加利福尼亚历史最为悠久的城市，约12000年前便已有人类在此居住。1697年，这里作为首次在半岛设立常规教堂Misión的场所而闻名。

如何前往托多斯桑托斯

Map p.333/B2

在拉巴斯的马勒孔巴士总站搭乘开往卡布圣卢卡斯方向的巴士Vía Corta，经约1小时车程便可抵达托多斯桑托斯。5:00~21:30期间，约每小时发1班车。单程票价M$150。

托多斯桑托斯的酒店

H California
住 Benito Juárez，Morelos y Marquez de León
TEL（612）145-0525
URL www.hotelcaliforniabaja.com
共设有11间客房，ⓈⒹM$2200~

圣卡洛斯港

Map p.333/B1

拉巴斯每天有一班开往圣卡洛斯港的巴士（14:00发车，需时约4小时，单程票价M$514）。

圣卡洛斯港的酒店

巴士总站周边散布有中档酒店。

H Alcatraz
住 Puerto La Paz S/N
TEL（613）136-0017
URL www.hotelalcatraz.mx
共设有25间客房，ⓈM$720~、ⒹM$990~

H Brennan
住 Apartado Postal No.7
TEL（613）136-0288
URL www.hotelbrennan.com.mx
共设有14间客房，ⓈM$860~、ⒹM$1040~

洛雷托

Map p.333/B1

拉巴斯每天有8班（需时约5小时，票价M$800）开往洛雷托的巴士。蒂华纳每天有3班开往洛雷托的巴士（需时约16小时，票价M$2305）。市中心位于巴士总站东侧1公里左右（搭乘出租车需花费M$30~）。

洛雷托的酒店

H Motel Salvatierra
住 Salvatierra No.123
TEL（613）135-0021
从巴士总站向东步行约3分钟便可抵达。客房配有空调与电视，ⓈM$410，ⒹM$490。共设有31间客房。

小贴士 除了在拉巴斯与圣卡洛斯有灰鲸出没之外，洛雷托有剃刀鲸与长须鲸，洛斯卡波还有座头鲸。2月是观赏鲸鱼的最佳季节。

蒂华纳 Tijuana

充满无国籍氛围的美 – 墨国境城市

可感受国境独特繁华感的蒂华纳市中心

人口	约 156 万
海拔	30 米
区号	664

从洛杉矶搭乘巴士经 3~4 小时车程，从圣迭哥仅用时 30 分钟左右便可抵达位于太平洋沿岸的墨西哥国境城市蒂华纳。由于蒂华纳有很多美国游客，因此，旅游纪念品商店、酒吧以及餐馆等都充满乐趣。在这里可以感受到国境与拉丁文化独特的氛围，虽然英语与美元流通度较高，但还是有一种来到墨西哥的真实感。

蒂华纳 交通

飞机▶ 墨西哥国际航空、墨西哥廉价航空与英特捷特航空除了开设有频繁往返于墨西哥城、瓜达拉哈拉等地与蒂华纳之间的航班之外，还有从蒂华纳飞往拉巴斯、萨卡特卡斯、阿卡普尔科以及瓦哈卡的直达航班。

巴士▶ 蒂华纳有两座长途巴士总站。开往墨西哥各地的巴士从位于市中心东南方向约 7 公里处的中央巴士总站发车。从巴士总站驶出的巴士上如标有“Centro”字样则表示该车次开往市中心方向。相反，如果要前往巴士总站，则可以在位于 Av.Constitución 与 Calle 2a 交叉口的巴士车站搭乘标有“Buenavista”或者“Central Camionera”字样的市内巴士（约需 1 小时车程，票价 M$13）。出租车约需要 15 分钟车程，票价 M$100 左右。搭乘出租车从市中心前往中央巴士总站方向时务必要提高警惕，因为有很多出租车司机会故意让乘客在附近的巴士总站下车以蒙混过关。

国境旁的 Plaza Viva Tijuana 购物中心南侧有 ABC 公司与 Tres Estrellas de Oro 公司的巴士总站，运营有开往洛杉矶与瓜达拉哈拉方向的巴士。

蒂华纳观光信托机构的 URL

URL www.venatijuana.com

从机场到市内

蒂华纳的阿贝拉尔多·罗德里格兹国际机场 Abelardo Rodríguez（TIJ）位于市区东侧约 14 公里处。可搭乘市内巴士（需时 1 小时，票价 M$13）与出租车（需时 40 分钟，票价 M$220）前往市内。

墨西哥国际航空

住 Paseo de los Héroes，Zona Río

TEL 683-8444

开往洛杉矶方向的巴士

● Greyhound 公司

中央巴士总站在每天的 8:30~20:15 期间，每小时发一班车（约需 4 小时车程，单程票价 M$24）。

● Tres Estrellas de Oro 公司

位于蒂华纳河东岸 Viva Tijana 南侧的巴士总站在每天的 6:00~24:00 期间共计发出 16 班巴士（约需 3 小时车程，单程票价 US$25）。

从圣迭哥（美国）前往墨西哥国境

从圣迭哥前往美国方面的国境城市圣伊西德罗 San Ishidro 可搭乘市内巴士 San Diego Transit 与有轨电车 Trolley Blue Line，约需 40 分钟车程。从洛杉矶驶来的长途巴士无须接受入境审查，直接驶入蒂华纳，因此计划在墨西哥各地旅行的游客可以在圣伊西德罗下车。从这里跨过跨线桥之后步行约 5 分钟便可抵达墨西哥入境海关。通过移民局检查站在出入境卡（FMM）上加盖入境印章后支付入境税（M$332），完成手续后方可进入蒂华纳。从墨西哥入境海关步行约 15 分钟便可抵达市中心。

小贴士 从美国入境墨西哥时只需通过旋转门即可，过程十分简单，而在返回美国时有时需要经过身体检查与行李检查等严格的安检程序，甚至会排起长队。游客务必要预留出充足的时间以应对突发状况。

穿过旋转式铁闸门前往墨西哥

沿墨西哥南下切记加盖入境章！

从位于美国国境（美国无须办理出境手续）的圣伊西德罗前往蒂华纳途中有一扇铁质旋转门。在穿过第一扇旋转门后，右侧是墨西哥入境管理局（移民局检查站）。前往墨西哥各地旅行的游客必须在这里出示出入境卡（FMM）并加盖入境印章。从美国入境墨西哥的游客多为无须审查的 72 小时内短期滞留者。

关于入境的注意事项

在蒂华纳滞留超过 72 小时，或者继续沿墨西哥南下的游客务必要在国境处办理入境手续。入境时需要支付 M$332。不支持美元支付，游客可在旁边的货币兑换处提前兑换比索。

有时游客无须在移民局检查站支付入境手续费，而是会被要求在墨西哥境内期间将该项费用存入银行。

从蒂华纳开往各地的巴士

目的地	每天的班次	行驶时间	票价
墨西哥城	Elite、TNS、TAP 等每小时 1~2 班	40~46 小时	M$1955~2111
瓜达拉哈拉	Elite、TAP、TNS 等每小时 1~3 班	31~36 小时	M$1800~1980
马萨特兰	Elite、TAP、TNS 等每小时 1~3 班	26~28 小时	M$1465~1582
洛斯莫奇斯	Elite、TAP、TNS 等每小时 1~3 班	19~22 小时	M$999~1220
梅西卡里	Elite、TAP、TNS 等每小时 2~7 班	2~3 小时	M$280~425
恩塞纳达	ABC、TAP 等每小时 1~5 班	1.5~2 小时	M$165~190
拉巴斯	Aguila 9 班（8:00~24:00）	22 小时	M$2505

美国
国境线
美国移民局检查站
墨西哥移民局检查站
机场、中央巴士总站方向
出租车落客点
Calle Internacional
Calle Baja California
蒂华纳万岁 Viva Tijuana
Calle Coahuila
Plaza de Oro
Diaz
Alaska
Estrellas del Pacifico公司、ABC公司、Tres Estrellas de Oro的巴士站
步行街
开往特卡奇方向的巴士站
Calle 1a
蜡像馆
纳尔逊酒店 Nelson
HSBC
Bancomer
Economico
Mercado de Artesanias
蒂华纳河
Paseo de Tijuana
Pueblo Amigo
Calle 2a
Banamex
旅游咨询处
St.Francis
Soriana（超市）
（开往中央巴士总站方向的公共出租车）
市内巴士站（开往机场与中央巴士总站方向）
Calle 3a
（开往罗萨里托方向的公共出租车）
皮革制品市场
Río Tijuana
Via Oriente
Via Poniente
Calle 4a
Av. Constitución
凯撒大帝餐馆 Caesar's
El Ray
凯撒大帝酒店 Caesar's
Av. Madero
Av. Negrete
Av. Ocampo
Av. Gral Rodolfo Sanchez
Paseo de los Heroes
Calle 5a
卡特琳娜酒店 Catalina
Av. Revolución
Lorena
Cafee Milano
Costoco
0 300m
Calle 6a
MEXICOACH乘车处（开往国境、罗萨里托方向的巴士）
里卡尔多餐馆 Ricardo's
Calle 7a
ampm（便利商店）
Central
扎哈格扎别墅酒店 La Villa de Zaragoza
回力球比赛场地
Av. Pio Pico
斗牛场、蒂华纳大酒店方向
Calle 8a
蒂华纳文化中心 Centro Cultural Tijuana

蒂华纳 Tijuana
地区图▶p.333/A1

小贴士 蒂华纳文化中心 Centro Cultural Tijuana（Map p.358/B2 URL www.cecut.gob.mx）内设有加利福尼亚博物馆（营 周二～周日 10:00~19:00 费 M$25）等机构。

蒂华纳 漫步

市中心各种出售旅游纪念品的商店鳞次栉比

观光的核心区域是南北向贯穿市区的革命大街 Av.Revolución。游览时可以将位于道路北侧的矩形拱顶纪念碑作为记号。以拱顶纪念碑为核心，方圆 1 公里左右的沿途街道上开设有餐馆、旅游纪念品商店、银行以及酒店，不论昼夜，来自美国的游客熙熙攘攘。从这座拱顶纪念碑向蒂华纳河延伸的 Calle la 是旅游纪念品商店鳞次栉比的步行街，游客可在步行前往对岸的蒂华纳万岁购物中心 Viva Tijuana 的途中转一转这些沿途小店。

被 Calle 3a、Calle 4a、雷伯尔肖恩大街以及马德罗大街环绕的区域一角是皮革制品市场。从宽敞的大马路进入狭窄小巷之后可以看到这里挤满了小型摊位，令人不禁追忆往昔。店家出售的商品大多为皮革制品，包括皮带、皮包、凉鞋、坐垫、夹克、烟盒以及刀盒，等等。处处洋溢着皮革的味道。

如果时间充裕，还可前往位于拱顶纪念碑东南方向约 2 公里处的索纳·里约 Zona Río。在这里可以看到文化中心、博物馆、购物中心以及高雅的餐馆等充满现代感的蒂华纳建筑。

市内交通

蒂华纳共有 3 种出租车。黄色车身的出租车被称为拉里内阿 La Linea，专门往返于国境与城区之间，费用为 M$60~70。白底黄字的出租车是自由车 Libre，运营场所不受限制，前往市中心外的费用略高。克雷库提伯 Colectivo 是按照目的地进行区分的公共出租车，单人费用为 M$15~23。

市内巴士票价为 M$10~13，有开往国境、机场以及巴士总站等蒂华纳市内与周边各地区的线路。雷伯尔肖恩大街与 Calle 2a 拐角处的 Banamex 银行向西半个街区左右便是市中心乘车处。

旅游咨询处

Map p.358/A1
住 Av.Revolución entre 2a y 3a
TEL 973-0424
营 周一～周五 8:00~18:00
从这里向南一个街区以及国境附近也开设有旅游咨询处，营业时间不定。

货币兑换

由于美国游客较多，酒店、餐馆以及商店都支持美元支付。

夜店

雷伯尔肖恩大街有很多直至深夜都还在进行乐队演奏的酒吧。这些店为了招徕顾客可谓别出心裁，例如，服务员会向顾客口中注入酒品，然后摇摆头部等。此外，周六晚上还有职业摔跤比赛。

警惕居心不良的店员

购物是这座城市的最大乐趣所在，但游客务必要警惕为数不多的商店中隐藏的恶意店员。他们卖货时会向顾客出示银制品等真品，而实际出售到买家手中的却是与银制品十分相似的合金或者纯度较低的劣质品。

COLUMNA

蒂华纳与拉巴斯之间的线路

下加利福尼亚南北长 1680 公里，是世界上最长的半岛。不过，这座半岛上仅有位于北端的蒂华纳与梅西卡里以及位于南端的拉巴斯和洛斯卡波这几座城市。分布在这几座城市中间的小城几乎均为山地或者高地，还有布满岩石的沙漠不毛之地。

半岛上被海浪冲刷的海岸线与险峻地形等纯粹的自然环境无限蔓延，向天空笔直生长的巨型柱状仙人掌、与其形成鲜明对比的伊多利亚以及几乎只有树干部分的丝兰等植物千姿百态。在如此严峻的自然环境下顽强生存的植物看上去都十分奇怪。这些植物时而群生并构成相当独特的树林。甚至会令人怀疑这是不是地球上真实存在的风景。而荒野却十分巧妙地触动了游客们的心弦。游客不妨搭乘从蒂华纳开往拉巴斯方向的巴士，在长达 20 多个小时的车程中静静地欣赏这与众不同的自然风光。

蒂华纳的餐馆
Restaurant

雷伯尔肖恩大街附近有很多面向游客开设的餐馆，市中心的餐馆支持美元消费。远离街道的区域还有大众化餐馆，不过这些餐馆只可以使用比索进行结算。

里卡尔多餐馆
Ricardo's

◆ 1965 年创建的家庭式餐馆

餐馆店内宽敞舒适，24 小时营业。托尔塔斯（M$50~）与墨西哥名菜拼盘（M$106）等墨西哥菜价位适中。

面向大马路

Map p.358/B1

住 Av.Madero No.1410
TEL 685-4031　营 每天 24 小时
税金 已含
CC M V　Wi-Fi 免费

凯撒大帝餐馆
Caesar's

◆ 凯撒沙拉的发源地

餐馆的原经营者凯撒在 1924 年采用现成的原材料制作出了凯撒沙拉。供应烤牛排（M$285）与意大利面食（M$140~），凯撒沙拉售价 M$100。

在顾客面前制作凯撒沙拉

Map p.358/B1

住 Av.Revolución No.1079
TEL 685-1927
营 每天 11:00~22:00（周四 ~ 周六 ~ 24:00、周日 ~ 22:00）
税金 已含　CC A D M V
Wi-Fi 免费

蒂华纳的酒店
Hotel

高档酒店位于东南部的郊外，中档酒店与平价旅馆则位于雷伯尔肖恩大街附近。中档以下的酒店设备较为老旧，性价比不高。几乎所有的酒店都可以使用美元进行结算，价格会更加便宜。

蒂华纳大酒店
Grand Hotel Tijuana

◆ 五星级大酒店

蒂华纳大酒店位于市中心东南方向 3 公里左右，是高 37 层的双子塔现代化酒店。酒店内设有网球场与体育馆等配套设施，背面还有高尔夫球场。客房配有特号床。共设有 432 间客房。Wi-Fi 客房 OK · 免费

Map p.358/B2 外

餐厅 ○ 游泳池 ○ 保险柜 ○ 早餐 △
住 Blud.Agua Caliente No.4500
TEL 681-7000　FAX 681-7016
URL www.grandhoteltj.com
税金 +19%　CC A M V
费 AC ○ TV ○ TUB ○ ⓈⒹM$1230~

扎哈格扎别墅酒店
La Villa de Zaragoza

◆ 值得特别推荐的舒适酒店

扎哈格扎别墅酒店内兼作停车场的中庭被客房环绕，是一座汽车游客旅馆。共设有 66 间客房，浴室面积很大。Wi-Fi 客房 OK · 免费

Map p.358/B1

餐厅 ○ 游泳池 × 保险柜 ○ 早餐 收费
住 Av.Madero No.1120　TEL 685-1832
FAX 685-1837　URL www.hotellavilla.biz
税金 含税　CC A M V
费 AC ○ TV ○ TUB × ⓈⒹ M$1200~

凯撒大帝酒店
Caesar's

◆ 拥有传说中著名餐馆的老字号酒店

凯撒大帝酒店是建在繁华大街上的一座大型建筑，环境很好。客房内部干净，周五 · 周六住宿费用上调。共设有 50 间客房。Wi-Fi 客房 OK · 免费

朴素且清洁的客房

Map p.358/B1

餐厅 ○ 游泳池 × 保险柜 ○ 早餐 ×
住 Av.Revolución No.1079
TEL 685-1606
URL www.hotelcaesars.com.mx
税金 含税 CC M V 费 AC ○ TV ○ TUB ×
ⓈM$525~、Ⓓ M$645~

纳尔逊酒店
Nelson

◆ 古色古香的老字号酒店

纳尔逊酒店位于雷伯尔肖恩大街北侧，共设有 92 间客房。酒店历史悠久，一层还开设有酒吧。Wi-Fi 客房 OK · 免费

Map p.358/A1

餐厅 ○ 游泳池 × 保险柜 ○ 早餐 收费
住 Av.Revolución No.721　TEL 685-4302
税金 含 税　CC M V　费 AC ○ TV ○
TUB × ⓈM$360~、Ⓓ M$430~

餐厅　游泳池　保险柜　早餐　AC 空调　TV 电视　TUB 浴缸

罗萨里托 Rosarito

前往海滨区品尝美味的海产品 ★

罗萨里托位于蒂华纳西南方向约 21 公里处。这里作为紧邻蒂华纳的海滨度假胜地，每逢周末都会十分热闹。当地有很多便宜且美味的海鲜餐馆，还可以在长长的海岸线上体验海水浴、钓鱼以及骑马等活动项目

恩森那达 Ensenada

挤满美国游客的度假胜地 ★

恩森那达位于美国国境南侧 110 公里左右，是一座太平洋沿岸城市。这里可以体验竞技钓鱼并品尝到美味的海产品，与蒂华纳相同，美国人在 72 小时内无须办理游客卡，因而拥有极高的人气。特别是周末，有很多游客驾车走高速公路前来这里游玩，酒店也会瞬间客满。单程仅需 1 小时 30 分钟左右，因此可当天往返。

抵达恩森那达之后，沿 Av.Riveroll 南行十个街区左右便可抵达大海。海岸线旁的 Av.López Mateos 与 Blvd.Lazaro Cárdenas 有很多价位适中的酒店。游客可通过各酒店与港口的办公室报名参加钓鱼项目。限乘 40 人的船只，每人需要支付 M$600 左右（用时约 8 小时，含钓鱼用具）。

厄尔比那喀提火山和德阿尔塔大沙漠 Reserva de la Biosfera El Pinacate y Gran Desierto de Altar

由仙人掌群生的沙漠与熔岩流火山口组成的世界遗产 ★★

厄尔比那喀提火山与德阿尔塔大沙漠位于蒂华纳东南方向约 350 公里处。这里是在科尔特斯海周边无限蔓延的北美大陆最大沙漠索诺拉沙漠的部分区域，同时还是位于科罗拉多河东侧面积可达 7150 平方公里的辽阔生物圈保护区。虽然地处干旱地带，却拥有 540 种植物、200 种鸟类、44 种哺乳类以及 40 种爬虫类在此生活。在阿尔塔大沙漠的沙丘上可以瞭望科尔特斯海。从这里的熔岩流痕迹不难判断，最后一次火山运动发生在约 1 万年以前。海拔 1206 米的皮娜卡特山周边共有 10 个火山口，这是在数万年前由岩浆与地下水接触后发生水蒸气爆炸的产物。这个生物圈保护区已在 2013 年被列入联合国教科文组织的世界自然遗产名录。

据点 CEDO 研究中心拥有介绍地形与生态系统的展品，同时还会播放西班牙语与英语的影音资料。12 月～次年 2 月期间最低气温在 10℃以下，十分寒冷；而 7~9 月期间，白天温度可超过 40℃，酷热难耐，因此建议游客选择在春天与秋天前往观光。全年降水量为 150 毫米左右，雨季只有夏季～秋季的两个月与冬天至春天期间的几周时间。

在阿尔塔沙漠上眺望皮娜卡特火山

罗萨里托

Map p.333/A1

在 Madero 大街的 Calle 3a 与 4a 之间搭乘公共出租车，约需 40 分钟车程，票价 M$18。

恩森那达

Map p.333/A1

蒂华纳的 Viva Tijuana 购物中心旁每小时发两班 ABC 公司的巴士，需时约 1 小时 30 分钟，票价 M$165~190。

恩森那达的酒店

市中心有 Villa Fontana Inn（TEL（646）178-3434 URL www.villafontana.com.mx 费 Ⓢ Ⓓ M$840~）与 Corona（TEL（646）176-0901 URL www.hotelcorona.com.mx 费 ⓈⒹ M$1320~）等很多价位适中的酒店。

厄尔比那喀提火山与德阿尔塔大沙漠

Map p.333/A1

前往观光据点佩尼亚斯科港可在梅西卡里搭乘 ABC 公司的巴士，经约 5 小时的车程便可抵达，票价 M$333。蒂华纳每天有一班 ABC 公司的直达巴士，梅西卡里共有 4 班换乘车次，需时约 7 小时，票价 M$481~508。佩尼亚斯科港的 CEDO 研究中心（TEL（638）382-0113 URL www.cedointercultural.org）会不定期组织前往生物圈保护区的一日游，并提供西班牙语与英语导游服务。费用随人数变化，每人 US$80~400。

佩尼亚斯科港的酒店

La Roca（TEL（638）383-3199 URL hotelposadalaroca.blogspot.com 费 Ⓢ US$30~、Ⓓ US$40~）与 Laos Mar（TEL（638）383-2238 URL www.playabonitaresort.com 费 ⓈⒹ US$86~）等。

小贴士 恩森那达共有 50 余家葡萄酒酿造厂，八成以上的墨西哥葡萄酒均产自这里。当地开设有前往葡萄酒酿造厂参观的旅行团。大多数会在 8 月的收获季节开团。

连接太平洋与西马德雷山脉

奇瓦瓦太平洋铁路之旅

Ferrocarril Chihuahua Pacifico

奇瓦瓦太平洋铁路连接奇瓦瓦与洛斯莫奇斯两座城市。墨西哥陆续取消铁路，奇瓦瓦太平洋铁路是唯一一条定期运行的普通旅客铁路。一等快车每天往返各一班，在各站停车的二等车每周往返各3班。列车从沿海城市驶出，翻越山顶后开往高原地带，全长653公里左右，途中共有39座桥梁与大小不一的86个隧道。列车途经科布雷峡谷等起伏不平的峡谷地带，车窗外的风景极具感染力，乘客可饱览宏伟的自然风光。

连接海洋与山岳地带的线路在车窗上倒映出一幅宏伟的全景画面

从平原通往山岳地带

列车在清晨从科尔特斯海港口附近的洛斯莫奇斯驶出。不久便会驶入玉米田与甘蔗田蔓延的平原地区。行驶 2.5 小时左右，从洛雷托站（一等列车直接通过）附近开始陡坡剧增。列车沿富埃尔特河行驶，陆续跨过河上的几座桥梁后逐渐接近山岳地带。

离开洛斯莫奇斯 3.5 小时左右，抵达海拔 1000 米的特莫里斯站附近。这一地区是由绵延不断的山脉构成的峡谷地带，列车依旧在弯曲的轨道上悠然行驶。

车厢采用不可随意开启的密闭式车窗，连廊的窗户呈常开状态，乘客可将头部伸出窗外拍照留念。不过，拍照时务必要注意安全，避免坠落窗外。

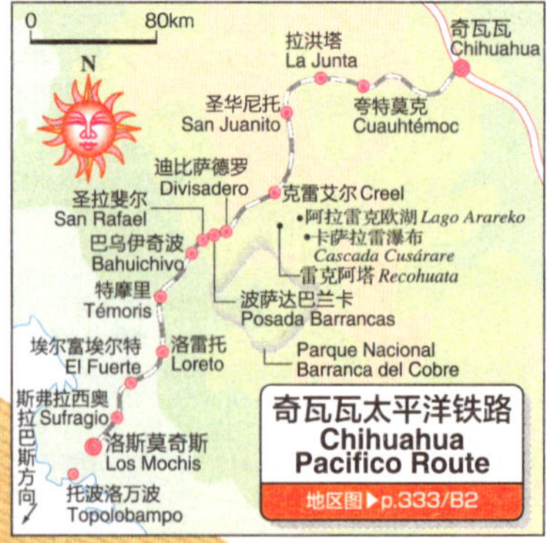

从铜峡谷通往克雷艾尔

一等列车也会停靠的巴乌伊奇波站海拔 1600 米，地处深山，在车站可以看到出售民间艺术品等的原住民塔拉乌马拉族人的身影。列车继续沿陡坡行驶，经停圣拉斐尔站等，在午后抵达迪比萨德罗站。

从奇瓦瓦驶出的列车基本上也会在午后同时间抵达迪比萨德罗站。列车会再次停靠 20 分钟，游客可步行 2 分钟左右前往科布雷峡谷的瞭望台。迪比萨德罗海拔 2250 米左右，与谷底有 1000 米以上的高度差，停留时间虽然很短，但还是可以瞭望到无比壮丽的景色。

从迪比萨德罗继续行驶 1.5 小时左右便可抵达克雷艾尔站，大多数乘客会选择在这个站点下车。克雷艾尔周边有各种各样的景点，如果时间充裕，最好能够在这里住上 2~3 天。

在山中蜿蜒的线路

购买车票

二等列车车票可在洛斯莫奇斯站与奇瓦瓦站购买，在途中经停站上车的乘客可直接向乘务员购票。一等列车可通过官网或者位于洛斯莫奇斯与奇瓦瓦市区的旅行社购票，切记最晚要在出发前一天购票。墨西哥城、洛斯卡波以及坎昆等有开设铁路之旅的旅行社，这些旅行社大多会提供含酒店与当地导游在内的全包式服务，费用也相对较高。即便是在乘车当天，二等列车也通常都有空位，但是圣周期间时常满员，最好预留出充裕的时间，尽早前往。

抵达迪比萨德罗站的列车

车内服务

二等列车不提供任何车内服务项目，一等列车则分别设有食堂车厢与沙龙酒吧车厢。早餐与快餐售价 M$50~60，午餐、晚餐套餐售价 M$80~115。游客还可以自己携带食物或者在经停站购买玉米面豆卷等。不过，一等列车禁止在车厢内用餐，游客只能前往连廊享用美食。从迪比萨德罗站发车后，连廊上会挤满用餐的乘客。

左/设有沙龙酒吧的车厢
上/停车时可以在经停站的摊位上购买玉米面豆卷等小吃

COLUMNA

生活在科布雷峡谷的塔拉乌马拉族

至今仍以洞窟作为居所的人们

科布雷峡谷及其周边共居住有约5万名原住民塔拉乌马拉族人（拉拉姆里族）。他们的家在克雷艾尔等村落，以农业与民间艺术品为生，还有不少至今依然在洞窟内生活的人们。塔拉乌马拉族又被称为跑动的民族，他们能够在不使用任何工具的前提下追赶野生动物并将其捕获。探访深居科布雷峡谷的原住民并不是一件容易的事情，从克雷艾尔步行 20 分钟左右也有他们生活的洞窟。生活在这里的人们会在洞窟内生火，因此岩石看上去又黑又焦，宛如遗址一般。部分原住民对游客敬而远之，因此最好参团前往。

奇瓦瓦太平洋铁路时刻表

一等（快车）		二等（各站列车）		经停站	一等（快车）		二等（各站列车）	
6:00	↓	6:00	↓	洛斯莫奇斯 LOS Mochis	20:22	M$2979	21:28	M$1767
		7:10	M$325	斯弗拉西奥 Sufragio			20:26	M$1662
8:16	M$547	8:19	M$325	埃尔富埃尔特 El Fuerte	18:23	M$2609	19:19	M$1548
		9:23	M$355	洛雷托 Loreto			18:14	M$1416
11:20	M$976	11:24	M$579	特摩里 Témoris	15:25	M$2007	16:12	M$1191
12:20	M$1154	12:24	M$685	巴乌伊奇波 Bahuichivo	14:28	M$1829	15:12	M$1085
12:31	M$1856	12:35	M$704	库伊特可 Cuiteco	14:15	M$1797	14:58	M$1066
13:25	M$1300	13:28	M$771	圣拉斐尔 San Rafael	13:37	M$1683	14:16	M$999
13:43	M$1346	13:46	M$798	波萨达巴兰卡 Posada Barrancas	13:11	M$1638	13:52	M$972
14:22	M$1364	14:25	M$809	迪比萨德罗 Divisadero	13:04	M$1619	13:41	M$961
14:49	M$1455	14:52	M$917	皮托雷阿尔 Pitorreal	12:09	M$1528	12:42	M$907
15:44	M$1628	15:42	M$966	克雷艾尔 Creel	11:20	M$1355	11:47	M$804
16:20	M$1770	16:23	M$1050	圣华尼托 San Juanito	10:45	M$1213	11:03	M$720
		18:12	M$1272	拉洪塔 La Junta			9:25	M$498
18:37	M$2370	19:07	M$1407	夸特莫克 Cuauhtémoc	8:25	M$608	8:25	M$360
20:54	M$2979	21:34	M$1767	奇瓦瓦 Chihuahua	6:00	↑	6:00	↑

※ 一等列车每天运行。由洛斯莫奇斯始发的二等列车逢周二、周五、周日运行，由奇瓦瓦始发的列车则为周一、周四、周六运行。详细信息参照 URL www.chepe.com.mx

铁路沿线的短途旅行

迪比萨德罗
Divisadero

迪比萨德罗紧邻奇瓦瓦太平洋铁路沿线的迪比萨德罗站，可在克雷艾尔参团前往，是极具人气的旅游胜地。迪比萨德罗共有3个瞭望台可俯瞰海拔差高达1000米以上的峡谷，旅游车会搭载游客分别前往这3个瞭望台。游客可通过各种角度眺望险峻的山脉。天气好的话还可以瞭望远处的谷底美景，在感到两腿发软，仿佛要被卷入谷底的同时，欣赏如同全景立体画一般的美丽光景。

从克雷艾尔出发，经4小时左右方可抵达巴萨塞阿琪国家公园，这也是一处人气景点。

迪比萨德罗峡谷海拔差高达1000米以上

河流流经峡谷地带下方

峡谷地带的森林绿荫繁茂，绝壁山谷上有高246米的瀑布飞流直下。沿登山道下行便可靠近水花四溅的瀑布。此外，还可以尝试在瀑布正上方俯瞰谷底的惊险体验。峡谷与巨大的瀑布相互交织的场景令人仿佛忘记了日常生活，拥有非常大的能量。

迪比萨德罗 Map p.362

游客可通过克雷艾尔的酒店报名。迪比萨德罗之旅需时约5小时，团费M$380。此外，还有帕萨塞阿琪国家公园（需时9小时，团费M$600）、库萨拉雷瀑布（需时5小时，团费M$320）以及雷克阿塔（需时7小时，团费M$380）等线路。

帕基梅遗址
Paquimé

从铁路终点奇瓦瓦站出发，搭乘巴士向北行驶4.5小时左右。坐落在努艾波·卡萨斯·古朗德斯附近的便是被列为世界文化遗产的帕基梅遗址。草木稀疏的红色荒野上至今依然保留着古代都市的住宅遗址，与墨西哥其他遗址不同，帕基梅遗址整齐的住宅遗迹非常有意思。

这座古代都市是交通要塞，同时又作为盐与矿石的产地自8世纪起开始发展。14世纪前后这里迎来了鼎盛时期，人口也曾达到万人规模。当地人曾采用土坯建造集体住宅，其基础部分保存至今。这座住宅的构造宛如迷宫一般，十分有意思。

采用土坯建造的住宅遗址

World Heritage 世界遗产

至今依然保留着集体住宅的基础部分

由于遗址内并未发现巨型金字塔，因此与玛雅以及阿斯特卡的著名遗址相比，帕基梅遗址确实不太起眼。不过，通过区划整齐的住宅遗迹与房间及走廊部分宛如迷宫一般的布局，可以了解当时的建筑文化。

帕基梅遗址 Map p.333/A2

TEL （636）692-4140

入场 每天9:00~17:00

费 M$65（含博物馆门票）

奇瓦瓦每小时有一班开往努艾波·卡萨斯·古朗德斯的巴士（需时约4.5小时，票价M$396）。从巴士总站搭乘出租车（M$95），经15分钟左右的车程便可抵达帕基梅遗址。

奇瓦瓦太平洋铁路的起点

奇瓦瓦太平洋铁路在太平洋一侧的始发站是洛斯莫奇斯，而山岳一侧则为奇瓦瓦。首先要前往这两个始发站中的某一个城市。如果搭乘奇瓦瓦铁路，务必要中途下车在克雷艾尔等地住上几天。山中休息所与酒店需要通过洛斯莫奇斯与奇瓦瓦的旅行社提前预约，而火车站周边酒店则随时都可安排入住。暑假、年末以及圣周期间，酒店人多杂乱，需要注意安全。

洛斯莫奇斯 Los Mochis

从洛斯莫奇斯始发的奇瓦瓦太平洋铁路列车在清晨出发，抵达奇瓦瓦时已经是深夜。因此搭乘山岳铁路的游客无论如何都要在洛斯莫奇斯留宿一晚。巴士总站较为集中的市中心开设有很多酒店。

此外，位于洛斯莫奇斯南岸的托波洛万波港 Topolobampo 还有开往下加利福尼亚半岛拉巴斯方向的客船。连接拉巴斯与洛斯莫奇斯的渡轮是拉巴斯与墨西哥本土之间的最短航线。从山岳铁路到渡轮，洛斯莫奇斯对于喜爱变化的游客来说是非常重要的一站。

交通

飞机▶ 墨西哥航空每天有1~2班从墨西哥城飞往洛斯莫奇斯的航班，马萨特兰每天有一班。洛斯莫奇斯的联邦机场Federal（LMM）位于市区南侧15公里左右，搭乘出租车前往需要花费M$250左右。

> **COLUMNA**
>
> **奇瓦瓦太平洋铁路的历史**
>
> 1872年，美国人A.欧文制定了奇瓦瓦太平洋铁路的铺设计划，10年后，这项困难重重的铁路工程项目在获得冈萨雷斯总统的许可之后便正式拉开帷幕。铁路建设虽然在平原地区没有出现问题，但在逐渐向山区靠近的过程中，由于受到严峻的自然环境与疫病等的影响，不得不暂停建设。在项目暂停7年之后，美国的铁路大王史迪威得到了奇瓦瓦领导者潘乔·比利亚的大力协助，于1900年重新动工。然而，比利亚于1910年投身到了如火如荼的墨西哥革命战斗中，由于受到政府军的阻碍，这一铁路工程经勘测之后，最终在1940年才得以真正动工。1961年，历经90年岁月，耗资巨大的奇瓦瓦太平洋铁路终于竣工通车。

铁路▶ 即便不直接前往火车站，也可通过Viajes Flamingo（Santa Anita内）等市内旅行社购票，同时还可以预约铁路沿线酒店。萨拉戈萨Zaragoza大街有开往火车站的市内巴士，清晨只能搭乘出租车（需时约20分钟，车费在M$150左右）前往。

客船▶ 拉巴斯每周有5~7班Baja Ferries的客船开往托波洛万波港（洛斯莫奇斯南侧约24公里处），需时约6小时，票价M$970。单间需在上述票价基础上加价M$920。船次与运行时刻随季节发生变化，游客需要通过 URL www.bajaferries.com 进行确认。市内的Baja Ferries（TEL（668）817-3752、住Guillermo Prieto No.105）提供售票服务。阿尔瓦罗奥布雷冈Álvaro Obregón大街有从洛斯莫奇斯开往昂港口方向的巴士（需时约40分钟，票价M$36）。搭乘出租车需要花费M$150左右。

巴士▶ 巴士线路网罗墨西哥城、瓜达拉哈拉、马萨特兰以及蒂华纳等墨西哥主要城市。巴士总站集中在市中心。

Estancia 酒店

Santa Anita（住Leyva y Hidalgo TEL（668）818-7046 费ⓈⒹ M$2700~）、Lorena（住Prieto y Obregón TEL（668）812-0239 费Ⓢ M$350~、Ⓓ M$400）以及Monte Carlo（住Flores No.322 Sur TEL（668）812-1818 费Ⓢ M$395~、Ⓓ M$470~）等均位于洛斯莫奇斯市中心。

奇瓦瓦 Chihuahua

奇瓦瓦是墨西哥最大的奇瓦瓦州的首府，这里作为墨西哥革命英雄庞乔·比加曾经活跃的城市而闻名，处处洋溢着西部剧舞台的风貌。这座城市的畜牧业非常发达，品尝美味的奇瓦瓦牛肉、购买皮革制品等都是奇瓦瓦之旅的乐趣。

交通

飞机▶ 墨西哥国际航空等每天有8~10班由墨西哥城飞往奇瓦瓦的航班。奇瓦瓦的比利亚洛沃斯机场 Villalobos（CUU）位于距离市区20公里左右的郊外，从市内搭乘出租车前往需要约20分钟车程。

铁路▶ 奇瓦瓦太平洋铁路火车站开设有前往铜峡谷方向的山岳列车线路。如需前往市内，可以从火车站出口向北直行，在20 de Noviembre大街上乘坐标有"Rosario"字样的巴士。相反，如果要前往火车站，则可以在位于旅游咨询处东南侧的乘车处乘坐巴士。

巴士▶ 除了墨西哥城与瓜达拉哈拉之外，墨西哥北部各城市均有巴士频繁往返奇瓦瓦。可在巴士总站搭乘出租车(M$150~)或者市内巴士前往市内，需20~30分钟车程。相反，开往巴士总站方向的市内巴士从Niños Héroes大街发车。

游览方法

酒店多位于大教堂周边，银行、餐馆以及民间艺术品商店等设施在大教堂对面的 Ligerto 大街与 Victoria 大街沿街区域。在建于索卡洛中央广场东北部的政府大楼 Palacio de Gobierno 中庭可以观赏壮丽的壁画作品。壁画以墨西哥独立之父伊达尔戈神父为主题。1811年，在古阿纳法特遭到代步的米格尔·伊达尔戈在这座中庭内处刑。环视四周墙壁可以了解墨西哥的独立史。

太平洋铁路火车站向北5个街区是奇瓦瓦的英雄庞乔·比加的故居，现如今这里作为革命历史博物馆 Museo Historico de la Revolución 对外开放。

Estancia 酒店

中档酒店有位于索卡洛中央广场北侧四个街区的 Palacio del Sol（住 Independencia No.116 TEL（614）412-3456 费 DM$1830~）与大教堂西南侧的 San Francisco（住 Victoria No.409 TEL（614）416-7550 费Ⓓ M$1340~）。平价酒店有大教堂附近的 Plaza（住 Calle 4 No.206 TEL（614）415-5834 费ⓈⒹ M$240）与 San Juan（住 Victoria No.823 TEL（614）410-0035 费ⓈⒹ M$255）等。

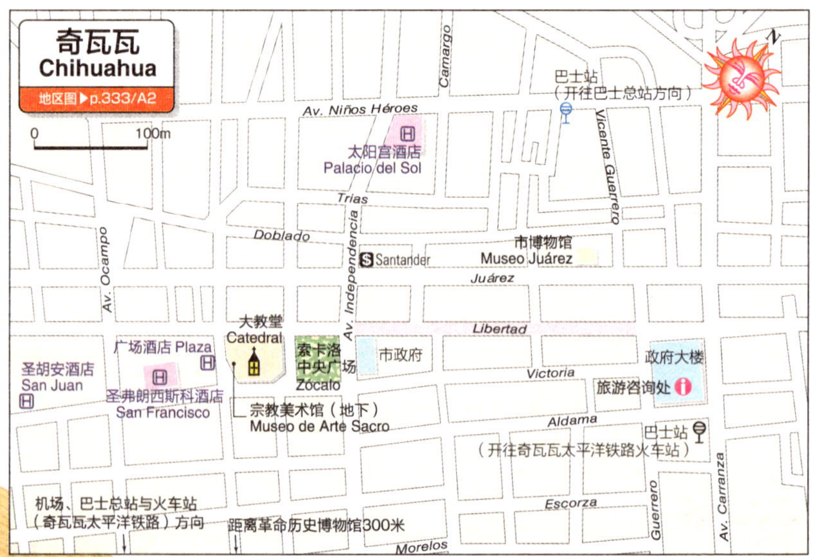

途中下车的站点

克雷艾尔 Creel

克雷艾尔距离奇瓦瓦约 5 小时车程。克雷艾尔处处洋溢着高原特有的透明感，是一座在狭窄的主路沿街开满圆木小屋酒店、民间艺术品商店与杂货店的小型城市。街道上的女性服装等极具地方特色，非常有意思。此外，克雷艾尔还是通往铜峡谷 Barranca del Cobre 的入口，因此，各酒店每天清晨都有前往郊外的旅行团。

在克雷艾尔周边走一走便可发现绵延不绝的岩壁上被熏黑的地方。这是塔拉乌马拉族在此生活留下的痕迹。至今依然有很多塔拉乌马拉族人在绝壁下与峡谷的洞窟内生活，传承着古时的生活方式。

短途旅行

克雷艾尔的各酒店均开办有前往郊外的旅行团。最少开团人数为 4 人，各酒店的内容与费用各异。除此之外，还有自行车租赁（每天 M$200 左右）与骑马团（3 小时收费 M$300~）等。

● 阿拉雷克欧湖 Lago Arareko

参观由松林环绕的湖泊与塔拉乌马拉族居住的洞窟。需时 2 小时，团费 M$230。

● 卡萨拉雷瀑布 Cascada Cusárare

除阿拉雷克欧湖，还会参观高 30 米的瀑布与卡萨拉雷村的教堂。需时 5 小时，团费 M$320。

● 雷克阿塔 Recohuata

前往铜峡谷的雷克阿塔并进入位于谷底的温泉体验。需时 7 小时，团费 M$380。

Estancia 酒店

克雷艾尔的酒店均位于火车站周边，游客可步行前往。Parador de la Montaña（住 Av.López Mateos No.44 TEL（635）456-0075），从火车站步行 3 分钟便可抵达。餐馆、酒吧、迪斯科以及网球场等配套设施齐备，十分舒适。无须预约。费用为 ⓈⒹ M$1120~。

旁边的 Motel Cascada Inn（住 López Mateos No.49 TEL（635）456-0253）客房宽敞且十分清洁。酒店内建有餐馆与游泳池，前台可代为安排近郊游。费用为 ⓈⒹ M$790~。

Korachi（住 Francisco Villa No.116 TEL（635）456-0064）位于火车站北侧，按价钱来看，还算是安静舒适。Ⓢ M$260、Ⓓ M$300，配有淋浴与洗手间。

Casa Margarita（住 Parroquia No.11,esq. Av.López Mateos TEL（635）456-0045）是来自世界各地的背包客们经常光顾的家庭式旅馆。提供早餐、晚餐，Ⓢ M$300、Ⓓ M$400。多人房每人 M$150。这家店的老板还在市中心有一家名为 Margarita Plaza Mexicana（住 Calle Chapultepec TEL（635）456-0245）的酒店，家庭氛围浓厚，备受游客喜爱。提供早餐与晚餐，Ⓢ M$620、Ⓓ M$800。

其他经停站

迪比萨德罗 Divisadero

迪比萨德罗被誉为绝壁之站，在这里可以俯瞰在规模上远远超过美国大峡谷的铜峡谷。这一带的铁路沿线拥有全线最美的景观。列车会在这里停靠 20 分钟，乘客可以充分体验自然风光带来的感动。

Divisadero Barrancas（酒店预约 TEL（614）415-1199）是迪比萨德罗唯一一家酒店。酒店建在断崖绝壁之上，仿佛可独自占有在朝霞与落日的映射下呈现铜色的铜峡谷。酒店共设有 52 间客房。所有客房均配有暖气设备与淋浴，Ⓢ M$1820~、Ⓓ M$2370~（含一日三餐）。

波萨达巴兰卡 Posada Barrancas

从悬崖峭壁上的迪比萨德罗站向洛斯莫奇斯方向行驶 5 分钟左右便是波萨达巴兰卡。这里是铜峡谷与乌里克峡谷的参观基地。火车站前有一家名为 Mansión Tarahumara（TEL（614）415-4721）的高档酒店。费用为 ⓈⒹ M$2750~。

巴乌伊奇波 Bahuichivo

从波萨达巴兰卡继续向洛斯莫奇斯方向行驶 20 分钟左右便可抵达巴乌伊奇波。多数酒店位于塞罗卡维村 Cerocahui，搭乘巴士经约 40 分钟左右车程便可抵达。入住这些酒店特别适合探访塔拉乌马拉族的住所。同时这里还是前往乌里克峡谷的交通要道。

人　口	约 113 万
海　拔	538 米
区　号	81

墨西哥国际航空

Map p.369/B1
住 Padre Mier y Cuauhtémoc 812 Sur
TEL 8333-4645

开往蒙特雷的巴士

● 从墨西哥城开往蒙特雷的巴士

Transporte del Norte 公司等每小时有 2~3 班巴士开往蒙特雷，需时 11~12 小时，票价 M$995~1294。

● 从瓜达拉哈拉开往蒙特雷的巴士

Omnibus de México 公司等每天有 12 班开往蒙特雷的巴士。需时约 12 小时，票价 M$865~1125。

现代美术馆

Map p.369/B2
TEL 8262-4500
URL www.marco.org.mx
入场 周二～周日 10:00~18:00（周三 ~20:00）
费 M$80

奥比斯帕德（主教馆）

Map p.369/B1 外
主教馆位于市区西郊，可搭乘出租车前往。
TEL 8346-0404
URL www.elobispado.inah.gob.mx
入场 周二～周日 10:00~ 18:00
费 M$50

北部国境区域的治安状况

包含蒙特雷大都市圈在内的努艾波·拉雷德与休达·华莱士等北部国境区域因受到毒品组织抗争等的影响，治安状况不断恶化。2016 年 7 月，墨西哥外交部呼吁，在蒙特雷大都市圈"要高度警惕"，针对努艾波·拉雷德与休达·华莱士则提出了"尽量避免不必要的出境"等。前往当地之前务必要了解最新安全信息。

蒙特雷 *Monterrey*

靠工业繁荣起来的现代化北部大都市

市中心的萨拉戈萨广场周围高楼大厦鳞次栉比

蒙特雷是墨西哥东北部新莱昂州首府，同时还是墨西哥北部的核心区域。这座城市是仅次于墨西哥城与瓜达拉哈拉的墨西哥第三大城市，特别是在工业方面，实力绝对不亚于墨西哥城。市内街道宽敞且相当整洁，拥有多处绿荫繁茂的大型公园，现代化的城市布局颇具美国特色。前往墨西哥北部旅游的游客多选择此地为交通据点，但是近年来治安状况逐年恶化，务必要注意自身安全问题。

蒙特雷 交　通

飞机▶ 墨西哥航空与英特捷特航空等每天有 28~38 班从墨西哥城飞往蒙特雷的航班，需时 1 小时 40 分钟 ~2 小时。马里亚诺·艾斯科威德国际机场 Mariano Escobedo（MTY）位于市中心西北方向约 15 公里处。搭乘出租车前往需要花费 M$300 左右。

巴士▶ 墨西哥城、努艾波·拉雷德、奇瓦瓦、瓜达拉哈拉、萨卡特卡斯以及莱昂等国内各地均设有开往蒙特雷的巴士线路。

从巴士总站搭乘出租车前往市中心的萨拉戈萨广场需要花费 M$60~70。还可以在 Cuauhtémoc 站搭乘地铁 2 号线，抵达终点站 Zaragoza 站或者倒数第二站 Padre Mier 站后下车。票价为 M$5。

蒙特雷 漫　步

蒙特雷的市中心是萨拉戈萨广场 Plaza Zaragoza。广场上伫立着 1862 年在普埃布拉战役中击败法国军队的萨拉戈萨将军的雕像，周围建有大教堂、市政府以及现代美术馆 MARCO。特别是展出有出自墨西哥与中美艺术家之手的现代艺术作品的现代美术馆绝对不容错过。萨拉戈萨广场西侧是被称为索娜罗莎的高档商店街，精品服装店、高档酒店以及餐馆等鳞次栉比。购物中心 Plaza de México 内的货币兑换处周日也会开放营业，汇率比较合适，建议有需求的游客前去兑换。

市中心西侧 3 公里左右是可将市区尽收眼底的山丘，那里至今依然保留着名为主教馆 El Obispado 的一座建筑。1787 年建造之初是蒙特雷主教馆，在美墨战争与墨西哥革命时期，这里是十分重要的要塞，现如今其内部以博物馆的形式对外开放。

小贴士 墨西哥的很多素食餐馆为了凸显菜量会经常使用奶酪与鲜奶油。需要注意的是虽然自称为素食，但并不代表热量低。

蒙特雷的酒店
Hotel

巴士总站南侧的 Amado Nervo 大街周边有众多平价酒店，而中高档酒店则集中在索娜罗莎周边。市内的高档酒店大多会在周末（周五～周日）打折。

蒙特雷大广场酒店
Monterrey Macroplaza

Map p.369/B2

◆蒙特雷极具代表性的五星级酒店

蒙特雷大广场酒店位于萨拉戈萨广场西侧的索娜罗莎入口处，是一家共设有 198 间客房的大型酒店。商务人士等多会选择入住，酒店环境还特别适合游客。Wi-Fi 客房 OK · 免费

宽敞的大厅

餐厅○ 游泳池○ 保险柜○ 早餐△
住 Morelos No.574
TEL 8380-6000 税金 +19%
CC A M V
费 AC ○ TV ○ TUB ○ ⓈⒹ M$1100~

王族酒店
Royalty

Map p.369/B2

◆便于市内观光的酒店

王族酒店位于索娜罗莎正中央，便于游客在市中心散步游玩。工作人员友善，客房也相当舒适。共设有 74 间客房。Wi-Fi 客房 OK · 免费

周围有众多餐饮店，非常方便

餐厅○ 游泳池○ 保险柜○ 早餐○
住 Hidalgo No.402 Ote.
TEL 8340-2800 FAX 8340-5812
URL www.hotelroyaltymonterrey.com
税金 含税 CC A D M V
费 AC ○ TV ○ TUB ○ ⓈⒹM$800~

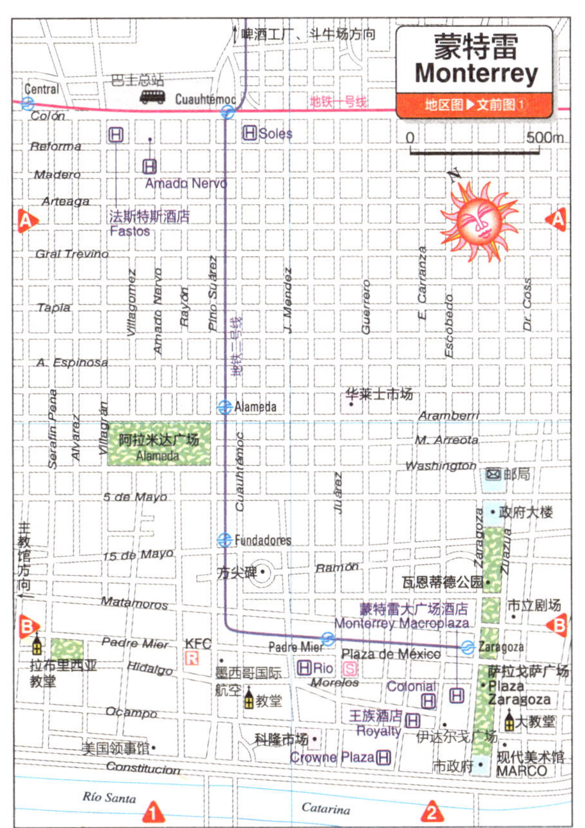

巴士总站周边的平价酒店

巴士总站南侧有很多平价酒店与餐馆。如果只是在蒙特雷中转，住在这一区域绝对是最佳选择。不过，由于这里也是色情行业聚集地，治安状况不佳，不建议女性游客等入住本区域酒店。

法斯特斯酒店 Fastos（Map p.369/A1 住 Colón Pte.No.956 TEL 1333-3500 URL www.fastoshotel.com.mx）位于巴士总站对面。餐馆与酒吧等配套设施完善，建议游客首选。配有空调，提供早餐服务，费用为ⓈⒹ M$700~。

餐馆信息

萨拉戈萨广场西侧的索娜罗莎有很多餐馆与快餐店。蒙特雷一种名为卡布里特的羔羊肉十分有名。在专营店内还可以看到烤全羊的制作工艺。此外，萨拉戈萨广场北侧 1 公里左右有一个华莱士市场，在那里可以品尝到卡布里特等乡土料理。

烤全羊

餐厅  游泳池  保险柜  早餐  AC 空调  TV 电视 TUB 浴缸

拥有独自生态系的沙漠绿洲

拥有如雪原一般的白色沙丘与透明度极高的池塘

左 / 可以看到白沙纹路与石膏塔的杜纳斯·德·伊索
右上 / 湛蓝色且透明度极高的池塘
右下 / 河中有各种小鱼游来游去

夸特罗·谢内加斯
Cuatro Ciénegas

夸特罗·谢内加斯自然保护区位于夸乌伊拉州的中央区域附近。这里是奇瓦瓦沙漠中被隔离的环境，拥有独自的生态系统。区域内共有大小不一的200余口泉眼，透明度极高的波萨里卡阿苏尔 Poza Azul 便是其中之一。波萨里卡阿苏尔紧邻街道，交通便利，因此这座池塘以及自此涌出的清流已然变成了一个知名的观光景点。波萨里卡阿苏尔的水十分清澈，可以看到深10米以上的池底。游客可以在从波萨里卡阿苏尔向东侧流去的玛兹科特河 Río Mezquites 内游泳，这里还生活着很多小鱼。运气好的话，还可以看到当地特有的夸乌伊拉箱龟。这个自然保护区共拥有当地特有的20余种植物以及10余种鱼类，备受学术界瞩目。

要特别介绍的是夸特罗·谢内加斯自然保护区内拥有世界唯一一个在淡水区发现的叠层石。这种叠层石又被称为热藻岩，是一种蓝藻细菌，由水中的砂石堆积而成，外观看上去与珊瑚十分相似。叠层石每年增加1毫米左右的直径，由此推算，直径1米的叠层石大约拥有千年的历史。在可以游泳的河中如果看到发出蓝色与黄色光芒的岩石，那应该就是叠层石了。

自然保护区内有如雪原一般的白色沙丘杜纳斯·德·伊索 Dunas de Yeso。沙子由闪烁白光的石膏结晶形成，纹路十分漂亮。石膏塔到处可见，最高的可达3米左右。来到这里一定要切身体会这里独一无二的自然景观。

左 / 可以在玛兹科特河中游泳
右 / 水中的叠层石

夸特罗·谢内加斯 Map. 文前图①

蒙特雷每天有7班 Coahuilenses 公司的巴士开往夸特罗·谢内加斯，需时约5小时，票价 M$313。奇瓦瓦每小时有一班巴士（需时约6小时）开往特雷昂，抵达特雷昂之后需换乘开往夸特罗·谢内加斯的巴士（约需4小时）。

夸特罗·谢内加斯市中心有 Plaza（TEL（869）696-0066 URL www.plazahotel.com.mx 费Ⓢ M$590~、Ⓓ M$780~）、Mision Marielena（TEL（869）696-1151 URL www.hotelmisionmarielena.com.mx 费ⓈⒹ M$830~）以及 Ibarra（TEL（869）696-0129 费ⓈⒹ M$390~）等10余家中档酒店和经济型酒店。

市区没有旅行社，可委托酒店代为联系私人导游。游客可在导游的带领下乘坐四驱车在未经铺修的沙漠地带暴走，还可以前往波萨里卡阿苏尔能够游泳的清澈河流。西班牙语导游每2小时费用为单人 M$600 左右。

游客可以在玛兹科特河等地游泳，因此最好提前准备好泳衣与潜水眼镜。

市内共有广场酒店等10余家住宿设施

小贴士 波萨里卡阿苏尔与杜纳斯·德·伊索紧邻街道，途中铺设有柏油路。游客还可以在酒店索取地图后租车自驾前往。景区没有市内巴士等公共交通设施。

旅行的准备与技巧
Travel Tips

●旅行的准备

●旅行的技巧

旅行季节

拥有辽阔土地的墨西哥地域气候差异较大（参照各区域介绍）。一般大体分为雨季（5~10月）与旱季（11月~次年4月），雨量较少的旱季是旅游旺季。在雨季即将结束的8~9月期间有台风，需要多加注意。

体验活动项目

快活的节日庆祝活动是墨西哥之旅的亮点所在。不妨参考节日日历来安排自己的行程吧！

防晒对策 & 干燥对策

游客需要准备好太阳镜与帽子，裸露在外的皮肤要涂抹防晒霜。

此外，墨西哥的高原地带多为干燥气候。务必要准备好眼药水、润喉糖以及护手霜（女性还要准备好保湿喷雾）等，用以对抗干燥。

雨季期间务必携带雨具

墨西哥的雨季并不会全天阴雨绵绵，而是以疾风骤雨为主。切记随身携带折叠伞与防风短外衣等。

主要地区的气候与服装

墨西哥城

墨西哥城全年温暖，但是由于地处高地，温差较大。最佳旅游季节是11月~次年4月期间的旱季，不过，即便是雨季，这里也不会整日阴雨（最多就是在傍晚时有疾风骤雨）。白天一件衬衫即可，早晚最好搭配一件长袖棉毛衫或者比较薄的短外套。早晚不穿外套会感觉较凉。

坎昆

坎昆是加勒比海沿岸的热带气候。11月~次年4月期间为旱季，湿度较小，非常舒适。雨季时而晴天时而疾风骤雨，天气较为多变（8~9月期间有时会刮台风）。全年适合穿着短袖衬衫与短裤。

洛斯卡波

面向太平洋沿岸的下加利福尼亚是干燥的亚热带沙漠气候（全年有350天以上的晴天）。7~8月的最高气温有时会超过40℃，傍晚有微凉的海风阵阵袭来。湿气较低，十分舒适，全年适合穿着短袖衬衫与短裤。

尤卡坦半岛的遗址探访只需身着轻便服装即可

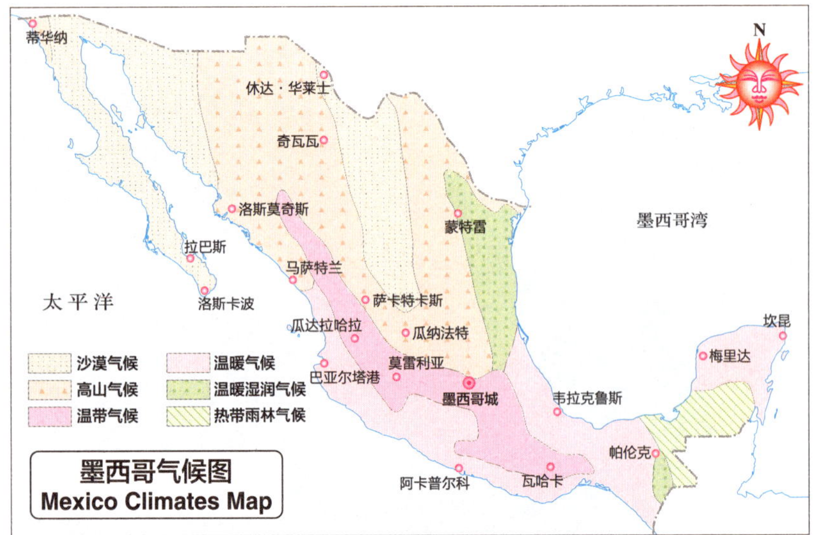

旅行预算与现金

携带至墨西哥的现金与银行卡

比索是墨西哥国内的流通货币

在墨西哥国内采用现金支付时，原则上只支持比索一种货币形式，可使用美元进行支付的场所越来越少。但美元是当地最容易兑换的货币，其次是欧元与加拿大元。

ATM 在巴士总站与便利商店等地十分普及

前往墨西哥时最好准备下述信用卡与国际银行现金卡等多种银行卡，除此之外，再携带一些美元现金会更加万无一失。

信用卡

选择可以信赖的酒店与商店，可以减少发生纠纷的概率。除了使用信用卡进行支付以外，还可以通过银行的 ATM 取现（除了当地 ATM 的手续费之外，部分信用卡公司还会额外收取手续费，详细情况需要与发卡方进行确认）。

入住高档酒店或者办理租车手续时通常需要抵押信用卡。对于多国游的游客来说，入境检查较为严格的国家会在入境时要求出示信用卡。

现金结算卡

现金结算卡与信用卡的使用方法几乎完全相同，只要是在账户余额范围之内，可在店面刷卡支付或者通过 ATM 兑现（店面刷卡仅限全款支付）。与信用卡不同的是，现金结算卡几乎无须进行任何审查便可办理。

海外专用预付卡

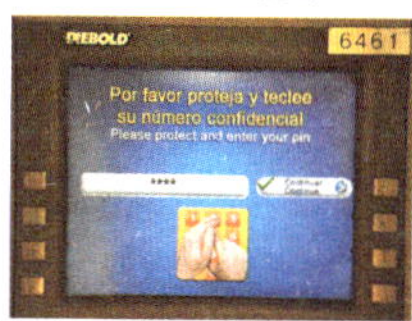

ATM 可提供英语服务

预付卡使用十分方便，为消费者解决了外币兑换所带来的麻烦与不安。在当地的 ATM 可以支取预存金额，还可以与信用卡一样不用现金购物，在使用上大可放心。虽然需要另行支付各种手续费，但是多种货币的汇率均比国内合适得多。

货币兑换

通过ATM兑换当地货币

通常情况下可通过 ATM 兑换墨西哥通货货币比索 Peso（本书中标记为 M$）。附带国际 ATM 网络 PLUS 与 Cirrus 的信用卡与国际现金结算卡可以当地货币为单位支取现金。市内的银行、机场、购物中心以及巴士总站等地（超市与便利商店在逐步完善）均设有 ATM。通常情况下 ATM 均为 24 小时营业，但需要注意的是部分设备限制使用时间（为保证安全，请尽量避免在夜间使用）。

前往银行与货币兑换处进行外币兑换

主要城市与观光胜地均设有兑换处 Casa de Cambio（方便快捷且汇率几乎与银行持平）。门口标有 No Comisión 字样，意为零手续费。

使用美元进行支付的注意事项！

墨西哥政府在 2010 年颁布了限制美元流通的方针。美元兑换额度为每天 US$300（每月共计 US$1500），兑换时需提供护照与居住证（入境卡等）复印件。

银行卡的流通度

墨西哥流通度最高的银行卡是维萨卡与万事达卡。美国运通卡紧随其后。

使用银行卡时的注意事项

墨西哥的盗卡事件很多。在使用信用卡时，务必要求工作人员面对面完成操作。为了完成操作而将卡片带到其他房间是盗卡事件多发的根源所在。此外，签字之前务必要确认金额与明细。

ATM、银行以及便利商店等地，周围人越多越安全。此外，墨西哥城有要求持卡者支取现金并抢劫的出租车犯罪案件，因此除非必要时，请不要随身携带银行卡。

墨西哥的 ATM

各城市的银行、购物中心、大型超市以及部分便利商店等均设置有 ATM，24 小时提供服务。每天可支付限额为 M$5000~10000。手续费在 M$20~70 之间（不含支付给发卡公司的手续费），具体费用各异。

信用卡的手续费

在墨西哥使用信用卡有时会被扣除 2%~3% 的手续费。原因是为了提高在中档以下酒店与旅行社消费时向发卡公司支付的手续费。因此在中档以下酒店与公司进行大额消费时，最好使用现金进行支付。

国际银行现金卡

无须随身携带大额现金，适合短期旅行者。

ATM 兑现方法

在 Bancomer 银行等的 ATM 可使用各种信用卡及可在海外支取现金的银行卡。

❶插卡后显示英语与西班牙语向导，屏幕显示“ENTER YOUR PIN”，输入密码后按下“AFTER PIN PRESS HERE →”所指向的按钮。

❷屏幕显示“SELECT THE TRANSACTION”后，选择“CASH WITHDRAWAL（支取现金）”或者“BALANCE INQUIRY（查询余额）”。

❸按下“CASH WITHDRAWAL”按钮后屏幕显示“SELECT THE AMOUNT”，选择屏幕上出现的金额或者按下“OTHER AMOUNT”按钮后

输入所取金额。

❹屏幕显示“……IS THE AMOUNT CORRECT?”，金额正确则按下“Yes”按钮，如需再次输入则按下“No”。

❺确定金额后屏幕显示“SELECT THE ACCOUNT”，从“CHECKING（活期存款）”、“SAVING（定期账户）”或者“CREDIT CARD（信用卡）”当中选择支取账户后方可取款。

※部分设备会在确定支取金额之前要求选择支取账户，有的还会在最后确认是否打印明细。

消费税

墨西哥的税率16%的大型间接税被称为统一税收Impuesto或者增值税IVA。一般适用于所有交易，游客住宿、餐饮以及电话费等均需缴税（多为内政）。

墨西哥的物价

酒店收费标准大体如下：高档酒店M$3000~8000、中档酒店M$1000~2000、平价酒店M$300~800。

餐饮费用较低。在餐馆用餐M$70~150、在市区的食堂买套餐M$45~70、玉米面豆卷等快餐M$12~。

交通费也非常便宜。市内巴士M$5~9、出租车起步价M$10~20。

此外，墨西哥的部分旅游地采用美元单位标记高档酒店与活动费用。不过，根据政府颁布的政策方针规定“即便采用美元作为货币单位，也不可以使用美元进行支付”。这种情况下就需要使用信用卡或者比索现金（使用即时汇率进行换算）完成支付。

※墨西哥国内严格遵守了上述政府颁布的政策方针。坎昆与洛斯卡波等主要旅游地虽然有很多支持美元结算的场所，但是实际情况有可能随时发生变化，需要多加注意。

可以进行比价

物价与旅行预算

旅行预算要结合实际情况而定

如果秉承节约的理念便会发现旅行其实可以非常便宜。不过，坎昆与洛斯卡波等度假区由于美国游客众多而物价相对较高。虽然旅行预算因人而异，但是如果略有富余，即便是遇到纠纷也可以顺利解决，在突发状况下还可以购买机票。总而言之，多留出些预算是根本。

每天大概花费多少钱

墨西哥的物价就如同其地理关系，处于经济大国美国与物价较低的中美地区各国之间。穷游可以入住M$180左右的多人房，花费M$30~40在小摊上用餐，这样下来，即便是遍游市内所有景点，一天也不过只花费M$300左右。不过，上述费用不含巴士等交通费。

出发前的手续

护照的剩余有效期

护照的剩余有效期因入境的国家不同，要求的剩余期限也有所差异，去墨西哥旅行只要剩余天数超出在当时滞留天数即可。中美的周边国家通常会要求3~6个月或以上。

父母中一人和未成年人入境也很简单

18岁下的未成年人，单独由父母其中一方陪伴出游，需持有另一方经公证的书面授权；未成年旅客与其祖父母、叔叔、姑妈、兄弟姐妹等其他亲属或朋友一起旅行时，则须取得父母双方经公证的书面授权。

预防接种证明

入境其他国家一般需要查验预防接种证明及健康证明，但去墨西哥旅游不需要。

护照

护照的取得

护照是公民在国际间通行所使用的身份证明和国籍证明，也是一国政府为其提供外交保护的重要依据。为此，我国居民出国旅游，需要申请办理护照 。申请人未满16周岁的签发5年期护照，16岁以上（含）的签发10年期护照。2012年5月15日起，我国开始签发启用电子普通护照。电子普通护照是在传统本式普通护照中嵌入电子芯片，并在芯片中存储持照个人基本资料、面部肖像、指纹等信息的新型本式证件。办理签证时，需保证护照的有效期在6个月以上。

申请护照与领取护照

公民因私出国申领护照，须向本人户口所在地市、县公安局出入境管理部门提出申请，具体事宜可登录户口所在地区的公安局官网查询，也可以网上预约申请。

申请签证

中国公民前往墨西哥旅行，需要办理签证。

所需签证基本材料

中国普通护照

1. 护照：护照有效期6个月以上，至少有2页空白页，本人需在签名处亲笔签名，如有旧护照请一起提供。

2. 相片：2张近半年拍摄的白底彩照正面免冠且不戴眼镜的，尺寸为：3.9厘米 × 3.1厘米。

3. 身份证：请提供清晰的第二代身份证复印件，正反面需复印在同一页。

4. 户口簿：请提供本人所在户口本上全体成员每一页的复印件；如果是集体户口，提供首页及本人页即可。

5. 中方单位材料。6. 个人资产证明。7. 旅行计划材料。

墨西哥驻华大使馆
住 北京朝阳区三里屯东五街5号
TEL 010-65322022、010-65322272（商务处）、65322070（签证处）
FAX 010-6532374
URL www.sre.gob.mx/china

墨西哥驻上海总领事馆
住 上海长宁区红宝石路500号东银中心A栋10楼
TEL 6125 0220
FAX 6437 2397
URL portal.sre.gob.mx/shanghai/。

墨西哥驻广州总领事馆
住 广州市天河路208号，粤海天河城大厦2001
TEL 020-22081540
FAX 020-22081539
URL portal.sre.gob.mx/guangzhou

墨西哥驻香港总领馆
住 香港港湾道6-8号
TEL +852 2511 3305
FAX +852 2845 3404
URL www.mexico.com.hk

海外旅行保险

购买保险使旅途安全有保障

海外旅行保险是针对公民出国旅游、探亲访友等在国外面临的意外、医疗等风险联合推出的24小时全天候、综合性的紧急救援服务及意外、医疗、救援服务费用保险保障。

目前的海外旅游保险涵盖范围不仅包括单纯的意外保险，还包括医药补偿、旅行者随身财产、个人钱财、旅程延误、旅游证件遗失、行李延误等。游客在购买保险时，要充分考虑保险的保障期限，应当按自己的旅游行程，根据所需保额和天数投保，为自己选择一份适合的保单。同时认真了解紧急救援服务的内容，以及提供此项服务的国外救援公司的服务水平，包括国外救援公司在全世界的机构网点情况、在旅游目的地的服务状况等，国内各大保险公司都有相应的险种，可以在出发前去保险公司咨询。

海外旅行保险可在线办理
安联全球旅行保险 www.allianz360.com
美亚保险 mall.aig.com.cn

保险金的索赔手续

当在国外旅游时出现理赔事故时，必须要注意以下几点：一是一定要提前了解各项条款，特别是保障范围，然后依据旅行的具体情况选择最合适的产品；二是要注意投保后妥善保存保单，最好放在家中由家人保管好；三是一定要随身带好保单编号，还得带好紧急援助电话，可以记在随身带的本子上，也可以记在手机中；四是假如飞机延误，一定要请机场给出证明，以备理赔使用；五是假如财物失窃，要及时报警，一定要获得相关的报警证明，再去中国驻该国的使领馆补办相关证件，还得立即告知保险公司，这样就可以继续后面的理赔。虽然可以在两年内进行理赔，但为了尽快完成理赔，最好不要拖得太长，不然取证会越来越难，而且保险公司也会收取一定费用的。

国际学生证 / 国际驾照

国际学生证

国际学生证（ISIC）作为联合国教科文组织认可的学生证件，在全球100多个国家可享受4.5万户商户的折扣优惠，涵盖交通娱乐、住宿、餐饮、博物馆等优惠。获国际学生证协会中国网站在线申请，需提供身份证、学生证或国外入学通知书等，彩色正方形照片（电子）。ISIC的申请资格必须是年满12周岁的全日制学生，没有年龄上限。

国际学生证（ISIC）
URL www.isicchina.com/

国际驾照

中国大陆公民可以在出国前前往公证机构，用目的地国家的语言公证驾照，并随身携带公证件。

旅行携带物品

着装的具体示例

●**墨西哥城**

在中央高原地区，即便是夏季也要准备长袖棉毛衫与夹克。白天身着一件T恤即可，但是晚上会很冷。此外，如果要搭乘长途巴士，则需要在车内准备一件厚衣服御寒。

冬季的防寒装必不可少。要准备好羽绒服与大衣。

●**坎昆、洛斯卡波**

在各地的海滨区域，全年均可穿着短裤与T恤等轻便的服装。即便是冬季，一件长袖衬衫足以御寒。不过，高档酒店的餐馆要求男性顾客身着带领衬衫与长裤，女性则需要穿着连衣裙。部分俱乐部禁止穿拖鞋入内。

贵重物品

护照、现金、电子票副本以及海外旅行保险证是旅行贵重物品，需要特别保管。游客务必要将这些物品放入贵重物品保管箱中保管，切勿遗失。

背包或者旅行箱

对于经常需要移动的游客来说，背包更加实用。背包可以解放双手，非常方便。如果是移动较少且有工作人员协助搬运行李的豪奢式旅行，携带旅行箱也是可以的。

塑料袋

塑料袋能够起到收纳与防水的作用。游客可将服装分类装入塑料袋中。即便是遇到雨天，衣物也不会被淋湿。

旅行服装

旅行服装随区域发生变化

墨西哥海岸沿岸地区全年气温较高（平均气温23~27℃），特别是夏季日照极为强烈。与其形成鲜明对比的是位于中央高原的墨西哥城等众多城市，海拔超过2000米，到了冬天会非常寒冷。同时，高原地区一天内的温差较大，有时即使白天只穿一件T恤，到了晚上也要披上夹克保暖。

前往国土辽阔且拥有多种气候带的墨西哥旅行时该携带哪些服装？这个问题很难一概而论。本书的各区域介绍中均附有全年气候表，游客可根据自己所要前往目的地选择合适的服装。一次性携带各种服装类型会显得有些拖沓，笨重的行李也会成为旅途负担，因此可以考虑多带一些可以套穿的服装。

墨西哥的阶级思想根深蒂固，因此进入上流阶层常用设施时，在服装方面有明确的规定。男性需身着西服且打领带。度假村酒店的高档餐馆等地要求男性身着带领的POLO衫与长裤，女性则最好选择夏季礼裙。

旅行中必不可少的常用品

在烈日的照射下，帽子与太阳镜必不可少

无论是去海滨还是遗址观光，游客均需要长时间处于强烈的日照下。由于时而会出现烈日，因此要准备好帽子、太阳镜以及防晒霜等必备的日用品。此外，尤卡坦半岛与海岸沿线等地湿度与气温均较高，多蚊虫。准备一支防蚊喷雾会更加方便。

墨西哥电压与其他北美国家相同，为110V、60Hz。

当地消费建议

可以在民间艺术品市场购买服装与布料

在墨西哥可以买到日用品、服装以及其他各种生活必需品。不过，电器制品与照相机等价位较高。

原住民的纺织品既可作为旅游纪念商品馈赠亲友，又可以在当地使用。开冷气的长途巴士有时会很冷，可将这些纺织品作为御寒工具。

出发前的检查清单

	品名	必要程度	有	已装箱	备注
贵重物品	护照	◎			剩余有效时间大于滞留天数。
	CC	◎			海外旅行必需品，在高档酒店办理入住时需要出示。
	现金结算卡	○			使用方法与信用卡大致相同。
	国际银行现金卡	○			在墨西哥的 ATM 设备上也可使用。
	现金（外币）	◎			抵达墨西哥时需要兑换的金额。
	现金（人民币）	◎			回程从机场到家的交通费。
	电子票副本	◎			确认出发时间等信息。
	海外旅行保险证	◎			如已购买旅行保险则需随身携带。若遗忘则需支付现金。
	户口本副本	○			护照丢失时需要出示。
	IID卡	△			国际学生证。
	记事本（备忘录）	○			记录护照编号、信用卡卡号以及集合场地等。
洗漱用品	香皂、洗发水	○			可随时购买，因此携带旅行装即可。
	毛巾	◎			一块即可。
	牙刷 · 牙粉	◎			可在当地购买。
	剃须刀	◎			剃刀或者电池装剃须刀。
	化妆品	○			整理头发的物品与女性化妆用品。
	吹风机	△			变压式吹风机，可在海外旅行用品卖场购买。
	纸巾	◎			在当地可发挥重要作用。
	洗剂	○			用于洗衣，可少量携带。洗衣粉比较方便。
衣物	衬衫	◎			替换着穿，1~2 件。
	下装	◎			上下 2~3 套。
	毛衣、长袖棉毛衫	◎			在高原地区，即使是夏季，夜间观光时也要随身携带一件。
	薄夹克	○			10 月 ~ 次年 3 月期间，在高原地区只穿一件毛衣会感到微凉。
	帽子	◎			参观遗址时必须随身携带。
	袜子（长筒袜）	◎			臭袜子会带来很多麻烦。
	睡衣	△			为避免行李过多，可使用 T 恤替代。
	泳衣	◎			海滨、游泳池以及温泉的必需品。
药品 · 杂物	药品类	◎			肠胃药、感冒药、创可贴以及蚊虫叮咬软膏等常备药。
	圆珠笔	◎			易丢失，可准备 3~4 支。
	缝补工具	△			小型的便携式工具（线、针以及剪刀等）。
	刀具	○			集刀、开罐器以及开瓶器等功能于一身的道具（不可携带至机舱）。
	防蚊虫喷雾	◎			遗址周围与原始森林多蚊虫。
	蚊香	△			品类众多，可在当地购买。
	睡袋	△			适用于入住青年旅舍的背包客。
	橡皮圈、绳子	○			整理背包时的常用品，也可作为洗涤用品。
	塑料袋	○			用于衣物分类，还可以装湿衣服。
	打火机	○			即便不吸烟，带上一个打火机也会十分方便。
	凉鞋、拖鞋	○			酒店、车内以及海滨等地均可使用。
	太阳镜、防晒霜	◎			墨西哥日照强烈，太阳镜与防晒霜是必需品。
	纪念品	○			体积小却独具中国特色的物品。
	望远镜	△			眺望大自然美景、观看体育赛事或者表演时十分方便。
	手机	○			开通国际漫游的手机是旅行必需品。
	智能手机 / 终端设备	◎			旅行必需品（收费系统要提前确认）。
	照相机	○			卡片机即可。
	摄像机	△			用于记录美好的旅行时光。可使用具有摄像功能的数码相机或智能手机替代。
	笔记本电脑	△			用于商务事宜，可发送邮件。
	计算器	○			讲价时使用，非常方便。
	雨具	◎			带风帽的雨衣即可。还可以携带折叠伞以备不时之需。
	证件照（45 毫米 × 35 毫米）	○			护照丢失时使用。
书籍	字典（西汉 · 汉西）	○			薄的简易字典即可。
	旅游攻略类	◎			走遍全球。
	笔记本	△			每天记录，可以核算费用支出！

◎ = 绝对必要　○ = 必要　△ = 结合自身情况

※ 经由美国入境墨西哥时，需要携带 ESTA 副本

出入境手续

出境携带液体规定

乘坐从中国境内机场始发的国际、地区航班的旅客，其随身携带的液态物品每件容积不得超过100毫升。盛放液态物品的容器，应置于最大容积不超过1升的、可重新封口的透明塑料袋中。每名旅客每次仅允许携带一个透明塑料袋，超出部分应交运。

液态物品包括：

1. 饮品，例如矿泉水、饮料、汤及糖浆；
2. 乳霜、护肤液、护肤油、香水及化妆品；
3. 喷雾及压缩容器，例如剃须泡沫及香体喷雾；
4. 膏状物品，例如牙膏；
5. 隐形眼镜药水；
6. 凝胶，例如头发定型及沐浴用的凝胶产品；
7. 任何稠度相似的溶液及物品。

出入境手续

中国出国

1. 办理行李托运（不要将贵重物品进行托运），换取登机牌，飞机起飞前45分钟停止办理乘机手续
2. 前往通关柜台排队通关
3. 接受边防检查，在边防柜台前，请出示护照、登机牌
4. 接受安全检查（请将液体及危险物品等事先办理托运）
5. 前往登机牌上所写的登机口
6. 候机，登机

墨西哥入境

1. 入境审查

由于墨西哥近年的时局不稳定，治安问题日益严重，时常发生抢劫事件，由此政府加强了出入境的管理，出入墨西哥必须经过严格的审查。

2. 领取行李物品

墨西哥对于物品入境有严格的要求，只有允许入境的物品才可以携带入境。

3. 海关申报

出入墨西哥境内要十分注意人身财产安全。如果身上的现金超过1万美元，为了安全起见，必须填写墨西哥的报关单——根据墨西哥法律，携带过多的现金进入墨西哥境内，必须填写报关单。

办理完入境手续后领取行李

墨西哥出境

1. 搭乘手续，出国审查

当你离开墨西哥时，还要做好最后一项事情，即缴纳13美元和8.5美元机场税（离境税），如果机票中已包含这些费用，就不用再缴。

2. 行李物品检查

带入机舱内的行李会经受X线检查或身体检查。带入机舱内的液体及办理完手续后在免税店购买的物品，一定注意要控制在正常范围内。

3. 搭乘航班回国

回到中国

1. 卫生检疫。在飞机内如果得到检疫所发放的卫生健康卡，请填写必要事项并交到卫生检疫站。

2. 边防检查。请确认入境卡是否填好并连同护照、签证一并交边防检查站查验。

3. 领取托运行李。确认航班号到相应的行李转盘领取托运行李。需要观看大屏幕按照屏幕指示找到相应的行李领取转盘。行李多时使用行李推车比较方便。

4. 海关检查。如果携带的物品没有超过免税范围走绿色通道（无申报通道），超过或不清楚时请走红色通道（申报通道）接受检查或办理海关手续。

5. 进入到达大厅。

墨西哥城国际机场的航站楼

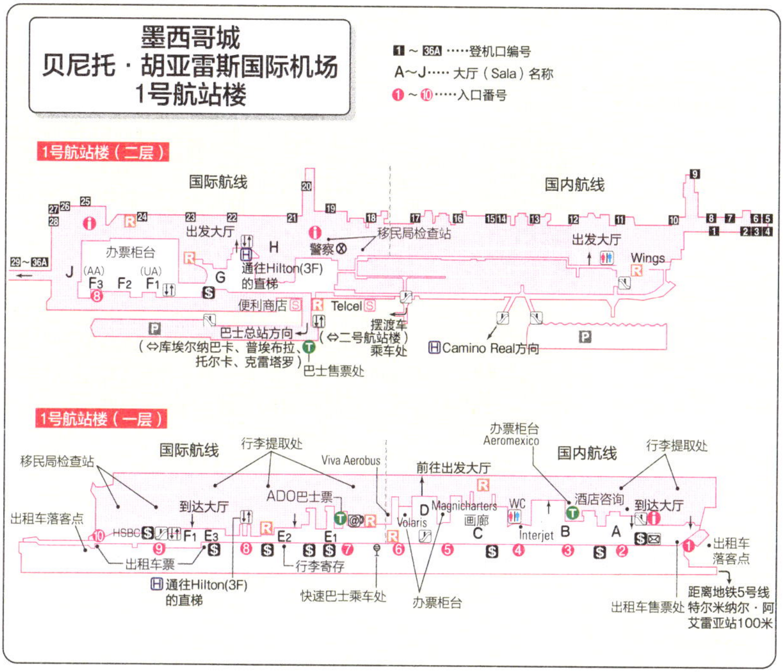

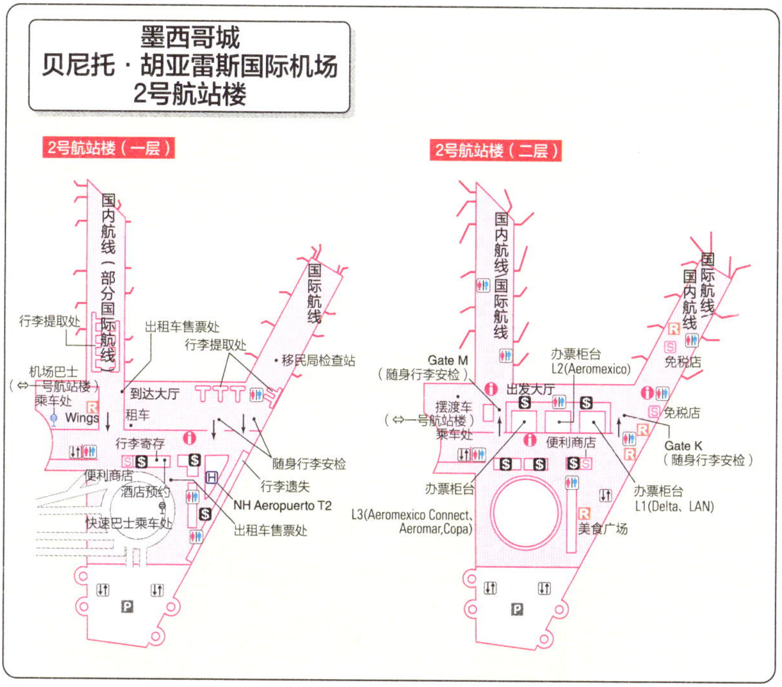

墨西哥城 贝尼托·胡亚雷斯国际机场 1号航站楼

1 ~ 36A ……登机口编号
A~J……大厅（Sala）名称
1 ~ 10 ……入口番号

1号航站楼（二层）

1号航站楼（一层）

墨西哥城 贝尼托·胡亚雷斯国际机场 2号航站楼

2号航站楼（一层）

2号航站楼（二层）

旅行经典线路

安排交通

游客可参考本书中各类交通工具的信息将各目的地完美地串联起来。主要飞机、巴士的票价与所需时间可参照"区域向导""旅行技巧"的各项内容。

日程调整方法

如果选择从墨西哥城出入境，则可将墨西哥城作为墨西哥之旅的最后一站。将出境地调整到整个行程的最后相对较好。信息确认也比较方便。

主要航空公司的电话与URL

●墨西哥国际航空
TEL（55）5133-4000（墨西哥城）
●美国航空
TEL（55）5209-1400（墨西哥城）
FD 01-800-904-6000
●联合航空
FD 01-800-900-5000
URL www.united.com
●三角洲航空
FD 01-800-266-0046
URL ja.delta.com
●哥伦比亚航空公司
FD 01-800-237-6425
URL www.avianca.com
※免费电话为墨西哥国内专用
●墨西哥的主要航空公司

提前确认回国航班

航班在出发前有可能变更出发时间，有时还会出现航空公司调整或者临时停运等情况。只要告知出发当天的联系方式便可接到相关的航班确认电话。即便是无须确认的航空公司，也最好能够提前取得信息。

可以体验中世纪风情的殖民地时期风格都市拥有很高的人气

来到墨西哥的游客分为很多种，例如，对遗址感兴趣、喜爱殖民地时期风格城市、想购买原住民纺织品、希望体验海滨度假气氛、期待潜水以及铁路迷，等等，都是人们来到这个国度的理由。除此之外，还有被归类为宅人的地下照片搜集者等，兴趣不同，所期待的景点也各不相同。旅行线路实际上极富个人色彩。

制定线路的基础

墨西哥的旅游景点丰富多彩，很难在短时间内一一遍游。游客可以在众多景点当中选择比较感兴趣的和评价较高的景点进行游览。将所选景点串联起来便构成了旅行线路。

在指定旅行线路时，要留出充裕的时间以应对交通工具故障与旅途疲劳等各种突发状况。日程安排过于紧张会导致体力不支。

享受墨西哥菜的美食之旅也是非常愉快的体验

线路调整

以陆路形式完成美国西海岸至坎昆的旅行，会令人感叹墨西哥是一个如此细长的国度。在去程或者回程选择搭乘飞机会更加便利。或者也可以选择一条完全不同的线路返程。在线路设计上需要你充分发挥想象力。来到墨西哥，经常会通过信息交换获取最新的旅游信息。因此随时都有可能改变预订线路。

坎昆附近渡轮运行频繁

交通起点

墨西哥城是墨西哥全境的交通起点。经由墨西哥城前往目的地会更加顺畅。大城市、州首府以及大型观光胜地都为当地交通的起点。经由这些交通要地前往目的地会让旅途更加顺利。

首都墨西哥城拥有大量景点

主要航空公司简称一览

AA：美国航空
AM：墨西哥国际航空
AS：阿拉斯加航空
B6：捷蓝航空公司
DL：三角洲航空
NK：精神航空
UA：联合航空
VIV：墨西哥境内廉航
VLO：英特捷特航空
VX：巴金美国航空
Y4：墨西哥大湖航空公司
开设有墨西哥航线的美国城市与航空公司
※（ ）内为机场字母编码

从美国飞往墨西哥的航班

美国与墨西哥接壤，因此从美国跨越国境前往墨西哥是一件非常容易的事情。游客可乘坐飞机，抑或搭乘巴士，有多种方法可供选择。

搭乘飞机前往墨西哥是最简单快速的方法。巴金美国航空等廉价航空飞往坎昆等地的航班票价有时只是大型航空公司的一半。

通过美国航空周游券的形式前往墨西哥

联合航空、三角洲航空以及美国航空等推出的美国国内旅游周游券包含飞往墨西哥的航班，票价低于往返折扣价。

周游票

购买以美国游客为对象的墨西哥周游航空券。可向旅行社与航空公司进行确认。

往返折扣价

如果只是单纯地往返于美国与墨西哥的两座城市，使用往返折扣可享受八至九折的优惠。

参加美国全程由旅行社包办的旅行前往墨西哥

美国有各种价位较低且全程由旅行社包办的墨西哥之旅线路。旅行社会安排往返飞机与高档酒店，团费只不过略微高出机票费用。符合美国签证必要条件的游客可以参加。

INFORMACIÓN

从地方城市开始墨西哥之旅

搭乘飞机前往墨西哥，大多会将墨西哥城作为墨西哥之旅的第一站，但是墨西哥并不是只有首都这一座国际机场。美国主要机场有很多不经由墨西哥城直接飞往其他各地机场的直达航班。周游墨西哥各地，高效利用坐落在地方城市的国际机场是非常重要的一个环节。

例如，可以从位于太平洋一侧的瓜达拉哈拉入境，从墨西哥海湾的韦拉克鲁斯出境；还可以从墨西哥北部的奇瓦瓦入境，从南部的瓦哈卡出境。游客无须返回入境地与墨西哥城，尽量将自己的行程设计成一笔画，这样可以充分节省时间，旅行更加高效。

特别是从美国休斯敦始发的联合航空的航班非常多，开设有飞往墨西哥近30座城市的航线，十分方便。美国航空据点达拉斯与三角洲航空据点亚特兰大均开设有丰富的航线。此外，墨西哥国际航空也设有从洛杉矶、芝加哥以及纽约等主要机场起飞的航线。结合实际情况制定旅游线路，也是旅行的一大乐趣。

各区域经典线路

墨西哥各地有众多古代遗址与殖民地时期都市，同时还有海滨度假胜地，是名副其实的旅游大国。在确定旅行主题与目的之后便可以制订计划，游客可参考下述经典线路，更加高效地完成这次墨西哥之旅。

经典线路一 ❶

周游首都与坎昆（十天）

这是一条巡游国内人气观光胜地的线路。参观特奥蒂瓦坎、乌斯马尔以及奇琴伊察各遗址，还会前往墨西哥城市区与普埃布拉观光。最后来到坎昆饱享海滨度假时光。

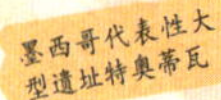

墨西哥代表性大型遗址特奥蒂瓦坎

第一天 出发，抵达墨西哥城
第二天 墨西哥城市区观光
第三天 特奥蒂瓦坎遗址观光、参观人类学博物馆
第四天 从墨西哥城前往普埃布拉一日游
第五天 乘飞机前往梅里达，下午参观乌斯马尔遗址
第六天 参观奇琴伊察遗址，乘巴士前往坎昆
第七天 在坎昆活动
第八天 从坎昆出发
第九天 回程途中
第十天 抵达

经典线路二 ❷

墨西哥城与周边都市（十天）

巡游首都与周边区域的殖民地时期都市与遗址。以墨西哥城为据点，搭乘巴士周游距离首都仅几小时车程的塔斯科、库埃尔纳巴卡以及普埃布拉等。参观特奥蒂瓦坎与索奇卡尔克的遗址。

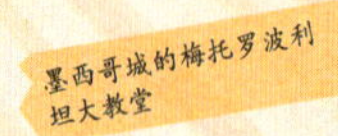

墨西哥城的梅托罗波利坦大教堂

第一天 出发，抵达墨西哥城
第二天 墨西哥城市区观光
第三天 乘巴士前往库埃尔纳巴卡，参观市区与索奇卡尔克遗址
第四天 乘巴士前往塔斯科，市区观光
第五天 乘巴士前往普埃布拉，市区观光
第六天 乘巴士返回墨西哥城，参观首都南部的博物馆
第七天 特奥蒂瓦坎遗址观光、参观人类学博物馆
第八天 从墨西哥城出发
第九天 回程途中
第十天 抵达

经典线路三 ③

遍游坎昆与周边景点（十天）

以面向加勒比海的人气度假胜地坎昆为据点。体验水上运动项目与热带的自然风光，巡游分布在尤卡坦半岛上的奇琴伊察与乌斯马尔遗址等古代玛雅产物。

第一天	出发、抵达坎昆
第二天	在坎昆活动
第三天	乘巴士前往奇琴伊察，参观遗址，乘巴士前往梅里达
第四天	参观乌斯马尔遗址，梅里达市区观光
第五天	乘巴士前往卡门海滩
第六天	西昂·卡昂自然保护区观光，乘巴士前往返回坎昆
第七天	在坎昆活动
第八天	从坎昆出发
第九天	回程途中
第十天	抵达

经典线路四 ④

巡游中央高原的殖民地时期都市

巡游西班牙殖民地时代建造的殖民地时期都市。在墨西哥城游览完市区后，乘飞机前往萨卡特卡斯。乘巴士环游瓜纳法特，最后前往瓜达拉哈拉。

第一天	出发，抵达墨西哥城
第二天	墨西哥城市区观光
第三天	乘飞机前往萨卡特卡斯，市区观光
第四天	乘巴士前往瓜纳华托
第五天	瓜纳华托市区观光
第六天	乘巴士前往瓜达拉哈拉，市区观光
第七天	参观龙舌兰酒相关工厂与农园
第八天	从瓜达拉哈拉出发
第九天	返程途中
第十天	抵达

经典线路五 ⑤

墨西哥深度游（二十天）

从蒂华纳入境，灵活运用国内线路巡游墨西哥全景。首先在洛斯卡波与大自然亲密接触，然后探访墨西哥城与瓦哈卡等旅游胜地，最后在加勒比海度假区悠闲地享受假期，恢复体力。

沉睡在密林的帕伦克遗址非常神秘

第一天	出发，抵达蒂华纳
第二天	乘飞机前往洛斯卡波
第三天	参加近海生态游
第四天	乘飞机前往墨西哥城
第五天	墨西哥城市区观光
第六天	参观特奥蒂瓦坎遗址
第七天	乘飞机前往瓦哈卡
第八天	参观阿尔万山遗址，瓦哈卡市区观光
第九天	乘巴士前往圣克里斯托瓦尔·德拉斯卡萨斯
第十天	探访周边的原住民村
第十一天	乘巴士前往帕伦克
第十二天	帕伦克遗址观光
第十三天	乘巴士前往坎佩切，市区观光
第十四天	乘巴士前往梅里达，市区观光
第十五天	乘巴士前往奇琴伊察，参观遗址后前往坎昆
第十六天	在坎昆活动
第十七天	女人岛观光
第十八天	从坎昆出发
第十九天	回程途中
第二十天	抵达

当地的国内交通

飞机

飞机费用虽然较高，但是能够节约时间，降低乘客疲劳度，是墨西哥之行中最为有用的一种出行方式。

墨西哥城国际机场的服务台

航空公司

覆盖墨西哥全境各城市线路的航空公司非墨西哥航空 Aeromexico 莫属。

除此之外，还有将托尔卡作为据点并开设有国内多条线路的英特捷特航空 Interjet 与墨西哥廉价航空 Volaris 以及以蒙特雷作为据点的墨西哥廉航 Viva Aerobus 等新兴航空公司等。

当地的预约・出票

游客最好尽早预约以确保万无一失。特别是圣诞节与圣周前后务必要提前订票。墨西哥国内航线的机票，无论是通过航空公司还是旅行社购买，票价通常不会有什么差异。购票时需同时支付机场使用费。

机舱内服务备受好评的墨西哥国际航空

换乘

墨西哥航空通过墨西哥城、瓜达拉哈拉以及坎昆等中转地将墨西哥各地完美地联系在了一起。大型城市之间多为直达航班。

部分航线的换乘时间较短，但通常情况下最好预留 2 小时左右的时间以应对突发状况。

地方线路采用小型客机

关于航空费用

各公司票价随线路、日程以及预定时间等发生变动。即便同为经济舱，也分为多个种类，日期与线路变更、是否有可能退票、发生变更或退票时产生的手续费，以及行李的重量限制等均有不同，需要确认。

与淡季期间可免费退票或改签的正常票相比，有时购买退票或改签需要支付手续费的打折机票更加划算。相反，如果在旺季期间出现不得不改签的情况时，追加费用有时还会高出打折机票本身的价格。

此外，燃油费随市场价格发生变动。因此会出现部分航空公司与线路不收取燃油费，或者同一航班因票面种类与票价不同而发生燃油费变动的情况。

墨西哥的航空公司

●墨西哥航空（AM）
TEL（55）5133-4000（墨西哥城）
URL www.aeromexico.com

●墨西哥大湖航空公司（VW）
FD 01-800-237-6627
URL www.aeromar.com.mx

●英特捷特航空（VLO）
FD 01-800-011-2345
URL www.interjet.com.mx

●墨西哥廉价航空（Y4）
TEL（55）1102-8000（墨西哥城）
URL www.volaris.com

●墨西哥廉航（VIV）
FD 01-818-215-0150
URL www.vivaaerobus.com

●马古尼卡塔兹航空（GMT）
TEL（55）5678-1000
URL www.magnicharter.com.mx

●阿埃罗图康航空（RTU）
FD 01-800-640-4148
URL www.aerotucan.com.mx

●玛雅航空（7M）
FD 01-800-962-9247
URL www.mayair.com.mx

※ 各免费电话仅限墨西哥国内通话。

从机场到市内

机场大多远离市区。游客可乘坐购票制出租车往返于市内与机场之间（在机场与市内之间运行的公共巴士非常少）。并不是所有的大城市均建有机场，有时需要利用近郊城市的机场。

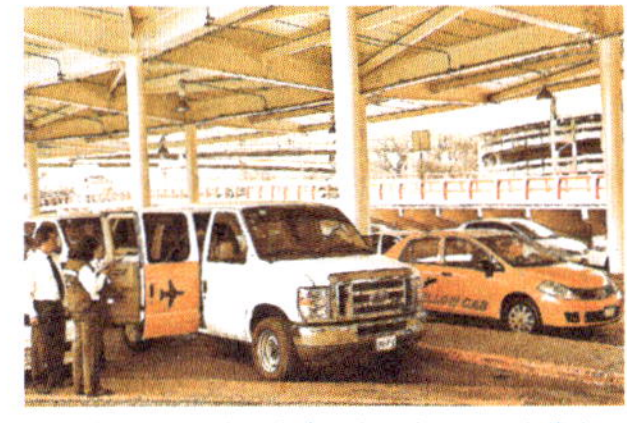
墨西哥城的机场出租车有轿式汽车与大型车等多个种类

除了可以搭乘出租车之外，还可以乘坐公共出租车前往市内。公共出租车在达到一定人数后出发，并且可以将乘客按照顺序送往目的地（酒店等）。公共出租车费用为出租车的 1/4 左右，单独出行的游客如果想要节约开支，不妨选择搭乘公共出租车。如果有同行者，则可以 AA 制的形式乘车，这样一来，个人承担的费用相对较低。

墨西哥城机场可直接换乘地铁与快速巴士，对当地比较熟悉的游客可以选择搭乘上述交通工具。不过，夜间抵达或者初次到访墨西哥且还不习惯旅行的游客考虑到安全，不建议换乘地铁与快速巴士等交通工具。此外，坎昆有从机场开往市内巴士总站的直达巴士，该巴士需持票对号入座。

左 / 坎昆机场内的旅游咨询处　右 / 机场出租车按照区域划分收取车费

墨西哥城的机场出租车安全性较高

墨西哥城的贝尼托·胡亚雷斯国际机场曾经有被称为“里布雷”的流动出租车招揽客人，据说这里发生过与出租车司机合伙抢劫乘客的犯罪案件。现在机场内没有里布雷出租车，游客只能搭乘较为安全的购票制机场出租车。

各机场内新开设的航站楼

墨西哥城机场的二号航站楼已经完工，可搭乘空中列车 Aerotren（单轨电车，需要约 5 分钟的车程）往返一号航站楼。

坎昆也开设了国际航线专用的 3 号航站楼，2 号航站楼现在主要承担国内航线与包机航班的起降任务。

方便的航班检索网站

网站链接旅行社与航空公司的官网网站，可直接完成预约。还有马古尼卡塔兹航空与阿埃罗图康等未达成合作的航空公司。

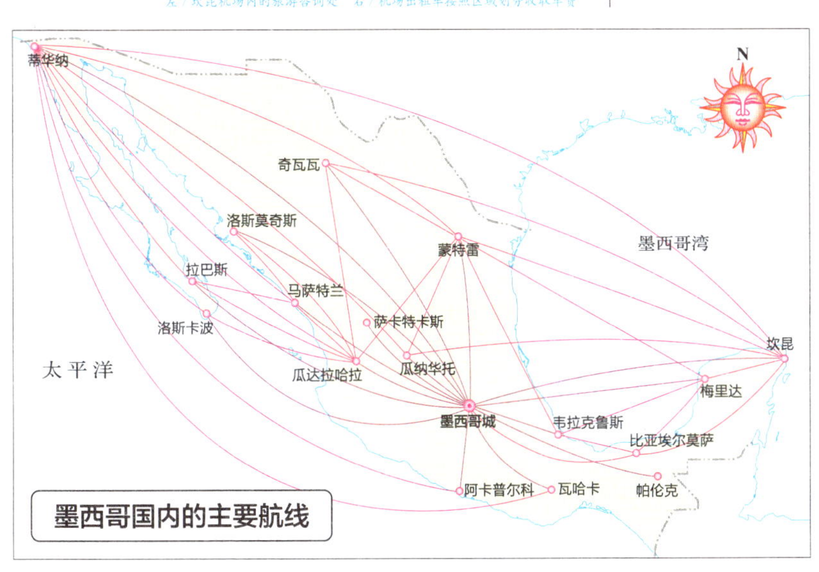

巴士

左 / 墨西哥的巴士车
上 / 巴士票支持在线订购与市内售票点现场购买两种形式

墨西哥陆路交通最为常见的便是巴士。铁路几乎都已荒废，而飞机的费用又相对较高。因此游客对巴士的利用率逐年提高。

巴士的种类

在墨西哥各城市间运行的巴士通常分为豪华客车（Lujo、Ejecutivo 等）、一等客车（Primera、Superior 等）以及二等客车（Segunda、Ordinario 等）3 种类型。豪华客车配有影音设备、空调以及洗手间等，座位数量是普通客车的一半，空间较大，宽敞舒适。车站为搭乘豪华客车的游客准备了专用候车室，提供茶饮服务等。一等客车配有空调与洗手间，提供饮品且车体较新。二等客车没有空调，即便配有洗手间，也大多不能使用。豪华客车与一等客车主要为长途巴士，二等客车则主要是在相邻城市与村落间运行的地方巴士。

各车型费用不同。例如，从墨西哥城到瓦哈卡（约 465 公里）的费用如下：豪华客车 M$944~、一等客车 M$560~、二等客车 M$442~。不过，豪华客车与二等客车车程相差 1 小时左右。如果希望舒适且快速抵达目的地，就毫不犹豫地选择一等客车吧。二等客车除了直达线路 Directo 之外，一般会在多处停靠，浪费时间且容易出现安全问题。此外，实际乘车人数往往大于限乘人数，车内异常混乱。有时即便到了发车时间也会因为乘客没有到齐而推迟出发时间。搭乘豪华客车省时省心省力，其价值绝对超出了与其他车型的票价差额。

巴士总站

各城市巴士总站的设置情况不同，有豪华客车、一等客车与二等客车同用一座车站的，有按照车型档次区分巴士总站的，还有按照巴士公司区分车站的。除了各车型公用一座巴士总站的城市外，游客需要提前了解所搭乘巴士在目的地城市的始发站与抵达站。城市内部的巴士总站现在正逐渐向郊外发展。乘客可搭乘市内巴士从位于郊外的巴士总站前往市内。

乘坐巴士的注意事项

超大件行李需要放入巴士的行李托运箱。一等巴士的工作人员会给托运行李的游客行李提取票，切勿遗失。同时，贵重物品等不要放入行李托运箱内。巴士空调较凉，乘客需要携带一件防寒外衣上车。

旅行的技巧

一等巴士需要预约。座位售光后停止售票，因此最好提前预订。

特别是计划在圣诞节与圣周期间出行的游客，如不提前订票则有可能影响整个行程。

一等巴士需对号入座，游客可在订票时选择座位。二等巴士可以在

在市内购买一等巴士票

墨西哥的长途巴士站大多位于郊外，因此在提前订票或者购票时会略显烦琐。

不过，近年来，各城市市中心都陆续开设有一等巴士专用的预约、出票办公室。日程排得较满的游客在确定行程后可前往市内办公室订票，以确保行程顺利结束。部分地区收取 M$6~13 的手续费。

可通过下述网站在线查询。

URL www.ado.com.mx
URL www.adogl.com.mx
URL www.adoplatino.com.mx

巴士总站的名称

位于郊外的公用巴士总站名为 Central Camionera 或者 Central de Autobuses 等。

巴士用语

Directo 意为直达车次，De Paso 意为中转车次。部分直达的二等客车中与一等客车的车次几乎相同。

要特别注意 24:00 发车的车次

墨西哥的巴士时刻表中凌晨 0:01 是一天的开始。24:00 刚好是每天的最后一分钟。令人意外的是，当地有很多巴士都是 24:00 发车，购票时务必要多加注意。

巴士较为拥挤的季节

圣周与圣诞节到新年这段时间，还有 7 月 10 日起学校进入暑假的一个月中，巴士票比较难买。巴士总站最少会提前 3 天预售车票。特别是车次较少的地方线路，务必要尽早预订车票。

预订巴士票时会用到的西班牙语对话

游客：Dos Boletos a Taxco para mañana，por favor。
请给我两张明天到塔斯科的车票
工作人员：A que hora quiere?
几点的?
游客：A las 7 de la mañana。
请帮我订明天 7:00 的票。

当天购票，有时会有工作人员在乘客上车后再收取乘车费用。

接受电话预订（部分公司还可以提供网络订票服务），需要在乘车前通过巴士总站或者旅行社等支付费用完成购票。各种订票方法的费用相同。如果行程较为紧张，则可以在抵达时车站时便查询时刻表并购买回程票。各巴士总站针对退票有各自的规定，通常情况下，在发车前 3 小时退票可退还 75% 的费用。发车后不退还任何费用。

船舶

加勒比海沿岸，坎昆与女人岛之间、科苏梅尔与卡门海滩之间都运营有渡轮与高速客船。船只较多，全程需时 30 分钟 ~1 小时左右。

坎昆的游船之旅也非常有意思

此外，下加利福尼亚半岛的拉巴斯还开设有开往位于墨西哥本土的马萨特兰与洛斯莫奇斯方向的渡轮。每周 3~7 班。夜行船历时较长，通常会在深夜出发，并且在船舱内迎接清晨的到来。

铁路

推荐体验奇瓦瓦太平洋铁路

墨西哥铁路被巴士抢了风头，很多线路都已经荒废。游客几乎没有机会乘坐火车。

不过，专为游客开设的观光线路奇瓦瓦太平洋铁路拥有极高的人气，因中途景色很美而备受当地墨西哥人的喜爱。

租车

观光地的高档酒店内均由大型租车公司 Avis 与 Budget 等的代理店。费用随季节与车型发生变化，基本上为每天 US$35~100。租车时需要出示信用卡。

机场内也设有租车柜台

主要巴士公司的 URL 与免费电话

※ 免费电话仅限墨西哥国内通话

※ 若无墨西哥国内发行的信用卡则无法通过巴士公司网站订票 · 购票

奇瓦瓦太平洋铁路

TEL （614）439-7211

URL www.chepe.com.mx

机动车保险

从美国驾车跨越国境进入墨西哥时需要注意，所驾车辆应提前在美国入保墨西哥的保险。一旦发生事故，如不提供证据以证明经济能力，则会面临拘留处罚。

酒店基础知识

住宿费用

单人间与双人间费用相同或者仅有20%左右的差价。原因是欧洲酒店系统以双人为基本单位。与单独出行相比，两人结伴旅游会在很大程度上节约开支。此外，本书记载的酒店住宿费用均为基本房费。

高档酒店刷卡支付

部分高档酒店采用美元作为货币单位，2010年政府颁布政策方针后，墨西哥国内原则上不得以美元现金的方式结算。高档酒店通常会使用信用卡完成支付。

圣诞节休假与圣周期间的注意事项

圣诞节休假（12月15日～次年1月3日）与圣周（3月下旬～4月中旬的复活节那一周。每年的具体时间不同）是全国性假日，在此期间观光地会人满为患，酒店也会爆满。如果计划在这一期间出游，最好提前预订酒店。

推荐的殖民地时期风格酒店

殖民地时期风格的酒店即殖民地时代西班牙风格的酒店。客房环绕中庭 Patio 而建。客房窗户大多面向中庭开设。内外装饰均十分古朴。是体验拉丁美洲情调的最佳选择。涵盖平价酒店与高档酒店等各种档次。

墨西哥的酒店概况与费用

高档酒店

坎昆与洛斯卡波等海滨度假胜地的高档酒店有活动项目丰富的大型度假村、安静的别墅型酒店，还有包含餐饮费等在内的全包式酒店等，种类繁多。这些高档酒店都十分国际化，各方面设施及服务的非常完善，M$3000~8000左右的标准费用也算是很高了。在阿卡普尔科等面向国内游客开放的海滨度假村，M$1500左右便可入住环境非常不错的度假酒店。海滨度假村之外的其他高档酒店费用标准为M$2000~3000。首都墨西哥城也如上所述，费用不相上下。

世界级高档酒店鳞次栉比的坎昆

中档酒店

M$900~2000左右。各区域具体金额不同，一些老式建筑内的殖民地时期风格酒店也可以上述价格入住。

平价酒店

平价酒店住宿费用为M$300~800。当中有很多环境略差的酒店。部分平价酒店位于犯罪多发区，需要提前进行确认。

青年旅舍近年来逐渐增加。通常多为4~8人的多人房，淋浴、洗手间、厨房以及冰箱等均属于公共设施。网络设备、电视以及游戏设施等相当完善。老板与经营者多为精通英语的年轻人。持YH卡与ISIC卡入住，可享受优惠活动，短期居住者办理新卡入住反而会比较贵。

友好的青年旅舍也非常有趣

关于酒店预订

入住高档酒店，最好提前通过酒店检索网站或者旅行社等进行预约。通常情况下，通过第三方预订，虽然要支付一定金额的手续费，但最终合计金额还是会低于酒店前台所公示的费用。超豪华酒店有时必须提前预订。

中档酒店与平价酒店在旅游淡季无须提前预约。不过，即便已经预约成功，在出现客满情况时也有可能被酒店单方取消预订，因此，如果抵达时间推迟，务必要提前与酒店联络沟通。

此外，圣诞节休假与圣周期间是墨西哥人的长假，提前预约可以确保入住。到了旅游旺季，住宿费用会适当上调。

低价入住高档酒店的方法

可以在酒店前台进行交涉，但是高档酒店很少有优惠活动（旅游淡季时可以尝试，应该会有成效）。下面介绍一种可以享受折扣价格的方法。

使用海外酒店预约网站

首先，进入各公司网站，按照旅行目的、日程以及期望区域等信息进行检索（也可以打电话咨询）。各公司除了对长期居住与早期预订的游客提供折扣之外，还会通过返点与小礼品等形式展开竞争，可参考“特别推荐”与“街谈巷议”等圈定候选酒店并进行比价。不过，部分公司会将网站公示价格统一为含税价，而有的公司即便是在同一页面内也会有含税与不含税之分，十分混乱，需要注意。

通常情况下需要出示信用卡进行预订，最终结算可以在当地完成。

高档度假酒店拥有私人海滩

海外酒店的预约网站

● 亿客行
FD 0120-142-650

● Booking.com
TEL （03）6743-6650
URL www.booking.com

● Hotels.com
FD 0120-998-705

● 苹果世界
TEL （03）3980-7160
URL appleworld.com

● JHC
FD 0120-505-489

旅行的准备与技巧 ● 酒店基础知识

INFORMACIÓN

自由行游客寻找酒店的技巧

自由行游客往往不提前预订酒店，而是随心所欲地畅游。他们通常会当天确定第二天的行程并在当地寻找酒店。下面专为这些随性的自由行游客介绍如何寻找酒店。

● 出租车司机介绍

搭乘长途巴士抵达一座城市的巴士总站，出口附近通常会有出租车落客点。能够进入巴士总站内部揽客的出租车大多信用度较高，完全不必担心安全问题。游客只要告知期望入住市中心或者海岸沿线、住宿预算以及酒店环境与周围环境等，司机便会将其带往符合要求的酒店。如果恰巧该酒店在本书中也有记载，则说明其信用度相对较高。不过，墨西哥城与坎昆等观光地的大部分司机都不会讲英语。

● 旅游咨询处介绍

几乎所有的城市都有旅游咨询处。游客可在巴士总站搭乘市内巴士或者出租车前往旅游咨询处，并在窗口进行咨询。说明大概位置与预算等，工作人员会介绍几家适合的酒店。部分旅游咨询处可直接帮助游客给酒店打电话预订房间。旅游咨询处均提供英语服务，不会讲西班牙语的游客也不必担心语言不通带来的不便。

● 周末预订酒店要趁早

中等收入水平以上的墨西哥人也会进行国内旅行。每逢年末年初、圣周连休以及节假日等，国内各旅游胜地均会挤满墨西哥当地游客。即便是工作日有空房的酒店，到了周末也会人满为患。周五、周六最好赶在一早抵达酒店，趁着还有空房抓紧办理入住。

● 办理入住时支付费用

大部分酒店会在办理入住时要求以现金或者刷卡的形式支付住宿费用。长期居住可统一结算，也可以每天结算一次。游客在支付费用之后最好索要发票或者收款条，避免发生纠纷。

在确定客房之前可在工作人员的引导下入内参观

购物基础知识

种类丰富的工艺品与民间艺术品

在墨西哥购物的最大乐趣莫过于种类丰富的工艺品与民间艺术品。纺织品、陶器、皮革制品、漆器、银制品、宝石以及木雕品等，无论哪种都独具墨西哥特色，所有商品都特别适合买来作为旅游纪念品。此外，以龙舌兰酒为代表的墨西哥特产酒与装饰丰富的大檐帽子也都是比较常见的旅游纪念品，拥有极高的人气。

墨西哥是色彩鲜艳的民间艺术品的宝库

瓦哈卡州与恰帕斯州是原住民较多的地区，同时也是生产纺织品与陶器的宝库。采用胭脂虫染色的特奥提托朗·德尔·巴杰（瓦哈卡近郊）的纺织品特别有名。通常情况下，纺织工艺品越厚，品质越高。鲜艳的颜色处理将墨西哥的美好回忆久久留存。散发神秘黑色光泽的圣巴托洛科约特佩克（瓦哈卡近郊）产陶器也非常有名。来到这一地区，还可以在露天集市上买到原住民的传统服饰。

墨西哥是世界第一大白银生产国，因此这里的银制品是最佳旅游纪念商品。塔斯科是著名的银制品产地，游客可选购拥有品质保障的Starling或者刻有925字样的商品。

游客无须前往上述商品的原产地，在墨西哥城等面向游客开设的旅游纪念品商店与工艺品市场即可购买。有时还可以在市场与街边的露天小贩那里买到心仪的物品。墨西哥商店里陈列的商品无论是品质还是种类，的确可以用丰富多彩来形容。游客可以在明码标价的超市等地了解生活必需品的价位，如果购买旅游纪念品，则可以多转几家商店或者向同伴了解大概价位，得知市场行情之后，还要相信自己的眼光。

讲价技巧

超市与购物中心均为明码标价

在墨西哥购物要从砍价开始。这是墨西哥被称为购物天堂的原因所在。抱着享受的心态购物，一定会摸索出一条聪明的购物之路。

讲价时，相对于技巧，更重要的是气魄与坚持不懈的态度。不过，为了避免被人发现购买欲望，切忌穷追不舍。偶尔还是需要抱有在其他商店也可以买得到或者稍后再来搞定它的态度。此外，购买多个相同商品时，要针对单价进行价格交涉，确定价格后再集齐所需数量，逐渐向期望价格靠拢。总之，面带笑容地讲价，墨西哥人也会非常热情地进行接待。当然，依照拉丁准则进行购物也是非常有趣的体验。

龙舌兰酒

奎尔沃 Cuervo 与索查 Sauza 是龙舌兰酒的两大品牌，非常有名。

墨西哥的宝石

蛋白石、黄玉以及紫水晶是人气极高的旅游纪念品。外行很难判断品质优劣，因此务必要选择值得信赖的商店进行购买。此外，普埃布拉州的条纹玛瑙石也非常有名。

墨西哥的漆器

密乔阿康州、格雷罗州以及恰帕斯州等地的较为著名。

墨西哥的皮革制品

瓜纳法特州的莱昂等地较为著名。

退税服务

在 TAX BACK 加盟店消费 M$1200 以上可享受退税服务。在店内索取 TAX BACK 发票后前往墨西哥城、坎昆以及洛斯卡波等国际机场内的 TAX BACK 办公地（只有搭乘飞机出境才可以享受退税）办理退税手续。需出示所购商品发票、回程航班机票、入境卡、护照以及退税账户信息（银行账户或者信用卡等）。详细内容可通过官网（URL www.moneyback.mx）确认。

讲价词汇

在墨西哥购买未标价商品时讲价是非常普遍的现象。因此，Cuanto cuesta（库昂托·库埃斯塔 = 多少钱）、Más barato（玛斯·巴拉托 = 再优惠一些）以及 Amigo（阿米高 = 朋友）等专业词汇会派上用场。酒店虽然都是明码标价，但是根据季节与住宿时间可以与酒店方面进行价格交涉。

餐馆基础知识

餐馆概况

众多用餐场所

墨西哥的用餐场所包括可以品尝正宗菜品的餐馆 Restaurante、面向民众开设的食堂科梅多 Comedor、主要供应快餐的自助餐馆 Cafetería 以及专卖煎玉米卷的墨西哥快餐店 Taquería 等。

餐桌礼仪

虽然没有特别的礼仪，但是部分高档酒店禁止穿着 T 恤、短裤以及拖鞋等入内，还有明确规定着装标准的餐馆。此外，即便餐费中包含服务费，只要是中档以上的餐馆都需要向服务员支付小费（餐费的 10%~15% 左右），用于表达对优质服务的感谢。

墨西哥大众料理的世界

颇具话题的“玉米面豆卷”到底是什么？

墨西哥料理的主食是玉米粉圆饼 Tortilla。将在水中浸泡过的玉米混入湿润的粉糊 Masa 当中，再将其揉制成圆形薄饼状进行烤制。玉米面豆卷实际上就是在玉米粉圆饼中夹入喜爱的食材，当然，内容可以千差万别。例如，牛肉、猪肉、鸡肉以及内脏类等。前往一流的餐馆内便可发现，菜单上完全看不到玉米面豆卷的身影。不过，由于玉米面豆卷作为一种可轻松愉快享用的食物，非常受游客们的青睐。

猪肉干蒸玉米面豆卷

墨西哥料理的调味品与调味蔬菜

在墨西哥的城市里走一走便可发现，到处都是名为塔科利亚的玉米面豆卷专营店，价格非常便宜。塔科利亚的餐桌上摆有一种墨西哥酱 Salsa Mexicana。这是一种使用生西红柿、洋葱、萝卜、绿辣椒以及香菜叶等制成的辣酱，可根据个人喜好搭配玉米面豆卷食用，非常美味。墨西哥酱中含有香菜叶，没有品尝过的人们最初可能会抗拒这种刺鼻的香味，但只要习惯了这种香味便会一发不可收拾。墨西哥酱还会与柠檬白肉鱼以及虾肉小菜搭配食用。人们通常认为墨西哥料理口感很辣，实际上当地有很多不辣的汤品与沙拉。不过，由数十种辣椒制成的众多酱料完美地发挥了辣椒本来的味道，千万不要错过品尝的机会。

在玉米粉圆饼基础上加工的应用料理

墨西哥有很多在玉米粉圆饼的基础上进行加工且拥有独特味道的应用料理，例如，将使用猪油炸制过的小块玉米粉圆饼与西红柿浇汁一同炖制而成的墨西哥鸡柳卷 Chilaquiles、在烤脆的玉米饼上盛鸡肉与蔬菜后食用墨西哥版肉夹馍 Tostadas 以及在对折的玉米粉圆饼内夹入鸡肉并浇上使用绿番茄制作的酱汁（青酱）后搭配白色奶酪与洋葱一同食用的辣酱玉米饼 Enchiladas Verdes 等。此外，墨西哥酱的适用范围并不仅限于玉米粉圆饼，还有在固定为船形或者圆形的墨西哥酱上加入豆泥、白色奶酪以及青酱后在铁板上烤制而成的恰尔帕 Chalpa 与索佩 Sope、使用香蕉叶包裹后蒸制而成的玉米面团包馅卷 Tamales 以及甜味饮品玉米粥 Atole 等，多种多样的烹饪方法令人震惊。

在墨西哥务必要品尝地方小吃摊上的美食

墨西哥式饮食方法

●**咖啡馆 Café**

如果不喜欢店家推荐的菜品，可以果断拒绝。

●**专卖煎玉米卷的墨西哥快餐店 Taquería**

饮品贝维达斯 Bebidas 通常都会以瓶装形式出售。瓶口部分不太干净，需要使用纸巾用力擦拭后再饮用。店家还为用餐者准备有吸管。

●**注意着装**

中档以上（铺有桌布）的餐馆禁止穿着橡胶草履或皮凉鞋入内。墨西哥人是喜好雅致的民族。特别会在头部（发型）与脚部（鞋子）花重金。来到墨西哥还是应该入乡随俗。

市区内的玉米面豆卷专营店

可以尝试搭配墨西哥酱一同食用

路上也可以买到食物

采用两种酱料进行调味的墨西哥菜

对经济型游客的建议

墨西哥人平时常食用的面包、奶酪以及火腿既便宜又好吃。对于预算比较紧张的游客来说，绝对是首选美食。

●**面包 Pan**

墨西哥的面包非常便宜，但是很快就会变硬。一定要买新鲜出炉的面包且立即食用。可在中午13:00左右与晚上7:00左右前往面包房购买。

●**奶酪 Queso**

墨西哥的任何一座城市都有丰富的奶酪。来到墨西哥一定要品尝当地的原产奶酪。奶酪为称重售卖（以克为单位），可以在试吃后（试吃量很大）购买“100g”或者“Un Cuarto（250g）”。

●**火腿 Jamón&、腊肠 Salchicha**

与奶酪相同，务必要品尝一下当地的火腿与腊肠。特别推荐Palma的Jamón Aumado。

种类丰富的墨西哥啤酒

不为人知的墨西哥大众菜

墨西哥是一个爱好饮酒的国家

可以欣赏欢快的墨西哥流浪乐队艺人现场演奏的墨西哥城加里巴尔迪广场旁有很多全天供应美食的摊位与餐馆等，这里的玉米肉汤Pozole（在使用猪头炖制的肉汤内加入肉、大粒玉米以及红色芜菁等食材）、内脏汤Sopa de Menudo以及切齐纳Cecina（腌制成辣味的肉）等百吃不厌。

与玉米面豆卷齐名的还有蛋糕Torta。将这种与纺锤形面包十分类似的椭圆形面包分为上、下两个部分，去掉当中软绵的部分，在较硬的面包皮内夹入馅料后食用。夹入面包皮内的食材有炸猪排Milanesa、鸡蛋、火腿、腊肠、豆泥以及鳄梨等，还会加入用作作料的墨西哥胡椒Jalapeño（醋腌辣椒）。

墨西哥的酒品介绍

Salud!（撒露，意为干杯）。在墨西哥喝酒首先要记住这个词汇。最开始干杯时要说“撒露”，在饮酒期间，他们也会不停地反复重复“撒露”“撒露”。仿佛在这个词汇的衬托下才可以心情愉快地醉去。墨西哥人实际上是热爱集会的民族。除了独立纪念日与圣诞节之外，他们还创造出了“教师节”等节日，且每逢节日都会举办庆祝活动。在活动期间常喝的酒有啤酒、朗姆酒以及白兰地。

数十种墨西哥啤酒

提到墨西哥的酒，最为著名的应该是龙舌兰酒，除此之外，还有数十种啤酒Cerveza。特卡特Tecate罐装啤酒，在罐口处滴上酸橙汁并撒盐是墨西哥式饮用方法。饮用时，酸橙汁和盐与啤酒完美混合，颇具清凉感。此外，斯佩里奥尔Superior、帕奇菲科Pacifico、波西米亚Bohemia以及黑啤诺切·布埃纳Noche Buena（仅圣诞节期间有售）也都非常美味。尤卡坦半岛还有蒙特霍Montejo与莱昂·内古拉León Negra等品种。在墨西哥来一场品酒之旅应该也是非常不错的选择。

INFORMACIÓN

墨西哥当地出产的各种酒类

拥有2000年以上历史的龙舌兰酒是墨西哥当地出产的酒中最为著名的一种，无论在任何一座城市都可以喝到。白色，略酸，舌尖触感如浊酒一般，可谓绝妙。

提起当地出产的酒类，还有瓦哈卡州等特产的龙舌兰酵汁Mezcal。使用比用于制作马尔凯的龙舌兰更小的原材料制成的龙舌兰酵汁是龙舌兰酒的总称，著名的“龙舌兰”特指在龙舌兰地区生产的特定产品。为了营造当地出产酒类的氛围，龙舌兰酵汁的外包装上都有一条青虫。

尤卡坦的茴香酒Xtabentun也是当地出产的非常珍贵的酒类之一。该款酒口感较甜，余味带着轻柔的蜂蜜香，曾用作药用酒。尤卡坦自玛雅时代起便是蜂蜜产地。庆祝圣诞节与新年时饮用的罗恩教皇Ron Pope便是使用蛋黄制作的甜香酒。在甜香酒内兑入牛奶后饮用，十分美味。酒店与餐馆的休息室内，龙舌兰酒会选用Conmemorativo，而常喝的鸡尾酒则是美国的玛格丽特与龙舌兰日出。

墨西哥人喜爱喝酒且性格十分开朗。在墨西哥喝酒会令人伤感并引起乡愁。

COLUMNA

饱享龙舌兰酒！

龙舌兰酒的原材料龙舌兰是一种多肉植物，与仙人掌十分相像，从植物学上来说隶属百合科。龙舌兰拥有香甜的果汁，这也是龙舌兰酒的奥秘所在。可用作龙舌兰酒原材料的仅限八年以上的青龙舌兰。糖分较多的优质原材料可酿制100% 含量的高档龙舌兰酒，而糖分不足时，则需混入甘蔗。不过，青龙舌兰含量达 51% 以上是龙舌兰酒出厂的必要条件。

各生产厂家均制造并销售各种品质的龙舌兰酒。如果想要品尝优质龙舌兰酒，建议采用 100% 青龙舌兰酿制的 Tresgeneraciones 与 Hornitos 等。单瓶价格为 M$200~500 左右。

瓜达拉哈拉近郊城市特基拉是龙舌兰酒的原产地

墨西哥人喜爱朗姆酒与白兰地

朗姆酒采用甘蔗作为原材料酿制而成，古巴与加勒比海沿岸为原产地，却因墨西哥的百加得朗姆酒 Bacardi 而闻名。虽然可以直接饮用，但是用朗姆酒为基酒并兑上适量可乐的自由古巴 Cuba Libre 却广受好评。白兰地原本起源于欧洲且独具风味。东·佩德罗、普雷西丹特以及桑马尔克斯等都是比较有代表性的品牌。白兰地也经常使用可乐调制后饮用。

当地人非常喜爱的朗姆酒

禁止在街道上饮酒

墨西哥禁止在街道上饮酒。例如，在小卖店购买啤酒后直接当街饮用属违法行为。有时还会被警察拘留，因此务必要多加注意。

专为背包客准备的墨西哥B级美食向导

专门为坚信"只有穷游才能体验真实旅程"的背包客们准备的穷游墨西哥美食向导。通过该向导可以了解如何经济且高效地享用墨西哥的美味菜肴。

小费与礼仪

小费

墨西哥是有支付小费（西班牙语称小费为 Propina）习惯的国家。中档以上的餐饮店与观光服务是需要支付小费的。如果未支付小费，或者金额较少，则会引起对方的不满，需要多加注意。

中高档餐馆在结算时，服务员会将小票交给顾客，这时需要支付餐费的 10%~15% 作为小费（如果使用信用卡支付，则可以将小费金额填写在指定位置）。此外，在中档以上的酒店和机场，需要向帮忙搬运行李的工人支付 M$10~20 的小费。

演奏服务也需要支付小费

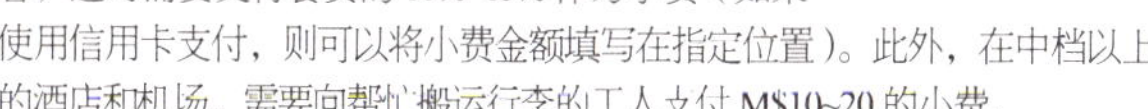

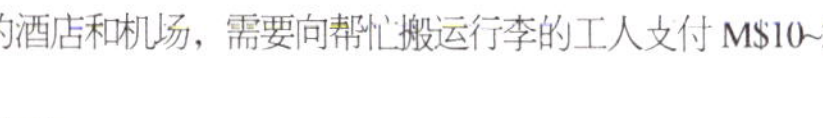

礼仪

墨西哥有一半以上的人口都是天主教徒，因此，天主教礼仪在这里根深蒂固。部分教堂与修道院也是对游客开放的观光胜地，在参观这种涉及民族信仰的场所参观时需要脱帽以示敬意。部分教堂禁止在内部拍照。此外，参观自然保护区时需要仔细聆听导游的讲解，不要破坏环境。需要提前确认是否可以摘取草木、与动物接触或者喂食等。

卫生纸切勿投入马桶

墨西哥的洗手间都会在马桶旁摆放一个垃圾箱。如厕后不得将卫生纸投入马桶内，而是丢进一旁的垃圾箱（水压较低，洗手间下水管容易堵塞）。部分高档酒店是可以将卫生纸投入马桶内冲走的。

吸烟

墨西哥对吸烟场所有明确的规定。餐馆分别设有吸烟区与无烟区，通常情况下，室外的露天席位是允许吸烟的。酒店也设有吸烟客房与禁烟客房，办理入住时要与工作人员确认。

Information

在墨西哥使用智能手机与网络

首先，可以有效地使用酒店等的网络服务（收费或者免费）与 Wi-Fi（无线访问节点，免费）。在墨西哥，主要酒店与城市均设有 Wi-Fi 接入点，因此游客可提前通过网络查询确认酒店 Wi-Fi 是否可用以及哪里有 Wi-Fi 接入点等信息。不过，Wi-Fi 还是有通信速度不稳定、无法连接或者使用场所限制等弊端。如果想要通畅地使用智能手机与网络，可以考虑下述方法。

※ 中国移动公司的流量包

可使用平时所用智能手机。可以自己选择适合的流量包，有 301 包天资费、“海外 B” 日套餐、一带一路量包等套餐可供选择。

※ 租用海外专用随身 Wi-Fi 或 4G 手机卡

可租用在墨西哥通用的随身 Wi-Fi。通常需要交纳一定的押金，是根据使用的天数进行收费的，优点是不限流量，可多人共享，体积小巧，携带方便。可以在各个机场提取，当然，店家也会提供快递服务。要是使用墨西哥 4G 手机卡的话，也是首先得在国内的店家购买好，按天收费的，不过，手机卡在当地才能使用，不需要押金，过了使用天数就失效了。

在机场等地办理手续并领取随身 Wi-Fi

上面提到的方法是比较常用的方法。

电话与邮政

公用电话费用

随着手机的普及，近年来公用电话数量锐减。

在当地购买手机与 SIM

墨西哥市面上大多为预付卡形式（Telcel 公司的 Amigo）的手机，在市区内的手机商店、大型超市以及便利商店等均有出售（含 M$200~、SIM 卡以及 M$100 分的通话费）。初次使用需电话联络手机公司并以邮件形式登录，可在购买手机时委托工作人员进行操作。预付卡可以在小卖店与便利商店等地购买。各额度有与之对应的有效期限（例如，M$100 的预付卡有效期限为 60 天），过期后依然可以接听电话，但是即便卡内仍有余额，也需要在充值后才可以继续使用。此外，必须充足 300 天的额度，否则号码将会被取消登录。

邮政

邮政局位于各城市的市中心地区。邮寄信件时需要将其交给邮局窗口（市区内的邮筒几乎都不能正常投递）。

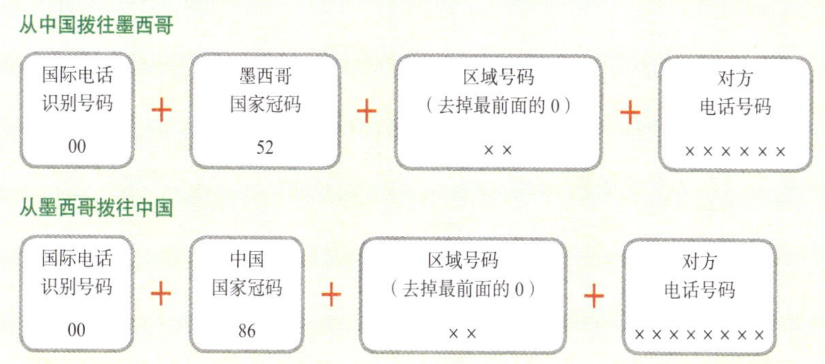

旅行纠纷与安全对策

墨西哥的安全状况

一切为了旅途安全

墨西哥与加拿大、哥斯达黎加以及智利齐名，是美洲大陆上比较安全的国家之一。不过，近年来由经济恶化导致失业率增加，抢劫与偷盗等犯罪事件呈增长趋势。下面就针对墨西哥的犯罪种类、趋势以及对策进行介绍。

通常情况下，只要注意避免夜间外出、尽量不要前往人烟稀少的区域、注意观光地等时常发生的踩踏事件以及与他人结伴出行等几个方面，就几乎不会遇到危险。

游客时常光顾的场所

与墨西哥当地的普通人相比，携带一定额度现金外出的游客更易遭遇抢劫与偷盗事件。也就是说，游客较多的区域是犯罪事件的高发区。

巴士总站内有各种各样的乘客出入

巴士总站

在巴士总站存取大额现金仿佛是在提醒犯罪分子“我这里有钱”。游客只需要准备必需的金额再加上若干灵活运用的现金即可。此外，墨西哥城等市内巴士与地铁有很多被制伏后遭遇抢劫的案例。

酒店

酒店客房并不是百分之百的安全地带。贵重物品可以在客房内或者前台的保险箱内进行保管。特别是入住高档酒店且经常会将贵重物品随意放置在房间内的游客务必要多加注意。游客可经常整理行李，避免酒店工作人员企图犯罪。

观光景点

游客在观光中经常会聚精会神地拍照，回过神来才发现放在脚下的

外交部的海外安全网站

除了介绍国家概况之外，还有详细的犯罪事件介绍。

注意信用卡消费小票上的货币单位。

检查护照

在墨西哥，外国人需要随身携带护照。位于州境的移民局检查站有时会对过往行人及车辆进行检查。特别是从伯利兹前往美国的北上线路，即加勒比海与墨西哥湾沿岸地带非常严格。有时还有军队与警察设卡检查。

墨西哥的警察

不仅是墨西哥，很多国家的警察都会全副武装且拥有极大的权力。人们在遇到麻烦时，会将警察视为救命稻草。但不可否认的是警察也分好坏，当地就有很多骗取游客钱财的坏警察。特别是在墨西哥城机场安检时，会有机场警察将游客带往其他房间索取钱财，因此务必要提高警惕。

休达·胡亚雷斯治安恶化

近年来，位于美国国境线附近的奇瓦瓦州城市休达·胡亚雷斯治安状况每况愈下。毒品组织与治安部队之间频繁发生冲突。美国国境附近的努艾波·拉雷多市与蒙特雷都市圈也有同样的遭遇，且治安状况急速恶化。在上述地区游览或者换乘的游客，务必要通过政府机关与旅行社等收集信息，充分注意安全。

包包等物品已经被偷走。人员混杂时，应尽量将小背包放在胸前，而不是背在身后。

即便是全程包车的旅游车，也不要将照相机等放在车内，为了避免偷盗事件的发生，应随身携带贵重物品。此外，租车自驾时，切勿将贵重物品放在从车窗外可以看到的位置。

墨西哥城等地专门偷盗游客数码相机的犯罪团伙日渐增多。最好不要随身携带名牌包包与手表等吸引人眼球的高档物品。

银行与货币兑换处

在市区或者机场等地兑换货币的游客往往是犯罪分子们锁定的目标。因此，游客在兑换货币后务必要注意周边环境并马上离开。墨西哥城的国际机场内有很多货币兑换处，犯罪分子会伪装成游客并趁乱下手。

健康管理

疾病的预防方法

健康是快乐旅行的首要条件。出发前要留意健康问题，身体状况较差的游客务必要提前进行体检。墨西哥的部分地区气候多变，计划前往多地区的游客要注意预防感冒与日射病。高血压的游客在高原地区活动时危险度大增，要多加注意，切忌抽烟饮酒。

周游遗址时要随身携带帽子

帕伦克周边等地的原始森林内有疟疾感染的风险。死亡率虽然不高，但是一旦被传染将会非常麻烦。近年来，患登革热的游客也日渐增多。这些都是经过蚊虫传染的传染病，因此务必要随身携带用于抵抗蚊虫的防虫喷雾、白色长袖衬衫以及长裤。在原始森林内长时间逗留的游客最好喝一些抵抗疟疾的药品。此外，对艾滋病的预防是全世界的共识。这是一个世界性话题，一旦感染则有可能死亡，因此在旅行中要多加注意。

食品与饮品

与自来水相比，鲜果汁喝得更加放心

墨西哥的大部分地区都不能直接饮用自来水。坎昆等地虽然可以直接饮用，但要看水质是否适合饮水人的体质。来到墨西哥的游客通常情况下都会购买矿泉水。有时商家还会在饮品中加入采用非饮用水物质制成的冰块。饮用前最好将这些冰块取出，以免身体发生不适。

生蔬菜上有时会有小虫，它们会侵蚀人类的胃黏膜。因此最好不要食用生蔬菜。此外，食用不熟的鸡肉与猪肉还有可能食物中毒。

当地有很多看上去不太干净的小吃摊位。在食用前一定要再次观察。身体疲劳的人很容易腹泻。一旦闹肚子，可以喝复方苯乙哌啶片Lomotil，非常见效。

海拔高度

首都墨西哥城海拔2240米，氧气含量仅为平地的2/3左右。身体健康的人在这里有时都会感到不适，因此切忌勉强自己。机场与高档酒店均为游客准备有氧气瓶。

墨西哥的药物

海关在安检时经常将游客随身携带的药物误认为是毒品，因此需尽量避免携带粉状药物。此外，墨西哥法律禁止在未持有医生处方的情况下随身携带大量药物。很多美国人都因为违反了墨西哥法律在药品方面的相关规定而被逮捕，要多加注意。

身体管理

旅途疲劳很容易导致胃肠功能紊乱，务必要在饮食方面多加注意。为了保证身体在旅途中不出现问题，旅途中要放松身心且注意卫生。小摊上的食物等经常是导致身体不适与腹泻的罪魁祸首。

大气污染

墨西哥城的大气污染十分严重。为避免引起支气管类疾病，儿童等应尽量避免长时间外出。

登革热

墨西哥南部与海岸地区每逢雨季都会流行登革热。登革热通常是被携带登革病毒的蚊虫感染所致（人与人之间不会直接感染）。由大雨与台风导致水淹的地区会集中出现登革热病例，因此游客需穿着长袖长裤并使用防虫喷雾以避免蚊虫叮咬。

寨卡热

中南美地区以蚊子为传播媒介的寨卡热发病率逐年上升。墨西哥在2015年11月发现了首个局部感染病例。寨卡热症状及预防方法与登革热几乎完全相同，尤其是孕妇需要特别注意。寨卡热在今后还有继续扩大的危险，详情可参照我国外交部的海外安全主页等。

犯罪事件事例研究

出租车强盗

在墨西哥城搭乘出租车时遭遇强盗的事件日渐增多。驾驶偷来的出租车载客，共犯搭乘其他车辆紧随其后。他们将车停靠在人烟稀少的区域，此时共犯也会到车上来威胁乘客并抢夺钱财。几乎所有的受害者都会被控制在车上 1 小时左右，犯罪分子得手后便会将受害者放走。

对策▶不要搭乘流动出租车，尽量选择乘坐无线出租车，乘车前牢记出租车号牌并确认张贴在车内的司机身份证明。

巴士强盗

长途巴士（特别是夜间行驶的二等巴士）行驶途中经常会有伪装成乘客的强盗上车抢劫钱财。特别是夜间巴士是犯罪分子的抢劫重点，游客如果不得不在夜间乘坐巴士时，务必要搭乘不设经停站的一等直达巴士。

对策▶不乘坐夜间巴士、尽量避免乘坐有乘客中途乘降的二等巴士、搭乘一等直达巴士或者飞机等。

街道强盗

有的强盗会在街道上搭讪。他们会跟踪面带笑容、和蔼可亲的人并抢夺其钱财。他们会以“朋友”相称，将人带到人烟稀少的场所后与同伴一同围攻并抢夺钱财。

对策▶如果过分警觉会很难交到朋友，但是切忌跟随在路上刚刚认识的人前往某地。此外，旅途中最好与朋友结伴而行。

抢劫

2~3 人的团伙，一个人在游客后背涂抹番茄酱与牙膏，剩下的人拿着手帕伪装成十分亲切且企图靠近为其擦拭的样子，在游客摘下背包的瞬间实施抢劫并迅速逃跑。通称背包强盗，是中南美地区比较常见的抢劫手法。

对策▶如果有人吆喝“你身上有番茄酱”等，那就说明你已经被人盯上了。这时应该无视他们并迅速前往安全的场所。

与毒品有关的事件

旅行中有人会将大麻等搁入不含酒精的软饮料中，购买饮料要注意，在墨西哥一经发现将会受到严厉的惩罚。

上、右 / 在市场与市内巴士等人员混杂的场所要注意自己的行李

曾有游客在市场散步时被自称墨西哥人的两个外国人纠缠并强迫购买大麻，购买后准备离开市场时便被便衣警察控制并搜身，因携带毒品被当场逮捕。出售毒品的人凭借向警方告发也可以赚钱。

对策▶遇到卖大麻的人前来搭讪，务必要果断拒绝。如果态度暧昧，将无法摆脱他们的纠缠。

扒手的犯罪手段

扒手们的犯罪手段大体上分为两种。一种是使用剃刀划开包包的底部，神不知鬼不觉地将包中物品偷走。为了防止上述犯罪事件的发生，游客务必要将包置于胸前。

第二种犯罪手段为“制伏后抢劫”。在市内巴士上，2~3 个男人逐渐靠近受害者，将其制伏后拿走包包与衣服兜中的物品。与其说是扒手，倒不如称其为强盗。也许是害怕遭到报复，遇到这种情况，周围的人们都会装作看不见的样子。

扒手最多的场所是大城市的市内巴士与地铁内。

对策▶不要乘坐拥挤的巴士。身上只携带够当天使用的金额，其他钱可与护照一同放入酒店的保险箱或者腰包内。在巴士上要环顾四周观察是否有可疑人物。如果发现可疑人物要立即下车。

使用上述手段进行偷盗的扒手大多会出现在墨西哥城的雷夫奥尔马大街上的巴士内，有很多游客会搭乘这条线路的巴士前往墨西哥人类学博物馆。游客可尽量避免搭乘开往博物馆方向（Auditorio 方向）的巴士，选择乘坐迷你巴士与出租车会更加安全。

墨西哥的医院

旅行途中如果感觉到疲惫就应该好好休息。硬撑着完成计划好的日程，反而会使抵抗力下降，甚至生病。

有时即便已经十分小心，也还是会生病或者受伤。部分墨西哥医生不太喜欢细致的工作，即使只是稍显复杂的骨折，也会以截肢的方式进行处理。当地各医院之间有很大差距，务必要选择设备完善的医院就诊。就诊时一定要告诉医生，花多少钱都可以，请务必要好好地诊断治疗。即便就医费用较高，只要购买海外旅行保险就无须担心费用问题。如果购买的海外旅行保险中包含救援者费用，家人还可使用保险金来到医院陪护。为了避免出现不必要的支出，在出国旅行前务必要购买海外旅行保险。

紧急情况的应对方法

托运行李遗失

抵达机场后如果找不到自己的托运行李，可以前往行李遗失柜台 Lost&Found 咨询。如果行李被盗或者破损，可以在这里投诉并办理赔偿手续。

行李遗失

如果在市区内发生行李被盗或者将行李忘在某处的情况，最好不要抱有能将其找回的期望。如果购买了海外旅行保险，保险公司会在后期支付赔偿金，因此需要警察开具《被盗证明》。墨西哥警察办事严谨，在接到报警后多会前往被盗现场或者遗失地进行现场勘查。如果旅行时间较长，还可以申请在当地领取赔偿金。此外，近年来 iPhone 在墨西哥大受追捧，要小心以窃取智能手机为目标的犯罪分子（务必要开启手机的锁定功能）。

在机场内也要小心行李遗失

重新办理护照时需要的资料与费用

当地警察局开具的遗失·被盗证明；

照片（45 毫米 ×35 毫米）两张（※ 注）；

户口本或者复印件一份；

可确认旅行日程等的资料。（机票与旅行社提供的行程）

手续费

※ 未设置 IC 护照印制设备的驻外使馆需要 3 张照片。

护照丢失后如何重新办理

丢失护照后，首先应前往当地警察局，申请出具《丢失·被盗证明》。

重新办理护照，除了《丢失·被盗证明》之外，还需要出示户口本（或者复印件）、免冠照片以及手续费。为了保证手续的顺利进行，最好提前将护照上印有照片的页面、机票以及旅行日程复印，并将其与原件分别进行保管。

信用卡遗失

几乎所有的信用卡都自带被盗保险，但如果没有及时报失，则有可能无法获得赔偿。

由于美国运通在墨西哥城与坎昆等地设有办公室，因此在报失后一天左右便可领取新卡。维萨补发新卡需要一周左右的时间，可以申请将新卡邮寄至墨西哥的酒店。

机票遗失

随着电子票的普及，旅行中几乎不会出现遗失机票的风险。使用电子票的乘客在旅行途中应携带票据副本，在办理登机时向工作人员出示。如果副本丢失，只要出示身份证明（护照或者购票时使用的信用卡等）便可重新获取（如果游客保存有电子版本，可自行打印）。

旅行会话

西班牙语发音基础

如果将字母按照罗马字读法发音，基本上是可以听懂的。字母的组合方法与读法多少会有例外，按照后面标注的汉字发音读即可。此外，未标注音调的词汇，可加重倒数第二个字母的发音，这样听起来会相对比较流畅。

特殊发音

- **G（he）－有时不发浊音。**

  ge（he）、gi（hi）例：gente 亨特（＝人们）

  ※ga（ga）、gui（gi）、gu（gu）、gue（ge）、go（go）为浊音。

- **H（a qie）–H 不发音**

  例：habitación 阿比塔西昂（＝房间）

- **J（ho ta）–J 与拼音 H 发音类似。**

  ja（ha）、ji（hi）、ju（hu）、je（he）、jo（ho）

  例：tarjeta 塔尔赫塔（＝卡）

- **LL（发 jie 或者 lie 的音）**

  lla（lia）、lli（li）、llu（liu）、lle（lie）、llo（liao）

  ※中美地区，特别是墨西哥会发成 jia、ji、jiu、jie、jiao 的音。

  例：llave 加维（＝钥匙）

- **Ñ（ai nie）**

  ña（nia）、ñi（ni）、ñu（niu）、ñe（nie）、ño（niao）

  例：señorita 塞尼奥立塔（＝年轻女性）

- **Q（ku）与 C（se）**

  ca（ka）、ci（xi）、cu（ku）、ce（se）、co（ko）/qui（ki）、que（ke）

  例：qué 克（＝什么？）

- **L（ai re）、R（ai re）与 RR（ai re）**

  这几个都是发 L 的音，r 是轻卷舌音，rr 则为重卷舌音。

- **X（si）－通常发 si 的音，也有例外。**

  例：extranjero 埃斯特朗赫罗（＝外国人）、México 梅西可（＝墨西哥）

- **Y（伊古列加）**

  ya（ya）、yi（yi）、yu（you）、ye（ye）、yo（yao）。部分地区发 jia、ji、jiu、jie、jiao 的音。

  例：yo 要（＝我）

- **Z（se ta）－与英语中的浊音发音不同。**

  za（sa）、zi（xi）、zu（si）、ze（se）、zo（so）

  例：zócalo 索卡洛（＝中央广场）

寒暄语与口头禅

寒暄语

- Buenos días 早上好
- Buenas tardes 你好
- Buenas noches 晚上好、晚安
- i Hola! 哎呀!
- Gracias 谢谢
- De nada 不客气
- Cómo está? 你还好吗?
- Muy bien 我很好
- Adios 再见
- Hasta mañana 明天见

口头禅

- Mande? 什么?（仅限墨西哥使用）
- Por favor 拜托了
- Sí 是的
- No 不是
- Está bien(OK)
- No entiendo bien español 我不懂西班牙语
- Más despacio，por favor 请你慢点说
- Que hora es? 几点
- Son las 6 y media 6 点半
- Me gusta esto 我喜欢这个
- Muy bien 可以了
- Qué es esto? 这是什么?

市内观光

- Perdón 对不起
- Dónde está~? ～在哪儿?
- A~? 去～怎么走?
- Va 3 cuadras derecho，y dá vuelta a la izquierda 直行三个街区后左转
- Dónde estoy? 我现在在哪?
- Dónde puedo tomar el camión a~? 开往～方向

的巴士在哪里坐？

- Está lejos？那里远吗？
- Está cerca？近吗？
- Puedo i r caminando 可以走着去吗？

cuadra 夸德拉：街区
esquina 埃斯基纳：拐角
calle 卡杰：道路
derecho 德雷乔：直行
a la izquierda 阿 拉 伊思基埃尔达：左转
a la derecha 阿 拉 德雷恰：右转
avenida 阿维尼达：大街

电话

- A dónde quiere hablar？往哪里打电话？
- A qué número？号码是多少？
- A× ×-× × × ×（打给 × ×～）
- Un momento 请稍等
- bueno：喂（仅限墨西哥使用）
- teléfono：电话
- LADA internacional：国际电话

银行

- A cómo está el cambio de hoy？今天的汇率是多少？
- Cuánto es la commissión？手续费是多少？

banco：银行
cambio：兑换
efectivo：现金
cambiar：换（动词）
moneda：货币
billete：纸币
dinero：钱
tarjeta：卡
compra：买价
venta：卖价

入境审查

- Su pasaporte，por favor 请出示护照
- Sí，aquí está 好的，在这里
- Cuánto días va a ester en méxico？在墨西哥逗留几天？
- Un mes 一个月
- A dónde va？去哪里？
- Voy a Guadalajara 去瓜达拉拉哈拉
- Tiene algo para declarer？有什么需要申报的吗？

- No，todos son mis cosas personales 没有，都是我的衣服
- Es todo，Gracias 好了，谢谢
- Gracias，Adiós 谢谢，再见

imigración：出入境管理
pasaporte：护照
tarjeta de turista：游客卡
aduana：海关
equipage：行李
maleta：行李箱
carrito：手推车
equipaje de mano：随身携带进入机舱
aeropuerto：机场
confirmación：（预约）确认
avión：飞机
deferencia de horas：时差
ida：去时的路
vuelta：回程
turismo：观光
transbordar：换乘
tarifa：费用
abordo：搭乘、乘船
embajada：大使馆
consulado：领事馆

情景对话示例

巴士总站

- A qué hora sale a~？开往～方向的巴士几点发车？
- A qué hora llega a~？几点到达～？
- Cuánto tiempo se tarda hasta~？到～需要几个小时？
- Está numerado？指定座位吗？
- A~？是开往～吗？

- A~，uno（dos）por favor 我要一张（两张）去～的票

autobús：巴士
camión：巴士（仅限墨西哥及中美地区使用）
terminal de autobús：巴士总站
central camionera：巴士总站
primera clase：一等
segunda clase：二等
andén：月台
boleto：票
directo：直达
expreso：快车
lujo：豪华巴士
salida：出发（出口）
llegada：抵达
entrada：入口
salada：出口

酒店

- Hay algún hotel económico pero decente？有没有比较便宜的经济型酒店？
- Tiene cuarto para uno（dos）？有没有单人间（双人间）？
- Puedo ver el cuarto？请带我看一下房间好吗？

recepción：前台
llave：钥匙
baño：浴室、洗手间
aire acondicionado：空调
toalla：毛巾
jabón：肥皂
hora de salida：办理入住手续
reservación：预约

餐馆

- El munú，por favor 请给我拿一下菜单
- Un café，por favor 请给我一杯咖啡
- La cuenta，por favor 买单

cuchara：勺子
tenedor：叉子
cuchillo：刀
servilleta：纸巾
agua potable：饮品
vaso：杯子
restaurante：餐馆
cafetería：自助餐馆
bar：酒吧
comida：用餐（午饭）
desayuno：早餐
cena：晚餐
para llevar：打包

购物

- Tiene~？有～吗？
- Puedo ver esto？请给我看一下这个好吗？
- Esto，por favor. 我要这个。
- Cuanto cuesta？多少钱？
- Es muy caro！这个太贵了！
- Más barato，por favor. 请再便宜一些。
- Más grande. 请给我比这个再大一些的。
- Más pequeño. 请给我再小一些的。

mercado：市场
cambio：找零
descuento：打折
otro：其他的
impuesto：税金
IVA：附加价值税

紧急情况下的医疗用语

在酒店索要药品

身体感到不适。

No me encuentro bien.

有没有腹泻药?

¿Tiene antidiarréicos?

前往医院

附近有医院吗?

¿Hay algún hospital cerca?

请带我去医院。

¿Me puede llevar al hospital?

在医院内

我想预约检查。

Quiero pedir cita.

是梅里亚酒店介绍我来的。

Me envían del hotel Meliá.

如果叫到我的名字请告诉我。

Avíseme cuando me llamen, por favor.

在诊察室内

需要住院吗?

¿Tienen que ingresarme?

下次什么时候来比较好?

¿Cuándo tengo que venir la próxima vez?

需要定期到医院来吗?

¿Tengo que venir regularmente?

我计划还要在这里待两周。

Voy a estar aquí dos semanas más.

诊察结束后

诊察费是多少钱? ?

¿Cuánto es la consulta?

可以使用保险吗?

¿Puedo usar mi seguro?

可以使用信用卡支付吗?

¿Aceptan tarjeta de crédito?

请在保险资料上签字。

Fírmeme en la hoja del seguro, por favor.

※ 如果有以下症状，请及时就医

- ☐ 呕吐 ……………… nauseas
- ☐ 发冷 …………… escalofrío
- ☐ 食欲不振 ……… inapetencia
- ☐ 晕眩 ………………… vértigo
- ☐ 心悸 ………… palpitaciones
- ☐ 发烧 ………………… fiebre
- ☐ 在腋下测量体温 …… por debajo de la axila
- ☐ 在嘴中测量体温 por vía oral
- ☐ 腹泻 ………………… diarrea
- ☐ 便秘 ……… estreñimiento
- ☐ 水样便 deposiciones líquidas
- ☐ 软便 deposiciones blandas
- ☐ 一天○次 … ○ veces al día
- ☐ 有时 ……………… a veces
- ☐ 频繁 ……… con frecuencia
- ☐ 不停地 …… continuamente
- ☐ 感冒 ………………… gripe
- ☐ 鼻塞 … nariz congestionada
- ☐ 鼻涕 ………… moco líquido
- ☐ 哈欠 …………… estornudo
- ☐ 咳嗽 ………………… tos
- ☐ 痰 ………………… flemas
- ☐ 血痰 …… flemas con sangre
- ☐ 耳鸣 …… zumbido de oído
- ☐ 听力衰减 dificultad para oír
- ☐ 耳漏 ……………… otorrea
- ☐ 眼屎 ……………… legañas
- ☐ 眼睛充血 …… ojos irritados
- ☐ 看不清 …… visión borrosa
- ☐ 哮喘 ………………… asma
- ☐ 荨麻疹 …………… urticaria
- ☐ 过敏 ………………… alergia
- ☐ 湿疹 ………………… eccema
- ☐ 痔疮 ………… hemorroides
- ☐ 月经 ………… día de la regla

※ 可手指点下述词汇向医生传达自己想要表达的意思

▶什么性状的食物

生的……………………… crudo
野生的………… animal de caza
油性较大的…………… aceitoso
凉的……………………… frío
坏的……………………… podrido
没有热透的 …………………… poco hecho
做好后放了一段时间的 …………………… comida pasada

▶受伤

扎伤、咬伤 ……………… picado/mordido
划伤……………………… cortado
摔倒……………………… caído
打伤……………………… golpeado
扭伤……………………… torcido
摔伤……………………… caído
烧伤……………………… quemado

▶疼痛

火辣辣的疼……… me escuece
针扎般的疼………… punzante
被刀扎似的疼………… agudo
疼得厉害…………… intenso

▶原因

蚊子……………………… mosquito
蜜蜂……………………… avispa
牛虻……………………… tábano
毒虫………… insecto venenoso
老鼠……………………… rata
猫………………………… gato
野狗…………… perro callejero

▶处于何种情况

在路上行走 ………… caminando por la calle
开车 ………… conduciendo el coche
在餐馆用餐 … comiendo en el restaurante
在酒店睡觉 ………… durmiendo en el hotel

旅行黄页

大使馆 & 电话

电话：0052-55-56160609
值班手机：0052-55-54073017
URL http://www.embajadachina.org.mx

信用卡报失电话

●美国运通
TEL +1-804-673-1670（美国，接电话人付费电话）
●万事达卡
TEL +1-636-722-7111（美国，接电话人付费电话）
●维萨卡
TEL +1-303-967-1090（美国，接电话人付费电话）

手机报失电话

手机丢失，可按照下述方式进行报失（办理停机手续。所有公司均为 24 小时服务）。

西班牙语的基本词汇

■ 资料填写

nombre：姓名
apellido：姓氏
sexo：性别
masculino：男
femenino：女
edad：年龄
estado civil：婚姻状况
soltero：单身
casado：已婚
domicilio, dirección：地址
destino：目的地
fecha de nacimiento：出生日期
lugar de nacimiento：出生地
nacionalidad：国籍
ocupación, profesión：职业
estudiante：学生
objeto de viaje：旅行目的
negocio：商用
visa：签证

日期 & 周

hoy：今天
mañana：明天
pasado mañana：后天
ayer：昨天
mañana：早晨
tarde：下午
noche：晚上
pronto：马上
ahora：现在
después：稍后
día：日、白天
mes：月
semana：周
año：年
lunes：周一
martes：周二
miércoles：周三
jueves：周四
viernes：周五
sábado：周六
domingo：周日

■ 数字

1：uno
2：dos
3：tres
4：cuatro
5：cinco
6：seis
7：siete
8：ocho
9：nueve
10：diez
11：once
12：doce
13：trece
14：catorce
15：quince
20：veinte
30：treinta
40：cuarenta
50：cincuenta
60：sesenta
70：setenta
80：ochenta
90：noventa
100：cien
500：quinientos
1000：mil
5000：cinco mil
1 万：diez mil
10 万：cien mil
100 万：un millón

墨西哥历史

代表墨西哥古代文化的特奥蒂瓦坎神庙

古代文明

墨西哥最古老的文明是自公元前 12 世纪左右在墨西哥湾岸繁荣起来的奥尔梅加文明，至今依然保留着巨石人头像等独特的遗物。之后，公元前 3 世纪时分别在瓦哈卡与中央高原建造了阿尔万与特奥蒂瓦坎的宗教都市。6 世纪时便拥有约 20 万人口的大帝国特奥蒂瓦坎在 10 世纪灭亡，之后相继有中央高原的托尔特卡文明与 13 世纪左右的阿斯特卡闻名繁荣起来，影响力波及墨西哥各地。在尤卡坦半岛的原始森林内，3~9 世纪期间，玛雅文明繁荣起来并陆续建造了帕伦克、奇琴伊察以及乌斯马尔等代表古代墨西哥的建筑。

自公元前 12 世纪起繁荣起来的奥尔梅加文明的巨石人头像

殖民地时代

1519 年，埃尔南·科尔特斯率领西班牙军队在韦拉克鲁斯登陆并陆续侵占阿斯特卡的城市。阿斯特卡帝国的末代皇帝夸特莫克 Cuauhtémoc 果敢应战，曾一度击退西班牙军队。不过，1521 年，首都特诺奇提托朗（现在的墨西哥城）沦陷，在此后的 300 年间这里一直是西班牙的殖民地。

阿斯特卡神庙被彻底破坏，原住民无条件接受天主教等西班牙文化。此后，墨西哥原住民的风俗与传统与西班牙文化相融合，形成了独特的混血文化。

独　立

18 世纪末期，受到美国独立等的强烈刺激，墨西哥也开始了独立运动。1810 年 9 月 16 日，独立战争爆发。由地方天主教的司祭米格尔·伊达尔戈 Miguel Hidalgo 揭开战幕。1811 年，伊达尔戈被处刑，1821 年在西班牙军司令官伊图尔维德 Iturbide 的协助之下完成独立。不过，新墨西哥帝国皇帝伊图尔维德强行上位导致的不稳定政局一直未得到缓解。

哈利斯科州政府内描绘的伊达尔戈神父

圣阿纳时代

在位一年半的皇帝伊图尔维德下台后，开始了可称为墨西哥不幸时代的圣阿纳统治时期。1829 年，军人圣阿纳因在唐皮克击退了西班牙远征军而被追捧为民族英雄，并在 1833~1855 年间登上总统宝座。不过，圣阿纳缺乏政治手腕，因临时改变政策而导致国内出现混乱。

1824 年，墨西哥向共和制过渡，但政局依旧不稳定，各地原住民开始发起叛乱。1836 年，特基萨斯分离独立运动异常激烈，更是与支持独立的美国开战。欠斟酌的特基萨斯战役最终以失败告终，墨西哥在这次战役中失去了广阔的领土。

国境纷争

1844 年，当选美国总统的詹姆斯·波尔克主张合并特基萨斯与加利福尼亚。特基萨斯独立且成立特基萨斯共和国已经过去了 8 年的时间，如果墨西哥同意将特基萨斯与美国合并，则意味着美国正式向墨西哥宣战。

不过，美国在 1845 年 3 月完成特基萨斯合并，同年 5 月向位于国境的里奥·古朗德进军，意在挑起战争。一旦墨西哥军开枪或出现死伤，波尔克总统便会马上向议会送去咨文。就这样，由美国设计的这场墨西哥自始至终都无法获胜的战役打响了。

1847 年 8 月，美国占领墨西哥城，美国与墨西哥的国境纷争就此告一段落。当时，士官学校内 16~17 岁的年轻士官生们在墨西哥城与美国军队抗争到了最后。“英雄少年们 Niños Héroes”的称号一直流传至今，作为爱国主义者，勇气可嘉。

近代改革

1848年签订《瓜达卢佩·伊达尔戈条约》，墨西哥除了同意将里奥·古朗德北部的特基萨斯与美国合并，还把包含美国加利福尼亚、新墨西哥以及阿里左纳等在内的广阔领土割让给了美国。包含特基萨斯在内的面积是现在墨西哥国土面积的两倍以上。而且，当地还蕴藏有丰富的石油、铜以及铀等自然资源。墨西哥因此得到的赔偿仅仅只有1500万美元。

各地都伫立有看上去十分自豪的胡亚雷斯雕像

1854年，人们对圣阿纳弊政的不满爆发。反对圣阿纳的人们提出《阿尤特拉宣言》并发起叛乱，1855年又将圣阿纳逐出国境。在这场运动中发挥核心作用的是主张自由主义的政治家、知识分子以及老军人。之后，掌握政权的这些自由主义者们开始了墨西哥首次正式的自由主义改革。这个时代被称为“改革（雷夫奥尔马）的时代”，也就是近代化的初期阶段。

墨西哥的教堂自殖民地时期以来一直掌握着巨大的权力。渴望近代化的自由主义者们认为由教堂掌握却未得到充分利用的辽阔土地、牧师们的特权、学校教育根深蒂固的影响力以及教堂征收的税金等都是近代化进程的巨大障碍。因此，针对教堂问题分别在1855年与1858年制定了废除军人与牧师审判特权的《胡亚雷斯法》以及禁止普通市民团体与宗教团体持有除目前必要产权以外的任何土地与建筑等不动产的《雷尔德法》。依据《雷尔德法》，教堂不得不放弃辽阔的土地，并因此在经济上遭受到了巨大的打击。这条法律的制定者雷尔德以削弱教堂势力，同时将教堂土地割让给农民们为基本目标。不过，当时的佃户根本没有财力，好不容易从教堂那里得手的土地也拱手让给了地主、军人以及资本家们。

1857年制定的宪法加进了上述改革，由于内容过于自由主义化，教堂及其支持者保守派提出了强烈抗议。1857年12月起，历时近三年的内战终于爆发。内战最终以自由主义派的胜利告终，内战指挥者贝尼托·胡亚雷斯 Benito Juárez 返回墨西哥城并在1861年当选总统。

贝尼托·胡亚雷斯的时代

胡亚雷斯是出身于因蒂赫纳的总统，在进城开始学习之前连西班牙语都不会讲。不过，他经过勤学苦读成为律师，之后又当选瓦哈卡州知事，参加了近代化的《阿尤特拉宣言》。此后又担任自由主义派政府的司法大臣，并最终登上总统宝座，胡亚雷斯被誉为墨西哥历史上最受人尊敬的总统。

1864年，迫于法国拿破仑三世的压力，奥地利的马克西米利安大公称墨西哥皇帝，并大力推行帝政。不过，从墨西哥城逃亡的胡亚雷斯政府开始了以格里拉战役为代表的抵抗运动。美国在战争期间对胡亚雷斯提供了大力援助，1867年，马克西米利安大公处刑标志着内战结束。不久，胡亚雷斯便恢复国内秩序，在1872年前的总统任职期间推行教育振兴与制造业奖励等政策，大力推进墨西哥近代化进程。

位于马克西米利安大公处刑地克雷塔罗市内的康巴纳斯山

迪亚斯政权独裁

1876~1911年间，珀尔费里奥·迪亚斯掌握政权。在经济发展突飞猛进的时代，铁路、港湾以及通信网等基础设施逐步完善，新银行设立等商业活动也十分活跃。出口增长，工业与农牧业扩大，政府财政开始盈利。不过，这些都是由外国资本引导的经济开发，1910年，外国资本家们从原本掌握的1/7的墨西哥土地扩大到了1/5。而且1884年的矿山法规定土地所有者同时是所持有土地下埋葬的资源所有者。此外，大半的商业与工业也都归外国所有。也就是说，外国资本促进了这一时期墨西哥的经济发展，墨西哥的经济完全处于外国资本的统治之下。

墨西哥革命

在珀尔费里奥·迪亚斯的独裁统治下，农

民土地惨遭掠夺，劳动者不得不在十分苛刻的环境下工作。拥有广阔土地与矿山的外国人大力夺取国家财富并对反抗者加以镇压。进入20世纪后，社会各阶层均展开对这种暴政的反对，呼吁改革。

领导农民战争的埃米利亚诺·萨帕塔

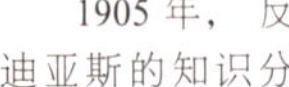

1905年，反迪亚斯的知识分子们组成自由党，在各地举行大规模罢工。此外，埃米利亚诺 Emiliano Zapata 也在南部的莫雷洛斯州开始了农民战争。1910年10月，北部科阿乌伊拉州的地主弗兰西斯科·马德罗 Francisco Madero 发起革命，萨帕塔与帕斯夸尔·奥罗斯科积极响应，激烈的格里拉战役拉开帷幕。迪亚斯军队被革命军打败，迪亚斯下台并逃往巴黎。

在之后的总统选举中，马德罗获得压倒性的胜利，但是他没有勇气实行萨帕塔所期待的土地改革，1913年下台后惨遭暗杀。这一时期墨西哥处于混沌的无政府状态。正当比库特里亚诺·乌埃尔塔将军准备取代马德罗掌握国家政权之际，科阿乌伊拉州知事贝努斯蒂亚诺卡兰萨 Venestiano Carranza 与阿尔瓦罗奥布雷冈 Álvaro Obregón 等被称为“护宪派”的地主、萨帕塔以及义贼潘昭维拉 Pancho Villa 在各地展开了斗争。1914年，乌埃尔塔将军下台。

同年10月，聚集在阿古亚斯卡利恩特斯的卡朗萨、奥布雷冈、萨帕塔以及比加等各代表针对革命政府形态与政策问题进行了讨论。这次会议通过了《阿亚拉计划》，实际上在土地改革方面，保守的地主派卡朗萨、重点推进土地改革的农民代表萨帕塔以及比加之间产生了很大的隔阂。

从整体来看，萨帕塔与比加派重视地方，而卡朗萨与奥布雷冈派则持有政治性与全国性观点。1915年8月的塞拉亚战役中，奥布雷冈军击败比加军队，卡朗萨与奥布雷冈派占优，革命主导权向地主与资本家阶级过渡。

1916年12月，在克雷塔罗召开了制宪会议，参会代表均为“护宪派”，萨帕塔与比加派被取消了参会资格。不过，会议代表中包括拥有进步思想的知识分子与劳动者代表。这样便无法漠视大众，特别是在历时六年的战争中给予大力支持的农民的心声了。

1917年颁布的新宪法（现行宪法）中规定了个人基本人权、政治自由以及国会与教堂分离等内容，还包括含土地改革与罢工权在内的劳动者权利保障以及地位改善的相关规定，拥有极强的改革性。此外，宪法还规定地下资源属于国家不可转让财产，禁止外国人随意掠夺。在当时是世界上最为先进的宪法之一。

宪法制定后，墨西哥大力推进农业用地改革与主要产业国有化等国家社会主义色彩浓厚的政策。1934~1940年期间担任总统的拉萨罗卡德纳勒 Lázaro Cárdenas 在强化农地改革的同时还表达了十分强硬的对外态度，1938年将处于外国资本统治下的石油产业国有化。

现　代

1970年，以丰富石油资源为基础的工业化进入了高速成长的时代。不过，20世纪80年代起，石油价格下跌与通货膨胀使墨西哥陷入经济危机，严重的对外累积债务问题也令人相当苦恼。

1994年，墨西哥加入北美自由贸易协定（NAFTA），与先进国家成为同盟。不过，自由贸易对于种植谷物与蔬菜的小农来说其实就是生死问题。特别是常年被区别对待的恰帕斯州，原住民们发动武装起义，与政府军队对峙。

在政府执政党制度性革命党（PRI）最有希望当选的候选人惨遭暗杀后，埃内斯托·塞迪略 Ernesto Zedillo 荣登总统宝座。他从农民暴动起步，采用通货紧缩等手段解决比索贬值问题，任职后半期还实现了石油价格高涨带来的通货稳定。

2000年的总统选举中，国民行动党（PAN）的比森特·福克斯 Vicente Fox 当选，长达70年的制度性革命党一党统治迎来了历史性的转换时期。不过，在2012年的总统选举中，制度性革命党的恩里克·佩尼亚·尼艾特 Enriqe Peña Niet 当选新一届总统。今后，毒品问题与缩小贫富差距将会成为墨西哥发展的主要课题。

项目策划：王欣艳　谷口俊博
统　　筹：北京走遍全球文化传播有限公司　http://www.zbqq.com
责任编辑：王佳慧　林小燕
责任印制：冯冬青

图书在版编目（CIP）数据

墨西哥 / 日本《走遍全球》编辑室编著；王启文，吕艳译. -- 北京：中国旅游出版社，2018.5
（走遍全球）
ISBN 978-7-5032-6003-2

Ⅰ. ①墨… Ⅱ. ①日… ②王… ③吕… Ⅲ. ①旅游指南—墨西哥 Ⅳ. ①K973.19

中国版本图书馆CIP数据核字（2018）第068525号

北京市版权局著作权合同登记号　图字：01-2018-1446
审图号：GS（2018）1263号　本书插图系原文原图

书　　名：墨西哥

作　　者：日本《走遍全球》编辑室编著；王启文，吕艳译
出版发行：中国旅游出版社
（北京市建国门内大街甲 9 号　邮编：100005）
http://www.cttp.net.cn　E-mail: cttp@cnta.gov.cn
营销中心电话：010-85166503
排　　版：北京中文天地文化艺术有限公司
经　　销：全国各地新华书店
印　　刷：北京金吉士印刷有限责任公司
版　　次：2018年5月第1版　2018年5月第1次印刷
开　　本：889毫米 × 1194毫米　1/32
印　　张：13.125
印　　数：5000册
字　　数：585千
定　　价：128.00元
I S B N　978-7-5032-6003-2